FINANZIELLE FREIHEIT KOMPLETTSET - DAS GROSSE 4 IN 1 BUCH

Aktien Komplett-Anleitung | Geld richtig anlegen | Die richtigen ETFs kaufen | Kennzahlen-Analyse

Martin Bachmeier

Ein Willkommensgeschenk!

Vielen Dank für den Kauf dieses Buches. Bevor es richtig losgeht, möchte ich Ihnen ein Geschenk machen: Auf meiner Webseite finden Sie einen Kurzreport gratis zum Download.

In diesem Kurzreport geht es um die 7 häufigsten Fehler, die Einsteiger beim Handeln mit Aktien machen.

Dieser Kurzreport steht nur eine begrenzte Zeit zum Download zur Verfügung – Handeln Sie daher schnell!

Wie können Sie diesen Kurzreport erhalten?

Blättern Sie direkt zum Kapitel „Bonusheft"!

Inhalt

AKTIEN KOMPLETT-ANLEITUNG

Alles, was Sie als Börsen-Einsteiger
unbedingt über Wertpapiere wissen
müssen. Genau so investieren Sie
mit wenig Kapital und bauen sich ein
krisensicheres Vermögen auf

Martin Bachmeier

Inhalt

Vorwort

Die Geldanlage in Aktien hatte in Deutschland jahrzehntelang einen geschädigten Ruf. Ereignisse wie das Platzen der Dotcom-Blase um die Jahrtausendwende herum sowie die Weltfinanzkrise 2007 sorgten und sorgen immer wieder dafür, dass Personen den Wertpapierhandel als Hexenwerk abschreiben und neu gewonnene Anleger den Finanzmarkt wieder verlassen. Doch nun stehen die Zeichen allmählich auf Versöhnung: Die jungen ambitionierten Menschen haben durch die Digitalisierung die Möglichkeit, einfacher am Finanzmarkt teilzuhaben und präziseste Analysemethoden zu nutzen. Mit der darüber hinaus vorhandenen Offenheit, die sich im jungen Alter bemerkbar macht, erfährt der Wertpapierhandel heutzutage wieder mehr Zuspruch. Doch neben der jungen Generation sind alteingesessene Sparbuchmatadoren zur Auseinandersetzung mit Wertpapieren gezwungen. Denn wir befinden uns in einer Niedrigzinsphase, oder besser gesagt: Einem Niedrigzins*dauerzustand*. Wer sein Geld auf dem Sparbuch anlegt, erhält keine Zinsen wie früher, als es noch zum Vermögensaufbau reichte. Stattdessen gibt es einen mickrigen Tausendstel-Anteil an jährlichen Zinsen, der abzüglich der Inflation das investierte Vermögen schrumpfen lässt, anstatt es zu vermehren.

Wie ersichtlich wird: Solange die Niedrigzinsphase andauert – und ein Ende ist gewiss nicht absehbar – wird das Sparbuch ebenso wie ein Tagesgeldkonto nicht mehr die sichere lukrative Rendite vergangener Zeiten bescheren, sondern einen gesicherten Verlust. Dementsprechend sind Aktien bzw. die gesamte Gruppe der Wertpapiere aktuell die Anlageform, die jeder Person zugänglich ist UND nach Abtrag der Inflation noch eine ausreichende Rendite in Aussicht stellt. Diese Tatsache gilt für junge wie für ältere Anleger gleichermaßen. Dennoch werden mit dem Titel dieses Buches hauptsächlich junge Menschen angesprochen. Grund hierfür ist, dass eine Anlage in Aktien und andere Wertpapiere über lange Zeiträume – im Idealfall mehrere Jahrzehnte – praktiziert wird. Denn so fällt das Risiko tendenziell geringer aus, während die Aussichten auf eine hohe Rendite steigen. Junge Personen sind also für erfolgreichen Aktien- und Wertpapierhandel über mehrere Jahrzehnte prädestiniert.

Dieses Buch vermittelt Einsteigern – sowohl absolut unerfahrenen Personen als auch fortgeschrittenen Einsteigern – zunächst alle notwendigen Grundlagen und geht danach in die Details. In den Details werden sich auch für erfahrene Anleger einige Informationen finden, die zuvor eventuell nicht bekannt waren. Dementsprechend ist dieser Ratgeber auf eine breite Zielgruppe an Personen ausgelegt, die den Wertpapierhandel professionell gestalten oder sich einfach nur informieren möchten.

Den Anfang macht das Buch mit einem Kapitel zu den Grundlagen, welches die verschiedenen Wertpapierarten erklärt und dabei einen Fokus auf Aktien sowie Aktienfonds legt. In diesem Kapitel wird ebenso die Börse, der Handelsplatz für Wertpapiere, vorgestellt. Neben dieser klassischen Wertpapierbörse werden weitere Börsenarten kurz genannt. Das erste Kapitel setzt sich mit der Einführung in die Regeln an der Börse und beim Wertpapierhandel fort. Am Ende des Kapitels werden wichtige Grundbegriffe erläutert, die bei der Geldanlage in Wertpapiere bekannt sein sollten.

Daraufhin erläutert das zweite Kapitel, wie und wo Sie am besten ein Depot für den Aktienhandel eröffnen und wie Sie einen Broker finden. Das Depot ist für die Verwahrung der Wertpapiere notwendig, der Broker wiederum ist als Börsenmakler für den An- und Verkauf von Wertpapieren an der Börse verantwortlich.

Kapitel 3 befasst sich mit Anlagestrategien, die Ihnen verschiedene – in einigen Fällen miteinander kombinierbare – Wege aufzeigen, um Ihr eigenes Portfolio an Aktien zusammenzustellen. Mit den Anlagestrategien erhalten Sie konkrete Wege mit zugehörigen Beispielen an die Hand, um sich auf Anhieb bei den persönlichen Aktivitäten im Kapitalmarkt zurechtzufinden.

Im vierten Kapitel lernen Sie wichtige Instrumente für Analysen der Aktienkurse sowie der Unternehmen kennen. Unternehmensanalysen gehören der Fundamentalanalyse an und befassen sich mit mehreren Kennzahlen, anhand derer Sie den Wert einer Aktie evaluieren können. Dies erhöht die Wahrscheinlichkeit, dass Sie ein Investment tätigen, welches ein Fundament und zudem ein geringeres Risiko hat. Zu diesen Kennzahlen gehören beispielsweise das Kurs-Gewinn-Verhältnis, der Cash-Flow und die Ausschüttungsquote. Neben der Unternehmensanalyse weist dieses vierte Kapitel in Chartanalysen ein, die nicht das Unternehmen analysieren, sondern aus der Entwicklung der Aktienkurse Modelle bilden. Diese Modelle sollen geeignete Zeitpunkte für Kauf-, Halte- und Verkaufsentscheidungen angeben.

Der Ratgeber schließt mit dem fünften Kapitel, welches ein ausführliches Beispiel für den Aufbau eines Portfolios darstellt. Hier werden einige der Anlagestrategien zum Teil wiederholt und angewandt, während Schritt für Schritt die Zusammenstellung der einzelnen Anlagen im Portfolio präsentiert wird. Dieses Kapitel wird Ihnen zeigen, dass die Auswahl der Aktien sorgfältig zu erfolgen hat, um optimales Renditepotenzial zu schaffen.

Im Nachwort wird kurz auf die Suchtgefahr und die steuerliche Gesetzgebung zum Handel mit Aktien bzw. zur Geldanlage in Aktien eingegangen.

Ehe es mit dem ersten Kapitel losgeht, sei auf einige Dinge verstärkt hingewiesen: Wer sich als erfahrener Anleger oder fortgeschrittener Anfänger einstuft, darf gern die ersten beiden Kapitel überfliegen, da erst ab dem dritten Kapitel merklich in die Tiefe gegangen wird. Anfänger jedoch werden auf die ersten beiden Kapitel angewiesen sein und sollten dementsprechend chronologisch vorgehen und jedes Kapitel dieses Buches aufmerksam lesen. Zudem sei jeder Leser vorab informiert, dass erfolgreiche Geldanlagen in Aktien dann am wahrscheinlichsten sind, wenn in ein *bestimmtes Kapital* investiert wird: Das eigene Wissen. Lesen Sie am besten bereits von heute an parallel zu diesem Buch Fachzeitungen, hören Sie Nachrichten und informieren Sie sich über möglichst viele Branchen. So werden Sie zu einem Allround-Experten – beste Voraussetzungen für den Wertpapierhandel. Und nun viel Spaß beim Lesen!

Aktien = Anteile an Unternehmen

Während in Deutschland in der Vergangenheit Aktien zumeist als ein Hexenwerk abgestempelt wurden, verhielt es sich in anderen Nationen grundlegend anders. Insbesondere die Niederlande, Japan und die USA hatten und haben beträchtliche Anteile an der Bevölkerung, die in Aktien investieren. Mittlerweile schauen sich aufgrund der Niedrigzinsphase und des nicht mehr zum Vermögensaufbau geeigneten Sparbuches zunehmend auch in Deutschland die Menschen nach alternativen Anlagemöglichkeiten um. Dabei werden Aktien hoch gehandelt: Sie ermöglichen eine höhere Rendite als Sparbücher und andere Anlageformen, bieten Aussichten auf eine Einwirkung auf die Wirtschaft und das Risiko der Geldanlage in Aktien lässt sich darüber hinaus durch ein kluges Anlagekonzept minimieren. Dieses Kapitel führt in die grundlegendsten Dinge rund um den Aktien-handel ein. Es erklärt allem voran zunächst, worum es sich bei Aktien und den weiteren Wertpapierarten überhaupt handelt. Zudem erhalten Sie Informationen zu den Abläufen an der Börse und den dortigen Regeln.

Aktien sind Wertpapiere, aber nicht alle Wertpapiere sind Aktien

Aktien gehören der Gruppe der Wertpapiere an. Aller-dings sind nicht alle Wertpapiere auch Aktien. Dieser feine Unterschied eröffnet den Blick auf eine Vielzahl faszinie-render Perspektiven beim Wertpapierhandel: Es gibt neben Aktien noch weitere Wertpapier-Arten, die beeindruckende Möglichkeiten für Anleger eröffnen. In ein ausgewogenes Portfolio gehören sogar verschiedene Anlageklassen hinein, um die Vor- und Nachteile gegeneinander aufzuwiegen. Im Folgenden betrachten wir die verschiedenen Anlageklassen bzw. Wertpapierarten und deren Eigenschaften.

Aktien als Anteile an Unternehmen

Wer Aktien kauft, kauft Anteile an Unternehmen. Bei börsennotierten Unternehmen lassen sich Anteile kaufen, wobei die Anzahl der herauszugebenden Aktien den Anteil am Unternehmen definiert. So entscheidet ein Unternehmen beim Börsengang – also, wenn es frisch an die Börse tritt – darüber, wie es die Aktien in Bezug auf das Grundkapital stückeln möchte und welchen Anteil diese am Unternehmen haben. Man spricht bei der ersten Herausgabe von Aktien beim Börsengang von einer Neuemission. Jeder weitere Verkauf von Aktien seitens des Unternehmens wird einfach als Emission bezeichnet.

> ### Beispiel
>
> Die Friedeberg AG geht an die Börse. Für die Gründung einer AG (Aktiengesellschaft) ist mindestens ein Grundkapital von 50.000 € erforderlich. Meist liegt das Grundkapital der Unternehmen noch höher. Das Grundkapital ist das Kapital des Unternehmens, welches es in Aktien hinterlegt. Man bezeichnet dieses Kapital auch als Nennwert. Bei der Friedeberg AG beträgt das Grundkapital 2 Millionen Euro. Diese 2 Millionen Euro werden auf 40.000 Aktien aufgeteilt. Somit kostet eine Aktie 50 €. Wird diese gekauft, hat der Anteilseigner 0,000025 % Anteile am Unternehmen.

Je mehr Aktien ein Anteilseigner kauft, umso mehr Anteile am Unternehmen hat er und umso mehr Einfluss kann er auf die Entwicklung des Unternehmens nehmen. Zumindest in der Theorie, denn die Praxis zeigt, dass es verschiedene Arten von Aktien gibt. Dies sind einerseits die Stamm-, andererseits die Vorzugsaktien. Stammaktien geben Anlegern die Möglichkeit, bei Hauptversammlungen des Unternehmens über gewisse Entscheidungen abzustimmen. Dafür müssen die Inhaber dieser Aktien an anderer Stelle Einbußen verkraften: Sie erhalten häufig eine geringere Dividende. Welche Rechte Inhaber von Stammaktien haben, ist im Aktiengesetz verankert. Unternehmen steht frei, im eigenen Recht zusätzliche Vorzüge für Inhaber von Stammaktien zu verankern. Vorzugsaktien beinhalten für gewöhnlich kein Recht zu Abstimmungen auf Hauptversammlungen, kompensieren dies allerdings durch andere Vorzüge. Diese für diese Aktienart namensgebenden Vorzüge können höhere Dividendenzahlungen sein oder – bei einer weiteren Emission des Unternehmens – das Vorrecht auf den Kauf neuer Aktien. Sollte die Entwicklung eines Unternehmens besonders positiv sein, dann ist es für Anleger durchaus reizvoll, die emittierten Aktien direkt zu kaufen. Ohne Vorzugsrecht gibt es keine Garantie für den erfolgreichen Kauf der Aktien, da andere Anleger schneller kaufen könnten.

So weit, so gut ...

❖ Unternehmen gehen an die Börse und gründen eine AG oder eine andere Kapitalgesellschaft
❖ Dabei definieren Sie das Grundkapital und stückeln dieses auf Aktien
❖ Es kommen Stammaktien mit Einflussnahme oder Vorzugsaktien mit der Aussicht auf höhere Gewinnbeteiligungen in Frage
❖ Anleger kaufen diese Aktien und werden dadurch Anteilseigner am jeweiligen Unternehmen

Doch wieso findet all das statt? Wieso machen Unternehmen private Menschen zu Anteilseignern und teilen Einfluss oder gar Gewinne mit anderen Personen?

Der Grund dafür ist die Kapitalbeschaffung. Sie werden im nächsten Kapitel die Börse noch genauestens kennenlernen. Doch bereits jetzt sei erwähnt, dass es sich bei der Börse um einen Kapitalmarkt handelt. Jedes Unternehmen, welches diesen Markt betritt, muss ein gewisses Kapital einbringen. Durch das Einbringen dieses Kapitals wird ein Unternehmenswert definiert. In der Annahme, das Unternehmen würde sich weiterentwickeln und an Wert gewinnen, kaufen Anleger die Anteile und spekulieren auf einen Gewinn. Unternehmen profitieren jedoch ebenso: Sie beschaffen sich Kapital, welches in das Wachstum oder zum Erreichen anderer Ziele investiert wird. Üblich ist ein Börsengang aus Gründen des Unternehmenswachstums. Während außerhalb der Börse die Suche nach Investoren schwieriger und der Erhalt von Krediten mit Verbindlichkeiten sowie Kosten verbunden ist, ist die Herausgabe von Anteilen dies nicht: Durch den Eintritt in den Markt werden Investments in das eigene Unternehmen vonseiten jeder privaten Person möglich. Auch ohne große Investoren oder üppige Kredite lässt sich somit ein beachtlicher Zufluss an liquiden Mitteln realisieren. Diesen Zufluss investiert das Unternehmen ins eigene Wachstum, in den Aufkauf anderer Unternehmen zwecks Erschließung neuer Geschäftssparten oder in den Schuldenabbau. Dies sind nur einige der möglichen Intentionen hinter einem Börsengang mit Neuemission und jeder weiteren Emission.

Das Unternehmen gibt bei der Emission jedoch nicht alle Aktien bzw. Anteile zum Kauf frei. Ein Teil verbleibt üblicherweise bei den Gründern und weiteren führenden Köpfen oder wichtigen Mitarbeitern. Vor dem Börsengang erhalten einige Angestellte gelegentlich ein Vorkaufsrecht. Darüber hinaus wird der größte Teil der Aktien im Unternehmen selbst gehalten.

Beispiel

Gehen wir davon aus, dass das Unternehmen bei einer Neuemission 10 % der Anteile in Form von Aktien herausgibt und 15 % an Gründer, Vorstandschefs sowie weitere Personen gehen, so verbleiben noch 75 % beim Unternehmen. Diese 75 % werden über die nächsten vier Jahre einbehalten. Bis dahin ist das Unternehmen gewachsen und hat einen Kursanstieg verzeichnet. Für den Kauf eines Konkurrenten, der eine innovative Sparte bedient, braucht das Unternehmen Geld, das es zwar hat, aber dessen kompletter Einsatz zu riskant wäre. Aus diesem Grund erfolgt eine Emission von 5 % der Anteile in Form von Aktien, die das Kapital zum Aufkauf des neuen Unternehmens zur Verfügung stellen.

Der Verkauf von Aktien, die noch in der Hand des Unternehmens sind, ist die einzige Möglichkeit, neues Kapital an der Börse zu beschaffen. Die Aktien, die in der Hand der Vorstandsmitglieder sind, gehören nicht dem Unternehmen, sondern sind deren Privatvermögen. Ein Unternehmen gibt selten die Mehrheit der Aktien aus der Hand. Vielmehr zeigt sich, dass Unternehmen regelmäßig die Gelegenheit zum Rückkauf nutzen. Wenn genug Kapital vorhanden ist und mit einem weiteren Wachstum des Unternehmens gerechnet wird, dann findet ein Rückkauf statt, der allerdings vom Vorstand individuell beschlossen wird.

Sie haben letzten Endes drei Möglichkeiten, Anteile an Unternehmen zu kaufen: Vom Unternehmen selbst im Falle einer Emission, bei anderen Anlegern, die die Aktien gehalten haben und nun verkaufen, und ebenso bei Investmentgesellschaften, die die Aktien separat oder in Investmentpaketen zusammen mit anderen Wertpapieren zum Kauf anbieten. Für Anleger hat die Kapitalanlage in Aktien den Vorteil, an der Entwicklung des Unternehmens partizipieren zu können; dies bedeutet: Wenn der Kurs steigt, weil das Unternehmen an Wert gewinnt oder die Anleger gerade eine Aktie hoch handeln, dann gewinnt der Anleger – theoretisch. Denn um seinen Gewinn zu realisieren, muss er die Aktie verkaufen. Nach dem Ankauf bekommt der Anleger für den Kursverlauf nämlich kein Geld ausgezahlt und muss keine Steuern zahlen. Erst beim Verkauf der Aktien werden Gewinne oder Verluste realisiert und es fallen Steuern auf die Gewinne an.

An einer Stelle bekommen Anleger bereits vor dem Verkauf der Aktien Geld ausgezahlt. Es handelt sich um die Gewinnbeteiligungen des Unternehmens, die in der Regel am Ende des laufenden Geschäftsjahres ausgeschüttet werden. Diese Beteiligungen am Gewinn nennen sich Dividenden. Diese Dividenden sind ein Schlüsselaspekt: Denn einige Personen gehen tatsächlich ohne dieses elementare Vorwissen in den Aktienhandel, dass die einzigen laufenden Auszahlungen während des Haltens der Aktie die durch die Unternehmen ausgeschütteten Dividenden sind. Diese variieren von Unternehmen zu Unternehmen und sind nicht mal verpflichtend. So entscheiden Unternehmen auf den Hauptversammlungen, welcher Anteil der Gewinne an Aktionäre ausgeschüttet wird. Die Gewinne werden zu einem großen Teil einbehalten, damit sie ins Wachstum investiert werden oder zur Bildung von Rücklagen herangezogen werden können. Sollte das Unternehmen keinen Gewinn gemacht haben, ist es sogar wahrscheinlich, dass keine Dividendenausschüttungen erfolgen.

Beispiel

Amazon ist eines der teuersten Unternehmen weltweit. Jeff Bezos hat im Laufe von über 20 Jahren ein großes Unternehmen geschaffen. Dabei verfolgte er von Anbeginn des Unternehmens an die Philosophie, *Amazon* zu dem größten Unternehmen aller Zeiten zu machen. Nicht von irgendwoher kommt der Name *Amazon*: In Anlehnung an den Amazonas, der der zweitgrößte Fluss der Welt ist, schuf er den einstigen Bücherhandel mit größten Ambitionen. Bis heute entdeckt er neue Sparten für sein Unternehmen: Als Cloud-Anbieter mit eigenen Servern, als Verkaufsplattform, als Filmproduzent. Die Menge an Visionen ist unbegrenzt. Dies gelingt nur dadurch, dass konsequent ins Wachstum des Unternehmens investiert wird. Zur Unterstützung dieses Ziels schüttet *Amazon* nur eine geringe Menge der Gewinne aus. Jeff Bezos vertröstet die Aktionäre damit, dass durch diese Strategie *Amazon* am besten wachsen würde. Doch die Aktionäre zeigen nur bedingt Verständnis. Schließlich fallen die Gewinnausschüttungen gering aus, obwohl sie Aktien eines des weltweit vermögens- und ertragsstärksten Unternehmens halten ...

Sie merken also bereits an dieser Stelle, dass es bei Aktien zweierlei Wege gibt, am Gewinn zu partizipieren: Zum einen durch die Gewinnausschüttungen seitens des Unternehmens, die gemäß der eigenen Anteile am Unternehmen erfolgen, und zum anderen den Kursverlauf, der den Wert des Unternehmens widerspiegelt. Allerdings erhalten Sie das Geld aus Kursgewinnen erst durch den Verkauf der Aktien.

Nun wird so häufig von Gewinnen gesprochen, wobei es auch die negative Seite gibt. Nämlich die Verluste. Sollten die Aktien im Wert sinken, tritt ein Verlust ein. Sollte einem das Risiko zu groß sein, ist ein Verkauf der Aktien eine Option. Andererseits ist ein Halten oder auch ein weiterer Zukauf von Aktien denkbar. Denn wenn Anleger auf einen Wiederanstieg der Kurse spekulieren, macht ein Zukauf unter Umständen Sinn: Schließlich sind die Aktien an Tiefstwerten besonders günstig. So können für dieselbe Summe mehr Aktien gekauft werden als zuvor, weil der Preis pro Aktie gesunken ist.

So weit, so gut ...

- ❖ Unternehmen gehen an die Börse, um sich Kapital zu beschaffen, welches sie für die eigenen Geschäfte verwenden können
- ❖ Anleger kaufen Anteile entweder bei Emission von Unternehmen oder von anderen Anlegern
- ❖ Dividendenzahlungen beteiligen Anleger gemäß deren Anteilen und der vom Unternehmen beschlossenen Höhe der Zahlung am Gewinn des Unternehmens
- ❖ Möchten Anleger Gewinne aus dem Kursverlauf realisieren, müssen sie die Wertpapiere verkaufen; erst dann fallen Steuern an
- ❖ Solange die Aktien nicht verkauft werden, ist jedes Szenario denkbar: Der Wert fällt, bis sogar noch mehr Verlust eintritt, oder aber er steigt an ... Oder das Unternehmen geht bankrott und die Aktien sind komplett wertlos

---

Fonds

„Fonds sind Finanzprodukte, welche das Kapital von Anlegern breit auf unterschiedlichste Wertpapiere streuen. Je nach

Konzeption des Fonds kann es sich hierbei etwa um Aktien, Anleihen, Rohstoffe oder Immobilien handeln." (Quelle: rechnungswesen-verstehen.de[1])

Es gibt verschiedene Arten von Fonds, die sich ebenso in verschiedene Subtypen unterteilen lassen. Eine wichtige Unterscheidung wird zwischen offenen und geschlossenen Fonds getroffen. Offene Fonds sind an der Börse handelbar und für eine beliebige Menge an Anlegern geeignet. Anleger investieren also einen Betrag in den Fonds und erwerben dadurch Anteile. Der Fonds wiederum wird durch ein spezialisiertes Unternehmen, einen Vermögensberater, einen Fondsmanager oder eine andere autorisierte Person zusammengestellt und überwacht. Bei einem neuen Geldzufluss durch einen Anleger wird das Geld investiert, sodass das Fondsvermögen wächst. Ein geschlossener Fonds ist an der Börse nicht handelbar und dadurch schwieriger zu verwalten. Er ist von vornherein auf ein bestimmtes Anfangsinvestment beschränkt. Sobald dieses zusammengetragen ist, ist der Fonds für Anleger geschlossen. Häufig findet man diese Form von Fonds bei Immobilien vor.

Hinweis!

In Frankreich und weiteren Nationen der EU sind geschlossene Immobilienfonds mittlerweile verboten. Insbesondere bei dieser Art von Fonds gab es in der Vergangenheit viele Negativschlagzeilen, bei denen aufgrund eines schlechten Fondsmanagements Totalverluste eintraten und Anleger ihr komplettes Geld verloren.

---

[1] https://www.rechnungswesen-verstehen.de/lexikon/fonds.php

Eine weitere Möglichkeit zur Unterteilung von Fonds erfolgt nach der jeweiligen Anlageklasse bzw. Wertpapierart:

- Aktien
- Immobilien
- Anleihen
- Rohstoffe
- Zertifikate
- Derivate

Sie werden die Wertpapierarten im Folgenden noch kennenlernen. Zu Immobilien- und Rohstofffonds wäre an dieser Stelle zu sagen, dass Sie dadurch nicht in den Besitz des physischen Guts gelangen, sondern sich – wie bereits bei Aktien – lediglich am Kursverlauf beteiligen und Ihr Kapital einbringen. Zugleich stehen Gewinnausschüttungen in Aussicht. Sie müssen sich also keineswegs um die Kosten zur Versicherung von Immobilien oder Rohstoffvermögen kümmern. Dies übernehmen die Unternehmen, deren Anteile sich in dem entsprechenden Fonds befinden, oder das Unternehmen, das den Fonds verwaltet – zumindest bei offenen Fonds. Bei geschlossenen Fonds ist diese Regelung komplexer, sodass es vorkommt, dass sich Anleger an den Kosten beteiligen müssen. Von daher sollten Sie – insbesondere auch wegen des erschwerten Wiederverkaufs – auf ein Investment in geschlossene Fonds verzichten.

Fonds müssen allerdings nicht nur eine Anlageklasse enthalten. Es ist ebenso möglich, dass in einem Fonds ein Mix ist, der aus Aktien, Immobilien, Anleihen und Derivaten besteht. Besonders gefragt unter Anlegern sind derzeit die ETFs (Exchange Traded Funds). Sie bilden einzelne Indizes ab. Ein Beispiel hierfür ist der DAX (Deutscher Aktienindex), welcher die vermögendsten und ertragsstärksten 30 deutschen Unternehmen abbildet. Ein Index kann ebenso ganze Volkswirtschaften abbilden. Es ist ein Verzeichnis – dies ist zugleich die direkte Bedeutung des Wortes „Index" –, welches der Abbildung bestimmter Branchen oder anderweitiger Gruppierungen von Unternehmen dient. Dadurch wird die Entwicklung an der Börse unternehmensübergreifend veranschaulicht. Mehr Informationen dazu erhalten Sie, sobald es im Abschnitt über die Börse spezifischere Informationen gibt. Nun ist ein DAX keine Aktie und ebenso kein Aktienfonds, in den sich investieren lässt. Aber dafür gibt es Produkte, die den DAX abbilden, weil sie ein Aktienportfolio bzw. einen Aktienfonds anlegen, der dieselben Anteile an Unternehmen und Vermögensverhältnisse aufweist, wie es der DAX selbst tut. Diese Aktienfonds werden aufgrund ihrer speziellen Eigenschaften ETFs genannt. Unter die speziellen Eigenschaften fällt, dass sie nur mit geringem Aufwand gemanagt werden müssen: Während herkömmliche aktiv gemanagte Aktienfonds einen Fondsmanager in Anspruch nehmen, der Analysen tätigt und das Portfolio wohlüberlegt zusammenstellt, ist das Portfolio bei den ETFs bereits durch den DAX präzise definiert. Da sich die Annahme, dass sich Volkswirtschaften auf lange Sicht weiterentwickeln, bewährt hat, gilt ein Investment in ETFs – die schließlich nichts anderes als eine Abbildung der Wirtschaft oder einzelner Branchen darstellen – als sicher und im Hinblick auf die Gebühren kostenarm.

So weit, so gut ...

❖ Fonds vereinen eine Mehrzahl an Wertpapieren in sich
❖ Es können Aktien verschiedener Unternehmen oder Aktien und andere Wertpapiere sowie Produkte (Immobilien, Derivate, Anleihen) in einem Mix im Portfolio enthalten sein

---

> ❖ ETFs sind eine besondere Art von Aktienfonds, die einen geringen Kostenapparat aufweisen und Indizes abbilden; somit imitieren sie die Entwicklung der Wirtschaft oder einzelner Wirtschaftszweige

Der An- und Verkauf von Fonds verläuft genauso wie der An- und Verkauf von Aktien an der Börse. Eine Ausnahme stellen geschlossene Fonds dar: Diese kaufen Anleger außerhalb der Börse und müssen sie auch dort verkaufen. Dadurch entstehen Komplikationen, da sich außerhalb der Börse schwerer Anleger finden lassen und die Abwicklung von Geschäften weniger Regularien unterliegt. Bei offenen Fonds an der Börse haben Sie die Möglichkeit, An- und Verkäufe schnell zu realisieren. In einigen Fällen erfolgt sogar der sofortige Rückkauf der Fondsanteile durch die Fondsgesellschaft selbst, falls Anleger verkaufen möchten. Die Dividendenzahlungen erfolgen bei einem Fonds ebenso wie bei einzelnen Aktien und richten sich nach den Entscheidungen der Unternehmen, deren Aktien Anleger im Fonds halten.

Was gibt den Fonds denn eine Daseinsberechtigung und spricht für ein Investment?

Auf den ersten Blick mag es aufregender klingen, mehr Anteile von einem oder zwei Unternehmen aufzukaufen, als das Geld in einen Fonds zu investieren, der einen „bunten" Mix aufweist. Während ein oder zwei gekaufte Aktien zunächst zielgerichtetes und fokussiertes Investment suggerieren, erweckt die Investition in eine Vielzahl an Unternehmen den Eindruck eines „Ramschgeschäfts". Dies ist aber nur der Eindruck. In der Tat weisen Fonds essenzielle Vorteile auf, von denen insbesondere Kleinanleger und Anfänger profitieren. Die folgend genannten Punkte sind für Sie wichtig und symbolisieren einige der Grundsätze im Aktienhandel:

- Risikostreuung
- Klare Strategie
- Bewährte Produkte

Das Prinzip der Risikostreuung bedeutet, dass das Risiko auf mehrere Aktien verteilt wird. Daraus ergibt sich der Vorteil, dass die Verluste einer oder mehrerer Aktien durch die Gewinne der verbliebenen Aktien aufgefangen werden. Dies gilt ebenso für andere Anlageklassen: Hält eine Wirtschaftskrise Einzug, dann lohnt es sich beispielsweise, Edelmetalle im Portfolio zu haben. Denn insbesondere das Gold verbuchte in Krisenzeiten immer große Wertanstiege. Mehr zum Prinzip der Risikostreuung erfahren Sie gegen Ende dieses Kapitels.

Eine klare Strategie ist ein weiterer elementarer Bestandteil der Investitionen in Fonds. Kein Fonds wird „bunt" zusammengestellt, auch wenn es für Anleger vereinzelt so aussehen mag. Zwar gibt es Fonds, die schlechte Performances aufweisen, doch diese filtern Sie anhand der Renditeübersichten der letzten Jahre heraus und meiden diese. Professionelle Fonds verfolgen eine Strategie: Sie sind nach einer oder zwei Branchen ausgerichtet. Die Branchen können beispielsweise so gewählt sein, dass sie miteinander korrelieren. Dies bedeutet, dass die Verluste der einen Branche der anderen Branche Gewinne bescheren. Durch eine gute Anlagestrategie des Fondsmanagers wird beispielsweise mit dem sogenannten Rebalancing (*für Rebalancing siehe Kapitel 3*) dafür gesorgt, dass die Aktien innerhalb des Fonds immer zu den Hochständen teuer verkauft und zu Tiefständen günstig gekauft werden. Dies als ein Beispiel. Weitere klare Ausrichtungen von Fonds können Trends sein, die sich bemerkbar machen. So gibt es z. B. Grüne Fonds für ökologisch orientierte Anleger. Jene Anleger, die Wert auf regelmäßige Gewinnausschüttungen legen, profitieren von „Dividenden-Fonds", die eine Auswahl der Unternehmen enthalten, die am zuverlässigsten und lukrativsten Dividenden ausschütten. Zuletzt gibt es noch die ETFs, die aufgrund ihrer Abbildung von Indizes eine klare und einfache Ausrichtung aufweisen.

Wählen Sie aus dem großen Angebot richtig, dann erhalten Sie mit dem jeweiligen Fonds ein bewährtes Produkt. Insbesondere die Investmentgesellschaft *Blackrock* verkauft renommierte Fonds, die mit jährlichen Kurszugewinnen von über 20 % über längere Zeiträume konstant zu überzeugen wissen.

So weit, so gut ...

❖ Fonds streuen das Risiko und verteilen es auf mehrere Aktien oder Wertpapiere verschiedener Arten

❖ Durch die Risikostreuung erhalten Anleger eine größere Sicherheit; eintretende Verluste von einigen Wertpapieren im Portfolio werden durch Gewinne anderer Wertpapiere abgefangen

❖ Fonds erhalten durch ihre Einordnung bzw. Anlagestrategie eine klare Ausrichtung, sodass sie ein zielgerichtetes Investment darstellen

❖ Mit dem Kauf von Fonds besteht die Aussicht auf renommierte Produkte, was die Sicherheit der Anleger nochmals steigert

---

Anleger müssen einen Fonds nicht zwingend bei einem Anbieter kaufen. Es ist ebenso möglich, ein eigenes Portfolio zusammenzustellen. Wie Sie dies machen, erfahren Sie in Kapitel 5. Durch eine eigene Zusammenstellung sinken die Kosten und es können Erfahrungen an der Börse gesammelt werden. Denn nur, wer anfangs den Mut hat, mit geringem Kapital eigene Wege zu gehen und auch mal Fehler zu machen, wird zu einem echten Profi an der Börse und die Chance haben, auf lange Sicht sogar den Markt oder zumindest andere Fondsanbieter zu schlagen.

Anleihen

Anleihen sind wie Kredite, die der Anleger an den Kreditnehmer vergibt. Kreditnehmer können Staat, Bundesländer, staatsnahe Institute, Banken sowie anderen Kreditinstitute und Unternehmen sein. Wollen diese Akteure Kapital beschaffen, dann haben sie die Option, Anleihen herauszugeben. Diese werden gestückelt, sodass sich das insgesamt benötigte Kapital auf mehrere Anleihen verteilt. Nun investieren Anleger an der Börse in diese Anleihen und es sammelt sich sogar bereits aus kleineren Beiträgen das insgesamt benötigte Kapital zusammen.

Für gewöhnlich werden die Anleihen als Wertpapiere zu einem festen Zinssatz herausgegeben. Dann gibt es einen konstanten Zinssatz, der Jahr für Jahr gezahlt wird und sich nachträglich nicht ändert. Nach Ablauf der Laufzeit wird die geliehene Summe zurückgegeben. Behalten Anleger ihre Anleihen bis zum Ende der Laufzeit, dann sind die Zinsen, die zwischendurch gezahlt werden, der einzige Profit. Möchten Anleger die Anleihe nicht bis zum Ende der Laufzeit behalten, dann besteht die Option des Verkaufs an der Börse. Der Kurswert einer Anleihe setzt sich zusammen aus der Restlaufzeit und aus dem Verhältnis des in der Anleihe zugesicherten Zinses zum Marktzinsniveau. Je weiter der zugesicherte Zins in der Anleihe oberhalb des Marktzinsniveaus liegt, umso lukrativer ist die Anleihe und umso höher wird sie bewertet. Der Grund dafür: Der Markt liefert einen niedrigeren Zins, folglich ist die Anleihe lukrativer als der Markt.

Neben diesen festverzinslichen Wertpapieren gibt es Anleihen als Pfandbriefe, inflationsindexierte Anleihen und Aktienanleihen, um nur einige der Möglichkeiten zu nennen.

Pfandbriefe liefern bei Investition eine besondere Art der Besicherung, nämlich indem Inventar von Unternehmen oder Grundpfand im Falle des Zahlungsausfalls zugesichert wird. Inflationsindexierte Anleihen bieten Schutz vor der Inflation, indem sie der Inflationsrate angepasst werden. Die Aktienanleihen wiederum geben Unternehmen die Möglichkeit, den Anleihebetrag am Ende der Laufzeit in Form von Aktien des Unternehmens zurückzuzahlen.

So weit, so gut ...

❖ Kauft ein Anleger Anleihen, handelt es sich meistens um festverzinsliche Wertpapiere, bei denen auf den investierten Betrag über eine bestimmte Laufzeit Zinsen gezahlt werden. Nach Ende der Laufzeit wird der investierte Betrag zurückgezahlt.

❖ Neben den festverzinslichen Wertpapieren gibt es u. a. mit den Pfandbriefen, inflationsindexierten Anleihen und Aktienanleihen weitere Arten von Anleihen.

❖ Sämtliche Anleihen lassen sich an der Börse kaufen und verkaufen, wobei die Restlaufzeit und der zugesicherte Zins im Vergleich zum Marktzinsniveau über den Kurswert einer Anleihe entscheiden.

Zwar suggerieren die festverzinslichen Anleihen Sicherheit, da der investierte Betrag zurückgezahlt wird und zudem über die Dauer der Laufzeit hinweg festgelegte Zinsen gezahlt werden. Doch die Realität kann anders aussehen: Zum einen ist die Inflation ein Störfeuer, welches bereits bei kurzen Laufzeiten den Zins hinunterrelativieren kann. Zum anderen ist längst nicht zugesichert, dass die Zinsen sowie der investierte Betrag zum vereinbarten Zeitpunkt oder überhaupt zurückgezahlt werden. Genauso, wie sich Banken einen

Überblick über die Bonität von Kreditnehmern verschaffen, um das Risiko abzuschätzen, wird auch bei börsennotierten Unternehmen eine Risikoeinschätzung abgegeben. Auch Staaten werden Bewertungen unterzogen. Renommierte Rating-Agenturen sind *Fitch, S&P* sowie *Moody's*. Die Ratings erfolgen anhand von Buchstaben, wobei AAA das Beste ist. Ein Überblick über die Ratings gibt Informationen zur Risikoeinschätzung. Darüber hinaus veröffentlichen die Rating-Agenturen häufig Artikel, Beiträge und Berichte über die Vergabe ihrer Ratings. So lassen sich Begründungen fürs Rating einholen, die zudem Aufschlüsse über die Situation des Unternehmens verleihen. Auf Basis der Ratings lassen sich die Zinsen auf die Anleihen gut nachvollziehen. Während sich einige Personen darüber wundern mögen, dass es bei Anleihen des Staates Deutschland einen negativen Zins gibt, lässt sich dies mit der hohen Kreditwürdigkeit und dem geringen Verschuldungsgrad Deutschlands erklären.

Hinweis!

Ein negativer Zins bedeutet, dass Sie kein Geld erhalten, sondern Geld zahlen müssen. Dies hat zur Folge, dass Sie als Anleger bei einem festverzinslichen Wertpapier mit negativen Zinsen selbst Gebühren zahlen müssen. Bei Unternehmen und Staaten mit hoher Kreditwürdigkeit tauchen Negativzinsen auf, weil davon ausgegangen wird, dass die Anlage besonders sicher ist und deshalb diesen Preis wert ist.

Bei den USA hingegen mit ihrer höheren Verschuldung ist das Risiko einer Anleihe größer, weswegen Anleger von positiven Zinsen profitieren. Es zeigt sich an dieser Stelle, dass an der Börse allem voran die Anleger ihr Geld gewinnbringend anlegen, die bereit sind, ein Risiko bei der Geldanlage einzugehen. Jene Anleger, die möglichst wenig Risiko

eingehen möchten, machen geringere Gewinnen oder sogar
– im Falle von Anleihen – unter Umständen einen Verlust.

Devisen

Beim Handel mit Devisen wird in Landeswährungen investiert.
Wer beispielsweise darauf spekulieren möchte, dass sich der
US-Dollar in Relation zum Euro stark entwickelt, hat die Möglichkeit, aus dem Euro heraus in US-Dollar zu investieren. Der Devisenhandel erfolgt in der Regel in kurzen Zeiträumen innerhalb eines
Tages. Somit sind wir beim spekulativen Daytrading angelangt.
Allerdings erfolgt beim Devisenhandel eine hochpräzise Analyse
mit entsprechenden Instrumenten. Daytrader achten dabei auf
den sogenannten „Pip". Dies ist die vierte Stelle nach dem Komma
beim Kurs einer Währung. Zeigt sich bei diesem Pip ein Anstieg
und auch sonst entwickelt sich die Tendenz nach oben, so wird
ein hoher Betrag investiert. Liegt der Kurs einer Währung zur
anderen beispielsweise bei Beginn des Investments bei 3,5678
und steigt auf 3,5697, dann wurde ein Gewinn von 0,0019 realisiert, was 19 Pips entspricht. Bei einem Investment von 100.000
Einheiten einer Währung in eine andere entstünde nach dem
Umtausch in die Ausgangswährung somit ein Gewinn von 190
Einheiten. Der Devisenmarkt ist hochspekulativ, aber stark im
Trend. Die folgende Tabelle zeigt die Entwicklung des durchschnittlichen Umsatzes pro Handelstag am globalen Devisenmarkt:

Jahr	Weltweiter Umsatz pro Handelstag
1989	539 Mrd. US-Dollar
1992	817 Mrd. US-Dollar
1995	1,182 Bio. US-Dollar
1998	1,527 Bio. US-Dollar
2001	1,239 Bio. US-Dollar
2004	1,934 Bio. US-Dollar

2007	3,324 Bio. US-Dollar
2010	3,973 Bio. US-Dollar
2013	5,357 Bio. US-Dollar
2016	5,066 Bio. US-Dollar
2019	6,590 Bio. US-Dollar

Quelle: statista.com[2]

Der Devisenmarkt ist im Laufe der Zeit zum mittlerweile größten Markt im Hinblick auf einen einzelnen Handelstag geworden.

So weit, so gut ...

❖ Handel mit Devisen ist spekulativ und erfolgt als Form des Daytradings

❖ Es wird hochpräzise analysiert und auf die sogenannten „Pips" geachtet

❖ Hohe Einsätze sind für signifikante Gewinne erforderlich

❖ Der Devisenmarkt ist auf einen Handelstag gerechnet zum größten Finanzmarkt weltweit angewachsen

---

Letzten Endes kann der Handel mit Devisen auch in Form einer langfristigen Kapitalanlage erfolgen, wobei jedoch die Renditeaussichten äußerst gering ausfallen und der Devisenhandel umso mehr Einflüssen unterliegt. Zu diesen Einflüssen zählen u. a. die Realwirtschaft, die Kapitalströme sowie die Nachrichten. Unter die Realwirtschaft fallen

---

[2] https://de.statista.com/statistik/daten/studie/239512/umfrage/umsaetze-pro-handelstag-am-weltweiten-devisenmarkt/

Faktoren wie das BIP (Bruttoinlandsprodukt), die Leistungs-
bilanz und andere Indikatoren, die es zu beobachten gilt, um
die Entwicklung der Landeswirtschaft zu bewerten. Bei den
Kapitalströmen wird beobachtet, wie viel Geld einem Staat
zufließt. Sollte dies aufgrund umfangreicherer Investoren-
tätigkeiten eine zunehmende Menge sein, dann zeichnet
sich ein Trend ab, dass die Währung steigen wird, weil die
Nachfrage im jeweiligen Staat höher ist. Die Nachrichten
als ein weiterer Indikator für die Bewertung der Devisen-
entwicklung sind neben der langfristigen Kapitalanlage in
Devisen allem voran beim Daytrading wichtig. Daytrader
erhalten über Push-Nachrichten alle wichtigen Meldungen
und Nachrichten aus bzw. zu einem Staat, die den Währungs-
kurs beeinflussen könnten. Sowohl innen- und außenpoliti-
sche Spannungen als auch Aktivitäten bestimmter Unternehmen haben das Potenzial, in Sekundenschnelle einen
An- oder Abstieg des Währungskurses zu verursachen.
Hinzu kommt, dass die Interpretation von Ereignissen und
Nachrichten grundverschieden sein kann. Was der eine
Anleger als positiv auffasst und als Grund zur Investition
in die Währung sieht, fasst die Gruppe anderer Anleger
als negativ auf, sodass es tatsächlich zu einem negativen
Kursverlauf und Verlust beim Investment kommt.

CFD-Handel

Der CFD-Handel ist ein weiteres spekulatives Instrument,
welches dem Daytrading zuzuordnen ist. Beim Kauf von
Differenzkontrakten (von: **C**ontract **f**or **D**ifference, CFD)
wird auf Kursveränderungen spekuliert. Dabei ist die Differenz zwischen dem Ankaufspreis und Verkaufspreis einer
Aktie ausschlaggebend. Es wird also gewissermaßen darauf
gewettet, dass der Aktienkurs eine bestimmte Entwicklung
nimmt. Diese kann sowohl positiv als auch negativ sein. Im
Gegensatz zum gewöhnlichen Aktienhandel besteht somit

die Möglichkeit, auch am Verlust eines Unternehmens – sofern darauf gewettet wurde – zu profitieren. Auf das Einfachste heruntergebrochen, ließe sich zum CFD-Handel konstatieren, dass es wie ein Wettbüro ist: Wetten Sie auf einen Kursverlauf, der tatsächlich eintritt, so gehen Sie als Gewinner aus dem Investment hervor. Wichtig dürfte an dieser Stelle sein, dass Sie beim CFD-Handel kein Geld ins Unternehmen investieren und auch keine Anteile am Unternehmen erhalten. Stimmrechte, Dividendenzahlungen und andere Features einer Aktie entfallen. Der spekulative Charakter der CFDs wird dadurch erweitert, dass Hebel zur Anwendung kommen können: Je nach Anbieter ist ein Hebel von 1:10, 1:20 oder gar 1:30 möglich. Die erste Zahl – vor dem Doppelpunkt – verweist auf das von Ihnen eingesetzte Kapital, während die zweite das Vielfache Ihres Einsatzes widerspiegelt, mit dem letztendlich operiert wird. Setzen Sie beispielsweise 300 € auf einen Kursverlust um einen bestimmten Mindestbetrag in einem festgelegten Zeitrahmen und wählen einen Hebel von 1:20, dann wird das eingesetzte Kapital mit 20 multipliziert und damit operiert. So ist es bei einem Einsatz von 300 € so, als würden Sie 6.000 € setzen. Doch Achtung: Sie müssen anfangs nur die 300 € hinterlegen, doch bei einem Verlust müssen Sie die verbliebenen 5.700 € nachzahlen. Gesteigerte Gewinnchancen gehen mit erheblichem Verlustrisiko Hand in Hand. Glücklicherweise kann jeder Anleger über die Anwendung von Hebeln sowie deren Höhe selbst entscheiden.

So weit, so gut ...

❖ Beim CFD-Handel wird nicht mit Aktien gehandelt, sondern mit den CFDs, die eine eigene hochspekulative Wertpapiersorte sind

---

> ❖ Es kann sowohl auf Kursgewinne als auch auf Kursverluste gewettet werden
>
> ❖ Durch den Einsatz von Hebeln wird das eingesetzte Kapital erhöht, was gleichermaßen hohe Gewinnchancen wie hohes Verlustrisiko zur Folge hat

CFD-Handel wird von Online-Brokern angeboten. Zahlreiche Anbieter spezialisieren sich auf den Handel mit Differenzkontrakten und lassen andere Angebote außen vor. Neben dem CFD-Handel mit Aktien werden CFDs für Kryptowährungen, ETFs und weitere Finanzprodukte angeboten. Im zweiten Kapitel erfahren Sie, welche Broker es gibt und welche Angebote diesbezüglich bei Banken erhältlich sind. Dort werden Sie die Anlaufstellen für den CFD-Handel kennenlernen.

Optionsscheine

Optionsscheine gehören der Gruppe der Derivate an, die die risikoreichen Wertpapierarten umfassen. Zu dieser Gruppe zählen übrigens auch Anleihen und CFDs. Optionsscheine haben die Besonderheit, dass sie das Recht gewähren, einen Basiswert in der Zukunft zu einem vorab definierten Preis zu kaufen. Dies bedeutet, dass ein Anleger, der z. B. auf einen Rohstoff spekulieren möchte, einen Optionsschein holt, der es ihm ermöglicht, diesen Rohstoff in der Zukunft zu einem bestimmten Preis zu kaufen. Sollte der Rohstoff an Wert gewinnen und die im Optionsschein verankerte Summe zur Kaufoption liegt niedriger, dann ist die Realisierung der Option lukrativ. Denn der Anleger erhält den Rohstoff zu einem geringeren Preis als den, der marktüblich ist. Sollte der Preis nicht lukrativ sein, weil der Preis des Rohstoffs sich schlecht entwickelt hat und die Option teurer als der

Rohstoff ist, dann steht es dem Anleger frei, die Option nicht wahrzunehmen.

Es existieren verschiedene Arten von Optionsscheinen. Dazu gehören einerseits die Call-Optionsscheine, andererseits die Put-Optionsscheine. Erstere gewähren die Option, den Basiswert zu einem bestimmten Preis zu kaufen, letztere wiederum die Option, den Basiswert zu einem bestimmten Preis zu verkaufen. Des Weiteren wird in europäische und amerikanische Optionsscheine unterteilt: Bei den europäischen Optionsscheinen kann die Option zum Kauf oder zur Veräußerung erst am Ende der Laufzeit gezogen werden, bei amerikanischen hingegen über die komplette Dauer der Optionslaufzeit. Zuletzt besteht ein Unterschied in der Form der Wahrnehmung der Option. So muss der Verkäufer der Option, der Stillhalter genannt wird, entweder nach Wahrnehmung der Option durch den Käufer den Basiswert liefern oder er gleicht die Differenz zwischen dem Kaufpreis und dem verankerten Basispreis in der Option durch eine Zahlung aus.

So weit, so gut ...

- ❖ Optionsscheine gewähren dem Käufer die Option, einen Basiswert (ob Aktie, Rohstoff, Nahrungsmittel, ETF oder andere handelbare Werte) in der Zukunft zu einem bestimmten Preis zu verkaufen oder zu kaufen
- ❖ Der Verkäufer der Option ist als Stillhalter zum Kauf bzw. Verkauf des Basiswerts verpflichtet, sofern es der Käufer der Option verlangt
- ❖ Optionsscheine unterteilen sich in Call- und Put-Scheine sowie in europäische und amerikanische Varianten

---

Optionsscheine lassen sich auch vor Auslaufen der Optionsdauer verkaufen. In diesem Fall bilden die Faktoren Basiswert, Basispreis, Laufzeit und Bezugsverhältnis den Optionsscheinkurs. Der Basiswert ist die Art des Wertpapiers, auf welches die Option ausgesprochen wird. Der Basispreis wird häufig Ausübungspreis genannt und ist der Betrag, zu dem die Option gezogen werden kann. Bei der Laufzeit zählt die noch verbliebene Laufzeit der Option. Das Bezugsverhältnis wiederum fasst zusammen, wie viele Optionsscheine gekauft werden müssen, um das Optionsrecht überhaupt ausüben zu dürfen[3]. Sollte das Bezugsverhältnis 20:1 lauten, dann müssen Sie 20 Optionsscheine kaufen, um die Option realisieren zu dürfen. Aus all diesen Größen im Verhältnis zum gegenwärtigen Wert des Basiswerts (bei einer Aktie beispielsweise der Kursverlauf) wird ein Kaufpreis für den Optionsschein gebildet, zu dem Sie diesen zwischendurch verkaufen können.

Beispiel

Es existieren zwei verschiedene Optionsscheine für eine Aktie. Der eine hat eine Restlaufzeit von 2 Jahren und weist bereits einen höheren Kurswert der Aktie auf als der Ausübungspreis des Optionsscheins ist. Beim zweiten Optionsschein wiederum hat sich der Basiswert schlechter entwickelt als gedacht. Bei ebenfalls zwei Jahren Restlaufzeit ist der Ausübungspreis höher als der aktuelle Kurswert der Aktie. Welcher Optionsschein ist mehr wert? Natürlich der erste, da er bereits einen Wertanstieg verzeichnet hat und auf die Restlaufzeit gesehen ein geringeres Risiko birgt als der zweite Optionsschein.

---

[3] https://www.boerse.de/grundlagen/optionsschein/

Letzten Endes spielen in der Bewertung noch viele weitere Faktoren, wie z. B. die jeweilige Branche und das Land sowie dessen wirtschaftliche Situation, eine Rolle, um zwei Optionsscheine zu vergleichen und deren Risikoklassen zu evaluieren. Das Beispiel bezog sich nur auf die grundlegendsten Merkmale speziell der Optionsscheine, um den gesamten Sachverhalt vereinfacht zu erklären.

Welche Wertpapiere sind nahezulegen?

Einsteiger an der Börse profitieren von einem Risiko, das in Relation zu den Renditeerwartungen angemessen ist. Gleiches trifft auf Profis zu. Somit empfehlen sich dem Großteil der Anleger Kapitalanlagen in Aktien und Fonds; unter letzteren sei ein verstärktes Augenmerk auf die ETFs geworfen. Zur breiten Streuung eines eigenen Aktienportfolios dürfen auch Anleihen beigemischt werden. Diese gehören bereits den Derivaten an und stehen für ein größeres Risiko, aber sind vergleichsweise noch als gering riskant einzustufen. Wesentlich unsicherer sind der Devisenhandel, CFD-Handel sowie der Handel mit Optionsscheinen. Hier sind Einsteiger am besten damit beraten, Abstand zu nehmen und zunächst Erfahrungen mit den weniger riskanten Anlageklassen zu sammeln. Nach der Sammlung dieser Erfahrungen ist ein Einstieg in den Handel mit Derivaten möglich, jedoch nur in einem geringen Volumen, da die hochspekulativen Aktivitäten Suchtpotenziale und hohe Verlustrisiken bergen. Langfristig orientierte und professionelle Anleger werden den Weg hauptsächlich über Aktien, Fonds und ETFs gehen. Dementsprechend wird auf diese Anlageklassen in dem Ratgeber in den Folgekapiteln verstärkt eingegangen.

Die Börse im Schnellüberblick

Die Börse ist der Handelsplatz für die in diesem Kapitel vorgestellten Wertpapiere und weitere Wertpapierarten sowie vereinzelt auch Waren. Die in Deutschlands bekannteste Börse, an der der DAX gebildet wird, ist die Frankfurter Börse. Weitere Handelsplätze sind in Berlin, Stuttgart und Hamburg; um nur einige Namen zu nennen.

Es gibt auch verschiedene Arten von Börsen. Es existiert beispielsweise die Wertpapierbörse, welche die größte heutige Börsenart ist. Hier erfolgt der Handel mit Aktien, Wertpapieren und Derivaten. Die Wertpapierbörse gewährleistet eine fortlaufende Notation der Kursentwicklungen von Unternehmen. Der Begriff „Börse" wird heutzutage synonym für die Wertpapierbörse verwendet. Wenn Sie also von der Börse hören, ist stets die Wertpapierbörse gemeint.

Neben der Wertpapierbörse existieren Terminbörse, Warenbörse und Devisenbörse. Die Terminbörse ist auf den Handel mit sämtlichen Derivaten ausgerichtet, die ein Geschäft oder eine Option für eine Zukunft beinhaltet; also beispielsweise die Optionsscheine. Bei der Warenbörse wiederum werden Waren gehandelt. Diese greifbaren Güter können einerseits landwirtschaftliche Erzeugnisse, andererseits Rohstoffe und weitere Naturprodukte sein. An der Warenbörse werden die Preise der Güter abgebildet. Die Devisenbörse wiederum ist auf den Handel mit internationalen Zahlungsmitteln – also Währungen – ausgerichtet. Staatliche Kontrolle und amtliche Makler gewährleisten einen reibungslosen Ablauf. Außer den genannten Börsen sind mit börsenähnlich organisierten Märkten weitere Handelsplätze gegeben, darunter bei der Strom-, Dienstleistungs- sowie Softwarebörse[4].

---

[4] Günther, F.: *Cleverer Vermögensaufbau mit Aktien*. 2018.

Ist das zu glauben!?

Mit dem Emissionshandelssystem existiert ein Handelsplatz für die Rechte zum Ausstoß von Abgasen. Unternehmen bekommen vom Staat gewisse Grenzen auferlegt, was den Ausstoß von Kohlendioxid und weiterer Abgase anbelangt. Jene Unternehmen, die diese Grenzen nicht ausreizen oder die angestrebte Klimaneutralität erreicht haben, benötigen die Rechte nicht komplett bzw. gar nicht. In diesem Fall haben sie im Emissionshandelssystem die Möglichkeit, diese Rechte an andere Unternehmen zu verkaufen, die mit ihrem Abgasausstoß die Grenzen überschreiten würden.

Die Kurse für Wertpapiere werden an der Börse aus den An- und Verkaufspreisen gebildet. Es sind Charts verfügbar, die den Kursverlauf grafisch abbilden. Zudem sind auch die wichtigsten Kennzahlen für Unternehmen meistens bereits an der Börse aufgeführt und vereinfachen eine Einschätzung des Unternehmens. Mehr dazu in den Folgekapiteln.

Regeln an der Börse

An der Börse existieren Regeln, um die Transparenz der Unternehmen zu gewährleisten und Marktmanipulation zu verhindern. Zur Transparenz der Unternehmen tragen unter anderem die Vorschriften bezüglich der Bilanzierung und des Rechnungswesens bei. Die Jahresabschlussberichte der Unternehmen und eventuelle weitere Berichte sind für sämtliche Anleger frei zugänglich und im Internet abrufbar.

Was die Marktmanipulation angeht, so sind allem voran Maßnahmen gegen den Insiderhandel wichtig. Unter Insiderhandel fällt der Handel mit Informationen, die den Kursverlauf einer Aktie beeinflussen könnten. Eine Person aus dem Unternehmen ist ein sogenannter Insider. Sobald diese Person Informationen unter Ausschluss der Öffentlichkeit an eine einzige Person vermittelt, kann diese Person die Informationen nutzen, um auf eine Veränderung des Kurses zu spekulieren. Es handelt sich also um einen Betrug durch einen Vorteil gegenüber anderen Aktionären. Ein Insiderhandel kann einerseits Auswirkungen auf das Unternehmen, andererseits auf die Anleger haben. Wer beispielsweise besonders günstig eine hohe Menge an Aktien durch Insiderhandel aufkauft, erlangt unter Umständen einen weitreichenden Einfluss im Unternehmen.

Kursrelevante Informationen, deren Weitergabe an Einzelne als Insiderhandel gewertet werden kann, sind z. B. die folgenden (vgl. Günther, 2018):

- Kauf oder Verkauf von Unternehmensbereichen
- Beteiligungen an Gesellschaften durch das Unternehmen
- Verringerung oder Erhöhung der Dividendenzahlungen
- Produktneuheiten des Unternehmens
- Umstrukturierungen innerhalb eines Unternehmens

Unternehmen sind verpflichtet, Nachrichten wie diese im Voraus zu veröffentlichen. Die Veröffentlichungspflicht bzw. ad-hoc-Publizität ist in § 15 des WpHG (Wertpapierhandelsgesetz) verankert. Dadurch kommen alle Akteure auf dem Markt auf denselben Wissensstand und es wird unerwarteten plötzlichen Kursentwicklungen vorgebeugt. Dies steigert das Vertrauen in den Kapitalmarkt sowie dessen Entwicklung. In dem Paragrafen sind im Rahmen der Veröffentlichungspflicht auch die Jahresabschlüsse erwähnt, die eine Bilanz, Kapitalflussrechnung, Gewinn- und Verlustkostenrechnung sowie einen Anhang mit wichtigen Erläuterungen zu diesen Komponenten enthalten sollen.

> **Hinweis!**
>
> Für die Jahresabschlüsse kommen verschiedene Standards infrage. Bei einzelnen Gesellschaften in Deutschland sind Jahresabschlüsse nach den Regelungen des Deutschen Handelsgesetzbuchs (HBG) oder nach internationalen Standards (IFRS) möglich. Ist das Unternehmen jedoch ein Konzern – also ein Zusammenschluss mehrerer Gesellschaften – so ist ein Jahresabschluss nach internationalen Standards verpflichtend. Welche Unterschiede die verschiedenen Standards einbringen, erfahren Sie im dritten Kapitel, in dem u. a. Unternehmensbewertungen zur Einschätzung einzelner Aktien behandelt werden.

Werden durch die BaFin (Bundesanstalt für Finanzdienstleistungsaufsicht) Fehler in den Jahresabschlüssen festgestellt, dann erfolgt eine Sanktionierung des Unternehmens und eine Verpflichtung zur Korrektur. Schließlich sollen die Jahresberichte die reale Lage des Unternehmens widerspiegeln und eine möglichst zuverlässige Einschätzung der Unternehmenssituation ermöglichen.

Neben den genannten Maßnahmen zur Vermeidung des Insiderhandels und für die Transparenz an der Börse gibt es auch Maßnahmen gegen die Marktmanipulation. Eine Marktmanipulation ist auf verschiedenen Wegen möglich, wozu u. a. das Streuen falscher Gerüchte gehört; in diesem Fall ist des Öfteren die Rede von der sogenannten „selbsterfüllenden Prophezeiung": Wenn eine Person, die am Kapitalmarkt in irgendeiner Form tätig ist, behauptet, dass die Übernahme eines Unternehmens durch einen Konkurrenten bevorsteht, obwohl dies nicht der Fall ist, erwarten Anleger bei dem expandierenden Unternehmen einen Anstieg des Aktienkurses und investieren dementsprechend. Hat die

Person jedoch gelogen und es steht keine Übernahme bevor, dann nimmt der Kurs einen unnatürlichen Verlauf – Marktmanipulation.

Ist das zu glauben!?

Elon Musk, der Gründer und Geschäftsführer des E-Autobauers *Tesla*, postete 2018 einen Tweet, in dem er ankündigte, *Tesla* von der Börse nehmen zu wollen. Dafür hätte er 70 Milliarden US-Dollar aufbringen müssen. Es war letzten Endes nichts als heiße Luft. *Tesla* ist auch heute noch an der Börse, Elon Musk wurde wegen Marktmanipulation verurteilt. Der Börsenwert von *Tesla* stieg zwischendurch um mehrere Milliarden US-Dollar nach seiner Ankündigung, ehe er rapide um noch mehr Milliarden fiel. Für Elon Musk mündete seine Aktion in einer Geldstrafe von mehreren Millionen US-Dollar.

Neben dieser Art der Marktmanipulation existiert das Cornering, bei dem einzelne Aktionäre die Aktien einer Gesellschaft oder Warengruppe komplett aufkaufen. Daraufhin ist es möglich, den Preis selbst festzulegen. Berühmt ist in diesem Kontext der Fall der Gebrüder Hunt, die in den Siebzigerjahren in das Silbergeschäft einstiegen. Einige Milliarden US-Dollar genügten, um durch den Kauf von Wertpapieren die Kontrolle über den Markt für Silber zu erlangen. Die Preise für Silber, die bereits zu Beginn der Ankaufstrategie hoch waren, stiegen umso mehr. Mit den steigenden Preisen jedoch etablierte sich ein größeres Angebot auf dem Markt, weswegen die Gebrüder Hunt immer wieder aufs Neue Silber zukaufen mussten, um die Kontrolle zu behalten. Die finanziellen Mittel der Gebrüder waren jedoch im Silber gebunden, sodass sie für liquide Mittel Kredite aufnehmen mussten. Als sie es nicht hinbekamen, die Verbindlichkeiten zu tilgen und kein Silber hinzukaufen konnten, etablierte sich durch die Konkurrenz ein günstigeres Angebot auf dem Markt. Mit dem gesunkenen Silberpreis kam das Konstrukt der Gebrüder zum Einsturz. Sie vermeldeten im Jahre 1989 ihren Bankrott und mussten Schadensersatzzahlungen leisten.

Die Geschichte lehrt, sich an die Regeln an der Börse zu halten, um Sanktionierungen zu vermeiden. Die Marktmissbrauchsverordnung (MMVO) unterliegt im Rahmen ihrer Modifikationen regelmäßigen Verschärfungen. Mittlerweile ist sogar der Versuch der Marktmanipulation strafbar. Insgesamt ist mit folgenden Strafen bei Marktmanipulation zu rechnen:

- Einzelpersonen: Bis zu fünf Jahre Freiheitsstrafe und bis zu 5 Millionen Euro Geldstrafe
- Bei gewerblichen Handlungen: Bis zu zehn Jahre Freiheitsstrafe
- Unternehmen: Zwischen fünf und 15 Millionen Euro Geldstrafe

Was brauche ich für den Aktienhandel?

Der Handel mit Aktien bzw. die langfristige Geldanlage in Aktien bedarf dreierlei: Bankkonto (im Idealfall ein prall gefülltes, aber auch mit kleineren monatlichen Beträgen lässt sich auf lange Sicht einiges erreichen), Depot und Broker. Während die erste Komponente bekannt sein dürfte, erwecken die anderen beiden Komponenten womöglich Fragezeichen. Was ist mit Depot und Broker gemeint und wieso spielen sie eine wichtige Rolle beim Wertpapierhandel?

Depot

Das Depot lässt sich als Konto für Wertpapiere bezeichnen. Um mit Wertpapieren zu handeln, ist ein Depot erforderlich, da es sich nicht um Geldwerte handelt. Geldwerte lagern auf Bankkonten und dienen der Bezahlung. Doch Anteile an Unternehmen oder Optionsscheine können nicht auf einem Bankkonto lagern. Ein Depot ist bei jeder Bank erhältlich, ebenso bieten Online-Broker Depots an. Mit dem Broker sind wir beim nächsten Punkt angekommen ...

Broker

Ein Broker handelt mit Wertpapieren. Sie selbst als Anleger dürfen dies nämlich nicht, da eine Lizenz erforderlich ist. In die Pflichten eines Brokers gehört aus Ihrer Perspektive womöglich nur der An- und Verkauf, doch in der Tat haben Broker weitere Aufgaben, wie z. B. die ordnungsgemäße Bildung der Aktienkurse auf Basis des letzten An- und Verkaufspreises eines Wertpapiers. Brokern werden somit durch Anleger die Orders (Befehle; treffender: Aufträge) zum Kauf oder Verkauf erteilt und diese Orders erfüllt der Broker. Dies kostet zwar, ist jedoch unumgänglich. Eine geringe Anzahl an Brokern bietet den Wertpapierhandel ohne Ordergebühren an, jedoch geht dies meistens mit Einschränkungen einher, z. B. weniger Börsen.

Bankkonto

Das Bankkonto als drittes Glied ist essenziell, um Geld für den Kauf von Wertpapieren überweisen, Dividendenausschüttungen erhalten und Erlöse aus dem Verkauf von Wertpapieren empfangen zu können. Da ein Aktienhandel privat stattfindet, ist das Girokonto vollkommen ausreichend. Beim gewerblichen Handel mit Aktien ist das Geschäftskonto anzugeben.

Wie wird gehandelt?

Es wird ein Depot bei einer Bank oder einem Online-Broker eröffnet. Hierzu erfolgen im nächsten Kapitel genaue Ratschläge mit konkreten Empfehlungen. Bei der Eröffnung müssen persönliche Daten angegeben werden, wozu u. a. die Bankverbindung zählt. Nach der Einrichtung eines Depots können die Aktien ausgewählt und direkt angekauft werden. Dies erfolgt über Orders an den Broker.

Grundlegende Begriffe: Von der Konjunktur über die Dividende bis hin zum Cost-Average-Effect

In alphabetischer Reihenfolge werden in diesem Unterkapitel die wichtigsten Begriffe aus dem Aktienhandel, der Börse und dem Rechnungswesen von Unternehmen aufgeführt. Damit schließen die Grundlagen und es wird Raum für den Einstieg in den Aktienhandel geschaffen, womit sich das nächste Kapitel befasst. In diesem Unterkapitel werden Sie zwischendurch immer wieder nachschlagen können, falls ein Begriff auftaucht, der bei Ihnen Fragezeichen hervorruft.

Abschreibung/Amortisation

Unternehmen machen davon in den Gewinn- und Verlustkostenrechnungen Gebrauch. Der Kauf bestimmter Güter (z. B. Fahrzeuge, Immobilien, elektrische Geräte) muss über rechtlich vorgeschriebene Zeiträume abgeschrieben werden, um die Ausgabe steuerlich geltend zu machen. Abschreibungen und die Amortisation werden in der Steuererklärung den Ausgaben zugeordnet und mindern den Gewinn von Unternehmen.

ad-hoc-Meldungen

ad-hoc-Meldungen sind europaweit ein verpflichtendes Instrument für börsennotierte Unternehmen, um Insiderhandel entgegenzuwirken. Sollte eine Information im Unternehmen vorhanden sein, die den Börsenkurs beeinflussen könnte, ist das Unternehmen zur Herausgabe dieser Information in Form einer ad-hoc-Meldung verpflichtet. Andernfalls macht sich das Unternehmen strafbar. Anleger in Aktien sind bestens damit beraten, regelmäßig die Nachrichten zu verfolgen und sich auf mehreren Websites, die als hochwertige Informationsquellen einzustufen sind, Push-Nachrichten einzurichten, damit eine möglichst große Menge an ad-hoc-Meldungen schnell durchkommt und rechtzeitig durch den Kauf oder Verkauf von Aktien reagiert werden kann, falls Negativentwicklungen zu erwarten sind.

BaFin

BaFin ist die Kurzform der *Bundesanstalt für Finanzdienstleistungsaufsicht*. Sie ist für die Kontrolle des Finanzwesens in Deutschland zuständig. Dies umfasst einerseits die Bilanzierung und die Korrektheit des Rechnungswesens von Unternehmen, andererseits die Aktivitäten von Anlegern und den Handel an der Börse.

Bilanz

Die Bilanz stellt Einnahmen und Ausgaben eines Unternehmens einander gegenüber. Börsennotierte Unternehmen sind zu Bilanzen verpflichtet. Mindestens einmal im Jahr muss die Bilanz im Rahmen des Jahresabschlusses veröffentlicht werden. Unternehmen steht es frei, dies in Form von Halbjahres- und Quartalsberichten noch öfter zu machen. Insbesondere bei einem auffällig starken Quartal oder Halbjahr machen Unternehmen von entsprechenden Berichten Gebrauch.

Blue-Chips

Unternehmen, deren Bekanntheit über die Landesgrenzen hinaus geht, die eine hohe Bonität aufweisen, viele

Dividenden ausschütten und beste Wachstumsprognosen in Aussicht gestellt haben, sind hochqualitativ. Sie werden als Blue-Chips bezeichnet und sind für jedes Aktienportfolio eine Empfehlung.

Broker
Ein Broker ist ein Börsenmakler, der lizenziert ist und über den der Handel mit Wertpapieren durch Orders erfolgt. Auch außerhalb der Börse muss der Handel über einen spezialisierten Börsenmakler stattfinden.

Cost-Average-Effect
Der Cost-Average-Effect, zu Deutsch Durchschnittskosteneffekt, ist ein Phänomen, welches bei der regelmäßigen Anlage eines gleichbleibenden Betrags in Wertpapiere entsteht. Dies lässt sich optimal anhand eines Beispiels erklären:

- Sie kaufen immer Aktien eines Unternehmens.
- Im ersten Jahr sind es Aktien für einen Preis in Höhe von 200 €.
- Im zweiten Jahr und in den darauffolgenden 3 Jahren sind es ebenfalls 200 €.
- Nach fünf Jahren ist der Aktienkurs des Unternehmens gegenüber dem Beginn der Kapitalanlage um 5 € gesunken.
- Dennoch machen Sie am Ende Gewinn. Wie ist das möglich?

Die Tabelle gibt nähere Auskunft.

Jahr	Sparbetrag	Anzahl der gekauften Aktien
1	200 €	4
2	200 €	7
3	200 €	6

| 4 | 200 € | 5 |
| 5 | 200 € | 4 |

Anfangs kostet also eine Aktie 50 €. Der Preis sinkt mit der Zeit, sodass Sie zum selben Preis mehr Aktien einkaufen können. Zu Beginn des fünften Jahres ist der Wert stabilisiert und beträgt erneut 50 €, sodass im fünften Jahr wieder vier neue Aktien hinzugekauft werden. Am Ende des Jahres oder zu Beginn des sechsten Jahres entscheiden Sie sich, sämtliche Wertpapiere zu verkaufen. Der Kurs ist im Vergleich zum Anfangskurs von 50 € um 5 € gesunken und beträgt nun 45 €. Da der Kurs zwischendurch jedoch noch geringer war, haben Sie eine Vielzahl an Aktien günstig einkaufen können, von denen einige im Wert gestiegen sind.

Betrachten wir zunächst Ihr Gesamtinvestment: 1.000 €. Nun werfen wir einen Blick auf die Anzahl der gekauften Aktien: 26. Diese Anzahl der Aktien wird mit dem Stückpreis pro Aktie multipliziert, zu dem Sie die einzelnen Aktien verkaufen; also mit 45 € zu Beginn des sechsten Jahres. Das Ergebnis ist Ihr Verkaufserlös: 1.170 €.

Der Durchschnittskosteneffekt meint also das Phänomen, dass Sie die Kosten bei Sparplänen mit gleichbleibenden Beträgen pro Aktie auf den Durchschnitt runterrechnen müssen. Erst dann lassen sich Rückschlüsse darauf ziehen, ob im Vergleich zum Kurs bei der ersten Investition mit dem Kurs beim Verkauf ein Gewinn oder Verlust zu Buche steht.

DAX

Der DAX ist der *Deutsche Aktienindex*. Er bildet die 30 größten bzw. ertrags- und vermögensreichsten Unternehmen Deutschlands ab, deren Aktien an der Frankfurter Börse gehandelt werden. Der DAX ist ein international und national angesehener Leitindex und gibt wichtigen

Aufschluss über die wirtschaftliche Lage Deutschlands. Neben dem DAX gibt es weitere Indizes, wie z. B. den MDAX und den SDAX. Ersterer beinhaltet 60 Unternehmen, die auf die 30 stärksten nach denselben Kriterien folgen. Der SDAX enthält 70 weitere, kleinere Unternehmen, die auf die im MDAX folgen.

Depot
„Konto" für Wertpapiere. Hier werden Wertpapiere gelagert. Es handelt sich um keine Wertpapiere im physischen Sinne, wie es noch vor Zeiten der Digitalisierung war. Mittlerweile sind die Wertpapiere nichts anderes als Zahlen in einer Datenbank, die einer Person die Anteile zuordnen. Im Wertpapierdepot gibt es noch das sogenannte Musterdepot, in welches sich favorisierte Aktien ohne Kauf einlagern lassen, um deren Kursverlauf zu beobachten.

Dividende
Es handelt sich um die jährlichen Gewinnausschüttungen von Unternehmen an Aktionäre. Alternative Bezeichnungen sind Gewinnbeteiligung, Dividendenausschüttung und Dividendenzahlung. Anteilseigner haben – zumindest bei Vorzugsaktien – ein Anrecht auf die Dividende, jedoch kann das Unternehmen beschließen, keine auszuschütten, um ins Wachstum oder den Abbau von Schulden zu investieren.

Dow Jones
Es ist der „DAX der USA", der die 30 ertrags- und vermögensreichsten börsennotierten Unternehmen in den USA abbildet. Allerdings sind die Mechanismen, nach denen er aufgestellt wird, derart veraltet, dass er kritisiert wird. Beispielsweise sind Giganten wie *Apple* und *Amazon* nicht im Dow Jones gelistet. Der S&P500 liefert in den USA mehr Aussagekraft.

Euro STOXX

Auf Initiativen Deutschlands, der Schweiz und Frankreichs hin wurde im Februar 1998 die Indexfamilie *Euro-Stoxx* vorgestellt[5]. Das wichtigste Verzeichnis ist der Euro STOXX 50, der die 50 stärksten Unternehmen innerhalb der Euro-Länder abbildet.

Inflation

Steigt das allgemeine Preisniveau an, dann sinkt der Wert des Geldes. Dies wird als Inflation bezeichnet. Zur Ermittlung der Inflationsrate wird ein virtueller Warenkorb mit Waren des täglichen Verbrauchs gebildet. Je nachdem, wie stark die Produkte im Vergleich zum Vorjahr im Preis gestiegen sind, ist die Inflation anzusetzen. Angepeilt wird eine Inflationsrate von 2 %. In Deutschland war sie in den vergangenen Jahren geringer, während es in anderen Staaten andere Sätze gab. Neben der objektiven Inflation, die vom Amt nach dem beschriebenen Muster gebildet wird, existiert die subjektive Inflation: Jeder Bürger kauft andere Produkte und wird die Inflation in anderem Maße zu spüren bekommen. Für Anleger ist die Inflation dahingehend ein wichtiger Aspekt, als dass sie in Kombination mit der Niedrigzinsphase früher sichere Anlagearten disqualifiziert. Waren früher Zinsen auf dem Sparbuch in Höhe von 5 % die Norm und stand nach Abzug der Inflation von 2 % ein dreiprozentiger Gewinn zu Buche, sind nun Zinsen von 0,03 % auf dem Sparbuch keine Seltenheit. Konsequenz: In Kombination mit der Inflation in Höhe von 2 % ergibt sich ein Verlust, der 1,97 % beträgt! Dementsprechend zieht es die Anleger von Sparbüchern und Tagesgeldkonten weg zum etwas riskanteren, doch dafür renditestärkeren Wertpapierhandel.

---

[5] https://www.boerse.de/boersenlexikon/EURO-STOXX

Konjunktur

Die Konjunktur besteht aus verschiedenen Zyklen. Bei den Konjunkturschwankungen handelt es sich um die wirtschaftlichen Schwankungen, die Aufwärts- und Abwärtstrends darstellen. In Phasen, in denen die Wirtschaft aufblüht, ist entweder von einer Expansion oder aber von einem Boom – dies wäre der absolute Höhepunkt – zu sprechen. Hier liegen die Aktienkurse insgesamt am höchsten. Das Gegenteil der Blütezeit ist die Rezession als Zeit des wirtschaftlichen Abschwungs sowie die Depression als absoluter Tiefpunkt. In diesen Phasen fallen die Aktienkurse für gewöhnlich in den Keller. Doch Achtung: Es gibt Unternehmen, deren Angebote konjunkturunabhängig gefragt sind. Deren Wertpapiere sind eine essenzielle Beimischung für jedes Portfolio, da sie in Zeiten von Rezessionen und Depressionen dem Portfolio Stabilität verleihen.

Volatilität

Ein Synonym für „Kursschwankungen". Aktienkurse verlaufen nie konstant und geradewegs. Sie unterliegen, wenn auch minimal, einem Anstieg sowie Abstieg. Je stärker der Kurs schwankt, desto volatiler ist er.

Rendite

Bezeichnet den Gewinn bei einem Investment. Wer beispielsweise in Wertpapiere 1.000 € anlegt und diese nach drei Monaten für 1.080 € wiederverkauft, hat einen Gewinn gemacht. In Relation zum Ankaufspreis ergibt sich ein Anstieg um 8 %. Somit beträgt auch die Rendite 8 %. Werden zwischendurch Zinsen oder Dividendenzahlungen eingenommen, fließen diese ebenfalls in die Berechnung der Rendite ein. Eine Rendite ist bei Gewinn positiv und bei Verlust negativ, wobei sie durch ein vorangestelltes Minus gekennzeichnet wird: -2 %.

Zusammenfassung

Aktien zu kaufen, bedeutet, Anteilseigner eines Unternehmens zu werden und an dessen Entwicklung zu partizipieren. Die Entwicklung von Unternehmen lässt sich jedoch nie mit 100-prozentiger Gewissheit prognostizieren. Oftmals ist sogar das Gegenteil der Fall, was Aktien in einigen Teilen der Bevölkerung immer noch eine Betrachtung mit großer Skepsis verschafft. Allerdings gibt es Wege, die Risiken beim Aktienhandel gering zu halten: Dies ist bei der Schaffung eines ausgewogenen Portfolios mit mehreren Aktien verschiedener Unternehmen der Fall. Hier wird das Risiko gestreut. Mit Aktienfonds und den ETFs existieren auf dem Finanzmarkt sogar spezielle Produkte, die von vornherein das Risiko streuen und bestimmten Konzepten folgen. So bleibt Anlegern ein eigenes Zusammenstellen sowie Management des Portfolios erspart. Aktien, Aktienfonds, ETFs und weitere Finanzprodukte können an der Börse erworben werden, die ein streng regulierter Markt ist, in dem Betrug und Manipulation teuer sind. Durch die Eröffnung eines Depots und Erteilung von Orders an den Broker werden Wertpapiere angekauft und verkauft.

Depot kostengünstig eröffnen und von günstigem Broker profitieren

Bei der Eröffnung eines Depots existieren drei Optionen: Zum einen ein Depot bei einer Filialbank, zum anderen bei einer Online-Bank oder einem Online-Broker. Während die Filialbanken einen umfangreichen Service rund ums Depot bieten, sind Anleger bei einer Online-Bank (auch Direktbank genannt) und dem Online-Broker in der Regel auf sich allein gestellt. Dafür sind Online-Bank sowie -Broker günstiger.

Erster Überblick

Bei Filialbanken handelt es sich um jene Banken, die Filialen – also eigene lokale Niederlassungen – betreiben. Sie zeichnen sich durch eigene Geldautomaten, Kundenschalter, jederzeit erreichbare Berater und Hilfestellung vor Ort aus. Direktbanken wiederum sind mit dem digitalen Zeitalter aufgekommen und bieten einen Service über das Internet an. Bei diesem Service geht es allerdings um Grundlagen zu der Eröffnung, Bedienung und Funktion des jeweiligen Kontos, was bedeutet, dass Beratungen zu Anlagestrategien, zur Vermögensverwaltung und zu weiteren finanziellen Aspekten ausbleiben. Durch Kooperationen mit Filialbanken ist es Kunden einiger Direktbanken möglich, an Automaten von Filialbanken kostenlos Bargeld abzuheben. Da keine

Filialen oder Automaten betrieben werden müssen und die Menge der zu bezahlenden Angestellten geringer ausfällt als bei Filialbanken, stellen Direktbanken Konten und Depots meist kostenlos oder mit geringen Kosten zur Verfügung. Der Online-Broker ist mit Direktbanken vergleichbar; mit dem Unterschied, dass er noch weniger kostet, dafür aber ausschließlich auf den Wertpapierhandel ausgerichtet ist und keinen Service für Bankgeschäfte offeriert.

Den Service der Filialbanken in allen Ehren, ist dieser nicht zwingend etwas Positives. Erfahrungen von Kunden und Berichte im Internet zeigen vermehrt, dass die Berater in Filialbanken darauf aus sind, die Produkte der Bank zu verkaufen. Die hiesigen Provisionen und die Optimierung der Kursverläufe der Bankprodukte durch deren Verkauf an Kunden sind Hindernisse für eine objektive Beratung. Wer als Kunde die Hoffnung hegt, objektiv beraten zu werden, wird dementsprechend oftmals enttäuscht. Somit verbleibt als Vorzug bei der Bank lediglich die direkte Anlaufstelle vor Ort: Man könnte meinen, aufgrund der Filialpräsenz seien schnellere Reaktionen auf Kursverläufe möglich. Doch der Schein trügt. Die Schließung eines Depots und der Kauf sowie Verkauf von Aktien nehmen bei Filialbanken Zeit in Anspruch und erfordern des Öfteren Unterschriften – also viel Bürokratie.

Direktbanken und Online-Broker hingegen halten die Kosten für Anleger gering, da sie auf beratenden Service und eine Vielzahl an Mitarbeitern verzichten. Kein Service hat keine Manipulation der Anleger zur Folge, sondern animiert die Anleger, sich selbstständig zu informieren. Wer sich nicht informiert, geht das Risiko ein, hohe Verluste einzufahren. Durch den jederzeit vorhandenen Online-Zugriff lassen sich Orders direkt in Auftrag geben und in kürzester Zeit umsetzen. Somit besteht die Möglichkeit, sogar bei rapide eintretenden Kursverlusten oder Kursgewinnen bedarfsgerecht schnell zu reagieren.

Direktbank oder Online-Broker?

Schlussendlich verbleibt die Frage, was für die Direktbank und was für einen Online-Broker spricht. Wie bereits erwähnt, hat der Online-Broker eine Spezialisierung auf Wertpapierhandel und einen deswegen geringeren Preis für seine Dienste. Das Depot beim Broker ist bei einem fairen Angebot kostenlos. Eine Order kann weitaus geringere Kosten als ein Prozent der Höhe des Transaktionsvolumens verursachen. Bei Direktbanken sind die Ordergebühren minimal höher, bei Filialbanken sind Mindestpreise – selbst bei kleinen Transaktionsvolumina – festgelegt. Abgesehen von diesen Mindestpreisen liegen die Ordergebühren potenziell bei über einem Prozent. In Bezug auf die Kosten punktet also der Online-Broker.

Aufgrund seiner Spezialisierung stellt der Online-Broker in der Regel ein größeres Informationsmaterial zum Depot des Anlegers und zum Aktienmarkt zur Verfügung:

- Realtime-Kurse aller Wertpapiere
- Analyse-Funktionen zur Vereinfachung der Kauf-, Halte- und Verkaufsentscheidungen
- OTC-Handel: Handel außerhalb der üblichen Handelszeiten an der Börse ist möglich
- Depotauszüge und weitere Dokumente sind jederzeit aufrufbar

Neben dem Online-Broker bieten einige Direktbanken ebenfalls derart weitreichende Vorzüge, wobei die Wahl der Direktbank über den Umfang sowie die Qualität der

51

Leistungen entscheidet. Was der große Vorteil von Direkt-banken gegenüber Online-Brokern ist, ist die zusätzliche Erledigung Ihrer Bankgeschäfte. Zum einen benötigen Sie für die Transaktionen an der Börse ein Konto, auf das Geld überwiesen und von dem Geld eingezogen werden kann. Zum anderen sind Sie auch im Alltag auf ein Konto angewiesen. Der Überblick über die gesamten Finanzen und ein perma-nenter Zugriff auf alle Posten sind der Vorzug von Direkt-banken gegenüber Online-Brokern.

Hinweis!

Auch im Hinblick auf die Kontoführungsgebühren und sonstigen Möglichkeiten zu Ersparnissen liegen die Direktbanken vor den Filialbanken. Testsieger wie die ING DIBA Bank geben ohne Bonitätsprüfung eine Kredit-karte heraus, mit der Bargeldverfügungen an sämtlichen Geldautomaten Deutschlands kostenlos sind. Darüber hinaus fallen für diese Kreditkarte ebenso wie für die EC-Karte keinerlei Gebühren an, wenn wir nach wie vor vom Angebot der ING DIBA Bank ausgehen. Andere Direktbanken warten mit einem vergleichbar guten Angebot auf. Prämien für Kontoeröffnung und weitere Aktivitäten mit dem neuen Konto eröffnen Aussichten auf Zusatzverdienste von bis zu 800 €! Beratung und Immobilienfinanzierungen ebenso wie andere Kredit-aufnahmen sind bei Direktbanken nicht im Angebot enthalten. Über diese Aspekte hinweggesehen, stellen Direktbanken eine optimale Wahl für die eigene Konto-führung dar. Aufgrund der ausschließlich digitalen Aktivitäten erweisen sich die Benutzeroberflächen der Anwendungen fürs Online-Banking häufig als nutzer-freundlicher als die der Filialbanken.

Ein abschließender Vergleich der drei Möglichkeiten zur Depoteröffnung mit Brokerage:

Anbieter	Filialbank	Direkt-bank	Online-Broker
Kosten	Hoch	Gering	Am geringsten
Erledigung der Bankgeschäfte	Inklusive	Inklusive	Nicht vorhanden
Beratung	Vorhanden	Nicht vorhanden	Nicht vorhanden
Schnelle Reaktion auf Kursverläufe	Nein	Ja	Ja
OTC-Handel	Nein	Ja	Ja
Übersicht über Kursverläufe	Ja	Ja	Ja
Aktualität der Kursverläufe	Dürftig	Hoch	Hoch

Empfehlungen für Direktbanken und Online-Broker

Um Ihnen bei der Entscheidung für eine Direktbank oder einen Online-Broker entgegenzukommen, stellen wir Ihnen je drei gute Anbieter aus beiden Kategorien vor. Sollten Sie eine Filialbank vorziehen wollen, dann versuchen Sie es zunächst bei der, wo Sie Ihr Konto haben. Sollte sich das Angebot als fair für Sie herausstellen, dann sind Sie dort richtig aufgehoben. Ansonsten holen Sie Angebote weiterer Filialbanken ein. Doch genug von den Filialbanken. Welche Direktbanken und Online-Broker wissen zu überzeugen?

Finanzen.net

Finanzen.net ist der Online-Broker mit dem besten Preis-/ Leistungsverhältnis. Die Orders für den Kauf unterliegen einem Festpreis von 5 €. Dieser ist unabhängig vom Transaktionsvolumen. Dies bezieht sich allerdings auf Aktien. Bei ausgewählten Fonds- und ETF-Sparplänen gibt es günstigere Konditionen, wobei für einen Kauf lediglich 1 € an Ausführungsgebühren anfällt. Zudem gibt es regelmäßig Sonderaktionen; einige sogar von Dauer, wie es beispielsweise bei den Derivaten der Fall ist, die pro Trade eine Gebühr von 2,50 € vorsehen. Die Depotführung an sich ist kostenlos.

Was neben der Kostenfrage bei Finanzen.net vorteilhaft ist, ist der Handel, der an allen deutschen Börsen und an allen Börsen in den USA erfolgen kann. Der außerbörsliche Handel ist ebenfalls im Angebot enthalten. Darüber hinaus hat sich Finanzen.net einen Namen als CFD-Broker gemacht: Im Gegensatz zu vielen anderen Anbietern ist hier also der Handel von Differenzkontrakten möglich. Zudem ist Trading über das Mobiltelefon möglich, was von unterwegs ein Management des eigenen Portfolios ermöglicht. Eine gebührenfreie Dividendenauszahlung hinterlässt einen starken Gesamteindruck.

xtb Online Trading

xtb punktet zunächst mit einer guten Web-Oberfläche. Dies kommt Anlegern entgegen, die sich vor der Entscheidung für ein Depot selbst einen ausführlichen Überblick über den Anbieter verschaffen möchten. Schnell fällt auf, dass der Anbieter neben Aktienanlagen auch die Investition in Rohstoffe, Devisen, ETFs, Indizes und Kryptowährungen ermöglicht.

Die Orderprovisionen liegen bei 0,1 % des Ordervolumens und sind unbegrenzt. Das Minimum liegt bei 3,99 € und ist für Kleinanleger besonders human angesetzt. Während die

Depotführung kostenfrei ist, ist die Erhebung von Gebühren auf Dividendenauszahlungen ein kleiner Wermutstropfen. Auch die Einschränkung, dass an einigen der deutschen Börsen nicht gehandelt werden darf, trübt das Gesamtbild. Ansonsten überzeugt xtb vollkommen:

- Außerbörslicher Handel
- Handeln von CFDs
- Unterstützung des Tradings über Smartphone
- 24h-Kundenservice von Montag bis Freitag
- Expertenbetreuung zur Analyse der Investitionen

Dies sieht doch bereits nach einem Service aus, welcher den Filialbanken nahekommt! Zumindest, wenn man den Worten Glauben schenken darf ... In der Praxis sind die Expertenbetreuung und die ebenfalls angebotenen Aus- und Weiterbildungen für Anleger zwar dankbar anzunehmen, allerdings ersetzen sie keineswegs eine ambitionierte Eigenausbildung mit regelmäßig gelesenen Nachrichten.

DKB

Die DBK Bank ist im Gegensatz zu den anderen beiden vorgestellten Anbietern kein Online-Broker, sondern eine Direktbank. Somit genießen Anleger den Vorteil, die Erledigung der Bankgeschäfte UND den Wertpapierhandel bei einem Anbieter abwickeln zu können. Was ist bei der DKB Bank nun an der allgemeinen Regel dran, Direktbanken seien teurer als Online-Broker?

Es bestätigt sich, wenngleich die DKB nur geringfügig höher liegt und allem voran in Relation zu Filialbanken ein weitaus preiswerteres Angebot setzt. Bis 10.000 € Ordervolumen liegen die Kosten bei 10 €, also gerade mal 0,1 %. Ab über 10.000 € Ordervolumen steigen die Provisionsgebühren auf 25 € an. Dies ist zugleich die Obergrenze. Somit existieren zwei Festpreise, die eine gute Übersicht über die

Kostenstruktur gewährleisten. Im Gegensatz zu Filialbanken und ebenso wie beim Online-Broker entfallen Depotgebühren.

Unter den sonstigen Konditionen ist zu berücksichtigen, dass der Handel von CFDs nicht im Angebot enthalten ist. Dies ist für Anfänger besser, da dadurch erst gar keine Verlockung entsteht, in das hochspekulative Geschäft mit den CFDs einzusteigen. In Sachen Handel sind ansonsten absolute Freiräume geschaffen: Vom außerbörslichen Handel über mobiles Trading bis hin zum Handel an sämtlichen deutschen Börsen! Die Auszahlungen von Dividenden erfolgen gebührenfrei, zudem sind ETF-, Fonds- und Zertifikat-Sparpläne zu günstigeren Konditionen enthalten.

DeGiro

Mit DeGiro widmen wir uns im Vergleich erneut einem reinen Online-Broker zu. Hier entfällt die Perspektive des Portfoliomanagements und der gleichzeitigen Erledigung der Bankgeschäfte. Dafür kommen Anlegern die günstigen Kosten entgegen, die der Kernvorteil dieses Online-Brokers sind. Auch im Vergleich zu xtb bietet DeGiro bei hohen Investitionssummen immense Kostenersparnisse. Im Vergleich zu finanzen.net locken die Kostenersparnisse bei geringen Ordervolumina. Die Orderprovision bei DeGiro beträgt mindestens 2 € zuzüglich 0,026 % des Ordervolumens. Hierbei markieren 30 € die Obergrenze. Neben der ausgesprochen fairen Kostenstruktur bis hierhin sind auch die Dividendenauszahlungen kostenfrei.

Wo DeGiro im Vergleich mit den anderen Online-Brokern verliert, sind die Handelsmöglichkeiten: Außerbörslicher Handel und der Handel an einigen deutschen Börsen entfallen. Der Großteil der deutschen Börsen, CFD-Handel und Handel an US-Börsen wiederum sind in dem Leistungskatalog mit inbegriffen.

ING DIBA

Die Direktbank ING DIBA ist eine Ausnahme unter den vorgestellten Depots und Brokerages. Grund dafür ist, dass die Bank vergleichsweise hohe Gebühren für Orders und verlangt und hohe Maximalpreise angesetzt hat. Die Maximalgebühr in Höhe von 69,90 € ist bei Investitionssummen ab dem fünfstelligen Bereich allerdings günstiger als die unbegrenzte Orderprovision bei xtb. Bevor die Maximalgebühr zum Tragen kommt, fallen bei der ING DIBA Bank Orderprovisionen von mindestens 4,90 € zuzüglich 0,25 % des Ordervolumens an. Insbesondere für Kleinanleger ein nicht unerheblicher Kostenpunkt. Doch die ING DIBA wäre nicht die ING DIBA, wenn sie nicht schmackhafte Einsteigerangebote anbieten würde, wie beispielsweise Gutscheine für die Eröffnung eines Depots und die Ermäßigung der Ordergebühren für die ersten sechs Monate nach Depot-Eröffnung. Der obige Screenshot veranschaulicht das Angebot der ING DIBA, welches die Enttäuschung über die vergleichsweise hohen Depotkosten mildert.

Der Punkt, an dem die ING DIBA gewinnt, ist das Bankangebot: Anleger können ein kostenloses Girokonto eröffnen, für das Sie kostenlose Kredit- und EC-Karten erhalten. Mit der Kreditkarte sind kostenlose Bargeldabhebungen an nahezu allen Automaten Deutschlands möglich. In Zeiten, in denen die Kontoführungsgebühren und zusätzliche Leistungen wie Kontoauszüge an Automaten bei Filialbanken viel Geld kosten, ist das Angebot der ING DIBA Bank willkommen.

Ein für eine Direktbank umfangreiches und flexibles Angebot zum Aktienhandel macht die ING DIBA durchaus konkurrenzfähig mit den Online-Brokern:

- Handel an allen deutschen Börsen möglich
- Handel an US-Börsen
- Außerhalb der Börse möglicher An- und Verkauf
- Mobiles Management des Wertpapierportfolios

Zudem werden Dividenden ohne Zusatzgebühren ausgezahlt. Alles in allem ist die ING DIBA Bank insbesondere für die Anleger interessant, die parallel auf der Suche nach einem Girokonto mit bestechend guten Konditionen sind. Bei Vorhandensein eines Kontos bei einer anderen Bank wiederum macht die Entscheidung für einen der Online-Broker wesentlich mehr Sinn.

Hinweis!

Der Anbieter etoro[6] ist eine vielfach beworbene Trading-Plattform, die durch den komplett gebührenfreien Handel in die Wahrnehmung der Öffentlichkeit gerückt ist: 0,00 % auf jedwede beliebige Order, keine Kosten für die Depotführung. Der außerbörsliche Handel ist ebenso nicht möglich wie der Handel an allen deutschen Börsen. Dafür ist ein Großteil der deutschen Börsen abgedeckt, auch CFD-Handel, Kryptowährungen und einige der US-Börsen sind enthalten. Besonders interessant ist die Vernetzung mit anderen Tradern, bei der sich deren Erfolg einsehen lässt und sich deren Portfolios exakt kopieren lassen. Deswegen vermarktet sich etoro als Social-Trading-Plattform. Durch die Erhebung von Gebühren auf Dividendenauszahlungen und das reduzierte Angebot an Handelsmöglichkeiten ist etoro allerdings keine Plattform für Profis. Auch Einsteiger laufen Gefahr, sich bei der Kopie fremder Strategien bzw. Portfolios zu verzocken.

---

[6] https://www.etoro.com/

Bei eigener Suche nach einem Depot: Aufmerksamkeit beim Angebot!

Bei der eigenen Suche nach einem Depot werden Sie auf eine Reihe weiterer Anbieter stoßen. Darunter werden sich Filialbanken oder spezielle Depots und Brokerages von Filialbanken befinden, die hohe Gebühren verlangen. Neben diesen werden Sie ebenso auf Online-Broker stoßen, die günstiger sind. Exakt an dieser Stelle müssen Sie aufmerksam die Angebote lesen! Denn auffällig günstige Online-Broker haben manchmal den ein oder anderen Haken. Als Beispiel dient ein Angebot zum Turbo24-Trading unter ig.com:

Wenn Sie aufmerksam lesen, dann wird Ihnen auffallen, dass es sich bei diesem Online-Broker hauptsächlich um einen Anbieter für Handel mit Zertifikaten und anderen Derivaten handelt. Dies schließt den sichereren Aktien-handel mit eigenem nachhaltigen Portfolioaufbau **nicht** mit ein. Die Informationen sind zwar oben im Header der Website ausgeschrieben, doch bei einem attraktiven Angebot für gerade mal 0,05 % des Ordervolumens an Gebühren mag der ein oder andere Einsteiger das aufmerksame Studium der Website überspringen. Es wird hiermit nur der Vollstän-digkeit wegen genannt: Studieren Sie bei jedem Depot-An-gebot und jeder Brokerage aufmerksam die Website (ja, auch das Kleingedruckte …) und holen Sie Informationen zu den Bewertungen durch andere User im Internet ein. Dadurch vermeiden Sie eine Depoteröffnung bei einem Anbieter, der Ihre Ansprüche nicht abdeckt. Wenn Sie Ihr Depot direkt bei dem für Sie persönlich adäquaten Anbieter eröffnen, können Sie sofort loslegen. Dies spart Zeit. Denn Sie wissen: Zeit ist Geld.

Zusammenfassung

Ein Vergleich der Optionen zur Depoteröffnung und Brokerage hat gezeigt, dass die Online-Broker geringe Kosten mit einer umfangreichen oder zumindest zufriedenstellenden Leistung kombinieren. Die Direktbanken und Filialbanken zeigen sich im Vergleich teurer, weisen jedoch Zusatzservices auf: Bei den Direktbanken ist es die Erledigung der Geldgeschäfte und bei Filialbanken sind es die Erledigung der Geldgeschäfte sowie die Beratung durch das Fachpersonal vor Ort. Doch so fachlich dieses Personal bei Filialbanken auch sein mag, zeigt sich, dass bei den meisten Banken alles auf den Verkauf hauseigener Produkte ausgerichtet ist, die auf dem gesamten Finanzmarkt bei weitem nicht die mit der besten Performance sind. Von daher ist die Depoteröffnung bei einer Direktbank oder einem Online-Broker angeraten. Das dortige Preis-/Leistungsverhältnis sowie die einfachen Abläufe über das Internet überzeugen alles in allem am meisten. Die große Auswahl bietet Anlegern die Möglichkeit, eine Direktbank oder einen Online-Broker zu finden, der vom CFD-Handel über die Menge und Art der verfügbaren Börsen bis hin zu der Höhe der Gebühren den eigenen Bedürfnissen entspricht.

Anlagestrategien

Wer sein Kapital in Wertpapiere anlegt, tut dies idealerweise mit Strategie. Dies bedeutet, dass die Zusammenstellung eines eigenen Portfolios, die Auswahl von Fonds oder der Kauf einzelner Aktien einen bestimmten Ansatz oder gar mehrere Ansätze verfolgt. Nun ist es zweifelsohne möglich, ohne eine bestimmte Strategie tätig zu werden: Sie investieren einfach in ein Unternehmen, welches gerade in den Medien sowie Prognosen hoch gehandelt wird. Doch das Problem ist, dass sich nicht hinter allen Kursverläufen wirklich das Potenzial eines Unternehmens verbirgt. Vereinzelt werden Aktien durch die bloße Aktivität der Anleger überbewertet, was sogar so weit führen kann, dass eine Blase entsteht, die platzt. Der Markt hat eben seine eigene Psychologie ... Eine Anlagestrategie wirkt dem entgegen, dass Sie sich von der Stimmung des Marktes mitziehen lassen. Sie setzen sich aufgrund der Strategie bestimmte Kennzahlen und Merkmale, anhand derer Sie die Wertpapiere evaluieren. Zudem sind die nachfolgend vorgestellten Anlagestrategien so konzipiert, dass das Risiko der Investments auf das geringstmögliche Maß reduziert wird.

Der Wachstumsansatz

Bei dem Wachstumsansatz (auch Growth-Ansatz genannt) zeigt sich der spekulative Charakter der Börse, da auf ein Wachstum des jeweiligen Unternehmens oder einer kompletten Branche spekuliert wird. Hierzu ist es erforderlich, die Nachrichten aufmerksam zu lesen und sich ein branchenübergreifendes Wissen bis in die Tiefe zu sichern. Dadurch erhalten Sie in jeder Branche einen Einblick in die Grundlagen, Trends, Prognosen, Abläufe und vieles mehr. So wird es Ihnen ermöglicht, selbst gewisse Unternehmens- und Branchenentwicklungen zu deuten.

> ## Beispiel
>
> Das Thema Datensicherheit gewinnt zunehmend an Bedeutung. Denn mit fortschreitender Digitalisierung werden immer mehr Menschen Nutzer des Internets und der dort angebotenen Dienstleistungen. Gleichzeitig wird Personen bewusst, dass bei zahlreichen Cloud-Diensten die persönlichen Dateien auf fremden Servern lagern. Was dort mit den Dateien geschieht, ist den vielen Bekundungen der Anbieter zum Trotz ungewiss. Aus diesem Grund steigt allem voran bei interessierten Unternehmen die Nachfrage nach Dienstleistern, bei denen die Dateien auf privaten Servern lagern.
>
> Nun ließe sich in Unternehmen aus der IT-Sicherheitsbranche investieren, die bei Cloud-Anwendungen ein gutes Angebot verzeichnen. Sie haben sich informiert und sich für eine Branche mit guten Wachstumsperspektiven entschieden. Doch dies ist nicht der Weisheit letzter Schluss. Wenn Sie sich in die Tiefe informieren, dann umfasst dies ebenfalls die technischen Grundlagen von Cloud-Systemen. Haben Sie sich auf den neuesten Stand gebracht, wird Ihnen klar, dass viele Unternehmen keine bedarfsgerechten Produkte anbieten. Beispielsweise lassen sich die Produkte schlecht an unterschiedliche Unternehmen anpassen.
>
> Sie würden im Rahmen weiterer Recherchen auf das Unternehmen *Palo Alto Networks* aus den USA stoßen, welches mit dem neuen Vorstandschef Nikesh Arora (Stand: Januar 2020) die Produktpalette attraktiv umgestaltet und für Unternehmen jederzeit

veränderbare Paketlösungen geschaffen hat. Zudem hat das Unternehmen im Vergleich zur Konkurrenz mehr verfügbare finanzielle Mittel zur Weiterentwicklung und zuletzt das auf Cloud-Sicherheit spezialisierte und hoch gehandelte Start-up *Aporeto* gekauft.

Dass gewisse Branchen wachsen werden, ist meistens nur eine Frage der Zeit. Deswegen sind Aktienfonds, die stets in gefragte Branchen investieren, meistens tatsächlich erfolgreich. Je nach Management des Fonds, sind Renditen von 10 % oder mehr pro Jahr förmlich eine Gewissheit. Es müsste zu Massenpaniken, geplatzten Blasen, Kriegen oder ähnlichen Katastrophen kommen, damit gefragte Branchen nicht das zu erwartende Wachstum hinlegen.

Folglich ist die Kunst beim Growth-Ansatz nicht, die richtige Branche auszusuchen, sondern daraus die Unternehmen herauszufiltern, die besonders gut aufgestellt sind und bei denen ein Eintritt des angestrebten Wachstums am wahrscheinlichsten ist. Dies erfordert genaue Informationen über die jeweiligen Unternehmen. Denn da beim Growth-Ansatz neben etablierten Unternehmen, die sich seit Jahrzehnten an der Börse bewähren und konstant wachsen, auch in die Start-ups investiert wird, ist eine Kenntnis der weniger populären Unternehmen bis in die tiefsten Details notwendig:

- Wie ist das Unternehmen aufgestellt? Gibt es renommierte Investoren oder Angestellte, die eine besonders überzeugende Vita vorzuweisen haben?
- Welche Ansätze verfolgt das Management? Ist es innovativ und konkurrenzfähig?
- Wie ist die Vermögens- und Ertragslage des Unternehmens und wie hat sich diese in der kurzen Existenz des Unternehmens entwickelt?

- Hat das Unternehmen bestimmte Absicherungen, um in Phasen schwächelnder Konjunktur das Wachstum fortzusetzen und Dividenden auszuschütten?

Dies sind einige der Anregungen. Vergewissern Sie sich einer wichtigen Tatsache insbesondere bei dem Growth-Ansatz: Sie investieren in das Unternehmen und erhalten dadurch Anteile an diesem. Somit gehört Ihnen das Unternehmen teilweise. Wie Sie bei einem eigenen Unternehmen ständig nach dem Rechten sehen würden, um insbesondere in der Anfangsphase eine Entwicklung nach den eigenen Vorstellungen sicherzustellen, sollten Sie sich bei der Kapitalanlage in einzelne Unternehmen über deren Situation, Besetzung und Perspektiven informieren.

Schlussendlich ist der Wachstumsansatz spekulativer Natur. Investieren Sie in Unternehmen aus wachsenden Branchen, wo die Prognosen lukrativ ausfallen, und segmentieren Sie unter den Unternehmen, sodass Sie die am besten besetzten heraussuchen, so profitieren Sie von hohen Gewinnaussichten. Da das damit einhergehende Risiko größer ist, sollten insbesondere Aktien von Startups einen geringen Anteil am eigenen Wertpapierportfolio ausmachen. Der Großteil eines Wertpapierportfolios umfasst idealerweise krisenfeste Wertpapiere. Solche hingegen, die sich als riskant erweisen und auf hohe Gewinne spekulieren, sind nur eine Beimischung und nicht der Kern des Portfolios. Der Kern eines Portfolios führt uns zu der nächsten Anlagestrategie.

Der Wertansatz

Der Wertansatz (auch Value-Ansatz genannt) verfolgt den Ansatz des Investments in werthaltige Aktien. Ziel ist es, ausschließlich in gestandene und gut bewertete Unternehmen zu investieren. Wichtig ist, zum richtigen Zeitpunkt zu kaufen, wobei sich bereits die Kernherausforderung der „Value-Aktien" hervortut: Sie sind wertstabil und sichern eine konstante Rendite bei geringem Risiko zu, sodass sie bei einer Vielzahl an Anlegern beliebt sind. Dies führt häufig zu einer Überbewertung der Unternehmen. So kann es dazu kommen, dass der Börsenwert eines Unternehmens 50-mal so hoch bewertet wird, wie die jährlichen Gewinne, die das Unternehmen einfährt. Steigt diese Zahl an und es kommt vermehrt zu Überbewertungen, droht gar das Platzen einer Blase mit Massenausverkäufen und rapiden Kursverlusten. Aus diesem Grund ist es auch beim Wertansatz unumgänglich, selbst Analysen der Wertpapiere, der Unternehmen und der gesamten Branche durchzuführen, was Sie im nächsten Kapitel lernen werden. Zentrales Instrument ist hierbei die Berechnung des Unternehmenswerts. Es handelt sich um eine einfache Rechnung, die dafür bei dem wichtigen Schritt hilft, das Unternehmen zu evaluieren: Ist das Unternehmen unterbewertet, aber bereits jahrzehnte- oder gar jahrhundertelang etabliert und zeigt ein solides Wachstum, dann ist „Kauf" die richtige Order. Sollte das Unternehmen zu hoch bewertet sein, lohnt ein Kauf nicht. In diesem Fall warten Sie auf einen Kursverlust und kaufen, sobald die Kurse im Keller sind. Denn ein gestandenes Unternehmen wird sich immer rehabilitieren und wieder hohe Kurse verzeichnen, wie bereits die Vergangenheit anhand von Großkonzernen wie *Facebook*, *Adidas* und *VW* gezeigt hat.

„Value-Unternehmen" weisen ein konstantes Wachstum auf, eine geringe Menge an Schulden und sind darüber hinaus lange auf dem Markt, womit sie eine gewisse Krisenfestigkeit unter Beweis gestellt haben. Einige der Unternehmen zeichnen sich sogar durch staatlich zugesicherte Aufträge aus, was sogar in Phasen der Rezession oder der Depression in der Wirtschaft Anlegern gewisse Sicherheiten für die Kapitalanlage in Aussicht stellt. Was Sie tun müssen, um diese Unternehmen zu finden? Erneut gilt: Sich selbst weiterbilden steht an oberster Stelle!

Beispiel

In Zeiten der Niedrigzinsphase wird das Bauen lukrativer, weswegen allem voran Infrastrukturaktien einen Aufwärtstrend erleben. Dieser wird womöglich noch einige Zeit anhalten. In dieser Bau-Branche existieren Unternehmen, die als Big Player gelten und sich auf dem Markt behauptet haben. Robuste Bilanzen und ein jahrzehntelanges Bestehen zeugen von „Value".

Sie sind informiert und investieren in Zeiten des Niedrigzinses in ein börsennotiertes Infrastrukturunternehmen, welches am Markt lange etabliert ist. Doch es kommt zu einer Schwächephase der Konjunktur und in der Folge zu einem Kursverlust des Unternehmens. Diese Schwächephase dauert mehrere Monate an und es ist kein Ende in Sicht. Sie verkaufen schnellstmöglich und fahren einen Verlust ein. „Value" ist eben nicht das einzige ... Hätten Sie sich detaillierter informiert und zu einem Experten in der Infrastrukturbranche ausgebildet, hätten Sie unter den Infrastrukturunternehmen feiner segmentiert. Sie hätten sich die Frage gestellt: „Welche Unternehmen aus dieser Branche werden auch bei schwächelnder Konjunktur in der Baubranche stabil dastehen?" Als Antwort auf die Frage wären Sie womöglich beim französischen Unternehmen *Vinci* gelandet, welches staatlich garantierte und für mehrere Jahre im Voraus festgelegte Mauteinnahmen vorzuweisen hat. Dies sind Voraussetzungen, um selbst in Schwächephasen eine überzeugende Performance hinzulegen.

„Value" ist letzten Endes nicht das, was nur an den Unternehmen, deren Geschichte und der jetzigen Situation sowie der Beliebtheit der Wertpapiere bei Anlegern bemessen wird. „Value" richtet sich nach der Branche und erneut nach den spezifischen Merkmalen eines jeden Unternehmens. Es gilt, dass „Value-Aktien" bei einer gut überlegten Wahl und einer Streuung des Risikos auf mehrere Wertpapiere eine höhere Sicherheit als Wertpapieren des Growth-Ansatzes zugesprochen werden kann. Deswegen sollten „Value-Aktien" bei einem eigenen Portfolio stets den Kern bilden. Dies ist meistens schon dadurch geregelt, dass Sie in ETFs investieren, die bekanntlich die stärksten Aktien enthalten. Ergänzen Sie zu den ETFs noch eigens ausgewählte Value-Aktien, können Sie viel besser Schwerpunkte setzen und Aktien, die in Ihrer Gunst besonders hoch stehen, priorisieren.

Rebalancing

Beim Rebalancing (Ausbalancieren) wird eine regelmäßige Korrektur der Vermögensverteilung im Aktienportfolio auf den Ausgangszustand vorgenommen. Dadurch werden die Risiken automatisch gemindert und Aktien zum richtigen Zeitpunkt gekauft und verkauft. Damit das Rebalancing zielführend wirkt, muss der Aufbau des Aktienportfolios nach einem bestimmten Schema erfolgen.

Das Schema setzt auf eine Verteilung der Kapitalanlage auf verschiedene Branchen oder verschiedene Anlageklassen. Bei einer Verteilung der Kapitalanlage auf verschiedene Branchen könnte sich folgendes Bild ergeben: 40 % des Vermögens wandern in die IT-Branche, 20 % in das Gesundheitswesen, weitere 20 % werden in die Unterhaltungsindustrie investiert und die verbliebenen 20 % verteilen sich zu je 10 % auf die Branche der Luxusgüter sowie den Maschinenbau. Dies ist lediglich ein rudimentäres Beispiel, denn normalerweise werden Branchen ausgewählt, die gegensätzlich sind und sich noch stärker beeinflussen. Sollte die eine Branche einen Anstieg verzeichnen, aber die Wertpapiere einer anderen Branche würden sinken, so würden sich Unterschiede in der Vermögensverteilung ergeben.

Beispiel

Sie haben 20.000 € in den Ölmarkt investiert und weitere 30.000 € in erneuerbare Energien. Sie haben sich für einen größeren Anteil bei den erneuerbaren Energien entschieden, da diese auf lange Sicht das Öl als Energieträger ablösen sollen. Zudem sind die Aktien der Energielieferanten von erneuerbaren Energien günstiger und befinden sich auf einem Wachstumsmarkt. Aktien von Ölunternehmen mögen zwar teurer sein, aber es handelt sich um einen „Value-Markt", da Öl sich bereits seit Jahrzehnten behauptet hat und noch in ausreichend Bereichen eine Rolle spielt. Es verschafft der Kapitalanlage eine gewisse Sicherheit. Nun legen die erneuerbaren Energien einen rapiden Kursanstieg hin. Haben Sie zuvor insgesamt 50.000 € investiert und 60 % davon in den Sektor für erneuerbare Energien gesteckt, so haben Sie nach den Kursanstiegen ein Gesamtvermögen von 60.000 €. Der Wert der Aktien für erneuerbare Energien beläuft sich auf insgesamt 45.000 €. Währenddessen ist der Wert der Ölaktien um 5.000 € gesunken und beträgt nun 15.000 €. Es ergeben sich Unterschiede in der Vermögensverteilung: Machten früher noch 30.000 € von 50.000 € auf Seiten der erneuerbaren Energien 60 % des gesamten Vermögens im Portfolio aus, sind es nun 45.000 € von 60.000 €, was 75 % entspricht. Das Öl macht nicht mehr 40 % aus, sondern mit 15.000 € aus 60.000 € lediglich 25 %. Dies sind die angesprochenen Unterschiede in der Vermögensverteilung.

Mit diesem Beispiel ist der wichtigste Punkt in der Rebalancing-Strategie illustriert: Es kommt durch die Kursentwicklungen in zwei Branchen, die sich gegenseitig beeinflussen, zu einer im Vergleich zur anfänglichen Vermögensverteilung entstehenden Dysbalance. Anleger haben im Voraus einen Zeitpunkt oder eine Vermögensverteilung zu definieren, bei der Sie die vorherige Balance wiederherstellen. Nach einem Jahr oder bei einer Überschreitung von 75 % Vermögensanteil der erneuerbaren Energien bzw. 50 % Vermögensanteil der Ölaktien werden die überschüssigen Anteile verkauft. Dies sei rechnerisch anhand des vorherigen Beispiels erklärt:

- Sobald die Grenze von 75 % Vermögensanteil der erneuerbaren Energien erreicht ist, fangen Sie mit dem Verkauf der überschüssigen Anteile an, um auf 60 % Vermögensanteil zu kommen. Parallel kaufen Sie Ölaktien nach, die die Gegenbalance von 40 % bilden.
- 60 % von den 60.000 € sind 36.000 €. Dies bedeutet, dass Sie Aktien aus den erneuerbaren Energien im Wert von 24.000 € abstoßen. Den Ertrag von 24.000 € bringen Sie für den Kauf von Ölaktien auf, um von den 25 % Vermögensanteil auf 40 % beim Öl zu kommen.
- Sie erhalten nach dem Kursverlust der Ölaktien für 24.000 € eine weitaus größere Menge an Aktien als zuvor. Es greift der Durchschnittskosteneffekt!
- Diese Vorgehensweise wiederholt sich regelmäßig auf beiden Seiten, sodass Ihr Vermögen konstant steigt und Sie regelmäßig Aktien zu den günstigsten Zeitpunkten an- und verkaufen.

Wenn das mal nicht ein Schema ist!!! Sie profitieren von fest definierten Zeitpunkten, zu denen Sie auf Kursverläufe reagieren. Zudem sorgen Sie durch eine Streuung auf zwei oder mehrere Branchen dafür, dass die Verluste der einen

Aktie oder des einen Fonds durch die Gewinne der anderen Aktie oder des anderen Fonds abgefangen werden. Parallel ergibt sich der Vorteil, dass Aktien an Hochpunkten für maximalen Erlös verkauft werden und an Tiefpunkten eingekauft werden, ehe es von der Wertentwicklung her wieder nach oben geht.

Ebenso wie die anderen Anlagestrategien hat allerdings das Rebalancing nicht nur Vorteile: Denn es muss angemerkt werden, dass bei besonders stark steigenden Aktien Hürden aufgebaut werden. Mal angenommen, die Wertpapiere von den erneuerbaren Energien im letzten Beispiel wären auch nach dem Verkauf zur Ausbalancierung weiter gestiegen: Hier hätte sich ein Nachteil ergeben, denn es wären Aktien zu frühzeitig verkauft worden, die noch weiter angestiegen wären, während der Ölmarkt konsequent im Fallen gewesen wäre. Sie hätten also im Endeffekt zunehmend Gold gegen Stroh getauscht, bis schlimmstenfalls nur noch Stroh im Portfolio wäre. Aus diesem Grund wird die Strategie des Rebalancings nie bei Branchen verwendet, denen sich ein langfristiges Wachstum zuverlässig prognostizieren lässt. Stattdessen ist das Rebalancing optimal in Fällen, in denen die Kurse stark schwanken. Sollte also der Kurs auf der einen Seite stark fallen und auf der anderen Seite ansteigen, wird bei Erreichen einer vorab definierten Grenze verkauft, um die vorige Balance wiederherzustellen. So sind Anleger für den zu erwartenden Fall der zuvor stark performenden Aktie abgesichert und kaufen Wertpapiere der Branche oder des Unternehmens auf, die von dem Fall wahrscheinlich profitieren werden und deren Kurswert steigt.

> **Hinweis!**
>
> Bei dem Rebalancing handelt es sich um eine äußerst aktive Strategie der Kapitalanlage in Aktien. Sie erfordert eine hohe eigene Aufmerksamkeit gegenüber dem eigenen Portfolio. Je nach Marktverlauf, Menge der verschiedenen Branchen, die auszubalancieren sind, und den persönlich definierten Grenzen, bei denen ein Rebalancing durchgeführt wird, ergeben sich geringe Gewinnspannen, sofern nicht viel Eigenkapital eingesetzt wird. Dementsprechend empfiehlt sich das Rebalancing den Personen, die eine hohe Menge an Vermögen investieren möchten.

Neben verschiedenen Branchen ist – sofern Sie über den Aktienhandel hinausgehen und in andere Anlagen investieren möchten – eine Kapitalanlage in verschiedene Anlageklassen denkbar. Beispielsweise ist ein Portfolio aus Aktien, Immobilienfonds und Rohstoffen denkbar. Denn die Erfahrung hat gezeigt, dass Gold insbesondere in den Zeiten eine Hochphase erlebte, als die Börse crashte. Nichtsdestotrotz gilt: Die Strategie ist denkbar, sofern die Aufmerksamkeit des Anlegers nicht nur Aktien gilt.

Indexing

Das Indexing preist Gerd Kommer in seinem Werk *Souverän investieren mit Indexfonds und ETFs* (2011) als Erfolgsstrategie des Passiven Investierens an. Jenes Passive Investieren definiert er dabei wie folgt:

„„Passiv investieren" ist Investieren auf der Basis einer betont langfristig ausgerichteten, strengen Buy-and-Hold-Philosophie und mithilfe eines systematisch und breit diversifizierten Portfolios, das nach Möglichkeit ausschließlich aus kostengünstigen Indexanlagen (Indexfonds, ETFs) besteht. Das Ziel, den Markt

schlagen zu wollen, wird bei dieser Strategie nicht verfolgt. Dennoch ist es wahrscheinlich, dass man mit dieser Strategie langfristig über 90 Prozent aller Privatanleger hinter sich lässt."

Somit wird auf aktive Anlagestrategien, wie das Daytrading oder anderweitige Modelle verzichtet, die ein hohes Eigenengagement und regelmäßige Kontrolle der Kursverläufe erfordern. Auch Aktienfonds sind kein Objekt der Begierde. Denn Aktienfonds weisen den Nachteil auf, dass sie gemanagt werden müssen und höhere Kosten mit sich bringen. Ziel sind die kostengünstigen ETFs, die bestehende Indizes abbilden. Zumal sich zeigt: Die wenigsten Aktienfonds schlagen den Markt. Viel eher legt der Markt eine erfolgreichere Entwicklung als die Aktienfonds hin.

In Gerd Kommers Philosophie wird beim Indexing keine zwischenzeitliche Auszahlung vorgenommen, sondern die Anteile werden stets gehalten. Ziel ist es, langfristig anzulegen und beispielsweise beim Austritt aus dem Berufsleben und somit vor der Rente eine komplette oder teilweise Auszahlung vorzunehmen. Darüber hinaus soll das zusammengestellte Portfolio aus ETFs breit diversifiziert sein, was eine global ausgelegte Auswahl der ETFs vorsieht und somit sogar die Schwellenländer einschließt.

So viel zur Theorie. Doch wie sieht die Praxis aus?

Investments in Schwellenländer

Im Gegensatz zu den weitläufig existierenden Empfehlungen von Analageberatern, auf Investments in Schwellenländer aufgrund des hohen Risikos zu verzichten, spricht Gerd Kommer in seinem benannten Werk die Empfehlung aus, in Schwellenländer Investitionen zu tätigen. Zwar sei hier das Risiko nominell größer, doch dafür bestünde Potenzial auf höhere Renditen. Damit das Risiko möglichst gering ausfällt, wird eine Geldanlage in einen ETF oder einen Emerging-Market-Fund – beides mit möglichst geringen Gebühren – vorgeschlagen. Ein solcher Emerging-Market-Fund, der sich empfehlen lässt, ist der *MSCI Emerging Markets*, der die Wirtschaft von 21 Schwellenländern umfasst. In einem Vergleich der Rendite des *MSCI Emerging Markets* mit der des *MSCI World* und des DAX in den vergangenen Jahren (Stand: Januar 2020) zeigt sich folgendes Bild:

- MSCI Emerging Markets: 11,5 % Rendite p. a.
- MSCI World: 5,0 % Rendite p. a.
- DAX: 6,7 % Rendite p. a.

Es lässt sich das Fazit ziehen, dass Anleger für ihr Risiko beim Investment in Schwellenländer schlicht und einfach belohnt werden. Während die anderen ETFs oder Indizes höhere Sicherheiten bieten und dadurch geringere Renditen abwerfen, sind ETFs, die die Schwellenländer betreffen, eine Beimischung zum Portfolio, die wirklich breit diversifiziert und hohe Ertragschancen bietet. Aufgrund des Risikos ist strikt empfohlen, dass nie in eine Aktie in einem Schwellenland investiert wird und ebenso wenig in den ETF, der die Entwicklung eines einzigen Schwellenlandes abbildet. Ein ETF, der die Wirtschaften mehrerer Schwellenländer abbildet, ist der ideale Weg. Kommer empfiehlt in seinem Werk einen Anteil der Schwellenländer-ETFs am Portfolio von 10 bis 25 %.

Small-Caps, Nebenwerte, kleine Unternehmen

Denken wir zurück an die Zeiten der geplatzten New-Economy-Blase, dann fällt uns auf, dass die Unternehmen, die hohe Renditen verzeichneten, zunächst nicht dem DAX angehörten. Es waren zunächst Small-Caps, also kleine Unternehmen. Zwar kam es zu dem Platzen der Blase, da Anleger überspekulierten und keine rationalen Räume mehr gegeben waren. Doch abseits eines Aktien-Booms wie zur damaligen Zeit sind Small-Caps heute eine essenzielle Beimischung für ein Portfolio. Sie haben wesentlich mehr Wachstumspotenzial und stellen sogar Rendite in dreistelliger Prozent-Höhe in Aussicht. Am Portfolio dürfen diese Small-Caps einen Anteil von 10 bis 30 % ausmachen. Entsprechende ETFs mit Small-Caps – nationale sowie internationale Produkte – sind somit im Indexing eine empfohlene Komponente.

Value-Aktien

Value-Aktien, die Sie bereits beim Wertansatz kennenlernen durften, bilden eine wichtige Konstante: Mit ihnen kehren stabile Bilanzen, zuverlässige Dividendenzahlungen und Krisenfestigkeit in das eigene Portfolio ein. Im Rahmen der Buy-and-Hold-Strategie kommt ihnen eine unverzichtbare Bedeutung zu. Einerseits lassen sich einzelne Aktien dem Portfolio beimischen, wozu es im Verlaufe dieses Buches Beispiele und konkrete Empfehlungen geben wird. Andererseits sind ETFs käuflich, die die vermögendsten und ertragsstärksten Unternehmen abbilden. Solche ETFs sind beispielsweise jene, die die Indizes der Großunternehmen (z. B. Dow Jones, DAX) von Industriestaaten widerspiegeln. Im eigenen Aktienportfolio ist ein Anteil von 40 bis 50 % nahezulegen.

Rohstoff-Investments

Rohstoff-Investments erfolgen hauptsächlich auf drei Wegen: Die Sache wird direkt gekauft, was mit Lagerkosten und erforderlichen Sicherheitsmaßnahmen einhergeht. Alternativ wird in Futures investiert, wobei die Option auf Geschäftswahrnehmung in der Zukunft gegeben ist. Dies kann bei einem höheren künftigen Preis beachtliche Gewinne bescheren. Zu guter Letzt sind Rohstoff-ETFs eine Möglichkeit. Rohstoff-ETFs weisen ein breit gefächertes Angebot auf:

- Energie
- Edelmetalle
- Basismetalle

- Agrarstoffe
- Kombinationsvarianten der genannten Kategorien

Auch können Sie einzelne Edelmetalle auswählen, wobei bei einem Investment einzig in den Kursverlauf von Gold allerdings kein ETF mehr gegeben wäre, da weitere Edelmetalle fehlen würden. Da zudem ein Investment in ein einzelnes Edelmetall risikoreicher wäre, ist empfohlen, in einen ETF zu investieren, der mehrere Kategorien von Rohstoffen oder aus einer Kategorie (z. B. Basismetalle) mehrere Kursverläufe abbildet.

Der Hype, der früher um das Thema „Rohstoffe" kursierte, sagte Rohstoffen eine hohe Relevanz bei der Kapitalanlage voraus. Die Begründung erschien plausibel: Rohstoffe sind endlich und werden dementsprechend hart umkämpft sein. Gerd Kommer beschreibt in seinem genannten Werk jedoch treffend, wieso exakt dies nach heutigem Wissensstand (Stand: Januar 2020) nicht der Fall ist. Und zwar hat sich herausgestellt, dass die Optimierungen und Weiterentwicklungen in den Bereichen der Exploration und Förderung von Rohstoffvorkommen helfen, neue Potenziale zu erschließen. Einzelne Rohstoffe lassen sich zudem in andere Rohstoffe transformieren. Somit sind Rohstoffe nicht so endlich, wie jahrzehntelang behauptet wurde und was letzten Endes im März 2009 zu einem Fall der Ölpreise um knapp 75 % innerhalb von acht Monaten führte.

Ist das zu glauben!?

Bei der Bewertung der Rohstoffvorkommen wird immer von dem Planeten Erde ausgegangen, was nach heutigen wissenschaftlichen Maßstäben definitiv korrekt ist. Doch die Technologie entwickelt sich in nahezu allen Bereichen rasant. Zudem verfügen

> Luft- und Raumfahrt über Mittel, die dem Durch-
> schnittsmenschen gar nicht bekannt sind. Sobald
> die Rohstoffvorkommen anderer Planeten angezapft
> werden können, ist auf lange Sicht von geringeren
> Perspektiven für die Rohstoffpreise auszugehen. Vor
> allem Edelmetalle könnten bedeutend leiden.

Bis es zum Anzapfen des Diamantenregens kommen wird,
dauert es mindestens noch mehrere Jahrzehnte. Doch der
große Garant für zukünftige Renditen sind Rohstoffe nicht.
Da allem voran Gold ein Aufblühen in Krisenzeiten erlebt hat
und insbesondere im Fernen Osten, wo ein großer Anteil der
Weltbevölkerung lebt, einen hohen kulturellen Stellenwert
hat, ist die Beimischung von Rohstoff-ETFs (bevorzugt mit
Edelmetallen) zu 10 % ins eigene Portfolio empfohlen.

Immobilienfonds: Option oder die „schlechtere Immobilie"?

Hinter Immobilienfonds wird dieser Ratgeber ein Fragezeichen stellen. Der Vollständigkeit wegen ist nach Vorbild von
Gerd Kommers Vorschlägen zum *Indexing* der Immobilienfonds als Anlagemöglichkeit mit aufgenommen. Während
Kommer darauf verweist, dass die Korrelation mit Aktien
und Anleihen gering ist und dies als Vorteil nennt, verweist
dieser Ratgeber darauf, dass ein solcher Vorteil bereits bei
Rohstoffen gegeben ist. Zwar haben Immobilienfonds das
Potenzial zu einer Rendite, die die Inflation ausgleicht und
einen Gewinn einbringt. Nichtsdestotrotz ist das Investment in eine reale Immobilie lohnender. Haben Sie als
Anleger die Möglichkeit dazu, sich eine Immobilie zu kaufen,
dann ziehen Sie diesen Weg vor und vermieten Sie diese
Immobilie während der Kreditlaufzeit, falls Sie eine Finanzierung gewählt haben. So können Sie das Investment mit
Fremdkapital hebeln und bereits nach zehn bis 15 Jahren

durch die eingenommene Miete trotz des abzubezahlenden Kredits einen Gewinn einfahren. Schließlich steigt die Miete an. Ist die Immobilie abbezahlt, weist sie im Laufe der Jahre in der Regel einen Anstieg im Wert auf. Die diversen Steuervorteile seien an dieser Stelle ausgelassen, um den Rahmen nicht zu sprengen. Mit dem Potenzial einer eigenen Immobilie (ob durch Eigenfinanzierung oder mit Kredit) können bei langfristiger Betrachtung Immobilienfonds nicht mithalten. Hinter der Behauptung, das eigene Vermögen sei bei einer realen Immobilie gebunden und Anleger könnten nur bei Aktienfonds einen schnellen Verkauf und den Erhalt liquider Mittel realisieren, verbirgt sich mehr Schein als Sein. Denn auch offene Immobilienfonds haben ihre Regeln, unter die eine Mindesthaltedauer fällt. Da somit das Kapital in Immobilienfonds stark gebunden ist, offene Immobilienfonds eine höchstwahrscheinlich geringere Rendite einbringen als Immobilien oder Aktien und die Rohstoffe bereits den geringen Vorteil einer ausbleibenden Korrelation mit Aktien und Anleihen mit sich bringen, ist von vornherein empfohlen, auf Immobilienfonds zu verzichten. Auch wenn Kommer einen geringen Anteil des eigenen Kapitals für die Anlage in Immobilien-ETFs vorschlägt, ist der Rat dieses Buches, lieber fünf bis zehn Prozent zusätzlich in Rohstoff-Indizes zu investieren, als sich den Aufwand eines Immobilien-ETFs anzutun.

Indexing: Rein in ETFs investieren?

Es verbleibt die Frage, ob im Rahmen des Indexing eine Investition rein in ETFs vorgesehen ist. Bisher klang dies so durch und der Name Indexing lässt dieses naheliegend erscheinen. Allerdings formuliert Gerd Kommer in seinem Buch, dass ETFs im Portfolio **möglichst** enthalten sein sollten. Dies lässt Freiraum, auch andere Wertpapiere ins Portfolio mit aufzunehmen oder gar reale Sachwerte zu kaufen. Dazu können beispielsweise Immobilien, Edelmetalle oder Agrarprodukte in ihrer physischen Form gehören. Dieser Ratgeber empfiehlt Ihnen, zu 80 % auf ETFs zu setzen und physische Produkte zu meiden. Streben Sie also einen Einbezug von Gold ins persönliche Portfolio ein, dann tuen Sie dies über ein Wertpapier, dass den Goldkurs abbildet, oder – da Rohstoffe die riskantere Anlage sind – über ETFs, die die Wertverläufe mehrerer Edelmetalle abbilden. Wenn Sie auf einen ETF verzichten, dann idealerweise im Bereich der Value-Aktien: Die Value-Aktien sind nämlich am wenigsten spekulativ und zugleich äußerst rendite- sowie krisenstark. Suchen Sie sich hieraus bestimmte Unternehmen, die in Ihnen gut bekannten Branchen agieren und die Sie fachgerecht evaluieren können, dann besteht die Aussicht darauf, dass Sie einen Volltreffer landen. Mehr zur Entscheidung für einzelne Value-Aktien erfahren Sie im Verlaufe dieses Buches noch.

Zyklisch und antizyklisch investieren

Einige Anleger entscheiden sich dafür, Ihre Investments gezielt nach den Konjunkturphasen auszurichten. Zyklische Aktien gehen mit der Konjunktur, antizyklische Aktien sind konjunkturunabhängig. Letztere zeichnen sich also dadurch aus, dass das Angebot oder die Dienstleistung der Unternehmen jederzeit gefragt ist. Definitiv immer gefragt sein werden Lebensmittel, Kosmetikprodukte und das Gesundheitswesen. Diese Aktien sind sogar in Zeiten der Depression und der Rezession ein naheliegendes Investment. Zyklisch hingegen sind Angebote wie aus der Automobilindustrie, aus der Unterhaltungsbranche sowie andere Branchen, die nicht unbedingt essenziell für den Alltag sind. Doch Vorsicht: In heutigen Zeiten hat sich die Wahrnehmung dessen, was essenziell ist, verschoben. So wird der Streaming-Anbieter *Netflix* nicht zwingend in Phasen schwächelnder Konjunktur ebenfalls schwächer performen. Denn selbst Arbeitslose und hoch verschuldete Personen werden auf die täglichen Serien nur schweren Herzens verzichten können. Es liegt also auch am persönlichen Ermessensspielraum, wenn es um die Grenzziehung zwischen zyklischen und antizyklischen Aktien geht.

Bei Wachstums-Aktien absolut wichtig!

Von der Zuordnung zu zyklischen und antizyklischen Aktien werden Sie insbesondere bei Wachstumsunternehmen Gebrauch machen müssen. Wieso dem so ist?

- ETFs halten Sie über mehrere Jahre oder gar Jahrzehnte als Kern des Portfolios langfristig. Mag sein, dass die Konjunkturphasen eine negative Performance in einzelnen Zeiträumen verursachen werden, doch weil sich die Wirtschaft auf lange Sicht weiterentwickeln wird, spielt dies kaum eine Rolle.
- Value-Aktien werden ebenfalls über längere Zeiträume gehalten und müssen in den einzelnen Konjunkturphasen nicht durchgetauscht werden. Diese Aktien sind wertstabil. Formuliert man es überspitzt, dann können weder Weltwirtschaftskrisen noch Atomkriege die entsprechenden Unternehmen langfristig schädigen. Auch sie werden langfristig Gewinne verzeichnen, was sich in einem kleinen, aber stabilen Wachstum zeigen wird.
- Wachstumsunternehmen verzeichnen über einen Zeitraum von mehreren Monaten Wachstum. Auf den häufig kometenhaften Aufstieg folgen ein Fall und der Verkauf des Wertpapiers. Es wird also verhältnismäßig kurzfristig investiert. Kaufen Sie eine zyklische Growth-Aktie in einer Phase der Rezession, dann hat diese kaum eine Chance, da in dieser Konjunkturphase die etablierten Unternehmen den Growth-Unternehmen das Kundenpotenzial abnehmen.

Wir sehen also, dass sich Wachstumsunternehmen gegen die etablierten Unternehmen behaupten müssen. Dies ist zwar keine Neuigkeit. Doch das Durchsetzungsvermögen ist in Phasen der Rezession stark erschwert, sofern es sich um zyklische Aktien handelt. Daraus leiten sich die Kaufempfehlungen für zyklische Growth-Aktien ab: Kaufen in Phasen der Expansion, des Booms und der Depression. Nicht kaufen in der Rezessionsphase, da dort die Kurse gerade im Fallen sind und ein Wertverlust nur allzu wahrscheinlich ist. Bei antizyklischen Growth-Aktien spielt der Kaufzeitpunkt keine Rolle.

Wie wird die jeweilige Phase identifiziert?

Wer es sich möglichst einfach macht, vergleicht einfach die verschiedenen Medienberichte und die Aussagen von Experten in verschiedenen Quellen. Wer jedoch selbst detailliert recherchieren möchte, nimmt den aktuellen Stand und die historische Entwicklung der folgenden Punkte unter die Lupe:

- BIP (Bruttoinlandsprodukt): Je höher, desto stärker expandiert bzw. boomt die Wirtschaft.
- Arbeitslosigkeit: Je geringer, desto stärker expandiert bzw. boomt die Wirtschaft.
- Zinsen: Am geringsten in Phasen der Depression, damit Banken und Firmen sich möglichst günstig Geld beschaffen können.

Da die USA in der Weltwirtschaft nach wie vor tonangebend sind, werfen wir einen Blick auf die Entwicklung und den aktuellen Stand in den USA. Das BIP in den USA ist seit Jahren konstant am Steigen, was einen Boom nahelegt. Die Arbeitslosigkeit befindet sich aktuell mit knapp 3,50 % aufeinem historischen Tiefstand[7] in der zeitlichen Betrachtung seit 1980. Dies deutet auf einen Boom hin. Allerdings sind die Zinsen das große Fragezeichen. Diese sind nach wie vor gering, jedoch befinden wir uns bekanntlich in einer Niedrigzinsphase. Dementsprechend sind die geringen Zinsen nicht zu stark zu gewichten. Ein Vergleich der Leitzinsen in den USA, in Großbritannien, in der Euro-Zone und in Japan zeigt, dass die Zinsen in den USA immerhin höher liegen als in anderen Nationen[8]. Dementsprechend verstärkt sich der Eindruck eines Booms.

Aufgrund der vielen Faktoren lässt sich nicht immer eine klare Linie ziehen. Mischphasen aus Expansion und Boom sind ebenfalls möglich. Da in beiden Phasen jedoch zyklische Aktien zum Kauf empfohlen sind, ist es für Sie nur wichtig, die Rezession rechtzeitig auszumachen, dann die zyklischen Aktien von Wachstumsunternehmen zu verkaufen und auf die antizyklischen Growth-Aktien zu setzen.

Sonderfall: Crowdinvesting

Das Crowdinvesting ist im Grunde genommen nicht dem Aktienhandel zuzuordnen. Anleger investieren zwar in Unternehmen und erwerben eine bestimmte Menge an Wertpapieren. Jedoch findet der Handel außerbörslich statt. Dies bedeutet, dass das Unternehmen noch nicht an der Börse notiert ist und versucht, sich anderweitig liquide Mittel durch Herausgabe der Anteile zu beschaffen. Für Anleger ist dies mit einem höheren Risiko verbunden. Denn da der Handel außerbörslich ist, fällt ein Wiederverkauf schwerer. In den meisten Fällen ist der Wiederverkauf gar unmöglich. Zudem ist eine Vielzahl an Start-ups, in welche sich über

---

[7] https://de.statista.com/statistik/daten/studie/17332/umfrage/arbeitslosenquote-in-den-usa/
[8] https://www.finanzen.net/zinsen/leitzins

das Crowdinvesting investieren lässt, finanziell nicht stark aufgestellt. Der Großteil scheitert folglich. Es kursiert die Behauptung, es würden nur Start-ups im Crowdinvesting enthalten sein, die von Banken keinen Kredit erhalten und für den Kapitalmarkt keine genügenden finanziellen Mittel verfügbar haben. Diese Behauptung ist schlüssig und rückt das Crowdinvesting in ein noch kritischeres Licht. Allerdings hat diese Anlagestrategie ebenso Vorteile. Dazu gehört u. a. die Investition direkt ins Unternehmen: Da Sie mit dem Unternehmen verhandeln und diesem die Anteile abkaufen, fließt Ihr Geld dem Unternehmen zu, welches dieses ins eigene Wachstum investieren kann. Bei einem börslichen Handel wiederum kaufen Sie – es sei denn, es handelt sich um eine Aktienemission seitens des Unternehmens – von anderen Anlegern. Dies hat zur Folge, dass Sie beim Crowdinvesting das jeweilige Unternehmen fördern.

Hinweis!

Es ist berechtigt, anzunehmen, dass Sie durch die Positionierung des Unternehmens mehr Verhandlungsspielraum bei dem Preis für die Anteile haben. Zudem sind Sie den Unternehmern näher und lernen die Menschen dahinter besser kennen: Sie sehen, wer das Unternehmen leitet und inwiefern diese Person/en Erfahrungen und Expertise vorzuweisen haben. Zudem sind Besichtigungen des Unternehmens und der internen Arbeitsabläufe – je nach Vereinbarungen mit den Unternehmern – eine Perspektive.

Sollte das Unternehmen die angestrebte Entwicklung fortsetzen und wachsen, dann ist ein Börsengang eine Option. Beim Börsengang behalten Sie Ihre Anteile, geben diese zum Teil ab oder verkaufen gar komplett. Der Kursverlauf oder der Erlös bei einem Verkauf geben Ihnen Aufschluss darüber, wie hoch der Profit in Relation zu Ihrer Anfangsinvestition ausfällt. Bis zum Börsengang jedoch erhalten Sie keinerlei Meldungen zum Kursverlauf, auch verpflichtende Ad-hoc-Meldungen wie an der Börse gibt es nicht. Denn das Unternehmen ist zum Zeitpunkt Ihrer Investition beim Crowdinvesting nicht börsennotiert. Somit sind die eigene Beobachtung der Entwicklung sowie die bei Gesellschaften vorhandenen Jahresberichte die einzige Möglichkeit, mehr über den Status Quo des jeweiligen Unternehmens zu erfahren.

Nun zeigt sich, dass das Crowdinvesting noch größere Risiken als der bloße Aktienmarkt beinhaltet, als Gegenleistung aber umso größere Renditen und ein engagierteres Mitwirken am Unternehmen in Aussicht stellt. Wie lassen sich die Risiken eindämmen? Dazu verhelfen in erster Linie spezialisierte Plattformen fürs Crowdinvesting, die im Internet vielfach anzutreffen sind:

- Companisto
- iFunded
- WiWin
- Aescuvest

Die genannten Plattformen weisen verschiedene Schwerpunkte auf und haben Mindesteinlagen, die bei einer Investition erbracht werden müssen. Die Mindesteinlagen befinden sich jedoch in einem humanen Rahmen von maximal 500 € pro Investition. Bei Aescuvest und Companisto sind Anleger bereits mit 250 € dabei.

Als Fazit sei festgehalten, dass das Crowdinvesting keine für Anfänger empfehlenswerte Anlagestrategie ist; es sei denn, der Anleger hat in einem bestimmten Gebiet Fachkenntnisse und sieht ein großes Potenzial in einem Unternehmen, weil dieses gerade den Nerv der Zeit zu treffen scheint. Hier müssen Sie gegebenenfalls selbst walten und auf Verstand oder Bauchgefühl hören – oder auf beides. Anleger, die sich in einem stärker regulierten Markt wie der Börse zurechtfinden möchten, sich die Aussichten auf einen flexiblen Verkauf der eigenen Anteile vorbehalten möchten und wenig riskieren möchten, nehmen im Idealfall Abstand vom Crowdinvesting und widmen sich dem börslichen Handel.

Zusammenfassung: Der optimale Mix macht es!

Zahlreiche Neulinge fragen sich, welche Anlagestrategien am besten sind. Sie haben einige davon erklärt bekommen, doch letzten Endes ist es für eine erfolgreiche Aktivität als Anleger an der Börse nicht wichtig, sich auf eine dieser Anlagestrategien festzulegen, sondern einen gesunden Mix zu kreieren. Innerhalb dieses Mixes ist essenziell, eine breite Streuung zu wählen und den größten Teil des Kapitals langfristig anzulegen, wobei Value-Aktien und das Indexing die Schlüsselfaktoren sind. Ein weiterer Teil wird in Wachstumsaktien investiert. Bleibt noch ein bisschen „Spielgeld" übrig oder verfügen Sie über einen monatlichen Betrag, den Sie ohne schlechtes Gewissen und finanzielle Risiken verlieren können, dann ist der CFD-Handel ein in Frage kommender Zeitvertreib. Seien Sie sich jedoch der Risiken bewusst und machen Sie erst dann vom CFD-Handel Gebrauch, wenn Sie bereits mehrere Jahre Erfahrungen an der Börse mit Aktienhandel gemacht und zuvor beim virtuellem CFD-Handel geübt haben.

Analyse-Strategien: Wie Sie allein analysieren und Prognosen richtig anstellen

Nachdem nun die verschiedenen Möglichkeiten zur Kapitalanlage beleuchtet wurden, betrachten wir die Analyse-Strategien. Dieses Kapitel weist in zwei Arten der Analyse ein: Zum einen die Unternehmensanalysen, zum anderen die Chart-Analysen. Im Fachjargon wird die Unternehmensanalyse auch Fundamentalanalyse genannt. Diese legt nämlich das Fundament, indem sie aufzeigt, in welche Wertpapiere überhaupt investiert werden soll. Die darauffolgende Chart-Analyse untersucht rein den Kursverlauf des jeweiligen Wertpapiers. Bei dieser Untersuchung steht die Bestimmung des richtigen Zeitpunkts für ein Investment in Wertpapiere im Vordergrund: Wann soll ich anfangen, die Aktien zu kaufen? Zudem fließt die Beurteilung zum richtigen Verkaufszeitpunkt in die Chart-Analyse ein. Somit bilden die hier vorgestellten Strategien das letzte Glied ab, um beim Wertpapierhandel mit dem erforderlichen theoretischen Knowhow ausgerüstet zu sein. Sie lernen damit vom Kauf bis zum Verkauf die letzten Aspekte kennen.

Unternehmensanalysen

Die Unternehmensanalysen werden der Fundamentalanalyse zugeordnet. Im Gegensatz zur Chartanalyse, die Sie im nächsten Unterkapitel kennenlernen, basiert die Fundamentalanalyse auf dem inneren Wert einer Aktie. Sie möchte genauestens in Kenntnis bringen, was für ein Unternehmen sich hinter der Aktie verbirgt:

- Ist das Unternehmen zu Recht so bewertet, wie es der Kursverlauf widerspiegelt?
- Wirtschaftet das Unternehmen klug oder geht es mit Geldern verschwenderisch um?
- Inwiefern haben die Steuersätze in einzelnen Ländern einen Einfluss auf die Performance des Unternehmens?
- In welcher Höhe wird der Anleger durch Gewinnausschüttungen am Gewinn des Unternehmens beteiligt?
- Wie liquide ist das Unternehmen überhaupt?

Die Antworten auf diese Fragen ergeben sich aus einzelnen Kennzahlen, die in diesem Kapitel vermittelt werden. Zur Berechnung dieser Kennzahlen sind bestimmte Daten des Unternehmens notwendig, die Sie den Bilanzen und Jahresabschlussberichten entnehmen, die jedes Unternehmen zu veröffentlichen verpflichtet ist. Wie Sie die den Bilanzen und Jahresabschlüssen die Daten entnehmen, wie Sie die Kennzahlen zur Unternehmensanalyse berechnen und wie Sie die Ergebnisse der Kennzahlen evaluieren, erfahren Sie in den folgenden Abschnitten.

Kurs-Gewinn-Verhältnis

Das Kurs-Gewinn-Verhältnis (kurz: KGV) ist eine beliebte Kennzahl, um den Aktien- bzw. Unternehmenswert zu beurteilen. Es gibt Aufschluss darüber, ob ein Unternehmen über- oder unterbewertet ist. Grundsätzlich gilt: Je niedriger das Kurs-Gewinn-Verhältnis liegt, desto besser ist es für Anleger. Denn in diesem Fall ist das Unternehmen unterbewertet und eine Investition ins Unternehmen besonders lohnend. Doch Achtung: Die Zahl ist in einigen Fällen trügerisch. Um dem näher auf die Spur zu gehen, verschaffen wir uns einen näheren Einblick, damit Sie Ausnahmen richtig evaluieren können.

Welches Verhältnis ist gemeint?

Der Kurs meint den Aktienkurs. In der üblichen Rechnung wird der Kurs einer einzelnen Aktie in die Rechnung einbezogen, in einer Modifikation der Rechnung wird der gesamte Unternehmenswert angewandt. Neben dem Kurs fließt der Gewinn ein, welcher den Unternehmensgewinn in der Jahresabschlussrechnung meint. Rechnen Sie mit dem gesamten Unternehmenswert, müssen Sie den gesamten Unternehmensgewinn in die Rechnung einbeziehen. Wenden Sie den Kurs pro Aktie an, müssen Sie den Unternehmensgewinn durch die Anzahl der vom Unternehmen ausgegebenen Aktien teilen und somit auf eine Aktie runterrechnen. Heraus kommen die folgenden zwei möglichen Rechnungen:

Formel

$$\frac{Kurs}{Gewinn\ je\ Aktie} = KGV$$

$$\frac{Marktkapitalisierung}{Jahres\ddot{u}berschuss} = KGV$$

Es gibt bei beiden Formeln dasselbe Ergebnis. Der Unterschied besteht im Rechenaufwand. Bei der ersten Rechnung muss der Gesamtgewinn auf eine Aktie runtergerechnet werden, weswegen die zweite Formel als einfacher einzustufen ist.

Wieso ist ein niedriges KGV grundsätzlich vorteilhaft?

Vom Grundsatz her ist ein niedriges KGV deswegen vorteilhaft, weil es darauf hindeutet, dass ein Unternehmen unterbewertet ist. Es ist für große Unternehmen unter Umständen üblich, einen Aktienkurs aufzuweisen, der 30-mal höher als der Gewinn ist. Dies entspräche einem Kurs-Gewinn-Verhältnis in Höhe von 30. Sollte das Verhältnis wiederum bei

1 oder bei 5 liegen, dann ist es ein niedriger Wert, der den Kauf einer Aktie nahelegt. Doch Vorsicht: Exakt an dieser Stelle verbergen sich die Stolpersteine ...

Das KGV in seinen Ausnahmesituationen

Auch wenn ein KGV von 30 hoch erscheinen mag, so zeigt sich doch, dass dieses meistens von einigen renommierten und beliebten börsennotierten Unternehmen, wie z. B. *Amazon*, sogar noch übertroffen wird: Ende 2019 stand bei *Amazon* ein KGV in Höhe von 82,92 zu Buche[9]. Dies nochmals vor Augen gerufen: Das Unternehmen *Amazon* verzeichnete eine fast 83-mal höhere Unternehmensbewertung als jährlichen Gewinn. Dennoch ist das KGV bei *Amazon* berechtigt, da das Unternehmen seit Bestehen ein konstantes Wachstum verzeichnet und die Gewinne von Jahr zu Jahr steigert. Somit fließt in die Bewertung der Höhe des KGV ein Blick in die Historie ein. Setzt *Amazon* sein Wachstum wie gehabt fort, verzeichnet jedoch irgendwann aus bestimmten Gründen ein KGV von nur noch 40, dann stellt dieses KGV einen lukrativen Einstiegszeitpunkt dar. Währenddessen wäre ein KGV von 20 bei der *Lufthansa AG* ein bei weitem zu hoher Wert. Schlussendlich ist der Blick in die Historie und Gewinnentwicklung eines Unternehmens notwendig, um das KGV richtig einschätzen zu können. Was niedrig und was hoch ist, ist demzufolge relativ.

Weitere Trugpotenziale bei dem KGV sind die Jahresabschlüsse von Unternehmen: Unternehmen haben die Möglichkeiten, in der Bilanzierung verschiedene Regelungen und Gesetze anzuwenden, welche Freiraum lassen, den Jahresüberschuss zu senken oder zu steigern. Was im ersten Jahr noch nach solider Bilanz aussieht, kann im nächsten

---

[9] https://www.boerse.de/fundamental-analyse/Amazon-Aktie/ US0231351067

Jahr durch die Ansetzung von Ausgaben aus dem Vorjahr den Gewinn deutlich schmälern.

Zuletzt sei auf die Situation in der Wirtschaft und auf dem Markt eingegangen. In starken Konjunkturphasen, in denen die Wirtschaft blüht, kann das KGV niedrig ausfallen, da die Nachfrage nach dem Produkt oder der Dienstleistung des Unternehmens sich gerade erst steigert. Steht jedoch eine schwache Konjunkturphase bevor, wird das KGV zunehmend höher. So wird das Unternehmen überbewertet und für ein Investment nicht lukrativ. Anleger können dies voraussehen und in Erwartung fallender Gewinne die Aktien abstoßen, was das KGV zeitweilig sogar noch stärker erhöht, ehe es durch den Eintritt des Konjunkturabschwungs plötzlich krachend fällt. Dementsprechend ist das KGV insbesondere in Branchen, in denen das Geschäft von der allgemeinen wirtschaftlichen Situation stark abhängig ist, mit Vorsicht zu genießen. Bei solchen Branchen, die wiederum konjunkturunabhängig gefragt sind, ist ein niedriges KGV bereits ein aussagekräftigeres Zeichen.

Fazit

- KGV spiegelt wider, wie hoch der Kurs einer Aktie im Verhältnis zum Gewinn des Unternehmens pro Aktie ist
- Niedrige KGVs deuten auf unterbewertete Unternehmen hin, die sich für ein Investment empfehlen, wobei „niedrig" relativ ist
- Um definieren zu können, bei welchem Unternehmen welches KGV als niedrig einzustufen ist, ist ein Blick auf die Unternehmenshistorie und die Gewinne der vergangenen Jahre essenziell
- KGVs sind stets abhängig von der Wirtschaft, der Situation auf dem Markt und der Bilanzierung des Unternehmens zu bewerten

Ausschüttungsquote

Die Ausschüttungsquote, auch *Payout ratio* genannt, spiegelt wider, welchen Anteil des Gewinns ein Unternehmen an seine Aktionäre ausschüttet. Bei Anlagestrategien, die auf den Erhalt hoher Dividendenzahlungen ausgerichtet sind, ist die Ausschüttungsquote ein unabdingbares Merkmal der Analyse von Wertpapieren und Unternehmen.

Berechnung der Ausschüttungsquote

Formel

$$\frac{Dividende\ je\ Aktie}{Gewinn\ je\ Aktie} = Ausschüttungsquote$$

Je höher die Ausschüttungsquote ist, umso höher ist der Erhalt an Dividenden. Doch Achtung: Für das Unternehmen an sich ist eine hohe Ausschüttungsquote nicht zwingend vorteilhaft. Denn dadurch geht Geld verloren, welches ins Unternehmenswachstum fließen könnte. Anfänger unter den Anlegern sind darauf bedacht, möglichst schnell Gewinne zu verzeichnen. Dabei zaubert die jährliche Gewinnausschüttung ein Strahlen in die Augen. Doch wächst das Unternehmen aufgrund hoher Ausschüttungen nur langsam oder gar nicht, verlieren Anleger an anderer Stelle: Nämlich beim Kursverlauf. An dieser Stelle sei angemerkt: Was bringt eine hohe Dividendenzahlung pro Jahr, wenn auf lange Sicht ein noch größerer Kursverlust verzeichnet wird? Am Ende verkaufen Sie die Aktie und haben ein Verlustgeschäft. Betrachten Sie deswegen stets bei der Ausschüttungsquote, welche Entwicklung das Unternehmen parallel dazu verzeichnet und vor allem, wie konstant diese Ausschüttungsquote ist.

Schüttet das Unternehmen eine für Sie persönlich zufriedenstellende Quote konstant über mehrere Jahre oder gar

Jahrzehnte aus UND verzeichnet dabei ein signifikantes Wachstum, dann dürfen Sie der Ausschüttungsquote Zuverlässigkeit beimessen und diese als Kriterium für einen Anlagenentscheid mit einbeziehen.

Welche Ausschüttungsquoten sind gut?

Anleger, die ein hohes Augenmerk auf Dividendenzahlungen legen, können in angebotene Aktienfonds oder ETFs investieren, die sich auf dividendenorientierte Aktien spezialisieren. In diesem Fall sind sogar Dividendenzahlungen im Bereich von 40 % der Unternehmensgewinne möglich!

Die Höhe der zu erwartenden Ausschüttungsquoten variiert üblicherweise mit der Branche. In der Finanzbranche, wo die Gewinnorientierung stärker ausgeprägt ist als in anderen Branchen, finden sich folglich höhere Ausschüttungsquoten als im Gesundheitswesen und in der Industrie. Auch der Energiesektor sowie die Kommunikationsbranche zeichnen sich durch hohe Ausschüttungsquoten aus. Im Groben ist in den genannten Sektoren mit folgenden Ausschüttungsquoten zu rechnen[10]:

- Energie: 4,1 %
- Finanzen: 4,2 %
- Kommunikation: 4,7 %
- Gesundheit: 1,9 %
- Industrie: 2,2 %

Ausschüttungsquote höher als der Gewinn

Was Anlegern Fragezeichen auf die Stirn zaubern mag, ist eine höhere Ausschüttungsquote als der Gewinn. Es handelt sich um eine Seltenheit, die dem Unternehmen allerdings

---

[10] https://aktienfinder.net/blog/ist-die-dividende-sicher-die-ausschuettungsquote/

nicht zwingend einen Verlust bescheren muss. Denn sind nur 20 % des Unternehmens in Form von Aktien abgegeben und der Rest der Wertpapiere verbleibt im Unternehmen selbst, so bedeutet selbst eine Ausschüttungsquote von 150 %, dass noch Gewinn beim Unternehmen verbleibt. Dahingegen hat das Unternehmen den Vorteil, die Aktionäre für die Haltung der Aktien zu belohnen, und schafft Anreize, den Kurs der Aktie zu steigern. Allerdings ist eine solche Ausschüttungsquote eine Seltenheit. Auffällig hohe Ausschüttungsquoten erwecken ohnehin den Verdacht, über ein schlechtes Unternehmenswachstum hinwegzutäuschen. Dementsprechend ist empfohlen, von Einzelinvestments in Unternehmen mit mehr als 50 % Dividendenausschüttungen im Verhältnis zum Gewinn pro Aktie abzusehen. Naheliegender ist das Investment in Aktienfonds oder ETFs, die eine Mehrzahl an Unternehmen mit hohen Dividendenzahlungen einschließen und auf diesem Wege das Risiko streuen.

Fazit

- Ausschüttungsquote gibt Aufschluss über die Höhe der Dividendenzahlungen je Aktie im Vergleich zum Gewinn pro Aktie
- Unternehmen aus den Energie-, Kommunikations- und Finanzbranchen bieten die höchsten Ausschüttungsquoten, wohingegen weniger profitorientierte Branchen geringere Ausschüttungsquoten in Aussicht stellen
- Fokus auf hohe Ausschüttungsquoten ist nur dann empfohlen, wenn parallel dazu auf ein solides Unternehmenswachstum Wert gelegt wird

Gewinn vor Zinsen und Steuern (EBIT)

Der Gewinn vor Zinsen und Steuern (kurz: EBIT; *Earnings before Interest and Taxes*) ist vor allem bei dem Vergleich von

Unternehmen über die Landesgrenzen hinweg nützlich. Weil die Steuersätze in den einzelnen Nationen variieren, ist es sinnvoll, den Gewinn vor Zinsen und Steuern zu betrachten. Hierin spiegelt sich die reine Ertragssituation des Unternehmens wider.

Berechnung des EBIT

Die Berechnung des EBIT erfolgt durch einen der einfachsten Rechenvorgänge: Durch die Subtraktion. Von der GuV (Gewinn- und Verlustkostenrechnung), zu der jedes börsennotierte Unternehmen verpflichtet ist, müssen folgende Posten subtrahiert – also abgezogen – werden:

- Zinsen
- Ertragssteuern

Unter die Zinsen fallen einerseits die zu zahlenden Zinsen für Kredite oder andere Verbindlichkeiten, aber ebenso Erträge aus Beteiligungen, wozu beispielsweise gehaltene Aktien oder Aktienfonds gehören. Letztere sind sämtliche auf den Ertrag anfallende Steuern, wozu die Gewerbe- und die Körperschaftssteuer gleichermaßen gehören. Auch der Solidaritätszuschlag fließt mit ein.

Nehmen wir uns als Beispiel die folgende GuV vor:

	1	Umsatzerlöse	10.000.000
-	2	Herstellungskosten	6.000.000
=	3	Bruttoergebnis vom Umsatz	4.000.000
-	4	Vertriebskosten	1.000.000
-	5	Allgemeine Verwaltungskosten	600.000
+	6	Sonst. betriebliche Erträge	200.000

-	7	Sonst. betriebliche Aufwendungen	800.000
+	8	Erträge aus Beteiligungen	100.000
+	9	Erträge aus anderen Wertpapieren und Ausleihungen des Finanzanlagevermögens	150.000
+	10	Sonstige Zinsen und ähnliche Erträge	100.000
-	11	Abschreibungen auf Finanzanlagen und auf Wertpapiere des Umlaufvermögens	50.000
-	12	Zinsen und ähnliche Aufwendungen	800.000
-	13	Steuern auf Einkommen und Ertrag	300.000
=	**14**	**Ergebnis nach Steuern**	**1.000.000**
-	15	Sonstige Steuern	0
=	**16**	**Jahresüberschuss**	**1.000.000**

Quelle: welt-der-bwl.de[11]

Die rot markierten Posten müssen abgezogen werden. Dies geschieht, indem Sie entweder die Posten 3 (Ergebnis der ersten beiden Posten) bis 7 zusammenrechnen oder indem Sie die Posten 8 bis 13 zusammenrechnen und mit dem gegenteiligen Rechenoperator zum Jahresüberschuss hinzuaddieren.

Beide Rechnungen in der Kurzübersicht:

---

[11] https://www.welt-der-bwl.de/Finanzergebnis

1. $4.000.000 - 1.000.000 - 600.000 + 200.000 - 800.000$
   $= 1.800.000$
2. $100.000 + 150.000 + 100.000 - 50.000 - 800.000 -$
   $300.000 = -800.000$
   $1.000.000 + 800.000 = 1.800.000$

Die erste Rechnung sollte zweifelsohne die einfachere sein.

EBIT ist in der GuV ausgewiesen

§ 275 des HGB[12] (Handelsgesetzbuch) definiert, welche Posten in einer GuV aufgeführt sein müssen. Das EBIT gehört nicht dazu, wird jedoch meistens als Betriebsergebnis oder operatives Ergebnis von Unternehmen in Form eines Zwischenergebnisses eingefügt. Unternehmen kommen damit Analysten und Anlegern entgegen und gestalten die GuV auf diesem Wege transparenter. Ihnen bleibt die Rechenarbeit erspart und Sie erhalten das Ergebnis auf den ersten Blick. Der Posten wird als Zwischenergebnis wie folgt eingefügt:

	1	Umsatzerlöse	10.000.000
-	2	Herstellungskosten	6.000.000
=	3	Bruttoergebnis vom Umsatz	4.000.000
-	4	Vertriebskosten	1.000.000
-	5	Allgemeine Verwaltungskosten	600.000
+	6	Sonst. betriebliche Erträge	200.000
-	7	Sonst. betriebliche Aufwendungen	800.000
=		**Betriebsergebnis (EBIT; operatives Ergebnis)**	**1.800.000**
+	8	Erträge aus Beteiligungen	100.000

---

[12] https://www.gesetze-im-internet.de/hgb/__275.html

95

+	9	Erträge aus anderen Wertpapieren und Ausleihungen des Finanzanlagevermögens	150.000
+	10	Sonstige Zinsen und ähnliche Erträge	100.000
-	11	Abschreibungen auf Finanzanlagen und auf Wertpapiere des Umlaufvermögens	50.000
-	12	Zinsen und ähnliche Aufwendungen	800.000
-	13	Steuern auf Einkommen und Ertrag	300.000
=	14	**Ergebnis nach Steuern**	**1.000.000**
-	15	Sonstige Steuern	0
=	16	**Jahresüberschuss**	**1.000.000**

Quelle: welt-der-bwl.de[13]

Aussagekraft des EBIT

Der Vorteil des EBIT ist rein auf den internationalen Vergleich von Unternehmen ausgelegt. Dies betrifft aber ausschließlich Unternehmen aus denselben Branchen. Denn Banken, denen ein anderes Geschäftskonzept zugrunde liegt als Industrieunternehmen, werden zu einem deutlich negativen EBIT neigen, während dies bei Unternehmen aus der Industriebranche größtenteils anders ist. Im Grunde genommen ist jedoch bei nahezu allen großen Unternehmen von einem negativen EBIT auszugehen, da diese kreditfinanziert sind. Somit ist ein negatives EBIT unter keinen Umständen ein Kriterium für geringe Qualität.

---

[13] https://www.welt-der-bwl.de/Finanzergebnis

Fazit

- Das EBIT bildet das reine Betriebsergebnis von Unternehmen ab; vor den Einnahmen und Ausgaben durch Zinsen, vor den Beteiligungseinnahmen und vor den Ertragssteuern
- Somit lassen sich internationale Unternehmen optimal vergleichen
- Beim internationalen Vergleich ist das EBIT deswegen wichtig, weil sich die Steuersätze der verschiedenen Staaten unterscheiden
- Das EBIT ist in der GuV eines Unternehmens direkt aufgeführt oder es lässt sich errechnen
- Ein Rechenweg führt über die Addition der rein betrieblichen Einnahmen und Subtraktion der rein betrieblichen Ausgaben
- Der andere Rechenweg führt über eine Rückrechnung vom Jahresergebnis: Unter den Beteiligungen, Zinsen und Ertragssteuern werden sämtliche Ausgaben zum Jahresergebnis hinzugerechnet und sämtliche Einnahmen vom Jahresergebnis abgezogen

EBITDA

Das EBTIDA (*Earnings before Interest, Taxes, Depreciation and Amortization*) bildet den Gewinn vor Zinsen, Steuern, Abschreibung auf Sacheinlagen und Amortisation von immateriellen Wirtschaftsgütern ab. An dieser Stelle tauchen zwei neue Begriffe auf, die einer Definition bedürfen, um fortzufahren: Abschreibung und Amortisation.

Bei der Abschreibung handelt es sich um einen Betrag, den Unternehmen vom Gewinn abziehen, um die Wertminderung einer Sache und deren Ankaufspreis steuerlich geltend zu machen. Man gehe davon aus, ein Unternehmen hätte eine Geschäftsimmobilie gekauft oder errichtet: In diesem Fall lassen sich die kompletten Kosten nicht wie bei kleineren Sachwerten in dem Jahr des Kaufs abschreiben, sondern werden verteilt. Bei einer Geschäftsimmobilie müsste die komplette Kaufsumme (abzüglich der Nebenkosten und des Grundstückspreises, auf dem die Immobilie steht) auf 33 Jahre und 3 Monate aufgeteilt und pro Jahr mit einem Anteil von 3 % abgeschrieben werden. Bei Immobilien, die zu anderen Zwecken gekauft werden, sowie anderen Sachwerten finden andere Abschreibungssätze Anwendung. Beispielsweise beträgt die Abschreibungsdauer für Computer keine 33 Jahre und 3 Monate, dasie bei sämtlichen Sachwerten an eine realistische Nutzungsdauer angepasst wird. Bei einem Computer sind dies drei Jahre. Was haben Unternehmen von der Abschreibung überhaupt? Sie machen die Kosten für angeschafftes Material steuerlich geltend. Die gekauften Sachwerte sind notwendige Investitionen, um den Betrieb aufrechtzuerhalten oder zu vergrößern. Sie dienen also der Wettbewerbsfähigkeit oder verschaffen gar Wettbewerbsvorteile. Insbesondere bei Unternehmen, die über mehrere Jahre hinweg hohe Investitionen verzeichnen und zunächst warten müssen, bis sich Gewinne einstellen, oder beim Ausbau eines neuen Geschäftssegments können die Abschreibungssätze sehr hoch ausfallen.

Die Amortisation ist ein anderes Wort für die „Absetzung für Abnutzung" bzw. „Abschreibung für Abnutzung". Das Prinzip ist dasselbe wie bei der Abschreibung von Sachwerten, allerdings mit dem Unterschied, dass es sich diesmal um immaterielle Güter handelt. Diese immateriellen Güter können gekaufte Patente, Rechte, Lizenzen u. Ä. sein. Beispiele hierfür sind Domain-Namen und Software-Lizenzen. Die Ausgaben werden in dem Zyklus angesetzt, in welchem die Ratenzahlungen oder andere Zahlungen erfolgen.

Eine weitere Vertiefung beider Kennzahlen ist zunächst nicht erforderlich.

Aussagekraft des EBITDA

Das EBITDA ist sinnvoll für Unternehmensbewertungen bei Unternehmen mit hohen Abschreibungsbeträgen. So sind in einigen Branchen negative Jahresabschlüsse durchaus berechtigt. Auch bei jungen und wachstumsstarken Unternehmen ist diese Kennzahl sinnvoll. Denn ein junges Unternehmen, welches zugleich wachstumsstark ist, erlangt dieses Wachstum für gewöhnlich über hohe Investitionen. Angesichts aller zur Zeit der Unternehmensgründung anfallenden Anschaffungen sind hohe Abschreibungsbeträge gang und gäbe. Damit dies nicht die Unternehmensbewertung verzerrt, ist das EBITDA sinnvoll.

Hinweis!

Auch im Hinblick auf den internationalen Vergleich von Unternehmen aus denselben Branchen ist das EBITDA eine hilfreiche Größe. Denn die Abschreibungsmethoden sowie Nutzungsdauern bei verschiedenen Vermögenswerten variieren. Zudem haben Unternehmen vereinzelt die Wahl, ob sie nach dem HGB oder den IFRS (International Financial Reporting Standards) bilanzieren möchten. US-Unternehmen unterliegen nicht mal den IFRS, sondern den USA-GAAP, was ein weiteres Argument zur Verwendung des EBITDA zur Unternehmensbewertung ist.

Berechnung des EBITDA

Die Berechnung des EBITDA umfasst zunächst dieselbe Vorgehensweise wie bei der Berechnung des EBIT, hat aber einen weiteren Posten. Dieser war in der vorigen Tabelle nicht aufgeführt, fällt allerdings unter den Posten Nr. 7: Abschreibungen.

	1	Umsatzerlöse	10.000.000
-	2	Herstellungskosten	6.000.000
=	3	Bruttoergebnis vom Umsatz	4.000.000
-	4	Vertriebskosten	1.000.000
-	5	Allgemeine Verwaltungskosten	600.000
+	6	Sonst. betriebliche Erträge	200.000
-	7	Sonst. betriebliche Aufwendungen - Abschreibungen - Werbeaufwendungen - Lagerkosten - Spenden	800.000 200.000 230.000 350.000 20.000
=		**Betriebsergebnis (EBIT; operatives Ergebnis)**	**1.800.000**
+	8	Erträge aus Beteiligungen	100.000
+	9	Erträge aus anderen Wertpapieren und Ausleihungen des Finanzanlagevermögens	150.000
+	10	Sonstige Zinsen und ähnliche Erträge	100.000
-	11	Abschreibungen auf Finanzanlagen und auf Wertpapiere des Umlaufvermögens	50.000
-	12	Zinsen und ähnliche Aufwendungen	800.000
-	13	Steuern auf Einkommen und Ertrag	300.000
=	**14**	**Ergebnis nach Steuern**	**1.000.000**
-	15	Sonstige Steuern	0
=	**16**	**Jahresüberschuss**	**1.000.000**

Quelle: welt-der-bwl.de[14]

Die Tabellen, welche die GuV illustrieren, sind in den bisherigen Beispielen lediglich rudimentär. Bei einem umfang-

---

[14] https://www.welt-der-bwl.de/Finanzergebnis

reichen Jahresabschluss eines Unternehmens erhalten Sie einen Bericht, der mehrere Dutzende Seiten umfasst. In diesem Rahmen fallen die GUVs wesentlich ausführlicher aus. Die hier gezeigten Beispiele reduzieren die GuV nur auf das Wesentliche. Um die Berechnung des EBITDA zu illustrieren, wurde der siebte Posten ausführlich untergegliedert und führt nun die Abschreibungen auf. Diese werden von den Aufwendungen bzw. vom zuvor berechneten EBIT subtrahiert. So erhalten Sie das EBITDA.

Mit dem zuvor errechneten EBIT ergibt sich folgende Rechnung: 1.800.000 – 200.000 = 1.600.000.

Fazit

- Das EBITDA bereinigt das Jahresergebnis um das EBIT und zusätzlich um den Posten „Abschreibungen"
- Das EBITDA wird Unternehmen mit hohen Abschreibungsbeträgen sowie jungen und stark wachsenden Unternehmen gerecht und ermöglicht einen besseren internationalen Vergleich dieser Unternehmen mit anderen Unternehmen
- In der GuV errechnet sich das EBITDA durch die Subtraktion der Abschreibungen aus dem Betriebsergebnis

Cash-Flow

Der Cash-Flow (Geldfluss) ist lohnend, um Unternehmen innerhalb einer Branche zu vergleichen. Wie der Name schon sagt, bildet er den Betrag aller Mittelzuflüsse sowie -abflüsse ab. Da die Mittelzuflüsse und -abflüsse einen direkten Geldstrom zwischen verschiedenen Parteien umfassen, bestehen auf legalem Wege keinerlei Möglichkeiten, die Ergebnisse zu beschönigen oder anderweitig zu variieren. Darüber hinaus gibt es auch auf illegalem Wege keine bekannten Optionen, den Cash-Flow zu manipulieren oder zu fälschen. Dementsprechend hat sich der Cash-Flow einen Namen als eines der wichtigsten Mittel für Unternehmensbewertungen gemacht.

Sinn der Cash-Flow-Berechnung

Der Cash-Flow bildet als Ergebnis aus Mittelzuflüssen und -abflüssen die Liquidität eines Unternehmens ab. Anhand der Liquidität erkennen sowohl Anleger als auch Kreditgeber, wie viel Zahlkraft das Unternehmen hat: Wie sehr ist das Unternehmen eigenfinanziert und in der Lage, den Geschäftstätigkeiten aus eigenen finanziellen Mitteln nachzugehen? Ist der Cash-Flow positiv, ergibt sich für Banken eine gute Kreditwürdigkeit des Unternehmens. Es bringt Eigenkapital als Sicherheit für Finanzierungen ein. Sollte der Cash-Flow negativ ausfallen, bedeutet dies eine Verschuldung des Unternehmens und einen klaren Mangel an Kreditwürdigkeit. Dies trifft beispielsweise auf die Commerzbank zu, die als äußerst riskantes Investment und als eine der aus der Niedrigzinsphase resultierenden Zombie-Firmen gehandelt wird.

Hinweis!

Die Niedrigzinsphase soll die Wirtschaft ankurbeln. Banken, Unternehmen und Privatpersonen sind in der Lage, sich aufgrund niedriger Zinsen kostengünstig Geld über Kredite zu holen. Im Zuge der Niedrigzinsphase wurden mehrere Unternehmen finanziert, die sich unter gewöhnlichen Umständen nicht hätten finanzieren können. Sie werden sinngemäß Zombie-Firmen genannt. Experten sagen voraus, dass beim Platzen einer Blase diese Unternehmen bankrottgehen werden.

Da die Liquidität eines Unternehmens branchenabhängig variiert, ist lediglich der Einsatz zum Vergleich von Unternehmen innerhalb einer Branche klug. Sollte der Cash-Flow in Relation zur Konkurrenz erstaunlich hoch sein, deutet dies vom Grundsatz her auf eine hohe Liquidität hin. Doch – wie bei jeder der in diesem Kapitel vorgestellten Kennzahlen – ist wichtig zu hinterfragen, wieso der Cash-Flow so hoch ist. Investiert beispielsweise das Unternehmen das Geld nicht in Innovationen und versucht nicht, sich weiterzuentwickeln, dann ist ein hoher Cash-Flow negativ einzustufen. Sollte ein Konkurrent einen geringeren Cash-Flow aufweisen, aber dafür mehrere innovative Ansätze oder Produkte in der Pipeline haben und durch regelmäßige Erweiterungen der Produktpalette in der Vergangenheit überzeugt haben, dann ist dieses vorzuziehen. Insbesondere im digitalen Zeitalter, dem Zeitalter disruptiver Geschäftsmodelle, ist es erforderlich, sich neu zu erfinden und die Kunden in den Vordergrund des Services zu stellen – vorausgesetzt, die Branche lässt dies zu.

Berechnung des Cash-Flows

Es gibt die direkte und die indirekte Methode der Cash-Flow-Ermittlung. Wichtig ist im Grunde genommen nur, dass einzig und allein direkte Geldflüsse gezählt werden. Von den Erträgen (also den Zuflüssen) die Aufwendungen (also die Ausgaben) subtrahiert, ergibt sich der Cash-Flow. Dies ist die direkte Berechnungsmethode. Alternativ existiert die indirekte Berechnungsmethode, in der vom Jahres-, Halbjahres- oder Quartalsgewinn sämtliche Erträge subtrahiert und Aufwendungen zugerechnet werden, die nicht zahlungswirksam sind. Da die indirekte Berechnungsmethode ein gewisses Maß an Wissen im Bereich des Rechnungswesens und der Bilanzierung erfordert, wird an dieser Stelle als einziges Beispiel der direkte Cash-Flow näher erläutert.

In die Berechnung des direkten Cashflows fließen sämtliche Erträge und Aufwendungen, die einer Zahlung in der zu untersuchenden Periode erfordern.

> **Hinweis!**
>
> Es darf beispielsweise keine Abschreibung als Aufwendung angesetzt werden. Wie gelernt wurde, erfolgen Abschreibungen auf den Ankaufspreis über mehrere Jahre. Wurde die Immobilie im zu untersuchenden Jahr gekauft, wird sie im Cash-Flow als Aufwendung (also Ausgabe) komplett angesetzt. In der Bilanz hingegen werden – im Falle einer Geschäftsimmobilie – im Ankaufsjahr 3 % des Kaufpreises des Gebäudes im ersten Jahr angesetzt.

Angaben in der Bilanz sind somit etwas anderes als der Cash-Flow. Der Cash-Flow ist im Grunde genommen einfach: Das Geld, das wirklich in dieser Periode durch das Unternehmen geflossen ist, wird in die Bewertung einbezogen. Alles andere hat keinerlei Relevanz.

Die Posten, die bei dem Cash-Flow anfallen, sind somit die folgenden:

Erträge	Aufwendungen
Einzahlungen aus Umsätzen und Forderungen	Auszahlungen für Personal und Verbindlichkeiten
Sonstige Einzahlungen	Auszahlungen für Material und Waren
Desinvestition*	Sonstige Auszahlungen
Eigenkapitaleinlage**	Investitionen
Kreditaufnahme	Eigenkapitalentnahme***
	Kredittilgung

Quelle: controllingportal.at[15]

---

[15] https://www.controllingportal.de/Fachinfo/Kennzahlen/Cash-Flow-Einfuehrung-und-Ueberblick-ueber-Cashflow-Berechnungsarten.html

* Darunter ist die Freisetzung von gebundenen finanziellen Mitteln zu verstehen. Finanzielle Mittel sind beispielsweise in Immobilien und Sachen gebunden. Werden diese verkauft, dann fließt dem Unternehmen dafür Geld zu. Da diese Dinge zuvor gekauft wurden und somit eine Investition in sie erfolgte, handelt es sich beim Verkauf um ein gegenteiliges Vorgehen. Es wird also gewissermaßen „ent-investiert", weswegen der Fachbegriff der *Desinvestition* angewandt wird.

** Gesellschafter bzw. Aktionäre lassen dem Unternehmen Eigenkapital zufließen. Solche Einlagen seitens der Gesellschafter gibt es häufig bei bestimmten Anlässen, wie z. B. der Gründung der Gesellschaft oder vertraglich festgelegten Nachschusspflichten.

*** Ist das Gegenteil zur Eigenkapitaleinlage. Gesellschafter dürfen dem Unternehmen Eigenkapital entnehmen, wenn sie eine positive Eigenkapitaleinlage verzeichnen; also mehr Geld als Null eingelagert haben. Zudem sind die sogenannte Steuerentnahme und Privatentnahme weitere Mechanismen, die der Eigenkapitalentnahme zugerechnet werden. Zudem existiert für Gesellschafter die verdeckte Gewinnausschüttung, auf die sie – abgesehen von der offenen Gewinnausschüttung für alle Anleger – Anrecht haben

Das Unternehmen führt all diese Posten in der GuV auf. Alle Erträge werden addiert, anschließend die Aufwendungen subtrahiert. Ist das Ergebnis positiv, hat das Unternehmen in diesem Jahr – rein nach den Geldflüssen zu urteilen – Gewinn gemacht. Ist das Ergebnis hingegen negativ, so hat das Unternehmen – erneut rein nach den Geldflüssen – einen Verlust verzeichnet.

Fazit

- Cash-Flow spiegelt die Liquidität des Unternehmens wider
- Er macht zum Vergleich von Unternehmen in derselben Branche Sinn
- Ein hoher Cash-Flow ist positiv, solange das Unternehmen nach wie vor innovativ tätig ist und neue Produkte entwickelt sowie Investitionen tätigt

- Zur Berechnung des Cash-Flows wird der Betrag aller Einnahmen und Ausgaben in einer Periode betrachtet, die wirklich geflossen sind; somit zählen keine Abschreibungen und Einkommensüberträge ins nächste Jahr und auch keine Rückstellungen oder Entnahmen aus Rücklagen

Marktkapitalisierung

Die Marktkapitalisierung bezeichnet den Börsenwert des Unternehmens. Es handelt sich um eine spannende Kennzahl, da sie den Wert des kompletten Unternehmens, der an der Börse ermittelt wird und den täglichen Schwankungen ausgesetzt ist, widerspiegelt. Eine Aktie zeigt nur den Wert einer einzelnen Aktie, wobei sich erst anhand der Stückelung der Aktien der Wert des kompletten Unternehmens berechnen lässt. Die Marktkapitalisierung hingegen liefert den Wert auf einen Blick und wird dadurch zu einer schlagkräftigen Zahl.

Marktkapitalisierung zur Segmentierung und Aufnahme in Indizes

Je höher die Marktkapitalisierung, desto besser ist das Unternehmen in Indizes platziert. Die 30 Unternehmen in dem deutschen DAX sind jene, die die höchste Marktkapitalisierung aufweisen. Dies bietet dem Unternehmen den Vorteil, im Rahmen einer umfassenderen Berichterstattung stärker ins Blickfeld der Anleger zu rücken und sich im Kampf gegen die Konkurrenz zu profilieren. Es erfolgt an Börsen eine Unterteilung, die in *small caps*, *mid caps* und *large caps* formuliert wird. Aktienfonds, ETFs und weitere Finanzprodukte spezialisieren sich oftmals auf eine dieser Unternehmenskategorisierungen. So werden die größten Unternehmen stark befeuert und gelten als am sichersten. Anleger wiederum profitieren davon, dass die Unternehmen mit der höchsten Marktkapitalisierung tatsächlich ein sicheres Pflaster sind. Sie sind zwar teuer, doch weisen ein geringes Risiko auf. Es gilt: Je teurer das Unternehmen, desto weniger volatil ist dessen Aktienkurs tendenziell.

Berechnung der Marktkapitalisierung

Die Berechnung der Marktkapitalisierung erfolgt denkbar einfach. Es wird die Anzahl aller herausgegebener Aktien zusammengetragen und mit dem Kurs einer einzelnen Aktie multipliziert. Teilt sich das Unternehmen in die Anzahl x an Aktien auf und verzeichnet einen Kurs von y pro Aktie, so ist das Produkt aus beiden Größen die Marktkapitalisierung des Unternehmens.

Formel

Kurs pro Aktie $\times$ *Stückzahl herausgegebener Aktien* $=$ *Marktkapitalisierung*

Um dies mit einem Beispiel zu belegen, soll die Marktkapitalisierung des deutschen börsennotierten Unternehmens *Beispiel AG* herhalten. Die *Beispiel AG* weist einen Aktienkurs von 89,35 € auf. Das Unternehmen hat eine Stückzahl von 5.901.200 Aktien, von denen aber nur 1.988.522 herausgegeben – also in Streubesitz – sind. Das Produkt beider Werte ergibt:

$$89{,}35\ € \ \times 1.988.522 \ = \ 177.674.441\ €$$

Dies ist die Marktkapitalisierung des Unternehmens. Für den DAX reicht diese Größenordnung keineswegs, aber unter Einbezug der anderen Kennzahlen, wie beispielsweise des Cash-Flows und des EBIT, urteilen Anleger auch im Bereich kleiner Unternehmen zuverlässig.

Fazit

- Marktkapitalisierung ist das Produkt aus Kurswert pro Aktie und Anzahl aller herausgegebener Aktien eines Unternehmens
- Verschafft einen Eindruck von der Größe des Unternehmens
- Entscheidend für die Aufnahme in Indizes
- Nur zum Vergleich zwischen Unternehmen geeignet, wenn die Unternehmen in derselben Branche und demselben Markt tätig sind

Kurs-Buchwert-Verhältnis

Das Kurs-Buchwert-Verhältnis, auch *price-to-book-ratio* oder kurz *KBV* genannt, setzt den aktuellen Kurs pro Aktie des Unternehmens in Verhältnis zu dessen bilanziellem Vermögen abzüglich der Verbindlichkeiten. Das KBV hat sich wie das KGV eine wichtige Position in der Bewertung von Unternehmen an der Börse verschafft, wenngleich es Vermögen auf bloße Bilanzposten reduziert und somit andere wichtige Komponenten außer Acht lässt.

Wie berechnet sich das Kurs-Buchwert-Verhältnis?

Der Aktienkurs wird täglich an der Börse aufgeführt und ist somit ein direkt verfügbarer Operator zur Berechnung. Mehr Aufwand bereitet die Ermittlung des Buchwertes. Hier ist ein Blick in den Jahresabschluss erforderlich. Doch relativ schnell findet sich dort die wichtige Größe: Das Eigenkapital. Dieses stellt den Buchwert dar, da es alle Vermögensgegenstände des Unternehmens zusammenträgt, abgesehen von den Verbindlichkeiten, die das Unternehmen schuldet oder selbst noch erhalten soll. Nun wird eine der folgenden Formeln genutzt:

Formel

$$\frac{Kurs}{Buchwert\ je\ Aktie} = KBV$$

$$\frac{Marktkapitalisierung}{Bilanzielles\ Eigenkapital} = KBV$$

Im Grunde genommen sind beide Rechnungen gleich anspruchsvoll. Bei der ersten Rechnung haben Sie zwar den Kurswert direkt aufgeführt, müssen jedoch aus dem Jahresabschluss des Unternehmens das Eigenkapital durch die Stückzahl an herausgegebenen Aktien teilen, um den Buchwert je Aktie zu ermitteln. Bei der zweiten Rechnung wiederum können Sie das bilanzielle Eigenkapital direkt aus dem Jahresabschluss herauslesen, müssen allerdings den Kurs mit der Anzahl der herausgegebenen Aktien multiplizieren, um die Marktkapitalisierung zu erhalten.

Aussagekraft des KBVs

Das KBV bezieht nur das bilanzielle Vermögen in die Rechnung ein. Das Vermögen, ausgezeichnete Arbeiter und ein vorbildliches Image zu haben, bleibt außen vor. Was großartige Arbeiter und einzigartige Querdenker wert sind, beschreibt die Geschichte von *Apple* am besten.

Ist das zu glauben!?

Unter Steve Jobs gewachsen, ohne Steve Jobs gefallen, konnte das Unternehmen *Apple* erst zu alter Stärke zurückfinden, als Steve Jobs im Jahre 1997 seine übergangsweise und im Jahre 2000 seine dauerhafte Rückkehr in die Rolle als CEO von *Apple* feierte. Er war der Perfektionist und Querdenker. Ohne ihn

> verzeichnete *Apple* zuvor seltene massive Kursverluste und musste Paniken der Anleger verkraften, die zu den Wertverlusten der Aktie führten. Mit Steve Jobs kam der alte Erfolg zurück. Kein Vermögen in der Bilanz konnte das aufwiegen, was Steve Jobs dem Unternehmen *Apple* brachte.

Vermögen liefert Aufschlüsse darüber, ob die Aktie des Unternehmens fair bewertet ist. So wird es ermöglicht, besser über einen lukrativen Einstiegszeitpunkt zum Kauf der Aktie zu entscheiden. Im Grunde genommen ist der Nutzen analog zum KGV, welches als erste Kennzahl bereits vorgestellt wurde, zu beurteilen. Wie hoch ein gutes KBV sein sollte, muss erneut individuell beurteilt und mit der restlichen Branche verglichen werden. In jedem Fall ist ein möglichst hohes KBV von Vorteil, da der Anleger für sein investiertes Geld umso mehr Anteile am Unternehmen erhält.

Kritik macht sich noch an weiterer Stelle breit: Und zwar nützt selbst das beste KBV nichts, wenn das Unternehmen vor der Pleite steht oder hohe Abschreibungen auf das Unternehmen zukommen. Dementsprechend gilt auch hier: Nachrichten aufmerksam lesen und die gesamte Situation des Unternehmens hinterfragen! *Wirtschaftswoche*, *Capital*, *Handelsblatt*, die Börsennachrichten im Fernsehen, ad-hoc-Meldungen von Unternehmen und weitere Quellen machen schlau und helfen, das KBV sowie dessen Einflussfaktoren richtig einzuordnen.

Fazit

- Das KBV setzt den Kurs ins Verhältnis zum bilanziellen Vermögen des Unternehmens pro Aktie
- Anleger erfahren, wie viel vom Vermögenswert des Unternehmens sie durch den Kauf einer Aktie erhalten

- Das KBV erfasst nur das bilanzielle Vermögen, aber berücksichtigt nicht ideologische Vermögenswerte, qualifiziertes Personal, Prestige und einige weitere immaterielle Vermögenswerte
- Bei drohenden Abschreibungen und Pleitegefahren bringen selbst die besten KBVs nichts
- Zur Einordnung und Evaluierung des KBVs sind stets die Börsen- und Unternehmensnachrichten sowie die Fachzeitschriften aufmerksam zu lesen

Eigenkapitalrendite

Die Eigenkapitalrendite setzt den Jahresüberschuss eines Unternehmens ins Verhältnis zu dessen Eigenkapital. Selbst der weltberühmte Anleger Warren Buffett machte Gebrauch von der Eigenkapitalrendite und nutzte sie als ein Ausscheide- bzw. Aufnahmekriterium für Aktien ins eigene Portfolio. Letzten Endes wird die Eigenkapitalrendite nur dann zu einer zuverlässigen sowie wichtigen Kennzahl, wenn darüber hinaus auch andere Größen betrachtet werden.

Berechnung der Eigenkapitalrendite

Formel

$$\frac{Jahresüberschuss}{durchschnittliches\ Eigenkapital} = Eigenkapitalrendite$$

Beide Kennzahlen – sowohl der Jahresüberschuss als auch das durchschnittliche Eigenkapital – sind der Bilanz eines Unternehmens zu entnehmen. Auch kann die Eigenkapitalrendite aus Quartalsberichten errechnet werden und nicht nur aus den Jahresabschlüssen. Die Berechnung der Eigenkapitalrendite aufs gesamte Jahr ist jedoch das übliche Instrument.

Aussagekraft und Nutzen der Eigenkapitalrendite

Es gibt zwei mögliche Aussagen, die sich aus der Eigenkapitalrendite herausfiltern lassen:

1. Je höher die Eigenkapitalrendite im Vergleich zur Konkurrenz innerhalb einer Branche und eines Marktes ist, umso besser wirtschaftet das Unternehmen. Denn es benötigt weniger Eigenkapital, um einen hohen Jahresüberschuss zu erreichen.
2. Je höher die Eigenkapitalrendite ist, desto weniger Eigenkapital und anstelle dessen mehr Fremdkapital hat das Unternehmen. Folglich ist ein Investment in Aktien dieses Unternehmens aufgrund der hohen Schulden riskant.

Zwei Aussagen, die komplett andere Entscheidungen nahelegen. Während die erste positiv ausfällt und zum Kauf animiert, ist die zweite Aussage ein Mahner und legt den Verkauf nahe. Dementsprechend ist die wichtige Größe, die neben der Eigenkapitalrendite heranzuziehen ist, der Anteil an Fremdkapital. Sollte der Anteil an Fremdkapital im Vergleich zum Eigenkapital deutlich geringer sein UND das Unternehmen eine vergleichsweise hohe Eigenkapitalrendite aufweisen, dann wirtschaftet das Unternehmen gut und es besteht eine Kaufempfehlung – zumindest, wenn es einzig und allein nach der Eigenkapitalrendite geht und die anderen bisher vorgestellten Kennzahlen zur Unternehmensbewertung nicht berücksichtigt werden. Sollte das Unternehmen hingegen einen hohen Anteil an Fremdkapital verzeichnen, so ist von Investments abzuraten.

Warren Buffet, der der Eigenkapitalrendite von Unternehmen eine hohe Bedeutung beimisst, wertet als wichtiges Kriterium, dass ein Unternehmen eine Eigenkapitalrendite oberhalb des Branchendurchschnitts und größer oder gleich

15 % hat. Diese Regelung gilt für das aktuelle Jahr und den Durchschnitt der letzten zehn Jahre bei Unternehmen.[16]

Fazit

- Eigenkapitalrendite bewertet das Verhältnis zwischen Jahresüberschuss und Eigenkapital eines Unternehmens
- Hohe Eigenkapitalrendite im Vergleich zur Konkurrenz bei gleichzeitig geringem Anteil an Fremdkapital im Unternehmen sind ein gutes Zeichen
- Es gilt, sowohl das aktuelle Jahr als auch die letzten zehn Jahre zu bewerten

Chart-Analyse

Mit der Chart-Analyse entscheiden Sie über den idealen Einstiegs- und Ausstiegszeitpunkt bei dem Kauf bzw. Verkauf von Wertpapieren. Neben einer Fülle möglicher Formationen, unter denen Sie das symmetrische Dreieck sowie die Flaggen kurz vorgestellt bekommen, gibt es mit dem Trendsurfing eine Analysemethode, die besonders hohes Ansehen unter Anlegern genießt. Dementsprechend gilt das Hauptaugenmerk mit einer ausführlichen Beschreibung samt Illustrationen dem Trendsurfing, welches sich optimal eignet, um den Einstiegs- sowie Ausstiegszeitpunkt bei den stark volatilen Wachstumsunternehmen zu bestimmen.

Trends erkennen – Das Trendsurfing

Beim Trendsurfing handelt es sich um die wichtigste Form der Chart-Analyse zur Bestimmung des Kaufs- und Verkaufszeitpunktes eines Wertpapiers. Denkbar einfach ist die Analysemethode ebenfalls. Im Vordergrund steht die zuver-

---

[16] Helbig, Jens M.: *Einmal Dividende bitte!*. Düsseldorf: Christopher Klein & Jens Helbig, 2019.

lässige Bestimmung der Trendwenden, die sich im Aktien-verlauf eines Wertpapiers abzeichnen:

1. Wann schwenkt der Abwärtstrend in einen Aufwärts-trend über? Dies ist der ideale Einstiegszeitpunkt!
2. Wann stoppt der Aufwärtstrend und wechselt in einen Abwärtstrend über? Hier ist es klug, das Wertpapier zu verkaufen!

Das Trendsurfing ist keine Strategie für eine Kapitalanlage in Value-Aktien. Value-Aktien weisen tendenziell eine geringe Volatilität auf und werden deswegen aller Voraussicht nach keine signifikanten Trendbewegungen verzeichnen – sich mit Ausnahmen auseinanderzusetzen, ergibt an der Börse keinen Sinn. Eine Anlage in Value-Aktien und ETFs erfolgt mit langfristigem Anlagehorizont im Idealfall über ein Jahrzehnt oder gar noch länger.

Bei der Anwendung des Trendsurfings im Rahmen einer Chart-Analyse geht es vielmehr darum, bei volatilen Aktien die Zeitpunkte zum Kauf und Verkauf zu bestimmen. Insbesondere bei Wachstumsunternehmen macht diese Strategie der Geldanlage Sinn. Denn diese sind jung und haben mehr Spielraum zum Wachstum. Folglich ist ein Wertanstieg mit vielen langen Aufwärts- und kurzen Abwärtstrends wahrscheinlich. Dass die meisten dieser Unternehmen letzten Endes die Erwartungen der Anleger nicht befriedigen können, führt nach mehrmaligen Aufwärtstrends irgendwann zu einer Ansammlung an Abwärtstrends. Doch vor dem Eintreten der Abwärtstrends bieten Wachstumsunternehmen durch Anwendung des Trendsurfings die Chance auf mehrere Hundert Prozent Rendite in einem Jahr oder sogar wenigen Monaten. So ist es nun mal: Der Überflieger sorgt für Furore am Markt. Wer ein Stück des Kuchens abhaben möchte, investiert in diesen Überflieger – aber nur zum richtigen Zeitpunkt!

Hochs und Tiefs beobachten!

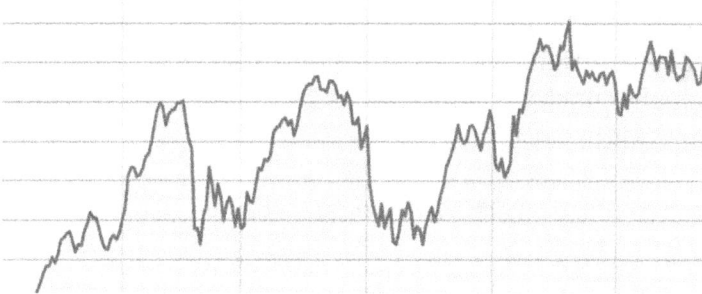

Sie sehen den Chartverlauf des deutschen Unternehmens aus dem Versicherungssektor. Das Unternehmen gehört als eines von 30 Unternehmen zum DAX. Beim Blick auf den Chartverlauf wird deutlich, dass es sowohl Hoch- als auch Tiefpunkte gibt. Werden diese eingezeichnet, so ergibt sich folgendes Bild:

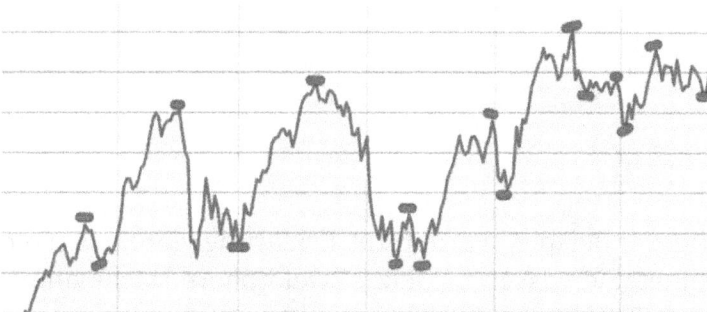

Aller Voraussicht nach werden sich Ihnen bei der Betrachtung dieses Charts Fragen stellen. Die wichtigste wird sein, wieso nicht alle Hoch- und Tiefpunkte eingezeichnet sind. Schließlich gibt es mehr Punkte als nur die rot markierten, an denen der Kursverlauf der Aktie nach unten zeigt. Hoch- und Tiefpunkte sind im Trendsurfing all jene, an denen sich ein Umschwung in einen neuen Trend bemerkbar macht. Dabei gelten die beiden Regeln: Ein Aufwärtstrend zeichnet sich immer dann ab, wenn ein Hochpunkt durch einen noch höheren Hochpunkt bestätigt wird. Ein Abwärtstrend wiederum zeichnet sich dann ab, wenn ein Tiefpunkt von einem noch tieferen Tiefpunkt bestätigt wird. Beides wird durch eine noch genauere Betrachtung des Kursverlaufs der Allianz-Aktie veranschaulicht.

Aufwärts- und Abwärtstrends feststellen!

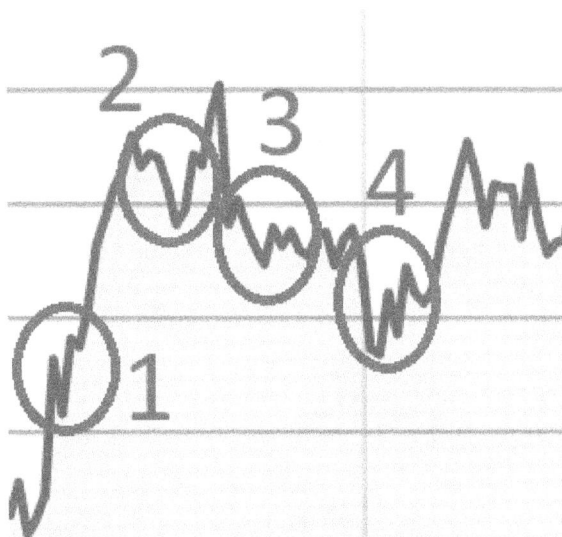

In diesem Beispiel wurden zur Erklärung vier Stellen einge-zeichnet. Sie wissen bis jetzt: Zwei höhere Hochs und zwei höhere Tiefs hintereinander bedeuten einen Aufwärtstrend. Zwei tiefere Tiefs und zwei tiefere Hochs hintereinander läuten einen Abwärtstrend ein.

An der ersten Markierung ist einer dieser Fälle gegeben, weswegen von einem beginnenden Aufwärtstrend gespro-chen werden kann. Es geht aus einem Tal aufwärts auf ein Hoch, das höher als das letzte ist. Daraufhin geht es wieder abwärts, was der erste Tiefpunkt innerhalb der Markierung ist. Wenn Sie darauf blicken, wie tief das letzte Tief war, dann wird klar, dass dieser Tiefpunkt sogar deutlich über dem letzten ist. Nun benötigt es nur noch ein Hoch und Tief, das höher als das soeben genannte Hoch bzw. Tief ist. Dies ist direkt danach der Fall. Also ist der Einstiegszeitpunkt gekommen: Sobald es aus dem letzten Tief wieder hinausgeht, wie am Ende der ersten Markierung zu sehen ist, erfolgt der Kauf. Diese Vorgehensweise hat zudem den Vorteil, dass zu einem Zeitpunkt eingekauft wird, zu dem die Aktie noch vergleichsweise günstig ist.

Werfen wir einen Blick auf die zweite Markierung: Hier geht es bergab, nachdem zunächst das höchste Hoch erreicht wurde. An diesem Tiefpunkt ist noch nicht Verkaufszeit, da es für den Verkaufszeitpunkt zweier aufeinanderfolgender Hochpunkte und Tiefpunkte benötigt, die tiefer als der jeweils andere sind. Blicken wir direkt auf das erste Tief in der zweiten Markierung, so fällt zunächst auf, dass dieser Tiefpunkt höher als das letzte Tief ist. Dies ist ein Zeichen fürs Halten der Aktie, da sich der Aufwärtstrend fortsetzen kann. Erst bei der Betrachtung des auf dieses Tief folgenden Hochs zeigt sich: Dieses Hoch ist niedriger als das letzte – könnte nun ein Abwärtstrend eintreten? Diese Vermutung wird durch das nächste Tief bestätigt, welches weit nach unten führt. Nun bräuchte es eines weiteren Hochs und Tiefs, welches geringer als das vorige Hoch bzw. Tief ist. Dies geht beim nächsten Hoch auf, welches minimal geringer ist als das vorige. Doch das darauffolgende Tief fällt aus dem Schema, da es nicht noch geringer als das vorige ist, sondern bei weitem höher. Ergebnis: Die Aktie wird gehalten. Mit gutem Recht, denn sie entwickelt sich noch besser und führt zu einem weiteren deutlichen Hochpunkt.

Doch bei der dritten Markierung ist es soweit und der Negativtrend tritt ein: Ein Tief und ein Hoch, welches tiefer liegen als die letzten beiden. Danach ein weiteres Tief und Hoch, die nochmals niedriger sind. Es wird also verkauft, sobald die Aktie vom letzten Hochpunkt aus beginnt, an Wert zu verlieren.

Bei der vierten Markierung beginnt nach dem zuvor analysierten Abwärtstrend ein neuer Aufwärtstrend, sodass nach dessen zweitem Hoch in die Aktie investiert wird. Es zeichnet sich eine Entwicklung ab, die quasi bis zum Ende des Charts anhält.

Deswegen ist Trendsurfing bei Value-Aktien nicht nahezulegen...

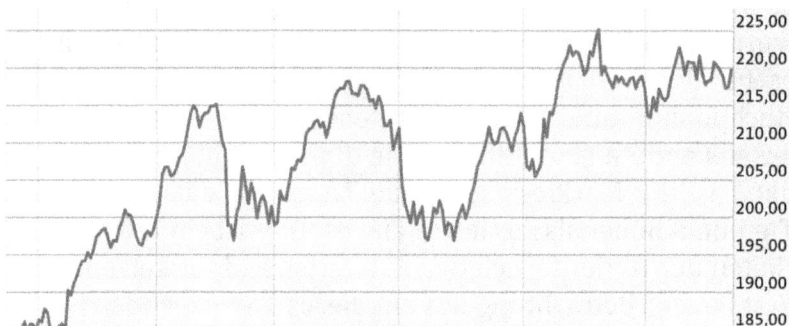

Die gesamte Entwicklung in dem Betrachtungszeitraum von Anfang Februar 2019 bis zum Ende des Jahres 2019 zeigt, dass die Aktie eine positive Entwicklung hingelegt hat. Doch letzten Endes bewegte sich die Entwicklung zwischen Beträgen von 180 € und 225 €. Da zum Trendsurfing die Wartezeit zwischen den Trends gehört, hätten Anleger gewiss nicht den vollen Profit aus 45 € pro Aktie eingenommen. Alles in allem hätte es sich bei der Allianz-Aktie nur mit hohen Beträgen oder den riskanten Hebeln des CFD-Handels gelohnt, nach dem Trendsurfing-Prinzip zu investieren. Kein Wunder, schließlich handelt es sich um eine Value-Aktie, die im DAX indexiert ist und keine signifikanten Entwicklungsspielräume aufweist. Sie ist im Regel-fall wenig volatil.

Dieses Beispiel hat Ihnen gezeigt, wie Charts nach dem Prinzip des Trendsurfings analysiert werden, und anhand einer Value-Aktie veranschaulicht, wieso sich dieses Vorgehen nicht bei Value-Aktien lohnt. Nun erhalten Sie die Möglichkeit, anhand des Kursverlaufs der Aktie eines Wachstumsunternehmens selbst zu untersuchen und festzustellen, dass sich das Trendsurfing bei Wachstums-Ak-tien zur Analyse der Charts lohnt. Wobei: Im Prinzip sagen die Zahlen auf der rechten Achse in Kombination mit dem Chart-Verlauf bereits aus, dass durch die hohe Spanne der Kursschwankungen eine ganz andere Dynamik entsteht, die höhere Renditen begünstigt.

Mut zum Trendsurfing bei Wachstumsunternehmen!

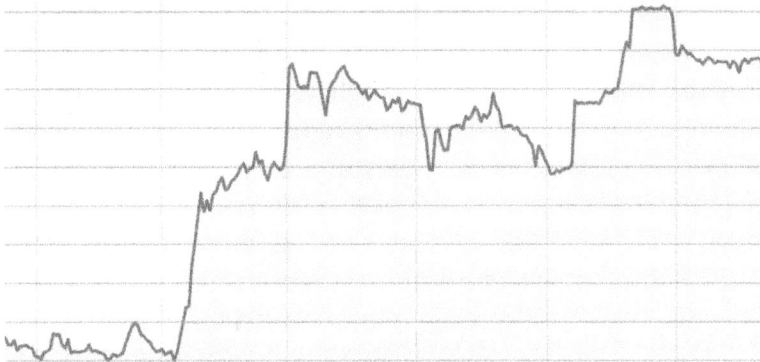

Die *Publity AG* investiert in Gewerbeimmobilien und hat sich in Deutschland die richtigen Städte dafür ausgesucht: In Frankfurt am Main und in München. Die Firma ist zwar seit 17 Jahren existent, doch erst seitdem der Immobilien-Boom hierzulande große Ausmaße annimmt, ist sie zu einem ernstzunehmenden Wachstumsunternehmen geworden.

Hinweis!

Als Anleger kann man bei Chart-Analysen mit dem sogenannten „Allzeithoch" konfrontiert werden. Das Allzeithoch wird alternativ als „historisches Hoch" und in der englischen Sprache als „All-Time-High" bezeichnet. Es stellt den höchsten Kurs dar, welchen eine Aktie in ihrer Geschichte je erzielte. Wie im Chart der Aktie der *Publity AG* ersichtlich wird, gibt es einige Hochs. Doch um zu erfahren, ob es sich wirklich um mehrere Allzeithochs handelt, muss der gesamte Aktienverlauf des Unternehmens seit der ersten Börsennotierung betrachtet werden. Bei Aktien von Wachstumsunternehmen gibt es häufig mehrere Allzeithochs, wenn sich die Aufwärtstrends einstellen, die dem Wertpapier eine hohe Popularität bescheren. Einige Anleger sagen, es sei an einem Allzeithoch unklug, zu investieren. Dahinter verbirgt sich eine Logik der Angst, da das Wertpapier teurer als je zuvor ist und die Verlustrisiken hoch ausfallen. Lassen Sie sich nicht von dieser Philosophie blenden. Denn wenn Sie das Wertpapier eines Wachstumsunternehmens nach dem Trendsurfing analysieren, dann sind Allzeithochs gang und gäbe. Dabei kann auf ein Allzeithoch Verlust folgen oder aber es folgen noch viele weitere Allzeithochs, die Ihnen beachtliche Gewinne einbringen. Lassen Sie sich nie von irrationaler Angst blenden, sondern analysieren Sie nach den erläuterten Prinzipien. Bedenken Sie dabei: Ein Allzeithoch ist zunächst ein Zeichen von Stärke.

Symmetrisches Dreieck, Flaggen und weitere Chartformationen

Neben dem Trendsurfing existieren eine Vielzahl an Methoden zur Chart-Analyse, die Formationen in den Kursverlauf hineininterpretieren und anhand derer Prognosen angestellt werden können, wann ein Wertpapier gekauft, gehalten oder verkauft werden sollte. So viel Berechtigung diese Chart-Formationen aus einigen Sichtweisen haben mögen, handelt es sich dabei um Instrumente, die den Rahmen dieses Ratgebers sprengen würden und nicht als essenziell einzustufen sind. Das Trendsurfing deckt bereits die Mittel zur Bestimmung der idealen Zeitpunkte für Transaktionen ab. Dies ist an dieser Stelle alles, was Sie für die ersten Schritte bei der Geldanlage in Aktien benötigen. Einige der Chartformationen werden Ihnen nun in Kürze erklärt, um Ihnen einen besseren Eindruck zu verschaffen. Sofern Sie Interesse kriegen oder Ihren Wissensfundus nach den ersten Schritten im Wertpapierhandel erweitern wollen sollten, finden Sie im Rahmen weiterer Literatur und im Internet reichlich Informationen zu den Chart-Formationen.

Eine der Chart-Formationen ist das symmetrische Dreieck. Hierbei liegen die aufeinanderfolgenden Hochpunkte immer leicht unterhalb der vorigen Hochpunkte. Die Tiefpunkte wiederum liegen immer höher. Zieht man oben entlang der Hochpunkte eine Linie und unten entlang der Tiefpunkte ebenso, dann bildet sich ein Dreieck. Ist dieses groß bzw. lang, weil die Hoch- und Tiefpunkte starke Schwankungen aufweisen, so wird ein großer Ausbruch aus dem Dreieck vermutet – mit potenziell hohen Gewinnen. Bei einem kleinen bzw. kurzen Dreieck ist ein geringerer Ausbruch zu vermuten. Das Dreieck kann komplett spitz zulaufen oder aber noch vor der Vollendung ausbrechen. Ist ersteres der Fall, so besteht die Annahme eines nur kurzen Ausbruchs oder gar einer Negativentwicklung. Ein nicht vollendetes Dreieck soll, der Annahme nach, einen profitableren Ausbruch bringen. Ein Ausbruch ist immer dann gegeben, wenn der neue Hochpunkt oberhalb des vorigen liegt oder der neue Tiefpunkt unterhalb des vorigen. Alles in allem symbolisiert das symmetrische Dreieck, dass an dessen Ende beim ansteigenden Hochpunkt eine Kaufempfehlung gegeben ist oder bei einer Auflösung des Dreiecks nach unten hin von einem Kauf der Aktie abgeraten wird.

Abgesehen vom symmetrischen Dreieck existieren die Flaggen: Wenn Kurse einmal steil und stark nach oben steigen, bildet sich der Mast der Flagge heraus. Sofern die Kurse dann mit kleinen Schwankungen seitwärts verlaufen, ist die Flagge selbst bemerkbar. Flaggen weisen grundsätzlich auf einen kommenden Aufwärtstrend hin. Sie können sich dies wie folgt vorstellen: Die Aktie verzeichnet einen rapiden Anstieg, der dadurch abbricht, dass die Aktie von mehreren Anlegern verkauft wird, die ihre Gewinne einstreichen möchten. Allerdings bleibt eine Vielzahl an Anlegern der Aktie treu, sodass es nicht zu einem kompletten Abwärtstrend kommt. Stattdessen schwankt die Aktie minimal im Kursverlauf und verzeichnet mal einen Zugewinn, mal einen Wertverlust. So läuft es einige Zeit lang, wobei die Aktie gekauft werden sollte. Denn es steht ein weiterer rapider Anstieg bevor. Schließlich untermauern die geringen Schwankungen anstelle eines Negativtrends das Vertrauen der Anleger in das Wertpapier ... Dies zumindest ist die Annahme bei einer Flaggenformation.

Falls Sie nach der Vorstellung dieser beiden Chartformationen neugierig sind, dann erhalten Sie als Orientierungshilfe für Eigenrecherchen noch einige weitere Chartformationen genannt:

- Schulter-Kopf-Schulter
- Steigende und fallende Dreiecke
- Trendlinien
- Doppeltop
- Doppelboden (W-Formation)

Zusammenfassung: Zuerst das Unternehmen analysieren, dann den Zeitpunkt zum Kauf bestimmen!

Dieses Kapitel hat veranschaulicht, dass die Geldanlage in Aktien alles andere als ein riskantes Unterfangen ist. Es ist ein Arbeitsprozess, zu dem Sie bereit sein müssen, woraufhin Sie die Risiken erheblich minimieren. Anhand verschiedener Kennzahlen, die Sie nun nach eigenen Maßstäben bei der Unternehmens- bzw. Fundamentalanalyse einsetzen können, erschließen Sie sich, welche Aktien vielversprechend sind. Haben Sie eine Auswahl an Aktien getroffen, dann hilft Ihnen bei Wachstumsaktien das Trendsurfing bei der Bestimmung des optimalen Einstiegszeitpunktes. Sollten Sie Value-Aktien kaufen, können Sie ebenfalls das Trendsurfing nutzen. Doch da in Value-Aktien ohnehin mit langfristigem Anlagehorizont investiert wird, erübrigt sich hier weitestgehend die Anwendung von Chart-Analysen. Value-Aktien sind wenig volatil, weswegen Sie in diesem Fall einfach Ihr geplantes Investment tätigen und von der Entwicklung über mehrere Jahre oder Jahrzehnte profitieren.

How to: So baue ich Schritt für Schritt mein Portfolio auf!

Dieses Kapitel geht mit Ihnen Schritt für Schritt den Aufbau eines eigenen Portfolios durch. Als Annahme gilt, dass Sie 10.000 € in die Hand nehmen. Sind es weniger als 10.000 €, so verwenden Sie anteilig für die einzelnen Anlagen die zu Ihrer Summe passenden Beträge. Da wir in diesem Ratgeber die Geldanlage in Aktien fokussieren, werden Sie Anlageklassen wie Anleihen, Derivate u. Ä. in diesem Kapitel vermissen. Die hier gewählten Anlageklassen sind die Aktien, Aktienfonds sowie speziell die ETFs.

Value-Aktien: 30 %!

Wer den Aufbau eines eigenen Portfolios forciert, steht vor einer Fülle an Möglichkeiten, wie Sie bereits wissen. Wir wählen als einen der beiden Grundsteine die Value-Aktien. Zwar bieten diese eine potenziell geringere Renditespanne, doch gehen sie aufgrund ihrer gefestigten Position mit geringeren Risiken für Anleger daher. Doch dies ist bei der Aktienauswahl nicht alles. Die Aspekte, die Sie bisher über Value-Aktien gelernt haben, werden nun noch erweitert: Die etablierten Unternehmen, denen wir uns widmen, stammen nach Möglichkeiten aus Branchen, die immer verdienen. Und schon sind wir bei ihnen angelangt ... den *Nifty Fifty*!

Was sind die Nifty Fifty?

Die Bezeichnung *Nifty Fifty* stammt aus den USA und bedeutet ins Deutsche übersetzt „Die schicken Fünfzig". Gemeint sind die Aktien von Unternehmen, die sich auf dem

Aktienmarkt als die beliebtesten erweisen. Die Begrifflichkeit *Nifty Fifty* findet ihren Ursprung an der US-amerikanischen Börse in den 60er Jahren, als Anleger auf der Suche nach Wertpapieren sind, die die höchste Sicherheit und den höchsten Profit versprechen. Damals sind es Unternehmen wie *Coca-Cola, McDonald's, Walt Disney* und *Eastman Kodak*, die die folgenden Merkmale verzeichnen:

- Geringe Schulden
- Stabile Ausschüttungen
- Konstantes Wachstum
- Etablierung am Markt

Anleger investierten in Aktien von Unternehmen mit diesen Vorzügen, unter denen sich 50 einen Weg in die Wahrnehmung der Anleger als die *Nifty Fifty* gebannt hatten. Das Angebot der Unternehmen war zudem konjunkturunabhängig gefragt, was einen weiteren Vorteil darstellte. Dies bedeutet, dass die Unternehmen sogar bei einer Negativentwicklung der Wirtschaft wuchsen. Sie verzeichneten zwischendurch eine doppelt so starke Entwicklung wie die Börse. Allerdings erfolgte 1974 ein Platzen der Nifty-Fifty-Blase. Grund dafür war, dass sämtliche Anleger sich auf die 50 beliebtesten Aktien stürzten und somit verursachten, dass die Aktien überbewertet waren. Die Kurswerte brachen zum Teil radikal ein.

Nun, 50 bis 60 Jahre später, ist der Großteil der Unternehmen jedoch nach wie vor am Markt und weiterhin gewachsen. Trotz der geplatzten Blase sind die Unternehmen zum größten Teil nicht untergegangen, sondern haben sich zunächst innerhalb eines oder zweier Jahrzehnte stabilisiert, um dann ihr konstantes Wachstum fortzusetzen. Dies ist nach dem Platzen einer Börsenblase keine Selbstverständlichkeit, mussten schließlich nach der geplatzten Dotcom-Blase um die Jahrtausendwende zahlreiche Unternehmen ihre Segel streichen. Somit muss an den Nifty Fifty etwas dran gewesen sein, was deren Favorisierung durch die Anleger rechtfertigte.

Hinweis!

Einige Unternehmen aus den *Nifty Fifty*, wie beispielsweise das erwähnte Unternehmen *Eastman Kodak*, sind nicht gewachsen oder gar komplett von der Bildfläche verschwunden. Maßgeblich war in diesem Fall die Digitalisierung. Zwar war *Eastman Kodak* mit den Modellen *Kodak Photo CD* und *Kodak Picture Disk* einer der Vorreiter bei der Transformation, doch war die Analogsparte zu stark gewichtet. Als die Verkaufszahlen zurückgingen, kam das Unternehmen schwer zu Schaden. Mit dem Verkauf der Fotofilmproduktion am 3. September 2013 fand ein Neuanfang unter dem Namen *Kodak Alaris* statt.

Was können wir – insbesondere nach dem Vergleich mit der geplatzten Dotcom-Blase und dem Niedergang von *Eastman Kodak* – von den *Nifty Fifty* aus den 60ern und 70ern in den USA lernen? Wie kam es dazu, dass die Unternehmen sich nach dem starken Kursverlust rehabilitieren konnten und bis heute auf dem Weltmarkt eine Rolle spielen?

Individuelle Bewertungen des Marktes nie vergessen

Der Grund, weswegen es überhaupt erst zum Platzen der Blase kam, ist bei den *Nifty Fifty* sowie dem Hype um die *New Economy* (Dotcom-Blase) derselbe: Es waren Amateure am Werk. Dies ist nochmals ein Grund, weswegen es richtig ist, dass Sie dieses Buch lesen, und ebenso ein Grund dafür, dieses Buch weiterzulesen.

Was zeichnete die Amateure aus, die am Werk waren und die Blase platzen ließen?

Personen kauften – ohne Vorwissen und Informationen über die Unternehmen – Aktien auf. Dies ist ein Fehler, der Ihnen keineswegs unterlaufen darf. Bilden Sie sich sukzessive weiter und halten Sie sich auf dem aktuellen Stand! Dann wird Ihnen nämlich auffallen, wann ein Unternehmen überbewertet ist und die Aktivitäten von Anlegern auf dem Börsenmarkt überambitionierte Züge annehmen. Dies war bei den *Nifty Fifty* ebenso wie bei der *New Economy* der Fall.

Stellen Sie es sich wie folgt vor: Ein Freund oder eine Freundin kommt eines Tages zu Ihnen und sagt, er lege Geld in bestimmte Aktien an und habe bereits große Gewinne erzielt. Sie hören sich das an, aber erwägen nicht den Gedanken, selbst zu investieren, da Sie Wertpapiere und die Börse gleichermaßen als ein Hexenwerk ansehen. Zwei Wochen später hören Sie von Wertpapieren, die in den letzten Monaten um 100 % an Wert zugenommen haben. Sie begreifen, dass Anleger in diesem Zeitraum das Doppelte an Geld hatten, was ursprünglich angelegt worden war. Drei Wochen später erzählt Ihnen eine Kollegin bei der Arbeit, Sie habe vor wenigen Tagen mit Investitionen in einige dieser „Senkrechtstarter-Unternehmen" begonnen und schon jetzt könnte Sie die eigenen Anteile mit einem Gewinn von 100 € verkaufen. Wo das noch hinführen würde? Ihnen dämmert langsam, dass Sie die Chance haben, wie Ihre Freunde und Kollegen in das Wertpapiergeschäft einzusteigen. Der Gedanke, Geld zu verdienen, ohne etwas dafür tun zu müssen, ist zu verlockend. Also eröffnen Sie ein Depot – bei einer überteuerten Filialbank, da Sie keine Ahnung von dem Ganzen haben, was aber auch egal ist – und beauftragen den überteuerten Broker, Wertpapiere für Sie zu kaufen. Sie entscheiden sich für eines dieser Unternehmen, die ohnehin bereits seit Monaten rapide Kursanstiege verzeichnen. Das muss ein tolles Unternehmen sein! Ein paar Tage später, nachdem es wie geschmiert gelaufen ist, investieren Sie in drei weitere Unternehmen, die ebenso toll sind. Aktienhandel und Rendite ist ja so einfach! Aber irgendwann wird einigen Anlegern klar, dass die Unternehmen das Geld ins eigene Wachstum investieren und die Gewinnausschüttungen an die Anleger gering ausfallen. Die Anleger sind wegen der ausbleibenden Dividendenzahlungen ungeduldig und sehen keinen Nutzen in der Geldanlage. Also drängen sie auf den Markt und verkaufen die eigenen Anteile. Es tritt eine Massenpanik ein, infolge derer die Kurswerte sinken. Nebenbei wird noch die ein oder andere Bilanzfälschung bekannt. Zudem werden eigentlich solide und nicht überbewertete Unternehmen ebenfalls geschädigt, da die in Panik geratenen Anleger nur noch schwarzsehen, Angst haben und jedwedem rationalen Urteil gegenüber verschlossen sind. Und was ist mit Ihnen? Sie haben die Aktien voller Hoffnung noch gehalten. Hatten Sie in ein Unternehmen aus den *Nifty Fifty* investiert, dann besteht die Chance auf einen Gewinn. Hatten Sie in ein Unternehmen aus der *New Economy* investiert, ist die Chance geringer. Es sei denn, es handelt sich um Amazon – dann sind Sie wahrscheinlich Millionär.

Geschichte...

Vor der Dotcom-Blase spielte der Markt derart verrückt, dass beim Börsengang von Infineon 33 Mal (!) mehr Aktien von Anlegern gekauft werden wollten, als überhaupt zum Verkauf standen[17]. Die verfügbaren Aktien mussten deswegen an Anleger über das Losverfahren vergeben werden. Die Aktien wurden also an die maximal mögliche Menge an Anlegern emittiert, die verbliebenen Anleger gingen leer aus.

---

[17] Vgl. https://www.finanzgrundlagen.de/boerse-lernen/dotcom-blase-zusammenfassung

Es zeigt sich also, dass der Markt seine eigene Psychologie hat. Sie müssen aufspüren, welche Züge das Verhalten der Anleger annimmt und bei einer Überbewertung der Aktie im Zweifelsfall verkaufen. Dass es bei Überbewertungen auch Ausnahmen gibt, bei denen sich konstatieren lässt, dass die Geldanlage ins jeweilige Wertpapier dennoch sinnvoll ist, haben Sie im letzten Kapitel gelernt. Dieses Wissen ist nun anzuwenden. Darüber hinaus sind die Unternehmen selbst einer Bewertung zu unterziehen. Hierin liegt der maßgebliche Unterschied zwischen den Folgen der Nifty-Fifty- und Dotcom-Blase verborgen: Die Unternehmen aus den *Nifty Fifty* waren etabliert und verzeichneten ein sukzessives Wachstum bei hoher Liquidität. Bei vielen Unternehmen aus der *New Economy* war dies nicht der Fall. Dies spiegelte sich in den umfangreichen Investitionen der Anleger in neu gegründete Unternehmen wider. Zudem fanden Täuschungen durch kriminell agierende Unternehmen statt. Unter den *Nifty Fifty* wiederum gab es auch Skandale, doch waren es gestandene Unternehmen, die die Dividenden zum Teil derart gering hielten, dass sie selbst in Schwächephasen gezahlt werden konnten, was die Anleger zufriedenstellte. So rehabilitierten sich die Unternehmen nach dem Platzen der Blase. Was *Eastman Kodak* zum Verhältnis wurde, war letzten Endes das Unternehmen und dessen Management selbst, was sich in dem missglückten Umstieg von analogen auf digitale Produkte äußerte. Dies ist ebenfalls eine Komponente, die es bei der Auswahl der Wertpapiere fürs eigene Portfolio zu berücksichtigen gilt.

Regeln zur Auswahl der Unternehmen fürs eigene Portfolio

Die Regeln zur Bestückung des Portfolios sind so konstruiert, dass sie sich an den *Nifty Fifty* orientieren, allerdings deren Defizite ausklammern. Rufen wir uns hierzu zunächst die positiven Merkmale der *Nifty Fifty* ins Gedächtnis und evaluieren diese kurz:

- Etablierung auf dem Markt: Ist das jeweilige Unternehmen bereits seit Jahrzehnten auf dem Markt, so zeugt dies von einer soliden Basis und Krisenfestigkeit
- Solider Kursverlauf: Zeigt bei den Kurswerten die Kurve der etablierten Unternehmen seit deren Bestand in größeren Zeiträumen konstant nach oben, zeugt dies von Wachstum
- Robuste Bilanzen: Die Bilanzen spiegeln die Vermögens- und Ertragslage von Unternehmen wider, wobei eine geringe Verschuldung ein einschlägiger positiver Aspekt ist
- Gefragte Branche & Konjunkturunabhängigkeit: Krisensicherheit ist branchenbezogen; bestimmte Angebote und Unternehmen werden auch in Krisenzeiten konstant wachsen

Nun betrachten wir die Defizite der *Nifty Fifty*: Es betraten Amateure den Markt. So kam es zu zunehmenden Käufen der beliebten Aktien. Sogar professionelle Anleger wurden in diesem Szenario zu Amateuren, indem sie über eine rationale Bewertung des Geschehens hinwegsahen. Nun können Sie nicht verhindern, dass Amateure den Markt betreten. Aber zu zweierlei sind Sie imstande: Zum einen müssen Sie selbst nicht als Amateur den Markt betreten, zum anderen können Sie die Entwicklungen auf dem Markt beobachten und angemessen reagieren.

Nachdem nun die Grundlagen zu den *Nifty Fifty* erklärt wurden, gibt Ihnen dieser Ratgeber einige Anreize für Unternehmen, die aktuell an der Börse sind und die genannten Kriterien erfüllen – die *Nifty Five* dieses Ratgebers!

CME Group (USA; Finanzdienstleistungen)

Die *CME Group* würde sogar von einem Börsencrash profitieren. Das Unternehmen ist der weltweit führende Börsenbetreiber für den Handel mit Optionen und Futures. Da zu Zeiten eines Crashs noch mehr gehandelt wird als davor, würde das Handelsvolumen des Unternehmens ansteigen. Das Handelsvolumen pro Tag befindet sich mittlerweile seit knapp 20 Jahren bei einem konstanten Anstieg von über 10 Prozent jährlich. Die Gewinnausschüttungen sind vergleichsweise hoch und die Börse der *CME Group* wuchs in der Vergangenheit durch Zukäufe anderer Börsen. Darüber hinaus fallen die Gewinnmargen der *CME Group* hoch aus und ermöglichen auf diesem Wege gute sowie zuverlässige Prognosen der Mittelzuflüsse.

Münchener Rück (Deutschland; Versicherungen)

Die *Münchener Rück* besteht bereits seit 1880. Somit zeugen überstandene Kriege, Weltwirtschaftskrisen und das Bestehen über mehr als ein Jahrhundert bereits von einer gewissen Krisenfestigkeit. Besonders beeindruckend ist dabei die Entwicklung der Bilanzsumme im Verlaufe der letzten 40 Jahre – ein Zuwachs um das Fünfzigfache! Das Kerngeschäft der *Münchener Rück* sind Rückversicherungen; also die Versicherung von Versicherungen. Hier fallen die Markteintrittsbarrieren für neue Unternehmen hoch aus, sodass Konkurrenz für die *Münchener Rück* rar gesät ist. Anders gestaltet es sich im klassischen Versicherungssektor, der von dem Tochterunternehmen *ERGO* geprägt ist: Hier ist eine große Konkurrenz vorhanden, weswegen der Erfolg der *Münchener Rück* gewissermaßen von der Entwicklung und dem Erfolg der digitalen Transformation bei der *ERGO* abhängt. Doch selbst, wenn die *ERGO* Tochtergesellschaft sich im Konkurrenzkampf schlecht behaupten sollte, hat die *Münchener Rück* in der Bilanz ausreichend Rücklagen, um Verluste auszugleichen.

Iberdrola (Spanien; Energieversorgung)

Das Unternehmen *Iberdrola* versorgt die Bevölkerung in Spanien mit Energie, wobei die Hälfte der zur Verfügung gestellten Energie erneuerbar ist. Zurzeit (Stand: Januar 2020) errichtet das Unternehmen die größte Photovoltaikanlage Europas. Zwar stammt ein Siebtel der Stromproduktion aus Atomkraftwerken, doch dies stellt aufgrund der Diskussion um geringere CO_2-Emissionen kein Problem dar. Angesichts der in der Popularität ansteigenden Elektromobilität ergibt sich für *Iberdrola* ein neues und zukunftsträchtiges Geschäftsgebiet. Diesbezüglich hat *Iberdrola* bereits das Ziel geäußert, demnächst mit dem Bau von 25.000 Elektroladestationen in Spanien zu beginnen. Das Unternehmen präsentiert sich wachstumsstark, neuen Trends wie der Elektromobilität offen gegenüber und in Hinblick auf die Energiewende gut aufgestellt.

Novartis (Schweiz; Pharmaindustrie)

Novartis verzeichnet einerseits konstant ansteigende Gewinne, andererseits hat das Unternehmen bereits eine Spitzenposition bei neuen Medikamenten. Weil mit der medizinischen Weiterentwicklung neue medikamentöse Therapien aufkommen und immer eine Nachfrage nach Medikamenten bestehen wird, ergeben sich gute Aussichten für die Zukunft des Unternehmens. Zurzeit (Stand: Januar 2020) kauft *Novartis* den US-Biotechniker *The Medicines Company*, womit das Unternehmen das hochgehandelte Medikament *Inclisiran* erwirbt, welches zur Senkung des Cholesterinspiegels bereits in Einsatzplanung ist. Durch über 25 Medikamente in der Entwicklungsphase mit einem potenziellen Umsatz von über einer Milliarde US-Dollar ist für die Zukunft bestens vorgesorgt.

TSMC (Taiwan; Produzent für Halbleiter)

Chips für Grafikkarten, Smartphones und weitere elektronische Geräte werden nur von wenigen Unternehmen produziert, die sich die Baukosten für entsprechende Produktionsstätten leisten können. Eines dieser Unternehmen ist *TSMC*, welches der weltweit größte Auftragshersteller ist. Zwar könnten sich Unternehmen wie *Apple*, *NVIDIA* und *Sony* eigene Produktionsstätten leisten, doch wären die Kosten für eine derartige Ausweitung der eigenen Geschäftstätigkeiten zu hoch. Deswegen wird auf eine Belieferung durch spezialisierte Hersteller gesetzt. *Samsung* möchte *TSMC* Konkurrenz machen, allerdings haben die Taiwaner einen derartigen Vorsprung, eine so enorme Expertise und tätigen so hohe Investitionen in die Weiterentwicklung ihrer Produkte, dass sie zunächst von ihrer Position nicht zu verdrängen sein werden. Dadurch ist eine optimale Basis für die Entwicklung von 5G-Technologien und der KI (Künstlichen Intelligenz) gelegt.

Hinweis!

Schauen Sie gezielt die großen Indizes durch und informieren Sie sich über jedes Unternehmen, welches in den vergangenen Jahren und Jahrzehnten eine starke Performance hinlegte. Schauen Sie ebenfalls auf die Konkurrenz und wählen Sie die Value-Aktie, die der Konkurrenz meilenweit voraus ist. Analysieren Sie die Unternehmen und setzen Sie auf solche Value-Aktien, die eine geringe Verschuldung aufweisen und einen hohen Substanzwert haben. Im Idealfall ist das Angebot der Value-Unternehmen konjunkturunabhängig gefragt.

In unserem Beispielportfolio werden 3.000 € – also 30 % des gesamten Kapitals – gleichmäßig in 10 Value-Aktien investiert.

ETFs: 50 %!

Neben den Value-Aktien bilden ETFs das Fundament Ihres Portfolios. Nachdem Sie das Portfolio zu 30 % mit Aktien von 10 Value-Unternehmen ausgestattet haben, wählen Sie nun die ETFs oder besonders populäre Aktienfonds. Bereits im Kapitel mit den Anlagestrategien durften Sie das Indexing kennenlernen und erfahren, dass es wichtig ist, nicht nur auf die ETFs zu den Indizes von Industrieländern zu setzen. Es kommt ebenso darauf an, dem Portfolio etwas Risiko beizumischen und einen ETF zu Indizes von Schwellenländern zu kaufen. Exakt dies wird an dieser Stelle empfohlen: 10 % Schwellenländer-Investment.

MSCI Emerging Markets: Mehr Risiko, mehr Chancen ...

Es gibt zurzeit 13 MSCI Emerging Markets ETFs auf dem Markt, die sich nach dem enthaltenen Fondsvolumen, nach der zu erwartenden Jahresrendite und nach der Gesamtkostenquote unterscheiden. Sind Sie darauf bedacht, die höchstmögliche Rendite zu erlangen, dann empfehlen sich die folgenden ETFs[18]:

- ComStage MSCI Emerging Markets UCITS ETF: 22,16 %
- Deka MSCI Emerging Markets UCITS ETF: 21,42 %
- HSBC MSCI Emerging Markets UCITS ETF: 21,14 %

Überzeugend ist allem voran der erste ETF, der *ComStage MSCI Emerging Markets UCITS ETF*. Dieser weist mit 0,14 % p. a. nämlich zugleich die geringste Gesamtkostenquote auf. So erhalten Sie die besten Renditeaussichten zum geringsten

---

[18] https://www.justetf.com/de/how-to/msci-emerging-markets-etfs.html

Preis. Bei Online-Brokern gibt es für diesen ETF häufig sogar Sparplan-Angebote. Den Großteil des ETFs bilden Unternehmensaktien aus China zu 34,31 %, Taiwan zu 11,72 % und Südkorea zu 11,68 %. Darüber hinaus enthalten sind Aktien von Unternehmen aus Indien, Brasilien, Russland und Saudi-Arabien. Schaut man in die Top-10-Unternehmen des ETFs, so fällt auf, dass dort mehrere etablierte Unternehmen enthalten sind, was die Risiken, von denen zahlreiche Anleger in Zusammenhang mit Aktien aus Schwellenländer-Unternehmen sprechen, ziemlich relativiert. Folgende Unternehmensaktien fallen unter die Top 10 beim *ComStage MSCI Emerging Markets UCITS ETF*:

- Alibaba Group HLDG ADR
- Samsung Electronics CO
- Taiwan Semiconductor MFG

Der Großteil der Unternehmen entfällt auf die fünf Branchen Banken und Finanzdienstleistungen, Verbrauchs- und Verbrauchergüter, IT, Telekommunikation sowie Öl, Gas und Metalle. Sie finden auf der Website justetf.com eine reichhaltige Übersicht zu den einzelnen ETFs sowie dem Chancen- und Risikopotenzial. Anhand der Jahresberichte und Factsheets zu jedem ETF erhalten Sie tiefere Einblicke in den MSCI Emerging Markets ETF.

In unserem Beispielportfolio werden 1.000 € – also 10 % des gesamten Kapitals – in den ComStage MSCI Emerging Markets UCITS ETF investiert.

MSCI World: Der Klassiker beim Indexing und bei Sparplänen!

Der MSCI World bildet die Wertentwicklung von Unternehmen in 23 Industrieländern ab. Entsprechende ETFs stellen ein geringeres Risiko als Emerging-Markets-ETFs dar und sind deswegen dem Portfolio in größerem Anteil beizumischen. Die guten Renditen der MSCI-World-ETFs sprechen eine klare Sprache. Kein Wunder ist es folglich, dass in nahezu allen ETF-Sparplänen bei Online-Brokern, Banken und sogar Versicherungsgesellschaften ein MSCI-World-ETF enthalten ist.

Wie bereits bei den Schwellenländer-Aktien fällt auch bei denen aus den Industrieländern der ComStage-ETF mit einer beeindruckenden Performance auf. Er überzeugt mit einer Rendite von 32,25 %. Doch in der Bestenliste der 18 ETFs auf den MSCI World findet sich im Mittelfeld ein weiterer unscheinbarer, aber für Anfänger unter den Anlegern interessanter ETF: Der *Lyxor Core MSCI World (DR) UCITS ETF*. Auch dieser überzeugt mit einer soliden Rendite von 29,92 % im Jahr 2019. Zudem hat der *Lyxor Core MSCI World (DR) UCITS ETF* mit 0,12 % p. a. die geringsten jährlichen Kosten. Tatsache ist, dass dieser ETF noch jung ist und 2019 sein erstes Jahr war. Doch aufgrund der guten beginnenden Performance im Jahr 2020 und der geringen Kosten ist er nahezulegen. Ein Blick auf die Zusammensetzung stimmt jedenfalls zuversichtlich: Es wird mehrheitlich in die Branchen IT, Finanzwesen und Gesundheitswesen investiert. Darüber hinaus bilden Unternehmen aus den USA mit 61,48 % die klare Mehrheit in dem ETF ab.

In unserem Beispielportfolio werden 3.000 € – also 30 % des gesamten Kapitals – in den Lyxor Core MSCI World (DR) UCITS ETF investiert.

Euro Stoxx: Europa-Zone vervollständigt das Gesamtbild

Die Schwellenländer sind in einem angemessenen Maß abgedeckt. Zudem ist der MSCI World berücksichtigt, mit einem gehörigen Anteil an US-Unternehmen. Um nun noch die Euro-Zone mit aufzunehmen, empfiehlt sich eine Kapitalanlage in den Euro Stoxx. Alternativ zu einem Euro-Stoxx-ETF ließe sich in einen ETF auf den DAX investieren. Hier entscheiden Sie, ob Sie der deutschen oder der EU-Wirtschaft mehr vertrauen. Die größere Risikostreuung erhalten Sie in Form eines Euro-Stoxx-ETFs.

Ein solcher ETF ist der *HSBC EURO STOXX 50 UCITS ETF EUR*, für den an dieser Stelle eine Empfehlung ausgesprochen wird. Zwar hinkte dieser ETF im letzten Jahr von der Performance her anderen ETFs auf den Euro Stoxx hinterher, doch im Vergleich der gesamten Historie gab es keinen Euro-Stoxx-ETF, der besser performte, als es der *HSBC EURO STOXX 50 UCITS ETF EUR* mit seinen im Schnitt 25,42 % pro Jahr tat. Die mit 0,05 % beachtlich geringen Gesamtkosten pro Jahr sind ein weiterer Fürsprecher dieses ETFs. Da er seit 2009 besteht, ist der ETF bewährt und das Risiko umso geringer.

Die fünf Branchen Konsumgüter, Finanzwerte, Industrieunternehmen, Technologie und Gesundheitspflege bilden den Großteil des ETFs ab. 38,51 % an Aktien französischer Unternehmen und 28,57 % an Aktien deutscher Unternehmen erscheinen ebenfalls stimmig. Also fällt die Entscheidung auf den *HSBC EURO STOXX 50 UCITS ETF EUR*.

In unserem Beispielportfolio werden 1.000 € – also 10 % des gesamten Kapitals – in den Lyxor Core MSCI World (DR) UCITS ETF investiert.

Hinweis!

Falls Sie sich nun wundern mögen, wieso der Anteil des ETFs auf den EuroStoxx in unserem Beispielportfolio genauso groß ist wie der Anteil des Emerging-Markets-ETFs, dann liegt die Antwort darin, dass beide Wertpapiere nur Nebenposten sind. Die wichtigste Rolle kommt

---

dem MSCI-World-ETF zu, da die US-amerikanische Wirtschaft nach wie vor weltweit den Ton angibt. Dieser ist deswegen mit einem Anteil von 30 % an unserem Portfolio bedacht. Die restlichen 20 % verteilen sich zu gleichen Teilen auf den Euro-Stoxx-ETF und den MSCI-Emerging-Markets-ETF.

Wachstumsaktien: 20 %!

Mit den letzten 20 % des Kapitals wird eine Investition in die Wachstumsunternehmen getätigt. Dies ist der schwierigste Teil der Arbeit für Sie als Anleger. Denn im Hinblick auf Wachstumsunternehmen müssen Sie Ihr Portfolio aktiv managen. ETFs halten Sie, wie gesagt, einfach passiv über mehrere Jahre und gleichermaßen gehen Sie mit den Value-Aktien vor, da diese stabil sind und auch negative Konjunkturphasen auffangen können. Darüber hinaus sind die von uns gewählten Value-Aktien im ersten Unterkapitel ohnehin konjunkturunabhängig. Was Wachstumsaktien anbelangt, werden Ihnen allerdings all die im Laufe dieses Ratgebers erlernten Fähigkeiten abverlangt: Von der Bestimmung der Konjunkturphase über die Auswahl der Branchen und der jeweiligen Aktie bis hin zur Chart-Analyse für den idealen Zeitpunkt zum Kauf sowie Verkauf der Aktie.

Eigene Vorkenntnisse oder kleinere Indizes?

Möchten Sie ein Wachstumsunternehmen finden, dann stehen Ihnen dazu mehrere Wege offen. Einer dieser Wege verläuft über eigene Vorkenntnisse:

- Kennen Sie sich in einer Branche gut aus, weil Sie dort beruflich tätig sind?
- Sind Sie aufgrund eines Vortrags oder einer Messe detailliert über einzelne Unternehmen informiert?

- Lesen Sie häufig branchenbezogene Zeitungen oder schauen Berichte diesbezüglich?

„Wissen ist Macht", heißt es. In diesem Fall bestätigt sich diese Behauptung. Beachten Sie, dass die Kenntnis über einzelne Unternehmen allein nicht genügt. Denn eine wichtige Voraussetzung ist, dass die Unternehmen auch börsennotiert sind.

Um unter den börsennotierten Unternehmen Wachstumsunternehmen aufzuspüren, führt der Weg meistens zu den kleineren Indizes, womit beispielsweise der SDAX gemeint ist. Dieser bildet nicht die stärksten 30 Unternehmen der deutschen Wirtschaft ab, ebenso wenig die darauffolgenden 60 Unternehmen, sondern die 70 nächstkleineren. Diese Small-Caps und einige der Mid-Caps aus dem MDAX sind wichtige Anlaufstellen auf der Suche nach Wachstumsunternehmen. Gleiches trifft auf die Small- und Mid-Caps in anderen Ländern zu.

Konjunkturphase bestimmen und Branche auswählen

Bevor Sie sich für Small-Caps oder Mid-Caps entscheiden und sich Wachstumsunternehmen ins Portfolio holen, sind die aktuelle Konjunkturphase und die gewünschten Unternehmensbranchen zu bestimmen. Die Konjunkturphase bestimmen Sie gemäß der bereits übermittelten Anleitung. In den Phasen Depression, Boom und Expansion dürfen Sie sowohl auf zyklische als auch antizyklische Aktien setzen. Zu Zeiten einer Rezession sind ausschließlich antizyklische Aktien zu wählen.

Die Frage, mit der Sie antizyklische Aktien aufspüren, sei nochmals in Erinnerung gerufen: *Welches Angebot der Unternehmen wird immer gefragt sein; unabhängig davon, wie die Wirtschaft gerade abschneidet?*

Unternehmen, auf die das zutrifft, sind jene, die Lebensmittel, Windeln, Toilettenpapier und weitere unverzichtbare Güter sowie Dienstleistungen offerieren.

Neben der Konjunktur hat die Frage nach der Relevanz einzelner Branchen ein hohes Gewicht bei der Entscheidung, auf welche Branchen Sie bei Ihrer Aktienauswahl bauen. Einen Boom darf man von der Technologie- und IT-Branche erwarten, da die Digitalisierung, Sicherheit und künstliche Intelligenz nur einige der vielen bedeutenden und zukunftsprägenden Themen sind. Sämtliche Fabriken stehen vor der Umstellung auf die Industrie 4.0 bzw. die Smart Factory und werden auf die Angebote der Tech- und IT-Unternehmen angewiesen sein. Außerdem wächst die Weltbevölkerung, was gleich mehreren Branchen Perspektiven eröffnet: Von der Immobilienbranche über das Finanzwesen bis hin zum Gesundheitswesen. Letzteres profitiert von der steigenden Lebenserwartung in weiten Teilen der Welt. Schlussendlich finden Sie auf diesen Wegen Ihre Branchen und schauen sich darin nach Unternehmen um.

Unternehmen und Charts analysieren

Haben Sie ein kleines Verzeichnis an Branchen erstellt, dann ist es Ihnen möglich, gezielt nach Small- und Mid-Caps zu suchen, die den Branchen zuzuordnen sind und sich als Wachstumsunternehmen bezeichnen lassen. Anhand der Fundamental- sowie Chart-Analysen finden Sie schlussendlich die optimalen Aktien samt Einstiegszeitpunkt zum Kauf.

Wir legen fürs Beispielportfolio einfach fest, dass wir Aktien von zehn Wachstumsunternehmen mit einem Investment von je 200 € aufnehmen möchten. So kommen wir auf die 2.000 € bzw. verbliebenen 20 %, um die Zusammenstellung unseres Portfolios abzuschließen. Dabei verteilen wir die Aktien und Unternehmen auf folgende Branchen:

- 4 Mal Technologie/IT
- 2 Mal Immobilien
- 2 Mal Finanzwesen
- 2 Mal Gesundheitswesen

So erhalten wir in der aktuellen Konjunkturphase (Stand: Januar 2020), die sich irgendwo zwischen Expansion und Boom einordnen lässt, achtmal zyklische und durch das Gesundheitswesen zweimal antizyklische Aktien.

Aufgrund der größeren Nähe zum nationalen Markt erfolgt eine Auswahl an Unternehmen, die der deutschen Wirtschaft zuzuordnen sind. Die Analysen sind lediglich rudimentär und stellen keine absoluten Kaufempfehlungen dar. Fühlen Sie sich dennoch frei, sich von den folgenden Unternehmen und deren Aktien inspirieren zu lassen.

Technologie/IT

Die *RIB Software SE* stammt aus dem SDAX und hat mit einer Jahresrendite von 61,5 % von Januar 2019 bis Mitte Januar 2020 auf sich aufmerksam gemacht. Nach einem beachtlichen Hoch und zwischenzeitlicher Rendite von über 100 % im Dezember begann die Aktie zu fallen. Seit Mitte Januar steigt die Aktie im Wert leicht an, bleibt jedoch stark volatil. Auf einen Zeitraum von mehreren Monaten betrachtet, kann sich ein Investment lohnen, zumal das Unternehmen innovative Software-Lösungen fürs Bauwesen anbietet und somit Perspektive für die Zukunft besteht.

Wem das Investment in die *RIB Software SE* zu gewagt ist, der findet in der *Nemetschek SE* eine Alternative, die im MDAX gelistet ist. Die Aktie befindet sich zurzeit (Stand: Januar 2020) auf einem Allzeithoch und darüber hinaus seit Jahren konstant im Aufwind. Da das Angebot dem der *RIB Software AG* gleicht, sind Aktien der *Nemetschek AG* optimal dazu geeignet, um das Risiko sogar in dieser Mikrobranche der Softwarelösungen für Architektur und Bau zu streuen.

142

Regelrecht imposant entwickelte sich in den vergangenen fünf Jahren (Stand: Januar 2020) die Aktie der *Sartorius AG VZ.*, die um 710,8 % im Wert stieg. Das Unternehmen bietet Labor- und Prozesstechnologie für verschiedene Branchen an – von der Lebensmittel- über die Biotech- bis hin zur Pharmaindustrie. Das Unternehmen ist im MDAX gelistet und bietet vieles, was in Zukunft gefragt sein wird.

Das Unternehmen *MorphoSys AG* hat eine eigene Technologie entwickelt, die zur Herstellung von Arzneimitteln zur Krebsbekämpfung sowie zu weiteren Zwecken angewandt wird. Partner dürfen auf Lizenzbasis von dieser Technologie Gebrauch machen, die als Standard für die Produktion menschlicher Antikörper ihresgleichen sucht. Die Aktie ist nun auf ihr Allzeithoch gesprungen. Wer Dividenden erwartet, ist hier fehl am Platz. Vielmehr geht es bei Wachstumsaktien ohnehin um das Erwischen eines Wachstumstrends. Aktuell (Stand: Januar 2020) besteht eine interessante Situation, da der Kursverlauf nach einem Blitzanstieg einen rapiden Fall zeigt, nach welchem sich der Kurs jedoch in kleinen Schwankungen auf und ab bewegt. Es darf auf einen neuen Ausbruch nach oben gesetzt werden, weswegen Aktien der *MorphoSys AG* ebenfalls in unser Beispielportfolio wandern.

Immobilien

Nach dem *TAG Immobilien AG* bereits um die Jahrtausendwende herum eine beachtliche Performance an der Börse hinlegte, folgte ein beispielloser Abstieg. Diesem folgte eine Wachstumsphase, die bis heute andauert. Da Immobilien in aller Munde sind, das Unternehmen – mit u. a. Hamburg und Berlin – in den richtigen Räumen agiert und die Aktie sich seit 2008 in einem konstanten Aufstieg befindet, ist ein Investment in das Unternehmen richtig platziert.

Viele Aufs und Abs durfte die *Instone Real Estate Group AG* bereits durchmachen. Doch aktuell marschiert die Aktie des Unternehmens auf ein neues Allzeithoch zu. Eine starke Volatilität ist gegeben und insbesondere bei diesem Unternehmen wiegt die Frage nach dem Zukunftspotenzial stark. Doch für die nächsten Monate macht sich ein positiver Trend bemerkbar, der einige Gewinne in Aussicht stellt. Streichen Sie diese ein und verkaufen Sie notfalls. Aktuell sind Aktien sehr begehrt.

Finanzwesen

Im Finanzwesen fällt die Entscheidung auf die *Corestate Capital Holding S. A.* und die *DWS Group GmbH & Co. KGaA.* Beide verwalten Vermögen in Milli enhöhe und befinden sich zurzeit im Aufwärtstrend. Die *Corestate Capital Holding S. A.* legt den Fokus auf Immobiliengeschäfte, während die *DWS Group GmbH & Co. KGaA* traditionelle und innovative Investments in Hülle und Fülle anbietet.

Gesundheitswesen

5 Jahre – fast 500 % Rendite, 2019 – über 50 % Rendite: Das Unternehmen *Carl Zeiss Meditec AG* weist ein derart konstantes sowie positives Wachstum auf, dass sich gefühlt Monat für Monat ein Allzeithoch ans nächste reiht. Wer vor fünf Jahren mit dem Trendsurfing bei dieser Aktie begonnen hätte, wäre bis heute fast ausschließlich im Aufwärtstrend gewesen. Dieser weltweit führende Medizintechnik-Anbieter ist für die Zukunft optimal aufgestellt, unser Beispielportfolio mit den entsprechenden Aktien ebenso.

Die *Eckert & Ziegler Strahlen- und Medizintechnik AG* steht ebenso wie die *Carl Zeiss Meditec AG* sinnbildlich dafür, was Wachstumsunternehmen im Gesundheitswesen zu bieten haben. Eine Rendite in Höhe von 631,4 % allein in den letzten drei Jahren macht hellhörig. Im Fokus der Aktivitäten der *Eckert & Ziegler Strahlen- und Medizintechnik AG* steht die Entwicklung von Strahlungstechnologien für den Einsatz als Krebs- und Herzheilmittel. Weltweit eine gefragte Größe, darf dieses Wachstumsunternehmen im Portfolio nicht fehlen.

In unserem Beispielportfolio werden 2.000 € – also 20 % des gesamten Kapitals – zu gleichen Anteilen in Aktien der zehn genannten Wachstumsunternehmen investiert.

Zusammenfassung

Zu Beginn der Geldanlage in Aktien sollte nur ein geringer Anteil – nämlich der der Wachstumsaktien – Ihres Portfolios aktiv gemanagt werden. Gern können Sie den Anteil an Wachstumsaktien zwischen zehn und 30 % halten. In jedem Fall ist der Hauptbestandteil durch ETFs und Value-Aktien abgedeckt. Mit dem aktiven Management der Wachstumsaktien kehrt ein größeres Risiko ein, allerdings lernen Sie erst anhand der Wachstumsunternehmen wirklich, wie Unternehmensbewertungen und Chart-Analysen funktionieren. Anfangs wird Ihnen das Investment in Wachstumsunternehmen noch einige Verluste bescheren können, doch mit der Zeit werden Sie den Dreh raushaben und sich zu einem fortgeschrittenen Anleger entwickeln. Trauen Sie sich, bei der mehrwöchigen und mehrmonatigen Anlage in Wachstumsaktien den Griff nach der hohen Rendite zu versuchen. Es wird sich lohnen.

Nachwort

Haben Sie diesen Ratgeber bis hierhin aufmerksam gelesen, so wissen Sie weit mehr über den Aktienhandel und das langfristige Investieren an der Börse, als es so manch eine Person tut, die sich bereits als fortgeschritten in diesem Metier einstuft. Gehen Sie mit Ihrem Wissen behutsam um und versuchen Sie nicht, alles Erlernte auf einmal an der realen Börse umzusetzen. Fangen Sie damit an, ein virtuelles Portfolio zur Übung zu nutzen, und legen Sie damit los, sich über Unternehmen zu informieren: Studieren Sie die Historie, die jeweilige Branche, werten Sie die Jahresabschlüsse aus und werden Sie zu einem bestechenden Analytiker. Wenn dies soweit klappt und Ihr virtuelles Portfolio gut performt, wird es Zeit, mit dem realen Wertpapierhandel zu beginnen. Sie dürfen alles probieren, was Sie gelernt haben, nur stellen Sie zu Beginn ein Portfolio zusammen, bei dem das Risiko gut gestreut ist, die Zusammensetzung überlegt ist, ETFs sowie Value-Aktien den Hauptbestandteil ausmachen und ein kleinerer Anteil an Wachstums-Aktien die Chance auf hohe Renditen bietet. Erst wenn dies der Fall ist, können Sie sich mit kleinen „Spielbeträgen" an den CFD-Handel mit oder ohne Hebel heranwagen. In diesem Zusammenhang sei auf eine Komponente aufmerksam gemacht, die häufig thematisiert wird, jedoch meistens unbemerkt bleibt und sich zu einem existenzgefährdenden Problem entwickeln kann: Die Suchtgefahr.

Bis hierhin wurde bewusst darauf verzichtet, das Thema „Suchtgefahr" anzusprechen, da Sie die Geldanlage in Aktien lernen sollten und ein erwachsener Mensch sind, der selbst für sich sorgt. Im Rahmen dieser Eigenverantwortung müssen Sie auch mit den Konsequenzen leben, die bestimmte Entscheidungen mit sich bringen. Doch in diesem

Nachwort wird darauf verwiesen, dass sobald Zeichen der reinen Spekulation eintreten und irrational gehandelt wird, Bedenken berechtigt sind. Reagieren Sie darüber hinaus emotional und halten nicht die gesetzten Grenzen ein, die Sie sich unter guten Überlegungen für den Wertpapierhandel auferlegt haben, dann ist die Gefahr von Kontrollverlust mit einhergehender Suchtgefahr enorm. Suchen Sie professionelle Hilfe auf und sprechen Sie über Ihre Probleme.

Halten Sie sich mit hochspekulativem Handel wie bei CFDs und Devisen zurück, dann sind Sie ein bedeutendes Stück mehr auf der sicheren Seite: Sie investieren nämlich langfristig oder handeln in mehrwöchigen Abständen auf Basis fundierter Analysen und mit einem festen Plan. Unter diesen Voraussetzungen ist das Entwickeln einer Sucht unwahrscheinlich.

Zu guter Letzt ist die steuerrechtliche Betrachtung bei der Geldanlage in Aktien einen Blick wert: Einkünfte aus Kapitalvermögen werden nach dem Gesetz der Abgeltungssteuer besteuert. Hierzu gehören einerseits die Dividendenzahlungen, andererseits die Realisierung der Kursgewinne. An dieser Stelle soll betont werden: Realisierung der Kursgewinne – dies bedeutet, dass Sie erst dann Steuern zahlen müssen, sobald Sie die Aktien verkauft und dabei einen Gewinn verzeichnet haben. Die Einkünfte sind in der Steuererklärung als Einkünfte aus Kapitalvermögen einzutragen. Es fallen 25 % Abgeltungssteuer auf die Dividendenzahlungen sowie die realisierten Kursgewinne an. Auf die zu zahlende Steuer werden der Solidaritätszuschlag und – bei Kirchenzugehörigkeit – die individuelle Kirchensteuer angerechnet. Alles in allem lässt sich schätzungsweise von einer Steuerlast in Höhe von 27 % sprechen. Kursverluste lassen sich steuerlich nicht absetzen, sofern Sie den Wertpapierhandel privat betreiben und kein separates Gewerbe dafür angemeldet haben.

Nun sind Sie dran: Starten Sie, nachdem einige verbliebene Fragen in diesem Nachwort geklärt wurden, mit dem neuen Knowhow durch und entdecken Sie sich Schritt für Schritt bei der Geldanlage in Aktien neu. Sie werden sich viele Interessen erschließen und Ihr Allgemeinwissen beträchtlich erweitern, sofern Sie die Sache von Beginn an fokussiert und mit einem Plan angehen. Dies wünscht Ihnen dieser Ratgeber!

Quellenverzeichnis

Literatur-Quellen:

Günther, F.: *Cleverer Vermögensaufbau mit Aktien.* 2018.

Helbig, Jens M.: *Einmal Dividende bitte!.* Düsseldorf: Christopher Klein & Jens Helbig, 2019.

Kommer, G.: *Souverän investieren mit Indexfonds und ETFs.* Frankfurt am Main: Campus Verlag GmbH, 2011.

Lakefield, W.: *Aktien für Einsteiger.* Basinghausen, 2019.

Online-Quellen:

https://www.rechnungswesen-verstehen.de/lexikon/fonds.php

https://de.statista.com/statistik/daten/studie/239512/umfrage/umsaetze-pro-handelstag-am-weltweiten-devisenmarkt/

https://www.boerse.de/grundlagen/optionsschein/

https://www.boerse.de/boersenlexikon/EURO-STOXX

https://www.finanzen-broker.net/

https://www.xtb.com/de/aktien

https://www.dkb.de/privatkunden/broker/

https://www.degiro.de/preise/preise-degiro.html

https://www.ing.de/wertpapiere/direkt-depot/

https://www.etoro.com/

https://www.ig.com/de

https://www.deutschlandfunk.de/meldung-forschung-aktuell.678.de.html?drn:news_id=277252

https://de.statista.com/statistik/daten/studie/17332/umfrage/arbeitslosenquote-in-den-usa/

https://www.finanzen.net/zinsen/leitzins

https://www.boerse.de/fundamental-analyse/Amazon-Aktie/US0231351067

https://aktienfinder.net/blog/ist-die-dividende-sicher-die-ausschuettungsquote/

https://www.welt-der-bwl.de/Finanzergebnis

https://www.gesetze-im-internet.de/hgb/__275.html

https://www.welt-der-bwl.de/Finanzergebnis

https://www.welt-der-bwl.de/Finanzergebnis

https://www.controllingportal.de/Fachinfo/Kennzahlen/Cash-Flow-Einfuehrung-und-Ueberblick-ueber-Cash-flow-Berechnungsarten.html

https://www.finanzgrundlagen.de/boerse-lernen/dotcom-blase-zusammenfassung

https://www.justetf.com/de/how-to/msci-emerging-markets-etfs.html

DIE RICHTIGEN ETFS KAUFEN

Wie Sie als Börsen-Einsteiger jetzt clever in Indexfonds
investieren und selbst in Krisenzeiten Geld verdienen

Martin Bachmeier

Inhaltsverzeichnis

Einleitung

Krisenzeiten, wie die zu Beginn der neuen Dekade Anfang 2020, werfen bei Anfängern sowie Zweiflern unter den Anlegern immer wieder verstärkt die Frage auf: „Wieso sollte ich mein Geld in etwas so hoch Spekulatives wie Wertpapiere an der Börse anlegen?" Die Profis aber stellen sich diese Frage nicht, sondern sind schon zahlreiche Schritte weiter. Sie fragen sich Folgendes: „Wie gelingt es mir, aus dieser Krisenzeit das Maximum des enormen Gewinnpotenzials herauszuholen?"

Ohne Zweifel: Krisenzeiten gehen mit einem enormen Wertverlust der Wertpapiere in nahezu allen Branchen einher. So branchenübergreifend schädigend wie das Corona-Virus war seit 2007 kaum ein Ereignis. Aber je größer der Schaden, umso größer ist die zu erwartende Erholung der Finanzmärkte im Nachhinein. Beantworten Sie sich selbst die Frage, was nach den bisherigen Finanzcrashs seit der „Great Depression" 1929 geschehen ist. Die Wirtschaft hat sich erholt und ein beeindruckendes Wachstum hervorgebracht. Ebenso war es bei den anderen Finanzcrashs: Hat der DAX nicht an Wert gewonnen und neue Höchststände erreicht, nachdem die Finanzkrise 2007 vorbei war? Es ist aus den bloßen Punktständen herauszulesen, dass dies der Fall war. Nun beantworten Sie sich folgende Frage: „Wieso sollte es nach dem Corona-Virus anders verlaufen?"

Es gibt keinen Grund. Insbesondere hier in Deutschland werden Rettungsschirme für Unternehmen aufgespannt, die mehrere Hunderte Milliarden Euro schwer sind. Staatliche Beteiligungen an Unternehmen stehen zur Debatte, um die Großkonzerne zu finanzieren und aufrecht zu erhalten. Und auch andere Nationen verfolgen diese Strategie. Wieso also sollten Sie die Geldanlage scheuen? Sie haben die Chance, jetzt – wo alles günstig und im Keller ist – zu Schnäppchenpreisen einzukaufen und nach der Corona-Krise durch den Anstieg der Kurse eine hohe Rendite zu erhalten. Zu kaum einem anderen Zeitpunkt war die Geldanlage in Wertpapiere vielversprechender.

Allerdings wäre es unfair, Ihnen die Risiken vorzuenthalten. Denn wann genau die Krise vorbei ist und wann der ideale Einstiegszeitpunkt ist, lässt sich schwer vorhersagen. Dies trifft nicht nur auf die Corona-Krise, sondern ebenso auf jede andere künftige Krise zu. Es gibt allerdings einen Weg, mit dem Sie jederzeit – ob in der Mitte oder am Ende einer Krise oder auch außerhalb von Krisenzeiten – Ihr Geld intelligent und ertragsstark investieren können. Dieser Weg führt uns zum Thema dieses Ratgebers: Geldanlage in ETFs (Exchange Traded Funds).

Bei ETFs investieren Sie nicht in einzelne Aktien, sondern in mehrere Aktien. Schon allein dies ist ein zentrales Merkmal, um in Krisenzeiten Ihr Geld intelligent und mit geringeren Verlustrisiken anzulegen. Denn, wie ein Crash für einzelne Unternehmen ausgeht, steht weitestgehend in den Sternen. Es ist möglich, dass es lange dauert, bis eine Erholung eintritt, dass das Unternehmen Insolvenz anmelden muss oder es nie dieselbe Stärke wie zuvor aufweisen wird. Um diesem Risiko aus dem Weg zu gehen, ist es empfehlenswert, in mehrere Aktien zu investieren. Neben der Zusammenstellung eines eigenen Wertpapierportfolios können Sie auf Aktienfonds und ETFs als eine spezielle Art der Aktienfonds zurückgreifen. Die ETFs weisen den Vorzug einer geringeren Kostenintensität auf. Zudem sind sie passiv gemanagt, was bedeutet, dass weder Sie noch ein Fondsmanager sich um den ETF kümmern muss. Wie solch eine einfache Geldanlage möglich ist? ETFs werden nach dem Vorbild von Indizes, wie beispielsweise des DAX (Deutscher Aktienindex) gebildet, und spiegeln somit die Entwicklung nationaler Wirtschaften, grenzübergreifender Wirtschaftsräume oder einzelner Wirtschaftszweige wider. Sie nehmen also den Verlauf des jeweiligen Indizes an und bedürfen keines Managements. Ein weiterer Vorteil: Da die Annahme lautet, dass sich eine Wirtschaft über einen längeren Zeitraum stets weiterentwickelt und wächst, ist die Suche nach einem geeigneten Anlage-Produkt schnell abgeschlossen. ETFs bieten beste Aussichten darauf, bei einer Geldanlage aus der Erholung nach einem Crash das Maximum an Profit zu erwirtschaften. Denn während einzelne Unternehmen scheitern können, wird die Wirtschaft insgesamt die alte Stärke aller Voraussicht nach zurückerlangen und mit der Zeit sogar noch stärker werden.

In den folgenden Kapiteln befassen wir uns mit den Grundlagen der Geldanlage und des Kapitalmarktes, ehe wir uns mit aller Ausführlichkeit den ETFs widmen. Dies beinhaltet Informationen zu den Merkmalen von ETFs sowie den verschiedenen Arten. Mit der Art eines ETFs ist nämlich die Möglichkeit gegeben, verschiedene Investmentstrategien in die Tat umzusetzen. Darüber hinaus erhalten Sie Informationen zu Anfängerfehlern, die es zu vermeiden gilt, und eine Schritt-für-Schritt-Anleitung zum Investment in ETFs. Wir beleuchten auch die Frage, wie am besten vorzugehen ist, wenn vor der Krise Geld angelegt worden ist und große Verluste eingetreten sind.

Einführung in das Thema Geldanlage

Dieses Kapitel richtet sich in erster Linie an all jene Leser, die über das Thema Geldanlage nur wenig oder gar nicht informiert sind. Alle Leser, denen die Begriffe Inflation, Niedrigzinsphase, Aktien, Börse, Anlageklassen, Indizes und Rendite etwas sagen, dürfen direkt mit dem zweiten Kapitel beginnen. Andererseits lohnt es sich auch für Fortgeschrittene, in diesem Kapitel die Grundlagen aufzuarbeiten, da insbesondere ab dem Abschnitt 1.2 vereinzelt neue Informationen für erfahrene Anleger auftreten könnten. Die Anfänger unter den Anlegern, die mit diesem Buch den Sprung zu Fortgeschrittenen schaffen und beim Geld anlegen Erfolg haben möchten, kommen an diesem Kapitel nicht vorbei. Vereinzelt warten auf Sie Verweise auf andere Bücher aus der Aktien-Reihe, die bestimmte Themen vertiefen und zum Selbststudium äußerst sinnvoll sind.

Warum Geld anlegen oder investieren?

Mittlerweile sind die Probleme der Gesetzlichen Rentenversicherung und der Niedrigzinsphase zur breiten Masse der Bevölkerung derart weit vorgedrungen, dass nahezu jede Person weiß, wie wichtig es ist, privat vorzusorgen: Vorsorgen für die Rente im Alter, für den Krankheitsfall, für Krisenzeiten oder einfach nur für künftige Pläne, bei deren Realisierung man in ferner Zukunft auf finanzielle Mittel angewiesen ist. Drei Fragen und Antworten liefern präzise Ausführungen.

1. *Weswegen sollte ich mein Geld irgendwo anders parken, wo ich es doch einfach auf dem Konto liegen lassen und sparen kann?*

Zwar ist es möglich, das Geld auf dem eigenen Konto zu sparen. Dann ist es nicht dem Risiko des Aktienmarktes ausgesetzt, sondern nur dem Risiko einer eventuellen Insolvenz der Bank in der Zukunft. Da eine solche Insolvenz unwahrscheinlich ist, ist das Geld auf dem Bankkonto sicher deponiert. Das Problem bei einer Anlagestrategie auf dem Konto ist jedoch die Inflation. Die Inflation bezeichnet den Wertverlust des Geldes, der staatlich geplant und festgelegt ist. Die Raten der Jahre 1991 bis 2019 sind auf der Webseite finanztools.de1 abrufbar. Im Jahr 2019 lag die Rate bei gerundet 1,4 %.2 Dies bedeutet, dass das auf dem Konto angelegte Geld im Jahr 2019 1,4 % seines Wertes verloren hat.

Ergebnis: Sie sparen mit Verlust, wenn Sie Ihr Geld auf dem Konto oder daheim in bar lagern.

2. *Dafür wurde aber das Sparbuch erfunden: Kann ich mit den Zinsen des Sparbuchs nicht die Inflation ausgleichen und einen Gewinn verbuchen?*

Nun wären normalerweise die Zinsen auf dem Sparbuch oder Tagesgeldkonto dafür da, um die Inflation auszugleichen und für einen Gewinn zu sorgen. Aber die Niedrigzinsphase hat zur Folge, dass die Banken sich das Geld bei den Zentralbanken günstiger beschaffen können und auf dem Sparbuch oder Tagesgeldkonto Zinsen von 0,2 %

---

[1] https://www.finanz-tools.de/inflation/inflationsraten-deutschland
[2] wie vorherige

gegeben werden.[3] Im letzten Jahr waren sie sogar noch niedriger.

Ergebnis: Wenn Sie Ihr Geld auf dem Sparbuch ablegen, ist es zwar finanziell besser als auf dem Konto oder in bar zuhause, aber Sie verbuchen aufgrund der niedrigen Zinsen fast denselben Verlust.

3. *Am Ende bekomme ich aber sowieso die Rente gezahlt. Geht es mir rein um die Altersvorsorge, dann kann ich doch in die Gesetzliche Rentenversicherung einzahlen, oder?*

Sehr gern dürfen Sie in die Gesetzliche Rentenversicherung einzahlen. Zahlen Sie sogar freiwillig mehr ein. Den Staat wird es freuen, weil er sich nach allen Regeln der Kunst müht, die Gesetzliche Rentenversicherung überhaupt noch am Leben zu erhalten.[4] Die Prognosen fallen jedoch denkbar schlecht aus. Die Gesetzliche Rentenversicherung basiert nämlich auf einem Umlageverfahren. Dies bedeutet, dass diejenigen, die gerade arbeiten, für die aktuellen Rentner das Geld verdienen. Das Problem: Die Bevölkerung wird zunehmend älter, was die Finanzierung des deutschen Rentensystems nahezu unmöglich macht. Statistiken zufolge wird 2050 ein Arbeitnehmer die Rente dreier Rentner finanzieren müssen. Einige Statistiken schätzen die Lage noch dramatischer ein, während andere etwas milder sind. Fakt ist: Mit lukrativer Rendite im Verhältnis zu der Höhe der eingezahlten

---

[3] https://de.statista.com/statistik/daten/studie/202295/ umfrage/entwicklung-des-zinssatzes-fuer-spareinlagen-in-deutschland/

[4] https://www.welt.de/finanzen/article202234584/ Rentenversicherung-Bundesbank-warnt-vor-finanzieller-Schieflage.html

Beiträge hat die Deutsche Rentenversicherung rein gar nichts zu tun. Das Berechnungssystem der Rente richtet sich nach dem Durchschnittseinkommen der Bevölkerung, das durch die vielen wohlhabenden Personen verzerrt wird. Somit ist – abgesehen von der umstrittenen Zukunftsfähigkeit des Systems – nicht einmal die Basis zur Berechnung der Rente fair. Die meisten Personen haben aufgrund Ihres Status als Arbeitnehmer oder pflichtversicherter Selbstständiger keine andere Wahl, als in die Gesetzliche Rentenversicherung einzuzahlen. Nach Möglichkeit sollte aber jeder Euro der Gesetzlichen Rentenversicherung vorenthalten werden, der auf legalem Wege vorenthalten werden kann.

Ergebnis: Die Gesetzliche Rentenversicherung liefert eine grundlegende Sicherheit, aber gewährleistet kein Altern in Würde. Zudem ist sie eine reine Altersvorsorge und keine Geldanlage.

Diese drei Fragen und Antworten bedürfen keiner wissenschaftlichen Prüfung und Erörterung. Sie sind den Massen bekannt und werden weder seitens des Staates noch seitens von Experten der Bevölkerung vorenthalten. Für Sie stellt sich dementsprechend kaum die Frage, wieso Sie privat Geld anlegen oder investieren sollten. Es stellt sich die Frage, **wie** Sie Geld anlegen oder investieren.

Der Unterschied zwischen Anlage und Investment

Bei einer Geldanlage steht im Vordergrund, das Geld in Wertpapiere, Produkte, Immobilien oder andere Sachen von Wert zu „stecken", um auf lange Sicht Erträge zu erhalten. Demnach steht bei der Geldanlage der langfristige Gedanke im Vordergrund. Geldanlagen gehen meistens über einen Anlagehorizont von zehn Jahren hinaus und können – je nach Ziel – sogar mehrere Dekaden umfassen. Bei einer Geldanlage zur Altersvorsorge sollte über einen Zeitraum von idealerweise 40 oder mehr Jahren Geld zurückgelegt werden. Denn es gilt: Je länger das Geld in einem Anlageprodukt platziert ist, umso eher wird es sich vermehren. Erst über die Jahrzehnte hinweg macht sich der Zinseszinseffekt in den Erträgen der Geldanlage deutlich bemerkbar.

Hintergrundwissen

Bei vielen Geldanlagen gibt es den festen zugesicherten Zins, der den Ertrag präzise in Prozent formuliert. Zudem existiert der Zinseszins: Wenn der Ertrag aus Zinsen ebenfalls in die Geldanlage gelegt wird, so werden auf diese Zinsen und den ursprünglichen Geldbetrag im nächsten Jahr erneut Zinsen fällig. Da die Zinsen den letztjährigen Betrag immer wieder anheben, kommt ein Zinseszinseffekt zustande. Je länger eine Geldanlage verfolgt wird und je mehr Zinserträge in die Geldanlage einfließen, umso höher wird der gesamte Gewinn aufgrund der Zinsen auf den ursprünglich angelegten Betrag und die zusätzlich angelegten Zinsen.

Anders verhält es sich hingegen bei einem Investment. Ein Investment kann eine Geldanlage sein oder zu einer Geldanlage werden, wenn es langfristig verfolgt wird. Aber in seiner herkömmlichen Bedeutung ist ein Investment bzw. eine Investition die Einlage eines Geldbetrags in ein Unternehmen oder eine Sache mit dem Ziel, dieses Unternehmen bzw. diese Sache wachsen zu lassen und davon zu profitieren. Der Unterschied zwischen einer Geldanlage und einem Investment ist nicht unbedingt wichtig und im allgemeinen Sprachgebrauch fließen diese beiden Begriffe fast immer ineinander. Vielmehr soll der hier formulierte Unterschied illustrieren, dass beide Arten, Geld anzulegen, ihre Vorteile

bieten. Dementsprechend ist es lohnend, das Geld so anzulegen, dass sowohl eine Geldanlage als auch ein Investment
getätigt werden. Dies ist einzig und allein auf einem Markt
möglich: Der Börse.

Die Börse als idealer Weg zum Geld anlegen

Die Börse, an der Sie u. a. auch in den Hauptgegenstand dieses Buches, die ETFs, Geld anlegen können, ist der ideale Weg
für Geldanlagen und Investitionen. Denn hier verschwimmen
beide Begriffe – Geldanlage und Investition – ineinander und
ermöglichen Ihnen einen flexiblen Vermögensaufbau. Während Sie bei Altersvorsorgeverträgen sowie Sparbüchern Ihr
Geld nur anlegen können und nicht investieren, haben Sie an
der Börse alle Spielräume:

- Investitionen und Teilhabe an Unternehmen
- Einfluss bei Unternehmen, sofern ausreichend Aktien
  gekauft wurden
- Langfristige und mehrere Jahrzehnte umfassende
  Geldanlage in nationale, kontinentale oder globale
  Wirtschaften
- Geldanlagen und Investitionen aus Überzeugung: Sie
  können themen- sowie branchenbasiert Geld anle-
  gen, z. B. in „grüne" und umweltfreundliche Unter-
  nehmen, in die Pharmaindustrie und weitere
- Immobilienfonds und Immobilienunternehmen, um
  das Fehlen einer eigenen Immobilie zu kompensieren

Sie haben beim Wertpapiermarkt die Wahl, ob Sie kurz-
oder langfristig investieren. Sie müssen dafür zwar ein
gewisses Risiko hinnehmen, weil Sie nie sicher sein können,
wie sich die Aktien oder andere Wertpapiere entwickeln,
aber Sie werden merken, dass dieses Risiko weitaus geringer ist als im Allgemeinen behauptet wird. Insbesondere
ETFs minimieren die Risiken des Wertpapiermarktes und

stellen hohe Erträge in Aussicht. Die ETFs als Hauptthema dieses Ratgebers sind für Geldanlagen zwischen drei und beliebig vielen weiteren Jahren als Zeitraum geeignet. Sie können sie also als Geldanlage oder Investition in die Wirtschaft auffassen.

Schlussendlich lässt sich sagen, dass die aktuelle Phase, die private Anleger wie Sie aufgrund der Niedrigzinsphase und des demografischen Wandels scheinbar vor Probleme stellt, nicht zwingend problematisch ist. Denn diese Phase führt zu einem Umdenken in der Bevölkerung. Dieses Umdenken macht der breiten Masse Themen wie die Geldanlage und Finanzen interessanter und eröffnet Ihnen die Chance, weitaus höhere Renditen – also Gewinne – als beim Sparbuch und anderen traditionellen Geldanlagen zu erzielen.

Geben Sie diesen höheren Gewinnen und einer interessanten Art der Geldanlage die Chance, in Ihren Finanzen eine Rolle zu spielen, und lernen Sie die Börse näher kennen!

Grundlagen zur Börse und zu Wertpapieren

Es gibt mehrere Börsen, die verschiedene Charakteristika aufweisen. Die in diesem Buch immer gemeinte und allgemein unter dem Begriff „Börse" zu verstehende Börsenart ist die Wertpapierbörse. Neben dieser gibt es u. a. die Terminbörse, Warenbörse, Devisenbörse, Strombörse und Emissionshandelsrechtssysteme.

Die Wertpapierbörse zeichnet sich dadurch aus, dass an ihr einzig und allein Wertpapiere gehandelt werden. Wertpapiere schreiben einer Sache einen bestimmten Wert zu. Beispielsweise gibt es Aktien als die wohl den Massen bekannteste Wertpapier-Art. Eine Aktie ist nichts anderes als ein Anteil an einem Unternehmen. Früher war dieser Anteil schriftlich fixiert, weil in den Anfängen der Börse keine elektronischen Mittel verfügbar waren. Daher stammt überhaupt erst die Bezeichnung als Wertpapier. Heute aber sind jegliche Arten von Wertpapieren in einem elektronischen Portfolio enthalten. Dieses wird als Wertpapier-Depot bezeichnet.

Verbleiben wir fürs Erste bei den Aktien. Jede Aktie stellt einen bestimmten Anteil ein einem Unternehmen dar und hat denselben Wert. Wie hoch der Anteil am Unternehmen ist, richtet sich danach, wie viele Aktien zu einem bestimmten Wert das Unternehmen beim Börsengang ausgibt. Eine Schritt-für-Schritt-Erklärung:

1. Das Unternehmen erfüllt die Voraussetzungen für einen Börsengang.
2. Die Unternehmensführung legt fest, in wie viele Aktien das Unternehmen aufgeteilt wird und wie viele dieser Aktien beim Börsengang herausgegeben werden.
3. Als Einstiegspreis wird der Wert einer Aktie vom Unternehmen genannt. Dieser Einstiegspreis markiert die Erwartungen, die das Unternehmen an seine eigene Bewertung hat.
4. Werden die Aktien beim Börsengang herausgegeben, so spricht man von einer Neu-Emission von Aktien.
5. Sollten die von Anlegern gezahlten Preise für eine Aktie den Erwartungen des Unternehmens zusagen, dann werden die Aktien verkauft, wobei jeder Anleger so viele Aktien kaufen kann, wie gerade verfügbar sind.
6. Es ist möglich, dass Anleger sogar mehr als den vom Unternehmen angesetzten Wert der Aktie bieten, um sich gegen Konkurrenten durchzusetzen. Dann wird das Unternehmen höher als erwartet bewertet. Alternativ ist aufgrund einer geringeren Nachfrage auch eine schlechtere Bewertung des Unternehmens möglich.

7. Wie viele Aktien zum Kauf verfügbar sind, hängt von der Menge der emittierten – also herausgegebenen – Aktien ab.

So sieht die Situation aus, wenn ein Unternehmen gerade der Börse beitritt. Ist das Unternehmen bereits an der Börse notiert, hat es jederzeit die Möglichkeit zu einer weiteren Emission von Aktien, wobei dann nicht mehr die Rede von einer Neu-Emission, sondern einfach von einer Emission ist. In der Folge hat das Unternehmen die Möglichkeit, die Aktien zu splitten (Aktiensplitting), was bedeutet, dass aus einer Aktie mehrere werden. Damit sinkt der Preis einer Aktie, aber am gesamten Unternehmenswert und dem Vermögen der Anleger ändert sich nichts, da linear zum sinkenden Preis der Aktie die Menge an Aktien steigt.

Diese kleine Einführung und das Beispiel erklären allerdings bei Weitem noch nicht die komplette Bandbreite der Börse und Wertpapiere. Deswegen betrachten wir den Wertpapiermarkt genauer.

Börse: Handelsplatz und Informator

Stellen Sie sich vor, Sie möchten ein Wertpapier – es muss nicht zwingend eine Aktie sein – kaufen und sich über den Preis informieren. Der vorhin erklärte Fall einer Neu-Emission von Aktien ist nur bei Börsengängen von Unternehmen gegeben. Normalerweise müssen Sie nicht auf den Wert von Unternehmen hören, sondern haben die Preise für Aktien und alle anderen Wertpapiere direkt über die Börse abgebildet.

Quelle: boerse.de[5]

Dieser Screenshot stammt von der Website boerse.de. Wie Sie sehen können, finden Sie dort im oberen Bereich einige Kurse: DAX, MDAX, Dow Jones und weitere. Hierbei handelt es sich um keine Aktienkurse, sondern die Kurse von Aktienindizes. Aktienindizes sind Verzeichnisse mehrerer Aktien. Der DAX (Deutscher Aktienindex) als Beispiel bildet die Kursverläufe der 30 wertvollsten börsennotierten Unternehmen Deutschlands ab. Diese werden gemäß ihrem Börsenwert in den Index DAX eingefügt und deren Kursverläufe im DAX zusammengefasst. Das Ergebnis ist, dass in diesem Index der mutmaßlich wichtigste Teil der deutschen Wirtschaft widergespiegelt wird. Genauso ist es bei den anderen Verzeichnissen, wie beispielsweise dem Dow Jones, der die Kursverläufe und somit die wirtschaftliche Entwicklung der 30 wertvollsten Unternehmen der USA veranschaulicht. Wenn neben einem Index beispielsweise „-1,99%" steht, dann bedeutet dies, dass alle in diesem Aktienindex befindlichen Titel – Titel ist ein zusammenfassender Begriff für sämtliche Aktien eines Unternehmens – einen Wertverlust von 1,99 % im Vergleich zum Vortag verbucht haben. Das bedeutet aber nicht, dass

---

[5] https://www.boerse.de/

jeder Titel im Index denselben Gewinn oder Verlust gemacht hat. Es ist nur der Durchschnitt aller Werte.

Hintergrundwissen

Bei Gold und Rohöl handelt es sich um Rohstoffe, also physische Güter, nicht jedoch um Wertpapiere. Dennoch werden sie im oberen Screenshot aufgelistet. Der Grund hierfür ist, dass beides renommierte Geldanlagen sind und es bestimmte Wertpapiere gibt, die die Gold- sowie Ölpreisentwicklung abbilden und auf diesem Wege ein Investment möglich machen. Gleiches gilt für die Entwicklung des Euro zum US-Dollar und anderer Währungen. Einige Börsen zeigen ebenso den Kursverlauf bestimmter Kryptowährungen an. Es sind also nicht zwingend nur Wertpapiere auf den Websites von Börsen auffindbar.

Blicken wir bei boerse.de auf einige Einzelkurse aus dem DAX, so sehen wir folgendes Bild:

Quelle: boerse.de[6]

---

[6] https://www.boerse.de/boersenkurse/

Es gibt demnach Unternehmen in einem Index, der Verlust macht, die trotzdem durchaus Gewinn machen können. Wie sich der Index insgesamt entwickelt, hängt von der Gesamtentwicklung der enthaltenen Titel ab.

Für Sie wichtig ist an dieser Stelle, dass bei sämtlichen Wertpapieren und Indizes sowie anderen Anlagen die Kurse permanent aktualisiert werden. Der Zugewinn, der Verlust oder die neutrale Entwicklung werden im prozentualen Verhältnis zum Schlusskurs des Vortages angegeben. Die Aktualisierung der Kurse erfolgt für gewöhnlich im Sekundentakt, wobei der aktuelle Kurs dadurch bestimmt wird, zu welchem Preis die jeweilige Aktie zuletzt verkauft wurde. Wie bereits in Supermärkten und auf anderen Handelsplätzen, regeln das Angebot und die Nachfrage den Preis. Je begehrter eine Aktie ist, desto mehr steigt sie im Preis. Je mehr Negativschlagzeilen ein Unternehmen macht oder je mehr Anhaltspunkte es dafür gibt, auf den Kauf der Aktie zu verzichten, desto stärker reduziert sich der Preis der Aktie. Die Börse fungiert demnach als ein wichtiger Informator für Sie:

- Sie erhalten Informationen zum aktuellen Kurs eines Wertpapiers und zu dessen Entwicklung über mehrere Jahre hinweg.
- Durch die Entwicklung der Indizes können Sie die wirtschaftliche Entwicklung einzelner Staaten, Branchen oder auch Wirtschaftsräume mit mehreren Staaten einsehen.
- Zudem erwarten Sie auf den führenden Websites Informationen zu Wertpieren, wichtigen Kennzahlen von Unternehmen und weitere detaillierte Ausführungen zum jeweiligen Anlageobjekt.
- Durch fortlaufende Nachrichten, Berichterstattung und Adhoc-Meldungen (siehe 1.3) von Unternehmen können Sie die künftigen Kursverläufe einschätzen.

Neben dieser Rolle als Informator ist die Börse zugleich ein Handelsplatz, über den Wertpapiere gehandelt werden können. Es gibt zwar Wertpapiere, die für die Börse nicht zugelassen sind und nur außerbörslich gehandelt werden können, aber wenn Sie ein Wertpapier an der Börse kaufen, dann werden Sie es auch an der Börse verkaufen können. Zum Handel mit Wertpapieren und ebenso für langfristige Investments in Wertpapiere benötigen Sie einen Broker, der für Sie die Wertpapiere kauft und verkauft. Denn nur der Broker hat die Lizenz, an der Börse zu handeln. Wie genau solche Handel verlaufen und was Sie sonst noch zum Geld anlegen an der Börse benötigen, erfahren Sie im fünften Kapitel dieses Ratgebers.

Das Wichtigste auf einen Blick!

❖ An der Börse erfolgt eine fortlaufende Notation der Kursentwicklung verschiedener Geldanlagen: Rohstoffe, Währungen (auch Devisen genannt), Aktien, Aktienindizes und weitere.

❖ Sie erhalten an der Börse Informationen, die Ihnen helfen, die Entwicklung der Wertpapiere zu beurteilen und Prognosen für die Zukunft anzustellen.

❖ Über einen Broker haben Sie die Möglichkeit, in Wertpapiere zu investieren oder diese wieder zu verkaufen. Dabei bestimmen stets Angebot und Nachfrage den Preis eines Wertpapiers. Ausnahme: Die Neu-Emission von Aktien, wenn ein Unternehmen die Börse betritt und den Wert festlegt.

Wertpapiere: Verschiedene Anlageklassen

An der Börse wird in Wertpapiere investiert. Spezielle Börsen, z. B. die Warenbörse, haben physische Güter als

Handelsobjekte, aber die Wertpapierbörse – welche die populärste Börse ist – hat nur Wertpapiere im Angebot. Wertpapiere gibt es in verschiedenen Anlageklassen:

- Aktien
- Fonds
- Anleihen
- Devisen
- Futures
- Zertifikate

Unter den genannten Anlageklassen sind für uns die Zertifikate unwichtig, da diese in unserem Konzept des Investierens in ETFs eine zu vernachlässigende Rolle spielen werden. Für uns interessant sind zuallererst Aktien, zu denen bereits das Wichtigste gesagt wurde: Es handelt sich um Anteile an Unternehmen. Wer eine gewisse Anzahl an Aktien kauft, der enthält die definierten Anteile an einem Unternehmen. Je mehr Aktien eines Unternehmens ein Anleger hält, desto stärker wird sein Einfluss beim Unternehmen. Wie stark der Einfluss wird, hängt zugleich aber auch von der Art der Aktie ab.

Hintergrundwissen

Es existieren Stammaktien und Vorzugsaktien. Die Stammaktien zeichnen sich durch Stimmrechte bei Jahreshauptversammlungen aus, während die Vorzugsaktien eine andere Eigenschaft haben, z. B. eine höhere Dividendenausschüttung.

Wichtig ist bei der Geldanlage in Aktien die Kenntnis darüber, in welcher Form die Rendite ausgezahlt wird. Gewinnt die Aktie eines Unternehmens im Kursverlauf an Wert, so wird der Gewinn nicht regelmäßig ausgezahlt. Der Gewinn wird erst beim Verkauf der Anteile realisiert. Dies ist einigen Anlegern nicht klar, die sich jährliche Gewinnzahlungen erhoffen. Jährliche Gewinnzahlungen hingegen gibt es nur in Form der Dividende, also der vom Unternehmen festgelegten Gewinnausschüttungen an Anteilseigner. Die Höhe der Dividende pro Aktie wird mit der Anzahl der eigenen Aktien multipliziert, was wiederum die Höhe der Auszahlung an den Anleger bestimmt. Es gibt allerdings Unternehmen, die auf Dividendenzahlungen verzichten oder diese gering halten, um vermehrt ins eigene Wachstum zu investieren. Eine solche Strategie fährt zum Beispiel der Großkonzern Amazon bereits seit dessen Bestehen erfolgreich und wächst konstant. Andere Unternehmen lassen die Dividendenzahlungen in Krisenzeiten aus, um die Ausgaben zu senken. Anleger können anhand einiger Kennzahlen (siehe 1.3) gezielt in Unternehmen mit hohen Gewinnausschüttungen investieren. Allerdings sollten die Dividenden im Rahmen einer klugen Anlagestrategie ohnehin reinvestiert und nicht für den privaten Konsum aufgewendet werden.

Neben Aktien gibt es die Fonds. Fonds sind gewissermaßen eine Sammlung mehrerer Wertpapiere. An dieser Stelle wird es für Sie besonders interessant, weil ETFs eine Art von Fonds sind. Da wir die Spannung noch einige Zeit aufrechterhalten wollen und noch mehr Grundlagenkenntnis erforderlich ist, verschieben wir weitere Informationen zu den ETFs auf das zweite Kapitel. Zunächst also einige Infos zu den Fonds im Allgemeinen: Fonds können auf eine Anlageklasse beschränkt oder Multi-Asset-Funds, also Multi-Anlageklassen-Fonds, sein. Sind Fonds auf eine Anlageklasse beschränkt, dann handelt es sich am häufigsten um Aktienfonds. Darin sind mehrere Aktien verschiedener Unternehmen enthalten. Bei Anleihen-Fonds sind die Anleihen mehrerer Staaten oder Unternehmen im Fonds. Auch bekannt sind die Immobilienfonds, wobei Immobilienfonds keine

Immobilien enthalten, sondern Aktien von Immobilien-unternehmen. Der Grundgedanke eines Fonds ist die Risikostreuung: Anstatt alles auf einzelne Titel zu setzen, wird in mehrere Titel investiert. Diese Vorgangsweise streut das Risiko. Werden mehrere Titel gekauft, dann können die Verluste eines oder zweier Titel mit den Gewinnen der anderen Titel abgefangen werden.

Kommen wir zu den Anleihen: Anleihen können von Unternehmen, Staaten oder Institutionen herausgegeben werden. Sie haben einen festen prozentualen Zinssatz, den Sie für die Geldanlage erhalten. Es handelt sich im ferneren Sinne um nichts anderes als einen Kredit, den Sie an den Emittenten der Anleihe vergeben. Bei Anleihen gibt es häufig Mindestbeträge, die Sie investieren müssen. Sie haben die Möglichkeit, die Anleihe zwischenzeitlich an andere Anleger zu verkaufen. Lassen Sie eine Anleihe über den kompletten Zeitraum laufen, so haben Sie schlussendlich Ihren anfangs investierten Betrag zurück und durch die erhaltenen vereinbarten Zinsen einen Gewinn eingefahren. Allerdings muss Gewinn relativiert werden: Denn sichere Anleihen von Staaten wie Deutschland oder großen Unternehmen haben häufig eine negative Verzinsung, sodass Sie am Ende einen Verlust machen. Möchten Sie mit Anleihen eine gute Rendite erhalten, müssen Sie mehr ins Risiko gehen und die Gefahr eines Zahlungsausfalls in Kauf nehmen. Ein Mittelweg besteht im Kauf von Anleihen moralisch fragwürdiger Unternehmen oder Institutionen. Waffenhersteller und -händler beispielsweise weisen eine hohe Zahlungssicherheit auf, geben aber dennoch Anleihen mit hohen Zinssätzen heraus, weil es als Unternehmen aus der Rüstungs- bzw. Waffenindustrie schwierig ist, über Privatanleger an Geld zu gelangen. Die moralische Fragwürdigkeit einer Investition in Waffen und Rüstung wiegt beim Großteil der Anleger schwer.

Devisen sind nichts anderes als Währungen. In eine Währung kann durch den Kauf von Währungseinheiten investiert werden. Demzufolge würden Sie bei einem Tausch von Euro in US-Dollar auf einen Wertanstieg des US-Dollar im Vergleich zum Euro investieren. In eine Währung investieren Sie also immer im Verhältnis zu der Ausgangswährung, von der Sie ausgehen. Neben dem Umtausch können Sie mittels Zertifikaten in Währungen investieren. Dabei haben Sie die Chance, auch auf fallende Kurse zu setzen. Mit einer Hebelfunktion gelingt es Ihnen, die Höhe des Betrags künstlich zu hebeln. So steigen Ihre Gewinnchancen, zugleich aber auch die Verlustchancen. Das Investment in Devisen ist eher kurzweilig und für beginnende Anleger nicht ratsam. Hierzu finden sich nähere Informationen im bereits erwähnten anderen Buch dieser Reihe.

Kommen wir abschließend zu den Futures als Anlageklasse: Futures werden im Deutschen als Terminkontrakte bezeichnet. Sie gewinnen vor allem im Kontext mit einem Investment in Rohstoffe an Bedeutung. Weil nämlich nur in Rohstoffe als physische Produkte und nicht als Wertpapiere investiert werden kann, wurden die Futures auf Rohstoffe als eine Art Rohstoff-Wertpapier geschaffen. Wie diese funktionieren, lernen Sie im Kapitel 3.1.1 im Kontext mit den Rohstoff-ETFs. Die Futures auf Devisen, Aktien und andere Anlageklassen sollen an dieser Stelle nicht weiter ausgeführt werden.

Das Wichtigste auf einen Blick!

❖ An der Börse kann in Wertpapiere verschiedener Arten bzw. Anlageklassen investiert werden.

❖ Die häufigsten Anlageklassen unter Privatanlegern sind Aktien und Aktienfonds. Es gibt ebenso Fonds, die mehrere Anlageklassen umfassen.

❖ ETFs gehören der Gruppe der Fonds an und weisen somit den wichtigen Vorteil der Risikostreuung auf.
❖ Weitere Anlageklassen unter den Wertpapieren sind u. a. Anleihen, Devisen, Futures und Zertifikate. Die letzteren drei sind für Anfänger unter den Anlegern komplex und sollten erst mit Erfahrung an der Börse zur Geldanlage erwogen werden.

Wichtige Begriffe und Kennzahlen

Kennen Sie die Glossare, die Sie auf den letzten Seiten von Fachbüchern vorfinden? In einem Glossar stehen die wichtigsten Begriffe, die im jeweiligen Buch erwähnt werden. Entweder werden die Begriffe kurz im Glossar erläutert oder es wird eine Seitenzahl neben dem Begriff angegeben, auf der Sie nähere Informationen zum Begriff im Buch erhalten. Das Glossar dieses Ratgebers finden Sie in den folgenden Zeilen, in diesem Unterkapitel 1.3. Der Grund dafür, dass das Glossar bereits im ersten Kapitel aufgeführt wird, liegt im Fokus dieses Ratgebers auf ETFs. Um ETFs thematisch abzuhandeln und Ihnen Investmentstrategien vorzustellen, ist eine umfassende Kenntnis über die Börse und Wertpapiere erforderlich. Um zu vermeiden, dass Sie in den folgenden Kapiteln permanent nach hinten blättern müssen, wurden Ihnen die elementaren Grundkenntnisse im Unterkapitel 1.2 vermittelt, die nun um verbleibende Begriffe und Kennzahlen erweitert werden. Setzen Sie sich intensiv mit den folgenden Informationen auseinander, um der Fortsetzung dieses Ratgebers möglichst einfach folgen zu können.

Der Chart und seine Analyse

Der Chart

Chart
Diagramm, in dem die Börsenkurse grafisch abgebildet werden.

Linienchart
Der Kursverlauf wird durch Linien dargestellt.

Balkenchart
Ein Balken für den Kurs eines Tages. Der tiefste Punkt des Balkens gibt den tiefsten Preis des Wertpapiers im Tagesverlauf an, der höchste Punkt den höchsten Preis des Wertpapiers. Zur linken Seite gibt ein Strich am Balken den Eröffnungskurs an, zur rechten Seite gibt ein weiterer Strich den Tagesschlusskurs an.

Candlestick-Chart
Ein Kerzenkörper gibt am unteren Ende den Eröffnungskurs, am oberen Ende den Schlusskurs an. Die Linie, die den Balken horizontal durchzieht, gibt am unteren Ende den Tagestiefststand und am oben Ende den Tageshöchststand des Wertpapiers an.
Anmerkung: Bei langfristigen Darstellungen des Kurses findet immer der Linien-Chart Anwendung, Balken- und Candlestick-Charts dienen nur der Abbildung des Kursverlaufs über einen oder mehrere Tage.

Analyse des Charts

Allzeithoch:
Der höchste Wert, den ein Wertpapier je hatte. Es wird der komplette historische Kursverlauf betrachtet, um diesen Wert zu finden.

Allzeittief:
Der tiefste Wert, den ein Wertpapier im gesamten historischen Kursverlauf je hatte.

Trendsurfing:
Es wird nach Hoch- und Tiefpunkten im Chart Ausschau gehalten. Geht es im Kursverlauf nach einem Hoch bergab, dann ist der Hochpunkt vorbei und es kommt ein Tiefpunkt. Sobald der Kurs vom Verlust in Gewinn umschwenkt, ist der Tiefpunkt am tiefsten Punkt vorbei und es geht in den Hochpunkt. Im Trendsurfing ist genau dann ein positiver Trend gegeben, wenn eine Aktie ein Hoch verzeichnet, das höher ist als das letzte und ein Tief, das höher ist als das letzte. Dann sollte die Aktie gekauft werden, weil davon ausgegangen wird, dass sich der positive Trend fortsetzt. Ein negativer Trend und somit ein Verkaufssignal ist dann gegeben, wenn zwei aufeinanderfolgende Hochs und Tiefs tiefer liegen als jeweils das letzte Hoch und Tief. Das Trendsurfing dient der Bestimmung eines idealen Kaufs- oder Verkaufszeitpunktes.
Anmerkung: Es existieren weitere Chart-Formationen. Dazu gehören Dreiecksformationen und Flaggen. Für Sie ist angesichts der Geldanlage in ETFs im Prinzip keine Chart-Formation relevant, nicht einmal das Trendsurfing. Als Beispiel wurde es dennoch angeführt. Sollten Sie parallel zu ETFs ihr Glück an einzelnen Wertpapieren versuchen, so ist das Trendsurfing ebenso einfach wie vielversprechend zur Bestimmung des idealen

Zeitpunktes fürs Kaufen, Halten oder Verkaufen einzelner Wertpapiere.

Die Unternehmensanalyse

Wichtigste Fundamentalfaktoren

Kurs-Gewinn-Verhältnis

Je niedriger das Verhältnis, desto stärker unterbewertet ist die Aktie des Unternehmens. Dies ist ein Punkt, an dem die Anleger kaufen sollten. Je höher das Verhältnis, desto stärker überbewertet ist das Unternehmen und es sollte verkauft oder von einem Kauf der Aktie Abstand genommen werden.

Ausschüttungsquote

Besagt, wie hoch das Verhältnis der Ausschüttungen an Anleger pro Aktie und der Gewinn einer Aktie zueinander ist. Die Höhe der Ausschüttungen sollte branchenintern, und nicht branchenübergreifend, miteinander verglichen werden.

(Operativer) Cash-Flow

Zeigt, wie liquide ein Unternehmen ist. Je höher der Cash-Flow, umso mehr Mittelzuflüsse und -abflüsse hat das Unternehmen und umso zahlungsfähiger ist es.

Marktkapitalisierung

Dies ist der Börsenwert des Unternehmens. Er ist die Grundlage für die Bildung der Indizes und bildet anhand einer Zahl ab, wie wertvoll ein Unternehmen ist.

Eigenkapitalrendite

Je höher die Eigenkapitalrendite ist, desto besser wirtschaftet ein Unternehmen aller Voraussicht nach. Diese Kennzahl ist aber nur branchenintern als Vergleichsfaktor zwischen Unternehmen heranzuziehen und nur dann positiv zu gewichten, wenn das Unternehmen ein im Verhältnis zum Fremdkapital hohes Eigenkapital hat.

Anmerkung: Diese Kennzahlen können Sie einerseits selbst errechnen, andererseits sind sie auf nahezu jeder Website mit Börseninformationen vorhanden. Sie müssen nur den jeweiligen Titel, z. B. Aktie von Daimler oder Lufthansa, auswählen und die Informationen über das Unternehmen durchsuchen.

Unternehmensbezeichnungen

Blue-Chip
Sogenannte Standardwerte: Top-Unternehmen, unter den börsennotierten Aktien die Favoriten. Deswegen auch in den bekanntesten Indizes gelistet.[7]

Small Caps
Sogenannte Nebenwerte: Bezeichnung für kleine Aktiengesellschaften mit einer Marktkapitalisierung unterhalb der 250 Millionen €.[8]

Mid Caps
Keine eindeutige Definition. Bewegen sich zwischen den Small Caps und Large Caps. Sind häufig vielversprechender als Large Caps, weil sie noch großes Wachstumspotenzial haben und finanziell konsolidierter als die Small Caps sind. Dafür weisen sie eine geringere Krisenfestigkeit als Large Caps auf.

---

[7] https://wirtschaftslexikon.gabler.de/definition/blue-chips-29147
[8] https://www.boerse.de/boersenlexikon/Small-Caps

Large-Caps
Siehe Blue-Chip und Standardwerte

Growth-Aktien / Growth-Unternehmen
Aktien bzw. Unternehmen, die Wachstumsaussichten haben und geringe Gewinne erzielen, weil sie viel investieren, werden dem Growth-Sektor zugeordnet.

Value-Aktien / Value-Unternehmen
Aktien bzw. Unternehmen, die einen hohen Börsenwert haben, aber traditionellen Branchen angehören und wenig Wachstumsaussichten haben, werden dem Value-Sektor zugeordnet. Sie haben hauptsächlich deswegen noch einen hohen Wert, weil Anleger sie des Wertes wegen halten und die Unternehmen noch gebraucht werden.

Sonstige wichtige Begriffe und Kennzahlen

Ausgabeaufschlag / Agio
Gebühren, die beim Kauf von Fondsanteilen anfallen. Um den Vertrieb bei einer Fondsgesellschaft zu vergüten, wird beim Kauf von Fondsanteilen häufig eine Gebühr gezahlt. Die Gebühren fallen bei Online-Brokern und -Banken geringer aus als bei Filialbanken.

Baisse / Crash
Bärenmarkt, bei dem die Wirtschaft und somit zahlreiche Indizes sowie einzelne Titel starke Kursverluste über längere Zeiträume verbuchen

Beta
Kennzahl, die angibt, wie sich ein Titel im Vergleich zu dem Index, in dem er verzeichnet ist, entwickelt hat

Hausse
Gegenteil der Baisse, zu Deutsch: Bullenmarkt

Risikostreuung
Auch Diversifikation genannt. Wenn in mehrere Titel und nicht nur einen investiert wird, wird das Risiko auf sämtliche Titel verteilt. Diese Risikostreuung mindert die Verluste bei negativen wirtschaftlichen Entwicklungen, reduziert ebenso aber die Erträge.

Benchmark
Bei Fonds ist die Benchmark gewissermaßen das Ziel. Als Benchmark wird die Wertentwicklung eines dem Fonds ähnlichen Indizes ausgesucht und als Ziel festgehalten.

Performancegebühr
Mögliche zusätzliche Gebühr bei Fonds, die vertraglich mit dem Kauf der Fondsanteile geregelt ist. Kann z. B. dann anfallen, wenn die Wertentwicklung des Fonds die der Benchmark übertrifft.

Verwaltungsgebühr
Fällt ebenfalls bei Fonds an, um das Fondsmanagement zu vergüten.

Volatilität
Kursschwankung; je höher, desto stärker schwanken die Kurse und je niedriger, desto weniger schwanken die Kurse

Adhoc-Meldungen
Für börsennotierte Unternehmen verpflichtend. Sobald es eine Information aus dem Unternehmensinneren gibt, die den Kursverlauf des Unternehmens beeinflussen könnte, muss diese Information im Rahmen der gesetzlich

vorgeschriebenen Adhoc-Publizität sofort gemeldet werden. Ziel ist die Vermeidung von Marktmanipulation und Insiderhandel.

Zusammenfassung

Die Niedrigzinsphase, die Inflation und die Unsicherheit sowie die Ungerechtigkeit der Gesetzlichen Rentenversicherung machen es notwendig, sich mit dem Thema Geldanlage auseinanderzusetzen. Bei der Geldanlage an der Börse ergeben sich die größten Vorteile, weil hier einerseits mit langfristigem Anlagehorizont Geld angelegt und fürs Alter vorgesorgt werden kann. Andererseits ist es möglich, kurzfristig zu investieren und an der Börse gezielt das eigene Vermögen zu vermehren.

Die Börse an sich ist ein Handels- und Informationsplatz zugleich. Beobachten Sie die sekündlich aktualisierten Kursverläufe der Wertpapiere und Indizes, dann haben Sie jederzeit einen transparenten Überblick darüber, wie sich Ihr angelegtes Geld zurzeit entwickelt. Durch eine kluge Auswahl der Anlageklassen und Wertpapiere wird es möglich, die Risiken zu minimieren und dennoch gute Aussichten auf Renditen zu behalten. Eine solche kluge Auswahl der Anlageklassen und Wertpapiere ist insbesondere in den ETFs gegeben.

Passives Einkommen mit ETFs – Die Grundlagen

Der Großteil der Anleger stellt sich unter einer optimalen Geldanlage ein Produkt vor, in das einmal oder regelmäßig Geld angelegt wird, und für dessen Vermehrung anschließend nichts mehr gemacht werden muss. Dies entspricht zugleich einer passiven Einnahmenquelle. Während die Investition in einzelne Aktien bzw. Titel, die Erstellung eigener Portfolios, die Spekulation mit Hebeln auf Devisen und auch eine Vielzahl an Aktienfonds permanente Aktivität und Aufmerksamkeit von Anlegern verlangen, verhält es sich bei einer Geldanlage in ETFs anders. Hier können bedenkenlos höhere Summen an Geld angelegt und mehrere Jahre oder Jahrzehnte liegengelassen werden. Warum das so ist und was den ETFs diesen Status verschafft, darum geht es – unter anderem – in diesem Kapitel.

Was sind ETFs?

ETFs folgen dem Grundsatz einer passiven Geldanlage. Sie werden einmal gekauft und anschließend nicht gemanagt. Alternativ werden ETFs mit regelmäßigen Beträgen (z. B. monatlich) bespart und dabei ebenfalls nicht gemanagt. Sie gehören der Anlageklasse der Aktienfonds an, sind aber als passiv gemanagte Fonds einer eigenen Unterkategorie zuzuordnen. Blicken wir auf die zentralen Unterschiede zwischen aktiv gemanagten Aktienfonds und ETFs:

- Ziel: Bei aktiv gemanagten Aktienfonds ist das Ziel, den allgemeinen Markt zu schlagen, während ETFs die Marktrendite mit möglichst geringen Kostenabzügen erreichen sollen.

- Strategie: Um den Markt zu schlagen, werden aktiv gemanagte Aktienfonds von Fondsmanagern betreut, die regelmäßig Aktien ein- und verkaufen. So sollen die Gewinne kurzfristig mitgenommen und Verluste vermieden werden. ETFs setzen auf die Performance des Marktes. Sie bilden Indizes nach und sollen im Rahmen einer langfristigen Anlagestrategie vom wirtschaftlichen Wachstum profitieren, wobei vorübergehenden Wertentwicklungen nach unten keine Beachtung geschenkt wird.
- Bestückung des Portfolios: Bei Aktienfonds meistens kurzfristig mit einzelnen Aktien oder anderen Wertpapieren, die gemäß dem thematischen Schwerpunkt des Fonds (z. B. hohe Dividenden, Umweltschutz, Pharmabranche) ausgewählt werden. ETFs werden gemäß den Titeln bestückt, die in dem Index enthalten sind, den sie nachbilden sollen.

Quelle: Souverän investieren mit Indexfonds und ETFs (2011)[9]

ETFs werden vom jeweiligen Anbieter also nicht mit Mühe und Aufwand zusammengestellt. Nein, da gibt es keinen Fondsmanager, der täglich das Portfolio managt, Nachrichten liest, Aktien analysiert, Charts auswertet, Unternehmen bewertet oder anderen Verpflichtungen nachgeht. Bei einem ETF werden Aktien ins Portfolio eingefügt, die in ihrer Gesamtheit einen bereits existierenden Markt widerspiegeln und sich mit diesem Ziel auf einen bereits existierenden Index berufen. Dementsprechend sind ETFs häufig nach ihrem Anbieter und dem jeweiligen Index, den sie nachbilden sollen, benannt. Sollten Sie sich also die Kursentwicklung des DAX an der Börse ansehen, dann ist das in ungefähr

---

[9] Kommer, G.: Souverän investieren mit Indexfonds und ETFs, S. 177.

die Wertentwicklung, die Sie bei einem ETF sehen, der den DAX nachbildet. Dass eine Nachbildung nicht bei jedem Index einfach ist, werden Sie noch im nächsten Kapitel erfahren, wo unter anderem über die verschiedenen Arten der Nachbildung gesprochen wird. Darüber hinaus gibt es eine Situation, in der ETFs doch aktiv gemanagt und gezielt Änderungen vorgenommen werden. Notwendig wird ein aktives Management dann, wenn der Titel eines neuen Unternehmens in den jeweiligen Index aufgenommen wird, weil dieses Unternehmen unter Berücksichtigung der Kriterien des Indizes ein anderes Unternehmen vom Wert her überholt hat. Diese Maßnahmen sind jedoch nicht umfassend und – je nach Index – nur alle paar Monate notwendig.

Fürs Erste können Sie sich merken: ETFs bilden Indizes und somit den Markt bzw. die Wirtschaft nach. Sie erinnern sich noch an die Einleitung? Eine Wirtschaft wächst über einen längeren Zeitraum konstant, so die Annahme. Dementsprechend ist eine Investition in einen ETF als eine Investition in ein sicheres Streckenpferd zu betrachten. Dass es keine Sicherheiten an der Börse gibt, wird an dieser Stelle einmal außer Acht gelassen, weil ETFs die höchstmögliche Sicherheit in sich vereinen.

Nun gibt es noch eine Unterteilung zu berücksichtigen, um die ETFs als Anlageprodukte richtig zu identifizieren. Sie haben einerseits die aktiv gemanagten Fonds mit eigenem Fondsmanager kennengelernt, andererseits die passiven Fonds. Unter den passiven Fonds sind nicht automatisch sämtliche Fonds zugleich ETFs. Denn neben ETFs gibt es noch die einfachen Indexfonds. Neben vielen kleineren Unterschieden liegt der Hauptunterschied zwischen Indexfonds und ETFs in der Handelbarkeit: Indexfonds werden bei einer Fondsgesellschaft gekauft und verkauft, während ETFs an der Börse handelbar sind. Die Konsequenzen dieses Unterschieds sind im Folgenden tabellarisch abgebildet.

	Indexfonds	ETF
Handelbarkeit	Nur über die Fondsgesellschaft	An der Börse
Preisbildung	Einmal täglich	Permanent; spätestens minütlich
Gebühren	Mit Ausgabeaufschlag / Agio	Geld-Brief-Spanne

Quelle: Souverän investieren mit Indexfonds und ETFs (2011)[10]

Hintergrundwissen

Bei der Geld-Brief-Spanne handelt es sich um eine Kennzahl, die die Differenz aus dem Ankaufs- und Verkaufspreis abbildet. Der aktuelle Ankaufspreis ist der Briefkurs und liegt immer über dem aktuellen Verkaufspreis, der als Geldkurs bezeichnet wird. Dies hat zur Folge, dass wenn Sie zum selben Zeitpunkt dieselbe Menge der Anteile des ETFs kaufen und verkaufen würden, es Sie den Betrag in der Geld-Brief-Spanne kosten würde. Die Geld-Brief-Spanne ist – da Sie früher oder später die Anteile des ETFs verkaufen werden – als eine Gebühr anzusehen, die Sie an den Anbieter des ETFs entrichten.

Durch den Unterschied der ETFs zu anderen Indexfonds lässt sich der volle Name der ETFs nachvollziehen: ETF steht für Exchange Traded Fund, was ins Deutsche übersetzt „Börsengehandelter Fonds" bedeutet. Treffender ist

---

[10] Kommer, G.: Souverän investieren mit Indexfonds und ETFs, S. 178f.

die Bezeichnung als börsengehandelter Indexfonds, um das passive Management eines ETFs zu veranschaulichen.

Das Wichtigste auf einen Blick!

❖ ETFs sind börsengehandelte Fonds. Genau genommen handelt es sich um börsengehandelte Indexfonds, da sie stets die Strategie verfolgen, einen bestimmten Index nachzubilden.

❖ Durch die simple Strategie benötigen ETFs kein aktives Management, wie es beim Großteil der auf dem Markt existierenden aktiv gemanagten Fonds der Fall ist.

❖ ETFs werden einmal aufgesetzt und dann nicht mehr gemanagt; es sei denn, es erfolgt die Aufnahme neuer Titel in den Index. Dann muss der ETF umgeändert werden.

❖ Das Ziel von ETFs ist es, die Marktrendite mit möglichst geringen Kostenabzügen zu erzielen, nicht aber – wie es das Ziel aktiv gemanagter Fonds ist – den Markt zu schlagen.

Wie funktionieren ETFs?

ETFs werden von Kapitalanlagegesellschaften oder Fondsgesellschaften herausgegeben. Besonders wichtig ist in diesem Kontext, dass ETFs zum Sondervermögen – auch Treuhandvermögen genannt – gehören. Es ist demnach Pflicht, das Vermögen aus einem ETF getrennt vom Vermögen der herausgebenden Gesellschaft zu bewahren. Dadurch sind Sie als Anleger davor geschützt, Ihre Anteile zu verlieren, falls das Unternehmen Insolvenz anmelden muss. Zum Vergleich: Bei Aktien einzelner Unternehmen ist dies nicht der Fall. Haben Sie beispielsweise alles auf das Unternehmen Apple gesetzt und in dessen Aktien investiert, aber Apple geht Pleite, dann sind Ihre Anteile nichts mehr wert. Anders bei ETFs: Die herausgebende Fondsgesellschaft bewahrt den ETF als getrenntes Sondervermögen auf, und falls die Fondsgesellschaft bankrott wird, ist Ihr investiertes Kapital trotzdem immer sicher.

Blicken wir weiter über die herausgebende Gesellschaft hinaus und schauen speziell auf den ETF und dessen Bildung. Wer ETFs auf den DAX hält, sagt manchmal umgangssprachlich: „Ich investiere in den DAX." Dies ist aber falsch, weil der DAX kein Wertpapier ist, sondern ein Index. Es ist ein Verzeichnis, das der Veranschaulichung wegen an der Börse gebildet wird. Sämtliche Standardindizes, die sich weltweiten Ansehens und weltweiter Bekanntheit erfreuen, werden entweder an der Börse, von fachlichen Zeitungen oder von renommierten Finanzdienstleistern erstellt. In Verzeichnisse kann jedoch niemand investieren, weil sie keine Wertpapiere sind. Deswegen wurden die ETFs erschaffen – damit auf Umwegen ein Investment in Indizes möglich ist. So kann an der wirtschaftlichen Entwicklung partizipiert werden, indem die Indizes durch ein speziell geschaffenes Wertpapier nachgebildet werden.

Aber wie gelingt es, einen ETF zu schaffen? Im Grunde genommen ist es keine Kunst: Eine Fondsgesellschaft eröffnet einen neuen Fonds, in den sie die Aktien des Indizes hineinkauft. Die Gewichtung der einzelnen Titel muss dabei der des Indizes entsprechen, um dessen Wertverlauf möglichst exakt abzubilden. Wie genau dieser Mechanismus erfolgt und welche Arten der Nachbildung es gibt, erfahren Sie im nächsten Kapitel.

Das gesamte Management eines ETFs ist für die Fondsgesellschaft also denkbar einfach. Die Benchmark ist die Marktrendite abzüglich minimaler Abweichungen, die sich aus der Art der Nachbildung ergeben können. Es fällt keine

Performancevergütung an und ebenso entfällt der Ausgabeaufschlag bei ETFs. Die Kosten fallen geringer aus als bei anderen Arten von Fonds. Der aktuelle Wert eines ETFs umfasst
den Gesamtwert aller darin enthaltener Wertpapiere.

Das Wichtigste auf einen Blick!

❖ ETFs sind Sondervermögen. Sie bieten Anlegern
eine grundlegende Sicherheit, auch dann, wenn der
Herausgeber Insolvenz anmelden muss. Das investierte Kapital ist geschützt.

❖ ETFs füllen eine wichtige Lücke, die es zuvor auf
dem Wertpapiermarkt gab, indem Sie indirekt die
Investition in umfassende Wirtschaftsräume ermög-
lichen. Dies geschieht durch die Nachbildung von
Indizes. So werden der DAX, Dow Jones oder andere
Standardindizes und deren Kursverlauf durch einen
ETF imitiert.

❖ Ein ETF wird geschaffen, indem sämtliche Titel des
nachzubildenden Indizes in einen Fonds in derselben Gewichtung wie im Index hineingekauft werden.

❖ Durch den geringen Aufwand im Fondsmanagement
und die Marktrendite als Benchmark fallen die
Gebühren gering aus. Performancegebühren entfallen komplett.

Warum in ETFs investieren?

Tatsache ist: ETFs werden vor allem bei Privatanlegern,
aber ebenso bei institutionellen Anlegern, immer beliebter.
Besonders gut werden bei brokervergleich.de[11] die steigen-

---

[11] https://www.brokervergleich.de/wissen/statistiken/etfs-
zahlen-und-fakten/

den Beliebtheitswerte von ETFs grafisch mehrfach veranschaulicht. Im Folgenden dient die umfassende Tabelle der Zusammenfassung der Statistiken auf brokervergleich.de:

Jahr	Angelegtes Privatvermögen in ETFs in GER (in Mrd.)	Gesamtes Anlagevolumen in ETFs in GER (in Mrd.)	Weltweit in ETFs angelegtes Vermögen (in Mrd.)	Weltweit verwaltete ETFs (in Tsd.)	Anteil von ETFs an Investmentfonds (in Prozent)
2010	2,7	27,60	1.478	2,695	5,0
2011	2,6	30,60	1.526	3,262	/
2012	3,2	35,00	1.952	3,587	6,4
2013	4,0	42,90	2.403	3,913	/
2014	5,59	38,50	2.788	4,335	8,0
2015	7,69	47,80	2.998	4,833	9,5
2016	11,68	48,70	3.553	5,25	/
2017	16,56	56,30	4.841	5,707	/
2018	18,79	/	4.817	6,31	/
2019	30,66	/	5.398	/	/

Quelle: brokervergleich.de[12]

Ein triftiger Grund für das Investieren in ETFs ist der Trend der Massen. ETFs werden bei Anlegern deutschland- und weltweit zunehmend beliebter. Warum dies so ist, führt uns direkt zu den weiteren Gründen, die für eine Geldanlage in ETFs sprechen...

ETFs sind eine lukrative Geldanlage. Um dies nachzuvollziehen, können Sie die Renditen der einzelnen Indizes in Deutschland, Europa, den USA und im Prinzip in aller Welt durchsehen. Hier als Überblick die Renditen einzelner Indizes aus dem letzten Jahr:

---

[12] wie vorherige

Index	DAX	S&P500	Nikkei225	MSCI World	SMI	Hang Seng	Nasdaq
Rendite	25,6 %	28,9 %	18,2 %	25,2 %	26,0 %	9,1 %	38,0 %

Quelle: boerse.de[13]

Augenscheinlich schnitt die US-Wirtschaft angesichts der starken Performance der Indizes Nasdaq und S&P500 am besten ab, doch auch die anderen Entwicklungen der Indizes können sich sehen lassen. Sogar der durch den Handelskrieg zwischen den USA und China abgeschwächte Hang-Seng-Index konnte eine Rendite von 9,1 % verbuchen. Um anhand dessen die Lukrativität zu veranschaulichen: Welches Sparbuch oder Altersvorsorgeprodukt bietet Ihnen solche Jahresrenditen? Zugegebenermaßen: Das letzte Jahr war ein erstaunlich starkes Jahr an der Börse. In Zeiten des Corona-Virus sind nahezu all diese Renditen verloren gegangen, aber Sie werden im Laufe des nächsten Kapitels lernen, dass Krisenzeiten auf lange Sicht das Wachstum einer Wirtschaft kaum eindämmen können. Anders bei Einzelaktien, denn wer in einzelne Aktien investiert, geht ein hohes Risiko ein. ETFs aber streuen das Risiko und relativeren die Gefahren einer Geldanlage in einzelne Titel.

Der nächste triftige Grund für das Investieren in ETFs: ETFs sind lukrativ, weil sie das Risiko auf mehrere Titel streuen und auf lange Sicht mit hohen Renditen überzeugen. Häufig sind sie sogar, wie die Renditen des letzten Jahres in der obigen Tabelle zeigen, auf kurze Sicht lukrativ.

Blicken wir weiter auf den vorübergehend letzten Grund, weswegen in ETFs investiert werden sollte, so stoßen wir auf die Flexibilität in der Geldanlage. ETFs werden so sehr wie keine andere Anlageklasse bzw. Wertpapier-Art den Bedürfnissen von Sparern angepasst und auf Privatanleger

---

[13] https://www.boerse.de/

ausgelegt. So wird neben Profis der Wertpapiermarkt auch für beginnende Anleger absolut zugänglich und möglichst sicher. Es kann bereits mit kleinen Beträgen gespart werden, und es sind sowohl monatliche Beträge als auch hohe Einmalzahlungen möglich. Bei einer monatlichen Sparweise kommt der Cost-Average-Effect als ein ausschlaggebender Vorteil hinzu. Was der Cost-Average-Effect (zu Deutsch: Durchschnittskosteneffekt) bedeutet, wird in den abschließenden Kapiteln dieses Buches vorgestellt, sobald wir uns mit Anlagestrategien vertraut machen.

Und noch ein Grund für das Investieren in ETFs: Flexible Geldanlagemöglichkeiten und vorgefertigte Sparpläne ermöglichen sowohl Anfängern und Profis als auch Privatanlegern und institutionellen Anlegern die Geldanlage in ETFs.

Es existieren Altersvorsorgen, die auf ETFs aufgebaut sind. Versicherungsgesellschaften geben diese fondsbasierten Altersvorsorgeverträge wahlweise als private oder staatlich geförderte Altersvorsorge aus. Wieso sollte nicht auf diesem Wege in ETFs investiert werden? Die Gründe sind einfach: Zum einen performen diese Verträge nicht so gut wie die ETFs von Fondsgesellschaften, zum anderen sind die Kosten höher und der Ausstieg aus diesen Verträgen schwierig oder unmöglich. ETFs hingegen sind leicht zu Geld umzutauschen, was durch einen Verkauf an der Börse erfolgt. So kommen Sie an das investierte Geld im Rahmen einer einzigen Transaktion durch den Verkauf aller oder einiger Anteile am ETF wieder heran.

Das Wichtigste auf einen Blick!

❖ Durch eine Geldanlage in ETFs folgen Sie einem weltweiten Trend unter den Anlegern. Dieser Trend ist zurecht vorhanden, denn:

❖ ETFs sind eine lukrative Geldanlage, bei der das Risiko gestreut wird.

❖ Bei ETFs ist flexibles Geldanlegen möglich, wobei die Anteile zu Handelszeiten an der Börse verkauft werden können, um sich die investierten finanziellen Mittel oder zumindest einen Teil davon verfügbar zu machen.

Für wen sind ETFs geeignet?

ETFs sind im Prinzip für jeden Anleger geeignet. Als primäre Zielgruppe werden meistens private Anleger genannt, die noch nicht viele Erfahrungen an der Börse haben. Wieso ist dem so?

Wenn wir uns die Ansprüche der unerfahrenen Anleger vor Augen führen, dann kommen wir nicht umhin, uns zunächst mit den Herausforderungen auseinanderzusetzen, denen sich jemand bei den ersten Schritten im Geld anlegen an der Börse entgegensieht. Zu diesen Herausforderungen gehört bereits die Einrichtung des Wertpapierhandels, bei der ein passendes Depot und ein Broker gefunden werden müssen. Zwar ist es wie beim Sparbuch möglich, bei einer Filialbank ein Depot zu eröffnen und die Brokerage der Filialbank zu nutzen. Aber dann wird es teuer. Angesichts der laufenden Kosten für Depot und Broker bei einer Filialbank wird die Rendite erheblich geschmälert. Dementsprechend ist der Weg über ein Depot bei einer Online-Bank oder einem Online-Broker wesentlich besser, weil geringere Kosten auf Anleger zukommen. Eine Depoteröffnung bei einer

Online-Bank oder einem Online-Broker geht allerdings mit der Herausforderung einher, dass die Schritte bis zur Geldanlage komplett allein gegangen werden müssen: Eröffnung des Depots, Auswahl der Wertpapiere und Beauftragung des Brokers mit Orders. Dies ist anspruchsvoll für Anfänger, auch wenn bereits nach den ersten zwei oder drei Orders die Sachlage bedeutend einfacher aussieht und abläuft. Man lernt also schnell dazu.

Hintergrundwissen

Mit Orders sind die Aufträge an den Broker gemeint. Wie bereits erwähnt, kann ein Anleger nicht selbst an der Börse handeln. Er beauftragt stattdessen einen Broker seiner Wahl. Eine Auftragserteilung zum Kauf oder Verkauf nennt sich Order.

Der Vorteil bei ETFs ist, dass sie all diese Schritte einfacher machen. Diverse Online-Banken und Online-Broker – mittlerweile gefühlt alle – haben ETF-Sparpläne im eigenen Angebot, sodass Anleger den Sparplan nur auswählen und einer transparenten sowie simplen Schrittfolge zur Investition in den jeweiligen ETF folgen.

Wieso sind ETFs noch für Anfänger unter den Anlegern interessant?

- **Größtmögliche Sicherheit**

    Durch die Risikostreuung und die Investition in Indizes wird, in Relation zu anderen Wertpapieren, das Kapital maximal sicher angelegt. Die Sicherheit rührt neben der Streuung daher, dass Indizes stets die größten und wertvollsten Unternehmen listen.

- **Passive Investition**

  Je weniger man auf einem Gebiet – in diesem Fall im Bereich Börse und Wertpapiere –bewandert ist, umso weniger möchte man zunächst selbst tun. So sinkt die Quote für Fehler und Verluste. ETFs sind eine passive Investition, bei der nicht einmal die Maßnahmen eines Fondsmanagers nachvollzogen werden müssen. Es muss nur der Index und die mit diesem in Verbindung stehende Wirtschaft betrachtet werden.

- **Geringe Kosten**

  Sowohl Fondsmanager als auch Performancegebühren entfallen. Denn die einzige Benchmark ist der nachgebildete Markt. Die geringen Gebühren für die Unterhaltung des ETFs sind nicht vergleichbar mit denen eines aktiv gemanagten Fonds.

Die Vorteile für Anfänger unter den Anlegern wurden bis hierhin so ausführlich behandelt, weil dies die Hauptzielgruppe dieses gesamten Ratgebers ist. Ebenso wie Sie als Anfänger profitieren, profitieren Sie zugleich als Profi. Profis neigen dazu, die anderen Anlageklassen zusätzlich oder separat zu nutzen, investieren gern in einzelne Titel und analysieren dabei die Charts usw. Dennoch wird unter all den Handlungen der Profis der ETF eine wichtige Beimischung, wenn nicht sogar Basis, der eigenen Wertpapier-Bestände sein. Somit sind ETFs schlussendlich für jede Art von Anleger hochinteressant.

Das Wichtigste auf einen Blick!

❖ ETFs machen Anfängern das Leben auf dem Wertpapiermarkt leicht, weil diverse Anfangshürden wegfallen.

❖ Mit ETFs kann vergleichsweise sicher und zudem passiv investiert werden.

❖ Die geringen Kosten im Vergleich zu aktiv gemanagten Aktienfonds sind für alle Personengruppen ein klarer Vorteil.

❖ Profis werden stets als Beimischung zum Portfolio oder als Basis des Portfolios von ETFs Gebrauch machen.

Zusammenfassung

ETFs sind Aktienfonds, die Indizes nachbilden und an der Börse gehandelt werden. Sie weisen nach Möglichkeit exakt die Zusammensetzung der Aktien-Titel und deren Gewichtung zueinander auf, wie es in dem Index der Fall ist, den sie nachbilden sollen. Durch diese Zusammensetzung müssen Indizes nur selten aktualisiert werden. Änderungen an ETFs sind nur dann notwendig, wenn an den Indizes etwas geändert wird. Dies ist jedoch selten der Fall, sodass das Management von ETFs passiv ist. Nach Herausgabe durch die Fondsgesellschaft wird also an den ETFs nur selten etwas geändert, weswegen ETFs günstiger als die Alternativen und aktiv gemanagten Aktienfonds sind.

Mit der Strategie, in ETFs zu investieren, ist es für Anleger wesentlich einfacher, die ersten Schritte bei der Geldanlage an der Börse zu gehen. Aus diesem Grund steigen Ansehen und Beliebtheit der ETFs hierzulande und weltweit, was sich faktenbasiert in den Mengen der Anleger in ETFs sowie der

Menge des angelegten Vermögens in ETFs niederschlägt. Je fortgeschrittener Anleger werden, desto mehr andere Anlageklassen rücken in den Fokus, aber die Bedeutung der ETFs als sichere und im Hinblick auf die Rendite aussichtsreiche Anlageklasse wird bestehen bleiben. ETFs müssen als Sondervermögen vom sonstigen Vermögen einer Fondsgesellschaft getrennt werden, was bedeutet: Selbst, wenn die herausgebende Fondsgesellschaft insolvent würde, wäre das in den ETF angelegte Vermögen der Anleger sicher.

Arten von ETFs

Neben dem sechsten Kapitel ist dieses das wohl wichtigste des Ratgebers. Es befasst sich nämlich mit den verschiedenen Arten von ETFs und legt damit den Grundstein für alle weiteren Kapitel. Der Grund, weswegen die Inhalte in den folgenden Abschnitten so wichtig sind, ist die Vielfältigkeit, mit der sich die ETFs in einzelne Arten klassifizieren lassen. Wir setzen uns mit der Klassifizierung nach Eigenschaften, der Klassifizierung nach Indizes sowie der Klassifizierung nach Anbietern auseinander. Dabei werden Sie bereits mehrere strategische Ausrichtungen von ETFs und deren Unterschiede kennenlernen, was eine entscheidende Vorarbeit für das siebte Kapitel darstellt. Zudem befassen Sie sich im Folgenden mit den verschiedenen Indizes und den Anbietern, die ETF-Produkte herausbringen. Beides ist bei der Umsetzung eines ETF-Sparplans elementar.

Klassifizierung nach Eigenschaften

Die Klassifizierung von ETFs anhand deren Eigenschaften ist die einzig korrekte. Im Gegensatz zur Klassifizierung nach Indizes und Anbietern richtet sie sich nämlich nach den Charakteristika von ETFs. Somit definiert sie die strategische Ausrichtung eines ETFs und beeinflusst die Art und Weise, wie Sie Geld in ETFs anlegen. Die Klassifizierungen nach Indizes und Anbietern hingegen beschreiben lediglich verschiedene Produkte und sind bei korrekter Betrachtung keine Arten von ETFs.

Unter der Klassifizierung nach den Eigenschaften ist es verbreitet, ETFs anhand folgender Merkmale zu unterscheiden:

- Anlageklasse

- Investmentstrategie
- Art der Nachbildung

Quelle: godmode-trader.de[14]

Unter der Anlageklasse ist die Art des Wertpapiers oder der Geldanlage zu verstehen. Die der breiten Masse am bekanntesten und in den meisten Sparprodukten verwendeten Wertpapiere sind Aktien, Fonds und Anleihen. ETFs auf Aktien und Anleihen sind weit verbreitet. Weniger verbreitet, aber ebenfalls vorhanden, sind ETFs auf die Anlageklassen Devisen, Rohstoffe und Immobilien.

Im Verlaufe der letzten Jahre sind ETFs bei Anlegern immer beliebter geworden. Als Folge dessen wurde das Portfolio an ETFs nicht nur hinsichtlich der abzubildenden Indizes gesamter Wirtschaften, sondern auch gesamter Branchen, erweitert. Dies bedeutet, dass Anleger, die im Rahmen ihrer Investmentstrategie an Aktien bestimmter Branchen interessiert sind, ETFs auf eben diese Branchen kaufen können. So lassen sich Investmentstrategien auf Unternehmen aus dem Umweltsektor, der Pharmaindustrie und weiterer Branchen mit ETFs fahren. Des Weiteren sind ETFs mit einer Klassifizierung nach Investmentstrategie und ebenso nach dem Muster bestimmter Unternehmens- oder Wertpapiermerkmale erhältlich: Geringe Volatilität der Wertpapiere, geringe Verschuldungsrate der Unternehmen, hohe Dividendenzahlungen; um nur einige Beispiele zu nennen. Möchten Anleger die Investmentstrategie verfolgen, in Unternehmen mit einer geringen Verschuldungsrate zu investieren, so besteht in Form von ETFs die Möglichkeit dazu.[15]

---

[14] https://www.godmode-trader.de/know-how/etf-exchange-traded-funds-eine-einfuehrung,4432087

[15] https://www.godmode-trader.de/know-how/etf-exchange-tradedfunds-eine-einfuehrung,4432087

Eine Klassifizierung von ETFs nach Art der Nachbildung richtet sich nach den Antworten auf die Fragen, wie viele Aktien der in einem Index befindlichen Unternehmen gekauft werden und in welchem Verhältnis zueinander dies erfolgt. Es besteht die Option, sämtliche Aktien eines Indizes zu kaufen und deren Anteil am ETF so zu gewichten, wie der Anteil der Aktien am Index ist. Alternativ kann eine geringere Menge an Aktien für den Index gekauft werden, die den Index möglichst realitätsgetrau nachbildet. Dieses Vorgehen ist bei größeren Indizes fast schon ein Muss, weil bei mehreren Hundert Aktien eine andere Art der Nachbildung außerordentlich kostenintensiv wäre.

Anlageklasse

Unabhängig davon, welche Investmentstrategie oder Art der Nachbildung ein ETF verfolgt, betrifft er immer eine der im folgenden vorgestellten Anlageklassen: Aktien, Anleihen, Devisen, Rohstoffe oder Immobilien. Sie dürfen bei der Auswahl von ETFs die Entscheidung für eine Anlageklasse als die Grundlage bezeichnen, die am Anfang der Geldanlage in ETFs steht. In jedem Fall sind Aktien als klar vorzuziehende Anlageklasse zu nennen.

Aktien

Ein ETF auf Aktien ist die populärste und von Anlegern am häufigsten gewählte Art eines ETFs. Er bildet die Entwicklung von ganzen Wirtschaften, oder je nach Investmentstrategie (für nähere Informationen siehe 3.1.2) auch einzelner Branchen oder Unternehmen ab. Am weitesten verbreitet ist die Geldanlage in ETFs, die ein Abbild von Wirtschaften sind. Für deutsche Anleger populär sind folgende Indizes:

- DAX

Seit dem Start der Indexbasis nach Punkten am 1. Juli 1988 erreichte der DAX eine durchschnittliche Rendite von 6,81 % pro Jahr.

Wer 1980 in den DAX investiert hätte, wäre bei einem Verkauf der Anteile Ende 2019 mit einer Rendite von jährlich 8,9 % aus dem Geschäft hervorgegangen.[16]

- MSCI World

Durch einen Kauf globaler Aktien Anfang des Jahres 1993 und einen Verkauf aller Anteile Ende des Jahres 2007 wäre eine Rendite von 8,1 % jährlich zustande gekommen.

Im Fünfjahreszeitraum zwischen 2014 und 2019 lag die Rendite bei 11,6 % pro Jahr.[17]

- MSCI Europe

Zwischen einem Kauf der Anteile im Jahr 2013 und deren Verkauf im Jahr 2017 lagen 9,4 % Rendite im Jahr.

Allein im Jahr 2019 lag die Rendite beim ETF *Xtrackers MSCI Europe Index UCITS ETF 1D* bei 27,01 %.[18]

Die ETFs, die die Indizes abbilden, fahren je nach deren Qualität eine vergleichbare oder nahezu dieselbe Rendite ein. Neben den genannten Indizes sind allem voran die Indizes

---

[16] https://www.boerse.de/grundlagen/aktie/Renditedreieck-Dax-Jaehrliche-Durchschnittsrenditen-seit-1980-8
[17] https://www.dividendenadel.de/msci-world-renditedreieck/
[18] https://www.justetf.com/de/etf-profile.html?isin=LU1242369327

aus den USA, der Dow Jones und der S&P500, maßgebend für Anleger. Der Großteil der erhältlichen ETFs enthält Wertpapiere von Unternehmen aus den USA, was dem hohen Kapitalaufkommen in den Vereinigten Staaten geschuldet ist.

Tipp!

Wenn Sie gezielt Geld in den ETF auf eine Volkswirtschaft anlegen möchten, aber nicht wissen, wie der Index der jeweiligen Nation lautet, dann geben Sie die jeweilige Nation bei Google ein und daneben den Suchbegriff „Index". Zum Beispiel: „Japan Index". Dann erfahren Sie, dass der Index für Japan „Nikkei" heißt. Im nächsten Schritt suchen Sie nach einem ETF auf den Nikkei, indem Sie „ETF Nikkei" bei Google eingeben. Es erscheinen mehrere Suchergebnisse, in denen Sie die verschiedenen ETFs finden und die Produkte nach deren Qualität analysieren können. Genauso gehen Sie vor, wenn Sie ETFs auf Indizes in Europa, der EU, den USA, der Welt, den Schwellenländern, bestimmter Branchen und andere Aktien-Indizes suchen.

Anleihen

Neben ETFs, die den Wertverlauf von Aktien-Indizes abbilden, ist es möglich, in ETFs auf Anleihen zu investieren. Anleihen sind Kreditvergaben von Anlegern an Unternehmen, Staaten, Institutionen oder andere Kreditnehmer. Wie diese Kreditvergaben verlaufen, durften Sie bereits im ersten Kapitel kennenlernen.

Um die Anleihen-ETFs als Finanzinstrument zu begreifen, ist zunächst eine gewisse Kenntnis über die Indizes auf Anleihen erforderlich. Die wenigsten Geldanleger sind nämlich darüber im Bilde, dass es auch auf Anleihen Indizes gibt. Wie Indizes auf Aktien, so sollen die Indizes auf Anleihen den Wertverlauf von Wertpapieren möglichst realitätsgetreu abbilden, nur eben mit Anleihen als Wertpapier-Art. Diese weniger bekannten Indizes auf Anleihen unterscheiden sich also kaum in Relation zu Indizes auf Aktien. Ebenso wie bei Aktien gibt es einen Index auf Industrieländer, nur diesmal auf deren Staatsanleihen. Des Weiteren sind Indizes vorhanden, die inflationsgebundene Anleihen einzelner oder mehrerer Staaten umfassen. Die gleiche Prozedur für Indexierungen von Anleihen gibt es auch bei Unternehmen. Bei ETFs auf Anleihen ist es für Sie essenziell, sich professionell zu informieren. Dabei sind Investmentgesellschaften wie Blackrock[19] insbesondere im Kontext mit ETFs auf Anleihen eine hochqualitative Anlaufstelle.

Devisen

Indizes auf Devisen zeichnet aus, dass sie den Wertverlauf einer Währung abbilden. Die Herausforderung hierbei ist, dass Devisen kein fester Wertanstieg oder Wertverfall zugeordnet werden kann. Damit ist gemeint, dass ein Satz wie „1 Euro ist im Wert um 2 Cent gefallen" falsch wäre. Bei dem

---

[19] https://www.blackrock.com/at/finanzberater-und-banken/produkte/fonds-im-fokus/fixed-income

Stückpreis einer Aktie hingegen lässt sich dies sagen. Aber der Euro? 1 Euro bleibt immer 1 Euro. Was die Wertentwicklung des Euros widerspiegelt, ist die Relation zur Wertentwicklung anderer Währungen. Sollte 1 Euro nach drei Jahren 2 Prozent mehr wert sein als 1 US-Dollar, dann kann konstatiert werden, dass der Euro in Relation zum US-Dollar um 2 Prozent im Wert gestiegen ist. Allerdings erzählt diese Statistik nicht die volle Wahrheit: Denn die Zunahme des Euro-Werts kann darin begründet liegen, dass der US-Dollar an Wert verloren hat. Einzig und allein in den Euro im Verhältnis zum US-Dollar Geld anzulegen, wäre riskant, weil einzelne Wirtschaftsmaßnahmen der Nationen oder politische Entscheidungen großen Einfluss auf den Wert nehmen können – sowohl temporär als auch langfristig. Aus diesem Grund existieren Indizes, die die Wertentwicklung des Euros im Vergleich zu mehreren Devisen widerspiegeln. ETFs auf diese Indizes streuen das Risiko und schicken den Euro wahlweise in ein Rennen mit Devisen anderer Industrienationen oder eines bestimmten Wirtschaftsraumes auf einem Kontinent.

Rohstoffe

Die Indizes auf Rohstoffe sind im Verständnis um einiges komplizierter als die Indizes auf Devisen. Hier kommen Herausforderungen gleich an mehreren Stellen auf:

1. Es kann nicht direkt in Rohstoffe investiert werden, ohne das physische Gut zu kaufen und zu lagern. Rohstoffe sind demnach kein Wertpapier.
2. Mit Futures, sogenannten Terminkontrakten, gibt es Wertpapiere, die den Wertverlauf eines Rohstoffs nachbilden. Der Haken: Mit der (Rest-)Laufzeit des Futures variiert der Preis.

3. Beim Investment in Futures kann es dazu kommen, dass durch das sogenannte „Rollen" die Preisentwicklung von Rohstoffen verfälscht abgebildet wird.

Ein Future ist ein Terminkontrakt, was bedeutet, dass eine schriftliche Abmachung darauf abgeschlossen wird, dass der Käufer eines Futures den jeweiligen Rohstoff zu einem bei Vertragsabschluss festgelegten und zugesicherten Preis kauft. Da der erhebliche Großteil der Trader mit Futures – es sind weit mehr als 90 Prozent – nicht daran interessiert ist, den Rohstoff zu kaufen, sondern nur an dessen Wertverlauf teilzuhaben, werden die Tauschgeschäfte nicht realisiert, sondern die Rollen des Käufers und Verkäufers werden getauscht. Aus der Differenz, die zwischen dem Kauf und dem Verkauf für den Käufer des Futures liegt, ergibt sich entweder der Gewinn oder aber der Verlust bei der Spekulation. Dieses Vorgehen beinhaltet jedoch zwei Probleme: Zum einen fließen in den Preis für den Rohstoff die Lagerkosten mit ein und bestimmen dessen Wert, was bedeutet, dass ein noch lange laufendes Future einen höheren Wert hat als ein kürzer laufendes Future. Zum anderen gibt es das Rollen: Damit ein Index langfristig unterhalten werden kann, müssen Futures gerollt werden. Dabei kann es zu höheren Kaufpreisen als Verkaufspreisen beim regelmäßigen Neukauf von Futures kommen, was einen Verlust zur Folge hat, obwohl der Rohstoffpreis eigentlich steigt.

Hintergrundwissen

Ein Index besteht aus Futures. Da Futures allerdings über einen begrenzten Zeitraum laufen und dann der Rohstoff erworben werden muss, müssen Futures für eine langfristige Aufrechterhaltung der Indizes vor deren Ablauf aufgelöst bzw. verkauft und anschließend neu gekauft werden. Während bei einem Index auf den DAX der Wertverlauf ununterbrochen konstant abgebildet werden kann, kommt es bei einem Index mit Futures durch Verkauf und Neukauf zu einer Unterbrechung. Mit dem Rollen ist gemeint, dass es beim Handel in bestimmten Monaten zu höheren Abschlagpreisen als beim Handel in anderen Monaten kommen kann. Grund dafür sind bei einigen Rohstoffen, wie z. B. Öl, häufig die Lagerkosten. Zudem fließen in das Rollen Veränderungen auf dem Markt ein. Somit kann es – trotz steigender Preise eines Rohstoffs – durch das Rollen, weil beispielsweise die Lagerkosten für den Rohstoff im neuen Future teurer sind, zu einem Wertverlust im Index kommen, obwohl der Preis des Rohstoffs an sich steigt.

ETFs spiegeln den Wertverlauf der Rohstoff-Indizes wider, wobei sie branchenspezifisch (z. B. Edelmetalle, Energieträger) oder nach anderen strategischen Ausrichtungspunkten ausgelegt sein können. Allgemeinhin gilt das Investment in Rohstoff-Futures als spekulativ. ETFs sind nur bedingt imstande, die Risiken auszugleichen. Außerdem darf in Deutschland nicht in Rohstoff-ETFs, sondern nur in Rohstoff-ETCs investiert werden. Diese ähneln den Rohstoff-ETFs weitestgehend. Sollten Sie mit dem Gedanken spielen, in einen Rohstoff-ETC Geld anzulegen, dann ist empfohlen, dass Sie bei der Auswahl eines Produkts ein starkes Augenmerk auf die Rollrenditen der vergangenen Jahre legen.

Immobilien

Bei der Anlageklasse Immobilien wird in Aktien von Unternehmen investiert, die in der Immobilienbranche tätig sind.

Es gibt offene und geschlossene Immobilienfonds, wobei nur offene Immobilienfonds an der Börse gehandelt werden. Die geschlossenen Immobilienfonds sind in einigen Staaten aufgrund von Risiken für die Anleger mittlerweile sogar verboten. Bei einem offenen Immobilienfonds wird Geld angelegt, wobei die Fondsgesellschaft Immobilien kauft und verkauft, anstelle des Verkaufs eventuell vermietet oder eine andere Strategie verfolgt. Auch ist die Beteiligung von Unternehmen, die in der Immobilienbranche tätig sind, ein mögliches Vorgehen der Fondsgesellschaft. Sie operiert vielfältig oder weniger vielfältig – was letzten Endes der Fall ist, hängt von der Fondsgesellschaft ab – in der Immobilienbranche. Zudem ist es möglich, dass eine Beteiligung an einzelnen Unternehmen erfolgt, wenn über die Börse Geld in Immobilien angelegt wird. Diese Unternehmen können Bauträger, Wohnungsbeteiligungsgesellschaften, Immobilienmakler und Firmen mit anderen Schwerpunkten sein.

Bei Indizes auf Immobilien spricht man von Verzeichnissen, die mehrere Immobilienfonds oder Immobilienunternehmen abbilden. Dabei wird bei der Zusammensetzung eines Indizes nach Art der Unternehmen (z. B. Bauingenieurfirma, Wohnungsbeteiligungsgesellschaft), Art der enthaltenen Immobilien (z. B. Wohnimmobilien, Gewerbeimmobilien, Denkmalschutzimmobilien) oder anderen Kriterien segmentiert. Ein ETF ist auch hier dazu gedacht, den Index hinsichtlich der enthaltenen Wertpapiere und deren Verhältnis zueinander sowie des Wertverlaufs möglichst übereinstimmend abzubilden. Der Immobilien-ETF ist zugleich ein ETF auf Aktien, wobei der Unterschied zu den ETFs auf Aktien bei der Spezialisierung auf Immobilien-Aktien liegt.

Investmentstrategie

Sobald die Anlageklasse eines Fonds gewählt wurde, ist die Wahl der Investmentstrategie der nächste Schritt.

Häufig besteht die Investmentstrategie darin, bestehende und populäre Aktienmärkte nachzubilden. Dieser Strategie gehen die meisten ETFs nach. Sie findet auch in nahezu allen Sparprodukten von Versicherungsgesellschaften Anwendung, sofern die Sparprodukte auf ETFs basieren. Bei anderen Investmentstrategien werden Indizes gebildet, die sich nach bestimmten Faktoren richten. Aufgrund des damit verbundenen Aufwands sind diese ETFs kostenintensiver.

Aktienmärkte
Die einfachste und der breiten Masse bekannteste Investmentstrategie richtet sich nach den Aktienmärkten. Hierbei wird ein Markt nachgebildet, wobei sich die Art der Nachbildung (siehe 3.1.3) unterscheiden kann. Grundlage und zentrale Ausrichtung dieser Strategie ist allerdings ein bereits bestehender Markt, der mit einem bekannten Index nachgebildet wird. Bekannte Indizes sind:

- Indizes für die wertvollsten börsennotierten Unternehmen einzelner Staaten
- Indizes für nationenübergreifende Wirtschaftsräume
- Branchenspezifische Indizes

Die Indizes der wertvollsten börsennotierten Unternehmen einzelner Staaten sind zugleich die Leitindizes, weil sie die wirtschaftliche Situation des Landes widerspiegeln und somit für den Finanzmarkt eine zentrale Funktion erfüllen. In den USA sind dies beispielsweise die Indizes Dow Jones und S&P500. Der Dow Jones umfasst die 30 größten US-amerikanischen Standardwerte, wobei aufgrund der äußerst eigenen Bewertungskriterien *Amazon* als eines der wertvollsten Unternehmen nicht im Index gelistet ist. Wer breiter streuen und am Wachstum möglichst vieler US-amerikanischer Unternehmen partizipieren möchte, ist mit dem S&P500 besser beraten. Mehr zu den einzelnen In-

213

dizes erfahren Sie im folgenden Unterkapitel 3.2, wobei wir ebenso die Indizes nationenübergreifender Wirtschaftsräume unter die Lupe nehmen: MSCI World mit Aktien aus 23 Industrieländern, MSCI Emerging Markets mit Aktien aus den Schwellenländern, der Euro Stoxx 50 mit den 50 wertvollsten Aktien aus der Euro-Zone und weitere. Zuletzt sei auf die branchenspezifischen Indizes einzelner Staaten eingegangen: Dieser Aktienmarkt umfasst die Aktien von Unternehmen aus ein und derselben Branche. Besonders bekannt und täglich in der Berichterstattung ist der TecDAX in Deutschland, der die 30 größten Technologieunternehmen umfasst, die in der Wertung auf die Aktien aus dem DAX folgen. Neben den offiziellen branchenbezogenen Indizes existieren Indizes, die von Anbietern selbst erstellt werden, um entsprechende ETFs zu verkaufen. Diese segmentieren die Aktien für den Index nach eigenen Qualitätsstandards oder erweitern bereits existierende branchenbezogene Indizes, um eine noch breitere Risikostreuung zu ermöglichen.

Für Sie als Anleger ist wichtig, dass Sie sich zuerst der einfachen Anlagestrategie bewusstwerden, in bereits bestehende Aktienmärkte zu investieren. Dies geschieht mittels ETFs, die den Kursverlauf eines bekannten und in der Berichterstattung vorhandenen Indizes (z. B. DAX, SDAX, Nikkei) nachbilden. Diese ETFs sind die günstigsten auf dem Markt, weil sie eine bereits vorhandene Vorlage nutzen. Etwas teurer sind die ETFs von Anbietern, die bestehende Indizes selbst erweitern oder anderweitig modifizieren oder aber komplett neue Indizes aufsetzen, die branchenbezogen sind. Damit haben wir die Überleitung zu einer weiteren Investmentstrategie geschaffen: Faktorbezogene ETFs.

Faktorbezogen

Ein faktorbezogener ETF folgt einem Index, der nach gewissen Faktoren von einem Anbieter erstellt worden ist. Diese Faktoren beziehen sich auf die Qualität oder die Auswahl bestimmter Zeitpunkte. MSCI ist uns bereits aus dem MSCI Europe, dem MSCI World und anderen Aktienindizes bekannt. Es handelt sich um einen Finanzdienstleister mit dem vollen Namen *Morgan Stanley Capital International Inc.*, der Indizes erstellt und berechnet, die größtenteils eine zentrale Benchmark für die Fondsmanager und Anleger darstellen.[20] In dieser Rolle bietet der MSCI als Marktführer für das Indexing auch faktorbezogene Indizes an, die aufgrund ihrer speziellen Ausrichtung der breiten Masse weniger bekannt sind. Bei einem Besuch der Website des MSCI[21] sind folgende Faktoren für faktorbezogene Indizes genannt:

- Volatility (Volatilität)
- Yield (Rendite)
- Quality (Qualität)
- Momentum (Trend)
- Value (Wert)
- Size (Größe)

Die einzelnen Faktoren werden auf der Website des MSCI in einzelnen PDFs näher beschrieben. Für Sie als Anleger sind sie nur wichtig, sofern Sie eine faktorbezogene Investmentstrategie bei der Geldanlage in ETFs erwägen. Denn die Anbieter (siehe 3.3) richten sich bei faktorbezogenen ETFs häufig nach den Indizes oder Kriterien des MSCI. Somit sind Sie für eine Beurteilung der Qualität der ETF-Produkte von Anbietern mit einer grundlegenden Kenntnis dieser Faktoren bestens beraten. Für nähere Informationen ist daher

---

[20] https://boersenlexikon.faz.net/definition/msci/
[21] https://www.msci.com/factor-indexes

ein Besuch der oben verlinkten MSCI-Website wärmstens empfohlen, um dort die einzelnen Faktoren in den PDFs genau kennenzulernen. Hier wird kurz auf die Bedeutung der einzelnen Faktoren eingegangen. Außerdem gibt es noch andere Faktoren als nur die vom MSCI genannten, weswegen eine Eigenrecherche nach faktorenbasiertem Indexing im Internet und in der Literatur angeraten ist.

Der Faktor Volatilität hat zur Folge, dass ein Index mit Aktien erstellt wird, die historisch zu einer geringen Volatilität neigen. Diese Ausrichtung geht mit geringeren Risiken in der Geldanlage, aber ebenso geringeren zu erwartenden Renditen, einher.

Beim Renditefaktor werden Unternehmen in den Index aufgenommen, die stark unterschätzt sind, dafür aber hohe Renditen durch Dividenden und Kursgewinne in Aussicht stellen.

„Qualität" bedeutet im Sinne des MSCI für das Indexing, dass Unternehmen zunächst langfristige Geschäftsmodelle vorzuweisen haben müssen. Darüber hinaus sind Wettbewerbsvorteile der Unternehmen im Vergleich zur Konkurrenz ein zentrales Qualitätsmerkmal.

Der Begriff „Momentum" ist derweil beim MSCI komplex definiert. Es geht um die Indexierung von Aktien, bei denen in den nächsten sechs oder zwölf Monaten ein verstärktes Wachstum zu erwarten ist. Dabei wird der Begriff „Trend" vom MSCI als wichtiger Einfluss auf das Momentum genannt. Demnach sind Aktien, die im Trend sind, oder Aktien aus trendigen Branchen dafür prädestiniert, nach dem Momentum indexiert zu werden.

Um Unternehmen nach deren Wert zu indexieren, werden Kriterien zur Unternehmensbewertung herangezogen, die bereits in Kapitel 1 erwähnt wurden. Es handelt sich u. a. um das Kurs-Buchwert-Verhältnis sowie den operativen Cashflow. Letzten Endes soll nach Berücksichtigung dieser

Kriterien zur Unternehmensbewertung ein Index mit Aktien entstehen, die wertvoll, aber zurzeit unterbewertet sind.

Die Größe von Unternehmen als letzter in der Liste vom MSCI genannte Faktor dient dazu, sogenannte „Small Caps" auszumachen. Im Gegensatz zu den „Large Caps" bzw. „Bluechips" sind dies Unternehmen, die eine geringere Marktkapitalisierung aufweisen. Die vielversprechendsten Small Caps werden ausgesucht und indexiert. Small Caps weisen in der Regel ein höheres Renditepotenzial als Large Caps auf.[22]

Die Kosten für einen faktorbezogenen ETF variieren im Vergleich zu dem, der einen bestehenden Index abbildet, nicht. Denn weil der MSCI oder andere Gesellschaften die faktorbezogenen Indizes zusammenstellen, müssen Anbieter von ETFs lediglich den Index nachbilden. Erneut ist ein passives Fondsmanagement gegeben, was die geringen Gebühren für das Investment erklärt. Sie als Anleger müssen bei einer faktorbezogenen Investmentstrategie demnach nicht mit höheren Gebühren rechnen.

Faktorbezogen (mit Recherche)
Die faktorbezogenen ETFs mit Recherche sind im Prinzip keine ETFs. Sie werden als RAFI-ETFs bezeichnet und stellen einen neuen strategischen Ansatz dar, der in den Breitengraden Mitteleuropas weniger bekannt ist. Die RAFI-ETFs haben ihren Ursprung in den USA, wobei RAFI als Abkürzung für „Research Affiliated Fundamental Indexing" steht. Pflücken wir den Begriff auseinander, entdecken wir, dass nach den Leitsätzen einer Fundamentalanalyse von Unternehmen indexiert wird. Wie im faktorbezogenen Investieren werden also Kennzahlen aus der Unternehmensanalyse herangezogen, um über die Bildung des Aktienindizes zu entscheiden. Der entscheidende Unterschied zum rein faktorbezogenen Investment besteht darin, dass zusätzlich recherchiert wird

---

[22] https://www.msci.com/factor-indexes

und der Fonds gemanagt wird. Weil die Regeln und Grundsätze des Fondsmanagements eng gestrickt sind und den Aufwand des Fondsmanagements reduzieren, wird von ETFs gesprochen. Die Gebühren fallen unter allen Arten von ETFs bei den RAFI-ETFs im Schnitt am höchsten aus. Schlussendlich sind RAFI-ETFs eine für Sie als Einstiegsanleger abwegige Investmentstrategie. Sind Sie fortgeschritten, dann können Sie sich gern mit RAFI-ETFs auseinandersetzen, ansonsten wird von einem Investment abgeraten, weil die Gebühren höher ausfallen und die Merkmale sich mit denen aktiv gemanagter Fonds stark überschneiden.

Art der Nachbildung

Indizes, die wenige Dutzende an Titeln umfassen, lassen sich einfach nachbilden. Anders ist es wiederum bei Indizes mit Hunderten von Titeln. Folglich gibt es zur Nachbildung eines Indizes zwei wichtige Methoden: Die physische Replikation sowie das physische Sampling. Eine weitere und seltener angewandte Art ist die synthetische Replikation, bei der im Rahmen eines Tauschgeschäfts mit einem „Swap-Partner" andere Titel als die im Index befindlichen in den ETF aufgenommen werden.

Physische Replikation
Bei der physischen Replikation wird eine Strategie der 1:1-Nachbildung verfolgt. Ist in einem Index eine Anzahl x an Wertpapieren enthalten, so wird dieselbe Anzahl x an Wertpapieren in den ETF aufgenommen. Dies erfolgt in derselben Gewichtung der Aktien, wie sie im Index gegeben ist. Es wird also ein bestimmtes Volumen gewählt, den der ETF haben soll. Entsprechend dieses Volumens werden Aktien der im Index befindlichen Unternehmen aufgekauft, damit am Ende im Hinblick auf die Marktkapitalisierung und den

Börsenumsatz eines jeden Titels dasselbe Verhältnis wie im Index gegeben ist.[23]

Ein Beispiel veranschaulicht dies näher: Ein Index enthält 20 Titel, also 20 verschiedene Wertpapiere. Dieser Index hat ein Volumen von 77 Milliarden Euro. Der ETF darauf soll ein Volumen von 800 Millionen Euro haben. Nun wird geprüft, wie hoch der Anteil jeden Titels an den 77 Milliarden Euro des Indizes ist. Hat Aktie A eine Marktkapitalisierung und einen Börsenumsatz in Höhe von 13 Milliarden und 90 Millionen Euro, so entspricht dies einem Anteil von 17 Prozent am Index. Also wird Aktie A mit einem Anteil von 17 Prozent an den angestrebten 800 Millionen Euro ETF-Volumen für den ETF gekauft. Diese 17 Prozent entsprechen 136 Millionen Euro. So wird der Vorgang für jeden Titel wiederholt, bis sämtliche Titel aus dem Index in demselben Anteil wie am Index auch im ETF enthalten sind.

Die Methode der physischen Replikation ist die einfachste. Es sitzen Personen an der Erstellung des ETFs, die auf technischem Wege durch eine Software unterstützt werden. Der ETF muss, nachdem er einmal erstellt wurde, nicht gemanagt werden, weil er als 1:1-Nachbildung eines Indizes fungiert. Es gibt eine Ausnahme, bei der aktiv eingegriffen werden muss: Sollte ein neuer Titel in den DAX aufrücken und ein vorheriger entfallen, dann muss nachjustiert werden.

Physisches Sampling
Ein physisches Sampling folgt von der Grundidee her der physischen Replikation. Ziel ist es, die im Index enthaltenen Titel für den ETF zu übernehmen und somit die Wertentwicklung des Index am ETF realitätsgetreu widerzuspiegeln. Allerdings ist dies nicht bei jedem Index einfach, wenn man bedenkt,

---

[23] https://www.handelsblatt.com/adv/etfwissen/etf-wissen-wie-etfs-einen-index-nachbilden/14665856.html?ticket=ST-931993-eILI3n9TC2UUrddLfYWy-ap4

dass bestimmte Indizes mehrere Hundert Titel umfassen. Insbesondere die MSCI-Indizes, die die Aktien mehrerer Wirtschaftsräume über die Landesgrenzen hinaus enthalten, sind für eine physische Replikation zu umfassend und aufwendig. In diesem Fall findet ein Sampling statt, was gewissermaßen – analog zur Übersetzung des Wortes „Sampling" ins Deutsche – ein Stichprobenverfahren nutzt. Es werden mehrere Aktien aus einem umfangreichen Index für den ETF ausgesucht, sodass insgesamt mehrere Dutzend Wertpapiere im ETF enthalten sind und das Risiko gestreut wird. Die Auswahl für Aktien wird so getroffen, dass sie den Wertverlauf des gesamten Indizes möglichst akkurat widerspiegeln.

Hintergrundwissen

Häufig wird ETFs nach dem physischen Sampling vorgeworfen, illiquide zu sein. Mit Illiquidität im Kontext von Wertpapieren ist gemeint, dass die Wertpapiere nicht an der Börse handelbar sind und es schwierig ist, die Wertpapiere zu verkaufen. Bei einer genauen Tatsachenprüfung zeigt sich allerdings, dass dies bei den ETFs führender Anbieter, die die großen Aktienindizes aus der Welt nutzen, nicht der Fall ist. Diese arbeiten mit Market Makern zusammen. Der Verkauf des ETFs erfolgt an den Market Maker, der daraufhin den ETF an den Anbieter verkauft, von dem der ursprüngliche Kunde den ETF gekauft hatte, um in diesen zu investieren. Der Anbieter gibt die im ETF enthaltenen Wertpapiere einzeln an den Market Maker heraus. Dieser wiederum kann nun die einzelnen Titel an der Börse verkaufen.

Da der Aufwand und die Kostenintensität einer maximal akkuraten Nachbildung eines Indizes durch einen ETF bei der Sampling-Methode für den Anbieter zu hoch wären, werden in der Praxis geringe Abweichungen von der Rendite der Indizes in Kauf genommen. Es ist für eine Auswahl des Produkts für Anleger essenziell, sich die Zusammensetzung und Performance eines solchen ETFs über die letzten Jahre anzuschauen.

Synthetische Replikation

Bei der synthetischen Replikation investiert der Anleger zwar in einen ETF, der aber andere Titel als die des Indizes, den er abbilden soll, enthält. Die synthetische Replikation erfolgt immer mit einem sogenannten „Swap-Partner". Dieser sichert dem Anleger die Rendite des jeweiligen Indizes zu. Im Gegenzug erhält er eine zusätzliche Swap-Gebühr und stellt sich mit dem Geld des Anlegers ein eigenes Wertpapier-Portfolio zusammen; also gewissermaßen einen eigenen ETF. Der Anbieter bzw. Swap-Partner erwartet vom eigenen Wertpapier-Portfolio eine höhere Rendite als die des ETFs, weil er mit Fondsmanagern und Spezialisten zusammenarbeitet. Der Vorteil für den Anleger ist, dass er sich keine Sorgen um die Qualität der Nachbildung eines Indizes machen muss, weil der Swap-Partner ihm die Rendite des betreffenden Indizes zusichert.[24] Der Nachteil besteht in der Swap-Gebühr. Zudem häufen sich Kritiken, wonach das Tauschgeschäft hoch spekulativ sei. In der Fachsprache ist von einem „Kontrahentenrisiko" die Rede, bei dem im Falle eines Zahlungsausfalls des Kontrahenten, also des Swap-Partners, die Rendite für den Anleger nicht zugesichert werden könne. Weil es sich bei den Swap-Partnern vermehrt um Banken oder andere große Anbieter handelt, sind die Renditen durch Sicherheiten, wie beispielsweise Staatsanleihen, jedoch immer abgesichert.

---

[24] https://www.handelsblatt.com/adv/etfwissen/etf-wissen-wieetfs-einen-index-nachbilden/14665856.html?ticket=ST-931993-eILI3n9TC2UUrddLfYWy-ap4

Angesichts der Tatsache, dass insbesondere die physische Replikation und bei hochqualitativen Anbietern auch das physische Sampling zuverlässig den Wertverlauf eines ETFs abbilden, ist Ihnen fürs Erste von ETFs mit synthetischer Replikation abzuraten. Sofern Sie bereits Vorkenntnisse aufweisen, können Sie sich gern näher über entsprechende ETFs informieren. In diesem Ratgeber wird auf ETFs nach synthetischer Replikation jedoch nicht weiter eingegangen.

Klassifizierung nach Indizes

Bei einer Klassifizierung nach Indizes werden ETFs gemäß dem Index, den Sie nachbilden, benannt und unterschieden. Man spricht dann von „DAX-ETFs", „Nikkei-ETFs" und „MSCI-World-ETFs". Diese Klassifizierung ist äußerst umgangssprachlich. Sie verrät einzig und allein, was nachgebildet wird, aber nicht, wie nachgebildet wird – wobei die Art der Nachbildung das wesentliche ist. Um die Standard-Indizes kennenzulernen, lohnt es sich trotzdem, einen Blick auf die Klassifizierung nach Indizes zu werfen. Im Folgenden blicken wir auf den DAX aus Deutschland, auf die US-amerikanischen Indizes, betrachten einen weiteren nationalen Index und setzen uns mit den weltweit bedeutenden MSCI-Indizes auseinander.

DAX

Beginnen wir in unserer Betrachtung mit dem DAX, weil es sich dabei um den in Deutschland wichtigsten Index handelt. Er ist zugleich ein Standardindex, weil er offiziell und nicht von einem Anbieter oder einer Fondsgesellschaft in Eigenregie aufgesetzt ist. Der DAX enthält die nach Marktkapitalisierung vermögendsten und wertvollsten 30 Unternehmen Deutschlands. Im Deutschen Aktienindex enthalten sind mitunter folgende Unternehmen:

- adidas (Sportartikelbranche)

- Allianz (Versicherungsbranche)
- Bayer (Pharmaindustrie)
- Daimler (Automobilbranche)
- Deutsche Bank (Bankwesen)
- Lufthansa (Flugbranche)
- Münchener Rückversicherungs-Gesellschaft (Versicherungsbranche)
- Wirecard (Elektronische Zahlungs- und Risikomanagementlösungen)

Quelle: finanzen.net[25]

Die Wertentwicklung des DAX seit 1994 fällt wie folgt aus:

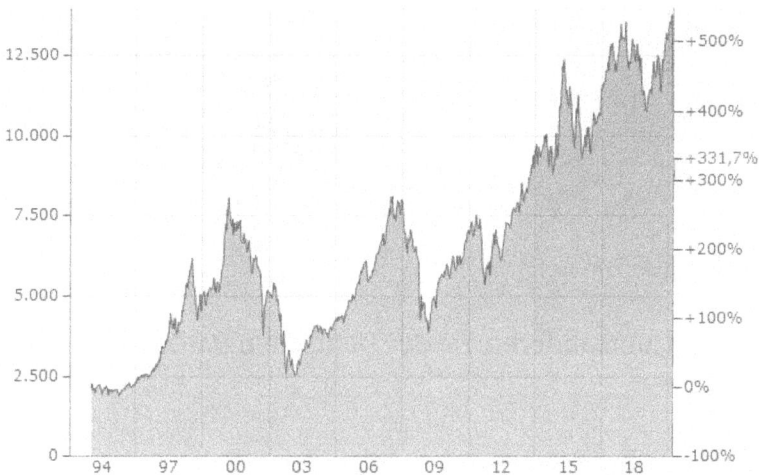

Quelle: finanzen.net[26]

Wenn uns diese Statistik eines zeigt, dann dass auf jeden Crash eine Erholung folgte und die deutsche Wirtschaft sich über einen längeren Zeitraum stets weiterentwickelte.

---

[25] https://www.finanzen.net/index/dax
[26] wie vorherige

Dies trifft sowohl auf die Phase nach der geplatzten Dot-com-Blase um die Jahrtausendwende herum zu als auch auf die Weltwirtschaftskrise 2007. Somit wird das Kernargument für eine Investition durch den Kursverlauf des DAX unterstützt: Auf lange Sicht – im Idealfall über ein Jahrzehnt hinweg – entwickelt sich die Wirtschaft stets weiter, sodass Renditen im zumindest zweistelligen prozentualen Bereich wahrscheinlich sind.

Demgegenüber zwei einzelne Aktien im Vergleich, die im DAX enthalten sind: Zum einen die der Lufthansa...

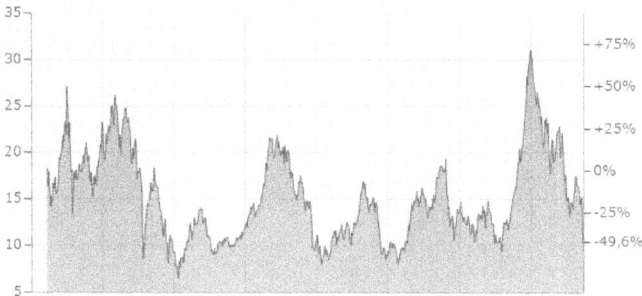

Quelle: finanzen.net[27]

...und zum anderen die der Deutschen Bank.

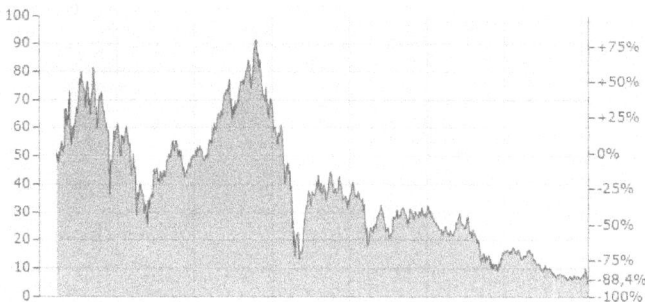

Quelle: finanzen.net

---

[27] https://www.finanzen.net/aktien/lufthansa-aktie

Es zeigt sich, dass beide Aktien im Verlauf knapp zweier Jahrzehnte insgesamt ein Minus gemacht haben. Dies veranschaulicht nochmals die Ausprägung des Risikos eines Investments in Einzelaktien. Wer in eine der beiden oder auch in beide Aktien Anfang 2000 investiert und heute die Anteile verkauft hätte, hätte einen beträchtlichen Anteil seines Geldes verloren. Doch trotz solcher Unternehmen hat es der DAX insgesamt geschafft, eine Rendite zu erzielen, die sich sogar im dreistelligen prozentualen Bereich befindet. Das Prinzip der Risikostreuung greift eindrucksvoll. Aber der Vergleich der Kursverläufe der Lufthansa-Aktie und der Aktie der Deutschen Bank ermöglicht noch weitere Erkenntnisse.

Die wichtigste Erkenntnis ist, dass es bei der Lufthansa nach den Krisen immer wieder derart bergauf ging, dass es neue Allzeithochs gab. Nicht umsonst notierte die Lufthansa zum Beispiel 2017 ein Allzeithoch. Zwar ist die Aktie heute (Stand: März 2020) seit dem Allzeithoch bedeutend an Wert gesunken, was allerdings eine Folge der Corona-Krise, des nach 2017 gestiegenen Ölpreises sowie interner Faktoren ist. Sollten sich die Zustände bessern, ist zu erwarten, dass die Lufthansa in den folgenden zehn Jahren wieder ein neues Allzeithoch erreicht. Die Deutsche Bank hingegen ist seit dem Allzeithoch infolge der Weltwirtschaftskrise 2007 in den Keller gerutscht, konnte zwar einen zwischenzeitlichen Anstieg zur Erholung verbuchen, geht aber von da an in regelmäßigen zeitlichen Abständen von einem Allzeittief zum nächsten. Es handelt sich bei der Deutschen Bank um eine jener Firmen, die der Bezeichnung als Zombiefirma nicht mehr fern sind – sie ist fast derart hoch verschuldet, dass Experten und Analysten nur auf den Niedergang des Unternehmens warten. Diese Erkenntnisse aus dem Vergleich zweier Aktien sollten dazu animieren, ETFs das Vertrauen zu schenken. Zwar ist ein Investment in einzelne Aktien per se kein abzulehnendes Verfahren, wo doch reichlich Anleger glücklich und Profis auf diesem Wege reich werden. Aber für die Basis eines Wertpapier-Bestands und mit langfristigem

Blickwinkel sind ETFs das einzig Wahre für Anfänger im Bereich der Geldanlage. Neben dem DAX gibt es für ETFs den MDAX, SDAX und TecDAX als wichtige Indizes. Diese haben im Laufe der Jahrzehnte in den meisten Zeiträumen ebenfalls Renditen im zweistelligen Bereich verzeichnet.

Dow Jones, Nasdaq und S&P500

Für die Weltwirtschaft maßgeblich sind die amerikanischen Indizes Dow Jones, Nasdaq und S&P500, weil die Vereinigten Staaten die Nation sind, deren Unternehmen den größten Anteil am weltweiten Kapitalmarkt ausmachen. Der älteste der Indizes ist der Dow Jones. Im Dow Jones wird die Auswahl der Aktien vom *Wall Street Journal* getroffen. Die Gewichtung der Titel im Dow Jones erfolgt anhand der Unternehmensgröße und der Anzahl der gehandelten Aktien. Es sind 30 Titel enthalten. Die Kurse der Aktien werden addiert und durch einen konstanten und festgelegten Divisor geteilt, um in den Index zu gelangen. Aufgrund dieser Berechnungsform und der Sonderbehandlung des Aktiensplittings wird der Dow Jones vielfach kritisiert. Dies ist der Grund, weswegen die beiden anderen Indizes an der New Yorker Börse entwickelt wurden.

Hintergrundwissen

Das Aktiensplitting wird von Unternehmen angewandt, um aus einer Aktie mehrere Aktien zu machen. Je nach Verhältnis, z. B. 1:2 oder 1:4, käme es zu einer Teilung einer Aktie in zwei bzw. vier Aktien. Die Beweggründe für eine solche Maßnahme sind bei Unternehmen verschieden. Am häufigsten ist dieses Vorgehen aus strategischen Gründen, um durch ein Aktiensplitting den Preis pro Aktie zu senken und somit die Anleger zu einem Kauf der Aktien zu animieren. Hinweis: Am Börsenwert des

Unternehmens ändert sich nichts, weil durch das Splitting die Anteile jeder Aktie geringer werden. Beim Dow Jones fließt das Aktiensplitting mit negativenAuswirkungen für die Unternehmen in die Gesamtwertung ein, was für Kritik sorgt.[28]

Der Nasdaq und S&P500 wiederum werden, ebenso wie der DAX, auf Basis der Marktkapitalisierung von Unternehmen gebildet. Im Nasdaq sind die Aktien der 100 wertvollsten Unternehmen außerhalb der Finanzbranche enthalten, im S&P500 die insgesamt 500 wertvollsten Unternehmen der US-amerikanischen Wirtschaft.

Ein Blick auf die Renditen der vergangenen Jahre bei den drei Indizes:

Dow Jones

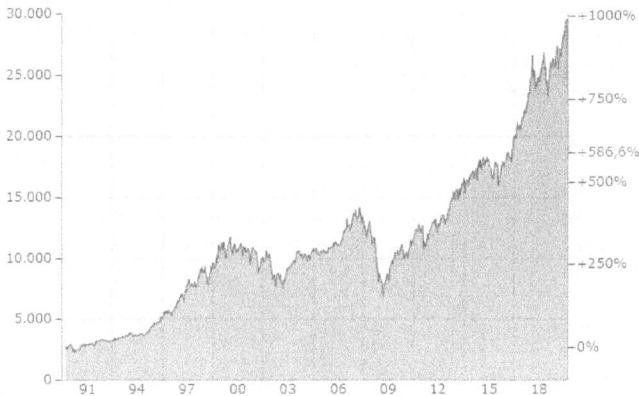

Quelle: finanzen.net[29]

---

[28] http://www.wirtschaftslexikon.co/d/aktiensplitting/aktiensplitting.htm

[29] https://www.finanzen.net/index/dow_jones

Nasdaq

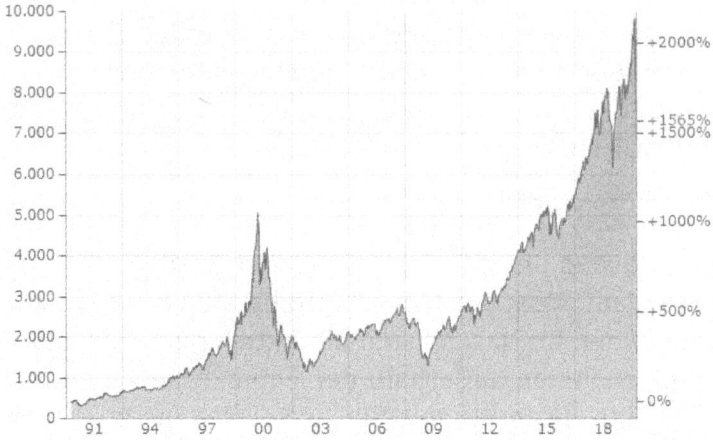

Quelle: finanzen.net[30]

S&P500

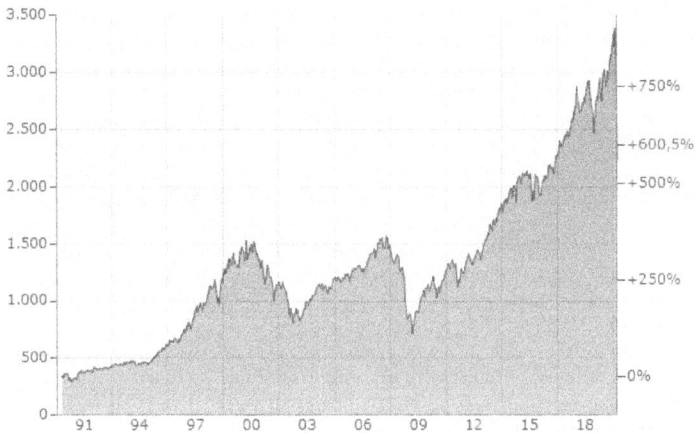

Quelle: finanzen.net[31]

---

[30] https://www.finanzen.net/index/nasdaq_composite
[31] https://www.finanzen.net/index/s&p_500

Quintessenz

Allem voran die drei wichtigsten Indizes der US-Börsen haben über die Jahrzehnte hinweg beachtliche Renditen eingefahren. Wo beim DAX seit den 90er Jahren bis heute eine Rendite in Höhe von über 300 % stand, überschreiten die US-Indizes Dow Jones und S&P500 die Hürde von 500 % Rendite. Beim Nasdaq steht seit 1990 bis heute sogar eine Rendite von 1.565 % zu Buche! Der Nasdaq fuhr deswegen solch eine hohe Rendite ein, weil er angesichts des Ausschlusses der Unternehmensaktien aus der Finanzbranche hauptsächlich Unternehmensaktien aus der Technologiebranche enthält, die sich in den letzten Jahrzehnten massiv weiterentwickelt hat. Schlussendlich sind ETFs auf die US-amerikanischen Standardindizes eine ebenso lukrative Anlageoption wie die Standardindizes der deutschen Wirtschaft.

Hang Seng

Der Hang Seng-Index ist nach dem japanischen Index Nikkei der zweitwichtigste Index ganz Asiens. Er wird an der Hongkonger Börse gebildet. Die Gewichtung und Auswahl der Titel für den Index richten sich nach der Marktkapitalisierung der Unternehmen. Die Aktien der 50 größten und meistgehandelten Unternehmen der Hongkonger Börse sind im Hang Seng Index enthalten. Da die Unternehmen auf dem chinesischen Festland ansässig sind, ist der Hang Seng Index direkt in Verbindung mit der chinesischen Wirtschaft zu setzen.

China als aufstrebendes Schwellenland hat in den vergangenen Jahrzehnten ein Wirtschaftswachstum hingelegt, wie es keiner anderen Nation der Welt seit Beginn der Auswertung je gelungen ist. Aus diesem Grund wird anstelle des wichtigsten Indizes in Asien, dem Nikkei, in diesem Abschnitt kurz auf China eingegangen. Die Rendite des Hang Seng Index auf einen Blick:

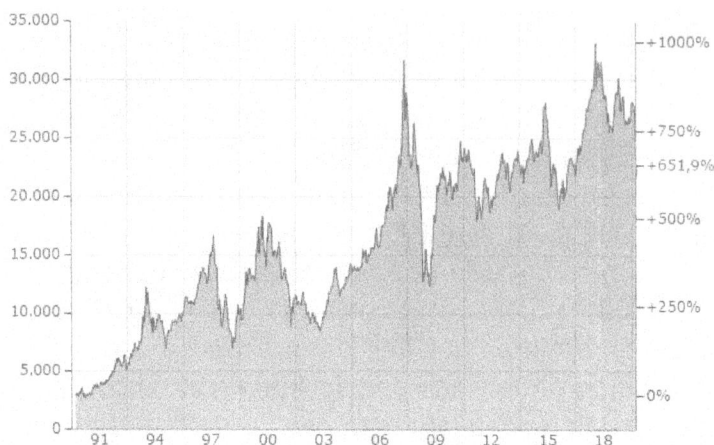

Quelle: finanzen.net[32]

Seit 1990 spiegelt der Kursverlauf ein konstantes Wachstum wider. Nach einem Allzeithoch des Indizes im Jahre 2007 kam es durch die Weltwirtschaftskrise 2008 zu einem Einbruch der Kurse. Nach einer Erholung folgte ein neues Allzeithoch im Jahre 2018, woraufhin im Zuge u. a. des Handelskrieges mit den USA und der Corona-Krise negative Kursverläufe eintraten. Über mehrere Jahre und im Idealfall Jahrzehnte hinweg in den Hang Seng aus Hongkong zu investieren, hätte in nahezu allen Fällen eine zumindest zweistellige Rendite eingebracht. Gleiches trifft auf die ETFs zu, die den Hang Seng Index nachbilden. Auch bei einer Betrachtung der weiteren Indizes aus China, wie z. B. des Shanghai Composite, bestätigt sich dieses Bild.

EURO STOXX 50

Der Index EURO STOXX 50 umfasst die 50 nach Marktkapitalisierung größten und wertvollsten Unternehmen der

---

[32] https://www.finanzen.net/index/hang_seng

Euro-Zone. Er gilt als maßgebliches Barometer, um den gesamten Aktienmarkt Europas hinsichtlich seiner wirtschaftlichen Entwicklung zu bewerten. Die Rendite der letzten Jahrzehnte auf einen Blick:

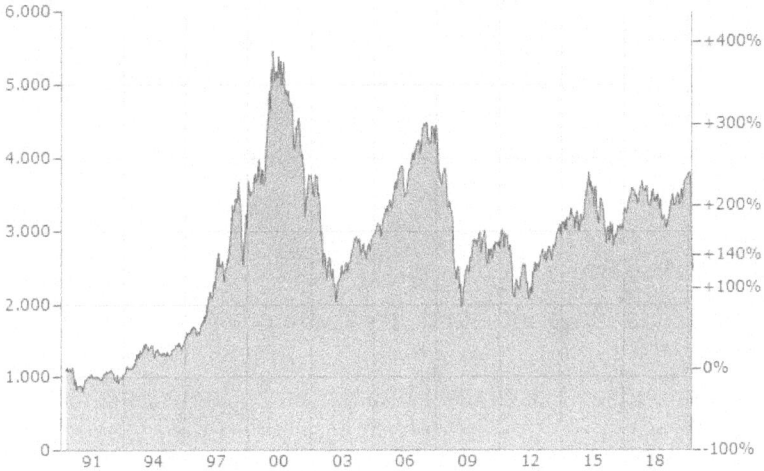

Quelle: finanzen.net[33]

Obwohl es Anfang der 90er keine Euro-Zone gab, wurde rückwirkend im Chart gerechnet. Dies ermöglicht eine Einschätzung über einen längeren Zeitraum. Erneut zeigt sich eine Erholung nach Krisenphasen, wenngleich die Allzeithochs nach den großen Krisen um die Jahrtausendwende und die Weltwirtschaftskrise 2008 nicht mehr erreicht werden konnten. Eine mutmaßliche Begründung dafür, dass sich der EURO STOXX 50 nach den Krisen nicht zu seinen vorigen Hochs aufschwingen konnte ist, dass eine unzureichende Streuung stattfindet. Führen wir uns die Anzahl der Aktien vor Augen und setzen diese in Bezug zur Größe der Wirtschaftszone, die der Index abbildet: 50 Aktien auf ganz Europa sind keine adäquate Streuung. Dementsprechend wenig krisensicher präsentiert sich der

---

[33] https://www.finanzen.net/index/euro_stoxx_50

EURO STOXX 50. Von ETFs auf den EURO STOXX 50 ist zumindest dann abzuraten, wenn sich Krisenzeiten andeuten. Sollte bereits in einen ETF investiert worden sein und eine Krise kurz vor Beginn stehen, ist schleunigst angeraten, die Anteile des ETF zu verkaufen, solange noch kein Verlust eingetreten ist. **Anmerkung:** ETFs auf Indizes, die in Relation zur Größe der Wirtschaftszone keine ausreichende Streuung aufweisen, sind die einzigen ETFs, bei denen in Krisenzeiten zu einem Verkauf geraten wird. Bei einer ausreichenden Streuung im jeweiligen Raum sind ETFs krisensicher.

MSCI-Indizes

Der bereits erwähnte und angesehene Finanzdienstleister MSCI bildet Indizes, die weltweit für Anleger, Vermögensverwalter, Fondsgesellschaften und weitere Akteure des Finanzmarktes wichtig sind. Die größte Bekanntheit hat der Index MSCI World. Er spiegelt die Entwicklung von Aktien der 23 Industrieländer wider.[34] Dabei kommt er auf eine Gesamtzahl von über 1.600 Titeln. Angesichts dieser Anzahl sind die ETFs von Anbietern auf den MSCI World stets nach der Sampling-Methode nachgebildet. Zu den 23 Industrieländern, aus denen Aktien im MSCI World enthalten sind, gehören u. a.:

- USA
- Kanada
- Australien
- Hong Kong
- Japan
- Deutschland
- Italien
- Frankreich

---

[34] https://www.boersennews.de/lexikon/begriff/msci-world/1854/

- Großbritannien

Weil der MSCI World keine Aktien aus Schwellenländern enthält, kommt häufig Kritik auf. Insbesondere Wertpapiere aus China, Südkorea und Russland hätten das Potenzial, die Rendite aufzuwerten. Tatsache ist jedoch, dass die Rendite der Zusammenstellung des MSCI World Recht gibt:

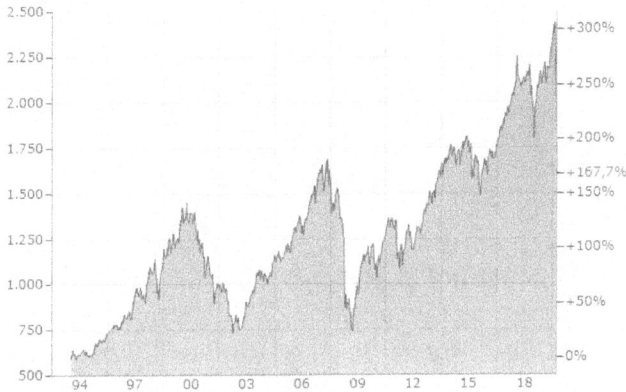

Quelle: finanzen.net[35]

Den Crashs an der Börse zum Trotz, wurden immer wieder neue Allzeithochs erreicht, sodass eine Rendite im dreistelligen prozentualen Bereich in einem Zeitraum von fast 30 Jahren die Folge ist. Blicken wir zum Vergleich auf den MSCI-Index, der sich aus den Aktien von Schwellenländern zusammensetzt:

---

[35] https://www.finanzen.net/index/msci-world

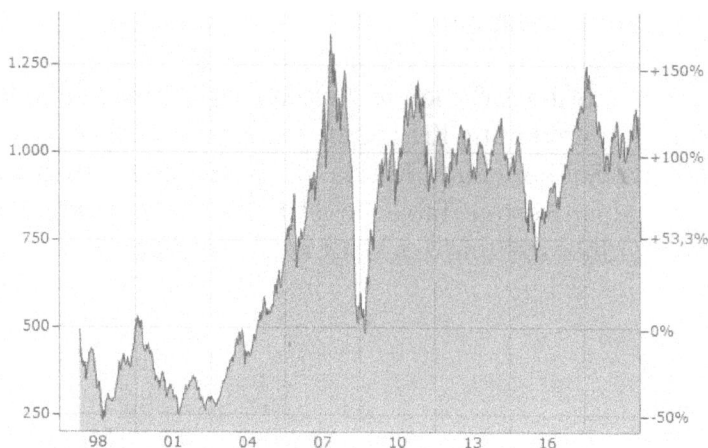

Quelle: finanzen.net[36]

Dieser sogenannte MSCI Emerging Markets Index enthält ca. 1.400 Aktien aus insgesamt 27 Staaten, unter die China, Indien, Russland, Brasilien, Argentinien, Taiwan, Südkorea, Saudi-Arabien und weitere fallen. Auch hier ist eine attraktive Rendite das Ergebnis einer langfristigen und auf mehrere Jahre oder Jahrzehnte ausgelegten Strategie bei der Geldanlage. Allerdings zeigt sich in diesem Index eine höhere Volatilität, weswegen er nichts für schwache Nerven ist. Wer bei zwischenzeitlich hohen Verlusten im Abstand weniger Monate das Muffensausen bekommt, sollte von ETFs auf den MSCI Emerging Markets Abstand nehmen. Vielversprechend ist ein Investment in den MSCI Emerging Markets allem voran dann, wenn die Krise ihren Hochpunkt erreicht hat und langsam vorübergeht. Denn so tief der MSCI Emerging Markets in Krisenzeiten in kurzer Zeit fällt, ähnlich stark und schnell steigt er voraussichtlich nach der Krise wieder an.

Für Personen, die an einer Kombination aus MSCI World und MSCI Emerging Markets zwecks einer adäquaten

---

[36] https://www.finanzen.net/index/msci-emerging-markets

Abbildung des Weltaktienmarktes interessiert sind, hat MSCI mit dem ACWI (All Countries World Index) einen entsprechenden Index mit Titeln aus 76 Ländern geschaffen. Auch einen eigenen Index für Europa, den MSCI Europe, hat der Finanzdienstleister zusammengestellt. Der MSCI Europe weist eine größere Anzahl an Titeln und somit eine breitere Streuung des Risikos auf als der EURO STOXX 50 und ist somit für Anleger, die in den europäischen Aktienmarkt investieren möchten, dem EURO STOXX 50 vorzuziehen. Grundsätzlich sind die MSCI-Indizes eine ausgezeichnete Vorlage für ETFs nach der Sampling-Methode, um die Entwicklung großer Märkte weltweit oder interkontinental widerzuspiegeln.

Klassifizierung nach Anbietern

Wenn Sie auf dem Fachgebiet der ETFs mit Personen Unterhaltungen führen werden, dann werden Ihnen ein ums andere Mal folgende Formulierungen begegnen können:

- „Ich bevorzuge die UBS-ETFs, weil ich hier als institutioneller Anleger günstiger investieren kann."
- „Wie stehen Sie den marktführenden iShares-ETFs gegenüber?"
- „Was halten Sie von den exotischen ETFs von DB X-Trackers?"

Sätze wie diese fallen unter Personen, die sich auskennen. Diese Personen vermögen es, ETFs nach allen möglichen Kriterien zu klassifizieren, wie hier beispielsweise nach den Anbietern. Wenn Sie mit der Zeit lernen, die Charakteristika der verschiedenen Anbieter für ETFs herauszufiltern und sich eine Auswahl bevorzugter ETF-Anbieter zusammenstellen, so wird es Ihnen einfacher fallen, Investitionsentscheidungen zu treffen. Professionelle Anleger gehen für gewöhnlich nicht zuerst der Frage nach, welche Investmentstrategie der ETF verfolgen sollte, sondern sehen sich im Angebot des bzw. der bevorzugten Anbieter um. Wir nehmen in den folgenden Abschnitten drei Anbieter unter die Lupe und beginnen mit dem Marktführer. Möchten Sie sich über andere Anbieter informieren, dann steht Ihnen die Suchmaschine Google hierfür zur Verfügung. Eine durchdachte Auswahl an ETFs und verschiedenen Anbietern führt zudem die Website justetf[37] auf.

iShares

Die iShares-ETFs sind eine Eigenmarke des amerikanischen Finanzunternehmens Blackrock. Blackrock ist auch in Deutschland bekannt und wird mit stark performenden Aktienfonds in Verbindung gebracht. Nicht selten bringen die aktiv gemanagten Aktienfonds von Blackrock Anlegern jährliche Renditen ein, die die 20-%-Marke übertreffen. Auch im Bereich der ETFs hat sich Blackrock mit seiner Qualität einen Namen gemacht. Die Produktübersicht auf der Website zeigt, dass hier Anleger ETFs jedweder Klassifizierung vorfinden:

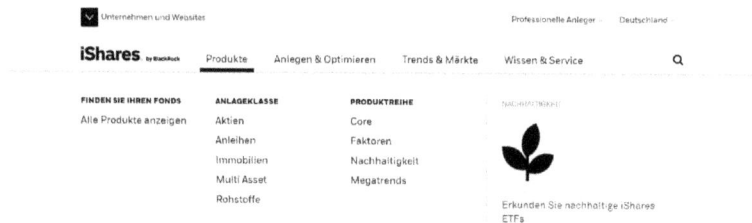

Quelle: ishares.com[38]

---

[37] https://www.justetf.com/de/
[38] https://www.ishares.com/de

Die Produktauswahl umfasst also einerseits ETFs, die nach sämtlichen vorgestellten Anlageklassen klassifiziert sind: Aktien, Anleihen, Immobilien, Rohstoffe und Multi-Anlageklassen-ETFs. Zudem gibt es unter den Produktreihen ETFs, die die Standardindizes abbilden ebenso wie faktor- und branchenbezogene ETFs.

Auf seiner Website für iShares bietet Blackrock Aufklärung für Anfänger im Bereich der Geldanlage und auch reichlich Material für professionelle Anleger. Interessant ist das Angebot aus dem Bereich „Trends & Ideen", bei dem Anleger Einschätzungen zum Markt aus verschiedenen Blickwinkeln lesen können. Im Zuge der Recherchen sollten Anleger in einigen der Einschätzungen Ihre persönlichen Meinungen wiedererkennen und sich angemessene Ideen zur eigenen Geldanlage abholen können.

Amundi

Nach eigenen Angaben ist Amundi seit 2001 auf dem ETF-Markt aktiv, so die Verbraucherzentrale.[39] Dies würde bedeuten, dass das Unternehmen fast seitdem die ersten ETFs auf den Finanzmarkt kamen, entsprechende Produkte führt. Was ist von dem etablierten alten Hasen zu erwarten? Die Unterseiten der Website für Privatkunden zeigen folgendes Angebot:

---

[39] https://www.verbraucherzentrale.de/wissen/geld-versicherungen/sparen-und-anlegen/welche-anbieter-von-etfs-gibt-es-in-deutschland-16607

Die Amundi ETF-Produkte

Quelle: amundietf.de[40]

Durch die Navigation zur Produktliste öffnet sich eine neue Unterseite, auf der die einzelnen Produkte genauestens aufgeführt werden. Dort lassen sich Fact-Sheets zur Zusammensetzung und andere wichtige Informationen zu jedem ETF einholen. Durch Filterfunktionen lässt sich sowohl regional als auch nach Investmentstrategie des ETFs unterteilen. Das Angebot ist weniger übersichtlich als bei iShares gestrickt und hinsichtlich der Anlagestrategien nicht so vielfältig. Dennoch: Für Anfänger unter den Anlegern ist es absolut angemessen, da Schwellenländer-Aktien, europäischen Aktien, alle gängigen Indizes sowie die MSCI-Indizes im Angebot enthalten sind.

3.3.3 UBS

Die UBS-ETFs gehören der Schweizer Großbank UBS an, die ihren Sitz in Luxemburg hat. Hauptzielgruppe der Bank scheinen professionelle Anleger zu sein. Für institutionelle Anleger gibt es sogar ein vergünstigtes Angebot. Die professionelle Ausrichtung der Bank äußert sich nicht nur an der

---

[40] https://www.amundietf.de/privatkunden/

Wortwahl und Erklärung der Sachverhalte, sondern ebenso am Renommee der ETFs und der Bank an sich. Sie werden sich nach dem Lesen dieses Ratgebers ausgezeichnet auf der Website von UBS zurechtfinden können, die nicht nur über eine gute Navigation, sondern über zahlreiche Erklärungen zu den ETFs und einzelnen Produktreihen, verfügt.

Ein Ausschnitt der Website:

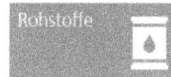

Quelle: ubs.com[41]

Die Produktpaletten reichen den Erklärungen oder Übersichten auf den Unterseiten zufolge von physischen Replikationen bis hin zu den äußerst speziellen synthetischen Nachbildungen. Aufgrund der Währungssicherung der ETFs sind die synthetischen ETFs von UBS weniger risikobehaftet. Dennoch ist es ratsam, dass Sie sich bei Interesse zunächst an die physisch replizierten ETFs halten, die u. a. Indizes auf Aktien und Unternehmensanleihen nachbilden. Zudem ist es möglich, über „Alternative Beta" eine faktorbezogene Investmentstrategie bei den ETFs zu fahren.

---

[41] https://www.ubs.com/de/de/asset-management/etf-institutional.html

Zusammenfassung

Die einzig korrekte und fachgerechte Klassifizierung der ETFs erfolgt nach deren Eigenschaften, wozu die Anlageklasse, Investmentstrategie und Art der Nachbildung gehören. Es sind ETFs auf einzelne Anlageklassen, wie beispielsweise Aktien und Rohstoffe, ebenso wie mehrere Anlageklassen (Multi Asset) möglich. Vor der Wahl eines ETFs fällt die Entscheidung über die gewünschte Anlageklasse. Dann kann nach Investmentstrategie und Art der Nachbildung entschieden werden. Für Anfänger üblich ist die physische Replikation, zumal sie weniger kostenintensiv ist.

Neben dieser Klassifizierung nach Eigenschaften sind mögliche Klassifizierungen nach dem Index, den die ETFs nachbilden, und Anbietern, von denen das jeweilige ETF-Produkt stammt, denkbar. Beide Arten der Klassifizierung finden Anwendung. In jedem Fall sind sie in Ihren Überlegungen mit zu berücksichtigen. Populäre Anbieter mit geringen Gebühren für die ETFs sind kleineren Anbietern vorzuziehen.

Das müssen Anfänger wissen!

Die Ratschläge in diesem Kapitel beziehen sich hauptsächlich auf Anfänger und die Geldanlage in ETFs. Allerdings treten an der ein oder anderen Stelle Aspekte auf, die ebenso für fortgeschrittene Anleger wichtig sein könnten. Insofern profitieren Sie langfristig und auf jedem Niveau von der Beachtung der im Folgenden geschilderten Ratschläge. Falls Sie mit den Begriffen „Währungsrisiko", „Abgeltungssteuer" oder „Realrendite" nichts anfangen können, haben Sie selbst als Fortgeschrittener wichtige Grundlagen vergessen und werden womöglich zu ärgerlichen und vermeidbaren Fehlern neigen. Also: Lassen Sie uns die letzten paar verbliebenen Ungewissheiten beseitigen.

Häufigste Anfängerfehler

Anfängerfehler bei der Geldanlage an der Börse resultieren nicht zwingend aus Unwissenheit. Häufig informieren sich Anfänger zu sehr oder an falscher Stelle. So rücken plötzlich zu spezifische oder komplett falsche Stichworte in den Fokus. In einer Quelle heißt es beispielsweise: „Währungsrisiko." Schon läuten beim Anleger die Alarmglocken, was aber gar nicht sein muss. Wir blicken deswegen auf fünf häufige Anfängerfehler, die vor allem im Zusammenhang mit ETFs vorkommen können.

ETF-Hopping

Beim ETF-Hopping werden die ETFs regelmäßig gewechselt bzw. das investierte Geld wird zwischen verschiedenen ETFs hin und her geschoben. Da die Geldanlage in ETFs über einen längeren Zeitraum erfolgen sollte, ohne die Produkte ständig zu wechseln, ist das ETF-Hopping negativ. Es kann verschiedene Gründe geben, die einen Wechsel des ETFs zunächst sinnvoll erscheinen lassen:

- Günstigerer Anbieter
- Wechsel aus strategischen Gründen
- Änderungen in der steuerlichen Gesetzgebung

Keiner dieser Gründe rechtfertigt jedoch einen regelmäßigen Wechsel des ETFs, bei dem einmal jährlich oder sogar häufiger gewechselt wird. Allem voran der Preisvergleich der Anbieter macht – wenn überhaupt – nur zu Beginn Sinn. Denn in der Folgezeit, nachdem ein bestimmtes Produkt ausgesucht wurde, wird es im Rahmen von Marketing-Aktionen immer wieder einen günstigeren Anbieter zu finden geben. Dies sind allerdings nur befristete Angebote, die im Laufe der Zeit wieder teurer werden.

Ein Wechsel aus strategischen Gründen ist schon eher eine denkbare Option. Dieser Wechsel kann einerseits dann erfolgen, wenn ein anderer ETF die eigene Investmentstrategie besser widerspiegelt als der bisherige. Andererseits kann ein Strategie-Wechsel auch dann erfolgen, wenn der neue ETF besser performt als der ETF, in den bisher Geld angelegt wurde. Ein Strategiewechsel ist bei einer wohl überlegten Wahl eines ETFs im Nachhinein meistens nicht lohnend oder notwendig. Sollte aus strategischen Gründen ein neuer ETF gewählt werden, dann muss der neue ETF deutlich besser performen oder zu den eigenen Erwartungen passen, um diesen Wechsel zu rechtfertigen. Und auch dann ist ein solcher Wechsel nur einmal alle fünf oder zehn Jahre durchzuführen.

Steuerliche Gesetzgebungen in Deutschland oder im Land des ETF-Anbieters können die Höhe der laufenden Kosten so beeinflussen, dass Anleger mehr bezahlen müssen. Dann muss schlicht und einfach vergleichsweise durchgerechnet werden, ob es einen anderen ETF gibt, der im Vergleich zum bisherigen ETF genauso gut performt, aber der geringere steuerliche Einflüsse verzeichnet.

Hintergrundwissen

Auch beim Wechsel des ETFs treten steuerliche Fallstricke auf. Werden die bisherigen ETF-Anteile verkauft, müssen auf die Gewinne aus der Investition Abgeltungssteuern gezahlt werden. Erst dann kann der neue ETF gekauft werden.

Fazit: Ein ETF-Wechsel kann in großen Zeitabständen Sinn machen, wobei die genannten triftigen Gründe vorliegen müssen. Regelmäßige Wechsel, womit wir beim ETF-Hopping wären, sind strikt abzulehnen und Anfängerfehler in Reaktion auf Rabattwerbungen, Lockangebote oder ein Zeichen von Unsicherheit und Ungeduld bei der Geldanlage.

Keine Kenntnisse über das Produkt

Ein schwerwiegender Fehler, der nur Anfängern unterläuft, ist das Investment in Produkte, die man nicht versteht und über die man keine Kenntnisse hat. Bei „wahren" Profis – damit sind die Profis gemeint, die jahre- und jahrzehntelang mit Erfolg an der Börse Geld anlegen – passiert dies nicht, da die Kenntnis über das Produkt maßgebend für Investitionen ist. Wieso ist die Kenntnis über das Produkt notwendig?

- **Geld anlegen aus Überzeugung**

  Eine Geldanlage sollte der eigenen Überzeugung entsprechen. Sind Sie als Anleger davon überzeugt, dass sich die deutsche Wirtschaft weiterentwickelt, dann fällt es Ihnen einfacher, auch Durststrecken Ihres

DAX-ETFs ohne Panik und Aktionismus zu überstehen. Bei mangelnder Überzeugung kommt es tendenziell eher zu voreiligen Verkäufen, was einer langfristigen Anlagestrategie widerspricht.

- **Schutz vor Billig-Produkten**

Wenn demnächst einmal ein ETF groß beworben wird und mit den Performance-Zahlen der vergangenen Jahre argumentiert wird, wieso es „DER ETF des Jahrzehnts" ist, dann kann dahinter eine Lüge mit einem Billig-ETF, der schlecht performt, stecken. Aber diese Lüge erkennen Sie nur, wenn Sie das Produkt verstehen.

- **Ergreifen der richtigen Maßnahmen**

Nur, wer sich mit seinem ETF auskennt, kann die richtigen Maßnahmen ergreifen und über einen eventuellen Verkaufszeitpunkt bei einer schlechten Performance entscheiden. Grundsätzlich ist es so, dass in ETFs langfristig angelegt wird und alles gut läuft. Denn Wirtschaften wachsen nun einmal... Aber: Abgesehen davon, dass diese Annahme in langen Krisenzeiten nur bedingt greift, kann es beim branchenbezogenen Investieren durchaus sein, dass für eine Branche mehrere schwarze Jahre anstehen. Nur, wenn Sie sich über die Branche, in die Sie passiv investieren, informieren und diese Branche verstehen, können Sie darüber entscheiden, ob es sinnvoll ist, den ETF zu verkaufen und zwischenzeitlich in einen anderen ETF zu investieren, um in mehreren Jahren nochmals auf den Branchen-ETF zurückzukommen. Mehr zu diesen strategischen Zügen erfahren Sie im sechsten Kapitel.

Fazit: Sie müssen den ETF, in den Sie investieren, selbst einschätzen und bewerten können. Je spezifischer er ist – dies ist insbesondere bei Branchen-ETFs und faktorbezogenen ETFs der Fall –, desto mehr müssen Sie sich zudem permanent auf dem Laufenden halten und die Nachrichten studieren. Man sieht: Wer nicht breit streut und nicht in Wirtschaften (z. B. DAX-ETFs, MSCI-World-ETFs) investiert, der muss mehr Eigenbeitrag leisten, um das Produkt zu verstehen und dessen Wertentwicklung regelmäßig zu überprüfen.

Aktiv in ETFs Geld anlegen

Es heißt, ETFs seien ein passives Investment. Das stimmt auch. Allerdings sind die faktorbezogenen ETFs bereits in höherem Maße aktiv gemanagt und zudem riskanter. Dies verlangt Ihnen nicht nur, wie soeben in 4.1.2 festgestellt, eine gewisse Mühe bei der Informationsgewinnung ab, sondern zugleich dem Anbieter des ETFs eine hohe Qualität. Suchen Sie sich einen Anbieter für faktorbezogene ETFs aus, der schwach performende Produkte auf den Markt bringt, so haben Sie das Problem, dass das Factor-Investing – aller Voraussicht nach – nicht die Rendite abwirft, die es abwerfen soll. Die wahrscheinliche Folge: Geringe Rendite bis Verlust.

Fazit: Als Anfänger sind Anleger am besten damit beraten, komplett passiv zu investieren. Dies ist am ehesten bei physisch replizierten ETFs der Fall. Sie werden im Rahmen des sechsten Kapitels merken, dass auch bei der Geldanlage in physisch replizierte ETFs reichlich eigene Akzente gesetzt werden können und es zum Teil aktives Investieren ist. Somit ist es nicht notwendig, sich durch „exotische ETFs" – beispielsweise die faktorbezogenen – anfangs zu überfordern. Eine Ausnahme bilden Value-, Growth- und Dividenden-ETFs, die mit renommierten Kennzahlen als Faktoren arbeiten.

Renditen ohne den Zusammenhang mit der Inflation betrachten

In seinem Buch *Souverän investieren mit Indexfonds und ETFs* (2011) bringt es Gerd Kommer ausgezeichnet auf den Punkt: Es gibt eine reale Rendite und eine nominale Rendite. Die nominale Rendite ist die ohne den Zusammenhang der Inflation, während bei der realen Rendite die Inflation mit einberechnet ist. Kommer nennt dabei mehrere Beispiele, von dem hier eines vorgestellt wird: Der MSCI USA bildet den US-amerikanischen Aktienmarkt nach und verzeichnete 1979 eine Rendite in Höhe von 14,4 %. Das klingt zunächst äußerst überzeugend. Aber das ist nur die nominale Rendite, die zu täuschen vermag. Die reale Rendite sieht bereits ganz anders aus: Unter Berücksichtigung der Inflation, die 1979 bei heute kaum vorstellbaren 13,3 % in den USA lag, ergibt sich eine reale Rendite in Höhe von nur 1,1 %. Zweifellos immer noch besser als das Sparbuch, aber für eine ETF-Geldanlage eine schwache Performance.[42] Nun darf das Jahr nicht zu stark gewichtet werden, denn wenn die zurückliegenden Jahre eine bessere reale Rendite abwarfen, wird es sich dennoch um eine potenziell gute Geldanlage handeln. Das Beispiel sollte nur veranschaulichen, dass die nominale Rendite wenig aussagekräftig ist. Bei ihr werden, wie beim Sparbuch, die Zinsen ohne den Einbezug der Inflation betrachtet. Dennoch passiert es auffällig häufig, dass bei Wertpapieren die Anleger der Höhe der Inflation keine Beachtung schenken und sich nur nach der nominalen Rendite richten. Weil nur die nominale Rendite bei den Kursverläufen angegeben wird, wird dieser Anfängerfehler sogar gefördert. Dementsprechend ist es wichtig, die reale Rendite selbst zu errechnen, was auf folgendem Wege geschieht: Nominale jährliche Rendite in % - jährliche Inflation in % = Reale Jahresrendite in %. Es wird immer

---

42 Kommer, G.: Souverän investieren in Indexfonds und ETFs, S. 149.

mit der Inflation des Staates gerechnet, in dem man lebt und investiert.

Fazit: Nominale Renditen sind trügerisch. Es gilt, zu beachten, dass die Inflation auch bei der Geldanlage in Wertpapiere ein präsenter Einfluss ist. Dementsprechend ist bei der Bewertung eines jeden Produkts die nominale prozentuale Jahresrendite abzüglich der jährlichen Inflation in Prozent zu der realen Jahresrendite in Prozent umzurechnen. Nur so kann die Lukrativität einer Geldanlage komplett zuverlässig bewertet werden.

Fondswährung beachten

ETFs werden in verschiedenen Währungen aufgesetzt. Je nach Anbieter und Produkt unterscheiden sich die verfügbaren Währungen. Manche ETFs werden nur in einer Währung auf den Markt gebracht. Da stellt sich den Anlegern direkt die Frage, wie es sich mit dem Währungsrisiko verhält: „Was ist, wenn ich in einen ETF mit der Währung US-Dollar investiere und in der Zwischenzeit der US-Dollar gegenüber dem Euro an Wert verliert? Verlieren dann meine ETF-Anteile in US-Dollar nicht in derselben Höhe an Wert?"

Ein gutes Video hierzu ist auf YouTube abrufbar und auf dem Kanal von *Finanzfluss* zu finden. Im entsprechenden Video[43] erklärt der Vortragende, dass Währungsrisiken durch die Fondswährung nicht gegeben sind. Denn je nachdem, in welchem Land und somit in welcher Währung das eigene Depot ist, wird vom Broker oder von der Depot-Bank in exakt diese Währung umgerechnet. Dies bedeutet, dass wenn Sie einen MSCI-World-ETF in US-Dollar kaufen, Sie denselben Effekt haben wie beim Kauf eines MSCI-World-ETFs in Euro.[44]

---

[43] https://www.youtube.com/watch?v=xU6YEIaO_74
[44] https://www.youtube.com/watch?v=xU6YEIaO_74

Ein Währungsrisiko ist hingegen in anderer Hinsicht gegeben. Nämlich operieren in einem internationalen Index, der Unternehmen aus Staaten mit verschiedenen Währungen umfasst, die einzelnen Unternehmen mit verschiedenen Währungen. *Apple* beispielsweise ist als Unternehmen in den USA ansässig und operiert hauptsächlich mit dem US-Dollar – hauptsächlich deshalb, weil es eben auch ein Global Player ist und als solcher in zum Beispiel China und den anderen Staaten Zuflüsse aus deren Währungen verzeichnet. Somit wird das Währungsrisiko in einem ETF gestreut: Zum einen durch die globale Aktivität der einzelnen Unternehmen, zum anderen dadurch, dass die Unternehmen in einem internationalen ETF Staaten mit verschiedenen Währungen angehören.[45]

Hintergrundwissen

Es gibt spezielle „gehedgte" ETFs, die zum Ziel haben, das Währungsrisiko eines ETFs auszugleichen. Sie werden in Anlehnung an die hochspekulativen Hedgefonds so genannt. Ein Nutzen der gehedten ETFs lässt sich nicht absehen, vielmehr sind diese ETFs durch das Hedging teuer. Zudem ist in jedem ETF bereits durch dessen Zusammensetzung das Währungsrisiko gestreut.

Fazit: Durch die Fondswährung ist kein Währungsrisiko beim ETF gegeben, da die Depot-Bank oder der Broker stets in die nationale Währung des Anlegers umrechnen. Ein Währungsrisiko ist innerhalb eines internationalen ETFs automatisch gegeben, weil die Unternehmen aus verschiedenen Staaten kommen und global aktiv sind. Gleiches trifft aber ebenso auf einen nationalen ETF zu, wenn die darin enthaltenen Titel global aktiven Unternehmen

---

[45] wie vorherige

zugehören. Gleichzeitig wird das Währungsrisiko in ETFs jedoch gestreut, sodass diesem Aspekt keinerlei Beachtung zu schenken ist.

Nützliche Tipps

Der Großteil der folgenden Tipps lässt sich auch auf andere Strategien als auf die Geldanlage in ETFs anwenden. Die Tipps steigern Ihre Zuversicht, Ihre Entschlossenheit und Ihr Durchhaltevermögen. Zudem wirkt sich das Befolgen der Ratschläge bei konsequenter Umsetzung positiv auf die zu erwartenden Renditen aus und senkt die voraussichtlichen Kosten bei Investments.

Mut zur Diversifikation

Diversifikation ist ein Fachbegriff für „Vielfalt". Im Zusammenhang mit der Börse und Geldanlage in Wertpapiere steht dieser Begriff für die Vielfalt im eigenen Wertpapierportfolio. Damit ist gemeint, dass in ein breit gestreutes Portfolio investiert wird. Möglicherweise werden Sie sich als Anleger nun denken: „Aber Moment: Eine Investition in einen ETF ist doch automatisch mit einer Streuung des angelegten Geldes auf mehrere Wertpapiere verbunden!" Das stimmt. Aber das bedeutet nicht, dass es das Ende der Möglichkeiten zur Diversifikation ist. **Ein einziger** ETF ist die Strategie für besonders unsichere Anfänger. Dieses Ziel verfolgen wir nicht. Wir möchten die Anlagestrategie eines fortgeschrittenen Anfängers mit dem Übergang zum Profi-Status fahren. Diese Anlagestrategie sieht vor, dass am besten in mehrere ETFs investiert wird. Im sechsten Kapitel werden die Vorteile des Investments in mehrere ETFs genauer thematisiert, aber schon jetzt sollte klar sein, dass durch einen Wertpapierbestand mit mehreren ETFs in verschiedene Anlageklassen investiert werden kann. Darüber hinaus kann die Gewichtung der Unternehmen in einzelnen ETFs durch zusätzliche ETFs entschärft werden. Wem beispielsweise die US-Unternehmen im MSCI-World-ETF zu dominant sind, der kann zusätzlich auf den MSCI Europe oder den DAX in Form von ETFs setzen.

Fazit: Nur, weil ein einzelner ETF das Risiko streut, muss nicht auf weitere Investitionen verzichtet werden. Ein kluger Plan, der mehrere ETFs enthält, kann Sicherheiten vergrößern oder Renditeaussichten erhöhen. Zudem lassen sich Gewichtungen einzelner Aktien-Titel durch mehrere ETFs verändern.

Zielsetzungen vornehmen

Geldanlagen in ETFs werden mit langfristigem Anlagehorizont durchgeführt, der im absoluten Minimum drei Jahre, idealerweise mindestens fünf Jahre beträgt. Alle Spar- oder Vermögensaufbauziele, die unterhalb der Marke von drei bis fünf Jahren liegen, sollten nicht über die Börse oder ETFs zu erreichen versucht werden. Hier ist das Risiko eines Crashs und dessen Auswirkungen zu präsent. Während ein plötzlicher Crash über mehrere Jahrzehnte ausgeglichen werden kann, ist dies bei einem kurzen Zeitraum nicht der Fall.

Nun muss bei langfristiger Geldanlage ebenfalls differenziert werden. Eine klare Definition, wie lange und wofür gespart werden soll, ist erforderlich. Wieso eine solche Definition notwendig ist? Sie führt dem Anleger immer wieder vor Augen, wofür gespart wird und steigert auf diesem Wege das Durchhaltevermögen. Empfehlenswert ist es, sich in Kombination mit dem einen übergeordneten Ziel (z. B. Geld anlegen zum Vermögensaufbau für eine Immobilie, Geld anlegen zur Altersvorsorge) mehrere Etappenziele aufzubauen. Demnach können Sie bei einer Altersvorsorge selbst definieren, auf welchem Stand Sie Ihr Vermögen gern hätten, sobald Sie beispielsweise 50 Jahre alt sind. Wenn der Zeitpunkt gekommen ist, ist es Ihnen durch die präzise Definition Ihrer Ziele möglich, zu prüfen, ob Sie sich auf einem guten Kurs zur Altersvorsorge befinden und das Ziel erreicht wird. Zeichnet sich beim 50. Lebensjahr ab, dass das Etappenziel nicht erreicht wurde, muss dies analysiert werden, damit gegebenenfalls Optimierungen vorgenommen werden können.

Fazit: Bei einem langfristigen Anlagehorizont, der in Zusammenhang mit einer Geldanlage in ETFs zu erwarten ist, sind Zielsetzungen mit Etappenzielen nahezu unumgänglich. Sie stärken das Durchhaltevermögen und erhöhen die Wahrscheinlichkeit, das selbst gesteckte Ziel zu erreichen.

Kosten gering halten

Drei Faktoren sind bei den Kosten einer Geldanlage in ETFs zu berücksichtigen:

- Transaktionskosten
- Steuern
- Inflation

Die Transaktionskosten werden dadurch gering gehalten, dass ein Online-Broker für die Beauftragung mit Orders ausgesucht wird. Bei jedem Online-Broker lassen sich die Konditionen vor einer Eröffnung des Depots einsehen, sodass eine kostengünstige Option gewählt werden kann. Als Alternative zum Online-Broker ist ein Depot bei einer Online-Bank eine relativ kostenarme Variante. Es werden in der Regel keine Depots bei Filialbanken eröffnet, denn die Kosten sind in Relation zu dem entstehenden Nutzen zu hoch. Wenn Sie sich vor Augen führen, dass Sie bei Filialbanken auf die Ausführung von Orders relativ lange warten müssen und somit nicht spontan reagieren können, und dass die Berater in den Filialbanken darauf abzielen, häufig die überteuerten eigenen Produkte zu verkaufen, dann sollte Ihnen klar sein, wieso ein Verzicht auf Depots bei Filialbanken das einzig Richtige ist.

Die Steuern fallen nur dann an, wenn die ETF-Anteile verkauft werden und im Vergleich zum Kaufpreis ein Gewinn resultiert. Die Inflation spielt hierbei keine Rolle. Demnach werden ohne Inflationseinberechnung auch über 30 Jahre hinweg die Verkaufs- und Kaufpreise der ETF-Anteile miteinander verglichen. Es fällt ein gesonderter Steuertarif für Einkünfte aus Kapitalvermögen an, der im §32d EStG[46] formuliert ist. In Bezug auf die Geldanlage in ETFs bedeutet dies, dass 25 % der Gewinne versteuert werden müssen. Zudem fallen der Solidaritätszuschlag und individuell – je nachdem, ob der Anleger einer Kirche angehört – die Kirchensteuer an. Letzten Endes ist mit einer gesamten Steuerbelastung von knapp über 26 % auf die Gewinne aus ETFs auszugehen. Bei einem Verkauf von ETFs sollte sichergegangen werden, dass die Steuern gezahlt werden können. Vermeiden lassen sie sich ohnehin nicht. Wer einen ETF-Sparplan nutzt, um sich eine Immobilie zu finanzieren, der muss nach der Ausgabe des Geldes für die Immobilie noch genug Geld haben, um seine Lebenshaltungskosten, die Nebenkosten des Immobilienkaufs und die Steuern auf die Einkünfte aus den ETFs zu zahlen.

Auf das Thema Inflation wurde bereits ausreichend eingegangen. Diese sollte in die Kosten eines ETFs mit einbezogen werden, indem die reale Rendite des ETFs Jahr für Jahr ermittelt wird. An dieser Stelle sei kurz auf die Möglichkeit aufmerksam gemacht, zwischen allgemeiner und subjektiver Inflation zu unterscheiden: Unter der subjektiven Inflation ist die Inflation zu verstehen, die einzig und allein auf Sie zutrifft. Wenn Sie mehrere Produkte, die in die Ermittlung der allgemeinen Inflation einfließen, gar nicht kaufen, dann kann Ihre subjektive Inflation um einiges geringer sein als die allgemeine Inflation, womit einhergeht, dass für Sie persönlich das Geld weniger an Kaufkraft verloren hat. Da die Berechnung der subjektiven Inflation jedoch äußerst

---

[46] https://www.gesetze-im-internet.de/estg/_32d.html

aufwendig ist, bleibt es meistens bei der Kalkulation mit allgemeiner Inflation.

Fazit: Bei einer Geldanlage mit ETFs sollten Depot und Brokerage möglichst günstig online gewählt werden. Zudem ist bei einem Verkauf aller oder auch nur einiger ETF-Anteile die anfallende Steuer einzuberechnen. Durch die reale Rendite wird mit der Inflation ein weiterer Kostenfaktor von ETFs ausgewertet.

Minimal ins Risiko gehen

Minimal ins Risiko zu gehen, bedeutet, dass 10 bis 20 % des eigenen Wertpapierportfolios aus Anlagen bestehen, die nicht zu sehr auf Sicherheit bedacht sind. Was genau das bedeutet und wie man das Risiko in diesem Kontext messbar machen kann, thematisieren wir im sechsten Kapitel mit den dort aufgeführten Strategien näher. Ein Beispiel soll aber bereits jetzt erfolgen, indem wir die Renditen von zehn Staatsanleihen in Europa vergleichen, die jeweils auf eine Dauer von 10 Jahren ausgelegt sind:

Staat	Rendite in Prozent
Belgien	-0,016
Deutschland	-0,479
Griechenland	+1,550
Frankreich	-0,065
Italien	+1,321
Island	+2,666
Schweiz	-0,356
Niederlande	-0,237
Polen	+1,810
Russland	+7,030

Quelle: investing.com[47]

In der Tabelle sind die aktuellen Werte gemäß einem Stand vom März 2020 angegeben. Die Werte variieren ständig und sind in der Tabelle auf 10-jährige Anleihen beschränkt. Zu einem anderen Zeitpunkt werden Sie womöglich deutliche Abweichungen feststellen. Es zeigt sich trotzdem klar, dass die Staaten, die finanziell sicherer dastehen, geringere Zinsen bzw. Renditen, die sogar im negativen Bereich liegen, für deren Staatsanleihen vergeben. Andere Staaten vergeben positive Zinsen mit Renditen, die zum Teil sogar die Inflation übertreffen.

Allem voran Anleihen-ETFs sind demnach nur eine lukrative Geldanlage, wenn Sie einige Risiken hinnehmen. Der Grundsatz, dass mehr Risiko mehr Renditeaussichten zur Folge hat, lässt sich im Allgemeinen für die Börse absolut bestätigen. Da ETFs schon aufgrund ihrer Strategie, bestehende Indizes abzubilden, die Risiken minimieren, ist es kein verwerflich hohes Risiko, das Portfolio zu 10 oder 20 % mit ein oder zwei ETFs zu bestücken, die zu den riskanteren Produkten gehören.

Fazit: Rendite bedeutet Risiko – komplett lässt sich dieser Spruch nicht übernehmen. Es kann nämlich schon bei weniger riskanten ETFs eine beachtliche Rendite eingefahren werden. Aufgrund der hohen Sicherheit im Portfolio ist es empfehlenswert, bei einem Zehntel oder Fünftel des Portfolios das Risiko zu erhöhen, um auf diesem Wege die Renditechancen zu steigern.

Einfach anfangen!

Zum Investieren ist es nicht erforderlich, ein großes Vermögen zu haben. Sowohl mit kleineren Einmalbeträgen, die in

---

[47] https://de.investing.com/

unregelmäßigen Abständen hin und wieder eingezahlt werden, als auch monatlichen Sparbeträgen, ist es mehr als nur möglich, an der Börse erfolgreich zu investieren. Am Ende muss nur ein Anfang gemacht werden, denn mit jedem Jahr verstreicht ein Jahr, das mit Gewinn hätte zugebracht werden können. Was viele Anleger vom Investieren an der Börse abhält, sind unklare Regelungen oder Begriffe, wie z. B. Steuern. Diese Begriffe wurden bereits ausführlich in diesem Ratgeber behandelt und werden dies auch weiterhin. Was Anfängern häufig fehlt, ist die passende Strategie. Auch diese erhalten sie hier. Ebenfalls ein Faktor, der aufhält, ist die eigene Disziplin. An dieser Stelle kann nur gesagt werden: Nun, wenn Sie nicht die Disziplin haben, sich einmal hinzusetzen und an einem Nachmittag ein langfristiges Aktienportfolio aus ETFs zusammenzustellen, dann ist es um Ihre künftige Vermögenssituation wahrlich schlecht bestellt. Mehr als diesen einen Nachmittag zum Zusammenstellen des Portfolios werden Sie nach dem Lesen dieses Buches nämlich ganz sicher nicht brauchen. Also: Fangen Sie einfach an!

In drei simplen Schritten frei von Restzweifeln und -ängsten!

Falls Sie noch Restzweifel oder -ängste haben, dann sollte Ihnen dieses spezielle Unterkapitel auf eine unkonventionelle Weise dabei helfen, beides loszuwerden. Nach dem Studium dieses Unterkapitels werden Sie definitiv in der Lage sein, an der Börse erfolgreich einen Anfang zu finden. Sie müssen nur die Hinweise in den folgenden Abschnitten verinnerlichen, die ein ganz spezielles Gesetz behandeln: Das Gesetz der Anziehung, auch Resonanzgesetz genannt.

Wenn Sie von diesem Gesetz einmal gehört haben, dann werden Sie sich vielleicht fragen, was dieser esoterische Ansatz nun in diesem Finanzratgeber zu suchen hat. Doch Vorsicht, zwei feine und wichtige Informationen zu Beginn:

1. Das Gesetz der Resonanz hat nichts mit Esoterik zu tun und ist wissenschaftlich begründet.

2. Zahlreiche wohlhabende Menschen und Millionäre haben durch dieses Gesetz zum Reichtum gefunden.

Handeln wir also das Gesetz der Anziehung in drei Schritten ab:

• *Was ist das Gesetz der Anziehung?*

Das Resonanzgesetz ist ein seit Jahrhunderten und Jahrtausenden in Form von Redewendungen und dem Lebensstil von Menschen transportiertes Gesetz. Es geht davon aus, dass alles, was uns Menschen widerfährt, durch uns verursacht ist. „Wie man in den Wald hineinruft, so schallt es wieder heraus", würde es in Form eines Spruchs heißen. Wenn ein Mensch demnach skeptisch ist oder Angst hat, zieht er das Unglück an. Also wird er nicht erfolgreich sein. Die Personen hingegen, die positiv denken, ziehen das Glück an und sind erfolgreich bei allem, was sie unternehmen.

Dem Resonanzgesetz haben sich sogar Wissenschaftler gewidmet, von denen Dr. Ulrich Warnke der wohl bekannteste ist. In einem YouTube-Video[48] erklärt er in einem Interview, wie es dazu kommt, dass der Mensch Kraft seiner Gedanken Ereignisse zu beeinflussen vermag. Und zwar sorgt die Bewegung von Körperteilen in Kombination mit Gefühlen für Schwingungen. Diese Schwingungen werden nach außen getragen und wirken sich auf die Moleküle in

---

[48] https://www.youtube.com/watch?v=lVhFhR_lSdw&t=225s

der Umgebung aus. Dies ist die Kurzform. Sollte Ihnen dies nicht genug der wissenschaftlichen Erklärung sein, so stehen Ihnen Bestseller, wie beispielsweise Rhonda Byrnes *The Secret*, zur Verfügung, die sich ausführlich und von allen Seiten diesem Thema widmen.

- *Schön und gut. Und wieso soll das ausgerechnet im Kontext mit meinen Finanzen wichtig sein?*

Es ist wichtig, weil das Gesetz der Anziehung überall und jederzeit wirkt! Je positiver Sie in Ihren Gedanken sind, umso mehr Erfolg werden Sie haben. Eindrucksvoll bezieht T. Harv Ecker diesen Sachverhalt auf das Thema Finanzen in seinem Werk *So denken Millionäre*. Dort konstatiert er zunächst, dass die physische Welt in unserer Umgebung nur das Ergebnis unser dreier Quadranten ist: Der mentalen Welt, der emotionalen Welt und der geistig spirituellen Welt.[49] Demnach sei es notwendig, die Impulse für den Erfolg in der Außenwelt in sich selbst zu setzen. Passend dazu heißt es an anderer Stelle in Eckers Werk: „Gedanken [...] führen zu Gefühlen [...]. Gefühle führen zu Handlungen [...]. Handlungen führen zu Ergebnissen [...]."[50]

- *Mal angenommen, ich würde dies glauben: Wie setze ich dieses Gesetz bei der Geldanlage in ETFs für meinen Erfolg um?*

Das Gesetz verlangt nichts anderes als drei Komponenten, die Rhonda Byrne in ihrem Bestseller

---

[49] Ecker, T. H.: So denken Millionäre, Pos. 245.
[50] Ecker, T. H.: So denken Millionäre, Pos. 316.

The Secret kompakt zusammenträgt: Frage, Glaube, Empfang. Zunächst muss angefragt werden, was denkbar einfach verläuft. Hierbei müssen Sie Ihren Wunsch oder Ihr Ziel lediglich präzise definieren. Nachdem Sie dies getan haben, ist ein unbedingter Glaube an den persönlichen Erfolg wichtig. Sie müssen daran glauben, dass Ihr Wunsch **bereits erfüllt ist**. Denn nur so werden Sie die Gedanken los, die Sie limitieren und im Kopf arm sein lassen. Durch den herbeigedachten Reichtum werden Sie wirklich reich, zunächst an positivem Denken, dann an Erfolg und Geld. Da die positiven Renditen der ETFs aus den letzten Jahren und Jahrzehnten offensichtlich und lukrativ sind, sollte es Ihnen leichtfallen, an die Erfüllung Ihres Ziels zu glauben. Das Empfangen als letzter Schritt verlangt von Ihnen, dass Sie sich gut fühlen, was durch den Glauben automatisch erfolgt. Denn wenn Sie glauben, sind Sie beruhigt und fühlen sich erfolgreich bei Ihrer Geldanlage.[51]

Und nun: Glauben Sie daran, dass sich Erfolg anziehen lässt? Je mehr Sie dies tun, umso eher werden Sie erfolgreich sein. Zweifellos sind Geldanlagen in ETFs so sicher, dass selbst Pessimisten auf lange Sicht gute Renditen erzielen dürften. Aber die größte Sicherheit verleiht positives Denken. In diesem Sinne sind die letzten Zweifel und Ängste nur dann beseitigt, wenn die eigene Einstellung zum Thema angemessen ist.

Zusammenfassung

Wer erfolgreich Geld in ETFs anlegen möchte, sollte einfach damit beginnen. Eine positive Einstellung trägt wesentlich

---

[51] Byrne, R.: The Secret, S. 63ff.

zur Sicherheit und zum Erfolg bei. Unwichtig sind beim Engagement das Währungsrisiko und regelmäßige Sparangebote anderer ETF-Anbieter. Wer einmal in einen ETF investiert hat, sollte diesen ohne Rücksicht auf die Fondswährung – diese wird schließlich sowieso umgerechnet – und günstigere ETFs bei anderen Fondsgesellschaften behalten.

Bei der Investition in einen ETF sind die Ziele konkret zu benennen und die Kosten sowie die realen Renditen permanent zu kalkulieren. Beim Verkauf eines ETFs muss immer ausreichend Kapital gegeben sein, um die Steuern zu finanzieren und das persönliche Ziel in die Tat umzusetzen. Es darf bei der Geldanlage zu 10 bis 20 % in ein moderates Risiko gegangen werden, sofern das ETF-Portfolio mit verschiedenen ETFs bestückt wird. Denn Risiko steigert die Renditeaussichten. Schlussendlich ist an jedes Investment die eigene Überzeugung geknüpft: ETFs, über die ausreichend Kenntnisse vorhanden sind und deren Wertentwicklung mit Überzeugung gegenüber gestanden wird, sind die einzigen ETFs, in die Anleger investieren sollten.

Depot eröffnen – Schritt für Schritt zur ersten Order

Wer in ETFs investieren möchte, benötigt ein Depot für Wertpapiere. Das Depot ist so etwas wie ein Konto, auf dem aber kein Geld, sondern Wertpapiere gelagert werden. Wertpapierhandel nur mit Konto und ohne Depot ist nicht möglich. Das Depot finden Sie sowohl bei Ihrer bisherigen Bank als auch bei anderen Banken. Zudem bieten Online-Broker Depots an. Für ein Depot können laufende Gebühren anfallen, was vom jeweiligen Anbieter abhängt. Auch für die Transaktionen bzw. Orders, die der Broker im Namen der Anleger ausführt, fallen oftmals Gebühren an. Zunächst muss ein möglichst kostengünstiges, aber ebenso zuverlässiges Depot mit Broker gewählt werden. Anschließend erfolgt die Auswahl der ETFs durch einen Vergleich verschiedener Geldanlage-Produkte. Nach Auswahl der ETFs ist es bis zur ersten Order und der gelungenen Investition ein leichtes Spiel. Dieses Kapitel erklärt den gesamten Vorgang Schritt für Schritt.

Wo finde ich Angebote für Depots und Brokerages?

Depots und Brokerages sind bei Banken und Brokern anzutreffen. Unter den Banken lässt sich zudem zwischen den Filialbanken und den Direktbanken – bisher Online-Banken genannt – unterscheiden. Es wurde in den vergangenen Kapiteln dazu Stellung bezogen, dass Filialbanken teurer sind als Direktbanken. Dazu soll an dieser passenden Stelle eine kurze Erklärung erfolgen.

Filialbanken sind all die Banken, die lokale Niederlassungen unterhalten. Sie werden so genannt, weil sie Filialen vor Ort haben. In diese Filialen kann der Kunde kommen, um sich beraten zu lassen, Geld abzuheben, Geld zu überweisen, Geld einzuzahlen, Kontoauszüge auszudrucken, Kredite zu beantragen und eben ein Depot zu eröffnen. Neben den Dienstleistungen an den eigenen Filialen haben Banken oft Zusammenschlüsse mit anderen Banken (z. B. CashPool, CashGroup), durch die Bargeldabhebungen an mehreren Automaten in Deutschland möglich sind. Die Filialbanken lassen sich den Service allerdings einiges kosten... Dies macht sich zum einen in Grundgebühren für die Führung eines Girokontos bemerkbar. Zum anderen ist der Großteil der anderen Leistungen, wie beispielsweise die Depotführung und die Ausführung von Orders über den Broker, teurer. Filialbanken rechtfertigen die höheren Kosten mit dem persönlichen Service vor Ort, der hohen Qualität sowie der guten Verfügbarkeit von Dienstleistungen. Tatsächlich allerdings darf die Objektivität des Service angezweifelt werden, denn kommt ein Anleger beispielsweise in eine Filiale der Sparkasse, Postbank oder einer anderen Filialbank und möchte sein Geld in Wertpapiere anlegen, erfolgt die Beratung fast ausschließlich oder größtenteils zu den eigenen Anlageprodukten. Darüber hinaus sind viele Filialbanken nur dürftig digitalisiert, sodass die gute Verfügbarkeit der Dienstleistungen angezweifelt werden darf.

Anders gestaltet es sich bei den Direktbanken, die aufgrund fehlender Filialen vor Ort fast nur auf digitalem Wege operieren. Die Kommunikationskanäle sind Anwendungen für Endgeräte, über die das Online-Banking erfolgt, Websites, E-Mail und bei einigen Banken telefonische Kundenservices. Weil Direktbanken keine Infrastruktur und kein Personal vor Ort haben, für das der Großteil der laufenden Kosten aufgewendet wird, sind die Girokonten fast bei jedem Anbieter in den meisten Tarifen kostenlos. Zudem entfallen

Grundgebühren fürs Depot oder sind weitaus geringer als bei Filialbanken, und die Ordergebühren sind vergleichsweise gering. Kontoauszüge lassen sich über das Online-Banking selbst ausdrucken, Überweisungen per Online-Banking tätigen. Für flexible Bargeldverfügungen wird oftmals eine kostenlose Kreditkarte hinzugegeben (Anmerkung: Bei Filialbanken kosten Kreditkarten meistens um die 30 € im Jahr), um an einer Vielzahl an Automaten in Deutschland kostenlos Bargeld abheben zu können.

Als dritte Option gibt es die Online-Broker, die am günstigsten sind. Hier können Sie Depots eröffnen und Broker mit der Ausführung von Orders beauftragen, jedoch kein eigenes Konto unterhalten. Dieser Aspekt ist ein geringfügiger Nachteil. Denn haben Sie das Girokonto direkt bei demselben Anbieter, bei dem Sie Ihr Depot und die Brokerage haben, dann haben Sie Ihren Kontostand auf dem Girokonto **und** Ihren Wertpapierbestand bzw. das Vermögen aus den Wertpapieren auf einen Blick. Dies ermöglicht Ihnen eine bessere Abbildung Ihrer finanziellen Gesamtsituation. Sehr wohl können Sie aber auch ein Haushaltsbuch führen oder Ihre finanzielle Situation per Software erfassen, sodass Sie sich selbst für Konto und Depot sowie Brokerage einen kompakten Überblick über Ihre gesamte finanzielle Situation schaffen.

Bei allen vermittelten Informationen gilt: Achtung! Speziell bei ETFs sind die Gebühren für die Orders bei den meisten Banken und Brokern geringer, sodass auch Filialbanken plötzlich günstig werden können. Achten Sie deswegen bei einem Vergleich der Angebote im Internet darauf, wie die Gebührenstruktur bei ETFs ausfällt. Sollten Sie mit dem Gedanken spielen, in ferner Zukunft auch in einzelne Wertpapiere zu investieren, dann müssen Sie neben den Gebühren für ETFs auch die Kostenfaktoren für andere Orders beachten. Letztendlich siegt in Ihrem Vergleich die Bank bzw. der Broker, die bzw. der für Sie persönlich das lukrativste Angebot hat. Die Angebote an sich finden Sie auf den Websites der einzelnen Anbieter. Hier einige Namen, damit Sie erste Anlaufstellen haben:

- Trade Republic (Online-Broker)
- ING DIBA (Direktbank)
- xtb Online Trading (Online-Broker)
- Finanzen.net (Online-Broker)
- Consorsbank (Direktbank)

Einfluss auf den Vergleich hat auch, wie hoch die einzelnen Orders sind. Wer beispielsweise mit monatlichen Beträgen von 25 € spart, muss bei den Tradinggebühren von 5,95 € bei einigen Banken direkt einen Verlust von über 20 % hinnehmen. Entsprechend unter diesem Blickwinkel der Ordervolumen sowie der eventuell speziellen Bedingungen für ETFs müssen die Banken sowie Online-Broker untereinander verglichen werden.

Fazit: Von Depots und Brokerages bei Filialbanken sollten Sie sich distanzieren. Die Vorteile dessen dringen nicht zum Anleger durch, sodass es eher kostenintensive Entscheidungen sind. Der einzige Grund, der ein Depot und eine Brokerage bei Filialbanken rechtfertigen könnte, ist wenn Sie dort bereits ein Girokonto haben. Dann haben Sie mit einem zusätzlichen Depot alle Finanzen auf einen Blick. Besonders bei kleinen Sparbeträgen (bis 50 € pro Order) sind aber die Direktbanken und Online-Broker das einzige, was sich lohnt. Sofern Sie Ihr Girokonto bei einer Filialbank haben, können Sie zur Direktbank wechseln und an Kontoführungsgebühren sparen. Durch ein zusätzliches Depot samt Brokerage bei der Direktbank haben Sie Ihre komplette finanzielle Situation im Blick und geringe Kosten für die Geldanlage in Wertpapiere. Demnach sind Direktbanken die größte Empfehlung. Möchten Sie am günstigsten investieren und ist Ihnen ein Direktüberblick über Ihre kompletten Finanzen nicht wichtig, dann sind Online-Broker die besten Anbieter für die Eröffnung eines Depots.

Wie vergleiche ich die ETFs untereinander?

Sie haben sich mit den Inhalten dieses Ratgebers bereits reichlich Fachwissen angeeignet, um die einzelnen ETFs umfassend miteinander vergleichen zu können. Was für einen fachmännischen Vergleich noch fehlt, sind die beiden Aspekte Gesamtkostenquote und Ertragsverwendung.

Die Gesamtkostenquote wird von den ETF-Anbietern abgekürzt als TER (Total Expense Ratio) angegeben und ist ein prozentualer Wert, der in Relation zu den angelegten Beträgen die Kosten angibt. Lautet die Gesamtkostenquote 0,25 %, so muss demnach dieser prozentuale Anteil des angelegten Geldbetrags als Gebühr an die Fondsgesellschaft gezahlt werden. Wichtig an dieser Stelle: Die Gebühren für das Depot und die Order bei der Bank bzw. dem Online-Broker kommen noch dazu! Bei der Gesamtkostenquote handelt es sich also um eine rein an die Fondsgesellschaft gezahlte Gebühr.

Neben der Gesamtkostenquote ist die Art der Ertragsverwendung ein wichtiges Kriterium: Der ETF kann ausschüttend oder thesaurierend sein. Grundsätzlich ist ein thesaurierender ETF immer vorteilhafter, weil die von den Unternehmen im ETF gezahlten Dividenden von der Fondsgesellschaft dann automatisch in den ETF reinvestiert werden. So bekommen Sie im Verlaufe des Jahres keine Dividenden ausgezahlt, was die steuerlichen Anforderungen senkt. Stattdessen werden die Dividenden reinvestiert und Ihr im ETF angelegtes Vermögen wächst. Die andere Form der Ertragsverwendung ist die Ausschüttung, wobei Sie die Dividenden in einem bestimmten Turnus – jährlich, halbjährlich oder quartalsweise – ausgezahlt bekommen. Der Nachteil ist, dass Sie das ausgeschüttete Geld selbst reinvestieren und dafür Gebühren zahlen müssen. Des Weiteren kommt eventuell die Versuchung auf, die Dividende für den privaten Konsum aufzuwenden. Somit ist ein thesaurierender ETF für eine langfristige Geldanlage in ETFs am vorteilhaftesten.

Ansonsten hat ein Vergleich der verschiedenen ETFs, um das richtige Anlageprodukt für sich persönlich auszuwählen, über eine Plattform zu erfolgen. Die besten hierfür geeigneten Plattformen sind justef.com und extraetf.com.

justetf.com

Quelle: justetf.com[52]

Dieser Screenshot zeigt den oberen Teil der Vergleichsseite für ETFs auf justetf.com. In der linken Seitenspalte lassen sich die ETFs nach folgenden Kriterien auswählen:

- Anlageklasse
- Indexauswahl (hier sind die ETFs nach Namen aufgelistet)
- Alter des ETFs
- Ertragsverwendung (hier als Ausschüttung angegeben)

---

[52] https://www.justetf.com/de/find-etf.html

- Replikationsmethode
- Indexfamilie (hier kann nach den verschiedenen Indizes segmentiert werden)
- Börsenplatz
- U. v. m.

Tipp!

Wählen Sie unter Börsenplatz immer die deutschen Börsen an, also die XETRA für den elektronischen Handel der Frankfurter Börse sowie die Börse Stuttgart. Der Grund dafür ist, dass nicht alle ETFs an allen Börsen handelbar sind. Da Sie an deutschen Börsen agieren, muss der ETF auch an deutschen Börsen gelistet sein. Meistens wählt justetf.com die deutschen Börsen sowieso automatisch an und kommt Ihnen somit entgegen.

Weiter rechts, mit dem meisten Platz auf der Webseite, finden Sie die Auflistung der Indizes. Sie haben in der Standard-Übersicht einen kleinen Chart-Ausschnitt, die Fondswährung (die unwichtig ist, wie wir erkannt haben), das Fondsvolumen, die Gesamtkostenquote und die 1-Jahres-Rendite. Darüber hinaus können Sie in der Leiste weiter oben andere Vergleichsoptionen, u. a. Risiko, % Perioden und % Jahre, anwählen.

Über eine Suchleiste ganz oben, die im Screenshot weggeschnitten ist, können Sie den Namen des Indizes eingeben und auf diesem Wege das Angebot an ETFs durchsuchen, die diesen Index nachbilden. Nehmen wir an, wir hätten aus den Optionen den MSCI World vom Anbieter iShares gewählt und diesen in der Liste angeklickt. In diesem Fall würde uns justetf.com folgende Infos preisgeben:

Quelle: justetf.com[53]

Wichtig ist, dass sich hier das Factsheet als PDF zum Download abrufen lässt. Der entsprechende Link ist in Orange und mit „Factsheet DE" bezeichnet unterhalb der Anlagestrategie auffindbar. Im Factsheet sehen Sie die Zusammensetzung des ETFs und dessen Performance im Vergleich zum Index. Besonders stark bei iShares MSCI-World-ETF ist, dass die Performance minimal besser als die des Vergleichsindizes ist, womit sogar der Markt geschlagen wird. Rückschlüsse auf die gute Performance liefert ein Blick in die Zusammensetzung des ETFs, die im Factsheet ebenfalls auffindbar ist. Ganz oben im Screenshot, unter dem Titel und der Bezeichnung des ETFs, finden Sie die ISIN und die WKN. Bei beidem handelt es sich um Daten, die bei der Ordervergabe an den Broker wichtig sind. Merken Sie sich diese beiden Daten für das nächste Unterkapitel 5.3.

Ansonsten bietet justetf.com weiterführende Informationen, wenn die im obigen Screenshot abgebildete Seite weiter heruntergescrollt wird:

---

[53] https://www.justetf.com/de/etf-profile.html?query= IE00B4L5Y983&groupField=index&from=search&isin= IE00B4L5Y983

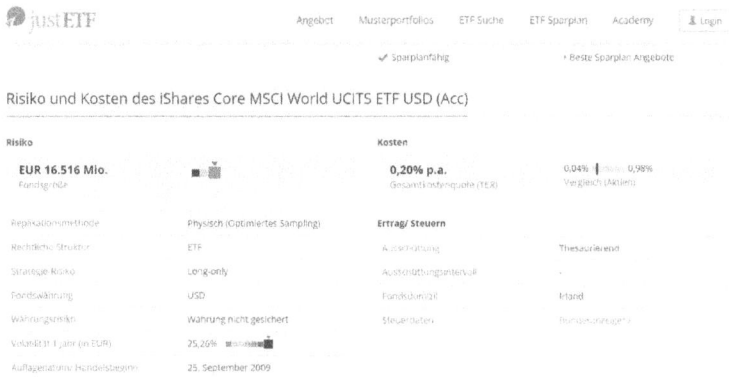

Quelle: justetf.com[54]

Die Replikationsmethode (physisches optimiertes Sampling), Ertragsverwendung (Thesaurierend) und weitere Angaben ermöglichen eine gute Einschätzung des ETFs. Was hilfreich ist, ist die Anzeige der Steuerdaten, um mehr zur Besteuerung der ETF-Erträge zu erfahren. Da das Fondsdomizil dieses ETFs Irland ist, können sich steuerliche Besonderheiten ergeben, über die im Bundesanzeiger informiert wird. Zudem lassen sich unten auf der Website weitere Daten abrufen. Mitunter am wichtigsten sind die „Wertpapierleihe Counterparty". Hier erfolgt im Falle einer Wertpapierleihe die Auflistung mehrerer Banken oder Geldinstitute. Je mehr von diesen Banken und Geldinstituten bekannt sind, umso besser ist es für die Sicherheit des ETFs.

Machen Sie diesen Vorgang für mehrere ETFs, so werden Sie in der Lage sein, gute ETF-Produkte für die eigene Geldanlage zu finden. Die Datenbank auf der Vergleichsseite justetf.com ist jedenfalls groß genug. Der Vergleichsanbieter ist einer der beliebtesten im Web.

---

[54] https://www.justetf.com/de/etf-profile.html?query= IE00B4L5Y983&groupField=index&from=search&isin= IE00B4L5Y983

extraetf.com

Quelle: extraetf.com[55]

Die Vergleichsplattform extraetf.com ist eine gute Ergänzung, weil sie den Vergleich mehrerer ETFs untereinander ermöglicht. Bis zu fünf ETFs können ohne Hin- und Herschalten zwischen verschiedenen Tabs oder Fenstern auf einer Webseite verglichen werden. Damit geht ein großer Komfort einher. Zudem entgehen mit geringerer Wahrscheinlichkeit wichtige Vergleichsaspekte Ihrem Blick, wenn Sie mehrere ETFs auf einer Webseite vergleichen.

Der Vergleich läuft so ab, dass Sie in die angezeigte untere Suchmaske im Screenshot den Namen des Indizes eingeben, zu dem Sie die ETFs suchen. Dann können Sie einen ETF auswählen. Direkt im Nachgang geben Sie den Index erneut ein und wählen den zweiten ETF, mit dem Sie einen Vergleich durchführen möchten. So sieht es dann im ersten Schritt aus:

---

[55] https://de.extraetf.com/etf-comparison

Quelle: justetf.com[56]

Sie sehen ein Chart mit zwei Linien. Der Grund, weswegen Sie die blaue Linie nicht sehen, ist, dass beide Indizes fast gleich im Wertverlauf sind und die orange Chartlinie die blaue verdeckt. Welche Chartlinie welchem ETF zuzuordnen ist, entnehmen Sie der Legende unterhalb des Charts. Bei einer Mausbewegung über den Chartverlauf lassen sich die präzisen Kursverläufe zu einzelnen Daten einsehen.

Im unteren Verlauf dieser Webseite erhalten Sie weitere Daten zu beiden ETFs:

Quelle: justetf.com[57]

---

[56] https://de.extraetf.com/etf-comparison?etf=IE00B5BMR087,IE00B3XXRP09

[57] https://de.extraetf.com/etf-comparison?etf=IE00B5BMR087,IE00B3XXRP09

Wie ersichtlich ist, werden ETFs auf den US-amerikanischen S&P500 miteinander verglichen. Unterschiede ergeben sich vor allem in der Ertragsverwendung und im Fondsvermögen. Ansonsten performen beide Indizes annähernd gleich und weisen nahezu identische Eigenschaften auf. Weiter unten auf der Webseite finden sich noch Auflistungen von Börsen, an denen die ETFs gehandelt werden.

Die Website extraetf.com kann als einzige Website zum Vergleich verschiedener ETFs und als Basis für die persönliche Anlageentscheidung genutzt werden. Besonders stark ist extraetf.com allerdings in Kombination mit justetf.com. Justetf.com liefert einen enormen Umfang an Produkten und Vergleichsfunktionen, während extraetf.com den gleichzeitigen und übersichtlichen Vergleich mehrerer ETF-Produkte ermöglicht.

Fazit: Im Idealfall vergleichen Sie über beide Vergleichsportale, zuerst justetf.com und anschließend extraetf.com, die verschiedenen ETFs. Anschließend können Sie, sobald Sie ein paar bevorzugte ETFs ausgesucht haben, gezielt nach den Anbietern und deren ETFs googeln, um weitere Informationen zu erhalten. Aus der Menge an Informationen wählen Sie schließlich die ETFs, in die Sie langfristig investieren möchten.

Wie richte ich mein Depot ein und gebe ich Orders in Auftrag?

Sollten Sie das Depot bei Ihrer Filialbank einrichten, dann bekommen Sie den gesamten Ablauf und die Beauftragung mit Orders erklärt. In diesem Ratgeber werden keine Anstrengungen genommen, den Filialen die Arbeit abzunehmen, zumal diese bei der Depoteinrichtung die Anleger eng betreuen. Die folgende kurze Einleitung richtet sich demzufolge an Anleger, die mit Online-Banken und Online-Brokern zusammenarbeiten.

Sie besuchen im ersten Schritt die Website eines Anbieters und eröffnen dort ein Depot. Der Button zur Depoteröffnung wird gut aufzufinden und farblich hervorgehoben sein, da es im Interesse des Anbieters ist, dass Sie bei ihm ein Depot eröffnen. Mit der einfachen Navigation zur Depoteröffnung stoßen Sie auf ein Online-Formular.

In diesem Online-Formular müssen Sie Fragen beantworten und personenbezogene Daten eingeben, die für die Eröffnung eines Depots notwendig sind. Dazu gehören auch die eigenen Kontodaten.

Daraufhin folgen E-Mail- und Post-Austausch mit weiteren Informationen sowie einem Formular, dass Sie unterschreiben und zurückschicken müssen. Eine Depoteröffnung verlangt eine schriftliche Einverständniserklärung Ihrerseits. Eventuell erfolgt der gesamte Vorgang über ein Video-Ident-Verfahren. Dann bleibt Ihnen der Postaustausch erspart und ein Identitätscheck erfolgt über eine spezielle Video-Ident-App des Anbieters. In diesem Fall haben Sie in einer halben Stunde ein eigenes Depot.

Sobald das Depot angemeldet ist, kann es eingerichtet werden. Manchmal ist keine Einrichtung erforderlich. Dann können Sie direkt die Orders in Auftrag geben. Ist eine Einrichtung notwendig, dann werden Sie meistens nur abgefragt, um Ihre Risikoklasse einzuschätzen und Ihnen die richtigen Empfehlungen zur Geldanlage auszusprechen.

Unabhängig davon, ob mit oder ohne Einrichtung: Die Orders können Sie auf zwei Wegen vergeben. Entweder bietet Ihnen Ihre Bank bzw. Ihr Broker einen speziellen ETF-Sparplan an, den Sie gebührenfrei oder mit geringen Gebühren regelmäßig besparen können. Hier müssen Sie lediglich den Sparplan auswählen und den Anweisungen folgen. Oder aber Sie stellen sich ein eigenes Portfolio zusammen, in dem Sie in eigens ausgewählte ETFs investieren. Diesen Vorgang mit Investmentstrategie erklärt das sechste Kapitel genau. Bei der eigenen Zusammenstellung eines Portfolios müssen Sie die ETFs selbst auswählen. Hierzu benötigen Sie bei einer Brokerage die ISIN und WKN, die als Daten im Abschnitt 5.2.1 erklärt und gezeigt wurden. Über eine Suchmaske tragen Sie die Nummern an der dafür vorgesehenen Stelle ein und finden auf diese Weise die ETFs. Durch die Eingabe eines Geldbetrags zur Investition und eventueller weiterer Daten beauftragen Sie im letzten Schritt den Broker mit der Order zum Kauf.

Zusammenfassung

Die Auswahl eines Depots und einer Brokerage erfolgt im Idealfall bei einer Direktbank oder einem Online-Broker, da hier die Gebühren am geringsten ausfallen. Für eine optimale Finanzübersicht ist es angeraten, eine Direktbank auszuwählen und bei dieser auch das eigene Girokonto zu haben. Online-Broker sind wiederum die günstigste Option.

Nach der Eröffnung eines Depots können ETFs verglichen und die ansprechendsten Anlage-Produkte ausgesucht werden. Es ist empfohlen, zunächst im Vergleich die umfangreiche Datenbank bei justetf.com zu nutzen und im Anschluss die favorisierten ETFs auf extraetf.com einander direkt gegenüberzustellen, um das passende Produkt zur Geldanlage zu finden. Mit den auf Vergleichsportalen vorhandenen Kennzahlen zum jeweiligen ETF – ISIN und WKN – werden beim Broker die Orders in Auftrag gegeben und auf diesem Wege Geld angelegt.

Anlegen mit Strategie

Die Anlagestrategie bei ETFs ist alles andere als ein Drahtseilakt. Da ETFs als „anfängerfreundliche" Anlage-Produkte anzusehen sind, fällt die Erarbeitung einer passenden Strategie jedem Anleger leicht. Wir gehen strukturiert vor, indem wir uns zuerst mit der fundamentalen Frage beschäftigen, ob regelmäßige Zahlungen oder unregelmäßige, hohe Einmalinvestitionen beim Kauf von Anteilen sinnvoller sind. Hier werden Anleger mit eng geschnürtem Geldbeutel merken, dass bereits kleine monatliche Sparbeträge das Investment in ETFs lukrativ ermöglichen. Wohlhabende Anleger werden lernen, wieso es doch besser ist, nicht alles oder einen Großteil auf einmal zu investieren, sondern monatlich Geld zurückzulegen. Nach dem Rhythmus des Besparens widmen wir uns dem Aufbau eines Portfolios, wobei Sie kennenlernen, wie ein rationaler Mix aus soliden und sicheren ETFs sowie riskanteren Produkten zusammengestellt wird. Zuletzt widmen wir uns dem Rebalancing, das eine regelmäßige Aktualisierung des Portfolios vorsieht.

Regelmäßig besparen oder unregelmäßige Einmalinvestitionen?

Wer sein Geld anlegt, kann dies mit unregelmäßigen Einmalzahlungen oder regelmäßigen Zahlungen machen. Auch eine Mischform aus beidem ist möglich.

Unregelmäßige Einmalzahlungen könnten so aussehen, dass Sie gerade viel Geld haben und dieses Geld ohne besondere Verwendung auf dem Konto liegt. Je nachdem, um wie viel Geld es sich handelt, könnte das Geld in einem Schwung auch in eine Immobilie angelegt werden. Der Immobilienmarkt ist zweifellos vielversprechend und neben der bloßen Wertsteigerung der Immobilie hätten Sie obendrein die

Mieteinnahmen. Allerdings ist die Investition in eine Immobilie steuerlich komplexer und bei einer Tätigkeit als Vermieter zudem aufwendiger. Bei Geldanlagen in ETFs ist es einfacher, zudem können Sie die Anteile jederzeit verkaufen und haben die finanziellen Mittel wieder verfügbar. Demenentsprechend merken wir: Ein hoher Einmalbetrag in ETFs ist für uns interessanter.

Nach der Zahlung dieses Einmalbetrags ist es eine denkbare Vorgehensweise, einfach abzuwarten und zu schauen, wie sich das Investment entwickelt. Parallel wird weiterhin Geld verdient oder gespart, um es irgendwann nochmals in Form eines hohen Einmalbetrages in ETFs zu investieren oder aber in eine andere Geldanlage zu legen. Die Zahlungen hoher Einmalbeträge haben mehrere Vorteile:

- **Kein konstantes Risiko**

  Wenn Sie einmal einzahlen, tragen Sie fürs Erste nur das Anfangsrisiko. Es sind keine monatlichen Beträge, die Sie einem Risiko unterwerfen. Sollten Sie nach zwei Jahren merken, dass der hohe anfangs investierte Betrag sich ausgezahlt hat, können Sie den nächsten hohen Betrag nachschieben. Es bleibt Ihnen aber erspart, in einen monatlichen Investitionsstrudel zu geraten und dadurch irgendwann unbewusst ins Risiko zu gehen.

- **Geringere Gebühren**

  Wenn Sie die Ordergebühren von Banken und Brokern vergleichen, dann wird Ihnen auffallen, dass es häufig Mindestgebühren gibt oder die Gebühren pro Order fix sind. Je höher der investierte Betrag, umso geringer fallen dementsprechend die Gebühren im Verhältnis zur Investition aus. Wer beispielsweise bei der Sparkasse sechs Euro pro Order zahlt und monatlich 25 Euro in den ETF investiert, hat einen mehr als 20-prozentigen Anteil an Gebühren. Wer wiederum einen hohen Einmalbetrag einbringt, der sich auf 5.000 oder 10.000 Euro beläuft, hat mit den sechs Euro Ordergebühren nicht einmal einen Prozent Anteil am Investitionsbetrag. Es muss bei dieser Rechnung allerdings auf die eventuell speziellen Regelungen für ETFs Rücksicht genommen werden.

Es ist zudem eine Kombination von Einmalbeträgen mit monatlichen Sparbeträgen möglich. Immer, wenn etwas mehr Geld auf der Kante liegt, kann es in den ETF investiert werden. Wieso sollte es nur auf dem Konto liegen und nicht passiv für Sie arbeiten? Es gibt keinen Grund. Demnach werden höhere Beträge unregelmäßig nachgeschoben – je nachdem, wann gerade höhere Geldbeträge verfügbar sind. Das Grundgerüst bilden aber die monatlichen Einzahlungen. Neben diesem Mischprodukt aus Einmalzahlungen und monatlichen Sparbeträgen gibt es noch das Szenario, in dem Sie sich auf die monatlichen Einzahlungen beschränken.

Die Vorteile eines monatlichen Erwerbs von Anteilen für den ETF sind weitreichend. Sofern ein günstiger Broker oder eine günstige Bank für Depot und Brokerage gewählt werden, spielt die Problematik der häufigen Zahlungen und häufigen Ordergebühren kaum mehr eine Rolle. Dafür treten mehrere Vorteile auf:

- **Vorsichtige Anfangsstrategie**

   Durch das monatliche Investieren wird eine für Anfänger besonders wichtige Sicherheit erzeugt. Im Gegensatz zum hohen Anfangsinvestment kann in den ersten Monaten mit geringeren Beiträgen gezielt geübt werden kann, falls man denn überhaupt eine

Notwendigkeit zur Übung sieht. Im Gegensatz zur Einmalinvestition besteht zwar das Risiko, monatlich einzuzahlen und in eine Regelmäßigkeit zu geraten, sodass über die Geldanlage nicht mehr nachgedacht und zwischendurch auftretende Marktrisiken nicht beachtet werden. Der Eintritt eines solchen Risikos hängt vom Anlegertyp ab.

- **Absolute Umsetzbarkeit**

  Während nicht jede Person höhere Beträge für Einmalzahlungen auf dem Konto hat, verhält es bei monatlichen Sparbeträgen anders. Wenn der Geldbeutel enger sitzt, muss eventuell auf das eine nutzlose Abo unter vielen verzichtet und vielleicht eine Pizza weniger im Monat bestellt werden, aber dass sich 20 oder 30 Euro monatlich für ein Investment in ETFs nicht mobilisieren ließen, ist höchst selten.

- **Bessere Umsetzung der Strategien**

  Sie werden es noch im weiteren Verlauf dieses Kapitels merken: Das Optimum aus den Strategien holen Sie am ehesten dann heraus, wenn Sie von monatlichen Sparbeträgen Gebrauch machen.

Bei alledem gibt es einen weiteren triftigen Grund, der für monatliches Investieren in das eigene ETF-Portfolio spricht. Es ist der Cost-Average-Effect; zu Deutsch: Durchschnittskosteneffekt. Diesem Effekt widmen wir uns im Folgenden intensiver, da er das Herzstück der monatlichen Sparweise ist.

Cost-Average-Effect

Unter dem Cost-Average-Effect bzw. Durchschnittskosten-effekt ist eine Erscheinung zu verstehen, die sich dann am stärksten bemerkbar macht, wenn mit regelmäßigen Beträgen gespart wird. Der Annahme des Durchschnittskosteneffekts nach, sorgen die Kursschwankungen eines Wertpapiers dafür, dass zwischendurch mehr Anteile eines Wertpapiers zu einem geringen Preis aufgekauft werden. Dies bewirkt, dass im Vergleich zu einer Investition mit Einmalzahlungen am Ende bei demselben investierten Betrag eine höhere Menge an Anteilen und somit ein höherer Profit das Ergebnis ist. Wie dies funktionieren kann, erklären die folgenden tabellarischen Darstellungen.

Monat	Sparbetrag	Preis pro Aktie / Anteil	Gekaufte Aktien / Anteile
Januar	400 €	70 €	~ 5,7
Februar	400 €	30 €	~ 13,3
März	400 €	45 €	~ 8,9
April	400 €	60 €	~ 6,7
Mai	400 €	72 €	~ 5,6
Juni	400 €	64 €	~ 6,3
Juli	400 €	68 €	~ 5,9
August	400 €	74 €	~ 5,4
September	400 €	77 €	~ 5,2
Gesamt	*3.600 €*	*Ø ~ 62,20 €*	*~ 63*

In diesem tabellarischen Beispiel bespart eine Person einen ETF oder eine Aktie mit 400 € pro Monat über einen Zeitraum von 9 Monaten. Insgesamt kommt ein Investment in Höhe von 3.600 € zustande. Der durchschnittliche Preis pro Aktie – oder bei einem ETF pro Anteil – bewegte sich bei ca. 62,20 €. Die verschiedenen Preise sind den Kursschwankungen des Wertpapiers geschuldet. Wir merken, dass der Durchschnittspreis der Aktie geringer war als der Preis zu Beginn der Geldanlage. Grund dafür ist, dass die Aktie häufiger einen negativen Kursverlauf nahm, als sie davor hatte. Folglich ist die Anzahl der gekauften Anteile in jedem Monat anders gewesen. Denn wenn der Preis geringer ausfällt als im ersten oder einem anderen Vergleichsmonat, können zu demselben Sparbetrag mehr Anteile gekauft werden.

Vergleichen wir diesen Sachverhalt nun mit einem Anleger, der per Einmalzahlung nach denselben neun Monaten denselben Betrag in dieselben Wertpapiere investiert hat:

Monat	Sparbetrag	Preis pro Aktie / Anteil	Gekaufte Aktien / Anteile
Januar	3.600 €	70 €	~ 5,7
Gesamt	*3.600 €*	*Ø 70 €*	*~ 51,3*

Wir sehen die große Überraschung in der Menge der am Ende des Anlagehorizonts im September gekauften Aktien. Der Anleger mit der Einmalzahlung hat ungefähr 11,7 Aktien bzw. Anteile weniger gekauft als der monatliche Sparer. Dies wirkt sich, den Kurs im September von 77 € zugrunde legend, wie folgt auf die Vermögensverhältnisse beider Anleger aus:

- Der Anleger mit monatlichen Sparbeträgen hat ein Vermögen von 63 Aktien / Anteilen x deren Kurswert in Höhe von 77 € = 4.851 €.
- Der Anleger mit der Einmalzahlung hat ein Vermögen von 51,3 Aktien / Anteilen x deren Kurswert in Höhe von 77 € = 3.950,10 €.
- Es ergibt sich also durch den Durchschnittskosteneffekt ein um 900,90 € höheres Vermögen im Wertpapierbestand beim Anleger mit monatlichen Sparbeträgen.

Dieses Beispiel ist keineswegs unrealistisch. Es wird zwar kein ETF solche Sprünge im Wertverlauf machen, aber die ein oder andere Small-Cap-Aktie oder Aktie eines Wachstumsunternehmens in schweren Zeiten wird solche Kursschwankungen durchaus aufweisen. Somit ist auch ein Durchschnittskosteneffekt in dieser Höhe nicht unwahrscheinlich.

Regelmäßig sparen für ein Maximum an Vorteilen

Wer regelmäßig spart – das muss nicht monatlich sein, aber es bietet sich an, dies monatlich zu tun –, profitiert unter Umständen vom Durchschnittskosteneffekt. Gewiss kann sich dieser auch im Negativen zeigen, indem durch die Schwankungen ein Wertpapier zwischendurch immer dann gekauft wird, wenn es teurer ist. Dementsprechend ist es vorteilhaft, sich bei den regelmäßigen Zahlungen den Freiraum zu lassen und immer wieder zu prüfen, ob der Cost-Average-Effect gerade für oder gegen einen arbeitet. Dies können Sie beispielsweise so praktizieren, indem Sie jeden Monat einen Zwischenbericht erstellen, in dem Sie die Performance des Durchschnittskosteneffekts festhalten. Schlussendlich aber ist bei langfristig steigenden Kursverläufen auch ein negativer Durchschnittskosteneffekt kein schlimmes Zeichen, da dennoch eine ordentliche Rendite zustande kommt. In der Praxis arbeitet der Durchschnittskosteneffekt jedoch meistens für Sie.

Das regelmäßige Sparen bringt Ihnen das Maximum an Vorteilen und schließt höhere Einmalzahlungen zwischendurch nicht aus. Wenn Sie beispielsweise in Krisenphasen wie der Corona-Krise merken, dass die Kurse gerade so gering stehen, dass es sich lohnt, einmal eine hohe Menge an Geld einzuzahlen und zu Schnäppchenpreisen eine Masse an Anteilen aufzukaufen, dann sind ergänzende Einmalzahlungen ein guter Rendite-Booster.

Aber nur auf Einmalzahlungen zu bauen, ist gefährlich. Stellen Sie sich vor, Sie würden diese Strategie verfolgen und hätten vor einem Crash eine hohe Menge an Geld investiert: Dann hätten Sie in Zeiten des Crashs keine oder limitierte Ressourcen, um die Tiefstpreise auf dem Markt durch ein umfangreiches Investment auszunutzen. Sie müssten warten, bis sich wieder viel Kapital angesammelt hat. Bei monatlichen Zahlungen hingegen nutzen Sie jede Krise ebenso wie jeden Wirtschaftsboom gleichermaßen aus. Wenn Sie klug sind, dann sparen Sie parallel zusätzlich höhere Geldbeträge an, um in Krisenzeiten per Einmalzahlung einen hohen Betrag nachzuschieben und die Krise für hohe Renditen in der Erholungsphase auszunutzen.

Das Wichtigste auf einen Blick!

❖ Teil einer idealen Anlagestrategie ist es, monatlich in die bevorzugten ETFs und eventuell anderen Wertpapiere zu investieren.

❖ Monatliche Zahlbeträge halten das Risiko in einem moderaten Rahmen und bringen den potenziell großen Vorteil des Durchschnittskosteneffekts mit sich.

❖ Monatliche Investments sind zudem bereits bei kleinen Beträgen sinnvoll, sodass sie eine für jede Person geeignete Anlagestrategie darstellen. Es sollte hierbei darauf geachtet werden, dass die Depotgebühren in Relation zu den investieren Beträgen maximal bei ein bis zwei Prozent liegen.

❖ Neben dem monatlich investierten Geld sollte zusätzlich Geld gespart werden, um Ressourcen für hohe Einmalzahlungen zusammenzutragen. Neben den monatlichen Zahlungen zwischendurch einen hohen Betrag einfließen zu lassen, macht in Situationen oder Phasen Sinn, in denen die Anteile besonders günstig sind.

Die Diversifikation des Portfolios

In diesem Unterkapitel wird es wohl am spannendsten, da die grundlegenden Entscheidungen für die Bestückung des eigenen Portfolios getroffen werden. Dies umfasst die Auswahl der Indizes, die Ihre ETFs abbilden sollen und deren Gewichtung im Gesamtportfolio. Für eine rationale Diversifikation ist es ideal, zwischen drei ETF-Kategorien zu unterscheiden: Zwischen einer umfassenden Basis, einer Beimischung und dem geringeren Risiko-Anteil.

Basis

Die Basis im Portfolio macht idealerweise 50 bis 60 % der gesamten ETF-Anteile aus. Um nicht zu hohe Erwartungen bei Ihnen zu wecken, sei an dieser Stelle erwähnt, dass hier größtenteils ETFs auf die Indizes gewählt werden, die bereits mehrfach Anklang im Ratgeber gefunden haben. Es handelt sich um Standard-Indizes, die Wirtschaftsräume abbilden. Dabei gilt: Je breiter die Streuung, desto besser ist es für Ihre Geldanlage.

MSCI World

Kein Wunder ist es, dass sich der MSCI World als Basis für ETFs einen Namen gemacht hat. Diverse Versicherungsgesellschaften setzen bei ihren fonds- bzw. ETF-basierten Altersvorsorgen fast immer auf einen Anteil von 40 bis 60 % aus dem MSCI World. Wir blicken auf die Rendite in den letzten fünf Jahren, also vom März 2015 bis März 2020.[58] Diese beläuft sich beim ETF des Anbieters iShares auf 35,5 %. Eine solide Basis, dürfte man behaupten...

---

[58] https://www.justetf.com/de/etf-profile.html?isin=IE00B4L5Y983&tab=chart&h=2&query=IE00B4L5Y983&groupField=index&from=search

MSCI ACWI

Was ist aber, wenn Ihnen die Streuung auf lediglich 23 Industrieländer nicht genügt, um global zu diversifizieren und Sie als Basis einen globalen ETF möchten, der noch weiter streut? In diesem Fall erinnern Sie sich womöglich noch an den MSCI ACWI (All Countries World Index). Dieser enthält auch die Aktien aus Schwellenländern. Er eignet sich ebenso für eine Basis im Portfolio. Es erfolgt ein Vergleich mit der Rendite des MSCI-World-ETFs, wobei erneut ein Produkt von iShares über den Zeitraum März 2015 bis März 2020 betrachtet wird.[59] Das Ergebnis ist 21,48 %.

Interessant dürfte an dieser Stelle sein, dass die Indizes hinsichtlich ihrer Rendite weniger voneinander abweichen, sofern die Zeit vor Corona betrachtet wird. Wir merken dennoch, dass die Schwellenländer den MSCI ACWI auszubremsen scheinen. Nicht ohne Grund ist der MSCI ACWI selten die Basis von ETF-Portfolios.

MSCI Europe

Beim MSCI World und dem MSCI ACWI wird von einigen Anlegern der hohe Anteil an US-Unternehmen moniert. Betrachtet man die wirtschaftliche Entwicklung der USA im vergangenen Jahr – 2019 ist gemeint –, so lässt sich diese Kritik nicht nachvollziehen, da in den USA in den drei nationalen Indizes Dow Jones, S&P500 und Nasdaq beachtliche Renditen das Ergebnis waren. Aber ein wirtschaftlich orientierter Trump wird nicht immer der Präsident der USA bleiben, und sein Management gesundheitlicher oder gesellschaftlicher Krisen hat das Potenzial, alle wirtschaftlichen Erträge der USA gegen die Wand zu fahren. Bei einem entsprechenden Gedankengang ist es nur allzu nachvollziehbar

---

[59] https://www.justetf.com/de/etf-profile.html?isin=IE00B6R52259&tab=chart&h=2&query=IE00B6R52259&groupField=index&from=search

und vonseiten der Anleger verständlich, wenn den ETFs auf den MSCI World oder MSCI ACWI ein ETF auf den MSCI Europe beigemischt wird. Ein Blick auf die Entwicklung eines iShares-ETFs auf den MSCI Europe zwischen März 2015 und März 2020[60] zeigt ernüchternde -9,54 % als Resultat. Nur für den Hinterkopf: Vor Corona hätte es anders ausgesehen, wenngleich nicht so renditestark wie im MSCI World oder MSCI World ACWI. Dies führt uns zu einer weiteren Überlegung...

S&P500

Wenn die US-Wirtschaft tatsächlich so stark ist, wieso sollte deren Anteil im ETF-Portfolio dann nicht nochmals erhöht werden? Wird zusätzlich zum MSCI-World-ETF, der die Basis bildet, noch ein ETF auf den S&P500-Index aus den USA gewählt, dann doppeln sich Anteile an Unternehmen (z. B. Amazon, Alphabet, Berkshire Hathaway) zwar, aber aufgrund der starken Performance der US-Wirtschaft kann das doch der weiteren Basis des Portfolios nur gut tun, oder?

Diesmal nehmen wie die Kursentwicklung und Rendite eines ETFs von Vanguard auf den S&P500 unter die Lupe, der Zeitraum ist erneut März 2015 bis März 2020[61] Eine Rendite von 60,65 % spricht Bände – was für eine Wahnsinns-Strategie, verstärkt auf die US-Unternehmen zu setzen! Aber konnten Sie diesen Erfolg vorher wissen? Natürlich nicht, denn die Entwicklung des Marktes ist unberechenbar. Sie haben lediglich eine Theorie aufgestellt, mit der Sie Glück oder – weil es besser klingt – Recht hatten. Demgegenüber

---

[60] https://www.justetf.com/de/etf-profile.html?isin=IE00B1YZSC51&tab=chart&h=2&query=IE00B1YZSC51&groupField=index&from=search

[61] https://www.justetf.com/de/etf-profile.html?isin=IE00B3XXRP09&tab=chart&h=2&query=IE00B3XXRP09&groupField=index&from=search

stand soeben die Theorie, dem MSCI World als weitere Basis den MSCI Europe zuzufügen, die durchaus logisch war, aber fehlschlug. Hier merken Sie: Allein schon bei der Entscheidung, welche zwei ETFs Sie miteinander kombinieren, gibt es einen spekulativen Charakter. Trotz der anfängerfreundlichen ETFs verliert die Geldanlage also nicht an Spannung.

DAX

Aber wer weiß? Vielleicht lag das Problem des MSCI Europe darin, dass dieser Index zu viele Aktien für einen Wirtschaftsraum wie Europa enthielt. Es wäre doch eine probate Überlegung, sich in Europa auf einen Index zu fokussieren, der einer besonders starken nationalen Wirtschaft angehört. Welcher Index könnte sich da besser eignen als der heimische DAX? Und zu welchen Unternehmen hören Sie in den Nachrichten mehr als zu denen aus dem DAX: einer Wirtschaft, über die Sie permanent auf dem Laufenden sind? Wenn Sie die Nachrichten zum DAX nur halbwegs verfolgt haben, dann wissen Sie, dass dieser zwischenzeitlich im letzten Jahr, 2019, eine beachtliche Entwicklung vollzogen hatte. Auch davor galt für die deutsche Wirtschaft: Absolut konsolidiert!

Es wird erneut auf ein Produkt des Anbieters iShares vertraut und die Entwicklung dieses DAX-ETFs von März 2015 bis März 2020 betrachtet.[62] Eine Rendite von -31,58 % hinterlässt einen erstaunlich schwachen Eindruck. Erneut war vor der Corona-Krise vieles anders. So hätte vom März 2015 bis Mitte Februar 2020 dieser DAX-ETF noch eine Rendite von +31,83 % erwirtschaftet.[63]

---

[62] https://www.justetf.com/de/etf-profile.html?isin=DE0005933931&tab=chart&h=2&query=DE0005933931&groupField=index&from=search
[63] wie vorherige

Langsam dämmert der Verdacht, dass die einzige große Wirtschaft, die sich nach dem Corona-Debakel solide gezeigt hat, die US-Wirtschaft ist. Doch es ist nur eine Momentaufnahme aus dem Zeitpunkt Ende März 2020. Sie werden dieses Buch wahrscheinlich einige Monate oder Jahre später lesen und mehr wissen. Wird Trumps Strategie im Umgang mit Corona Erfolg haben oder werden die steigenden Zahlen an Infizierten und Toten urplötzlich die US-Wirtschaft zu einem historischen Einbruch bringen? Ein Investment in die deutsche Wirtschaft scheint angesichts der politischen Führung beständig, auch wenn sich Krisen kurzfristig stärker bemerkbar machen. Nach den Krisen geht es wieder bergauf.

Weitere Indizes für Basis-ETFs:
Wir nehmen in der nachstehenden Tabelle die Renditen der ETFs von Lyxor auf einige nationale Indizes in Augenschein. Dabei ist erneut der Zeitraum März 2015 bis März 2020 ausschlaggebend:

Staat	Index	Rendite
Hongkong	Hang Seng	18,5 %
Frankreich	CAC 40	13,03 %
Kanada	MSCI Canada	-20,96 %
Südkorea	MSCI Korea	-14,14 %
Australien	S&P ASX 200	-32,43 %

Quelle: justetf.com[64]

Ein Blick auf die Renditen einzelner ETFs auf nationale Indizes zeigt, dass in Krisenzeiten wie zur Corona-Zeit nicht auf positive Wertentwicklungen einzelner nationaler Indizes, die normalerweise stark performen (siehe Südkorea,

---

[64] https://www.justetf.com/de/

Kanada), vertraut werden kann, auch wenn es sich hierbei um Indizes aus Industrieländern handelt. Sogar Deutschlands DAX verzeichnete einen deutlichen Absturz. In ETFs wird daher mit langfristigem Anlagehorizont investiert. Und wenn wir einen zehnjährigen oder noch längeren Zeitraum in der Betrachtung der Renditen wählen, sieht die Sache bedeutend anders aus.

Die ideale Strategie:
Im Rahmen einer idealen Strategie für Anfänger repräsentiert der MSCI World den Großteil der Basis im Wertpapierportfolio. Ein Anteil von 30 % in einer insgesamt 50-prozentigen Basis dürfte angemessen sein. Als zweiter Basis-Bestandteil wird ein ETF auf eine nationale Wirtschaft gewählt oder ein ETF auf den MSCI Europe. An dieser Stelle müssen Sie selbst die Antworten auf die entscheidenden Fragen finden:

- Vertrauen Sie der US-Wirtschaft sowohl in Blüte- als auch Krisenzeiten? Dann investieren Sie bestenfalls in einen ETF auf den breit gestreuten Index S&P500. Die Beteiligung an der Entwicklung der größten Konzerne der Welt ist Ihnen damit sicher.
- Suchen Sie nach Sicherheit und möchten dem Markt nahestehen, in den Sie investieren? Dann wählen Sie einen ETF auf den DAX. In Krisenzeiten reagiert die Wirtschaft hierzulande zwar stärker. Dies geschieht aber nur, weil hier umfassende Schutzmaßnahmen ergriffen werden. Nach der Krisenzeit setzt sich die gute Entwicklung weiter fort.
- Möchten Sie zusätzlich in einen größeren Wirtschaftsraum investieren? Dann empfiehlt sich ein Investment in die stark wachsende chinesische Wirtschaft, die durch einen ETF auf den Hang-Seng-Index gut repräsentiert wird, oder in einen ETF auf den

MSCI Europe, der den europäischen Wirtschaftsraum breit diversifiziert nachbildet.

In mehr als zwei Indizes sollte in der Basis nicht investiert werden. Sie müssen bedenken, dass für den Kauf der Anteile eines jeden ETFs separate Ordergebühren anfallen. Auch wenn sich diese bei ETFs meistens in Grenzen halten, müssen Sie gegenrechnen, ob es nicht doch besser ist, nur in den MSCI World als Basis zu investieren. Mehr dazu in 6.2.4.

Zunächst gilt, dass Sie im Idealfall einen MSCI-World-ETF zu 30 % Teil Ihres Portfolios werden lassen und weitere 20 % Ihres investierten Betrags in einen weiteren ETF investieren. Abschließend die Gesamtrenditen dreier verschiedener Basiskombinationen für das ETF-Portfolio betrachtet:

Rendite der Basis 1 (30 % Anteil am Portfolio)	Rendite der Basis 2 (20 % Anteil am Portfolio)	Gesamtrendite
MSCI World: 35,5 %	MSCI Europe: -9,54 %	17,484 %
MSCI World: 35,5 %	S&P500: 60,65 %	45,56 %
MSCI World: 35,5 %	DAX: -31,58 %	8,668 %

Beimischung

Nachdem wir uns mit der Basis eines Portfolios beschäftigt haben, kommen wir nun zur Beimischung, die in Abhängigkeit von der Basis zu ermitteln ist. Es stellen sich diesbezüglich hauptsächlich zwei Fragen:

1. Wie hoch ist der Anteil der Basis am Portfolio?
2. Wie stark diversifiziert ist die Basis?

Gemäß der Annahme, dass die Basis einen 50-prozentigen Anteil an Ihrem ETF-Portfolio hat, liegt der Anteil der

Beimischung bei 30 oder 40 %. Sollte der Anteil der Basis im Portfolio bei 60 % liegen, dann ist die Beimischung immer mit 30 % anzusetzen. Schlussendlich muss für das Risiko immer ein geringerer Anteil als bei der Beimischung verbleiben, da das Ziel ein geringes Maß an Risiko ist.

Nachdem die erste Frage geklärt ist, widmen wir uns der zweiten Frage: Investieren Sie zu 50 oder 60 % nur in den MSCI World, dann hat Ihre Basis ein minimales Maß an Diversifikation. In diesem Fall ist die Beimischung einfach. Sie wählen dann zur Beimischung einen ETF, den Sie normalerweise als zweite Basis wählen würden, also beispielsweise einen ETF auf den MSCI Europe, den S&P500 oder den DAX. Dieser macht den kompletten Anteil der Beimischung aus. In diesem Szenario verändert sich auch der Risikofaktor, aber dazu mehr in Abschnitt 6.2.3.

Wenn Sie bereits in der Basis auf die Kombination zweier ETFs miteinander setzen, dann kommen in die Beimischung andere ETFs, wobei wir uns nicht mehr mit den Standard-Indizes befassen, sondern strategisch konzeptionierte ETFs ins Portfolio aufnehmen. Wir sehen uns an dieser Stelle mit drei verschiedenen Strategien konfrontiert:

- **Growth-Strategie**

    Ein ETF, der einen Index mit Growth-Aktien nachbildet, enthält die Aktien von Wachstumsunternehmen. Da Growth-Aktien für Sie als Anfänger schwer zu analysieren sind, gibt es eine Reihe an ETF-Produkten, die verschiedene Growth-Indizes nachbilden.

    Gute Beispiele: iShares Euro Total Market Growth Large UCITS ETF, Deka STOXX Europe Strong Growth 20 UCITS ETF

- **Value-Strategie**

  Anhänger und „Fans" von Warren Buffett, dem Börsenguru aus den USA, verfolgen des Öfteren die Value-Strategie, die Buffett zu einem der reichsten Menschen des Planeten machte. Unternehmen, die unterbewertet sind, sind in entsprechenden Value-Indizes enthalten, sodass Sie auch hier keine Analysearbeiten vollziehen müssen.

  Gute Beispiele: Deka STOXX Europe Strong Value 20 UCITS ETF, UBS ETF (IE) MSCI USA Value UCITS ETF (USD) A-dis, Ossiam Shiller Barclays Cape US Sector Value TR UCITS ETF 1C (EUR)

- **Dividenden-Strategie**

  Es steht hier nicht das Investment in Unternehmensaktien im Vordergrund, die sich im Kursverlauf positiv entwickeln, stattdessen aber die konstante Ausschüttung von Dividenden. Diese sorgen für ein jährliches oder halbjährliches passives und direkt ausgezahltes oder reinvestiertes Einkommen. In diesem Zusammenhang ist das Kriterium der Dividenden-Aristokraten unter Anlegern bekannt, wofür spezielle ETFs aufgesetzt wurden.

  Gute Beispiele: SPDR S&P Global Dividend Aristocrats UCITS ETF, SPDR S&P Euro Dividend Aristocrats UCITS ETF (Dist), SPDR S&P Emerging Markets Dividend Aristocrats UCITS ETF (Dist)

Quelle: ETFs für Anfänger[65]

---

[65] Miller, D.: ETFs für Anfänger, S. 29ff.

Hintergrundwissen

Die Kriterien, um als Dividenden-Aristokrat zu gelten, sind je nach Wirtschaftsraum und ETF-Anbieter anders. Im US-amerikanischen Raum muss die Rendite über einen Zeitraum von 25 Jahren vom Unternehmen jährlich angehoben worden sein, um als Dividenden-Aristokrat zu gelten. In Europa wiederum genügen für eine Kategorisierung als Dividenden-Aristokrat zehn Jahre lang jährlich angehobene Dividenden und eine Mindest-Dividendenrendite in Höhe von 3 %.[66]

Wenn Sie sich für eine Beimischung in Ihrem Portfolio entscheiden, dann dürfen Sie aus den Strategien die bevorzugte wählen und sich einen ETF aussuchen. Die genannten Beispiele für ETFs dienen Ihnen als ein erster Anhaltspunkt, wobei beliebte Anbieter bei einer strategischen Ausrichtung von ETF-Produkten die Marken *Deka* und *SPDR* sind. Es ist wichtig, dass jeder ETF, den Sie zur Beimischung Ihres Portfolios wählen, keinen höheren Anteil als der Basis-ETF Ihres ETF-Portfolios hat. Ansonsten wäre die Basis keine Basis mehr. Allgemeinhin gelten folgende drei Szenarien:

- **Erstes Szenario**

  Bei einer Basis mit 60 % Anteil am ETF und einem 40-prozentigen oder höheren Anteil des Basis-ETFs -> Ein ETF zur Beimischung mit einem Anteil von 30 %.

---

[66] Cherry Finance: ETF Sparpläne für ein passives Einkommen, S. 280f.

Bei einer Basis mit 50 % Anteil am ETF-Portfolio und einem 30-prozentigen oder höheren Anteil des Basis-ETFs ergeben sich zwei Möglichkeiten:

- **Zweites Szenario**

  Beimischung hat einen Anteil von insgesamt 40 % am Portfolio: Zwei ETFs zur Beimischung mit einem Anteil von je 20 %; entweder mit derselben strategischen Ausrichtung oder mit zwei verschiedenen strategischen Ausrichtungen.

- **Drittes Szenario**

  Beimischung hat einen Anteil von insgesamt 30 % am Portfolio: Zwei ETFs zur Beimischung mit einem Anteil von je 15 %.

Gehen wir die drei Szenarien mit Beispielen für ETFs und deren Performances jeweils im Zeitraum März 2015 bis März 2020 durch, wobei wir die Basis mit einbeziehen:

Erstes Szenario:

Basis (60 % des Portfolios)	Beimischung (30 % des Portfolios)
MSCI World (40 % des Portfolios): 35,5 %	Deka STOXX Europe Strong Value 20 UCITS ETF (30 % des Portfolios): -28,1 %
DAX (20 % des Portfolios): -31,58 %	
Gesamtrendite (gemäß Portfolio-Anteil): 7,884 %	*Gesamtrendite (gemäß Portfolio-Anteil): -8,43 %*

Quelle: justetf.com[67]

---

[67] https://www.justetf.com/de/

In Bezug auf die Anteile von 60 % der Basis und 30 % der Beimischung am Portfolio ergibt sich eine Gesamtrendite von ungefähr -0,55 % zzgl. der verbleibenden und anzurechnenden Rendite aus dem Risiko-Anteil. Wir haben hier die Strategie verfolgt, den dominanten MSCI World, der soweit gut performte, mit dem DAX in der Basis und den Value-Unternehmen in der Beimischung zu kombinieren. Also auch in dieser Variante ging die Kombination des MSCI World mit dem europäischen Wirtschaftsraum nicht ertragreich auf.

Zweites Szenario:

Basis (50 % des Portfolios)	Beimischung (40 % des Portfolios)
MSCI World (30 % des Portfolios): 35,5 %	iShares Euro Total Market Growth Large UCITS ETF (20 % des Portfolios): 4,1 %
MSCI Europe (20 % des Portfolios): -9,54 %	Deka STOXX Europe Strong Growth 20 UCITS ETF (20 % des Portfolios): 60,66 %
Gesamtrendite (gemäß Portfolio-Anteil): 17,484 %	*Gesamtrendite (gemäß Portfolio-Anteil: 12,95 %*

Quelle: justetf.com[68]

Es ergibt sich insgesamt eine Rendite in Höhe von 30,434 %, die auf 90 % des Portfolios zurückzuführen ist. Wie ersichtlich ist, sind die Growth-Unternehmen in den Indizes tatsächlich gewachsen, wobei insbesondere der *Deka STOXX Europe Strong Growth 20 UCITS ETF* eine beachtliche Performance hingelegt hat.

---

[68] https://www.justetf.com/de/

> **Tipp!**
>
> Auch wenn gilt, dass ETF-Hopping vermieden werden sollte, ist bei solch deutlichen Performance-Unterschieden wie in den beiden ETFs zur Beimischung angeraten, in den besser performenden ETF den Großteil des angelegten Geldes zu investieren. Dann dürfen die Anteile dieses ETFs sogar höher sein als die des MSCI World, der eigentlich die Basis bilden sollte. Eine solch gute Performance stellt alles andere in den Schatten. Zeichnet sie sich vorzeitig ab, dann darf – oder soll – die Strategie teilweise modifiziert werden.

Drittes Szenario:

Basis (50 % des Portfolios)	Beimischung (30 % des Portfolios)
MSCI World (30 % des Portfolios): 35,5 %	SPDR S&P Euro Dividend Aristocrats UCITS ETF (Dist) (15 % des Portfolios): -11,54 %
MSCI Europe (20 % des Portfolios): -9,54 %	SPDR S&P Global Dividend Aristocrats UCITS ETF (15 % des Portfolios): -17,58 %
Gesamtrendite (gemäß Portfolio-Anteil): 17,484 %	*Gesamtrendite (gemäß Portfolio-Anteil: -4,368 %*

Quelle: justetf.com[69]

Wir haben lediglich den Kursverlauf der Dividenden-ETFs betrachtet, allerdings nicht die Dividendenrenditen, die

---

[69] https://www.justetf.com/de/

noch interessanter gewesen wären. Aufgrund des geringen Anteils am ETF-Portfolio senken die negativen Renditen der Dividenden-ETFs die Erträge der Basis-ETFs nicht signifikant. Die insgesamt 80 % des Portfolios haben insgesamt eine Rendite von 13,116 %, gemäß Ihrem Anteil am Portfolio, zur Folge.

Die ideale Strategie:
Wie Sie merken, wird es nun durch das Einbeziehen weiterer ETFs ins Portfolio komplexer. Die drei genannten Szenarien sind nur ein Auszug an Möglichkeiten. Fühlen Sie sich frei, sich selbst zu informieren und selbst zu variieren. Es ist auch kein Muss, strategisch ausgerichtete ETFs für das eigene Portfolio als Beimischung auszuwählen. Es handelt sich lediglich um eine von vielen Möglichkeiten. Grundsätzlich dürfen Sie sich an dem orientieren, was anfangs in diesem Unterkapitel genannt wurde:

- Je breiter diversifiziert Ihre Basis ist, umso mehr ist es ratsam, sich strategisch orientierte ETFs als Beimischung zu suchen. Dann sind 30 bis 40 % Growth- oder Dividenden-ETFs eine optimale Entscheidung.
- Je weniger diversifiziert Ihre Basis ist, weil beispielsweise zu 50 % nur ein MSCI-World-ETF bespart wird, umso sinnvoller ist es, als Beimischung keine strategisch orientierten ETFs zu wählen, sondern nationale Indizes auszusuchen. So wäre ein Konstrukt aus 50 % MSCI-World-ETF und 30 % DAX- oder Hang-Seng-ETF in Ihrem Portfolio eine denkbar einfache Lösung.

Risiko-Anteil

Es verbleibt der Risiko-Anteil. Im Risiko-Anteil geht es nicht darum, sich ETFs auszusuchen, die möglichst schlecht performt haben. Viel eher handelt es sich um Geldanlagen in ETFs, die Schwankungen oder vorab definierte

Unsicherheiten aufweisen, aber auf einen langfristigen Anlagehorizont Gewinne erzielen. Zudem ist es ein positives Zeichen, wenn die jeweiligen ETFs Phasen haben, in denen besonders hohe Wertentwicklungen verzeichnet werden. In den Phasen mit hohen Wertentwicklungen eignen sich die risikoreicheren ETFs zur Anlagestrategie Rebalancing (siehe 6.3). Ehe wir uns einige geeignete ETF-Produkte mit kleinem Risiko-Faktor ansehen, nehmen wir den Risiko-Anteil an sich genauer unter die Lupe. Die folgenden Regeln im Portfolio sind zu beachten:

- Der Risiko-Anteil macht maximal 20 % des Portfolios aus. Liegt der Anteil der Basis und Beimischung bei 90 % des Portfolios, so ist der Risiko-Anteil auf 10 % limitiert.
- Es wird nur in ein ETF-Produkt investiert! Aufgrund des geringen Anteils am Portfolio und der eventuell bereits vorhandenen bis zu vier verschiedenen ETFs wird maximal in einen weiteren, minimal riskanten, ETF investiert.
- Wurde bei der Beimischung nicht in strategisch orientierte ETFs investiert, weil die Basis nicht breit genug diversifiziert war, so darf der Risiko-Anteil entfallen und stattdessen das Portfolio zu 20 % oder 10 % mit strategisch ausgerichteten Growth-, Value- oder Dividenden-ETFs bestückt werden.

Nachdem diese grundlegenden Aspekte geklärt wurden, verbleibt nur noch ein Blick auf die ETFs, die sich unter dem „Risiko-Anteil" verbuchen lassen.

Ein geeignetes Beispiel, weil häufig in den ETF-Portfolios von Anlegern als kleiner Posten enthalten, ist ein ETF auf den MSCI Emerging Markets. Es handelt sich dabei um den Schwellenländer-Index. Ein entsprechendes Produkt des

Anbieters iShares hatte folgenden Kursverlauf in seiner bisherigen Historie (Stand: März 2020):

Chart des iShares Core MSCI Emerging Markets IMI UCITS ETF (Acc)

Quelle: justetf.com[70]

Als gewissermaßen riskant bezeichnen einige Anleger die ETFs auf den MSCI Emerging Markets, weil die darin enthaltenen Unternehmen aus Staaten stammen, die wirtschaftlich weniger konsolidiert sind. Außerdem fallen die Kursschwankungen beim MSCI Emerging Markets höher aus als bei einigen der Standard-Indizes aus den Industrienationen. Bei einem Großteil der Anleger werden ETFs auf den MSCI Emerging Markets allerdings nicht als riskantes Investment eingestuft, sondern einfach als volatil genug, um den geringen Risiko-Anteil des eigenen ETF-Portfolios auszumachen. Wir stellen fest, dass im Zeitraum von März 2015 bis März 2020 die Rendite des ETFs sogar positiv war. Beim genauen Herauslesen aus dem Chart lag sie bei knapp 13,52 %, weswegen das Investment ein lohnendes Risiko darstellt. Wäre nicht Corona gewesen, hätte die Rendite zum heutigen Zeitpunkt mutmaßlich bei über 40 % in fünf Jahren gelegen. Ferner sind weitere MSCI-Index-ETFs als riskant in diesem Sinne einzustufen, die einen stark eingeschränkten

---

[70] https://www.justetf.com/de/etf-profile.html?isin= IE00BKM4GZ66&tab=chart&h=2&query=IE00BKM4GZ66&group Field=index&from=search

regionalen Bezug aufweisen. Dazu zählen MSCI Pacific, MSCI North America u. ä.

Was zudem als riskant eingestuft werden kann, sind ETCs und ETFs, die Indizes mit Futures auf Rohstoffe nachbilden. Ein solcher Index ist beispielsweise der *iShares Diversified Commodity Swap UCITS ETF (DE)*, der Futures auf Rohstoffe aus den Bereichen Energie, Edelmetalle, Industriemetalle, Lebendvieh und Agrarrohstoffe umfasst.[71] Dieser hat einen beispielhaften Abstieg seit der Finanzkrise 2017 vollzogen und illustriert, was Risiko bei Swaps bedeuten kann. Viel interessanter dürfte da der ETC *Xtrackers Physical Gold ETC (EUR)* auf den Goldpreis mit der folgenden Entwicklung sein:

Chart des Xtrackers Physical Gold ETC (EUR)

Quelle: justetf.com[72]

Hier sehen wir die typischen hohen Schwankungen bei einem risikoreicheren Investment, und gleichermaßen die typisch hohe Rendite, die seit März 2015 bis März 2020 bei sage und schreibe über 35 % liegt. Das ist nun einmal der Vorteil von Gold: Es steigt in Zeiten, in denen die Börse kriselt, tendenziell immer an Wert. Danach fällt es zwar

---

[71] https://www.justetf.com/de/etf-profile.html?isin=DE000A0H0728

[72] https://www.justetf.com/de/etf-profile.html?isin=DE000A1E0HR8&tab=chart

minimal, aber der insgesamt positiven Entwicklung tut dies keinen Abbruch.

Gehen wir von dem Fall aus, dass wir in unserem Portfolio eine Strategie verfolgt haben, im Rahmen derer wir als Risiko-Anteil einen ETC auf den Goldpreis beigemischt hätten, so könnte das Endergebnis eindrucksvoll stark wie folgt ausfallen:

Basis (60 % des Portfolios)	Beimischung (30 % des Portfolios)	Risiko-Anteil (10 % des Portfolios)
MSCI World (40 % des Portfolios): 35,5 %	iShares Euro Total Market Growth Large UCITS ETF: 4,1 %	Xtrackers Physical Gold ETC (EUR): 37,21 %
S&P500 (20 % des Portfolios): 60,65 %		
Gesamtrendite (gemäß Portfolio-Anteil): 26,33 %	*Gesamtrendite (gemäß Portfolio-Anteil): 1,23 %*	*Gesamtrendite (gemäß Portfolio-Anteil): 3,72 %*

In dieser ETF-Konstellation wäre in vier ETFs investiert worden. Die Rendite für den kompletten investierten Sparbetrag hätte sich auf knapp 31,28 % belaufen. Solch ein Sparplan ist durchaus lukrativ. Und von dieser Rendite ist der kurze sowie im Hinblick auf die Rendite suboptimale Zeitraum zwischen März 2015 und März 2020 betroffen.

Einfluss der Höhe der Geldbeträge

Die Höhe der investierten Geldbeträge nimmt einen Einfluss darauf, welche Strategie sich besser durchsetzen lässt und welche nicht oder nur schlecht umsetzbar ist. Beginnen wir zunächst, weil es einfacher ist, beim Gold-ETC: Möchten Sie einen Gold-ETC zu 10 % am Portfolio beteiligen, dann kommen Sie an einer monatlichen Sparrate von mindestens 500 Euro kaum vorbei, da ansonsten die ETC-Anbieter nicht mitmachen. Sind Sie zu einer solchen Sparrate nicht bereit, dann besteht die Option, neben den monatlichen Beträgen zur Investition Geld für eine hohe Einmalzahlung zu sparen. Diese Einmalzahlung kann dann in einen Gold-ETC einfließen.

Ansonsten gilt zur Umsetzung der Strategien:

- Bei Monatsinvestitionen in Höhe von mindestens 300 € dürfen Sie in bis zu fünf ETFs in Ihrem Portfolio investieren, solange die Gebühren pro ETF-Trade nicht zu hoch ausfallen. Die Gebühren müssen Sie bei Ihrer Depotbank sowie Brokerage einsehen und mit der Höhe der zu erwartenden Renditen abgleichen.
- Bei Monatsinvestitionen in Höhe von 100 bis 250 €sind drei ETFs bzw. – bei über 200 € – vier ETFs das Maximum.
- Sollten die Monatsinvestitionen geringer sein als 100 €, sind zwei ETFs das Maximum.

So viel zu den Beträgen. Je geringer Ihr Monatsbetrag und je geringer die Anzahl an verschiedenen ETFs, umso weniger diversifiziert sollte Ihr Portfolio sein. Betrachten wir drei Beispiel-Sparpläne für drei verschiedene Budgets .

Sparbetrag 50 € monatlich:
Angesichts der geringen Monatsbeträge ist maximal ein Trade empfohlen. ETFs auf den MSCI World sind ideal, ansonsten eigenen sich ETFs auf die wichtigsten Indizes der USA und der Industriestaaten Europas. Auch ein Investment in den MSCI Europe ist möglich. Wichtig: 100 % der Beträge in einen ETF!

Sparbetrag 150 € monatlich:

60 % Anteil eines MSCI-World-ETFs, 30 % Anteil eines DAX-ETFs und 10 % Anteil eines MSCI-Emerging-Markets-ETFs. Der MSCI-Emerging-Markets-ETF bringt den kleinen Risikofaktor ein und der DAX-ETF gleicht das US-amerikanische Übergewicht aus dem MSCI-World-ETF ein Stück weit aus. Durch den nationalen Bezug in Form des DAX-ETFs ist ein Investment aus Überzeugung wahrscheinlich, was das Anlageverhalten und die Disziplin fördert.

Sparbetrag 300 € monatlich:
40 % Anteil eines MSCI-World-ETFs, 10 % Anteil eines MSCI-Europe-ETFs, 30 % Anteil eines Europe-Growth-ETFs und 20 % Anteil eines Gold-ETCs. Dies ist die Variante für risikofreudigere Anleger, bei der das Risiko neben dem Gold-ETC minimal durch die Growth-ETFs, die tendenziell volatiler sind als Value- oder Dividenden-ETFs, beigesteuert wird.

Tipp!

Bei justetf.com finden Sie einen Strategie-Planer[73], der Ihnen einen Sparplan auf Basis Ihrer Antworten erstellt. Diesen Sparplan können Sie direkt nutzen oder als Inspiration für die eigene Diversifikation Ihres Portfolios, wie Sie sie in diesem Unterkapitel kennengelernt haben, anwenden.

---

[73] https://www.justetf.com/de/etf-strategy-builder.html

Rebalancing: Anteile verkaufen und neu kaufen

Das Rebalancing ist ein strategischer Mechanismus, der dazu dient, Vermögensverhältnisse im Portfolio wiederherzustellen. Gehen wir zur Erklärung von einem Portfolio aus, das mit drei verschiedenen ETFs ausgestattet ist. Sie investieren dabei 300 €. Die Verteilung der 300€ auf die verschiedenen Anlageprodukte sieht wie folgt aus:

- MSCI-World-ETF: 150 €
- ETF mit Growth-Unternehmen: 90 €
- MSCI-Emerging-Markets-ETF: 60 €

Anmerkung: Es ist bewusst, dass an dieser Stelle der Aufbau des ETF-Portfolios nicht zwingend den Empfehlungen aus 6.2 folgt, aber einerseits handelt es sich nur um ein vereinfachtes Beispiel, andererseits müssen auch Sie den Strategien nicht penibel folgen, sondern dürfen eigene Akzente setzen.

Weiter im Beispiel sollte klar sein, dass Sie zwar mit der Aufteilung MSCI-World-ETF 50 %, Growth-ETF 30 % und Emerging-Markets-ETF 20 % einkaufen, aber diese Aufteilung verändert sich mit dem Kursverlauf. Der Durchschnittskosteneffekt beschreibt dies äußerst treffend. Denn in Phasen, in denen die Anteile eines ETFs besonders günstig sind, kaufen Sie mehr davon. In den Phasen jedoch, in denen der ETF an Wert gewinnt, haben Sie nicht ausbalancierte Vermögensverhältnisse in Ihrem Portfolio. Um dies zu demonstrieren, gehen wir davon aus, dass über ein Jahr hinweg der MSCI-World-ETF und der ETF mit Growth-Unternehmen fast dieselbe Entwicklung genommen haben. Aber der MSCI-Emerging-Markets hat eine wahre Achterbahnfahrt erlebt:

Monat	Preis pro Anteil	Sparbetrag	Erworbene Anteile
Januar	12 €	60 €	5
Februar	14 €	60 €	~ 4,29
März	11,80 €	60 €	~ 5,08
April	9 €	60 €	~ 6,67
Mai	10 €	60 €	6
Juni	10,70 €	60 €	~ 5,61
Juli	12,20 €	60 €	~ 4,92
August	10,10 €	60 €	~ 5,94
September	8,80 €	60 €	~ 6,82
Oktober	9,50 €	60 €	~ 6,32
November	10,10 €	60 €	~ 5,94
Dezember	11,80 €	60 €	~ 5,08
Gesamt	*Ø ~10,83*	*720 €*	*~ 67,69*

Es wurden also 67,69 Anteile zu einem Durchschnittspreis von ungefähr 10,83 € pro Anteil gekauft. Wir nehmen
im weiteren Verlauf an, dass Sie einmal jährlich, nämlich am
Jahresanfang, die Anteile der ETFs am Portfolio überprüfen. Dabei fällt Ihnen auf, dass der MSCI-World-ETF Ende
Dezember ebenso wie der ETF mit Growth-Unternehmen
keine signifikanten Änderungen aufweist. Sie haben über das
ganze Jahr pro Monat je drei Anteile des MSCI-World-ETFs
zu einem Preis von 150 € und je sechs Anteile des Growth-
ETFs monatlich zu einem Preis von 90 € kaufen können. Im
MSCI-Emerging-Markets-ETF hat sich wiederum der Durchschnittskosteneffekt bemerkbar gemacht. Nicht nur, dass Sie
mehr Anteile als anfangs pro Monat kaufen konnten – der
ETF verzeichnet sogar Ende Januar pro Anteil einen gestiegenen Kurs von 12,80 €. Dementsprechend ergibt sich folgendes Bild in Ihrem Portfolio:

ETF	Anzahl Anteile	Wert pro Anteil	Gesamtwert der Anteile	Anteil am Portfolio
MSCI-World-ETF	36	50 €	1.800 €	48 %
Growth-ETF	72	15 €	1.080 €	29 %
MSCI-Emerging-Markets-ETF	67,69	12,80 €	866€	23 %

Wir sehen also, dass die angestrebten Verhältnisse im Portfolio aus dem Gleichgewicht geraten sind. Dies bedeutet per se nichts Schlimmes, hat Ihnen doch der MSCI-Emerging-Markets-ETF als einziger eine Rendite beschert. Aber da wir wissen, dass der Risiko-Anteil im eigenen Portfolio des Öfteren zu Schwankungen neigt, wäre jetzt ein geeigneter Zeitpunkt gekommen, um die drei überschüssigen Prozent im Portfolio in Form von Anteilen des ETFs zu verkaufen und in die anderen beiden ETFs zu reinvestieren oder aber als Ertrag zu behalten und für eine andere Geldanlage zu sparen.

Wie auch immer Sie es handhaben, es geht im Grunde genommen im Rebalancing darum, regelmäßig bei einem Ungleichgewicht der Vermögensverhältnisse zu verkaufen. Es lässt sich bei einer langfristigen Anlagestrategie allerdings nur beim Risiko-Anteil des Portfolios empfehlen. Dies bedeutet: Wenn der Risiko-Anteil höher oder niedriger als zu Beginn der Geldanlage liegt, dann sollte verkauft bzw. eingekauft werden. Der Vorteil des Verkaufs bei hohen Kursen besteht darin, dass verkauft wird, ehe ein Kursverlust kommt. Denn die häufigen Schwankungen risikoreicher Geldanlagen begünstigen einen erneuten Kursverfall. Wenn es zu diesem kommt, sollten die Anteile idealerweise zu einem hohen Preis verkauft und in die stabileren und langfristig ertragsstärkeren anderen ETFs – also die Basis und die Beimischung – reinvestiert werden. Sind die Kurse des risikoreichen Teils des Portfolios gering, so empfiehlt sich der Kauf, weil Sie am Tiefpunkt günstig eine Fülle an Anteilen erhalten, die später einen höheren Wert haben und teuer verkauft werden können.

Am Ende stehen also folgende Erkenntnisse:

- Das Rebalancing dient dazu, die Vermögensverhältnisse im Portfolio zwischen den einzelnen ETF-Anteilen auszubalancieren.
- Am häufigsten angewendet werden muss das Rebalancing in nahezu allen Fällen bei den risikoreicheren ETFs. Dort macht es wegen der Kursschwankungen auch am meisten Sinn.
- Das Rebalancing sollte nur durchgeführt werden, um mehr Anteile der Basis- und Beimischungs-ETFs anzukaufen, nicht aber, um diese zu verkaufen, wenn sie gerade viel wert sind. Denn die Basis- und Beimischungs-ETFs sind die, die Ihnen langfristig die höchste und solideste Rendite bei geringerer Volatilität bescheren werden.

Zusammenfassung

Im Idealfall wird ins ETF-Portfolio monatlich mit konstanten Beiträgen investiert. So lassen sich Effekte wie der Durchschnittskosteneffekt und strategische Züge wie das Rebalancing besser, weil auf lange Sicht häufiger und wirkungsvoller, anwenden. Unregelmäßige Einmalzahlungen sind natürlich auch erwünscht und sinnvoll. Aber nur mit unregelmäßigen Einmalzahlungen zu investieren, würde Sie mehrere Vorteile einbüßen lassen.

Wenn Sie ETF-Produkte auswählen, dann sollte das Portfolio möglichst breit diversifiziert sein. Bis zu fünf ETFs sind wünschenswert. Je geringer Ihre monatlichen Geldbeträge sind, die Sie anlegen, desto geringer sollte die Menge verschiedener ETFs im Portfolio sein. Auf lange Sicht kann mit einem einzigen ETF auf einen Standard-Index ebenfalls gut angelegt werden, sodass sogar bescheidene Sparer bei 30€ monatlich eine passende Strategie zur Geldanlage finden werden.

Die Basis eines ETF-Portfolios sollte entweder ein breit gestreuter ETF auf den MSCI World oder MSCI Europe sein, oder aber ein S&P500-ETF, wenn Sie der US-Wirtschaft langfristig Ihr Vertrauen schenken möchten. Durch eine Beimischung und einen minimalen Risiko-Anteil wird die Auswahl der ETFs fürs Portfolio komplettiert, wobei der Risiko-Anteil allem voran fürs Rebalancing des Portfolios und die Mitnahme hoher Zwischenrenditen sinnvoll ist.

Investieren in Krisenzeiten

Bisher haben Sie in diesem Buch mehrere hilfreiche Anleitungen, Strategien, Fachkenntnisse und sogar ein paar Ratschläge zur Zweifel- bzw. Angstbeseitigung bekommen, aber eine Sache verbleibt: Die Dynamiken des Marktes, die – wenn Sie erstmal eintreten – derart beeindruckend und erdrückend auf den Anleger wirken können, dass er sich entgegen jeder vorherigen Behauptung dazu entscheidet, in Krisenzeiten seine Anteile abzustoßen. Damit begeht der Anleger einen der größten Fehler, die überhaupt möglich sind. Denn in Krisenzeiten sollte investiert werden, unter Umständen sogar mehr als vorher. Wieso dem so ist und wie Sie in Krisenzeiten die Zuversicht mobilisieren, erklärt Ihnen dieses Kapitel.

Warum ist Investieren gerade in Krisenzeiten wichtig?

Das Investieren in Krisenzeiten ist deswegen wichtig, weil sich alles weiterbewegt und die eigenen Finanzen dies auch tun sollten. Denn in Krisenzeiten bleiben weder die Inflation noch die niedrigen Zinsen bei klassischen Sparprodukten aus. Dementsprechend gibt es kaum eine Alternative zur Geldanlage an der Börse. Allerdings gibt es einen Grund, der noch vielmehr zu einer Vermögensanlage in Wertpapiere animiert. Dazu gehört die Unsicherheit des Geldes auf dem Konto. Banken sichern das Vermögen ihrer Kunden bis zu einem bestimmten Grad ab, aber wenn es hart auf hart kommt und die Krise die jeweilige Bank stark trifft, dann kann es – bei einem Bankrott wird es sehr wahrscheinlich – zum Verlust des Geldes bei Kunden kommen.

Nun flüchteten sich zu Beginn der Corona-Krise zahlreiche Anleger in sichere Geldanlagen, zu denen u. a. Staatsanleihen aus Deutschland, Schweiz, Luxemburg und der Niederlande gehören. Damit nahmen die Anleger negative Zinsen und einen Verlust des Geldes in Kauf. Somit ist das Geld von den zugesicherten Zinsen her schlechter platziert als auf dem Sparbuch. Stellen Sie sich die Frage, was Sie lieber möchten:

Über einen längeren Zeitraum gesichert Minus fahren, oder in eine Geldanlage investieren, die zwischendurch ein Minus verzeichnet, aber nach der Krise höchstwahrscheinlich einen hohen Zuwachs verbuchen wird?

Normalerweise fällt die Entscheidung auf die letzte Option. In der Panik treffen Anleger falsche oder voreilige Entscheidungen, was sich auf deren Finanzen negativ auswirkt. Auf lange Sicht hat sich die Wirtschaft stets weiterentwickelt und Krisen getrotzt – diesen Satz haben Sie schon eingangs im Vorwort dieses Ratgebers lesen dürfen, und mit diesem Satz führt dieser Ratgeber die finalen Seiten zu Ende. Im Gegensatz zur kompletten Wirtschaft hat es bei den Einzelaktien des Öfteren anders ausgesehen, wie Ihnen das Beispiel der Deutschen Bank vorgeführt hat. Aus diesem Grund sind ETFs in Krisenzeiten und auch außerhalb, allem voran für Anfänger, die beste Basis eines Portfolios. Jede Person, die das verstanden und die Anteile gehalten hat, hat beste Chancen, aus der Krise als Gewinner hervorzugehen. Noch besser trifft es aller Voraussicht nach die Personen, die die durch die Krise verursachten Tiefpreise ausnutzen. Wurde zu dem Zeitpunkt, als die Kurse am tiefsten standen, per Einmalzahlung mehr Geld als sonst investiert, dann konnte eine weitaus höhere Menge an Anteilen eingekauft werden als vor der Corona-Krise. Dann trat der Durchschnittskosteneffekt ein. Das Merkmal der erfolgreichsten Anleger, die an der Börse zu Millionären oder sogar Milliardären geworden sind, ist nicht zwingend das Daytrading mit hoher Aktivität oder der spekulative Devisenhandel mit Hebeln, womit sich viele in der Öffentlichkeit brüsten. Die wahren Erfolgsmenschen unter den Anlegern sind die stillen und bescheidenen Personen, die ein langfristiges Konzept verfolgen und Krisen nicht nur überstehen, sondern – wegen zunehmender Investitionen in diesen Krisen – sogar wachsen. Bestes Beispiel dafür – so häufig sein Name auch genannt wird und so bekannt er mittlerweile sein muss – ist Warren Buffett. Die meisten Leser werden ihn und seine Strategien kennen. Falls nicht, so müssen Sie sich auf eigene Faust informieren. An dieser Stelle werden nur zwei passende Zitate von ihm eingebracht: *„Die meisten Leute interessieren sich dann für Aktien, wenn es alle anderen tun. Die Zeit, sich dafür zu interessieren ist, wenn es niemand anderer tut. Man kann nicht kaufen, was beliebt ist, und gut abschneiden.“* Dieses Zitat signalisiert, dass immer dann, wenn viele Personen in Aktien investieren und der Markt beliebt ist, das gute Abschneiden erschwert bzw. unmöglich ist. Die Preise sind zu hoch und die Renditen zu wenig aussichtsreich. Aber dann, wenn sich niemand für Aktien interessiert, zu investieren, ist fast schon eine gesicherte Win-Situation: Sie erhalten unterbewertete Top-Unternehmen und Wachstumsunternehmen zu geringen Preisen. Das nächste Zitat von Warren Buffett gibt Mut für Krisenzeiten mit auf den Weg: *„Im 20. Jahrhundert erlebten die Vereinigten Staaten zwei Weltkriege und andere traumatische und teure militärische Konflikte, die Depression, ein Dutzend Rezessionen und Finanzpaniken, Ölschocks, eine Grippe-Epidemie und den Rücktritt eines beschämten Präsidenten. Doch der Dow stieg von 66 auf 11.497.“*[74] Abgesehen von der Tatsache, dass sich diese Krisen ereigneten und der Dow Jones als Index dennoch beachtlich stieg, machte sich bei Anlegern immer dasselbe Verhalten bemerkbar: In der

---

[74] https://www.fool.de/2019/05/10/der-grosse-berkshire-hathaway-rueckkauf-ueber-den-niemand-spricht-2/

Krise kam es zu den von Buffett angesprochenen Finanzpaniken, die die unmittelbare Folge einer Verschlimmerung der Kursverläufe hatten. Profitiert haben aber nur diejenigen, die einen kühlen Kopf bewahrt haben.

Bei all den Aussagen der erfolgreichen und schwerreichen Anleger an der Börse drängt sich eine Erkenntnis auf: Die Krise mag zwar schlimm gewesen sein, aber was sie noch schlimmer gemacht hat, war das Verhalten der Anleger. Diese wurden panisch und es kam zu Ausverkäufen in Massen. Die Profis hat es gefreut. Im Grunde genommen hoffen professionelle Anleger nur darauf, dass es in Krisen zu Aktionismus und Panik kommt, denn entsprechendes Verhalten der Anleger bedeutet eine Zunahme des Profits für langfristige professionelle Anleger, die in Krisen günstig einkaufen möchten.

Wie Sie merken, sind Krisen nur kurzfristig zum Verlust, langfristig aber zum Gewinn gemacht. Wenn Sie dies begriffen haben, sind Sie der Professionalität im Geldanlegen als Anfänger bereits weitaus näher als eine Vielzahl selbsternannter Profis. Sie profitieren obendrein davon, dass Sie mit den ETFs auf einfache Weise ein breit diversifiziertes Portfolio aufbauen können, welches Sie mit 30 Euro monatlich besparen können. Mehr und eine gewisse Geduld, die auch Krisenzeiten umfasst, braucht es bei der Geldanlage nicht. Investitionen in Einzelaktien sind in Krisenzeiten hingegen komplizierter und erfordern weitaus mehr Auswahl- und Folgemanagement im Portfolio. Aber ETFs sind für Krisenzeiten mehr als nur geeignet.

Was tun, wenn die Krise beginnt, und bereits Geld angelegt ist?

Wenn die Kurse rasant in den Keller gehen und eine Menge Geld im ETF-Portfolio angelegt ist, ist es jedoch plötzlich eine ganz andere Sache, als sich theoretisch darüber zu unterhalten, dass es wichtig ist, auch in Krisenzeiten weiter zu investieren.

Sie sehen diese unglaublich große Summe an Geld, die Sie über einen längeren Zeitraum in den ETF eingezahlt haben und die sogar gewachsen ist. Sie blicken mit Stolz auf das Vermögen, das sich aufgrund steigender Kurse über einen längeren Zeitraum gebildet hat. Aber plötzlich kommt ein Crash, eine Krise oder speziell die Corona-Krise, und mit jedem Tag sehen Sie, wie Ihr Vermögen schmilzt und schmilzt. Eventuell haben Sie noch etwas Zeit, bis sich eine negative Rendite ergibt. Deswegen überlegen Sie, die Anteile schnell zu verkaufen, um noch einen Gewinn einzufahren. Es wäre doch andernfalls schade um das ganze Geld. Sie schlafen eine Nacht drüber, aber unruhig. Plötzlich fühlt sich das passiv aufgebaute Vermögen an, als wenn es hart erarbeitet worden wäre. Sie möchten nicht um die Früchte Ihrer Arbeit gebracht werden. Die Nachrichten im Fernsehen sind negativ, die Expertenmeinungen kryptisch und unverständlich. Angesichts dieser Umstände sind Sie total überfordert, aber die anderen Anleger verkaufen und verkaufen. Also verkaufen auch Sie. Es wurde schließlich Geld angelegt, das nicht verloren werden soll.

Sollten Sie bereits vor der Corona-Krise eine beträchtliche Menge Geld angelegt haben, können Sie das Szenario nachfühlen, das soeben beschrieben wurde. Eventuell werden Sie vor einer künftigen Krise hohe Investitionen getätigt haben und dann nachvollziehen können, wie intensiv sich eine Krise auf Ihre Psyche und die Sorgen um das eigene Vermögen auswirken kann. In der realen Situation ist alles plötzlich anders...

Aber glauben Sie im Ernst, dass die Regierungen Unternehmen wie Apple, Microsoft, Lufthansa, adidas und ähnliche Größen fallen lassen? Ganz im Gegenteil: Die Regierungen werden die größten Anstrengungen unternehmen, um dies zu verhindern! Nicht ohne Grund investieren Sie als Basis in die nationalen und internationalen Standardindizes und erst in der Beimischung in Wachstumsunternehmen, die etwas vakanter sind. Sie haben eine Strategie, bei der die einzig richtige Antwort ist, auch in Krisenzeiten die Investitionen fortzusetzen.

Es gibt jedoch zwei verschiedene Handlungsweisen, die sich in Krisen einschlagen lassen. Welche davon gewählt wird, hängt davon ab, ob Sie bereits Geld investiert haben oder gerade mit dem Geld anlegen anfangen.

Für beginnende Anleger:
Sie stellen Ihr Portfolio zusammen und investieren Ihre monatlichen Beträge – ganz genau so, wie es bisher beschrieben wurde. Versuchen Sie, zu Beginn der Krise höhere Beträge zu mobilisieren als in der Folgezeit, um möglichst viel der günstigen Wertpapiere aufzukaufen. Es macht Sinn, zunächst mehr in die Basis-, Value- und Dividenden-ETFs zu investieren, weil diese am krisensichersten sind und bei den Anlegern außerhalb von Krisen hohe Beliebtheitswerte genießen.

Für Anleger, die bereits Geldsummen im Portfolio geparkt haben:
Halten Sie das Geld, das Sie bereits investiert haben, und verkaufen Sie keine Anteile. Widerstehen Sie also mit aller Macht der Panikmache auf dem Finanzmarkt und an der Börse. Der einzige Grund, der einen Verkauf von Anteilen rechtfertigt, ist das Rebalancing. Sollte zu Beginn der Finanzkrise der Risiko-Anteil im Portfolio höher sein als gewollt, ist dies Ihre ideale Chance, um die überschüssigen Anteile zu verkaufen und dann...

...erstmal zu warten. Das ist eine grundsätzliche Empfehlung bei Krise**neintritt**. Sie verzichten zunächst – auch bei Ihren monatlichen Investitionen – auf eine Fortsetzung. Der Grund dafür ist, dass Sie warten, bis sich die Krise nach dem Eintritt weiterentwickelt hat. Denn die Preise werden noch weiter fallen. Wieso in den ersten Tagen die fünf bis zehn Prozent geringeren Kurse der ETF-Anteile ausnutzen, wenn Sie noch ein bis zwei Wochen warten und dann die um 20 bis 25 % gesunkenen Kurse durch den Kauf maximal günstiger ETF-Anteile ausnutzen können?

Hier noch einmal kompakt: Unmittelbar nach Kriseneintritt wird nichts mehr gekauft. Haben Sie Dysbalancen im Portfolio, dann können Sie ETF-Anteile aus dem Risiko-Anteil des Portfolios verkaufen, aber das generierte Geld behalten Sie zunächst bei sich, ebenso wie die monatlichen Einzahlungen in Ihren ETF-Sparplan. Schätzen Sie ein, wie dynamisch und stark sich die Krise entwickelt. Sparen Sie nach Möglichkeit über einen Monat hinaus. Und kaufen Sie schließlich dann neue Anteile, wenn die Preise gemäß Ihren Vermutungen am Tiefpunkt angelangt sind. Denn an diesem Tiefpunkt bekommen Sie am meisten Anteile. Investieren Sie in Krisenzeiten bevorzugt in Ihre Basis-ETFs oder in Value-ETFs und Dividenden-ETFs als Beimischung, weil darin die Titel enthalten sind, um die sich alle Anleger reißen und die schnell wieder einen Rendite-Anstieg verzeichnen werden.

Schlusswort

Dieser Ratgeber hat Ihnen die Börse und die Geldanlage in ETFs auf die Schnelle vorgestellt. Dabei haben Sie die Zusammenhänge verschiedener Kennzahlen und deren Deutung kennengelernt, um die richtigen ETF-Produkte auszuwählen. Abschließend wurden Sie in Strategien eingewiesen, um ein eigenes Portfolio mit ETFs zusammenzustellen und es zu besparen, sodass passiv Vermögen aufgebaut wird. Wie hoch dieses Vermögen sein wird, lässt sich nicht sagen, zudem sind negative Kursentwicklungen zwischendurch nicht nur möglich, sondern sogar wahrscheinlich. In diesen Phasen ist es wichtig, kühlen Kopf zu bewahren und kurz innezuhalten. Sobald die Kurse auf dem Tiefpunkt sind, wird eingekauft.

Wenn es eine Erkenntnis dieses Ratgebers gibt, die Sie sich merken müssen, dann ist es eben dieser letzte Aspekt: Krisen sind nicht zum Verkaufen, sondern zum abgebrühten Einkaufen da!

Halten Sie Ihre Anteile in Krisenzeiten und investieren Sie, wenn die Kurse am Tiefpunkt sind! Dies wird so häufig wiederholt, damit Sie es verinnerlichen und sich zu Herzen nehmen.

Es werden Personen erscheinen, die Ihnen sagen werden, es sei verrückt, gegen den Markt zu setzen. Aber Sie setzen nicht gegen den Markt, wenn Sie in Krisenzeiten Geld in ETFs anlegen. Sie schenken dem Markt das Vertrauen, der bisher aus jeder Krise gestärkt hervorgekommen ist und Ihr Vertrauen somit verdient hat.

Es werden Personen erscheinen, die Ihnen sagen werden, ETFs seien eine Enttäuschung: Sie hätten in ETFs investiert, um in Krisenzeiten möglichst wenig Verluste zu haben, und seien enttäuscht worden. Doch Krisen gab es in der Wirtschaft bisher immer ein Comeback. Machen Sie das nächste Comeback des DAX, des Dow Jones, des MSCI Europe, des CAC 40 oder eines anderen Indizes, in den Sie über ETFs investiert haben oder investieren werden, endlich auch zu Ihrem persönlichen Comeback und profitieren Sie von dem Vorgehen, von dem alle Profis an der Börse profitiert haben: Von den Tiefpreisen in Krisenzeiten!

Es werden Personen erscheinen, die Ihnen sagen werden, ETFs seien nur etwas für Anfänger. Die Profis würden sich irgendwann immer bemühen, durch aktiven Wertpapierhandel oder durch aktive Aktienfonds den Markt zu schlagen. Versuchen Sie es gern, den Markt zu schlagen, sobald Sie ausreichend Knowhow über die Geldanlage in Einzelaktien haben. Aber glauben Sie nie daran, ETFs seien nur etwas für Anfänger. Zahlreiche Profis legen Geld in ETFs an. Und die Profis, die Ihr Geld nicht in ETFs anlegen, bilden die Indizes mit kleinen Abweichungen selbst ab, was dann aber einen hohen Zusatzaufwand bedeutet. Behalten Sie die Strategie, ETFs zur Basis Ihres Wertpapier-Portfolios zu machen, langfristig bei. Dann werden Sie immer grundlegende Sicherheiten haben.

Zum Abschluss verbleibt nur noch, Sie darauf aufmerksam zu machen, dass dieses Buch Ihr ständiger Begleiter bei der Geldanlage in ETFs sein sollte. Lesen Sie die Dinge, die Ihnen unklar sind, mehrere Male nach. Denn wie es so ist, mit Dingen, die man lernt: Sie verschwimmen mit der Zeit. Sorgen Sie dafür, dass jeder angelegte Euro ein vernünftig und strategisch wohl durchdacht angelegter Euro ist. Viel Erfolg!

Quellenverzeichnis

Literatur-Quellen:

Byrne, R.: *The Secret – Das Geheimnis*. München: Verlagsgruppe Random House GmbH, 2007.

Cherry Finance: *ETF Sparpläne für ein passives Einkommen – Wie Sie mit Dividenden ETFs zur finanziellen Unabhängigkeit gelangen*. Deggendorf: Cherry Media GmbH, 2019.

Ecker, T. H.: *So denken Millionäre – Die Beziehung zwischen Ihrem Kopf und Ihrem Kontostand*. Kulmbach: Börsenmedien AG, 2006. 10. Auflage.

Kommer, G.: *Souverän investieren mit Indexfonds und ETFs – Wie Privatanleger das Spiel gegen die Finanzbranche gewinnen*. Frankfurt am Main: Campus Verlag GmbH, 2011. 3. Auflage.

Miller, D.: *ETFs für Anfänger – Schritt für Schritt zur finanziellen Freiheit*. Daniel Miller, 1. Auflage.

Online-Quellen:

https://www.finanz-tools.de/inflation/inflationsraten-deutschland

https://de.statista.com/statistik/daten/studie/202295/umfrage/entwicklung-des-zinssatzes-fuer-spareinlagen-in-deutschland/

https://www.welt.de/finanzen/article202234584/
Rentenversicherung-Bundesbank-warnt-vor-finanzieller-
Schieflage.html

https://www.boerse.de/

https://www.boerse.de/boersenkurse/

https://wirtschaftslexikon.gabler.de/definition/blue-
chips-29147

https://www.boerse.de/boersenlexikon/Small-Caps

https://www.brokervergleich.de/wissen/statistiken/etfs-
zahlen-und-fakten/

https://www.godmode-trader.de/know-how/etf-exchange-
traded-funds-eine-einfuehrung,4432087

https://www.boerse.de/grundlagen/aktie/Renditedreieck-
Dax-Jaehrliche-Durchschnittsrenditen-seit-1980-8

https://www.dividendenadel.de/msci-world-
renditedreieck/

https://www.justetf.com/de/etf-profile.html?isin=
LU1242369327

https://www.blackrock.com/at/finanzberater-und-
banken/produkte/fonds-im-fokus/fixed-income

https://boersenlexikon.faz.net/definition/msci/

https://www.msci.com/factor-indexes

https://www.handelsblatt.com/adv/etfwissen/etf-wissen-wie-etfs-einen-index-nachbilden/14665856.html?ticket=ST-931993-eILI3n9TC2UUrddLfYWy-ap4

https://www.finanzen.net/index/dax

https://www.finanzen.net/aktien/lufthansa-aktie

http://www.wirtschaftslexikon.co/d/aktiensplitting/aktiensplitting.htm

https://www.finanzen.net/index/dow_jones

https://www.finanzen.net/index/nasdaq_composite

https://www.finanzen.net/index/s&p_500

https://www.finanzen.net/index/hang_seng

https://www.finanzen.net/index/euro_stoxx_50

https://www.boersennews.de/lexikon/begriff/msci-world/1854/

https://www.finanzen.net/index/msci-world

https://www.finanzen.net/index/msci-emerging-markets

https://www.justetf.com/de/

https://www.ishares.com/de

https://www.verbraucherzentrale.de/wissen/geld-versicherungen/sparen-und-anlegen/welche-anbieter-von-etfs-gibt-es-in-deutschland-16607

https://www.amundietf.de/privatkunden/

https://www.ubs.com/de/de/asset-management/etf-institutional.html

https://www.youtube.com/watch?v=xU6YEIaO_74

https://www.gesetze-im-internet.de/estg/_32d.html

https://de.investing.com/

https://www.youtube.com/watch?v=lVhFhR_lSdw&t=225s

https://www.justetf.com/de/find-etf.html

https://www.justetf.com/de/etf-profile.l?query=IE00B4L5Y983&groupField=index&from=search&isin=IE00B4L5Y983

https://de.extraetf.com/etf-comparison

https://de.extraetf.com/etf-comparison?etf=IE00B5BMR087,IE00B3XXRP09

https://www.justetf.com/de/etf-profile.l?isin=IE00B4L5Y983&tab=chart&h=2&query=IE00B4L5Y983&groupField=index&from=search

https://www.justetf.com/de/etf-profile.l?isin=IE00B6R52259&tab=chart&h=2&query=IE00B6R52259&groupField=index&from=search

https://www.justetf.com/de/etf-profilel?isin=IE00B1YZSC51&tab=chart&h=2&query=IE00B1YZSC51&groupField=index&from=search

https://www.justetf.com/de/etf-profilehtml?isin=IE00B3X
XRP09&tab=chart&h=2&query=IE00B3XXRP09&groupFiel
d=index&from=search

https://www.justetf.com/de/etf-profile.html?isin=
DE000A0H0728

https://www.justetf.com/de/etf-profile.html?isin=
DE000A1E0HR8&tab=chart

https://www.justetf.com/de/etf-strategy-builder.html

https://www.fool.de/2019/05/10/der-grosse-berkshire-
hathaway-rueckkauf-ueber-den-niemand-spricht-2/

931&tab=chart&h=2&query=DE0005933931&groupField=
index&from=search

https://www.justetf.com/de/etf-profile.html?isin=
IE00BKM4GZ66&tab=chart&h=2&query=IE00BKM4GZ66&
groupField=index&from=search

https://www.justetf.com/de/etf-profile.html?isin=
DE000A0H0728

https://www.justetf.com/de/etf-profile.html?isin=DE000A
1E0HR8&tab=chart

https://www.justetf.com/de/etf-strategy-builder.html

https://www.fool.de/2019/05/10/der-grosse-berkshire-
hathaway-rueckkauf-ueber-den-niemand-spricht-2/.
ml?isin=IE00B3XXRP09&tab=chart&h=2&query=
IE00B3XXRP09&groupField=index&from=search

https://www.justetf.com/de/etf-profile.html?isin=
DE0005933931&tab=chart&h=2&query=DE0005933931&
groupField=index&from=search

https://www.justetf.com/de/etf-profile.html?isin=
IE00BKM4GZ66&tab=chart&h=2&query=IE00BKM4GZ66&
groupField=index&from=search

https://www.justetf.com/de/etf-profile.html?isin=
DE000A0H0728

https://www.justetf.com/de/etf-profile.html?isin=
DE000A1E0HR8&tab=chart

https://www.justetf.com/de/etf-strategy-builder.html

https://www.fool.de/2019/05/10/der-grosse-berkshire-
hathaway-rueckkauf-ueber-den-niemand-spricht-2/
html?isin=IE00B3XXRP09&tab=chart&h=2&query=
IE00B3XXRP09&groupField=index&from=search

https://www.justetf.com/de/etf-profile.html?isin=
DE0005933931&tab=chart&h=2&query=DE0005933931&
groupField=index&from=search

https://www.justetf.com/de/etf-profile.html?isin=
IE00BKM4GZ66&tab=chart&h=2&query=IE00BKM4GZ66&
groupField=index&from=search

https://www.justetf.com/de/etf-profile.html?isin=
DE000A0H0728

https://www.justetf.com/de/etf-profile.html?isin=
DE000A1E0HR8&tab=chart

https://www.justetf.com/de/etf-strategy-builder.html

https://www.fool.de/2019/05/10/der-grosse-berkshire-hathaway-rueckkauf-ueber-den-niemand-spricht-2/

GELD RICHTIG ANLEGEN

Mit welchen bewährten Strategien Sie Ihre
Altersvorsorge und Rente jetzt sichern
können

Martin Bachmeier

Inhalt

Vorwort

Was waren das früher bloß für Zeiten! Eltern oder Großeltern haben einem das Sparbuch angelegt und zum 16. oder 18. Geburtstag geschenkt. Dieses enthielt bereits einen eingezahlten Betrag und warf jährlich Zinsen ab. Diese Zinsen waren prozentuale jährliche Beträge, die es von der Bank als Belohnung für das Geld gab, das man auf dem Konto lagern ließ. Zinsen gab es immer auf den unberührten Betrag. Diese Zinsen warfen im nächsten Jahr in Kombination mit dem eingezahlten Geld weitere Zinsen ab – der Zinseszinseffekt trat ein! So sparte sich über die Jahre und Jahrzehnte einiges an Geld an und es konnten Träume realisiert werden, für die es Geld brauchte. Und was ist heute? Auf dem Papier ist alles gleich. Aber bei tieferer Betrachtung hat sich die Situation komplett gewandelt.

Lassen Sie uns in diesem Ratgeber deswegen gemeinsam auf die alten Zeiten pfeifen und lernen, wie junge Leute in den heutigen herausfordernden Zeiten das Geld richtig anlegen – renditestark, möglichst sicher und zielführend! Die junge Generation steht heute vor gewissen Herausforderungen, die zunächst einen nachteilhaften Anschein erwecken: Die Gesetzliche Rentenversicherung steht vor dem Kollaps oder steuert geradewegs auf den Abgrund zu. Die vom Staat erlassenen Gesetze halten das Rentenversicherungssystem aufrecht, was aufgrund eines höheren Renteneintrittsalters und der Verpflichtung zur Versicherung zulasten der Bürger geht. Die Niedrigzinsphasen und die Inflation in Kombination machen das Sparen, wie es früher ertragsstark und sicher möglich war, zunichte. Doch diese Nachteile bringen auch so einiges mit sich, das insbesondere der jüngeren Generation gefallen dürfte:

- Die Untauglichkeit früherer etablierter Anlageprodukte animiert dazu, Neues auszuprobieren!
- Es wird mehr ins Risiko gegangen, wobei sich das Risiko mit ausreichend Kenntnissen gut in Grenzen halten lässt!
- Die Geldanlage wird interessanter, da Anleger bei den aktuell renditestarken Anlagen aktiver managen müssen!

Doch was sind das für Kenntnisse, mit denen sich Risiken in Grenzen halten lassen? Was bedeutet es überhaupt, bei der Geldanlage ins Risiko zu gehen? Was für Geldanlagen sind aktuell renditestark? Wieso sind die früheren Anlageprodukte mittlerweile weniger geeignet?

Auf all diese Fragen liefert Ihnen dieser Ratgeber die Antworten. Der Ratgeber ist auf junge Leute ausgerichtet, wobei die Aussagen dieses Ratgebers für jede Bevölkerungsgruppe korrekt und somit allen Personen eine Hilfe sind. Aber junge Leute haben den einen Vorteil, der bei der Geldanlage unermesslich viel wert ist: Sie können einerseits die Zeit für sich arbeiten lassen, andererseits mit der Zeit zusammenarbeiten.

Das Leben steht gerade erst am Anfang und eröffnet alle Möglichkeiten. Exakt diese Möglichkeiten vermitteln Ihnen die folgenden Kapitel. Jedoch vermitteln die Kapitel Ihnen nur die Möglichkeiten, die sich wirklich lohnen! Es handelt sich dabei um Aktien und andere Wertpapiere, Immobilien, Rohstoffe (Öl, Gold und weitere), Kryptowährungen und Altersvorsorge-Verträge. Exakt in der genannten Reihenfolge werden Ihnen die verschiedenen Geldanlagen vorgestellt.

Dabei machen Aktien und Wertpapiere den Beginn, weil sie für jede Person finanzierbar sind und zugleich eine relativ hohe Sicherheit bieten. Ja, tatsächlich: Aktien und Wertpapiere, die als so riskant verschrienen Anlagemöglichkeiten, sind alles in allem vom Risiko her gut kalkulierbar. Sie glauben es nicht? Dann lernen Sie die Faktenlage kennen! Lernen Sie ebenso, wie Sie es hinbekommen, schon in jungen Jahren Immobilien zu finanzieren und sich durch deren Vermietung ein optimales Standbein für eine angemessene Rente zu sichern oder ein umfassendes Vermögen aufzubauen. Immobilien gelten als sicher. Als ebenso sicher galten lange Zeit Rohstoffe, zu denen Öl und Gold als bekannte Beispiele gehören. Doch sind Rohstoffe eine sichere Geldanlage oder aber ein Auslaufmodell, an das sich einige Kulturen und Generationen noch klammern? Wir werden es beleuchten. Alles andere als ein Auslaufmodell sind jedenfalls Kryptowährungen, die Sie im vierten Kapitel genaustens kennenlernen werden. Dabei steht im Vordergrund, dass Sie lernen, zu verstehen, was sich überhaupt hinter der Technik von Kryptowährungen verbirgt, um sich ein objektives Urteil zu bilden. Denn eines sei gesagt: Während alle Experten gegen die Kryptowährungen argumentieren, haben diese durchaus ein solides Fundament und Perspektiven. Ebenfalls Perspektiven haben die zuletzt vorgestellten Altersvorsorgeverträge: Obwohl die Versicherungsvermittler häufig ohne einen Abschluss nach Hause geschickt werden, lässt sich nicht leugnen, dass sie in Bezug auf die Wichtigkeit einer privaten Altersvorsorge absolut richtig liegen.

Viele Wahrheiten, viele Möglichkeiten: Tauchen Sie mit den fünf Kapiteln in fünf Anlage-Varianten ein, die verschiedener kaum sein könnten. Aber eines haben sie alle gemeinsam: Sie sind attraktive als das Sparbuch und stellen eine ideale Alternative oder Ergänzung zur Gesetzlichen Rentenversicherung dar. Dies ist wichtig, da ein Großteil der Deutschen noch dem Sparbuch und der Gesetzlichen Rentenversicherung vertraut. Das Sparbuch bringt erwiesenermaßen keine nennenswerte Rendite, während die Zukunft der Gesetzlichen Rentenversicherung spekulativer als Aktienhandel ist. Denn der demografische Wandel wird nicht enden und mit ihm die Gesetzliche Rentenversicherung immer mehr Probleme offenbaren.

Wir wollen im jungen Alter aber keine Probleme. Wir wollen uns unser Leben aufbauen und ein Puzzleteil ins andere fügen. Betrachten Sie diesen Ratgeber als eines der wichtigen Puzzleteile. Viel Spaß beim Lesen!

Aktien und andere Wertpapiere: Zunehmend gefragt & aussichtsreich

In Deutschland herrschte lange Zeit immense Skepsis gegenüber Aktien. Geplatzte Blasen wie die Dotcom-Blase Anfang der 2000er Jahre ließen die wiederaufgeflammte Leidenschaft für Aktien hierzulande zurückgehen. Doch die Leute befinden sich zurzeit in einem Umdenkprozess und finden in Aktien sowie Wertpapieren eine wichtige Möglichkeit, Geld sowohl lang- als auch kurzfristig gewinnbringend anzulegen. Ausgewogene und wohlüberlegte Strategien wie die Geldanlage in ETFs und wertbeständige Einzelaktien bieten ein Grundmaß an Sicherheit. Es lohnt sich, sich mit Aktien auseinanderzusetzen und die Strategien zur Zusammenstellung eines Portfolios zu verinnerlichen.

Zur öffentlichen Auffassung über Aktien

Die öffentliche Auffassung zum Thema Aktien driftet in Deutschland auseinander. Ein Großteil der Personen setzt nach wie vor auf das Sparbuch, wobei dieses unter Einbezug der Inflation keinen Gewinn abwirft. Durch die niedrigen Zinsen und die Inflation steht jährlich viel eher eine Entwertung des auf dem Sparbuch gelagerten Geldes um 1 bis 2 % zu Buche.

Der Misere um das Sparbuch zum Trotz: 2019 waren die deutschen Haushalte so reich wie nie und haben mit 6,6 Billionen Euro einen neuen Rekordwert verbucht[1]. Bei

---

[1] https://www.n-tv.de/wirtschaft/Deutsche-Haushalte-sind-so-reich-wie-nie-article21484232.html

Befragungen zeigte sich, dass maßgeblich der Sparfleiß der deutschen Bevölkerung dazu beiträgt und nicht der Fleiß als Anleger. Zwar ist der Anteil der Bevölkerung, die ihr Geld auf dem Sparbuch lagert, mittlerweile geringer als der Anteil der Aktionäre. Allerdings hat eine große Menge an Bürgern das Geld auf dem eigenen Konto gespart, sodass es nach wie vor nicht gewinnbringend angelegt war. Der Eindruck, dass Deutschland eine Sparernation ist, bestätigt sich durchweg – auch jetzt noch, wo eigentlich keinerlei Gründe mehr vorhanden sind, zu sparen. Denn es kommt durch das Sparen nur zu Verlusten.

Aber das wissen die Personen und nehmen es in Kauf, wie u. a. eine Umfrage des Anbieters *Union Investment* zeigte:

- 74 % der Befragten gaben zu, über die schlechten Ertragsaussichten beim Sparbuch informiert zu sein und dennoch lieber auf das Sparbuch zu setzen.
- 56 % der Befragten gestanden, über die Möglichkeit zu höheren Renditen bei anderen Anlageklassen Bescheid zu wissen.
- 55 % der Befragten zeigten sich zuversichtlich, das Zinstief aussitzen zu können, bis das Sparbuch wieder mehr Erträge bringt.

Quelle: ntv.de

Das Problem ist somit nicht, dass hierzulande ein Mangel an Aufklärung bezüglich der negativen Performance von Sparbüchern besteht. Ebenso wenig ist das Problem, dass Personen solche Hindernisse wie die Niedrigzinsphase leugnen. Mittlerweile weiß sogar eine Vielzahl an Menschen, was Aktien sind und wie hoch die Gewinnaussichten ausfallen. Viel eher ist die schwer überwindbare Hürde der große Sicherheitsanspruch ans eigene Geld.

Ist eine bestimmte Rendite nicht zugesichert und ist ungewiss, ob sich überhaupt ein Gewinn bei einer Geldanlage in Aktien ergibt, dann schrillen bei einer Vielzahl an Deutschen die Alarmglocken. Dies ist keine erwiesene Tatsache, aber das Ergebnis jahrelanger Konversationen, Auswertungen des wirtschaftlichen sowie politischen Systems hierzulande und des Vergleichs mit anderen Nationen der Erde. Blickt man in die Vergangenheit, dann muss eingestanden werden, dass wir Deutschen vieles zugesichert hatten: Von der Rente durch das Drei-Säulen-System über die Krankenversicherung bis hin zur Rendite auf dem Sparbuch. Mit dem Arbeitslosengeld und weiteren sozialen Regelungen vervollständigt sich das Bild eines Sozialstaates durch und durch. Seitdem die Niedrigzinsphase und der demografische Wandel die Absicherung in der Zukunft erschweren, klammert sich hierzulande die Bevölkerung verstärkt an Zusicherungen aus der Vergangenheit: Sparbücher, die gesetzliche Rentenversicherung und festverzinsliche Altersvorsorgeverträge. All dies allein ist aber keine Sicherheit mehr.

Mit der zunehmenden Unsicherheit in einzelnen Bereichen des Staates und dessen System kehrt allmählich ein Wandel ein. Auffällig ist, dass in jenen Staaten, die für ein dürftiges Rentenversicherungssystem bekannt sind, die Aktionärsquoten im Vergleich zu Deutschland außerordentlich hoch sind. Exakt dies ist in den USA der Fall. Die Aktionärsquote beträgt über 50 %. Es ist ein Teil der Altersvorsorge in dem Land, was die Antwort auf das schwache Rentensystem ist. In eine vergleichbare Situation driftet allmählich Deutschland. Was die heute gesammelten Rentenpunkte in mehreren Jahrzehnten noch wert sind, steht in den Sternen. Doch eines scheint sicher: Für das Halten des Lebensstandards und das Genießen des Ruhestands ist dies nicht ausreichend.

Also lässt sich zur öffentlichen Auffassung über Aktien in Deutschland sagen, dass diese in großen Teilen der Bevölkerung negativ ist. Von den einen als riskant, unberechenbar und als Hexenwerk verschrien und von den anderen als eine viel bessere Anlage als das früher übliche Sparbuch gelobt, bewegen sich Aktien scheinbar jenseits von Gut und Böse. Doch die Realität lässt grüßen: Ein Ende der Niedrigzinsphase ist nicht absehbar. Wer jetzt nicht reagiert, der wird später Probleme bekommen. Deswegen ist eine Auseinandersetzung mit dem Thema Aktien und Wertpapiere absolut vernünftig. Glücklicherweise tritt sie immer mehr in der Bevölkerung ein. Altersvorsorgeverträge beispielsweise basieren mittlerweile zunehmend auf ETFs oder Aktienfonds und werden der Bevölkerung mit mehr Erfolg vermittelt. Immer mehr Bürger zeigen sich privaten Aktien- und Fondssparplänen von Banken gegenüber offen. Die zunehmende Auseinandersetzung mit dem Thema Aktien zeigt: Es ist durchaus möglich, mit der Geldanlage in Aktien hohe Renditen bei geringen Risiken zu erwirtschaften! Doch am besten ist es, den Produkten der Banken und Versicherungsgesellschaften, die hohe Kosten beinhalten, fernzubleiben und sein eigenes Ding durchzuziehen – mit Strategie!

Über erfolgreiche Strategien für die Geldanlage in Aktien und Wertpapiere

Dieser Abschnitt führt Sie in die Grundlagen über die Aktien und Wertpapiere ein und erklärt Ihnen elementare Unterschiede zwischen den Wertpapierarten. Sie werden darauf folgend in den Strategien kennenlernen, wie Sie ein eigenes Portfolio mit Aktien anlegen können. ETFs als eine spezielle Art der Aktienfonds und einzelne Aktien werden dabei eine zentrale Rolle spielen. Zudem gibt Ihnen dieser Abschnitt einen Überblick und eine Erklärung über die wichtigsten Kennzahlen zur Analyse einzelner Unternehmen und Aktien sowie zur Analyse von Charts, also den Kursverläufen.

Worin liegt der Unterschied zwischen Aktien und Wertpapieren?

Ein Wertpapier ist ein Dokument, welches Ihnen einen bestimmten Vermögenswert zusagt. Die Aktie wiederum ist eine Art von Wertpapier. Weitere Arten sind u. a. Fonds, Optionsscheine und Anleihen. Wir werden in diesem Ratgeber das Hauptaugenmerk auf Aktien und Fonds legen, da die anderen Anlageklassen spekulativer und somit stärker mit Risiko behaftet sind. Dies soll diese Anlageklassen keineswegs in ein schlechtes Licht rücken, ist aber für das Ziel dieses Ratgebers nicht hilfreich. Das Ziel ist nämlich, langfristig Geld anzulegen und dieses für sich arbeiten zu lassen. Dabei sind Aktien und Fonds wesentlich hilfreicher.

Bei Aktien handelt es sich um Anteilsscheine an Unternehmen. Sie werden mit einer Aktie also Teilhaber an einem Unternehmen. Diese Teilhabe ist mit der Aktie des Unternehmens, die sich in Ihrem Depot befindet, verbrieft. Früher gab es tatsächlich Wertpapiere in Papierform, heute sind es Zahlen in einem digitalen Portfolio. Durch das Halten einer Unternehmensaktie partizipieren Sie an der Entwicklung des Unternehmens und der Wirtschaft im Allgemeinen. Sie haben bei Stammaktien auf den Jahreshauptversammlungen einen Einfluss bei Abstimmungen und bestimmten Beschlüssen. Es bestehen allerdings keineswegs Verpflichtungen, auf die Jahreshauptversammlungen zu gehen. Sollten Sie anstelle der Stammaktie eine Vorzugsaktie halten, dann entfällt das Stimmrecht zugunsten anderer Vorzüge. Zu diesen Vorzügen kann eine höhere Dividendenausschüttung gehören. Dividenden sind die Gewinnanteile, die Aktionären eines Unternehmens ausgezahlt werden.

Hinweis!

Zum Handel mit Aktien bzw. zur Geldanlage in Aktien benötigen Sie ein eigenes Depot. Hier lagern Ihre Wertpapiere. Ihr Konto wird mit dem Depot verbunden, sodass Sie Geld für Käufe überweisen und Geld aus Verkäufen empfangen können. Um Käufe und Verkäufe zu realisieren, benötigen Sie zudem einen Broker (Börsenmakler), der dies für Sie erledigt. Nur er besitzt die Lizenz zu Transaktionen an der Börse. Sowohl Depot als auch Broker finden Sie bei Banken, sodass dieser Punkt keine signifikante Herausforderung darstellt. In den letzten Abschnitten dieses Kapitels erhalten Sie Tipps, wo Sie kostengünstige Angebote finden.

Sie haben bei der Entscheidung für Aktien also nicht nur die Wahl zwischen verschiedenen Unternehmen, sondern auch die Wahl zwischen der Stamm- und Vorzugsaktie eines Unternehmens. Sind Ihnen jährliche Gewinnausschüttungen wichtig, dann ist es möglich, anhand der Informationen zu den Unternehmen herauszufinden, wie hoch die Dividendenzahlungen in den letzten Jahren waren. Daraufhin folgt die Entscheidung für eine Unternehmensaktie mit hohen Dividendenzahlungen. Diese Dividende lässt sich erneut anlegen und Jahr für Jahr kommen weitere Dividenden sowie durch den Zinseszinseffekt Gewinne hinzu.

Werfen wir, ehe wir tiefer in den Überblick über Anlagestrategien hineingehen, noch einen Blick auf die Fonds. Diese sind schließlich neben Aktien die zweite Wertpapier-Art, der wir uns in diesem Kapitel verstärkt widmen. Fonds sind Bestände, die mehrere Wertpapiere umfassen. Es gibt spezialisierte Fonds, die nur eine Anlageklasse enthalten, wie z. B. Immobilienfonds und Aktienfonds, sowie Fonds, die sich aus mehreren Anlageklassen zusammensetzen. Letztere enthalten Aktien, Immobilien, Anleihen und/oder weitere Wertpapiere. Darüber hinaus wird zwischen offenen und geschlossenen Fonds unterschieden. Erstere sind für uns das einzig wichtige, da sie für alle Anleger offen sind, an der Börse gehandelt werden und somit das Risiko gering gehalten wird.

Fonds haben mehrere Vorteile:

- Streuung des Risikos auf mehrere Anlageklassen oder Produkte einer Anlageklasse
- Integration in Sparpläne von Banken, Brokern und Versicherungsgesellschaften
- Durch ETFs besonders günstige Kostenstruktur und einfache Zusammensetzung

Insbesondere die ETFs haben in den vergangenen Jahren an Wertschätzung und Popularität gewonnen. ETFs heißen in der Langform *Exchange Traded Funds* und haben einige elementare Unterschiede im Vergleich zu den anderen Aktienfonds. Die gängigen Aktienfonds werden von Fondsmanagern betreut. Die Wertpapiere werden nach dem Ermessen der Fondsmanager angekauft und verkauft. Aufgrund der durch den Fondsmanager zu verrichtenden Arbeit weisen diese aktiv gemanagten Fonds höhere Kosten auf als die ETFs. Denn ETFs sind passiv gemanagt. Sie bilden einzelne Indizes nach und brauchen somit kein signifikantes Management.

Hinweis!

Ein Index ist ein Verzeichnis. Bei den Indizes an der Börse handelt es sich um Verzeichnisse, die Aktien von Unternehmen zusammentragen. Der DAX (Deutscher Aktienindex) beispielsweise ist solch ein Verzeichnis. Er bildet die 30 stärksten Unternehmen der deutschen Wirtschaft ab. Entsprechendes gibt es für die Euro-Zone: Den Euro Stoxx 50 mit den 50 stärksten Unternehmen aus den EU-Staaten. Der S&P 500 enthält die 500 stärksten Unternehmen aus den USA. Auch gibt es kleinere Indizes, wie beispielsweise in Deutschland den MDAX und den SDAX, mit den auf die 30 größten Unternehmen Deutschlands folgenden kleineren Unternehmen.

Ein ETF imitiert diese Indizes und bildet dadurch die Wirtschaft ab. Dies kann die Wirtschaft eines einzelnen Staates oder einer Gemeinschaft an Staaten sein. Bekannt ist zudem der MSCI World als Index, der Unternehmen aus der gesamten Weltwirtschaft umfasst. Entsprechende ETFs existieren.

Was ist nun das Merkmal von ETFs? ETFs sind Fonds, in die die Aktien aus den abzubildenden Indizes gekauft werden. Die Aktien werden in exakt demselben Verhältnis eingekauft, das das jeweilige Unternehmen im eigentlichen Index hat. Prägt somit das Unternehmen A den DAX zu einem Anteil von 12,3 %, dann werden für den ETF Aktien dieses Unternehmens aufgekauft, sodass die Unternehmensaktien am Fonds denselben Anteil von 12,3 % haben. So wird das mit den verbliebenen 29 Unternehmen des DAX ebenfalls gemacht. Et voilà: Ein DAX-ETF ist entstanden. Es klingt der Theorie nach einfach, aber es erfordert etwas Knowhow, einen ETF richtig zusammenzustellen und zu unterhalten. Dementsprechend ist es angeraten, auf die angebotenen ETFs im Internet zu setzen und keine eigenen durch den Kauf von Aktien zusammenzustellen. Aufgrund der geringen Kosten für ETFs im Vergleich zu aktiv gemanagten Aktienfonds empfiehlt es sich, der Einfachheit und Sicherheit wegen auf fertige und angebotene ETFs zu setzen.

Über Renditen und Risiken

An einer Stelle muss den Anhängern des Sparbuchs und anderer festverzinslicher Produkte Recht gegeben werden: Sicherheiten sucht man an der Börse und bei Wertpapieren vergeblich. Dementsprechend lässt sich, trotz der guten Performances von ETFs, Aktienfonds sowie einzelnen Aktien niemals zusichern, dass eine bestimmte Rendite eintritt oder ein bestimmtes Risiko entfällt. Dies ist ein Vorteil, den festverzinsliche Produkte zu eigen haben. Doch mit den Sicherheiten reduziert sich die Aussicht auf mögliche Renditen. Es war schon immer so: Wer ins Risiko ging, konnte verlieren, wurde dafür im Falle eines Gewinns aber umso mehr belohnt.

Werfen wir einen Blick auf einige Renditen von Einzelaktien von Unternehmen aus dem SDAX und TechDax im Zeitraum von vor 5 Jahren bis jetzt (Stand: Januar 2020):

- Die Aktie der Hypoport AG hat eine Rendite von 2.551,7 % verbucht.
- Die TeamViewer AG ist erst seit Ende 2019 an der Börse und die Aktie verzeichnete in den wenigen Monaten bereits 26,7 % Rendite.
- Der Aktie der Eckert Ziegler Strahlen- und Medizintechnik AG gelang ein Wertanstieg von 991,9 %.

Quelle: finanzen.net[2]

Nun handelt es sich um Einzelaktien. Glückstreffer wie die in der Aufzählung genannten sind keine Seltenheit. Insbesondere die TeamViewer AG ist ein Beispiel für einen Treffer, den aufmerksame und detailliert über Branchen informierte Anleger im Laufe der Jahre vermehrt landen werden. Wir

---

[2] https://www.finanzen.net/

werden uns im Folgenden noch ausführlich mit den Renditechancen von Wachstumsunternehmen auseinandersetzen, die sich durch ein besonders hohes Potenzial auszeichnen.

Unterziehen wir nun anstelle von Einzelaktien die ETFs als besonders günstige und aussichtsreiche Form der Fonds einer Betrachtung. Die folgende Tabelle zeigt die Renditen eines ETFs auf den MSCI World Index im Fünfjahreszeitraum:

Jahr	2016	2017	2018	2019	2020
Rendite	10,75 %	7,54 %	-4,09 %	30,03 %	3,53 %

Quelle: justetf.com[3]

Im Jahr 2018 gab es ein Minus. In Anbetracht der Tatsache, dass in diesem Jahr die gesamte Weltwirtschaft schwach performte, ist das Minus noch verkraftbar. Die Renditen der Jahre davor und des Jahres danach machen den Verlust mehr als nur wett. Hinzu kommt die positive Tendenz nach den ersten paar Wochen des neuen Jahres 2020. Führen wir uns vor Augen, wie viel Geld ein Anleger nun hätte, wenn er Anfang 2016 500 € in den ETF gelegt hätte: Knapp 768 €! Durch den Zinseszinseffekt hätte sich also eine Rendite von über 50 % nach fünf Jahren ergeben. Hinzu kommen die Dividendenzahlungen, die noch hätten angelegt werden können ...

Die beiden Beispiele – einmal mit Einzelaktien und ein weiteres Mal mit einem ETF – zeigen, dass womöglich keine Sicherheiten gegeben sind und Schwankungen existieren, aber dafür die Renditeaussichten bei Wertpapieren wesentlich höher als bei Sparbüchern sind. Es

---

[3] https://www.justetf.com/de/etf-profile.
html?isin=FR0010315770&tab=returns

ist also vollkommen nachvollziehbar, dass Wertpapiere von einzelnen Personengruppen zwiespältig betrachtet werden. Jene Anleger, die sich dran versuchen und Erfolg haben, preisen die Geldanlage in Aktien als renditestarkes Investment. Andere wiederum versuchen sich und landen eventuell in einem schwachen Jahr wie dem Jahr 2018, merken die Verluste und wenden sich von der Geldanlage in Aktien ab. Doch aus nur einem Jahr auf die gesamte Anlageklasse der Aktien zu schließen, ist der fatale Fehler, der einem lukrativen Investment im Wege steht. Es muss im Vordergrund stehen, zum Großteil langfristig und mit Strategie zu investieren!

Eine optimale Strategie für die Geldanlage in Aktien

Einige Hinweise zum Einstieg:

- Im Folgenden wird die Rede davon sein, welchen prozentualen Anteil Ihres Kapitals Sie in bestimmte Wertpapiere investieren sollten. Der Betrag, den Sie einsetzen, ist frei wählbar.
- Sie können Ihr Spar-Kapital monatlich einbringen, indem Sie eine fest definierte Summe monatlich ins Aktienportfolio einzahlen.
- Haben Sie größere Mengen an Geld, dann lohnt es sich, diese direkt einzubringen und nach der im Folgenden erklärten Strategie auf die Wertpapiere aufzuteilen.

Im Rahmen einer optimalen Strategie wird auf ein breit diversifiziertes Portfolio gesetzt. Dieses wichtige Stichwort der „Diversifikation" setzt voraus, dass das Kapital auf mehrere Wertpapiere bzw. Aktien gestreut wird, um eine Senkung des Risikos zu bewirken – am besten sogar global! In unserem Fall werden als einzige Fonds die ETFs aufgenommen, die passiv gemanagt sind und somit die geringsten Kosten mit sich bringen. Die aktiv gemanagten Aktienfonds bringen zwar den Vorteil des Managements mit sich, der sich allerdings in Anbetracht der Tatsache, dass auf lange Sicht kein Aktienfonds den Markt übertreffen konnte, zum Nachteil hinunterrelativiert. ETFs sind also die beste Fondsvariante und bilden zu wahlweise 50 bis 70 % den Hauptbestandteil des Portfolios. Allem voran Anfänger unter den Anlegern kommen im Rahmen einer solchen Strategie einfach weg und profitieren. Die ETFs werden für lange Zeit ins Portfolio gekauft. Es findet kein Investment in einen ETF für nur ein oder zwei Jahre statt! Eine solche Geldanlage erfolgt im Optimalfall über ein Jahrzehnt oder noch länger. Vermeiden Sie es deswegen, jeden Tag in Ihr Portfolio zu schauen und sich Sorgen zu machen, wenn der Kurs mal abwärts geht. Dies ist der große Fehler vieler Anfänger, der letzten Endes dazu führt, dass entweder die falschen Entscheidungen getroffen werden oder sogar komplett mit der Geldanlage in Wertpapiere aufgehört wird – beides ist fatal!

Nun stellt sich die Frage nach geeigneten ETFs. Zum größten Teil sollten es ETFs sein, die entweder die Weltwirtschaft abbilden oder die Indizes von Industrienationen imitieren. Dadurch gelangen Wertbeständigkeit und Krisenfestigkeit ins Portfolio. Industriestaaten zeichnen sich nämlich durch eine gute Vermögenslage und eine starke Wirtschaft aus. ETFs, die diesem Ziel gerecht werden, bilden entweder die Indizes einzelner Industriestaaten ab, wie es beispielsweise bei den ETFs auf die folgenden Indizes der Fall ist:

- S&P 500 (USA)
- DAX (Deutschland)
- AEX 25 (Niederlande)
- Nikkei 225 (Japan)
- CAC 40 (Frankreich)

Oder als Alternative zu den Indizes einzelner Nationen wird auf ETFs auf Indizes gesetzt, die die Wirtschaften mehrerer Industrienationen abbilden. Ein solcher ETF ist der auf den MSCI World Index, in welchem zu mehr als 50 % Unternehmen aus den Vereinigten Staaten enthalten sind. Den Rest des ETFs machen Japan, Großbritannien, Frankreich, Kanada, Schweiz, Deutschland, Australien, Niederlande, Hongkong und weitere aus.

Bis hierhin steht also fest, dass ETFs mit Industriestaaten-Aktien das Hauptaugenmerk bei der Auswahl von ETFs fürs eigene Portfolio sind. Mischen Sie nicht zu bunt, sondern entscheiden Sie sich für zwei ETFs, beispielsweise einen MSCI-World-ETF und einen ETF auf den AEX 25. Wieso ausgerechnet den AEX 25 und somit die Wirtschaft der Niederlande? Zum einen hat die Niederlande den größten Hafen Europas in Rotterdam. Zum anderen ist es eine erfolgreiche Exportnation und zudem das Land mit einer der höchsten Aktionärsquoten im weltweiten Vergleich. In den MSCI-World-ETF sollte immer der größte Anteil des Kapitals für die ETFs angelegt werden. Gehen wir in Ihrem Portfolio von 70 % Kapitalanlage in ETFs aus, dann sollte der MSCI-World-ETF bei knapp 40 % liegen, der ETF auf den AEX 25 würde 20 % bekommen. Und was ist mit den verbliebenen 10 %? Die wandern in einen besonderen ETF ...

Bis hierhin haben wir es mit den Industrienationen äußerst sicher gehalten. Wer sich auf dem Markt auskennt, wird jedoch wissen, dass je sicherer eine Anlage ist, umso geringer die Wahrscheinlichkeiten für eine hohe Rendite ausfallen. Zwar lassen die bisherigen ETFs mit ihren Renditen im Vergleich zum Sparbuch keinen Grund zum Klagen, doch wer etwas mehr ins Risiko geht, wird erstaunt sein. Die Aktien in Schwellenländern haben im Schnitt vergleichbare

Renditen mit den Aktien aus den Industrienationen erzielt, wenn man die vergangenen Jahre insgesamt betrachtet:

ETF	iShares Core MSCI World UCITS ETF USD	iShares MSCI Emerging Markets UCITS ETF
2016	Rendite: 11,28 %	Rendite: 14,16 %
2017	Rendite: 7,61 %	Rendite: 19,96 %
2018	Rendite: -4,30 %	Rendite: -11,07 %
2019	Rendite: 30,22 %	Rendite: 19,73 %

Quelle: just-etf.com[4]

Um es für Sie anschaulicher zu belegen: Hätten Sie Anfang des Jahres 2016 Beträge in Höhe von je 1.000 € in beide ETFs investiert, dann hätten Sie beim ETF auf den MSCI World Index bei einem Verkauf Ende 2019 1.492,31 € erhalten, bei dem ETF auf den MSCI Emerging Markets 1.458,14 €. Somit wäre der MSCI Emerging Markets ETF um knapp 34 € unterlegen gewesen. Für einen Index, der die wirtschaftliche Entwicklung von Schwellenländern abbildet, ist es dennoch ein beachtliches Ergebnis! Blickt man auf die genauen Zahlen in der Tabelle, dann wird es noch beachtlicher: Denn in den Jahren 2016 und 2017 schlug die Performance des Schwellenländer-ETFs die Entwicklung des MSCI-World-ETFs sogar. Es lässt sich aus dem direkten Vergleich ableiten, dass in Zeiten, in denen die weltweite Wirtschaft schwächelt, ein ETF auf den MSCI Emerging Markets besonders schwach abschneidet, wie es 2018 der Fall war. Doch abgesehen davon wartet auf Anleger eine beachtliche Rendite. Und bleiben schwache Jahre wie das Jahr 2018 aus, dann erzielen die ETFs auf die wirtschaftliche Entwicklung der Schwellenländer unter Umständen höhere Renditen als andere ETFs. Es

---

[4] https://www.justetf.com/de/

ist nicht garantiert, aber steht in Aussicht, dass die Personen belohnt werden, die etwas mehr ins Risiko gehen. Deswegen entfallen im Optimalfall 10 % des Budgets für ETFs auf einen MSCI-Emerging-Markets-ETF.

Fazit

- ❖ 50 bis 70 % des für die Geldanlage vorgesehenen Kapitals wandern in ETFs.
- ❖ 40 % werden in einen ETF auf den MSCI World Index investiert. ETFs auf den Euro Stoxx 50 und andere Indizes, die mehrere Industriestaaten umfassen, sind eine weitere Option. Wichtig: Nur **ein** Index für die 40 % Budget.
- ❖ 20 % wandern in einen weiteren ETF, der die Wirtschaft mehrerer Industrieländer oder eines Industrielandes abbildet. Hier können Sie darauf spekulieren, welcher Industriestaat sich besonders gut entwickeln könnte. Viele Personen investieren in einen Südkorea-ETF.
- ❖ 10 % werden in einem MSCI-Emerging-Markets-ETF angelegt, da dieser mehr Risiko und bessere Renditeaussichten einbringt.
- ❖ Werden anstelle 70 % des Budgets nur 50 % in ETFs investiert, dann sind 40 % in den MSCI-World-ETF und 10 % in den Emerging-Markets-ETF angeraten. In diesem Fall wird der zweite ETF auf den Index einer Industrienation ausgelassen.

Damit ist die Strategie zur Geldanlage in Aktien noch nicht vorbei. Denn je nachdem, ob Sie 50 oder 70 % in ETFs angelegt haben, verbleiben noch 50 bzw. 30 %. Diese werden in einzelne Aktien investiert. An dieser Stelle ein paar Worte zur Mahnung: Zum einen erfolgt auch diese Geldanlage zum größten Teil mit langfristigem Anlagehorizont. Es ist kein Daytrading gemeint, bei dem Sie täglich Aktien kaufen und verkaufen. Zum anderen hat es bei der Geldanlage in einzelne Aktien oberste Priorität, Unternehmen mit einem hohen Substanzwert und einer Krisenfestigkeit auszumachen. Da die Geldanlage in einzelne Aktien dennoch anspruchs-voll ist und sich nicht so leicht wie die Geldanlage in ETFs in wenige Worte fassen lässt, ist empfohlen, 70 % in ETFs zu investieren, um auf Nummer sicher zu gehen, und 30 % für Einzelaktien zu nutzen. Kennen Sie sich bereits mit dem Finanzmarkt aus oder weisen im Bereich der Aktien Vorer-fahrungen auf, dann sind 50 % in ETFs und 50 % in Einzel-aktien eine Option. Letzen Endes liegt die Entscheidung bei Ihnen, weswegen wir nun zum eigentlichen Gegenstand des Abschnitts kommen: Wie suche ich die Aktien aus, ohne falsche Entscheidungen zu treffen?

In unserer Betrachtung unterscheiden wir zwischen zwei Aktien: Den Value-Aktien und den Growth-Aktien. Value-Ak-tien zeichnen sich durch einen hohen Substanzwert aus und liefern Sicherheit bei zu erwartender geringerer Rendite, während Growth-Aktien noch ein Wachstum vor sich haben und bei höherem Risiko die Aussicht auf mehr Rendite liefern. Lernen Sie in der Tabelle einige erste rudimentäre Merkmale kennen:

Art der Aktie	Value-Aktie	Growth-Aktie
Bekanntheit	➢ Groß ➢ Nahezu immer ein in einem größeren Index notiertes Unternehmen	➢ Meistens gering ➢ In jedem Fall keine Notation in einem größeren Index

Verschuldung	➤ Hängt von dem Management des Unternehmens ab ➤ Meistens weitaus höher als bei Growth-Aktien	➤ Tendenziell gering
Wachstumspotenzial	➤ Solides Wachstum, aber keine rapiden Kursanstiege	➤ Sehr groß ➤ Viele Aufs und Abs zu erwarten ➤ Renditen von mehreren Hundert oder gar Tausend Prozent in wenigen Jahren denkbar
Gewinnausschüttung	➤ Über Jahre konstante Gewinnausschüttungen, sogar in Krisenphasen ➤ Unter Umständen sogar ansteigende Dividendenzahlungen	➤ Meistens gering oder gar nicht vorhanden ➤ Es wird primär ins Wachstum investiert

Wenn Sie in den DAX schauen und die Unternehmen betrachten, dann handelt es sich bei all diesen Unternehmen um Big Player. Aller Voraussicht nach werden *Allianz SE*, *Lufthansa AG* und die vielen weiteren Gesellschaften sowie Konzerne im DAX sich weiterentwickeln, aber es ist unter keinen Umständen eine Wachstumsaussicht von mehreren Hundert oder Tausend Prozent in wenigen Jahren realistisch, wie es bei Growth-Aktien von Wachstumsunternehmen der Fall ist. Macht denn das Vorhandensein im DAX aus einem Unternehmen direkt ein Value-Unternehmen und aus dessen Aktie sofort eine Value-Aktie? Jein. Hier gibt es verschiedene Ansätze. Dazu und zu der Frage, wie Sie Growth-Aktien ermitteln, erfahren Sie im folgenden Abschnitt über Analysestrategien mehr. Um mit den Ausführungen über die Anlagestrategien zu schließen, müssen Sie sich vorerst lediglich merken, dass neben ETFs in Value- und Growth-Aktien Geld angelegt wird. Value-Aktien sind wertbeständig und krisenfest. Sie werden ebenfalls über längere Zeiträume gehalten und gehören zu den großen Unternehmen. Neben diesen Value-Aktien existieren mit Growth-Aktien Wertpapiere von Unternehmen, die gerade am Anfang ihres Wachstums stehen und bei höherem Risiko weitaus höhere Renditeaussichten bieten. In Growth-Aktien wird nicht langfristig über mehrere Jahre oder Jahrzehnte investiert, sondern kurzfristig. Entsprechende Zeiträume verlaufen über mehrere Wochen oder Monate. In Growth-Aktien wird das Geld abhängig von den Kursverläufen investiert. Hier erfolgt eine regelmäßige Variation des Portfolios, welches Sie somit aktiv managen müssen.

Fazit

❖ 30 bis 50 % – je nachdem, wie viel zuvor in ETFs investiert wurde – Ihres Kapitals zur Geldanlage werden in einzelne Aktien investiert.

❖ Der Großteil des Kapitals wandert in Value-Aktien, da diese langfristig ein solides Wachstum verzeichnen werden und das Risiko gering halten.

❖ Zehn bis 20 % des Kapitals wird in Growth-Aktien investiert. Dieser Teil des Portfolios ist der einzige, der Woche für Woche und Monat für Monat aktiv gemanagt werden muss. Ein solches Management erfordert ein aufmerksames Studium der Nachrichten und Kursverläufe rund um das Unternehmen sowie die Branche, was im Folgenden erklärt wird.

Ein Fehler von Anlegern ist, die jährlich ausgeschütteten Dividenden nicht zu reinvestieren. Die Gewinnausschüttungen lassen sich zweifelsohne für den persönlichen Konsum nutzen, was bedeuten würde, dass sie in ein neues Kleidungs- oder Möbelstück oder in einen netten Ausflug fließen. Dafür haben Sie jedoch Ihr geregeltes Einkommen, von dem Sie monatlich einiges für den privaten Zweck verwenden. Lassen Sie mit den Dividenden nicht die Grenzen zwischen dem Privaten und der Geldanlage verschwimmen, sonst werden Sie dazu immer mehr neigen. Viel besser sind die Dividenden verwendet, wenn sie beispielsweise zum Ausbalancieren des Portfolios genutzt werden: Hat unter den Value-Unternehmen ein Unternehmen deutlich Kursgewinn gemacht und ein anderes Unternehmen Kursverluste verbucht, bedeutet es, dass das Portfolio eine andere Balance als noch zu Beginn aufweist. Dies ist per se nichts Schlimmes, aber Fakt ist, dass die Aktie des Unternehmens mit Kursverlust günstiger zu haben ist als früher und vielleicht sogar unterbewertet ist. Jetzt ein Investment zu tätigen, kann sich auf lange Sicht durchaus lohnen. Neben dem Ausbalancieren des Portfolios lassen sich Dividenden nutzen, um sie ganz simpel gleichmäßig in sämtliche Wertpapiere im Portfolio zu reinvestieren. Oder aber die Gewinnausschüttungen werden als Spielgeld verwendet, um auf ganz kleine, aber innovative Unternehmen zu setzen. Daraus leitet sich ein hohes Risiko, aber ebenso die Chance auf eine hohe Rendite ab. Sie wissen schließlich: *Amazon*, *Apple* und Co – am Anfang waren sie alle in der Garage und vergleichsweise günstig zu haben ... Machen Sie etwas aus Ihren Dividenden!

Analyse-Strategien für einzelne Aktien

Einzelne Aktien werden mit zwei Analysen untersucht: Zum einen mit der Fundamentalanalyse, zum anderen mit der Chart-Analyse. Die Fundamentalanalyse dient der Analyse eines Unternehmens und dessen Aktie. Sie untersucht also das Fundament einer jeden Investition, nämlich das hinter einer Aktie stehende Unternehmen. Durch die Fundamentalanalyse werden geeignete Unternehmen für ein Investment bestimmt. Bei der Chart-Analyse hingegen werden die Kursverläufe einer Aktie untersucht; und zwar mit dem Ziel, den geeigneten Kaufzeitpunkt für die Aktie zu bestimmen. Ebenso wird die Chart-Analyse während der Haltezeit einer Aktie angewandt, um zu ermitteln, wann die Aktie verkauft werden sollte.

Die Fundamentalanalyse ist sowohl bei Value-Aktien als auch Growth-Aktien wichtig, um ein Unternehmen auszusuchen, welches sich bestmöglich in das Value- bzw. Growth-Schema einfügt. Eine Chart-Analyse allerdings ist nur bei Growth-Aktien vorzunehmen. Value-Aktien sind äußerst wertbeständig und es wird mit langfristigem Anlagehorizont investiert. Growth-Aktien wiederum sollen einige Wochen oder Monate gehalten werden und in dieser Zeit eine möglichst hohe Rendite erzielen. Bei kurzen Zeiträumen ist Timing wichtig, also wird die Chart-Analyse angewandt.

Widmen wir uns zunächst der Fundamentalanalyse. Hierfür gibt es Kennzahlen, die zur Unternehmensbewertung herangezogen werden (vgl. Helbig, 2019):

- Kurs-Gewinn-Verhältnis (KGV): Besagt, wie hoch das Verhältnis des Kurses zum Gewinn des Unternehmens ist. Je geringer, desto besser ist es für Anleger
- Ausschüttungsquote: Sagt aus, wie hoch der Anteil vom Gewinn ist, den Unternehmen an Aktionäre ausschütten
- Gewinn vor Zinsen und Steuern (EBIT): Eignet sich insbesondere zum Vergleich internationaler Unternehmen, da die Steuersätze von Staat zu Staat unterschiedlich sind
- Cash-Flow: Das Geld, das in einer Periode (z. B. einem Jahr) zufließt und abfließt, wird anhand dieser Zahl abgebildet. Sie gibt Rückschlüsse auf die Liquidität des Unternehmens.
- Marktkapitalisierung: Börsenwert eines Unternehmens. Je höher er ist, desto stabiler ist das Unternehmen der Annahme nach und desto weniger schwanken die Kurse.
- Kurs-Buchwert-Verhältnis (KBV): Trägt zusammen, wie hoch das Verhältnis des Aktienkurses zum gesamten Vermögen des Unternehmens ausfällt
- Eigenkapital: Differenz aus Vermögen und Schulden des Unternehmens. Liefert Aufschluss darüber, inwieweit das Unternehmen auf eigenen Beinen steht
- Eigenkapitalrendite: Gewinn des Unternehmens wird ins Verhältnis zum Eigenkapital gesetzt. Je höher der Wert ausfällt, umso besser wirtschaftet das Unternehmen wahrscheinlich

Diese Kennzahlen lassen sich einerseits mit Formeln selbst errechnen, wobei die Jahresabschlussberichte über einzelne Zahlen des Unternehmens informieren und somit die Errechnung der Kennzahlen ermöglichen. Ein Großteil der Online-Broker und Websites führt diese Zahlen allerdings direkt auf, sodass eine Rechnung überflüssig ist. Der folgende Screenshot zeigt die Informationen, die die Website finanzen.net zum Konzern *BMW* angibt:

KENNZAHLEN BMW AKTIE

	2018	2019e	2020e	2021e	2022e
Dividende	3,50	2,91	3,16	3,35	3,50
Dividendenrendite (in %)	4,96	4,16	4,52	4,80	5,01
Ergebnis/Aktie	4,65	8,13	9,36	9,73	10,25
KGV	15,17	8,59	7,46	7,18	6,82

Geschäftsjahresende: 31. Dezember

Marktkapitalisierung in Mrd. EUR	44,93	Anzahl Aktien in Mio.	602,00
Streubesitz %	0,00	Gewinn/Aktie	10,45
KBV	1,06	Buchwert/Aktie	82,35
KCV	5,01	Cashflow/Aktie	17,72
KGV	8,50	Emissionspreis	
30 Tage Vola	16,46	90 Tage Vola	16,93
180 Tage Vola	19,76	250 Tage Vola	19,85

▸ Dividendenübersicht ▸ historische Bilanz ▸ Schätzungen ▸ Ausblick

FUNDAMENTALANALYSE ZU BMW (QUELLE: THE SCREENER)

revid. Gewinn Prognose	⬆	★	Positive Analystenhaltung seit 15.10.2019
Bewertung	⬆	★	Leicht unterbewertet

Quelle: finanzen.net[5]

Die *ARD* geizt ebenfalls nicht mit Informationen auf der eigenen Webseite zur Börse, wo sie unter den Firmendaten u. a. die Jahresbilanzen von *BMW* zum Vergleich abbildet:

---

[5] https://www.finanzen.net/aktien/bmw-aktie

Bilanz

Jahresbilanz nach IFRS in Mio Euro. Das Geschäftsjahr endet am 31.12.

Bilanz	2018	2017	2016	2015	2014
Aktiva					
Kassenbestand und Guthaben bei Kreditinstituten	10.979,00	9.039,00	7.880,00	6.122,00	7.688,00
Forderungen aus Lieferungen und Leistungen	2.546,00	2.667,00	2.825,00	2.751,00	2.153,00
Vorräte	13.047,00	12.707,00	11.841,00	11.071,00	11.089,00
Forderungen aus laufender Steuer	1.366,00	1.566,00	1.938,00	2.381,00	1.906,00
Sonstiges Umlaufvermögen	55.600,00	45.603,00	42.380,00	39.506,00	34.008,00
Summe Umlaufvermögen	83.538,00	71.582,00	66.864,00	61.831,00	56.844,00
Sachanlagen	19.801,00	18.471,00	17.960,00	17.769,00	17.182,00
Immaterielle Vermögensgegenstände	10.971,00	9.464,00	8.157,00	7.372,00	6.499,00
Goodwill	385,00	380,00	364,00	364,00	364,00
Finanzanlagen	41.935,00	39.714,00	40.895,00	37.626,00	31.661,00
Summe Anlagevermögen	125.442,00	121.901,00	121.671,00	110.343,00	97.959,00
Latente Steuern	1.590,00	1.927,00	2.327,00	1.945,00	2.061,00
Rechnungsabgrenzungsposten	2.167,00	2.018,00	1.914,00	1.527,00	1.323,00
Summe Aktiva	208.980,00	193.483,00	188.535,00	172.174,00	154.803,00
Passiva					
Kurzfristige Finanzverbindlichkeiten	38.825,00	41.100,00	42.326,00	42.160,00	37.482,00
Verbindlichkeiten aus Lieferung und Leistung	9.669,00	9.731,00	8.512,00	7.773,00	7.709,00
Sonstiges kurzfristiges Fremdkapital	20.346,00	16.036,00	15.100,00	13.415,00	11.732,00

Quelle: kurse.boerse.ard.de[6]

Lassen Sie sich auf den Webseiten gern mit Informationen berieseln. Die Webseiten sind übersichtlich aufgebaut und gewähren einen zufriedenstellenden Einblick in alle wichtigen Kennzahlen. Dennoch – es sei an dieser Stelle nochmal die persönliche Lernbereitschaft betont – ist strikt empfohlen, dass Sie sich mit der Berechnung der Kennzahlen und noch genauer mit deren Aussagekraft befassen. Denn dann werden Sie die Zahlen am besten verstehen und ins Verhältnis zueinander setzen können. So wird Ihnen z. B. schnell auffallen, dass eine hohe Eigenkapitalrendite nicht zwingend das zum Ausdruck bringen muss, was sie nahelegt: Der Theorie nach bedeutet eine hohe Eigenkapitalrendite, dass das Unternehmen wenig Eigenkapital benötigt, um hohe Gewinne zu erwirtschaften. Dies klingt positiv. Doch

---

[6] https://kurse.boerse.ard.de/ard/kurse_einzelkurs_profil.
htn?i=97172

vielleicht ist die Eigenkapitalrendite deswegen hoch, weil das Unternehmen über wenig Eigenkapital verfügt und sich zum Großteil aus Fremdkapital finanziert? Dies würde eine hohe Verschuldung suggerieren ... Wie Sie sehen: Nichts lässt sich mit einer Kennzahl sicher aussagen. Studieren Sie deswegen die Kennzahlen in Bezug zueinander aufmerksam, lernen Sie die Rechenformeln dahinter und fangen Sie an, die Unternehmen richtig zu bewerten.

Richtig bewerten: Damit sind wir an dem springenden Punkt angelangt. Wie erkenne ich eine Value-Aktie und wie eine Growth-Aktie? Aufschluss darüber liefern bestimmte Werte bei den Kennzahlen. Betrachten wir zunächst die Growth-Aktien, da deren Einstufung einfacher ist: Growth-Aktien zeichnen sich durch die Zuordnung zu einer Branche aus, der hohes Zukunftspotenzial nachgesagt wird. Es geht also darum, zunächst nach zukunftsträchtigen florierenden Branchen zu gucken (z. B. IT, E-Mobilität) und daraus das Unternehmen zu wählen, welches am frühesten den Markt betrat und die größten Marktanteile verbucht. Wer in die Vergangenheit schaut, wird erkennen, dass *Microsoft* und *Apple* den Markt für PCs neu erfanden und die zuvor nur als Produkte für Unternehmen gedachten PCs in den heimischen Haushalten etablierten. Sie befanden sich in einer Wachstumsbranche und tun dies nach wie vor. In dieser Wachstumsbranche hatten sie folgende zentrale Merkmale:

- Hohes KGV und KBV
- Geringe Verschuldung
- Geringe Ausschüttungsquote
- Hohes erwartetes Gewinnwachstum
- Höhere Kursschwankungen

Mittlerweile ist bei *Microsoft* und *Apple* vieles anders. Die hohen Kursschwankungen sind gewichen und auch die

Ausschüttungsquoten fallen mittlerweile höher aus. Die Unternehmen sind auf dem Markt etabliert, gehören zu den großen Unternehmen und sind nun den Value-Aktien zuzuordnen.

Wenn Sie Growth-Aktien bestimmen möchten, bringt es also nichts, sich in Indizes mit den größten Unternehmen umzuschauen. Im S&P 500 sind *Apple, Amazon* und *Adobe*. Im DAX sind *Rocket, adidas* und *Bayer*. Im Nikkei 225 sind *Aeon, Fujitsu* und *Bridgestone*. Doch egal, welches dieser Unternehmen man nehmen würde und wie viel Wachstumspotenzial sie hätten: Aufgrund der geringeren Kursschwankungen eignen sie sich nicht für eine kurzfristige Anlagestrategie zum Erwirtschaften hoher Gewinne. Vielmehr sind sie dazu da, um langfristig das Geld anzulegen. Sie müssen gezielt nach kleinen Unternehmen an der Börse Ausschau halten, welche Sie in den kleineren Indizes finden. Zudem lohnt es sich, Zeitschriften zu lesen, auf Messen zu gehen und sich über Newcomer in Zukunftsbranchen zu informieren. So glückt es, eine Growth-Aktie zu finden: Zwar hoch bewertet, aber noch günstig im Stückpreis und mit Renditen im zweistelligen Prozentbereich innerhalb weniger Wochen oder Monate.

Fazit:

- ❖ Growth-Aktien kommen aus aufstrebenden Branchen, denen ein großes Wachstum und eine erfolgreiche Zukunft prognostiziert werden
- ❖ Sie zeichnen sich durch eine hohe Bewertung und hohe Kursschwankungen aus
- ❖ Die Ausschüttungsquoten und die Verschuldung fallen gering aus

---

❖ Um Growth-Aktien zu finden, müssen Sie gezielt nach Unternehmen suchen, die schnell wachsen und dabei höhere Kursschwankungen mit sich bringen.

❖ Durch aufmerksames Beobachten der Kurse gelingt es Ihnen, zum richtigen Zeitpunkt einzukaufen und zu verkaufen, um die Gewinne zu realisieren.

Der richtige Zeitpunkt zum Kaufen und Verkaufen: Dieser wird bei Wachstumsunternehmen anhand des Trendsurfings bestimmt. Das Trendsurfing beschreibt William Lakefield in seinem Werk *Aktien für Einsteiger* (2019). Es ist eine Methode, mit der risikofreudigere Anleger ebenso wie auf Sicherheit bedachte Anleger aktiv sein können. Gemäß dem Spruch „Trend is your friend." (Der Trend ist Ihr Freund.) wird nach Trends im Kursverlauf verschiedener Aktien Ausschau gehalten. Ist der Anleger auf einen schnelleren Gewinn aus und jongliert mit viel Geld, so wird auf Stunden- oder Tagesbasis nach Trends Ausschau gehalten. Soll Vorsicht walten, erfolgt eine Betrachtung auf Wochen- oder Monatsbasis. Wir widmen uns der Analysestrategie auf Wochen- und Monatsbasis, da dies den Zeiträumen, in denen Gewinne und Verluste von Wachstumsunternehmen stattfinden, am ehesten entspricht.

Hinweis!

Das Trendsurfing auf Stunden- und Tagesbasis ist ein Vorgehen, von welchem beim CFD-Handel Gebrauch gemacht wird. CFDs (**C**ontracts **for D**ifference; zu Deutsch: Differenzkontrakte) sind hochspekulative Wertpapiere, mit denen man gewissermaßen wettet. Online-Broker, die den CFD-Handel im Angebot haben, ermöglichen es, auf bestimmte Differenzen im

Kursverlauf zu wetten. Es sind auch Wetten auf negative Kursverläufe möglich, wobei von Verlusten des Kurses profitiert werden kann. Durch den Einsatz von Hebeln lässt sich das eigene eingesetzte Kapital sogar bis zum 30-fachen vergrößern, was allerdings bedeutet, dass nicht nur der Gewinn, sondern auch der Verlust um diesen Faktor steigt.

Im Falle der gewählten Growth-Aktie wird zunächst eine Fundamentalanalyse durchgeführt. Präsentiert sich das Unternehmen als gut aufgestellt und erfüllt die wichtigsten Kennzahlen gemäß den Erwartungen, werden die Kursverläufe in der bisherigen Geschichte untersucht. Idealerweise zeigen diese Kursverläufe aufwärts. Zwischenzeitliche Negativtrends sind normal, doch müssen insbesondere die letzten Kursverläufe weitestgehend konstant nach oben gezeigt haben, um von einem vielversprechenden Wachstumsunternehmen zu sprechen und sich einen Zugewinn zu erhoffen. Sehen die Kurse derart vielversprechend aus, dass sich ein Investment lohnen könnte, wird das Chart nun auf Hoch- und Tiefpunkte hin untersucht. Dabei ist jede Spitze, die nach oben zeigt, im Chart ein Hochpunkt, und jede Spitze, die nach unten zeigt, ein Tiefpunkt. Wir suchen beim Trendsurfing nach Aufwärts- und Abwärtstrends. Möchten wir eine Aktie kaufen, so tun wir dies stets im Aufwärtstrend, möchten wir sie verkaufen, dann immer im Abwärtstrend.

Ein Aufwärtstrend ist dann gegeben, wenn zwei aufeinanderfolgende Hochpunkte und zwei aufeinanderfolgende Tiefpunkte jeweils höher als ihre Vorgänger sind. Das bedeutet in der Praxis: Sie stellen fest, dass ein Hochpunkt über dem letzten liegt. Vom Hochpunkt aus geht es für die Aktie zunächst wieder nach unten. Ist der neue Tiefpunkt höher als der letzte, dann ist das ein weiteres Indiz für einen Aufwärtstrend. Nachdem die Aktie aus diesem höheren Tiefpunkt wieder aufsteigt, läuft sie zum nächsten Hochpunkt. Sollte dieser erneut höher als der vorige liegen, ist die nächste Bestätigung für einen Aufwärtstrend gegeben. Aus dem höheren Hochpunkt geht es hinab ins nächste Tief. Ist der Tiefpunkt höher als der letzte und geht dann ins nächste Hoch über, dann ist der Aufwärtstrend gewiss. Sie kaufen, sobald es aus dem letzten und eben genannten Tiefpunkt wieder hinauf geht. In diesem Fall kaufen Sie möglichst günstig ein.

Sie halten die Aktie solange, bis ein Abwärtstrend eintritt. Damit ein Abwärtstrend gegeben ist, müssen die soeben erwähnten Voraussetzungen erneut, nur diesmal nach unten in die entgegengesetzte Richtung, gegeben sein. Dies bedeutet: Zwei aufeinanderfolgende Tief- und Hochpunkte, die jeweils tiefer liegen als die letzten beiden, läuten den Abwärtstrend ein. Sie verkaufen, sobald die Aktie aus dem letzten Hoch zu fallen beginnt. So verkaufen Sie noch möglichst teuer. Neben diesem Verkaufszeitpunkt lohnt es sich, einen weiteren Verkaufszeitpunkt zu definieren, nämlich den Stop-Loss. Denn es kann vorkommen, dass keine zwei aufeinanderfolgenden und den Abwärtstrend einläutenden Hoch- und Tiefpunkte vorhanden sind, sondern der Kurs in einem Tief rapide einbricht.

Beispiel

Ein unerwartetes und plötzliches Tief sorgt für einen Kursverlust, der Ihr gesamtes eingesetztes Kapital nach und nach schmelzen lässt oder gar zum Verlust führt. Sie aber warten noch, bis die Rechnung vom Abwärtstrend aufgeht. Haken: Rechnungen und Chart-Analysen gehen nicht immer auf! Setzen Sie sich deswegen zuvor einen fest definierten Kurswert, zu dem Sie die Aktien verkaufen, falls der Kurs in einem Tief unaufhörlich im Fallen ist.

Das Trendsurfing ist nichts für schwache Nerven. Es ist der aktiv gemanagte Teil Ihres Portfolios, der aufgrund der Wachstumsunternehmen Ihrer Aufmerksamkeit bedarf. In keinem Fall ist es vergleichbar mit Daytrading, aber eine Anlage wie in Value-Aktien und ETFs, bei der Sie einige Jahre und Jahrzehnte abwarten und jedes halbe Jahr ins Portfolio schauen, ist es keineswegs. Halten Sie deswegen den Anteil an Growth-Aktien im Portfolio mit zehn bis maximal 20 % am geringsten und versuchen Sie, diese zehn bis 20 % in maximal drei bis fünf Wachstumsunternehmen zu investieren. Probieren Sie sich zuerst an einer virtuellen Börse aus, ehe Sie reales Geld in die Growth-Aktien anlegen. Bis Sie mit der Anlage realen Geldes in Wachstumsunternehmen beginnen, können Sie die verbliebenen zehn bis 20 % in ETFs investieren. Dies verschafft viel Sicherheit und beruhigt Sie. Bedenken Sie bei alledem: Trends sind keine Garantie, sondern eben nur Trends. Sie folgen keinen mathematischen Formeln und sind somit komplett unberechenbar. Sollte der Kurs kurz nach oben steigen und einen idealen Einstiegszeitpunkt suggerieren, aber nach Ihrem Einstieg rapide und unaufhörlich fallen, dann sind Sie in eine sogenannte Bullenfalle getappt. Deswegen gilt: Der Großteil Ihres Engagements im Aktienhandel besteht in der langfristigen Kapitalanlage anhand der zuvor geschilderten Strategien. Allerdings: Die hohen Renditechancen von bisweilen 100 % oder gar noch mehr machen die Verluste, die beim Investment in Growth-Aktien eintreten können, angemessen wieder wett und eröffnen Ihnen die Chance, mit Ihrem eigenen Portfolio und mehreren Jahren Übung sogar den Markt schlagen zu können.

Fazit:

❖ Bei Growth-Aktien folgen Sie im Chart Auf- und Abwärtstrends: Zwei Mal ein Hoch und zwei Mal ein Tief hintereinander, die jeweils höher als die letzten sind, bedeuten einen idealen Kaufzeitpunkt. Zwei Mal ein Hoch und zwei Mal ein Tief hintereinander, die jeweils tiefer als die letzten liegen, signalisieren den Verkaufszeitpunkt.

❖ Sie betrachten die Trends bei Growth-Aktien entweder auf Wochen- oder Monatsbasis; je nachdem, was bei der jeweiligen Aktie aufgrund deren Performance Sinn ergibt.

❖ Neben dem Abwärtstrend sollten Sie bei einem bestimmten Kurswert einen Stop-Loss definieren, zu dem Sie die Aktie definitiv verkaufen, sobald sie sich in einem zu starken Fall befindet.

Es verbleiben noch einige Worte zu Value-Aktien, die noch nicht hinlänglich definiert wurden und zu denen nicht genug Ratschläge gegeben wurden: Mittlerweile ist klar, dass eine Value-Aktie zu einem etablierten Unternehmen gehört und sich durch einen hohen inneren Wert auszeichnet. An der präzisen Definition von Value-Aktien und „hohen inneren Werten" scheiden sich die Geister. Warren Buffet, der bekannteste Investor der Welt und einer der reichsten Menschen der Erde, definiert Value-Aktien u. a. anhand der folgenden Aspekte:

• Das Kurs-Gewinn-Verhältnis liegt bei weniger als 10 – die Aktie muss unterbewertet sein.
• Das Gewinnwachstum beträgt mehr als 10 %.
• Die Ausschüttungsquote liegt bei mehr als 4 %.
• Die Eigenkapitalrendite liegt bei mindestens 15 %.

Es wird in etablierte Unternehmen investiert, die allerdings unterbewertet sind. Wichtig ist, dass die Unterbewertung aus Launen des Marktes heraus resultiert. So können schlechte Nachrichten, die den Kurs rapide nach unten treiben, ein Zeichen für einen idealen Einstiegszeitpunkt sein. Auch ein Börsencrash, der zunächst ein gravierendes Problem zu sein scheint, eignet sich, um zu kaufen. Denn die etablierten Unternehmen werden sich rehabilitieren und der Kurs wird steigen. Warren Buffet kaufte am liebsten in Zeiten, in denen die Anleger voller Panik verkauften.

Neben dieser Strategie, wertbeständige Aktien dann zu kaufen, wenn sie unterbewertet sind, und diese als Value-Aktien zu bezeichnen, gibt es noch einen einfacheren Weg: Es werden alle Unternehmen in großen Indizes als Value-Aktien angesehen und davon werden einige dem Portfolio beigemischt. Somit erhalten Sie im Prinzip so etwas wie beim ETF, nur, dass Sie einzelne Unternehmen, die Ihnen besonders zusagen, stärker gewichten können. Wenn Sie für Ihr Portfolio beispielsweise von den 30 DAX-Unternehmen nur zehn als Value-Aktien heraussuchen, können Sie danach segmentieren, welche Unternehmen in Branchen sind, die in der Zukunft Wachstumspotenzial haben, wie beispielsweise die Pharmaindustrie. Diese Branche ist sogar konjunkturunabhängig gefragt, da Menschen immer Medikamente und Arzneimittel brauchen werden. Das Unternehmen *BAYER* würde sich somit empfehlen. Auch der Konzern *Merck* wäre fürs Portfolio geeignet.

Abschließendes Knowhow zur Geldanlage in Aktien und Wertpapiere

Depot und Broker günstig online sichern

Gehen Sie in die lokale Niederlassung einer der Filialbanken und kundschaften Sie aus, wie viel ein Depot kostet und wie viel die Orders an den Broker kosten. Vergleichen Sie es mit dem Angebot von Direktbanken (also Online-Banken) und Online-Brokern. Sie werden erstaunt sein, wie groß die Unterschiede sind! Online-Broker haben die günstigsten Angebote: Hier sind die Depots nahezu immer kostenlos und die Orders haben geringe Mindestgebühren von um die 4 € oder einen geringen Anteil des Ordervolumens, der sogar bei weit unter einem Prozent liegen kann. Direktbanken halten vom Angebot her gut mit, sind jedoch teurer als die Online-Broker. Dafür bieten sie den Vorteil an, dass Sie zusätzlich ein günstiges Girokonto einrichten können. So haben Sie all Ihre Finanzen direkt auf einen Blick.

Steuern richtig angeben

Bevor Sie einen Fehler machen und dem Staat Geld schenken: Steuern müssen Sie nur auf realisierte Gewinne zahlen! Sollten Sie die Aktien nur halten und nicht verkaufen, müssen Sie auf die Kursgewinne keine Steuern zahlen. Lediglich auf die Dividenden fallen während der Haltezeit von Aktien Steuern an. In dem Jahr, in dem die Dividendenausschüttung erfolgt, geben Sie den auf Ihr Konto überwiesenen Betrag in der Steuererklärung unter den Einkünften aus Kapitalvermögen an. Sollten Sie Aktien verkaufen und dabei Gewinne realisieren, geben Sie dies ebenfalls unter den Einkünften aus Kapitalvermögen an. Auf alle Einkünfte aus Kapitalvermögen fällt eine Abgeltungssteuer von 25 % an. Auf diese Abgeltungssteuer werden der Solidaritätszuschlag und bei einer Kirchenzugehörigkeit die Kirchensteuer angerechnet, sodass es schlimmstenfalls zu einer Steuerzahlung in Höhe von knapp 27 % kommt. In Sonderfällen lassen sich die Depot- und Ordergebühren steuerlich absetzen. Allerdings sind dies komplizierte Fälle, die vom Finanzamt einer Individualbeurteilung unterzogen werden. Es macht somit keinen Sinn, näher auf dieses Nischenthema einzugehen. Wählen Sie einen Online-Broker oder eine Direktbank, dann entfallen die

Depotgebühren ohnehin und die Order-Gebühren bewegen sich in einem humanen Rahmen.

Anleihen als mögliche Beimischung für mehr Sicherheit

Anleihen sind eine Art von Wertpapieren, bei der Sie gewissermaßen einen Kredit an den Emittenten vergeben. Der Emittent ist das Unternehmen, der Staat oder die Institution, die Anleihen frei zum Kauf hergibt. Kaufen Sie eine Anleihe, dann vergeben Sie den Kredit. Staatsanleihen von Staaten mit hoher Kreditwürdigkeit sind mittlerweile nicht lukrativ, da es für die Sicherheit des Geldes Negativzinsen zu zahlen gibt. Bei einer geringen Kreditwürdigkeit des Staates sind die Zinsen lukrativer – doch wer sichert Ihnen zu, dass Sie das Geld definitiv zurückerhalten? Suchen Sie längere Zeit nach Unternehmen, Institutionen und Staaten, die eine hohe Kreditwürdigkeit aufweisen und hohe Zinsen anbieten, dann werden Sie irgendwann fündig. Meistens hat die Sache aber einen Haken, wie zum Beispiel moralische Fragwürdigkeit.

Beispiel

Der Waffenhersteller *Heckler & Koch GmbH* hat am 15. Dezember 2017 Anleihen mit einem zugesicherten Zins in Höhe von 6,5 % emittiert[7]. Dies bedeutet, dass Sie jedes Jahr auf Ihr investiertes Kapital Zinsen in Höhe von 6,5 % gezahlt bekamen und am Ende der fünfeinhalbjährigen Laufzeit der Anleihe Ihren investierten Betrag komplett wiedererhielten. In Zeiten der Niedrigzinsphase eine beachtliche Zinspolitik. Das Unternehmen hat zudem eine sehr gute Bonität. Doch die Frage – deswegen

[7] https://www.finanzen.net/anleihen/a2g8u9-heckler-koch-anleihe

mussten die Zinsen überhaupt erst so hochgeschraubt werden – nach der moralischen Verwerflichkeit eines Investments in einen Waffenhersteller wiegt schwer.

Sollten Sie eine lukrative Anleihe finden, dann ist es aufgrund der guten Sicherheit durch den zugesicherten Zins eine optimale Ergänzung fürs Portfolio. Denkbar ist die Strategie, Dividenden über zwei bis drei Jahre anzusparen und dann zu einem größeren Betrag in eine festverzinsliche Anleihe anzulegen.

Zusammenfassung

Die Geldanlage in Aktien erfolgt im Idealfall anhand eines fest definierten Schemas und mit möglichst langfristigem Horizont. Aus diesem Grund sollten 50 bis 70 % der Wertpapiere im eigenen Portfolio ETFs sein. Diese sind passiv gemanagt und erfordern von Ihnen keinen Aufwand bei der Unterhaltung des Portfolios. Weitere 20 bis 30 % wandern in Value-Aktien. Es handelt sich hierbei um Aktien etablierter Unternehmen, die Krisen und Crashs überlebt haben und in den großen Indizes gelistet sind. Sind Value-Aktien zurzeit schlecht bewertet, ergibt sich ein idealer Einstiegszeitpunkt. Die letzten zehn bis 20 % des Portfolios bilden Wachstums-Aktien, die aktiv gemanagt werden. Schauen Sie in Wochen- oder Monatsabständen nach Trends in Aktien von Unternehmen, die sich gerade erst am Anfang des Wachstums befinden. Setzen Sie sich klare Grenzen für die Verkaufszeitpunkte, um bei diesem aktiven Teil Ihres Portfolios keine Totalverluste zu riskieren. Growth-Aktien stellen die ideale Beimischung fürs Portfolio dar, um die Renditechancen beträchtlich zu steigern. Wählen Sie parallel einen günstigen Online-Broker oder eine preiswerte Direktbank, dann sind Sie auf der besten Seite, um langfristig und mit dem bestmöglichen Ertrag Ihr Geld in Wertpapiere anzulegen.

Immobilien: Vermieten oder selbst nutzen – was lohnt sich mehr?

In einer Zeit der limitierenden Glaubenssätze und Unruhen auf der ganzen Welt glauben die wenigsten Personen an die Möglichkeit, sich eine eigene Immobilie bereits in jungem Alter finanzieren zu können. Doch eine genaue Auseinandersetzung mit dem Thema zeigt: Auch – oder insbesondere – in jungem Alter mit der ersten unbefristeten Festanstellung nach Studium oder Ausbildung ist es am besten möglich, sich den Traum von der eigenen Immobilie zu erfüllen. Dabei lohnt sich zunächst eine Immobilie zur Vermietung, da hier in der Regel geringere Finanzierungsvolumina notwendig sind als bei dem erträumten Eigenheim. Es beginnt mit dieser einen Immobilie und endet bei disziplinierter Durchführung eines umfassenden Immobiliensparplans in einem Vermögen, welches sich aus mehreren Immobilien zusammensetzt. Gehen Sie dieses Kapitel durch und beginnen Sie daran zu glauben, dass sogar im jungen Alter das „Betongold", wie Immobilien in Anspielung auf Ihren Mehrwert genannt werden, greifbar nah ist.

Immobilien: Zwischen Traum und Realität

Im Gegensatz zu Aktien und anderen Wertpapieren gibt es wohl kaum eine Person, die zu einer Geldanlage in Immobilien „Nein" sagen würde. Ein Großteil der Personen träumt dabei stets vom Eigenheim: Ein Haus für die ganze Familie, mit einem großen Garten und reichlich Platz zum Spielen für die Kinder – das ist an dieser Stelle nicht (nur) der American Dream, sondern (auch) der deutsche Traum. Schaut man sich die Wohneigentumsquote in Deutschland an, dann ist es im Vergleich mit dem überwältigenden Großteil der EU-Staaten für viele Personen wirklich ein Traum:

Nationen	Anteil der Bevölkerung mit Wohneigentum
Rumänien, Kroatien, Slowakei	>90%
Litauen, Ungarn, Polen, Bulgarien, Estland, Norwegen, Lettland	80-90 %
Tschechische Republik, Spanien, Slowenien, Portugal, Griechenland, Belgien, Italien, Finnland	70-80 %
Irland, Niederlande, Schweden, Vereinigtes Königreich, Frankreich, Dänemark	60-70 %
Österreich	55 %
Deutschland	51,4 %
Schweiz	41,3 %

Quelle: statista.com[8]

Der EU-Durchschnitt liegt derweilen bei 69,3 %. Wir stellen somit fest, dass Deutschland einerseits auf dem vorletzten Platz rangiert, andererseits weit unter dem EU-Durchschnitt liegt. Nun wird man zweifellos damit argumentieren können, dass im Großteil der Staaten, die Wohneigentumsquoten oberhalb der 80 % aufweisen, Wohneigentum besonders günstig ist. Doch dies würde in einer Argumentation der Tatsache nicht gerecht werden, dass Personen in diesen Ländern weniger verdienen und es trotz des geringeren

---

[8] https://de.statista.com/statistik/daten/studie/155734/umfrage/wohneigentumsquoten-in-europa/

Preises für Wohneigentum alles andere als einfach haben, sich dieses Wohneigentum zu sichern.

Man debattiere, wie man will, so ist die unabwendbare Tatsache dennoch die, die in der Tabelle geschrieben steht: Wohneigentum ist in der deutschen Bevölkerung im europaweiten Vergleich nur gering vorhanden. Woran könnte dies liegen?

Eine Studie des IW (Institut für Deutsche Wirtschaft) Köln[9] hat sich dieser Frage gewidmet und dabei untersucht, wie alt der durchschnittliche Immobilienerwerber ist. Die Studie stammt aus dem Jahr 2018, bringt dafür aber einige nachvollziehbare Probleme hervor, die zweifellos auch heute aktuell sein werden. Insbesondere die Tatsache, dass in der aktuellen Niedrigzinsphase und bei guter Konjunktur keine Käufe durch Personen getätigt werden, wirkte überraschend. Dies sei der Studie zufolge in Ländern wie den Niederlanden und Dänemark anders gewesen, als niedrige Zinsen herrschten: Die Wohneigentumsquote stieg an. Als eine der Hauptursachen für den Missstand in Deutschland wird das erforderliche Eigenkapital für Finanzierungen ausgemacht.

Dass Finanzierungen benötigt werden, um ein Kaufvorhaben in hoher fünf- oder sechsstelliger Höhe zu realisieren, ist nachvollziehbar. Schwer wird es allerdings, die 20 bis 30 % erforderliches Eigenkapital einzubringen, wenn die hohen Kaufnebenkosten hinzukommen. Für diese ist die Bundesregierung maßgeblich verantwortlich, weswegen sich eine politische Frage auftut. Allein die Grunderwerbsteuer stellt mit – je nach Bundesland – 3,5 bis 6,5 % Anteil am Kaufpreis eine Hürde dar. Hinzu kommen die Maklergebühren, die in den meisten Bundesländern komplett vom Käufer getragen werden müssen. Die Maklergebühren liegen zwischen

---

[9] https://www.haufe.de/immobilien/entwicklung-vermarktung/marktanalysen/iw-studie-wohneigentum-in-deutschland-stagniert_84324_444164.html

3,57 und 7,14 %, wobei sich die Lage von Bundesland zu Bundesland erneut unterscheidet. Da der Eigentümer die Immobilie verkaufen möchte, ließe sich über das Bestellerprinzip diskutieren: Wer den Makler bestellt, muss auch dafür zahlen. Die Notar- und Grundbuchkosten sind gesetzlich geregelt und liegen in einem humanen Rahmen. Somit gibt es unter den Nebenkosten zwei große Posten, bei denen Verbesserungspotenzial bestünde: Grunderwerbsteuer und Maklergebühren.

> **Beispiel**
>
> Wer eine Wohnung für 120.000 € im Bundesland Brandenburg kauft, muss als Käufer Maklergebühren von 7,14 %[10] tragen und eine Grunderwerbsteuer in Höhe von 6,5 % entrichten[11]. Dies bedeutet, dass zusätzlich zum Kaufpreis Maklergebühren von 8.568 € und Grunderwerbssteuern von 7.800 € anfallen. Dies sind insgesamt 16.368 €, dazu kommen noch pauschal angesetzte Notarkosten um die 2.000 €.

Allein die Logiken, für einen Makler komplett allein aufzukommen, den man selbst nicht beauftragt hat, und damit dem Verkäufer den Verkauf zu finanzieren und Steuern dafür zu zahlen, dass man sich etwas kauft, wirken auf Newcomer in der Welt der Immobilien irritierend. Doch dies ist die unleugbare Gesetzeslage. In Kombination mit dem von Banken für eine Finanzierung geforderten Eigenkapital in Höhe von 30 % ergeben sich 56.000 €, die ein Antragsteller in dem vorigen Beispiel für eine Finanzierung auf dem Konto haben

---

[10] https://www.immoverkauf24.de/immobilienmakler/makler-provision/#hausverkauf-check-3

[11] https://www.immoverkauf24.de/immobilienverkauf/immobilienverkauf-a-z/grunderwerbsteuer/

muss. Es ließen sich seitens des Staates zumindest kleine Maßnahmen ergreifen, wie beispielsweise das Bestellerprinzip bei der Bezahlung des Maklers zu etablieren. Zudem wäre es eine Lösung, die Grunderwerbsteuern in Raten zahlen zu lassen. All dies würde den Kapitalbedarf für Finanzierungen reduzieren. Aber momentan ist keine Lösung in Sicht, dafür aber gibt es Konzepte, die diese Probleme reduzieren oder ein Stück weit verändern. Diese werden Sie noch im weiteren Verlauf kennenlernen, sobald es explizit um die Geldanlage in Immobilien geht.

Beachtliche Renditen stehen in Aussicht

Bei den Renditen, die Immobilien in Aussicht stellen, werden Immobilien für den Großteil der Bevölkerung nicht nur zum Wohnen, sondern auch zum Vermieten interessant. Populär sind in Deutschland die *Big 7*; auch *Top 7* und *Big Cities* genannt. Es sind die sieben Städte, die für die Immobilienwirtschaft am bedeutendsten sind und vergleichsweise hohe Mieten vorzuweisen haben:

- Berlin
- Düsseldorf
- Frankfurt am Main
- Hamburg
- Köln
- München
- Stuttgart

Diese sieben Städte haben neben den hohen Durchschnitts- und Spitzenmieten als zentrale Merkmale einen geringen Flächenleerstand, eine geringe Leerstandsquote der Immobilien und einen hohen Flächenumsatz. Schaut man sich nur die Durchschnittsmieten und die Durchschnittskaufpreise im letzten Jahr (2019) am Beispiel einer 60-m²-Wohnung an, dann wird deutlich, wieso diese Städte „big" sind:

Stadt	Durchschnitts-miete (pro m²)	Durchschnittskauf-preis (pro m²)
Berlin	11,63 €	4.299,96 €
Düsseldorf	11,17 €	3.695,99 €
Frankfurt am Main	15,29 €	5.667,27 €
Hamburg	12,31 €	4.704,80 €
Köln	11,70 €	3.789,87 €
München	18,98 €	7.822,32 €
Stuttgart	15,98 €	4.432,56 €

Quelle: wohnungsboerse.net[12]

Diese Zahlen allein sind für Sie vielleicht nur bedingt aussagekräftig. Besser wird es, wenn Sie dies auf die 60-m²-Wohnung hochrechnen und mit Ihren Verhältnissen vergleichen. Darüber hinaus hilft ein Vergleich mit dem Durchschnittwert in Deutschland: Im gesamten Staat haben 60-m²-Wohnungen pro m² 3.430,84 € zum Kauf und 7,87 € zur Miete gekostet[13].

Hinweis!

Zwar gibt es Städte, in denen die Durchschnittsmieten und Durchschnittspreise noch höher ausfallen, doch geht es bei den Big 7 auch um die anderen genannten Kriterien, wie beispielsweise geringe Leerstandsquoten. Diese sind in den genannten Städten äußerst gering: Wohnraum wird benötigt und ist schwer zu erhalten. Es gibt phasenweise 100 Bewerber auf einzelne Wohnungen. Der Staat

---

[12] https://www.wohnungsboerse.net/
[13] https://www.wohnungsboerse.net/

hat, damit die Mieten nicht unkontrolliert in die Höhe schnellen, für „eine ausreichende Versorgung der Bevölkerung mit Mietwohnungen" im §558 BGB (Bürgerliches Gesetzbuch) eine Kappungsgrenze für Mieterhöhungen festgelegt[14]. Diese gilt in Städten, in denen die Mietverhältnisse vergleichbar zu oder gleich denen in den Big Cities sind.

Diesen Kappungsgrenzen zum Trotz wäre ein Investment in Immobilien nach wie vor in den großen sieben Städten Deutschlands lukrativ. Allerdings ist das Problem für den Durchschnittsverdiener und zunehmend auch für vermögendere Personen, dass die Preise zum Kauf von Immobilien derart hoch und rasant im Steigen sind, dass ein Kauf kaum noch zu finanzieren ist. Die Entwicklung von Mieten und Kaufpreisen für Immobilien in den Big 7 sei hier erneut anhand des Beispiels einer 60-m^2-Wohnung aufgeführt:

Stadt	Mietentwicklung 2011-2019	Preisentwicklung 2011-2019
Berlin	+88,49 %	+306 %
Düsseldorf	+27,37 %	+193 %
Frankfurt am Main	+48,45 %	+264 %
Hamburg	+41,66 %	+188 %
Köln	+46,98 %	+211 %
München	+58,83 %	+211 %
Stuttgart	+76,38 %	+201 %

Quelle: wohnungsboerse.net[15]

---

[14] https://www.gesetze-im-internet.de/bgb/_558.html
[15] https://www.wohnungsboerse.net/

Hätten Sie 2011 in einer der Big Cities Kapital in Immobilien angelegt, dann wäre dieser Tabelle zufolge deren Wert um mindestens 188 % angestiegen. Nun geht es dabei lediglich um den Wert der Immobilie; will meinen: Sie müssten die Immobilie wieder verkaufen, um diesen Gewinn von mindestens 188 % zu realisieren. Allerdings haben Sie in der Zwischenzeit vom Mietanstieg profitiert. Immerhin die Miete erhalten Sie monatlich gezahlt. Auch hat nicht jede Immobilie einen solchen Wertanstieg verbucht. Zum einen handelt es sich nur um 60-m²-Wohnungen, zum anderen ist die Lage innerhalb einer jeden Stadt entscheidend. Des Weiteren haben wir gelernt, dass mittlerweile die Immobilien in den Big Cities immer schwerer erschwinglich sind. Allem voran in Top-Lagen werden kleine Anleger vergeblich nach bezahlbaren Immobilien suchen. Wieso beschäftigen wir uns also so vergleichsweise lange mit den Big Cities?

Ganz einfach; weil deren Entwicklung, Zahlen und Fakten veranschaulichen, wohin es mit Immobilien in anderen Städten gehen kann. Denn es gibt mittlerweile eine Fülle an B-Städten und sogar C-Städten, in denen die Immobilien äußerst erschwinglich sind und die Mieten sowie Immobilienpreise erst am Anfang ihrer Entwicklung stehen. Bereits jetzt zeigt sich in einzelnen Städten eine klare Entwicklung aufwärts und viele freie Immobilien in guten zentralen Lagen warten darauf, dass Anleger investieren. Schaut man sich die Mietspiegel an, dann spiegelt sich in den Zahlen der B- und C-Städte ebenso wie bei den Big Cities eines wider: Die Perspektive, das eigene Kapital richtig klug anzulegen und damit im Verlaufe der Jahre ein Vermögen aufzubauen! Ein genauer Blick zeigt, dass sogar junge Leute es nicht zwingend schwer haben müssen, eine Immobilie zu finanzieren. Es ist alles nur eine Frage des richtigen Konzepts und der Kontakte ...

Konzepte, Kontakte & Lage: Wann Immobilien zur Geldanlage wirklich vielversprechend sind

Eine Immobilie allein ist nicht sofort eine Garantie dafür, dass das eigene Kapital gedeihen wird. Was sich bei Privatanlegern jedoch durch und durch bewährt hat, ist die Kapitalanlage in Wohnungen. Alternativen zu Wohnungen wären Häuser und Gewerbeimmobilien. Zweifelsohne werden Häuser an Wert gewinnen und auch eine Miete abwerfen, doch betrachten wir das Kosten-/Nutzen-Verhältnis, so wird schnell offensichtlich, dass Wohnungen zur Vermietung lukrativer sind. Dies liegt daran, dass bei Häusern eine gehörige Menge des Preises für das zum Haus gehörige Grundstück – also quasi den Garten – gezahlt wird. Zwar wird beim Wohnungskauf anteilig ein Stück des Grundstücks erworben, aber der Hauptbestandteil ist die Wohnung an sich, die bei Vermietung auch den größten Ertrag abwirft. Des Weiteren sind Häuser häufig außerhalb von Stadtzentren gelegen. Die Stadtzentren weisen viele öffentliche Einrichtungen, Läden, Sehenswürdigkeiten, Restaurant u. Ä. auf. Dementsprechend sind Wohnungen im Vergleich zu Häusern das lukrativere, günstigere und einfachere Investment. Verbleiben im Vergleich die Geschäftsimmobilien: Diese sind wesentlich riskanter, da Geschäftsraum weniger benötigt wird als Wohnraum. Insbesondere die Tatsache, dass die Immobilien bereits durch das vorige Geschäft aufgrund ihrer Ausstattung auf ein bestimmtes Gewerbe beschränkt sind, verkompliziert die Vermietung. Eine Gewerbeimmobilie direkt im Zentrum einer der Big 7 Städte wird sich lohnen – zweifellos. Gleiches gilt für angesagte Shopping-Meilen, wie es z. B. beim Kurfürstendamm in Berlin der Fall ist. Doch wer kann sich schon eine Geschäftsimmobilie im Zentrum einer Stadt oder an beliebten Shopping-Meilen leisten? Und wann wird überhaupt mal eine Immobilie dort frei? Die Antworten auf beide Fragen werden mutmaßlich pessimistisch ausfallen.

Also gilt bis hierhin die Devise: Wohnungen kaufen und vermieten! Gehen wir nun Schritt für Schritt die Kapitalanlage in Immobilien durch, denn alles beginnt mit der ersten Wohnung ...

Erste Wohnung: Wie bekomme ich die Finanzierung hin?

Wie wir im ersten Unterkapitel dieses Kapitels erfahren durften, bewegt sich die Immobilienfinanzierung aufgrund der hohen Anforderungen ans Eigenkapital zwischen Traum und Realität. Wie wird sie zur Realität?

An dieser Stelle stellt sich die Frage, ob Sie eine Immobilie selbst aussuchen und finanzieren möchten oder ob Sie dies mit professioneller Hilfe zu tun gedenken. Gehen wir zunächst davon aus, dass Sie die Mission Kapitalanlage in Immobilien selbst in Angriff nehmen. In diesem Fall kommen Sie an 20 bis 30 % Eigenkapital als Rücklage **und** einer ausreichenden Summe zur Deckung der Kaufnebenkosten auf Ihrem Konto nicht vorbei. Da eine Immobilie, in die Sie Ihr Kapital anlegen, nicht unbedingt vor Ihrer Haustür liegen muss, ist es klug, das Bundesland so auszuwählen, dass Sie für den Erwerb der Immobilie die geringsten Kaufnebenkosten zahlen müssen. So können Sie aus den teuersten Szenarien in Brandenburg, Berlin, Hessen, Saarland, Schleswig-Holstein und Thüringen, wo Sie jeweils mehr als 10 % allein für die Grunderwerbssteuer und den Makler zahlen müssen, durch den Kauf von Immobilien in Sachsen-Anhalt, Sachsen und Rheinland-Pfalz auf knapp 7 bis 9 % kommen.

Zwischenfazit:

❖ Kaufen Sie Immobilien zur Kapitalanlage vorwiegend in Sachsen, Sachsen-Anhalt und Rheinland-Pfalz.

❖ Hier fallen geringere Beträge für Grunderwerbsteuer und Maklerprovisionen für Käufer als in anderen Bundesländern an.

- In Sachsen: 7,07 % des Kaufpreises
- In Sachsen-Anhalt: 8,57 % des Kaufpreises
- In Rheinland-Pfalz ebenfalls 8,57 % des Kaufpreises

❖ Sie sparen gegenüber anderen Bundesländern mehrere Tausend Euro und können die Finanzierung leichter realisieren.

Nun werden sich Ihnen womöglich einige Fragen stellen. Die erste wird in die Richtung gehen, inwiefern eine Immobilie Sinn macht, die unter Umständen in einem komplett anderen Bundesland liegt und über die Sie nicht wachen können. Tatsache ist, dass vor allem eine solche Immobilie Sinn macht. Denn als Vermieter möchten Sie nicht, dass der Mieter Sie mit jeder Kleinigkeit, bei welcher er Hilfe benötigt, konfrontiert. Sind Sie weiter fort, dann weiß der Mieter von vornherein, dass er auf sich gestellt ist. Sie profitieren von einer Distanz, die es Ihnen ermöglicht, passiv Geld zu verdienen und sich nicht permanent aktiv um die Vermietung kümmern zu müssen. Für kleine Anliegen haben Sie sehr wohl in einem Wohngebäude jemanden, der sich kümmert: Nämlich die Hausverwaltung. In der Übersicht über die Kosten für eine Immobilie, die noch in den weiteren

Unterkapiteln kommen wird, werden Sie merken, dass eine Hausverwaltung aufs Jahr gerechnet geringe Kosten verursacht, aber Ihnen die wichtigsten Pflichten abnimmt. Sie ist da, um Fragen von Mietern zu beantworten, das gesamte Wohngebäude instand zu halten und zu überprüfen, dass alles nach den Vorstellungen der Vermieter läuft.

Da in den genannten Bundesländern mehrere aufstrebende Städte vorhanden sind, wo die Immobilienpreise human sind, aber aller Voraussicht nach zusammen mit den Mieten noch mächtig Wachstumspotenzial haben, lohnt sich ein Investment in die genannten Bundesländer Sachsen, Sachsen-Anhalt und Rheinland-Pfalz umso mehr. Um Ihnen einen Auszug an Städten zu geben, in denen Sie in den genannten Bundesländern vielversprechend in Immobilien investieren können: Dresden, Leipzig, Halle, Magdeburg, Trier und Kaiserslautern. Hervorzuheben sind allem voran die Städte Dresden, Leipzig und Trier.

Falls Sie von einem Eigenheim träumen, werden Sie sich fragen, wieso Sie eine Immobilie zur Vermietung finanzieren sollten und nicht in die erste finanzierte Immobilie selbst einziehen sollten. Dies hat gleich mehrere Gründe:

- **Zu wenig Kapital:** Bei einem Eigenheim hat man mehr Ansprüche als bei einer Immobilie zur Vermietung. Meistens ist es der Traum von einem großen Haus, wo man mit einer halben Million dabei ist. Eventuell wird es ein bescheideneres Haus, das dreimal günstiger ist, was aber an folgender Tatsache nichts ändert: Immobilien zur Kapitalanlage sind leichter finanziert und schneller abbezahlt.
- **Zu hohe Ansprüche:** Selbst, wenn es eine bescheidene Wohnung sein sollte, haben Käufer beim Eigenheim derartige Ansprüche, dass an Kleinigkeiten gemeckert wird und sich der Kauf mehrere Jahre hinzieht. Bis dahin wären bei einer zur Vermietung

finanzierten Immobilie die ersten Schritte längst gegangen.

- **Mietsteigerung:** Bei einer Immobilie, die Sie vermieten, können Sie Jahr für Jahr von Mietsteigerungen Gebrauch machen. Zudem profitieren Sie von einer Wertsteigerung Ihrer Immobilie, die – wie Sie an den Beispielen der Big Cities gesehen haben – in nur sieben Jahren das Mehrfache des ursprünglichen Kaufpreises betragen kann.

Die Erfahrung lehrt: Bei einer für sich selbst finanzierten Immobilie ist für den Durchschnittsverdiener Schluss. Dies ist an sich nichts Negatives, denn immerhin ist irgendwann die Immobilie abbezahlt und man lässt sich nicht von der steigenden Miete erdrücken. Doch wie klänge es, mit Hilfe eines umfassenden Immobiliensparplans innerhalb von 30 bis 40 Jahren mehrere Immobilien zu finanzieren? Dies ist ohne signifikante Risiken möglich; aber nur, wenn die Immobilien zur Vermietung finanziert werden. Wie sich dieses Konzept genau rechnet, erfahren Sie noch im weiteren Verlauf dieses Kapitels. Zunächst wissen Sie Bescheid, dass Sie die Finanzierung einer Immobilie zur Vermietung dem erträumten und perfekten Eigenheim auf lange Sicht näherbringt, als es das jahrzehntelange Sparen tut, bis genug Eigenkapital für ein provisorisches Eigenheim angespart ist.

Zwischenfazit:

- ❖ Bei der Vermietung einer Immobilie erledigt die Hausverwaltung den Großteil der Arbeit für Sie.
- ❖ Es empfiehlt sich, mit einer finanzierten Immobilie zur Vermietung zu beginnen und nicht direkt das Eigenheim zu finanzieren. Durch eine Immobilie zur Vermietung profitieren Sie viel stärker von der Wert- und Mietsteigerung.

> ❖ So können Sie einen umfangreichen Immobi-
> lien-Sparplan realisieren und kommen durch sukzes-
> siven Vermögensaufbau dem Kauf eines Eigenheims
> nach Ihren persönlichen Wünschen näher.

Wir sind bis jetzt den Fall durchgegangen, dass Sie die
Immobilie selbst finanzieren möchten und keine Hilfe professioneller Unternehmen in Anspruch nehmen. Um diesen
Abschnitt zur Finanzierung in Eigenregie abzuschließen,
erhalten Sie noch folgende Formeln mit auf den Weg:

Monatliche Einnahmen − Monatliche Ausgaben = Persönliche Belastbarkeit

Stellen Sie all Ihre Einnahmen (Hauptgehalt, Minijob-Ein-
künfte, bei Ehepaaren und Kindern: Gehalt des Ehepartners,
Kindergeld) den Ausgaben (Mietzahlungen, Strom & Wasser,
Abonnements, Versicherungen etc.) gegenüber. Bleibt am
Ende Geld übrig, dann ist dies Ihre persönliche Belastbarkeitsgrenze, mit der Sie eine Immobilie finanzieren können.
Gehen wir von einer jungen Person aus, die gerade die
Ausbildung abgeschlossen hat und ein Einstiegsnettoge-
halt von 1.900 € hat, dann ist dies das Einkommen. Darauf
entfallen Ausgaben von 200 € für Freizeit, 150 € fürs Auto,
80 € für Versicherungen, 560 € für Miete und Nebenkosten,
400 € fürs Essen. Es ergibt sich durch Abzug der Ausgaben
eine persönliche Belastbarkeit in Höhe von 510 €.

Aus dieser persönlichen Belastbarkeit lässt sich anhand der
folgenden Formel die mögliche Darlehenssumme berechnen:

$$\text{Mögliche Darlehenssumme} = \frac{\text{Belastbarkeitsgrenze in € × 12 Monate × 100 \%}}{\text{Zinssatz in \% × Tilgung in \%}}$$

Für diese Formel bedarf es nun einiger Erklärungen. Beginnen wir mit den beiden Größen im Nenner, dem Zinssatz und der Tilgung. Die Tilgung sind die Ratenzahlungen, die aufgewendet werden, um die Kreditsumme abzubezahlen: 2 % bedeuten, dass jährlich 2 % der Kreditsumme abbezahlt wird. 3 % wiederum bedeuten, dass jährlich 3 % der Kreditsumme getilgt wird. Je höher die Tilgung ist, umso schneller ist der Kredit abbezahlt. Die Kreditsumme wird alternativ als Darlehenssumme bezeichnet und meint das Geld, dass Sie von der Bank für den Kauf einer Immobilie überwiesen erhalten. Benötigen Sie für den Kauf einer Wohnung 90.000 € und bringen 20.000 € selbst ein, dann verbleiben 70.000 €. Diese Summe erhalten Sie von der Bank überwiesen und müssen sie jährlich zum vereinbarten Satz tilgen. Lautet dieser 3 %, dann nehmen Sie von den 70.000 € 3 %, was 2.100 € ergibt. Dies bedeutet, dass Sie Jahr für Jahr 2.100 € überweisen müssen. So viel zur Tilgung. Der Zinssatz ist die Gebühr, die die Bank für den Kredit erhebt. Es fallen darunter die Zinskosten ebenso wie die Kosten für bestimmte Termine, die bei der Bank wahrzunehmen sind. Seit wenigen Jahren sind die Banken verpflichtet, alle Kosten unter dem effektiven Jahreszins zusammenzufassen. Abhängig von der Darlehenssumme und der Dauer der Tilgung, ist in Zeiten der Niedrigzinsphase bei Immobilienfinanzierungen durch Banken meistens ein effektiver Jahreszins zwischen 2 und 2,5 % üblich. Die restlichen Größen aus der Formel sind selbsterklärend: Die Belastbarkeitsgrenze im Zähler wird mit 12 Monaten multipliziert, da Zinssatz und Tilgung ebenfalls aufs Jahr gerechnet werden. Die Belastbarkeitsgrenze wird neben den 12 Monaten noch mit 100 % multipliziert, um die gesamte Darlehenssumme ermitteln zu können. Somit rechnen wir mit dem vorigen Beispiel und der Belastbarkeitsgrenze von 510 € weiter und erhalten folgendes Ergebnis:

$$\textit{Mögliche Darlehenssumme} = \frac{510\ € \times 12 \times 100\ \%}{2,4\ \% \times 2\ \%}$$

$$127.500\ € = \frac{510\ € \times 12 \times 100\ \%}{2,4\ \% \times 2\ \%}$$

Dies ist bereits einiges an Geld, mit dem die junge Person aus unserem Beispiel problemlos eine gehobene Wohnung in einer B-Stadt in ausgezeichneter Lage finanzieren könnte. Nun ist noch die Frage nach dem Eigenkapital auf dem Konto gegeben. Da die Person lediglich 30.000 € auf dem Konto angespart hat, wird es letzten Endes eine günstigere Immobilie werden müssen, um der Bank die 20 bis 30 % Eigenkapital vorweisen und die Nebenkosten stemmen zu können. Dennoch gilt: Immobilie finanzierbar! Sollte die Person noch weniger Eigenkapital auf dem Konto haben, ist empfohlen, ein bis zwei Jahre zu warten und Geld anzusparen. Oder aber man leiht sich das Geld von Bekannten oder lässt in der Familie eine Bürgschaft durchführen. Es gibt viele Wege zur Lösung. Aber eines kann man nicht behaupten; nämlich, dass die Finanzierung von Immobilien im jungen Alter unrealistisch ist.

Hinweis!

Kommen Sie auf keinen Fall auf die Idee, einen Konsumkredit aufzunehmen, um das Eigenkapital für die Immobilienfinanzierung nachweisen zu können. Einige unseriöse Ratgeber legen nahe, bei nicht vorhandenem Eigenkapital einen Kredit über das benötigte Eigenkapital aufzunehmen. Das daraus erhaltene Kapital wird den Banken dann als Sicherheit und Eigenkapital für die Immobilienfinanzierung hinterlegt. Doch die Banken sind nicht so unterbelichtet, wie es diese Strategie erfordern würde: Durch die Schufa-Auskunft werden Informationen eingeholt und es wird aufgrund des bereits laufenden Kredits kein Immobilienkredit gewährt. Ansonsten ließen sich ohne Ende Kredite aufnehmen, bis es im Endlosen wie ein Schnellballsystem enden würde. Für Banken und erst recht für den Anleger absolut riskant! Unter keinen Umständen sollte ein solches Vorgehen gewählt werden.

Das war also der Weg zur Immobilienfinanzierung in Eigenregie. Alternativ gibt es Angebote spezieller Unternehmen, die nichts anderes tun, als mit all ihrer Expertise und dem gesamten Vertrieb Immobilien zur Altersvorsorge bzw. zum Vermögensaufbau zu vermitteln. Sie finden solche Unternehmen im Internet, wenn diese über die sozialen Medien oder auf Google fleißig Werbung für Altersvorsorge-Immobilien machen. Darüber hinaus haben die Unternehmen eigene Niederlassungen und Büros. Das Merkmal dieser Unternehmen ist unter anderem, dass die Maklergebühren entfallen.

Als Käufer müssen Sie somit keine Maklerprovision zahlen, ebenso muss der Verkäufer keine Maklerprovision zahlen. Die Verkäufer sind bei Immobilienvertrieben stets große Gesellschaften, die einen Kooperationsvertrag mit den Immobilienvertrieben abgeschlossen haben. Diese Gesellschaften kaufen Immobilien in großen Mengen auf. Das Ziel ist der Wiederverkauf an Privatanleger. Allen voran den durchschnittlichen Anlegern, die nicht so vermögend sind, möchten die Gesellschaften in Kooperation mit den Immobilienvertrieben eine Finanzierung der Immobilie zur Kapitalanlage ermöglichen. Sie können sich dies wie folgt vorstellen: Beim Immobilienvertrieb angekommen, wird Ihnen ein großes Portfolio an Immobilien zur Auswahl gestellt, welches sich Ihrer persönlichen Belastbarkeit und finanziellen Situation ohne jedwede Hindernisse anpassen lässt. Der Immobilienvertrieb wird mit einer Provision vom Verkaufspreis vergütet, die je nach Vertrag mit der immobilienhaltenden Gesellschaft verschieden ausfällt. In jedem Fall bleibt Ihnen die Bezahlung des Maklers erspart.

Sobald Sie sich das Portfolio an Immobilien anschauen, werden Sie daraus Immobilien wählen können, die zu Ihrer finanziellen Situation passen: An dieser Stelle beginnen Ihre Vorteile erst richtig. Denn aufgrund der Nähe zu Banken und des eigenen Konzepts bleibt bei den meisten Vertrieben eine Eigenkapitalforderung von 20 bis 30 % aus. Dies bedeutet: Sie erhalten Ihre Immobilie; unabhängig von dem Eigenkapital, welches bei Ihnen auf dem Konto liegt. Bleiben nun zwei weitere wichtige Punkte: Zum einen die restlichen Kaufnebenkosten und zum anderen Ihre Einkommensnachweise. Nach Abzug der Maklergebühren verbleiben die Grunderwerbsteuer und die Notargebühren zur Zahlung. Diese werden je nach Vertrieb ebenfalls übernommen. Allerdings sind für die Deckung dieser Kosten weniger als 10 % des Kaufpreises notwendig, sodass die meisten Vertriebe zunächst absprechen, dass Sie diese Kosten tragen. Haben Sie nicht das Eigenkapital, zeigen sich die Unternehmen kulant und übernehmen diese Kosten ebenfalls. Dies geschieht, indem sie Ihnen diese vorab überweisen. Sobald die Bank die Darlehenssumme überweist, werden die Nebenkosten an den Vertrieb zurückgezahlt, wobei die jeweilige Absprache schriftlich vermerkt wird.

Wie Sie merken, werden Sie bei einem spezialisierten Immobilienvertrieb hinsichtlich des Eigenkapitals keine Probleme bekommen. Doch obwohl Ihnen der Immobilienvertrieb bei der Finanzierung so vielfältig hilft, sind hier letztlich ebenfalls Banken im Spiel, mit denen ein Immobilienvertrieb zusammenarbeitet. Dies bedeutet, dass gewisse Grundsicherheiten vorhanden sein müssen, was das persönliche laufende Einkommen angeht. Diese Grundsicherheiten sind bei einer Finanzierung in Eigenregie ebenso wie bei einer Finanzierung mithilfe eines Immobilienvertriebs gleich: **Ein unbefristetes Angestelltenverhältnis mit einem Mindesteinkommen von rund 1.800 € netto pro Monat, welches bereits seit mindestens drei Monaten läuft.**

Selbstständige haben – wenn überhaupt – wesentlich geringere Chancen, Kredite bewilligt zu erhalten. Ein Selbstständiger hat im Idealfall mindestens drei Steuererklärungen zur Hand, die eine solide Situation und gute Gewinne widerspiegeln. Zudem wird meist ein höheres Eigenkapital von knapp 50 % des Kaufpreises erwartet. Hier kann nicht mal die Zusammenarbeit mit einem Immobilienunternehmen, dass auf den Vertrieb von Immobilien zur Kapitalanlage spezialisiert ist, etwas an der Situation ändern. Angestellte wiederum, die in das oben erwähnte und fett gedruckte Raster hineinpassen, haben alle Möglichkeiten, eine Immobilie zu finanzieren – ohne Zusammenarbeit mit einem Immobilienvertrieb ist noch reichlich Eigenkapital notwendig, bei einer Zusammenarbeit mit einem Immobilienvertrieb hingegen ist kein oder fast kein Eigenkapital (dies wird mit dem Vertrieb separat erörtert) vonnöten.

Zwischenfazit:

❖ Die mögliche Darlehenssumme bei der Finanzierung einer Immobilie richtet sich nach der persönlichen Belastbarkeit, die Sie durch eine Subtraktion der monatlichen Ausgaben von den monatlichen Einnahmen ermitteln.

❖ Möchten Sie finanzieren, dann können Sie den Weg allein oder mit Hilfe eines spezialisierten Immobilienvertriebs gehen.

> ❖ Bei einer alleinigen Finanzierung benötigen Sie 20 bis 30 % des Kaufpreises als Eigenkapital und die Summe der Kaufnebenkosten auf dem Konto. Bei einer Finanzierung im Falle eines Kaufs bei einem Vertrieb entfällt der Großteil der Eigenkapital-Forderungen.
>
> ❖ Um eine laufende Sicherheit zu gewährleisten, müssen Sie jedoch **in jedem Fall** Nachweise für Ihr monatliches Einkommen erbringen. Selbstständige sind komplizierte Individualfälle, bei Angestellten genügt der Nachweis eines unbefristeten Angestelltenverhältnisses mit einem Einkommen von mindestens 1.800 € netto pro Monat, welches bereits seit mindestens drei Monaten läuft.

Dies sind die möglichen Schritte zur ersten Finanzierung einer eigenen Wohnung. Es wurde bewusst auf die Namen von Immobilienvertrieben verzichtet, da es eine Fülle an Unternehmen gibt und der Markt schwer zu durchblicken ist. Darüber hinaus machten in der Vergangenheit einige Strukturvertriebe durch Negativschlagzeilen auf sich aufmerksam. Am Ende steht der Vorschlag: 90 % der Strukturvertriebe hierzulande verrichten eine grundsolide Arbeit und eröffnen Ihnen Perspektiven, von denen Sie bei einer Finanzierung einer Immobilie ohne Unterstützung nur träumen könnten. Schauen Sie also gern in Social-Media-Beiträge zum Thema Immobilien rein, kundschaften Sie einige Vertriebe aus und seien Sie offen, wenn Sie ein Vertriebler auf der Straße zum Thema Immobilien anspricht.

Die Ausführungen in den folgenden Unterkapiteln sind sowohl bei einer Finanzierung in Eigenregie als auch bei einer Finanzierung mit Unterstützung durch einen Strukturvertrieb deckungsgleich. Dieses Unterkapitel war das einzige, das separat und verstärkt auf die Strukturvertriebe zur Immobilienfinanzierung Bezug genommen hat.

Die Immobilie und deren Lage: Wie erkenne ich die besten Immobilien?

Die Lage einer Immobilie wird in der Fachsprache mit den Begriffen Mikro-, Meso- und Makro-Lage beschrieben und evaluiert. Die Mikro-Lage beschreibt die Umgebung in unmittelbarer Nähe zur Immobilie, die Makro-Lage wiederum die weiterreichende Umgebung. Die Makro-Lage ist das große Ganze, also meistens die komplette Stadt, in der die Immobilie liegt. Sollte eine Immobilie in einer Großstadt liegen, aber sich unmittelbar in der Nähe dieser Großstadt eine weitere Großstadt befinden, dann kann auch die zweite Stadt noch zur Makro-Lage gewertet werden. Die Meso-Lage ist alles, was zwischen der Mikro- und Makro-Lage liegt und beide miteinander verbindet. Hier verschwimmen die Grenzen oftmals und eine klare Definition ist – je nach Lage der zu betrachtenden Immobilie – nicht möglich.

Beispiel

Die Großstädte Nürnberg und Fürth liegen direkt beieinander und ähneln sich in vielerlei Hinsicht – sowohl architektonisch als auch von der Sprache der Menschen her. Sollte eine Immobilie in der Nähe der Grenze zwischen Nürnberg und Fürth oder im Zentrum einer der beiden Städte liegen, dann können beide Städte in die Makro-Lage einbezogen werden. Dies ist zugleich ein Plus für die Vermarktung der Immobilie. Schließlich bedeutet die Nähe zu zwei Großstädten mehr Möglichkeiten zur Freizeitgestaltung, mehr potenzielle Arbeitgeber und eröffnet in vielerlei Hinsicht mehr Perspektiven.

Was fällt nun in die Bewertung der verschiedenen Lage-Faktoren bei einer Immobilie hinein?

Lage	Mikro-Lage	Meso-Lage	Makro-Lage
Bewertungs-kriterien	⌃ Gebäude an sich ⌃ Aussicht aus dem Gebäude ⌃ Direkte Umgebung des Gebäudes	⌃ Angebote des täglichen Bedarfs ⌃ Freizeitmöglichkeiten ⌃ Verkehrsmittel ⌃ Öffentliche Einrichtungen	⌃ Sehenswürdigkeiten ⌃ Öffentliche Einrichtungen ⌃ Nah- und Fernverkehrsmittel ⌃ Freizeitangebote ⌃ Arbeitsplätze
Positive Merkmale	⌃ Solide Bausubstanz ⌃ Fahrstühle, Treppenlifte, Panorama-Fenster, Balkon ⌃ Grünanlagen, Seen, Spielplätze, Läden, Freizeitmöglichkeiten	⌃ Schulen & Bildungseinrichtungen ⌃ Vereine ⌃ Friseure, Wellness-Center, Fitnessstudios ⌃ Busse, Straßenbahnen, Züge ⌃ Natur	⌃ Renommierte Arbeitgeber aus verschiedenen Branchen ⌃ Kulturelle Einrichtungen ⌃ Kino, Theater, Bars, Diskotheken ⌃ Flughäfen, Fernzüge, Fernbusse, Bahnhöfe ⌃ Gehobene Bildungseinrichtungen ⌃ Institute
Negative Merkmale	⌃ Bröckelnder Putz ⌃ Schimmel ⌃ Alte energetische Standards ⌃ Dunkle und kahle Umgebung mit vielen Plattenbauten	⌃ Schlechte Verbindung zum Zentrum ⌃ Mangelhaftes Angebot an Läden und Restaurants ⌃ Geringes Natur-Angebot	⌃ Kein Flughafen ⌃ Keine Universitäten und Institute ⌃ Bescheidenes Angebot an Sehenswürdigkeiten und kulturellen Einrichtungen

Dies ein grober Überblick. Anhand dieser Tabelle sind Sie in der Lage, klar in Worte zu fassen, wieso Wohnungen im Zentrum von Großstädten so viel wert sind: Weil Sie sich direkt in einer Mikro-Lage befinden, die in ihrer Nähe ein Angebot abdeckt, welches ansonsten von der Makro-Lage erwartet wird. Kurz und knapp: Von der Wohnungstür aus ist scheinbar alles fußläufig oder in wenigen Minuten mit der Bahn erreichbar, was das Herz eines Menschen begehrt. Da solche Wohnungen sogar in B-Städten viel kosten, ist mittlerweile verstärkt angeraten, Wohnungen zu mieten, die in der Nähe des Zentrums sind oder mit Verkehrsmitteln gut ans Zentrum angebunden sind, aber nicht direkt im Zentrum liegen.

Solange Sie diese Kriterien mit Ihrer Immobilie in einer Stadt abdecken, wo eine Nachfrage nach Wohnungen herrscht, dann sind Sie bereits gut dabei und werden, aller Voraussicht nach, Ihre Mieter finden. Bedenken Sie, dass es bei der Kapitalanlage in eine Immobilie nicht wirklich viel mehr als die hier geschilderten Aspekte zu beachten gilt: Denn für eine Immobilie in einer guten Lage werden sich immer Mieter finden. Dies ist ein Punkt, den Kapitalanleger insbesondere am Anfang ihres Werdegangs noch nicht verstehen: Sie betreten die Wohnung und gucken darauf, als wenn es die eigene Wohnung wäre. Sagt einem die Größe der Wohnung nicht zu oder gefällt es nicht, dass der Balkon fehlt, wird von einem Investment abgesehen. Doch bei einer Nachfrage mehrerer Mieter werden sich genug Mieter finden, denen der Balkon egal ist. Unter Umständen wollen die Mieter nicht mal einen Balkon. Egal, was passiert: Schließen Sie nicht von Ihrem Geschmack auf den Geschmack anderer Menschen bzw. von Ihren Präferenzen nicht auf die Präferenzen anderer Menschen.

Nichtsdestotrotz gibt es einige Kriterien, die bei einer Immobilie auf Anhieb als gut oder schlecht eingestuft werden können. Dies ist allein aus logischen Gründen möglich. Darunter fällt die Tatsache, dass eine Wohnung immer gut ans Zentrum angebunden sein muss. Es kann sein, dass der Mieter auf das Zentrum nur selten angewiesen ist, doch wenn er darauf angewiesen ist, möchte er nicht anderthalb Stunden lang Umwege fahren und mehrmals umsteigen müssen. Besonders schlimm wird es, wenn die öffentlichen Verkehrsmittel an Wochenenden kaum fahren, wie es in einigen Kleinstädten der Fall ist. Da Sie in solchen Kleinstädten aufgrund der zu erwartenden geringen Rendite keine Immobilien kaufen werden, war das nur ein kleines Beispiel am Rande.

Zwischenfazit

❖ Ihre Immobilie befindet sich in der Nähe des Stadtzentrums oder das Stadtzentrum ist, wenn Ihre Immobilie am Rande der Stadt liegt, mit einer direkten und pro Stunde mehrmals fahrenden Verbindung über öffentliche Verkehrsmittel gut erreichbar

❖ Grundriss und Merkmale der Wohnung sind irrelevant, solange sie sich in einem guten Zustand befindet. Einzelne Merkmale wie Panoramafenster oder neueste energetische Standards sind dennoch vorteilhaft.

❖ Wichtiger ist die direkte Umgebung der Immobilie, die zumindest einige Grünflächen und die Läden des täglichen Bedarfs bieten sollte.

❖ Auf dem Weg in die Stadt sollten nach Möglichkeit bereits in der Nähe der Wohnung erste Freizeit- und Bildungseinrichtungen sowie Arbeitgeber sein.

> ❖ Die Stadt selbst sollte gute Anbindungen mit öffentlichen Verkehrsmitteln an andere Städte, einen Flughafen, mehrere große Arbeitgeber, Universitäten und Institute enthalten. Alternativ gibt es in der Nähe (max. 50 bis 80 Kilometer) zur Stadt eine Großstadt, die all diese Faktoren zur Verfügung stellt.

So weit, so gut: Es verbleibt die Suche nach einer geeigneten Stadt für eine Kapitalanlage. Wir haben gelernt, dass dies auf die Big 7 nicht zutrifft. Auch einige B-Städte, wie z. B. Hannover, weisen derzeit so hohe Preise für Immobilien auf, dass sich ein Investment für Durchschnittsverdiener nur in seltenen Fällen finanzieren lässt. Es finden sich zweifelsohne selbst in diesen Städten noch gute Angebote für Immobilien, allerdings sind diese schwierig zu finden. Zudem stehen die Kappungsgrenzen einer Mieterhöhung im Wege und wirken als senkende Faktoren negativ auf die Mietrenditen in den Städten ein. Besser ist es, wenn Sie sich gezielt nach Immobilien in Städten umschauen, die die Kriterien einer guten Mikro-Lage erfüllen und erst am Anfang ihrer Entwicklung stehen. Haben bestimmte Städte mehrere renommierte Arbeitgeber, wie z. B. aus der Automobilindustrie, der Wissenschaft oder anderen Sektoren, dann ist dies ein gutes Zeichen. Sind noch dazu Flughäfen vorhanden, dann ist dies umso besser. Wenn Sie es ganz einfach haben möchten, dann schauen Sie sich im direkten Umfeld der Big Cities um. Dabei werden Sie feststellen, dass sich in der Nähe von Frankfurt am Main die Städte Offenbach, Mainz, Wiesbaden und Darmstadt befinden. Ein Blick auf deren Mietentwicklungen im Falle einer 60-m²-Wohnung im Zeitraum der letzten acht Jahre zusammen mit der Vergleichsstadt Frankfurt am Main:

Stadt	Mietentwicklung	Aktuelle Miete pro m²	Aktueller Preis pro m²
Offenbach	+51,89 %	11,27 €	3.596,07 €
Mainz	+36,07 %	11,62 €	4.140,06 €
Wiesbaden	+27,44 %	10,59 €	3.633,44 €
Darmstadt	+31,46 %	11,49 €	3.444,03 €
Frankfurt am Main	*+48,45 %*	*15,29 €*	*5.667,27 €*

Quelle: wohnungsboerse.net[16]

Dass die Entwicklung in den Jahren 2011 bis 2019 nach oben gezeigt und eine ordentliche Rendite gebildet hat, steht außer Frage. Aktuell befinden sich die Mieten auf einem mit den Big Cities vergleichbaren Niveau. Aber in Relation zu speziell Frankfurt am Main liegen sie geringer. Gleiches betrifft die Kaufpreise für Immobilien, wenn wir es am Beispiel der 60-m²-Wohnung festmachen. Dies bedeutet, dass Kapitalanleger in den Frankfurt am Main umgebenden Großstädten eine ähnliche Entwicklung wie in den Big Cities vorfinden, nur dass diese nicht so weit fortgeschritten ist. Insbesondere Offenbach und Darmstadt erscheinen in einem detaillierten Vergleich für eine Kapitalanlage vielversprechend. Es ist dasselbe Muster, welches rund um die meisten Big Cities zu beobachten ist: Personen arbeiten in Frankfurt am Main bzw. einer anderen Big City, ziehen jedoch vermehrt in die Städte im Umland, da dort die Mieten geringer sind.

---

[16] https://www.wohnungsboerse.net/

> ## Zwischenfazit
>
> ❖ Suchen Sie zunächst in der Nähe existierender Big Cities nach Großstädten, da diese Städte beliebte Ausweichmöglichkeiten für Personen sind, denen die Big Cities zu teuer sind.
>
> ❖ Schauen Sie sich zudem nach anderen Städten um, die gute Voraussetzungen aufgrund der Infrastruktur und der Arbeitgeber mitbringen, um selbst Big Cities zu werden.
>
> ❖ Suchen Sie in diesen Städten nach Immobilien, die die Kriterien einer guten Mikro-, Meso- und Makro-Lage erfüllen.
>
> ❖ Segmentieren Sie die Immobilien, die für Sie preislich erschwinglich sind.

Welches Einkommen und welche Kosten bringt mir meine Immobilie während der Vermietung ein?

Wenn Sie sich zurückerinnern: Sie errechnen Ihre persönliche Belastbarkeitsgrenze, um zu erfahren, wie viel Sie monatlich für die Immobilienfinanzierung beiseitelegen können. Diese Belastbarkeitsgrenze wird auch von der Bank genutzt, um zu ermitteln, wie hoch die Darlehenssumme sein darf. Allerdings – falls Sie das noch nicht bedacht haben – vermieten Sie die Immobilie, weswegen Sie während der Laufzeit des Kredits einen erheblichen Teil des Geldes, das Sie für die Zinsen und Tilgungsraten an die Bank zahlen, wieder einnehmen. Dies können Sie der Bank natürlich nicht so vortragen und damit argumentieren, da diese eine Vermietung nicht als Sicherheit auffasst. Sie kalkuliert damit, dass die Immobilie zur Eigennutzung bestimmt ist.

Nichtsdestotrotz erzielen Sie Einnahmen, die wir den Ausgaben anhand der folgenden Tabelle gegenüberstellen. So erkennen Sie, dass ein geringer jährlicher Eigenanteil bereits ausreicht, um den Traum von der Immobilie zur Realität werden zu lassen. *Anmerkung: Bei diesem Beispiel wird von einer Immobilie im Wert von 100.000 € ausgegangen.*

Einnahmen	Ausgaben
Miete: 4 %*	Bankkosten: 4,5 %
Steuervorteil: 0,5 %	Hausverwaltung: 0,3 %
	Versicherungen: 0,2 %
	Instandhaltungsrücklagen: 0,5 %
Gesamt: 4,5 %	**Gesamt: 5,5 %**

* Der prozentuale Anteil meint das Verhältnis zum Kaufpreis. Sie erwirtschaften also 4 % des Immobilienkaufpreises jährlich als Miete, tragen 4,5 % des Immobilienkaufpreises jährlich als Bankkosten usw. für die anderen Posten.

Wie Sie zweifellos feststellen werden, sind 1 % weniger Einnahmen verbucht. Dies ist der Eigenanteil, den Sie anfangs noch stemmen müssen. Der Eigenanteil liegt in dieser Rechnung somit bei 1.000 €, da wir von einer Immobilie im Wert von 100.000 € ausgingen. Monatlich sind dies Kosten von ca. 83 €, was für die wenigsten Personen, die 1.800 € netto verdienen, eine signifikante finanzielle Belastung darstellen sollte. Die einzelnen Posten bedürfen keinen ausschweifenden Erläuterungen. Die Miete wird monatlich eingenommen. Für die Steuervorteile ist Ihr Steuerberater zuständig. Dieser Ratgeber kann in der Kürze, in der er dieses Thema behandelt, nicht ausführlich auf die Steuerlage eingehen. Im weiteren Verlauf dieses Kapitels erfolgen dennoch die wichtigsten Erläuterungen auf die Schnelle. Die Bankkosten wurden bereits geklärt und können – je nach Bank und deren Angebot – günstiger ausfallen. Die Hausverwaltung ist bei einer Wohnungseigentümergemeinschaft, in die Sie bei dem Kauf einer Wohnung eintreten, meistens bereits vorhanden. Die Kosten betragen schätzungsweise 300 € pro Wohnung jährlich. Dabei macht es keinen großen Unterschied, ob die Wohnung 100.000 € oder 200.000 € gekostet hat. Instandhaltungsrücklagen sind individuell anzusetzen, werden aber dem Zustand des Gebäudes angepasst. Sie sind ein monatlich beiseitegelegter Beitrag, der dazu dient, auf spontan eintretende Schäden oder Mängel an der Immobilie reagieren zu können. Haben Sie eine Hausverwaltung, kümmert sich diese für Sie um die Instandhaltungsrücklagen. Zu guter Letzt zu den Versicherungen: Wirklich notwendig ist nur die Feuerversicherung, um eine Finanzierung bei der Bank durchzusetzen. Dann liegen die Kosten sogar nur bei um die 50 € im Jahr. Wesentlich klüger und sicherer ist aber eine umfangreichere Gebäudeversicherung und eine Vermieter-Haftpflichtversicherung. Auch diesen Posten managt die Hausverwaltung üblicherweise für Sie.

Da die Miete im Laufe der Zeit erhöht wird, verringert sich auch der Eigenanteil mit zunehmender Dauer. Legen wir die Entwicklung auf dem allgemeinen Immobilienmarkt zugrunde und berücksichtigen die gesetzlichen Regelungen zur Mieterhöhung, ist es nur eine Frage der Zeit, bis aus den Eigenbeiträgen ein Überschuss wird und Sie trotz laufender Finanzierung durch die Vermietung bereits monatlich einen Gewinn erwirtschaften.

Umfassender Sparplan: So wird Vermögen mit Immobilien aufgebaut!

Selbst bei einer Finanzierung von Immobilien lässt sich ein umfassender Sparplan realisieren. Dies geschieht, indem Sie mit einer Immobilie anfangen. Sobald Sie keinen Eigenanteil mehr tragen müssen, wird eine weitere Immobilie finanziert. So geht es immer weiter. Wir rechnen einen Sparplan in Kürze mit dem Beispiel einer Immobilie in Wiesbaden durch.

Wie wir gelernt haben, beträgt der Durchschnittspreis einer Immobilie in Wiesbaden pro m² bei einer 60-m²-Wohnung 3.633,44 €. Uns gelingt der Kauf einer etwas abgelegeneren Wohnung zu einem guten Preis von 3.000 € pro Quadratmeter. Sie ist 70 m² groß. Also erhalten wir einen Kaufpreis in Höhe von 210.000 €. Die Miete liegt anfangs noch mit 9,20 € pro m² unterhalb des Schnitts von Wiesbaden, wie es bei abgelegeneren Wohnungen üblich ist. Wir vermieten die Wohnung insgesamt also für 644,00 €.

Anfangs sieht die Lage aufs Jahr gerechnet wie folgt aus:

Einnahmen	Ausgaben
Miete: 7.728,00 €	Bankkosten: 9.450 €
Steuervorteil: 1.050 €	Hausverwaltung: 300 €
	Versicherungen: 420 €
	Instandhaltungsrücklagen: 1.050 €
Gesamt: 8.778 €	**Gesamt: 11.220 €**

Der Eigenanteil liegt also höher und bei 2.442 €, monatlich knapp 200 €. Nach §558 BGB[17] steht es uns zu, die Miete alle drei Jahre um 20 % zu erhöhen. Davon machen wir annähernd Gebrauch. So kommen wir nach und nach zu einem geringeren Eigenanteil, zumal die Bankkosten sinken. Letzteres liegt daran, dass der effektive Jahreszins zwar prozentual gleich bleibt, sich aber von den zu zahlenden Beträgen her verringert. Denn der effektive Jahreszins bezieht sich auf die Restschuld. Da sich die Restschuld mit jeder gezahlten Tilgungsrate verringert, bezieht sich der effektive Jahres-

---

[17] https://www.gesetze-im-internet.de/bgb/__558.html

zins auf einen immer geringeren Betrag und wird selbst geringer. Folgendes tabellarisches Bild ist nach zehn Jahren zu erwarten, wenn sich die Miete insgesamt um 30 % im Vergleich zum Anfangswert erhöht hat und die Bankkosten Jahr für Jahr gesunken sind. *Anmerkung: 30 % Mietsteigerung innerhalb von zehn Jahren sind noch ein äußerst pessimistischer Wert.*

Einnahmen	Ausgaben
Miete: ca. 10.000 €	Bankkosten: 8.400 €
Steuervorteil: 1.050 €	Hausverwaltung: 300 €
	Versicherungen: 420 €
	Instandhaltungsrücklagen: 1.050 €
Gesamt: 11.050 €	**Gesamt: 10.170 €**

Wir merken, dass die Immobilie mittlerweile sogar einen Gewinn erwirtschaftet; einen Gewinn von knapp über 70 € pro Monat. Da der Eigenanteil fort ist, können Sie nun eine neue Finanzierung bei der Bank durchführen. Sie geben die monatlichen Einkünfte aus der Vermietung unter den Einnahmen an, was Ihre persönliche Belastbarkeitsgrenze erhöht. Aufgrund der bereits seit einem Jahrzehnt vorhandenen Immobilie greift das Prinzip der Immobilienabsicherung, weswegen Sie eine Finanzierung noch einfacher über die Bühne bekommen. Nach einem weiteren Jahrzehnt ist es Ihnen möglich, weitere Finanzierungen durchzuführen: Zwei auf einmal diesmal, da die erste Immobilie noch mehr Überschuss erwirtschaftet und die zweite dies nun auch tut. Zudem können Sie wieder einen Eigenanteil für neue Immobilien einbringen. Auf Basis dieses Sparplans sind im Verlaufe von 40 Jahren vier bis sechs (je nach Vermögenslage und eigener Investitionsbereitschaft) abbezahlte Immobilien möglich. Sie lösen am Ende die laufenden Kredite durch den Verkauf der ersten komplett finanzierten Immobilien ab. Dieser Sparplan erfordert in der Praxis mehr Rechenarbeit und Hingabe, doch die Möglichkeit sollte adäquat illustriert worden sein. Allem voran Strukturvertriebe zeichnen sich durch jahrzehntelange Praxiserfahrung mit solchen Sparplänen aus und betreuen Anleger auf diesem Wege aktiv.

Abschließendes Knowhow zur Geldanlage in Immobilien

Immobilienpreis vor dem Kauf bewerten

Es könnte an sich nett klingen, eine Immobilie im Zentrum von Offenbach zu bekommen. Doch wenn der Preis horrend hoch ist, dann wird es länger dauern, bis sich die Immobilie finanziell rentiert. Gleiches gilt für abgelegene Immobilien; in welcher Stadt auch immer. Es mag zunächst nach fairen Preisen aussehen, die der Lage der Immobilie entsprechen. Doch im Nachhinein stellt sich heraus, dass der Preis weitaus höher ist als bei vergleichbaren Immobilien in der Umgebung – **Vergleich** mit anderen Immobilien in der Umgebung ist das wichtige Stichwort!

Unter den verschiedenen Methoden, die zur Ermittlung des Immobilienpreises existieren, hat sich allem voran eine den Weg nach vorn gebahnt: Das Vergleichswertverfahren. Dieses ist immer dann von Nutzen, wenn die Immobilie, mit der verglichen wird, demselben Zweck dient. Da dieser Zweck bei Wohngebäuden die Vermietung ist, ist das Vergleichswertverfahren anwendbar. Doch Vorsicht: Kommen Sie unter keinen Umständen auf die Idee, den Preis der Immobilie, die Sie kaufen möchten, mit der einer Immobilie zu vergleichen, die eine Person zur Eigennutzung gekauft hat. Zentrales Problem dabei ist, dass Personen, die zur Eigennutzung kaufen, wesentlich emotionaler zu Werke gehen. War eine Person mehrere Monate oder gar Jahre auf der Suche nach der Wunsch-Immobilie und ist die weitere Suche leid, dann wird die Person eher dazu bereit sein, beim Preis teure Kompromisse einzugehen. Vergleichen Sie daher den Kaufpreis Ihrer Wohnung mit dem einer Wohnung, die ebenfalls ein Kapitalanleger gekauft hat. So erhalten Sie einen angemessenen Preis. Damit sich das Vergleichswertverfahren anwenden lässt, gibt es allerdings noch einige weitere Anforderungen. Die Wohnungen, die verglichen werden, müssen u. a. folgende Kriterien erfüllen:

- Möglichst ähnliche Mikro-Lage: Idealerweise sind beide Wohnungen im selben Wohnblock oder zumindest in einer ähnlichen Gegend mit einer ähnlichen Gebäudequalität
- Die Ausstattung der Wohnungen im Hinblick auf elektrische Installationen und Sanitäreinrichtungen ist weitestgehend gleich
- Die Wohnungen weisen dieselbe Anzahl an Zimmern auf

Diese und weitere Kriterien entnehmen Sie dem Werk *Profi-Handbuch Wertermittlung von Immobilien* (Mannek, 2016)[18]. Haben die Wohnungen eine minimal abweichende Quadratmeterzahl, dann ist das Vergleichswertverfahren dennoch anwendbar. In diesem Fall rechnen Sie auf den Preis pro m^2 herunter und vergleichen diesen. Ergibt sich mit der verglichenen Wohnung derselbe Preis oder ein geringerer, dann ist der Preis in der Regel fair. Zur Beurteilung stehen Ihnen alternativ Webseiten im Internet mit Informationen zu den Immobilienpreisen zur Verfügung.

---

[18] Mannek, W.: *Profi-Handbuch Wertermittlung von Immobilien*, 2016.

Erste Miete richtig ansetzen

Während bei Strukturvertrieben die Immobilie des Öfteren bereits mit einem Mieter drin gekauft wird und die erste Miete somit festgelegt ist, verhält es sich bei einer Kapitalanlage in Immobilien in Eigenregie anders: Hier muss die erste Miete festgelegt werden. Am einfachsten ist diese Aufgabe anhand der ortsüblichen Vergleichsmiete zu bewerkstelligen. Diese erfahren Sie auf Websites und bei den Mieter- sowie Hausbesitzervereinen der Kommunen. Aufgrund der Mietpreisbremse darf die Miete lediglich 10 % oberhalb der ortsüblichen Vergleichsmiete festgesetzt werden. Bei Neubauten ist ein leichtes Überschreiten dieser Grenze erlaubt, womit der besondere Aufwand und der ausgezeichnete Zustand von Neubauten berücksichtigt wird. Es empfiehlt sich, die vollen 10 % nicht auszunutzen. Versuchen Sie, auf dem Niveau der ortsüblichen Vergleichsmiete zu bleiben. Aufgrund des geringeren Mietpreises fällt es Ihnen so einfacher, zu Beginn einen Mieter zu finden. Des Weiteren lassen Sie sich mehr Spielraum für spätere Mieterhöhungen, sofern Sie bei der ersten Miete den Rahmen nicht voll ausreizen.

Steuervorteile als Vermieter nutzen

Die Steuervorteile als Vermieter nutzen Sie dann aus, wenn Sie folgende Kosten in der Steuererklärung geltend machen:

- An die Bank zu entrichtende Zinsen: Der effektive Jahreszins ist in vollem Umfang absetzbar.
- Verwaltungskosten: In vollem Umfang absetzbar.
- Versicherungen fürs Gebäude: Nur die Versicherungen zum Schutz des Gebäudes sind steuerlich absetzbar, Versicherungen zum Schutz Ihrer Person jedoch nicht!
- Instandhaltungskosten: Es sind nicht die Rücklagen gemeint, da dies nur Ersparnisse für den Ernstfall sind.

Instandhaltungskosten können erst dann steuerlich abgesetzt werden, wenn durch eine Instandhaltungsmaßnahme tatsächlich Ausgaben angefallen sind.

- Abschreibung fürs Gebäude: Jedes Gebäude hat seinen Abschreibungssatz. Hier wird die Abnutzung des Gebäudes abgeschrieben.

Zum letzten Punkt: Sofern das Gebäude vor dem 1. Januar 1925 errichtet wurde, fällt ein Abschreibungssatz von 2,5 % jährlich auf den Gebäudewert an, bei einer Errichtung nach dem 31. Dezember 1924 beträgt der Abschreibungssatz 2 % jährlich. Neubauten und denkmalgeschützte Immobilien haben eine andere Regelung. Bei der Abschreibung wird der Gebäudewert (die Immobilie abzüglich der Kosten für den Grundstückswert) über einen bestimmten Zeitraum abgeschrieben. Somit können Sie den Kaufpreis über mehrere Jahrzehnte steuerlich absetzen.

Bei all diesen Dingen hilft Ihnen Ihr Steuerberater. Dieser Abschnitt gibt lediglich einen kurzen Überblick darüber, was alles möglich ist.

Zusammenfassung

Immobilien zur Kapitalanlage sind möglich! Es handelt sich um keinen Traum, der sich in einer fernen Distanz befindet. Sind Sie ein Angestellter in einem unbefristeten Verhältnis, bringen Sie die notwendige Sicherheit für Banken mit. Haben Sie ein Einkommen von mindestens 1.800 € netto pro Monat, bringen Sie genug laufendes Einkommen mit. Und haben Sie darüber hinaus noch reichlich Eigenkapital oder eine Person, die für Sie bürgt, dann bringen Sie alles Notwendige für eine Immobilienfinanzierung bei einer Bank mit. Das geforderte Eigenkapital lässt sich durch die Zusammenarbeit mit spezialisierten Strukturvertrieben sogar beträchtlich senken. Nun stellt sich nur noch die Frage: Welche Immobilie darf's denn sein? Anhand der Suche in B- und C-Städten, wo die Immobilienpreise noch human sind, filtern Sie in Abstimmung mit der Ihnen gewährten Darlehenssumme und den Lagekriterien die ideale Immobilie heraus. Diese Immobilie vermieten Sie nach dem Kauf für bis zu zehn Jahre und machen von Mieterhöhungen Gebrauch. Danach wird es Ihnen möglich sein, die nächste Immobilie zu finanzieren. So geht es immer weiter, solange Sie möchten. Zwischendurch bezahlen Sie die ersten Immobilien ab. So erhalten Sie genug Eigenkapital und Darlehensvolumen für ein Eigenheim, welches exakt so ist, wie Sie es sich erträumen.

Rohstoffe: Öl, Gold und Co auf dem Prüfstand

Eine wichtige Erkenntnis direkt vorab: Die Kurs- und Wertentwicklungen von Rohstoffen unterliegen starken Schwankungen – sowohl langfristig als auch kurzfristig. Somit handelt es sich beim Großteil der Rohstoffe in der Regel nicht um ein Investment, welches passiv zuverlässig Geld generiert. Aber dafür haben Sie im ersten Kapitel kennengelernt, wie Sie in Charts mit Kursverläufen Trends erkennen. Exakt dies können Sie sich zunutze machen und wie bei Wachstumsunternehmen den ein oder anderen Aufwärtstrend bei der Preisentwicklung der Rohstoffe für sich ausnutzen. Bei einigen Ausnahmen unter den Rohstoffen – allem voran den Edelmetallen, wozu u. a. das immer wieder Aufmerksamkeit erregende Gold gehört – existieren durchaus Perspektiven, auch langfristig Geld anzulegen und von einem stabilen Wertanstieg zu profitieren. Rohstoffe stellen sich als eine komplizierte Geldanlage heraus – wenig ist sicher, aber vieles ist möglich. Schnuppern Sie in dieses Thema rein und wägen Sie Ihre Chancen für eine erfolgreiche Geldanlage in Gold ab.

Was umfasst die Gruppe der Rohstoffe?

„Rohstoffe sind natürliche Ressourcen, die bis auf die Lösung aus ihrer natürlichen Quelle noch nicht bearbeitet wurden. Diese Stoffe werden entweder direkt konsumiert oder als Arbeitsmittel für weitere Verarbeitungsstufen in der Produktion verwendet. Auch der Einsatz im Bauwesen oder als

Energieträger ist möglich." (Quelle: rechnungswesen-ver-stehen.de[19])

Die Gruppe der Rohstoffe umfasst somit Nahrungsmittel, Industriestoffe, Betriebsstoffe und vieles mehr. Unter die Nahrungsmittel fallen beispielsweise Agrarrohstoffe: Dies können pflanzliche Rohstoffe wie Getreide, Mais und Reis sein. Ebenso fallen tierische Rohstoffe, wie Schweinehälften, in das Raster der Agrarrohstoffe. Zu den Industrierohstoffen gehören wiederum Energie- und Metallrohstoffe. Doch ebenso sind Metallrohstoffe Betriebsstoffe. Dies macht sich in Metallen bemerkbar, aus denen in der Industrie durch Verarbeitung Produkte geschaffen werden. Somit lassen sich nach den Verwendungszwecken keine klaren Unterteilungen in Rohrstoffarten durchführen.

Gleiches trifft auf andere Unterteilungen zu: Es gibt noch den Ansatz nach *Soft Commodities* und *Hard Commodities*. Erstere weisen das Manko auf, nicht klar definiert zu sein. Doch in der Regel fallen unter die *Soft Commodities* jene Rohrstoffe, die nachwachsen: z. B. Holz, Weizen und Kaffee. *Hard Commodities* wiederum wachsen nicht nach. Sie stammen aus einer Zeit vor der Menschheit und sind endlich.

Aufgrund der Dilemmata rund um die Unterteilung der Rohstoffe in Kategorien setzen wir einen Punkt und machen es uns möglichst einfach: Wir unterteilen nach Anlageklassen. Denn hier lassen sich zwischen drei Rohstoffarten klare Linien ziehen:

- Agrarrohstoffe
- Metalle (Edelmetalle und Industriemetalle)
- Energierohstoffe

---

[19] https://www.rechnungswesen-verstehen.de/lexikon/rohstoffe.php

Agrarrohstoffe

Eine eigene Lagerung von der Agrarrohstoffe ist aus Kapazitäts- und Kostengründen unrealistisch. Darüber hinaus würde eine Vielzahl der Rohstoffe bei einer Lagerung über einen Zeitraum von vielen Jahren schimmeln und unbrauchbar werden. Lagerungen von großen Mengen an Agrarrohstoffen sind lediglich über einen eingeschränkten Zeitraum und von Lieferanten oder Händlern durchführbar. Ein eigener Anbau hätte zur Folge, dass man eine landwirtschaftliche Tätigkeit aufnehmen würde. Dies wäre keine Geldanlage.

Somit sind die einzigen Optionen einer Geldanlage in Agrarrohstoffe die folgenden:

- Investition mittels Zertifikate: Kurzfristige Anlage, bei der an einem bestimmten Börsengeschäft teilgenommen werden kann
- Geldanlage über ETCs: Wertpapiere, die den Wertverlauf des jeweiligen Rohstoffs widerspiegeln
- Investition in Unternehmen, die den jeweiligen Rohstoff anbauen oder damit handeln
- Geldanlage in Rohstofffonds

Angeraten sind die letzten drei Wege. Die Investition mittels Zertifikate hat das Problem, dass sie Erfahrung erfordert und eine kurzfristige sowie spekulative Form der Geldanlage ist. Hier kann sogar auf fallende und seitwärts verlaufende Kurse gesetzt werden.

Doch welche Agrarrohstoffe empfehlen sich überhaupt? Wie lassen sich der Mehrwert und die zu erwartende Rendite von Kaffee, Orangen, Mais und Co überhaupt einschätzen?

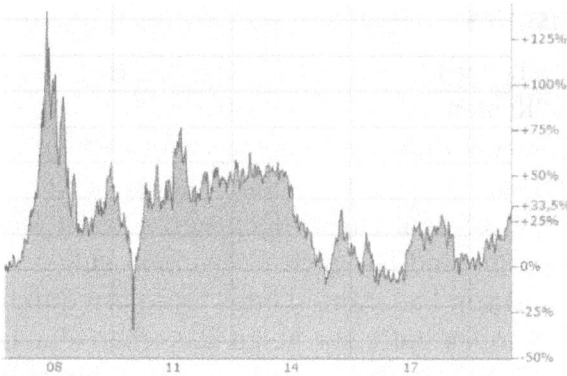

Quelle: finanzen.net[20]

Die Grafik spiegelt die Wertentwicklung des Preises für Reis wider. Sie zeigt ein deutliches Hoch im Jahr 2008. Tatsächlich erfuhren in diesem Zeitraum jedoch diverse Rohstoffe einen Wertzuwachs – von Agrarrohstoffen über Metalle bis hin zu Energierohstoffen. Somit zeichnet sich ab, dass Personen in Zeiten schwächelnder Aktienkurse und Finanzkrisen versuchen, den sicheren Hafen der Rohstoffe anzusteuern. Ähnliches spiegelt die Entwicklung des Preises für Mais wider:

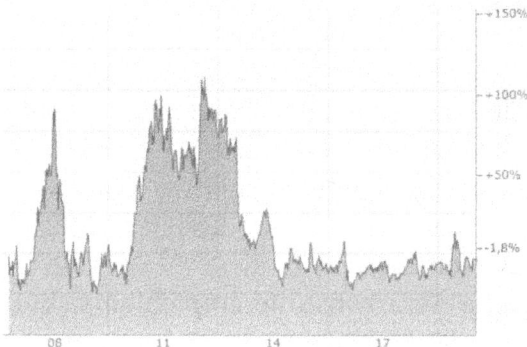

Quelle: finanzen.net[21]

---

[20] https://www.finanzen.net/rohstoffe/reispreis
[21] https://www.finanzen.net/rohstoffe/maispreis

Und um auch Weizen nicht außer Acht zu lassen:

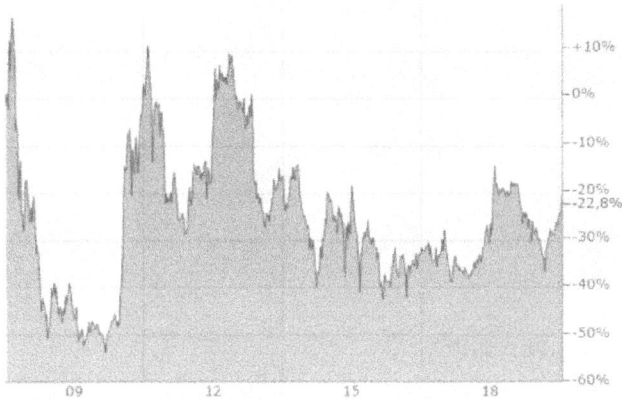

Quelle: finanzen.net[22]

Was sagt uns die Entwicklung des Sojabohnenpreises?

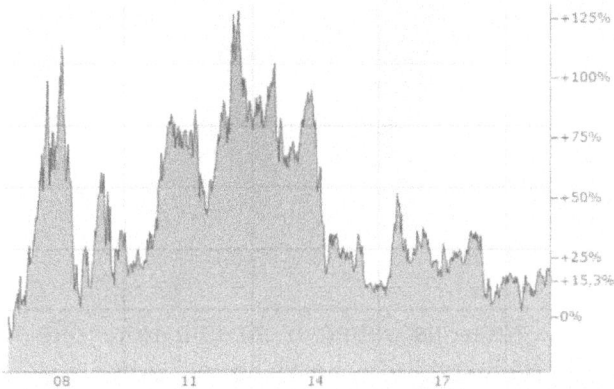

Quelle: finanzen.net[23]

Mageres Schwein?

---

[22] https://www.finanzen.net/rohstoffe/weizenpreis
[23] https://www.finanzen.net/rohstoffe/sojapreis

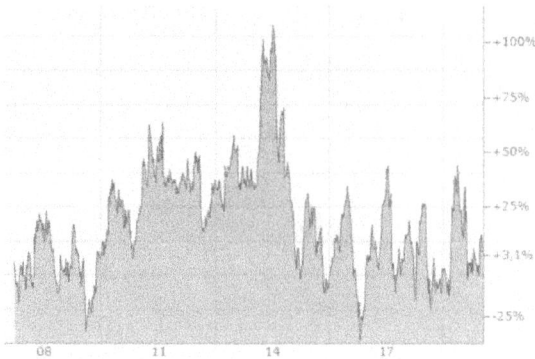

Quelle: finanzen.net[24]

Für den Koffeinkick, Kaffee:

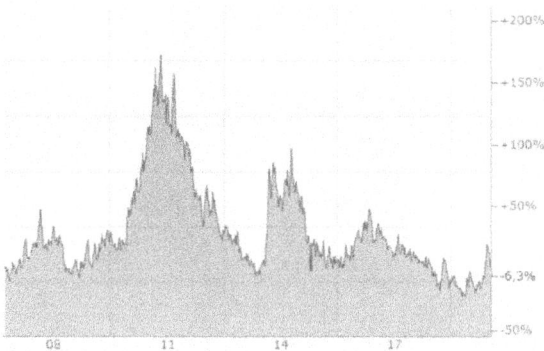

Quelle: finanzen.net[25]

Quintessenz: Nein, es haben nicht alle Rohstoffe im Jahr 2008 ihre Höchststände verzeichnet. Aber sie stiegen allesamt im Wert an. Dies deutet auf Hoffnung in Krisen hin; die Hoffnung, in unsicheren Zeiten durch das Setzen auf Agrarrohstoffe und im Prinzip existenziell notwendige Güter stabile Renditen zu erwirtschaften. Abgesehen von dieser Interpretation jedoch sind keine Prognosen sicher. Jedweder

---

24 https://www.finanzen.net/rohstoffe/mageres-schwein-preis
25 https://www.finanzen.net/rohstoffe/kaffeepreis

Gedanke, der zu den einzelnen Rohstoffen durchgespielt wird, um die Kursentwicklungen nach 2008 zu begründen, endet in Fragezeichen: Wieso sank der Sojabohnenpreis von 2011 bis jetzt derart stark, obwohl durch den immer populäreren Veganismus sowie Vegetarismus mehr Fleischersatzprodukte mit Sojabohnen auf den Markt kommen? Wieso ausgerechnet war der Schweinekurs 2014 so hoch? Dass zu diesem Zeitpunkt das weltweite Angebot geringer war und somit der Preis höher und der Schweinepreis ganz eigenen Zyklen unterliegt, ist klar. Aber es stellt sich dennoch die Frage, weswegen der Kurs derart hoch war.

Am Ende sind vieles Launen des Marktes. Wer die Kursschwankungen bei Kryptowährungen moniert (siehe nächstes Kapitel), der muss sich noch stärker über die Kursschwankungen von Agrarrohstoffen beschweren. Am stabilsten erweist sich bei langfristiger Betrachtung noch der Reispreis, allerdings ist auch das angesichts der großen Schwankungen ein gnädiges Urteil.

Zwischenfazit

❖ Eine Investition in Agrarrohstoffe ist auch bei langfristigem Anlagehorizont spekulativ

❖ Sofern sich eine Finanzkrise abzeichnet oder die weltweiten Börsen schwach performen, lohnt sich eine Investition, wobei Vorsicht walten sollte: Maximal 20 % der Sparbeträge sollten in dieser Phase in Agrarrohstoffe investiert werden

❖ Risikofreudige oder vermögende Personen dürfen sich anhand der Chart-Technik „Trendsurfing" (siehe Kapitel 1) auch außerhalb von Finanzkrisen an der Geldanlage in Agrarrohstoffe versuchen

---

Metalle: Edelmetalle und Industriemetalle

Bei Metallen bietet sich bereits ein grundlegend anderes Bild als bei Agrarrohstoffen. Zum einen ist die Datenlage zur Wertentwicklung über mehrere Jahrzehnte verfügbar. So können Sie, im Gegensatz zu Rohstoffen, bei Metallen die Preise bis in die Mitte des letzten Jahrhunderts und darüber hinaus verfolgen. Zum anderen lässt sich in Metalle auch durch einen direkten Kauf des physischen Guts investieren und sie sind langfristig lagerbar.

Nichtsdestotrotz empfehlen sich bei Lagerung des physischen Guts nur speziell die Edelmetalle. Diese sind durch den gegenüber Industriemetallen deutlich höheren Preis pro Gewichtseinheit bereits in kleinen Größen wertvoll und stellen daher keine hohen Ansprüche an Lagerkapazitäten. Ein Blick auf die aktuellen Preise (Stand: Januar 2020) für einzelne Edel- und Industriemetalle pro kg im Vergleich:

Edelmetalle	Industriemetalle
Gold: ca. 45.000 €	Kupfer: ca. 5 €
Silber: ca. 500 €	Nickel: ca. 11 €
Platin: ca. 29.000 €	Blei: ca. 10 €
Rhodium: ca. 291.000 €	Stahl: ca. 0,5 €
Palladium: ca. 66.000 €	Zink: ca. 15 €
Iridium: ca. 43.000 €	Aluminium: ca. 2 €

Sie haben somit einerseits den Überblick über einige der Edel- und Industriemetalle erhalten, andererseits sind Sie bestens über die Tatsache aufgeklärt, dass Edelmetalle den geringsten Lageraufwand bereiten, da kleine Mengen bereits hohe Geldbeträge abwerfen. Die Edelmetalle Rhodium, Palladium und Iridium sind sehr selten. Diese wurden nur der Vollständigkeit wegen aufgeführt.

Der Kauf und die Lagerung der Edelmetalle ist für ein Investment empfohlen, solange Sie die Sicherheit der Edelmetalle gewährleisten können. Ab großen Mengen sollten Sie auf Safes oder Lagerräume bei Banken setzen, was hohe Nebenkosten verursacht. Im privaten Bereich wäre selbst bei einem Safe und Überwachungskameras die Sicherheit hoher Mengen an Edelmetallen nicht gewährleistet. Doch ehe Sie dahin kommen, dass Sie Edelmetalle in hohen Mengen lagern, müssen Sie Millionär oder – viel eher – Multimillionär werden. Bis dahin können Sie Ihre Edelmetalle in kleineren Mengen privat oder in Schließfächern von Banken lagern.

Was die Industriemetalle angeht, so empfiehlt sich eine Lagerung unter keinen Umständen. Hier setzen Sie am besten auf dieselben Formen der Geldanlage, wie es bereits bei Agrarrohstoffen der Fall war: Entweder Sie investieren in Unternehmen, die die Metalle handeln, oder aber in den Wertverlauf mittels ETC. Von einem Fonds ist allerdings abzuraten. Im Idealfall investieren Sie in Industriemetalle, die in Zukunft gefragt sein werden, wie es z. B. bei Lithium aufgrund des steigenden Bedarfs an Lithium-Ionen-Akkus oder aber bei den Metallen der seltenen Erden[26] aufgrund des Bedarfs in der Chipproduktion der Fall ist.

Zwischenfazit

❖ Edelmetalle dürfen in physischer Form gekauft und in überschaubaren Mengen gelagert werden

❖ Industriemetalle sollten nie in physischer Form gekauft werden, dafür empfiehlt sich die Geldanlage in entsprechende ETCs oder Unternehmen, deren

---

[26] https://institut-seltene-erden.de/seltene-erden-und-metalle/strategische-metalle-2/

> Geschäft auf der Arbeit oder dem Handel mit Indus-
> triemetallen basiert
> ❖ Bei der Geldanlage in Industriemetalle sind stets
> solche zu bevorzugen, die gute Zukunftsaussichten
> haben

Energierohstoffe

Zahlreiche schlecht informierte Menschen setzen mit Energierohstoffen lediglich die fossilen Energieträger in Verbindung. Dann heißt es, eine Investition in Energierohstoffe sei eine Schädigung der Umwelt und für die Zukunft absolut nicht aussichtsreich, da die erneuerbaren Energien die fossilen Energieträger verdrängen werden. Doch diese Denkweise enthält Fehler: Erstens fallen in die Energierohstoffe auch die Geothermie und die erneuerbaren Energien, zweitens gibt es reichlich Nationen, die der Schädigung der Umwelt keinerlei Bedeutung beimessen und nach wie vor von fossilen Energieträgern Gebrauch machen werden. Beispielsweise wird in China in Kohlekraftwerken Strom gewonnen, was besonders günstige Strompreise zur Folge hat und den Unternehmen sowie Privatpersonen Vorteile verschafft. Einen konkreten Fall, wie sich Personen diese geringen Strompreise zunutze machen, um Vorteile gegenüber anderen zu erhalten, wird das Kapitel 4 über Kryptowährungen vorstellen.

Personen steht es also letzten Endes frei, in erneuerbare Energien oder aber in die fossilen Energierohstoffe zu investieren. Beides ergibt bei näherer Betrachtung Sinn. Denn noch ist keine Energiewende vollzogen. Sie wird in den meisten Staaten Europas mutmaßlich mehrere Jahrzehnte dauern; den Rest der Welt, der für einen Energiewandel nicht mal Programme unterhält, mal ausgeklammert. Somit kann fossilen Energieträgern nicht die Zukunft abgesprochen werden. Es lässt sich vielmehr prognostizieren, dass es sowohl bei erneuerbaren als auch bei fossilen Energieträgern zu einem Auf und Ab in der Wertentwicklung kommen wird: Da beide Arten der Energiegewinnung konträr sind, werden mutmaßlich die Aufs der erneuerbaren Energien Abs der fossilen Energierohstoffe zur Folge haben und andersrum genauso. An dieser Stelle kommt eine Strategie zum Tragen, die bei Portfolios mit Aktien genutzt wird, sofern diese gegensätzlich zueinander sind und der Anstieg des einen Aktienkurses den Fall des anderen Aktienkurses zur Folge hat und andersrum ebenso: Das Rebalancing.

Beispiel

Hannes investiert 30 % in fossile Energieträger und 70 % in die erneuerbaren Energien. Es findet eine Phase statt, in der die erneuerbaren Energien schwächeln und die fossilen als Gegensatz zu diesen besser performen. Nun haben plötzlich die fossilen Energieträger einen höheren Anteil am Wert des Portfolios. An dem Punkt, an dem fossile Energieträger den Anteil von 40 % überschreiten, entscheidet sich Hannes für einen Verkauf der fossilen Energieträger, um die Gewinne einzustreichen und das Portfolio auf das frühere Verhältnis auszubalancieren. Der Vorteil: Er verkauft die Anteile fossiler Energieträger teurer, als er sie gekauft hat und kauft die Anteile an erneuerbaren Energien günstiger ein als zuletzt. Er macht Profit. Nun tritt irgendwann der Gegeneffekt ein, bei dem die erneuerbaren Energien an Wert gewinnen und 80 % am Portfolio ausmachen. Dies ist der Zeitpunkt, an dem ein neuerliches Rebalancing des Portfolios mit Realisierung von Gewinnen stattfindet.

Es lässt sich einiges mit der Geldanlage in Energierohstoffe anstellen: Von wilden Spekulationen über langfristige Strategien. Wem moralische Grundsätze und der Schutz der Umwelt wichtig sind, der kann in die erneuerbaren Energien investieren.

Top 3 der Rohstoffe zur Geldanlage

Nun war das erste Unterkapitel dieses Kapitels eher eine Übersicht über die Rohstoffe, deren mögliche Einteilungen in Gruppen und ein paar Tipps zur Geldanlage. Dies ist allerdings noch nichts Konkretes und eröffnet Ihnen so viele Spielräume, dass Sie sich womöglich überfordert fühlen, was die Entscheidung für eine Geldanlage betrifft. Sofern Ihnen die große Auswahl an Anlagemöglichkeiten im Bereich der Rohstoffe zusagt, dürfen Sie sich gern auf eigene Initiative hin noch genauer informieren. Jene Anleger allerdings, die mit konkreten Tipps für einige Produkte rechnen, erhalten nun eine Top 3 der Geldanlage in Rohstoffe präsentiert.

Zum Rebalancing: Erdöl

Es war ein Paukenschlag, der zwar präzise zu prognostizieren war, aber dennoch bleibenden Eindruck hinterließ: Am 11. Dezember 2019 ging das staatliche Unternehmen *Saudi Aramco* aus Saudi-Arabien an die Börse. Es war der größte Börsengang aller Zeiten. Doch dass er so groß werden würde, hätte nicht mal der saudische Kronprinz Mohammed bin Salman, der federführend bei diesem Börsengang war, gedacht:

- Es wurde lediglich ein Anteil von 1,5 % der Aktien statt der geplanten 5 % herausgegeben. Dennoch wurden 25,6 Milliarden US-Dollar eingenommen.
- Kurz zuvor hatte Mohammed bin Salman mit einer Unternehmensbewertung von 1,2 Billionen US-Dollar

gerechnet (Anmerkung: Abweichende Quelle; spiegel. de). Es wurden letzten Endes 1,7 Billionen US-Dollar.
- Die Aktie startete mit 35,2 Riyal in den Handel, was deutlich oberhalb der angepeilten 32 Riyal lag.

Quelle: tagesschau.de[27]

Kurios dahinter: Der saudische Kronprinz will mit dem Börsengang eigentlich den Umbau von Saudi-Arabien weg von Erdöl finanzieren. Die Abhängigkeit des Landes soll abnehmen, was zumindest annähernd hineininterpretieren lässt, dass die Überzeugung des Staates von der Zukunftsfähigkeit des Erdöls bescheiden ist. Aber dies ist nur die eine Interpretationsmöglichkeit. Die andere Interpretationsmöglichkeit offenbart den nach wie vor hohen Wert des Erdöls. Zwar verfügt Saudi-Arabien über umfassende Erdölreserven, sodass der hohe Unternehmenspreis in Relation zum vorhandenen Erdöl eher gering erscheint. Zudem investierten zahlreiche nationale Investoren sowie Privatanleger, sodass patriotische Gründe hinter der regen Nachfrage vermutet werden. Dennoch zeigen sich einige Tatsachen: Nämlich ist das Unternehmen *Saudi Aramco* durch seinen Börsencoup automatisch in zahlreichen Indizes gelistet und es muss von den Gesellschaften, die ETFs und Aktienfonds erstellen, definitiv ein gehöriger Anteil der Wertpapiere gekauft werden, um die Portfolios anzupassen. Außerdem startete die Aktie mit einem höheren Preis, als es der Nennwert verlangte, und war somit überzeichnet. Wie viel auch immer an negativen Dingen in das Erdöl und seine Zukunftsaussichten hineininterpretiert wird, so lassen sich dennoch die positiven Aspekte nicht leugnen: Erdöl ist ein immer wieder in den Fokus der Anleger rückender Rohstoff.

---

[27] https://www.tagesschau.de/wirtschaft/boerse/saudi-aram-co-boersengang-101~amp.html

In Krisen performte Erdöl hinsichtlich der Kursentwicklung unberechenbar. Während die eine Krise den Preis auf einen Höchststand katapultierte, führte die andere Krise ihn in einen Tiefstand hinein. Bei all diesen Krisen gibt es aber eine Parallele, die verrät, wie das Geld am besten in Erdöl angelegt wird: Ein Preisanstieg beim Erdöl trat immer dann ein, wenn eine Krise zu einer höheren Nachfrage oder einem geringeren Angebot an Erdöl führte. Beispielhaft hierfür zeichnet der Jom-Kippur-Krieg, infolge dessen im Herbst 1973 die erdölexportierenden Staaten die Fördermengen an Erdöl drosselten und politische Forderungen zur Wiederherstellung des bisherigen Zustandes äußerten. Der Erdölpreis stieg aufgrund des geringeren Angebots bei unveränderter Nachfrage – um knapp 70 %!

Heutzutage hat sich die Lage aufgrund der geringeren Abhängigkeit vom Erdöl verändert. Doch Tatsache ist, dass nach wie vor eine Abhängigkeit vom Erdöl besteht und im Vergleich mit anderen fossilen Energielieferanten das Erdöl die weltweit geringsten Reserven verzeichnet[28]. Die Empfehlung an Sie lautet deswegen, falls Sie sich für eine Geldanlage in Erdöl interessieren und dem Erdöl selbst eine gute Zukunft prognostizieren, dann in Erdöl zu investieren, wenn sich Ereignisse von globaler Bedeutung bemerkbar machen, die den Ölpreis positiv beeinflussen könnten.

Krisensicher ist es tatsächlich: Gold

Beim Gold gilt es nur eine Sache einer Prüfung zu unterziehen: Ist Gold wirklich so krisensicher, wie es vermutet wird? Während Erdöl nur in den Krisen im Wert stieg, in denen es auch logisch Sinn machte, wird über Gold vermutet, in allen Krisen von globaler Auswirkung an Wert gewonnen zu haben. Wäre dem so, dann ließe sich Gold problemlos

---

[28] https://www.bgr.bund.de/DE/Themen/Energie/energie_node.html

als Sicherheitsfaktor der eigenen Geldanlage beimischen. Unterziehen wir dies einer Prüfung:

- Zeitraum 1930-1940: Gold steigt um ca. 64 % im Wert! Dies geschieht zu Zeiten der ersten großen Weltwirtschaftskrise, die insbesondere die Wirtschaftsmacht USA schwer trifft.
- Zeitraum 1970-1975: Gold steigt um ca. 347 % im Wert! In diesem Zeitpunkt findet die Ölpreiskrise statt, die im Abschnitt über Erdöl erläutert wurde.
- Zeitraum 1975-1980: Gold steigt um ca. 282 % im Wert! Insbesondere das Jahr 1980 ist ausschlaggebend, welches mit einem neuen erzkonservativen US-Präsidenten, Boykotten, Kriegen und Attentaten in die Geschichte eingeht.
- Zeitraum 2006-2010: Gold steigt um ca. 103 % im Wert! Es findet eine Weltwirtschaftskrise statt, deren Nachwirkungen bis heute spürbar sind.

Quelle: statista.com[29]

Auch wenn die Renditen prozentual gesehen mit der Zeit kleiner wurden, so ist der Preis von Gold um hohe Beträge gestiegen. Denn je mehr Gold wert ist, umso geringere prozentuale Beträge braucht es, um seinen Wert in Einheiten einer Währung deutlich zu steigern. Alles in allem fielen die besten Kursentwicklungen des Goldes in die Zeiträume der weltweiten Krisen hinein. Gold kann aus diesem Grund zwar nicht als garantiert krisensicher angesehen werden, jedoch liegt die Vermutung nahe, dass es in einer neuerlichen Krise wieder gut performen wird. Was für eine Geldanlage in Gold spricht, ist zudem der kulturell hohe Stellenwert des Goldes in Nationen wie Indien, China und dem Orient. Ein weiteres

---

[29] https://de.statista.com/statistik/daten/studie/156959/umfrage/entwicklung-des-goldpreises-seit-1900/

Argument für eine Geldanlage: Gold schwankt zwar und sein Wert ist nach den Krisen teilweise wieder deutlich zurückgegangen, aber es vollzog über längere Zeiträume immer Steigerungen.

Noch mehr Pro-Argumente als Erdöl und zudem in der physischen Form praktisch lagerbar: Gold bringt Sicherheit ins eigene Portfolio. Über einen Zeitraum von fünf bis zehn Jahren monatlich einen Anteil von 20 % der eigenen Sparbeträge in Gold zu investieren und dann das Gold langfristig zu lagern, ist eine kluge Form der Geldanlage.

Trendy: Das Industriemetall Lithium

Lithium-Ionen-Akkus sind die häufigste Sorte von Akkus. Sie halten in den neuesten Generationen immer länger und senken das Risiko von Spannungsverlusten in den Akkus, was Brände und Schäden verursachen kann. Folglich ist es nur allzu nachvollziehbar, dass sie häufig in Geräten verbaut werden. Der Großteil der High-End-Smartphones und -Notebooks enthält Lithium-Ionen-Akkus. Passend dazu steigt das für die Akkus benötigte Leichtmetall Lithium im Wert.

Das Wachstum in diesem Bereich hat Lithium jedoch bereits ausgeschöpft. Seit 2000 stieg es im Schnitt um 20 % pro Jahr, was dem hohen Aufkommen an mobilen elektronischen Geräten zu verdanken war. Nun liegt es bei einem Wert, der statt 2.000 US-Dollar pro Tonne 6.000 US-Dollar pro Tonne beträgt. Doch wo sich ein Markt schließt, eröffnet sich ein neuer und möglicherweise umso größerer Markt: Der Markt der Elektromobilität. Auch hier werden die Lithium-Ionen-Akkus eine Rolle spielen; zumindest zunächst, denn auf lange Sicht ist es ungewiss, ob sich beim Antrieb von E-Autos nicht doch alternative Technologien wie die Brennstoffzellentechnik durchsetzen werden[30]. Doch beruhigend wirkt die Tatsache, dass einige alternative Technologien ebenfalls das Leichtmetall Lithium erfordern, wie es z. B. bei der gerade erforschten Lithium-Schwefel-Technologie[31] der Fall ist.

Vorerst ist die positive Entwicklung des Lithium-Werts als ein Trend einzustufen. Es ist jedoch als Trend im Moment zuverlässiger als die Geldanlage in Erdöl. Auch für die Zukunft erscheinen auf lange Sicht die Perspektiven von Lithium schillernder als beim Erdöl. Zudem bestehen mehr Möglichkeiten, ein Investment zu tätigen: Von Unternehmen, die Lithium fördern oder herstellen, über Verkäufer entsprechender Batterien bis hin zu den üblichen Wertpapieren des Finanzmarktes, die den Lithium-Kurs abbilden – es existieren einfach viel mehr Angebote, um eine Geldanlage zu tätigen. Der Tipp dieses Ratgebers ist, in Lithium höchstens einen geringen Anteil von 10 % des über den Zeitraum eines Jahres angesparten Geldes anzulegen. Der angesparte Betrag wird vorerst in Lithium gehalten, ehe die nächsten Jahre mehr Aufschluss darüber geben, ob Lithium mehr als nur ein langer Trend ist und einen bedeutenden Platz in der Zukunft erhält. Viel eher sollten Sie als Anleger Ihr Aktienportfolio um Aktien von Unternehmen, deren Geschäft auf Lithium basiert, erweitern. Dies ist die beste Strategie, um sicher und ertragreich vom Lithium-Trend zu profitieren.

---

[30] https://amp2.wiwo.de/finanzen/geldanlage/lithium-so-profi-tieren-anleger-vom-leichtmetall-der-zukunft/14923040.html
[31] https://www.mdr.de/wissen/faszination-technik/lithium-schwefel-akkus-zukunft-e-auto-100.html

Abschließendes Knowhow zur Geldanlage in Rohstoffe

Die politischen und kulturellen Einflüsse miteinbeziehen

Die Wertentwicklung der Rohstoffe unterliegt politischen und – viel mehr als jede andere Geldanlage – kulturellen Einflüssen. Insbesondere am Beispiel der Edelmetalle zeigt sich die kulturelle Bedeutung. Was für einen Anstieg des Reispreises spricht, ist die Tatsache, dass Reis insbesondere auf dem asiatischen Kontinent, dem Kontinent mit der größten Bevölkerungszahl, ein traditionelles Nahrungsmittel ist. Dies ist die kulturelle Seite. Betrachten wir es von der politischen Seite her, dann erlangen wir zwar keine Rückschlüsse auf den Reispreis, dafür aber auf den Lithiumpreis und die erneuerbaren Energien. Insbesondere in der EU wird der Fokus auf den Umstieg auf erneuerbare Energien und mehr Umweltfreundlichkeit gelegt. Dies eröffnet dem Kurs von Lithium aufgrund seiner Notwendigkeit für die E-Mobilität und dem Kurs der erneuerbaren Energieträger aufgrund ihrer Umweltfreundlichkeit gute Zukunftsaussichten.

Politik und Kultur – informieren Sie sich nach Möglichkeit über andere Regierungen und Völker, um Entwicklungspotenziale zu identifizieren! So steigern Sie bei Rohstoffen Ihre Aussichten auf erfolgreiche Investments.

Bei Unsicherheit bezüglich einzelner Rohstoffe auf Fonds setzen

Sind Sie sich bei der Entwicklung einzelner Rohstoffe unsicher, dann sind Fonds das beste Investment. Sie umfassen mehrere Rohstoffe, wobei wählbar ist, ob die Kursentwicklungen von Agrarrohstoffen, Metallen, Energierohstoffen oder allen möglichen Anlagen in einem Mix vom Fonds abgebildet werden sollen. Insbesondere bei den Agrar-rohstoffen sind Fonds nahezulegen, da nicht mal Experten deren Entwicklungen auch nur ansatzweise mit Sicherheit prognostizieren können. Der Vorteil: Einen ETF auf Agrar-rohstoffe können Sie problemlos in Ihrem Aktienportfolio den anderen ETFs beimischen.

Investieren Sie in das, wohinter Sie moralisch stehen!

Gehen wir davon aus, Sie seien der größte Gegner von Erdöl: Dennoch folgen Sie einigen Entwicklungen sowie Prognosen und treffen die Entscheidung für eine Geldanlage in Erdöl. Nun fällt Erdöl unaufhörlich, Sie verkaufen Ihr Zertifikat oder die Aktie – je nachdem, wie Sie investiert haben – und fahren einen Verlust ein. Nun haben Sie zwei Dilemmata: Einerseits haben Sie in etwas investiert, was Sie moralisch nicht vertreten, andererseits haben Sie verloren. Hätten Sie ein Investment in einen Rohstoff getätigt, hinter dem Sie wenigstens ideologisch stehen, dann würden Sie sich nur einen Vorwurf machen müssen, sofern das Investment zum Verlust würde.

Dementsprechend gilt: Investieren Sie in das, woran Sie glauben und was Sie vertreten. Tun Sie dies aber nur dann, wenn Sie sich sicher sind, dass der jeweilige Rohstoff eine realistische Perspektive zum Wertgewinn hat. Diese Strategie hat zudem einen weiteren Vorteil: Darüber, was Sie moralisch vertreten, sind Sie in der Regel besser infor-miert. Dies bedeutet, dass Sie mehr Knowhow in die Invest-ment-Entscheidung einbringen und die Geldanlage mehr Substanz hat. Dadurch steigen die Erfolgsaussichten.

Zusammenfassung

Wenn Sie aufmerksam zwischen den Zeilen gelesen haben, dann werden Ihnen mehrere vage und vorsichtige Formu-lierungen aufgefallen sein. Dies hat seinen guten Grund:

Investments in Rohstoffe sind mittlerweile mehr als 100 Jahre alt und haben eine Geschichte, die nur eines mit Zuverlässigkeit gezeigt hat: Viele Kursschwankungen, die von einer Geldanlage in Rohstoffe eher abschrecken als anraten. Einzig das Gold und andere Edelmetalle sowie mit Abstrichen Lithium sind Rohstoffe, die sich für eine wahrscheinlich gewinnbringende Geldanlage eignen. Doch an dieser Stelle kommen Sie mit Ihrer Eigenverantwortung ins Spiel: Sollten Sie aus irgendwelchen Gründen über ein umfassendes Knowhow zu einem bestimmten Rohstoff verfügen, dann sind Sie qualifiziert, sich ein Urteil zu bilden, welches über die wenigen Abschnitte dieses Ratgebers zum Thema Rohstoffe hinausgeht. Denn dieser Ratgeber will keineswegs von sich behaupten, das Referenzwerk in der Expertise über Rohstoffe zu sein. Er kratzt bei Rohstoffen im Rahmen dieses Kapitels lediglich an der Oberfläche und animiert Sie, sich selbst zu informieren oder Ihre bereits vorhandene Expertise einfließen zu lassen, falls Sie sich von Rohstoffen zur Geldanlage angesprochen fühlen. Bereiten Ihnen Rohstoffe hingegen Unbehagen, dann nehmen Sie Abstand von derartigen Investments. Abgesehen davon, einen kleinen Anteil der Ersparnisse über einen vorab definierten Zeitraum von fünf bis zehn Jahren in Gold zu investieren, rät Ihnen dieser Ratgeber von Rohstoffen zur Geldanlage ab. Nutzen Sie die Erkenntnisse dieses Kapitels lieber, um anhand der von Unternehmen verwendeten Rohstoffe die besten Unternehmensaktien zu kaufen und so eine gute Rendite einzufahren.

Kryptowährungen: Ein Jahr in aller Munde und Rekorde gebrochen – was bleibt nun zurück?

Die Kryptowährungen werden Personen, die deren Entwicklung aufmerksam über die letzten Jahre verfolgt haben, noch bestens aus dem Jahr 2017 in Erinnerung geblieben sein: In diesem Jahr erreichte der Bitcoin, der die populärste aller Kryptowährungen ist, sein Allzeithoch und machte aus zahlreichen gewöhnlichen Menschen Millionäre. Doch danach folgte ein Absturz und ein Großteil der hellhörig gewordenen Personen winkte ab. Kryptowährungen galten von nun an als „Spielzeug" risikofreudiger Anleger. Finanzexperten bemühen sich seitdem, immer wieder zu betonen, dass die Geldanlage in die Kryptowährungen nichts von Bestand ist. Doch bei einer umfassenden Betrachtung werden mehrere Dinge deutlich:

1. Kryptowährungen weisen ein Konzept auf, welches in der Zukunft höchstwahrscheinlich gefragt sein wird.
2. Hinter einer jeden Kryptowährung steckt ein Projekt, welchem sich für die Zukunft ganz eigene – meistens sogar vielversprechende – Perspektiven eröffnen.
3. Kryptowährungen erzielen im Großen und Ganzen konstante positive Renditen.

Nach dem Turbo-Jahr 2017 ist einiges zurückgeblieben. Im Vergleich mit Aktien gibt es beeindruckende Parallelen. Tauchen Sie in diesem Kapitel in die Kryptowährungen ein und bringen Sie Ihr Wissen von 0 auf 100. Aber allem voran:

Sagen Sie dem generalisierten Halbwissen in der Öffentlichkeit „Goodbye" und bilden Sie sich Ihre eigene qualifizierte Meinung von Kryptowährungen!

Grundlegendes zu Kryptowährungen

Ehe wir uns eingehend mit den Renditemöglichkeiten und der Geldanlage in Kryptowährungen befassen, ist es erforderlich, sich das grundlegende Wissen über diese Währungsart anzueignen. Dies hilft, den Hype rund um die Kryptowährungen zu verstehen und das Zukunftspotenzial dieser Geldanlage selbst beurteilen zu können.

Kryptowährungen sind digitale Währungen. Nun gibt es digitale Währungen bereits seit einiger Zeit, doch Kryptowährungen weisen die Besonderheit kryptografischer Verschlüsselungen auf. Was dies für die Nutzer bedeutet, wird noch hinreichend besprochen werden. Mit den kryptografischen Verschlüsselungen sind wir bereits bei dem Grundgerüst von Kryptowährungen angekommen; nämlich der Blockchain. Sie verschlüsselt die Informationen über Transaktionen und enthält die komplette Anzahl an Währungseinheiten. Denn die meisten Kryptowährungen – zumindest trifft dies auf die bekanntesten zu – sind von vornherein in ihrer Anzahl begrenzt. Bei Bitcoin liegt die Begrenzung bei knapp unter 21 Millionen Währungseinheiten[32]. Somit zeichnet sich jede digitale Währung durch ihre Endlichkeit aus. Dies bedeutet, dass eine Inflation gar nicht möglich ist, sondern mit zunehmendem Bestand und mit der Nutzung durch die Menschen eher die Deflation wahrscheinlich ist, was eine erste Besonderheit darstellt.

---

[32] https://www.btc-echo.de/bitcoin-anzahl-wie-viele-bitcoins-gibt-es/

> **Hinweis!**
>
> Es existieren vereinzelt Kryptowährungen, die nicht endlich sind. Dies sind aber bei weitem nicht die populärsten unter den Kryptowährungen. Sie spielen vorerst keine Rolle.

Laut Statista waren im Dezember 2019 bereits 18,13 Millionen der möglichen Bitcoins im Umlauf[33]. Interessant ist darüber hinaus, dass das Mining – wie die Gewinnung der Währung bezeichnet wird – voraussichtlich erst 2140 vorbei sein wird[34]. Während also anfangs noch die Gewinnung der Bitcoins schnell vonstattenging, wurde sie mit den Jahren immer aufwendiger und nahm mehr Zeit in Anspruch. Dies liegt daran, dass anfangs pro errechnetem Block noch 50 Bitcoins freigegeben wurden, während sich die Menge alle 210.000 errechnete Blöcke halbiert hat. Es ist somit im Code fest definiert, wie viele Bitcoins freigegeben werden und wie viele Bitcoins überhaupt existieren. Diese Regeln ziehen sich durch die Bitcoins und sind ein zentrales Stärkemerkmal der Währung – feste Regeln!

Die Blockchain ist ein Netzwerk, welches für jeden Nutzer einsehbar ist und auf diesem Wege eine hohe Transparenz schafft. Dabei begann alles mit dem ersten Block durch den Erfinder. Durch die Erschließung weiterer Blöcke wurde eine Kette aus Blöcken geschaffen, die Blockchain. Ein errechneter Block wird an den anderen gehängt und mit einer Prüfsumme versehen. Diese Prüfsumme nennt sich Hash. Werden Transaktionen mit den Währungseinheiten

---

[33] https://de.statista.com/statistik/daten/studie/283301/umfrage/gesamtzahl-der-bitcoins-in-umlauf/

[34] https://www.btc-echo.de/bitcoin-anzahl-wie-viele-bitcoins-gibt-es/

eines Blocks getätigt, dann wird dies in dem Block vermerkt. Die Transaktionen werden anonym von einer Adresse zur anderen geschickt und genauso anonym im Netzwerk eingetragen. Eine komplette Nachvollziehbarkeit der Transaktionshistorie ist gegeben[35].

Um die Richtigkeit der Transaktionen ohne Dritte zu bestätigen, wird bei Kryptowährungen von zwei Schlüsseln Gebrauch gemacht, die jeder Nutzer besitzt. Der erste ist der *Public Key*, der zweite wiederum der *Private Key*. Der erste Schlüssel erfüllt die Funktion einer Kontonummer, damit eine Transaktion zwischen zwei Parteien getätigt werden kann. Beim zweiten Schlüssel handelt es sich um eine Bestätigung, dass der erste Schlüssel tatsächlich dem Nutzer gehört. Namentlich wird jedoch nichts identifiziert, weswegen anonyme Transaktionen tatsächlich ermöglicht werden. Während bei der Überweisung von Bankkonto zu Bankkonto die Banken zwischengeschaltet sind und der Staat kontrollieren kann und es bei Bargeldzahlungen keine 100-prozentige Sicherheit für den Erhalt der Ware gibt, verhält es sich bei Kryptowährungen anders: Keine Kontrolle durch Banken und den Staat, gleichzeitig aber große Sicherheiten! Sie sind gewissermaßen digitales Bargeld.

Näheres zur Errechnung der Bitcoin

Der Erfinder Satoshi Nakamoto – höchstwahrscheinlich ein Pseudonym; es wird eine aus Großbritannien stammende Person vermutet – orientierte sich bei seinem Konzept für denBitcoin in vielfacher Hinsicht am Gold. Einerseits spiegelt sich dies im endlichen Charakter durch die begrenzte Anzahl an Bitcoin wider, andererseits trägt das Errechnen der Währungseinheiten dazu bei. Passend formulierte Nakamoto: *„Das fortlaufende Hinzufügen eines konstanten*

---

[35] Walsh, D.: *Kryptowährungen – Mehr als nur die Bitcoin*, 2018.

Betrags neuer Coins ist analog zum Schürfen von Gold (engl. Mining), bei dem ein Aufwand erbracht wird, um Gold in Umlauf zu bringen. In unserem Fall ist der Aufwand die Zeit und die Elektrizität, die durch die Rechenleistung in Anspruch genommen wird."

Exakt so ist es: Die Errechnung der Bitcoins nimmt Zeit und Elektrizität in Anspruch. Die Zeit ist dabei nicht das Problem, da die Rechenarbeit automatisiert erfolgt. Sie als Miner (so werden Personen genannt, die Bitcoins errechnen) müssten rein theoretisch nur Ihren PC mit der richtigen Ausstattung anmachen und rechnen lassen, während Sie Ihrer Arbeit und Ihren Freizeitaktivitäten nachgehen. Das schwerwiegendere Problem ist die Elektrizität, da die Rechenarbeit eine enorme Leistung in Anspruch nimmt. Hierzulande sind die Strompreise im weltweiten Vergleich außerordentlich hoch:

Staat	Strompreis in US-Dollar-Cent pro Kilowattstunde)
Italien	15,7
Deutschland	15,22
Großbritannien	14,16
Belgien	11,17
Portugal	11,05

Quelle: de.statista.com[36]

Die Vereinigten Staaten kommen auf einen Wert von 9,43. In China hingegen ist Strom besonders günstig. Dies führt dazu, dass in China ein Großteil der Miner ansässig ist und das Mining maximal kostengünstig und maximal effizient unterhält.

---

[36] https://de.statista.com/statistik/daten/studie/13020/umfrage/strompreise-in-ausgewaehlten-laendern/

Das anspruchsvolle bei der Errechnung der Blöcke ist die Erzeugung der Prüfsummen für die Blöcke; also der Hashes: Es gibt 10^{77} Möglichkeiten, einen Hash zu erzeugen. Sie nehmen also die Zahl 1 und setzen 77 Nullen dahinter. Nun können Sie annähernd erahnen, in welche Richtung es geht. Für die Mathematiker unter den Lesern: Es wird der SHA256-Algorithmus für den Hash angewandt. Er ist 64 Stellen lang und jeder Buchstabe von A bis F sowie jede Ziffer repräsentieren jeweils 4 Bits an Informationen. So kommt es durch Berechnung sämtlicher Stellen auf einen Wert von 256 Bits, was der Grund für die Namensgebung für den Hash ist. Hinter dieser Komplexität eines Hashes verbirgt sich der Grund für die Fälschungssicherheit der Transaktionen mit Kryptowährungen: Ein Rechner, der pro Sekunde 10.000 Hashwerte errechnet, bräuchte eine Quadrilliarde Jahre, um zwei identische Werte für einen Hash zu finden. Dies bedeutet, dass Manipulationen mit den uns bekannten Mitteln auf der Welt unmöglich sind. Sollte dennoch eine Manipulation versucht werden, wird automatisiert festgestellt, dass der Hash mit der Blockchain nicht übereinstimmt.[37]

Um die Rechenarbeit erfolgreich durchzuführen, sind neben reichlich Kapital für die hohen Stromrechnungen folgende Hard- und Software erforderlich:

- Hochwertige Grafikkarte: Je neuer und besser die Grafikkarte ist, umso optimaler wird die Rechenarbeit ausfallen.
- Netzteil mit mindestens 1.000 Watt, um dem Betrieb langfristig standzuhalten.
- Motherboard mit möglichst vielen Anschlüssen für möglichst viele Grafikkarten. Im Idealfall handelt es sich um die flotten PCI-Express-Anschlüsse.

---

[37] Walsh, D.: *Kryptowährungen – Mehr als nur die Bitcoin*, 2018.

- Kühlung und kühle Räume: Da die Rechenarbeit unter Hochdruck läuft, drohen die Rechner heiß zu laufen. Neben einem fortschrittlichen Kühlsystem sind kühle Räume wichtig.
- Monitor, Soundkarte, Tastatur und Maus dürfen das billigste vom Billigen sein.
- Der Prozessor und der Arbeitsspeicher müssen nur so gut sein, sodass die Programme, die das Mining unterstützen, optimal laufen.
- Darüber hinaus sind eine Mining-Software und Wallets als Geldbörsen für die Coins erforderlich.

Hinweis!

Der hohe Bedarf an Grafikkarten führte zwischenzeitlich zu einem explosiven Anstieg der Aktienkurse des Herstellers *NVIDIA*. Damit die Produkte nicht sofort in Massen ausverkauft waren, wurde von Verkäufern sogar eine Begrenzung für den Kauf von Grafikkarten festgelegt. Somit lässt sich mit dem Hintergrundwissen um verschiedene angesagte Themen, wie in diesem Fall Kryptowährungen, Geld besonders klug in Aktien anlegen. Dieser Hinweis diente an dieser Stelle dazu, zu illustrieren, wie Sie branchenübergreifendes Allgemeinwissen vernetzen und Aktienkurse vorausahnen können.

Als Alternative zum Mining mit der genannten Hardware lassen sich über Cloud-Anbieter externe Rechenkapazitäten nutzen. Clouds haben in diesem Bereich jedoch ein bei langer Nutzung äußerst teures Angebot. Des Weiteren sind in der Vergangenheit einige Angebote in diesem Bereich unseriös gewesen. Definitiv seriös sind die führenden Anbieter, wozu *Hashflare* und *Genesis Mining* gehören. Letzterer ist der größte Anbieter für das Bitcoin-Mining.

Die großen Vorteile der Kryptowährungen

Der allergrößte Vorzug von Kryptowährungen ist der dezentrale Charakter. Der Aspekt der Dezentralisierung stößt allem voran hierzulande auf viel Interesse. Denn die Kontrolle des Staates wird in Deutschland von Jahr zu Jahr durch neue Gesetze stärker und stärker. Ab dem 1. Januar 2020 ist eine neue Grenze für den Bargeldkauf von Gold eingetreten[38]. Demnach sind nicht mehr wie bisher 10.000 € bar, sondern 2.000 € bar die Obergrenze für den Kauf von Gold und anderen Edelmetallen. Alles andere wird für zentrale Stellen nachvollziehbar übers Konto überwiesen. Über solche Bargeldgrenzen wird auch bei anderen Bezahlungen gesprochen. Zwar ist dieses Gesetz im Hinblick auf die Vermeidung bzw. Verringerung von Geldwäsche und Korruption nachvollziehbar, doch eine Sache lässt sich nicht leugnen: Diese Regelung betrifft alle Bürger und somit auch die legal aktiven. Die Leute können sich nicht mehr so stark wie früher der Kontrolle des Staates entziehen, sondern legen mittlerweile eine zunehmende Menge an Transaktionen offen. Bei einer Dezentralisierung ist dies nicht gegeben. So haben Kryptowährungen zweifelsohne einen enormen Vorzug und liefern den Bürgern die erhoffte Anonymität. Zwar werden Kryptowährungen deshalb auch für illegale Transaktionen verwendet, doch im illegalen Sektor lassen sich immer Wege finden, das Gesetz zu umgehen. Da sind Kryptowährungen keineswegs die Wurzel des Problems.

Ein weiterer Vorteil, der aus der Dezentralisierung folgt, ist die adäquate Antwort auf schlechte Geldpolitik. Kryptowährungen werden von Nutzern erzeugt und gehandelt, sodass ein Herunterwirtschaften der Währungen nicht möglich ist; zumindest nicht in dem Stil, in welchem es die Regierungen

---

[38] https://newsroom.proaurum.de/2-000-statt-10-000-euro-bundestag-beschliesst-absenkung-der-bargeldgrenze-fuer-edelmetallkaeufe/

durch Niedrigzinsphasen und instabiles Wirtschaften bei anderen Währungen vormachen.

Banken stehen der Blockchain offen gegenüber. Die Blockchain-Technologie ist nämlich der Schlüssel zur Beschleunigung von Überweisungen. Während Geldtransfers in Entwicklungsländer zwischen den Banken gut und gern mehrere Tage oder Wochen betragen, findet innerhalb einer Blockchain eine Überweisung aus Asien nach Afrika binnen weniger Minuten statt. Die Dauer hängt von der gezahlten Gebühr ab, die an Transaktionen innerhalb der Blockchain geknüpft ist. Aber im Großen und Ganzen ist eine Beschleunigung von Überweisungen mit der Blockchain garantiert.

Auf der Seite der Nachteile steht als einziger nennenswerter Aspekt die Tatsache, dass die kryptografisch verschlüsselten Transaktionen für illegale Geschäftsabwicklungen genutzt werden können. Doch wie bereits erwähnt ist die Blockchain nicht die Wurzel des Problems. Dies erkennen selbst starke Kritiker an und sprechen den Kryptowährungen einiges an Zukunftspotenzial zu.

Kryptowährungen als Geldanlage – machbar oder Irrsinn?

Wie mutmaßlich alles, was neu ist, erfahren auch die Kryptowährungen Skepsis. Doch bei Kryptowährungen ist die Skepsis erstaunlich hoch. Dabei scheint der Antrieb bloße Sturheit zu sein. Denn sogar Experten aus verschiedenen Branchen, mitunter von der Börse und aus dem Investmentbanking, sprechen sich klar gegen Kryptowährungen aus:

- „Das ist gar keine Geldanlage, sondern Unsinn."
- „Kryptowährungen? Nur etwas für Daytrader, die mit dem Risiko bei Wertpapieren nicht ausreichend bedient sind!"
- „Auf lange Sicht haben die keine Chance."

Woran diese verbissene Haltung gegen Kryptowährungen liegen mag, steht in den Sternen. Kennen denn Finanzexperten nicht die hohe Volatilität, mit der Wachstumsunternehmen an der Börse performen? Wahrscheinlich schon, doch bei den Kryptowährungen werden die Füße kälter denn je.

Höchstwahrscheinlich ist der Hauptgrund dafür die Tatsache, dass Kryptowährungen eine Konkurrenz gegen sich stehen haben, die fest in den Händen von Regierungen, Banken und anderen machtvollen Akteuren liegt: Die traditionelle Währung. Es mag verrückt klingen, die klassischen Währungen – auch Fiatgeld genannt – vom Thron stürzen zu wollen. Doch dies ist bereits der erste Denkfehler: Wieso müssen Kryptowährungen das Ende des Fiatgeldes bedeuten? Es ist ebenso eine Koexistenz beider Währungsarten möglich – und vielleicht sogar notwendig! Denn anscheinend tut der Staat durch die zunehmende Kontrolle in nahezu allen finanziellen Bereichen alles dafür, dass Kryptowährungen eine Möglichkeit werden, sich der Kontrolle des Staates – wo es möglich ist – zu entziehen. Die Gesetzgebungen in der EU und in Deutschland sind ein Plädoyer für Kryptowährungen.

Alles in allem lässt sich über Kryptowährungen nicht sagen, dass sie eine ebenso sichere Anlage seien wie Aktien. Doch ebenso wenig darf hart geurteilt werden, um die Kryptowährungen als Irrsinn abzutun. Wie Sie im Kapitel über Aktien und Wertpapiere lernen durften, wird mehr Risiko entweder stärker belohnt oder es kommt zum Verlust. Ganz nüchtern betrachtet, lässt sich eine klare Linie ziehen:

Wenn Kryptowährungen sich durchsetzen, dann wird das, was heute 1.000 € wert ist, in Zukunft wahrscheinlich das Hundert- oder Tausendfache wert sein. Denn gefragte Währungen, die sich durch Deflation auszeichnen, werden nicht an Wert verlieren. Das ist die optimistischste Darstellung.

Sollten Kryptowährungen hingegen scheitern, dann ist das Investment futsch. Dieses Szenario ist jederzeit möglich.

Bis es zu einem dieser Szenarien kommen wird, werden die Kursverläufe der Kryptowährungen aber wahrscheinlich noch viele Jahre in den Kursschwankungen verweilen, in denen sie gerade sind. Doch ist das für langfristige Anleger schlecht? Die besten Renditen von Kryptowährungen im Jahr 2019 verschaffen einen Eindruck:

Währung	Rendite
Binance Coin	+475 %
Tezos	+255 %
Litecoin	+254 %
Bitcoin Cash	+166 %
EOS	+158 %
Bitcoin	+134 %
Cardano	+106 %
Dash	+100 %
Monero	+93 %
Ethereum	+91 %

Quelle: coincierge.de[39]

Zwischendurch musste man den ein oder anderen Tag Renditen von -10 % bei einigen der Kryptowährungen hinnehmen. Aber am Ende des Jahres war alles in Ordnung. Dies ist eine Tatsache, die die wenigsten Anleger – sogar die erfahrenen – bei den Kryptowährungen begreifen können.

---

[39] https://coincierge.de/2019/die-10-kryptowaehrungen-mit-der-besten-performance-des-jahres/

Beispiel

Tom – ob Profi oder Anfänger, ist für unser Beispiel egal – ist eigentlich von Kryptowährungen überzeugt und prophezeit ihnen eine glorreiche Zukunft. Aber es gibt diese vielen zwiespältigen Meinungen in der Öffentlichkeit. Die Finanzexperten jedoch scheinen alle einig: Kryptwährungen sind hochriskant und haben bei der Geldanlage keinerlei Daseinsberechtigung. Nun ist Tom geneigt, dennoch einmal die für ihn entbehrliche Summe von 1.000 € in eine Kryptowährung zu investieren. Er guckt einige Wochen lang hin und wieder in die Kursverläufe von Kryptowährungen. Zufälligerweise erwischt er exakt jene Tage, in denen es größtenteils heißt: - 10 %, -9,2 %, -3,4 %, -4,8 % und so weiter. Diese vereinzelten negativen Eindrücke bewegen ihn dazu, von einem Investment in Kryptowährungen Abstand zu nehmen.

Einzelne negative Eindrücke vermögen es, von der Gesamtentwicklung abzulenken. Dies werden Sie definitiv bei Kryptowährungen ebenso erleben, wenn Sie sich mit den Kursverläufen so befassen, wie Tom es in unserem Beispiel tat. Auch wenn die Jahresrenditen für die populärsten Coins beeindruckend ausfallen, so wird es wahrscheinlich Monate geben, in denen dies nicht der Fall sein wird. Ein umfassenderer Blick auf die Kursverläufe vom März 2017 bis Februar 2018 klärt auf:

März 2017	April 2017	Mai 2017	Juni 2017	Juli 2017	August 2017	September 2017	Oktober 2017	November 2017	Dezember 2017	Januar 2018	Februar 2018
Ripple 293,5%	Ripple 137,2%	Stellar 612%	NEO 751,5%	Bitcoin 15,2%	NEO 350,7%	NEO 2,9%	Stellar112,8%	EOS 260,1%	Ripple 818,7%	NEO 91,6%	Litecoin 24,1%
Ether 215,6%	Lite-coin 136,2%	Ripple 373%	Lite-coin 59,4%	Lite-coin 6,5%	Mon-ero 252,7%	Bitcoin -7,7%	Bitcoin 48,4%	BTC Cash 215,3%	Stellar 399,3%	Stellar 50,1%	Monero 4,4%
Dash 127,8%	Stellar 105,8%	Ether 194,1%	Dash 33,1%	Dash -1,4%	Dash 110,9%	Dash -13,5%	EOS 8,9%	Dash 182,8%	EOS 209,9%	Ether 48,1%	Bitcoin 1,5%
Lite-coin 76,4%	NEO 77,6%	NEO 184,8%	Ether 27,1%	Mon-ero -8,8%	Ether 87,3%	Ether -21,4%	Ether 1,4%	Stellar 145,6%	Litecoin 163,3%	EOS 39,6%	NEO -8,4%
NEO 73,4%	Ether 58,8%	Mon-ero 76,4%	Bitcoin 8,9%	NEO -16,1%	Lite-coin 64,7%	Litecoin -22,2%	Ripple 1,3%	Monero 105%	NEO 131,7%	Monero -21,7%	Dash -16,4%
Mon-ero 66,8%	Bitcoin 25,8%	Bitcoin 69,7%	Ripple 7,8%	Ether -33,2%	Bitcoin 63,8%	Ripple -22,7%	BTC Cash 1,1%	Bitcoin 58,3%	Monero 94,5%	Bitcoin- 27,5%	BTC Cash -19,2%
Stellar 27,5%	Dash 23,2%	Lite-coin 61,3%	Mon-ero 4,5%	Ripple -36,1%	Ripple 52,2%	BTC Cash -26,4%	Lite-coin 1,1%	Litecoin 57,9%	BTC Cash 83,4%	Litecoin -29,4%	Ripple -22,1%
Bitcoin- 9,2%	Mon-ero 15,6%	Dash 49,2%	Stellar -21,7%	Stellar -40,3%	Stellar 38,7%	Monero -32%	Mon-ero -8,3%	Ether 45,6%	Ether 69,8%	Dash -33,7%	Ether -23,5%
					EOS -25,7%	Stellar -38,2%	Dash -14,8%	Ripple 25%	Bitcoin 38,4%	BTC Cash -41,2%	EOS -31,5%
						EOS -44,5%	NEO -16,8%	NEO 15,9%	Dash 33,9%	Ripple -49,6%	Stellar -38,2%

Quellen: Walsh, 2018[40], kryptovergleich.org[41]

Diese Übersicht ist freundlicherweise und in aller Ausführlichkeit von Walsh in seinem Werk *Kryptowährungen – Mehr als nur die Bitcoin* (2018) und von der Website *kryptovergleich.org* zusammengestellt. Sie bildet die Phase ab, die den Kryptowährungen-Boom aus dem Jahr 2017 umfasst. Es ist interessant, zu beobachten, dass der Bitcoin ausgerechnet rund um die Zeiten seines Allzeithochs im Dezember 2017 mehrere negative Renditen aufwies. Zwar war das gesamte Jahr damals ein Ausnahmejahr, doch es ist bereits von der Börse bekannt: Insbesondere die jungen Wachstumsunternehmen überzeugen zunächst mit explosiven Kursen und erleben dann einen Fall. Dies war bei Bitcoin ebenfalls gegeben. Letzten Endes war es nur eine Frage der Zeit und kein Wunder, denn welcher der Anleger wollte nicht die beeindruckenden Gewinne einstreichen, die eine Geldanlage in Bitcoin im Jahr 2017 gebracht hatte? Doch Bitcoin hat sich bis heute erholt und verzeichnet ebenso wie viele anderen der in der Tabelle abgebildeten Kryptowährungen nun ein solides langsames Wachstum.

Wir merken also, dass im Vergleich zu den normalen Mechanismen des Kapitalmarktes bei Kryptowährungen vieles so verlief, wie man es von Geldanlagen in Wachstumsaktien bzw. „Wachstumscoins" erwarten darf. Dies ist zwar kein Plädoyer für die Sicherheit von Kryptowährungen, doch ebenso wie sich negative Tendenzen und Prognosen interpretieren lassen, lässt sich für die Kryptowährungen einiges Positives prognostizieren. Im Grunde genommen ist sogar das Positive weitaus fundierter als das Negative. Von daher: Ja, die Geldanlage in Kryptowährungen ist machbar

---

[40] Walsh, D.: *Kryptowährungen – Mehr als nur die Bitcoin*, 2018.
[41] https://www.kryptovergleich.org/uberblick-renditen-von-kryptowahrungen-im-letzten-jahr/

und kann sogar als sinnvoll bezeichnet werden. Und: Nein, die Geldanlage in Kryptowährungen ist kein Irrsinn, solange nicht existenzgefährdende Summen investiert werden oder Daytrading betrieben wird. Also gilt wie üblich bei Geldanlagen: Langfristig, geduldig und ohne täglichen Blick ins Portfolio.

Abschließendes Knowhow zur Geldanlage in Kryptowährungen

Mining in Deutschland sein lassen

Das Errechnen der Kryptowährungen ist eine Variante der Geldanlage. Aufgrund der Stromkosten ist das Mining in Deutschland im Vergleich zu den meisten anderen Staaten weltweit mit am teuersten. Was sich beim Mining als Hauptproblem erweist, sind allerdings nicht einmal die Stromkosten. Diese sind in Anbetracht der zu erwartenden Rendite das geringste Problem. Das Hauptproblem sind die Anschaffungskosten für die Hardware. Sie erinnern sich womöglich noch an die Übersicht über die fürs Mining notwendige Hardware aus diesem Kapitel: Grafikkarten, Kühlung, Räumlichkeiten und das Motherboard fallen am stärksten ins Gewicht, da sie in hoher Qualität benötigt werden. Dabei liegt die Betonung auf Grafikkart**en**; also in der Mehrzahl. Sie können für eine gute Grafikkarte 500 € einkalkulieren. Mindestens drei Grafikkarten sind empfohlen, mit Blick auf die künftig immer kompliziertere und langwierigere Errechnung der Coins bei den populären Währungen sind eher fünf Grafikkarten die richtige Menge. Die Räumlichkeiten sollten kühl sein und reichlich Stromanschlüsse bieten. Zudem muss die teure Hardware dort sicher sein. Im eigenen Keller ist dies meistens nicht der Fall. Somit ist für gewöhnlich eine separate Anmietung von Räumlichkeiten erforderlich.

Hinweis!

Eine Anmietung von Räumlichkeiten wird häufig aufgrund der Lautstärke erforderlich. Die Rechenarbeit der Hardware verursacht einen für Mietwohnungen zu hohen Lautstärkepegel. Dem Gesetz zufolge ist es Vermietern gestattet, bei regelmäßig hohen Lautstärkepegeln den Mietern die Wohnung zu kündigen, sofern sich die anderen Mieter beschweren.

Letzten Endes sind beim Mining die hohen laufenden Kosten nicht dem Stromverbrauch, sondern den erforderlichen Räumlichkeiten geschuldet. Die Hardware verursacht darüber hinaus hohe Anschaffungskosten. Die mehreren Tausend Euro, die anfangs für die Ausstattung anfallen, stellen ein den Kryptowährungen nach heutigem Stand (Januar 2020) unangemessen hohes Risiko dar. Es ergibt sich, dass die Geldanlage in Kryptowährungen durch den Kauf von Währungseinheiten und die Spekulation auf einen Anstieg des Kursverlaufs am sichersten und empfehlenswertesten ist, nicht jedoch die persönliche Errechnung von Coins.

Die verschiedenen Coins verstehen und vergleichen

Alle Welt redet von den führenden Kryptowährungen – Bitcoin, Ethereum, Ripple, Bitcoin Cash und weiteren. Dies betrifft sogar die, laut eigener Aussage, „professionellen" Anleger. Doch Tatsache ist, dass es in der Landschaft der Kryptowährungen kaum professionelle Anleger gibt. Ein Großteil der Personen sind Trader, die mit Hebeln hochspekulativ agieren und für wöchentliche oder gar tägliche

Schwankungen in zweistelliger Prozenthöhe bei den Kursen der Kryptowährungen sorgen. Sie haben mit Ihrem Knowhow aus diesem Ratgeber jedoch die Gelegenheit, ein professioneller Anleger zu werden!

Auf der Website *Coinmarketcap*[42] finden Sie ein Verzeichnis der 100 populärsten Kryptowährungen. Dort werden zahlreiche Kennzahlen aufgeführt:

- Preis (pro Coin/Währungseinheit)
- Kursveränderung
- Marktkapitalisierung
- Im Umlauf befindliche Coins
- Gehandeltes Volumen (in den letzten 24 Stunden)
- Kursverlauf (der letzten sieben Tage)

Dies sind bereits einige Kennzahlen, mit denen Sie Analysen durchführen können. Sehen Sie aufgrund der hohen Kursschwankungen von Analysen des Charts und somit Trendanalysen ab. Beschränken Sie sich bei Kryptowährungen lediglich auf eine langfristige Anlage, wie Sie es bereits in diesem Kapitel gelernt haben. Informieren Sie sich dabei genau darüber, welches Projekt hinter der jeweiligen Kryptowährung steht. Ethereum punktet mit einem umfassenden Vertragsmanagement, Ripple steht für eine enorme Transaktionsgeschwindigkeit und bei Monero ist eine umfangreichere Anonymität Gesetz. Dazu kommen noch die umweltfreundlichen Altcoins (Alternative Coins; zu Deutsch: Alternative Währungen). Entscheiden Sie sich dafür, welchem Projekt hinter einer Kryptowährung Sie ein besonders großes Zukunftspotenzial zusprechen.

---

[42] https://www.wired.co.uk/article/bitcoin-lost-newport-land-fill

Nicht nach verschollenen Bitcoins auf Müllhalden suchen!

Dieser letzte Tipp ist viel weniger ein ernstgemeinter Ratschlag für die Geldanlage in Bitcoin denn eine Mahnung dafür, „Erarbeitetes" nie wegzuwerfen: Es geht um James Howells; den Mann, der über 100 Millionen US-Dollar im Müll verlor[43].

Die Geschichte beginnt im Jahr 2009, als er eine Festplatte in den Müll wirft, auf der sich 7.500 Bitcoins befinden. Im Dezember 2017 hatten diese Coins einen Wert von mehr als 100 Millionen US-Dollar. Doch 2009, als Howells die Bitcoins mit einem gewöhnlichen PC in seiner Heimat in Wales errechnete, waren diese Coins nicht mal mehrere Hundert US-Dollar wert. Allem voran wollte sie niemand kaufen. So landeten sie in seinem Müll. Von dort aus wanderten sie weiter auf eine Müllhalde im walisischen Newport. Bereits 2013 hatten die Währungseinheiten, die auf der Festplatte waren, einen Wert von mehreren Millionen US-Dollar. Howells ging auf die Müllhalde, um dort mit einer Schaufel nach der Festplatte zu graben. Aber er wurde zurückgewiesen. Der Stadtrat von Newport verweigert ihm jedoch bis heute, obwohl der Wert der Bitcoins noch weiter gestiegen ist, die Suche nach den Coins. Obwohl Howells angesichts des hohen Werts der Coins sogar Investoren zum Umgraben der Müllkippe gefunden hat und Newport finanziell beteiligen möchte, lehnt der Stadtrat ab: Giftige Gase und Witterungsbedingungen hätten die Festplatte aller Voraussicht nach geschädigt und ein Wiederaufrufen der Daten unmöglich gemacht[44].

---

[43] http://www.spiegel.de/wirtschaft/james-howells-der-mann-der-100-millionen-dollar-im-muell-sucht-a-1184783-amp.html

[44] https://www.wired.co.uk/article/bitcoin-lost-newport-landfill

Nachdem diese Geschichte der breiten Öffentlichkeit bekannt wurde, versammelten sich tatsächlich Personen um die Müllhalde, die mit Schaufeln selbst ihr Glück versuchen und Howells zuvorkommen wollten. Doch der Stadtrat ergriff Maßnahmen dagegen. Also gilt: Graben Sie in Newport nicht nach Bitcoins. Neben dieser Lehre ist jedoch viel wichtiger zu begreifen, dass im Leben nichts zu früh abgeschrieben werden darf: Insbesondere junge Personen könnten bei den verschiedensten Dingen dazu neigen, frühzeitig die Hoffnung in eine Sache aufzugeben. Doch das, was erarbeitet wurde, sollte aufbewahrt werden. Dies gilt insbesondere für solch etwas kleines wie Festplatten. Tipp: Handelt es sich um HDD-Festplatten, dann lagern Sie diese immer vorsichtig. Im Gegensatz zur Alternative SSD-Festplatten sind die HDDs nämlich äußerst empfindlich.

Zusammenfassung

Bevor über Kryptowährungen geurteilt wird, muss verstanden werden, wofür sie stehen: Anonymität, Transaktionsbeschleunigung und Dezentralisierung, um nur einige wichtige Punkte zu nennen. Ein Blick auf die Blockchain und das Netzwerk verschafft Klarheit darüber, wie die Kryptowährungen diesen Anforderungen und Hoffnungen gerecht werden. Da aufgrund der zunehmenden Kontrolle durch den Staat und die schon lange bestehenden Defizite bei der Geschwindigkeit der weltweiten Überweisungen all diese Aspekte an Relevanz gewinnen, lässt sich Kryptowährungen eine Zukunftsberechtigung nicht klar absprechen. Ebenso darf die Geldanlage in Kryptowährungen nicht pauschal verteufelt werden. Zweifellos wirkt die sogar wöchentliche Volatilität der Kurse bei Kryptowährungen abschreckend, doch ein Blick auf die Performances in den letzten Jahren insgesamt schürt positive Erwartungen. Die Kryptowährungen konnten sich auch nach starken Kursverfallen bewähren und verzeichneten seitdem größtenteils ein konstantes gewinnbringendes Wachstum. Wird langfristig angelegt, dann darf durchaus ein insgesamt kleiner Beitrag von um die 1.000 € (je nachdem, wie umfangreich die eigenen Möglichkeiten sind und die Sympathie für Kryptowährungen ausfällt) in Kryptowährungen investiert werden. Denn sollten die Kryptowährungen in Zukunft die Rolle einnehmen, die ihnen prognostiziert wird – nämlich die einer etablierten Alternative zum Fiatgeld –, dann wird bereits dieser kleine Beitrag aller Wahrscheinlichkeit nach eine beachtliche Rendite erzielen.

Altersvorsorgeverträge: Geächtet und angeprangert, aber mit Daseinsberechtigungen!

Zwar sind die meisten Versicherungen auf dem Markt sinnvoll, doch wird der Großteil nur dann abgeschlossen, wenn sie wirklich verpflichtend sind. Freiwillige Verträge werden meistens vor Ablauf gekündigt. Der Beruf des Versicherungsvermittlers verkommt in einigen Gesellschaftskreisen fast schon zu dem des „Versicherungs*andrehers*". Dieses Kapitel aber dreht Ihnen nichts an, sondern informiert Sie. Es informiert Sie über die möglichen Altersvorsorgeverträge, die in vielen Fällen sogar Sinn machen, flexibel sind und gute Renditen in Aussicht stellen.

Welche Altersvorsorgeverträge bringen es überhaupt noch?

Skepsis ist beim Thema Altersvorsorgeverträge durchaus berechtigt, da nicht jedes Produkt auf dem Markt zu überzeugen weiß. Dabei ist im Grunde genommen genau dieselbe Herausforderung gegeben, wie bei der Frage: Sparbuch oder Wertpapiere?

Wieso spielt denn dieselbe Frage auch eine Rolle bei der Altersvorsorge?

Weil es analog zum Sparbuch garantieverzinste Rentenversicherungen und analog zu Wertpapieren fondsgebundene Rentenversicherungen gibt! Dies bedeutet, dass sich die Probleme, Vor- und Nachteile, Chancen sowie Risiken in vielerlei Hinsicht ähneln. Dabei weisen die garantieverzinsten Altersvorsorgeverträge wie das Sparbuch geringe Zinsen auf, wenngleich die Zinsen bei sämtlichen Versicherern höher als auf dem Sparbuch ausfallen. Dennoch liegen sie knapp unterhalb eines Prozents. Dies genügt bei weitem nicht, um die Inflation auszugleichen. Garantieverzinste Altersvorsorgeverträge haben allerdings einen großen Vorteil, den das Sparbuch nicht hat: Die Überschussbeteiligung.

Bei der Überschussbeteiligung handelt es sich um Ihre jährliche Beteiligung an dem Gewinn, den die Versicherungsgesellschaft mit Ihrem angelegten Geld erwirtschaftet. Im VVG (Versicherungsvertragsgesetz) ist unter dem §153 vermerkt[45], dass ermittelt werden muss, welcher Anteil des Jahresüberschusses auf das Kapital des Versicherten entfällt. In einem vertraglich festgelegten und am angelegten Kapital orientierten Anteil wird dem Versicherten eine jährliche Überschussbeteiligung in Form einer Überweisung oder Gutschrift ausgezahlt. Sollte mit dem Geld des Anlegers kein Gewinn erwirtschaftet worden sein, dann entfällt die Überschussbeteiligung.

Garantieverzinste Altersvorsorgeverträge haben also im Regelfall ein höheres Potenzial als das Sparbuch. Dies ist einerseits dem höheren Zins zu verdanken, andererseits der Überschussbeteiligung, die einmal im Jahr ausgezahlt wird, falls der Versicherer durch das angelegte Geld einen Gewinn erwirtschaftet hat. Nichtsdestotrotz entsteht in den seltensten Fällen eine jährliche Rendite oberhalb eines Prozents. In Anbetracht dessen, dass die Inflation im Normalfall bei 2 % im Jahr liegt, ergibt das – wie beim Sparbuch – einen realen Wertverlust des angelegten Geldes. Dass die Inflation in den letzten Jahren geringer war, als von den Regierungen anvisiert wird, ist kein Geheimnis. Dennoch lag

---

[45] https://dejure.org/gesetze/VVG/153.html

sie bei mehr als einem Prozent, wie ein Blick auf die historische Inflation pro Jahr im letzten Jahrzehnt zeigt:

Jahr	Inflationsrate
2010	1,31 %
2011	1,98 %
2012	2,04 %
2013	1,43 %
2014	0,19 %
2015	0,17 %
2016	1,50 %
2017	1,38 %
2018	1,56 %
2019	1,54 %

Quelle: de.inflation.eu[46]

Also sind garantieverzinste Altersvorsorgeverträge kein Mehrwert für die Massen. Extrem sicherheitsorientierte Sparer finden hierin eine passable Lösung, um das Geld besser als auf dem Bankkonto, Sparbuch oder Tagesgeldkonto anzulegen. Zudem ist eine im Versicherungsvertrag festgelegte Rentenhöhe bis ans Lebensende nach dem Renteneintritt garantiert. Je nach Vertrag, lässt sich der gesamte angesparte Betrag auch auf einmal auszahlen. Flexibilität vor dem Renteneintritt und Sicherheit sind also gegeben. Wer diese Aspekte als absolut wichtig empfindet, findet in einem garantieverzinsten Altersvorsorgevertrag die ideale Lösung für sich persönlich. Doch ein Vermögen aufzubauen, welches konstant wächst und auf die Sparbeträge entfal-

---

[46] https://de.inflation.eu/inflationsraten/deutschland/historische-inflation/vpi-inflation-deutschland.aspx

lende Renditen von fünf bis 20 % einbringt – davon kann hier nicht die Rede sein. Dafür aber stellen andere Arten von Altersvorsorgeverträgen lukrative Renditen in Aussicht oder punkten zumindest mit einer staatlichen Förderung.

Staatlich geförderte Altersvorsorge

Zunächst sei erwähnt, was „staatlich gefördert" im Kontext der privaten Altersvorsorge überhaupt bedeutet: Zum einen kann eine staatliche Förderung zur Folge haben, dass die Einzahlungen in die private Altersvorsorge steuerlich absetzbar sind. Zum anderen sind direkte Zulagen des Staates möglich. Die folgenden drei staatlich geförderten Altersvorsorgemodelle werden für einen grundlegenden Überblick in Kürze vorgestellt und im weiteren Verlauf dieses Kapitels ausführlicher erläutert. Von den nicht staatlich geförderten Produkten wird in diesem Kapitel abgesehen, da diese keinen Sinn ergeben. Sie liefern einige wenige Freiheiten mehr, bieten dafür aber keine bedeutenden finanziellen Vorteile, wie es die staatlich geförderten Altersvorsorgeverträge tun.

Den staatlich geförderten Altersvorsorgemodellen ist die Riester-Rente zuzuordnen. Es handelt sich um eine optimale Vorsorge für Familien mit Kindern, Geringverdiener und gut verdienende Singles. Die Riester-Rente verschafft Steuervorteile während der Phase der Einzahlung und stellt zudem staatliche Zulagen in Aussicht. Für gut verdienende Singles sind die Steuervorteile das Pro-Argument für eine Riester-Rente, für Geringverdiener und Familien mit Kindern sind die Zulagen die zentralen Vorteile.

Neben der Riester-Rente existiert unter den staatlich geförderten Renten die Rürup. Sie wird vereinzelt als Pendant der Riester-Rente speziell für Selbstständige bezeichnet. Einer genauen Betrachtung hält diese These nicht stand, da die Rürup-Rente an mehreren Stellen elementare Unterschiede zur Riester-Rente aufweist. Beispielsweise ist eine Kündigung des Vertrages und ein Rückkauf durch den Versicherer nicht möglich. Möchte eine Person nicht mehr einzahlen, dann friert sie die Rürup-Rente ein und wartet, bis mit Eintritt des Rentenalters die Versicherungsbeiträge ausgezahlt werden. Die Rürup-Rente ist für Selbstständige auf der Suche nach einer Alternative zur Gesetzlichen Rentenversicherung aufgrund der Steuervorteile und der zusätzlichen Absicherung ein geeignetes Modell. Angestellte wiederum kommen nur selten bei der Rürup-Versicherung zu einem Mehrwert.

Hinweis!

Die Riester- und Rürup-Rente lassen sich per se nicht als schlecht bezeichnen. Beide Altersvorsorgen können gut und schlecht sein, was mit der jeweiligen Personengruppe oder Person variiert. In der Vergangenheit gab es das Problem einer mangelhaften Aufklärung in der Bevölkerung und das Problem ist nach wie vor existent, wenn auch leicht gemindert. Personen schlossen und schließen die Altersvorsorgen ab, ohne genau über den Nutzen informiert zu sein. Es kommt dazu, dass vermehrt Personen eine Riester- oder Rürup-Rente abschließen, denen sie gar nichts bringt. So fällt negatives Licht auf beide Altersvorsorgen, was die öffentliche Wahrnehmung zu Unrecht verzerrt. Begegnen Sie deswegen im Folgenden beiden Altersvorsorgemodellen unvoreingenommen, um den persönlichen Nutzen angemessen beurteilen zu können.

Eine weitere staatlich geförderte Altersvorsorge ist die betriebliche Altersvorsorge. Sie wird mit baV abgekürzt und hat nichts mit der früher vorhandenen betrieblichen Altersversorgung gemeinsam. Auf den Unterschied wird im weiteren Verlauf des Kapitels noch eingegangen. Es existieren heutzutage verschiedene Modelle, die baV zu gestalten. Eines besteht darin, dass der Arbeitgeber die kompletten

Einzahlungen übernimmt. Dies ist eine Seltenheit. Vielmehr ist einer der folgenden beiden Wege üblich: Der Arbeitgeber übernimmt einen Teil der Einzahlungen und entlastet den Arbeitnehmer **oder** der Arbeitnehmer selbst übernimmt im Rahmen der Entgeltumwandlung die kompletten Einzahlungen in die baV. Die Entgeltumwandlung verschafft in Zeiten der Einzahlung geringere Steuerzahlungen, da durch diese Umwandlung der Verdienst gemindert wird. Die baV lässt sich auf fünf verschiedenen Wegen durchführen[47]:

- Direktversicherung
- Pensionskasse
- Pensionsfonds
- Direktzusage
- Unterstützungskasse

Eine betriebliche Altersvorsorge ist nur für Angestellte möglich. Zudem hat nicht jedes Unternehmen ein entsprechendes Angebot. Wird keine betriebliche Altersvorsorge zur Verfügung gestellt, dann müssen Sie auf andere Vorsorgemodelle zurückgreifen.

Fondsgebundene Altersvorsorge

Bei der fondsgebundenen Altersvorsorge wird das Geld nicht zu einem festen Zinssatz angelegt, sondern es wird in Aktienfonds investiert, die die Versicherungsgesellschaft managt oder zumindest zusammenstellt. Dies bedeutet, dass im Grundlegenden Verhältnisse wie bei der Geldanlage in Wertpapiere existieren: Der Kursverlauf der Wertpapiere entscheidet darüber, wie hoch die Rendite ausfällt. Zudem gibt es keine Sicherheiten, da das angelegte Geld den Launen des Marktes ausgesetzt ist. Des Weiteren fehlen Rentenga-

---

[47] https://alterix.de/recht-finanzen/altersvorsorge/die-verschiedene-altersvorsorgemodelle-im-überblick-1089.html

rantien; somit ist das Risiko höher. Einige Versicherungsgesellschaften lassen sich zu einer vertraglich zugesicherten monatlichen Mindestrente erweichen. Allerdings handelt es sich hierbei um Ausnahmen und die Rentenzusicherungen fallen mau aus.

In Bezug auf die individuellen Spielräume unterscheidet sich die fondsgebundene Altersvorsorge vom Wertpapierhandel: Sie können nicht wie bei einem eigenen Aktienportfolio das Zepter selbst in die Hand nehmen und nach eigenem Geschmack Anpassungen an der Zusammensetzung des Portfolios durchführen. Über das investierte Geld verfügt die Versicherungsgesellschaft nach Belieben. Eine fondsgebundene Altersvorsorge ist die Alternative zur festverzinslichen Altersvorsorge. Alle staatlich geförderten und nicht geförderten Altersvorsorgen basieren entweder auf einer festverzinslichen oder einer fondsgebundenen Altersvorsorge:

- Es gibt die Riester-Rente fest verzinst und fondsgebunden.
- Auch die Rürup-Rente lässt sich fest verzinst und fondsgebunden abschließen.
- Bei der baV hängt die Wahl des Versicherers und der Altersvorsorge unter Umständen von dem Unternehmen ab, bei dem Sie angestellt sind; entweder ist das Produkt fest verzinst oder fondsgebunden.
- Die staatlich nicht geförderte Altersvorsorge fällt aus dem Raster der Riester- und Rürup-Rente sowie baV hinaus und bietet mehr Freiheiten; auch sie ist fest verzinst und fondsgebunden erhältlich.

Somit bildet, wie sich zeigte, die Frage „Festverzinslich oder fondsgebunden?" das Grundgerüst einer jeden Altersvorsorge. Dieser Frage widmen wir uns nun zuerst, ehe wir uns genauer mit den einzelnen Vorsorge-Arten – Riester, Rürup und baV – befassen.

451

Die besten festverzinslichen und fondsgebundenen Altersvorsorge-Verträge

Das Lebensversicherungsreformgesetz definiert einen Höchstrechnungszins. Dieser Zins ist für Versicherer die Obergrenze für Zinsen bei festverzinslichen Altersvorsorge-Verträgen. Aktuell (Stand: Januar 2020) liegt er bei 0,9 %[48]. Versicherern steht es frei, weniger als diesen garantierten Zins zu bieten, aber in keinem Fall darf der Zins höher ausfallen. Dies bedeutet, dass bereits gesetzlich feste Grenzen definiert sind, die den festverzinslichen Altersvorsorge-Verträgen jegliche Lukrativität nehmen. Zwar kommt noch die Überschussbeteiligung hinzu, doch von einer positiven Rendite kann bei Einbezug der Inflation nicht die Rede sein. Es wird rund um den Höchstrechnungszins in der Zukunft mutmaßlich nicht besser: Die Deutsche Aktuarvereinigung (DAV) schlägt dem Bundesfinanzministerium laut Aussage des Vorstandsvorsitzenden Guido Bader[49] sogar noch einen geringeren Höchstrechnungszins für Neuverträge ab dem 1. Januar 2021 vor: 0,5 %. Früher – um die Jahrtausendwende herum – waren es noch vier Prozent Zinsen, die Kunden erhielten. Angesichts dieser Sachlage lässt sich sagen: Nach den besten Altersvorsorge-Verträgen mit Garantiezinsen Ausschau zu halten, macht so gut wie keinen Sinn; es sei denn, man ist auf Sicherheit bedacht. Aber allem voran im jungen Alter darf es etwas Risiko sein. Während eine Person zu Beginn des 40. oder 50. Lebensjahres kaum noch Zeit

---

[48] https://www.wiwo.de/finanzen/vorsorge/altersvorsorge-garantiezins-fuer-lebensversicherungen-koennte-weiter-sinken/25317760.html

[49] https://www.wiwo.de/finanzen/vorsorge/altersvorsorge-garantiezins-fuer-lebensversicherungen-koennte-weiter-sinken/25317760.html

hat, fürs Alter vorzusorgen und Verluste aus Risiken schwer wiegen können, ist dies im jüngeren Alter von unter 35 Jahren anders: Tritt hier ein mäßiges oder gar negatives Jahrzehnt an der Börse ein, dann besteht in den folgenden Jahrzehnten noch genug Spielraum, um die Verluste auszugleichen und eine aller Voraussicht nach beachtliche Rendite einzufahren. Dementsprechend sind festverzinsliche Altersvorsorge-Verträge wirklich **nur** für die Personen, die komplett auf Sicherheit bedacht und bereits älter sind. Leser dieses Buches werden aber höchstwahrscheinlich jung sein. Hier empfiehlt sich unter keinen Umständen eine Anlage in einen festverzinslichen Altersvorsorgevertrag. Sollten Sie dennoch auf einem solchen Produkt bestehen oder neugierig sein, dann finden Sie bei nahezu jedem Versicherer diese Auslaufmodelle der Altersvorsorge vor. Von einem Abschluss werden Ihnen selbst die Versicherer abraten und versuchen, Sie zu fondsgebundenen Vorsorgen zu überreden – dies ist voll im Interesse des Mandanten und auch richtig so! Achten Sie, falls Sie sich dennoch für die Garantiezins-Produkte entscheiden, auf die folgenden Aspekte:

- Laufzeit bis zum Renteneintritt: Endet der Vertrag vor dem Renteneintritt und es kommt zur Auszahlung, erhöht dies Ihr Einkommen und somit die Steuerlast – tendenziell beträchtlich!
- Höchstrechnungszins im Angebot: Die Versicherer profitieren ohnehin, also sollten sie Ihnen gegenüber zumindest die Güte zeigen, die vollen 0,9 % Garantiezins im Vertrag zuzusichern.
- Inflationsanpassung: Die Inflationsanpassung steigert Ihren monatlich eingezahlten Beitrag jährlich um einen pauschalen Prozentsatz, der gleich der Inflation ist.

453

Zwar kostet die Inflationsanpassung Sie mit jedem Jahr monatlich mehr, doch die Steigerungen sind minimal. Wenn Sie die Inflationsanpassung weglassen, dann hat Ihr monatlicher Sparbetrag im Vorsorge-Vertrag nach einigen Jahrzehnten kaum noch einen bedeutenden Wert und spiegelt keine adäquate Altersvorsorge wider.

Versicherer, die all diese Voraussetzungen erfüllen, gibt es zur Genüge in lokalen Niederlassungen. Betreten Sie drei verschiedene Niederlassungen von Versicherern und Sie werden ein – den Umständen der schlechten Zinsen entsprechend – gutes Angebot erhalten. Alternativ lassen sich Angebote übers Internet einholen. Der Versicherer *EUROPA* hat ein faires Angebot, welches durch eine hohe Flexibilität besticht und den höchstmöglichen Zins in Höhe von 0,9 % zusichert.

Die große Empfehlung ist stets die fondgebundene Altersvorsorge; zumindest solange, bis die zugesicherten Zinsen für die festverzinsliche Vorsorge nicht auf mindestens 4 % hochgeschraubt werden. Dies ist in naher Zukunft unwahrscheinlich.

Zwischenfazit

❖ Ein festverzinslicher Altersvorsorgevertrag sollte zumindest den Garantiezins von 0,9 % aufweisen. Inflationsanpassungen und insbesondere eine Laufzeit bis zum Renteneintritt sind weitere wichtige Merkmale.

❖ Insgesamt ist von festverzinslichen Produkten abzuraten. Die geringe Rendite wird durch die Sicherheit nicht gerechtfertigt.

Bereits im Jahr 2017 war die Überlegenheit fondsgebundener Altersvorsorgeverträge hinsichtlich der möglichen Renditechancen und beherrschbaren Sicherheit ein beliebtes Thema. Auf der Website von *Pfefferminzia* lassen sich diesbezüglich interessante Aussagen und Fakten aus Ausführungen des Sprechers des Deutschen Aktieninstituts für Altersvorsorge (DIA), Klaus Morgenstern, herausfiltern:

- Hätte eine Person Monat für Monat 50 € über einen Zeitraum von 30 Jahren in die 30 Aktien des DAX investiert, dann wären aus einem Gesamtbeitrag von 18.000 € in dieser Zeit 96.000 € geworden. Dies bedeutet eine Rendite von 9,6 %.
- Sollte die schlechteste 30-Jahre-Periode erwischt worden sein – diese war von Februar 1979 bis Februar 2009 – dann wären aus den insgesamt eingezahlten 18.000 € immerhin 51.000 € geworden. Dies hätte eine Rendite von 6,2 % zur Folge gehabt.
- Im besten Zeitraum von Januar 1970 bis Januar 2000 wären aus dem investierten Kapital 211.000 € geworden. Dies hätte eine traumhafte Rendite von 13,6 % zur Folge gehabt!

Quelle: pfefferminzia.de[50]

Der erste Rendite in der Aufzählung (9,6 %) war der Durchschnitt aus der Auswertung von 240 verschiedenen Sparplänen, die allesamt auf der Geldanlage in Aktien basierten. Diese Untersuchung wurde nicht im Rahmen fondsgebundener Altersvorsorge-Verträge vorgenommen, sondern im Rahmen eines Vergleichs von Aktien mit festverzinslichen Wertpapieren zur Altersvorsorge. Dennoch sind die Zahlen eindeutig und eine private Rentenversicherung, die an die Performance von Fonds gebunden ist, empfiehlt

---

[50] https://www.pfefferminzia.de/rechenbeispiel-altersvorsorge-mit-aktien-schlaegt-festverzinsliche-wertpapiere//2/

sich voll und ganz. Sie knüpft an die aus 2017 geschilderten Zahlen in der obigen Aufzählung an. Während 2017 die Skepsis noch groß war, hält in Deutschland eine zunehmende Zuwendung zu fondsgebundenen Altersvorsorge-Verträgen Einzug. Die Versicherer erweitern ihre Produktpalette um entsprechende Produkte. Mittlerweile bilden fondsgebundene Altersvorsorgen den Großteil des Angebots von Versicherern ab, da auch die Nachfrage in der Bevölkerung steigt. Ehe wie im Falle der gesetzlichen Rentenversicherung erneut auf ein gesichertes, aber vergleichsweise mickriges Einkommen im Alter gesetzt wird, gehen Personen bevorzugt ins (nachweislich) geringe Risiko mit den fondsgebundenen Altersvorsorgen.

Sie als Versicherter profitieren dabei neben der hohen möglichen Rendite von einer guten Beherrschbarkeit des Marktes. Börsenschwankungen hin oder her – auf lange Sicht wächst die Wirtschaft. Während bei Aktien die Versuchung, auf fallende Kurse spontan mit einem Verkauf zu reagieren, noch groß ist, wird Ihnen dieser Reiz bei einer fondsgebundenen Altersvorsorge abgenommen. Denn Sie managen das Portfolio nicht selbst, sondern lassen es managen. Depotgebühren und die einzelnen Orders samt ihren Gebühren entfallen, da Sie selbst kein Depot unterhalten. Gebühren gibt es zwar, allerdings ist es mit den Ausgabeaufschlägen bei der Einzahlung Ihrer Beiträge in den Vertrag lediglich ein Posten für den Kauf der Fonds. Die Ausgabeaufschläge sind sozusagen der Ersatz für die Order-Gebühren. Anderweitige Kostenfaktoren sind die Abschlusskosten bei der Versicherung und einige variable Posten. Dies ist bei jedem Versicherer anders. Im Idealfall fordern Sie eine Übersicht über sämtliche Kosten an.

Sie profitieren von den fondsgebundenen Altersvorsorge-Verträgen insbesondere dann, wenn Sie selbst mit dem Aktienmarkt wenig in Berührung sind und sich auch nach dem ersten Kapitel mit diesem nicht identifizieren, aber dessen Vorteile mitnehmen möchten. Dann schließen Sie einfach einen Vertrag ab und lassen diesen über mehrere Jahrzehnte laufen.

An dieser Stelle wird es wesentlich kniffliger als bei den festverzinslichen Verträgen: Während Sie bei den festverzinslichen Verträgen primär darauf achten, wie hoch der Garantiezins ausfällt, müssen Sie bei den fondsgebundenen Altersvorsorge-Verträgen auf die Zusammensetzung des Fonds achten. Da bringen die Renditeschätzungen der Versicherungsgesellschaften herzlich wenig und beschönigen eher die Qualität des Fonds anhand irgendwelcher kryptischen Hochrechnungen. Im Idealfall setzen Sie sich mit einem freien Versicherungsmakler in Verbindung. „Frei" bedeutet, dass dieser weder für die *Allianz* noch für *ERGO* oder irgendeine andere Versicherungsgesellschaft arbeitet. Er ist unabhängig und kann den gesamten Markt überblicken. So liefert er Ihnen einen objektiven Service. Im Rahmen diesen Services wird er Ihnen die attraktivsten Angebote zur Verfügung stellen – geringe Kosten, möglichst gute Renditeaussichten! Sie finden entsprechende Versicherungsmakler im Internet, wenn Sie nach unabhängigen Versicherungsmaklern suchen. Alternativ können Sie sich in einzelnen Versicherungsgesellschaften umsehen.

Am kostengünstigsten und sichersten sind – wie bereits beim Wertpapierinvestment – ETFs. Somit sind fondsgebundene Altersvorsorgeverträge, die mit ETFs arbeiten, relativ sicher und zugleich kostenarm. Der Großteil der Anbieter arbeitet mit einzelnen ETFs, die der Versicherte auswählen kann. Auch die Zusammenstellung eines eigenen Portfolios unter Anleitung ist bedingt möglich. Neben dem ETF-Angebot werden von Versicherungsgesellschaften selbst gemanagte Fonds mit einer Vielzahl einzelner Aktien angeboten. Im umfassenden Vergleich sind diese Produkte allerdings den ETF-Angeboten unterlegen.

Sie wissen nun, was zu tun und wie zu wählen ist. Da es zu den festverzinslichen Altersvorsorgen bereits eine Empfehlung gab, gibt es nun auch zu den fondsgebundenen Altersvorsorgen eine Gesellschaft als Empfehlung: *Swiss Life*.

Die hiesigen ETF-basierten Altersvorsorgen erhalten gute Bewertungen und überzeugen mit einer schier unermesslichen Auswahl. Auf der Webseite des Anbieters über die Versicherungsinformationen[51] erhalten Sie einen präzisen Einblick in die Portfolios und Performances. Das Produkt *Swiss Life Investo Komfort* überzeugt besonders durch eine diversifizierte Aufstellung des Portfolios mit einem ETF auf den MSCI-World-Indes, einem ETF auf den MSCI-Emerging-Markets-Index und drei weiteren ETFs. Es ist eine Zusammenstellung wie aus dem Bilderbuch bzw. wie im ersten Kapitel dieses Ratgebers zur Portfoliozusammenstellung bereits vermittelt.

Zwischenfazit

❖ Lassen Sie sich am besten von einem unabhängigen Versicherungsmakler bezüglich der fondsgebundenen Altersvorsorgen mit den besten Konditionen beraten. Ein solcher Makler hat den gesamten Markt im Überblick.

❖ Nehmen Sie die Angebote der Versicherungsgesellschaften auch selbst genauestens unter die Lupe: Halten Sie nach den geringsten Kosten Ausschau.

❖ Unter den Angeboten mit den geringsten Kosten wählen Sie einen Anbieter, der Altersvorsorgen auf Basis von ETFs anbietet; hier bringt sich *Swiss Life* vielversprechend in Stellung.

---

[51] https://firmenkunden.swisslife.de/service/versicherungsinformationen/fonds.html

Insbesondere im jungen Alter – allem voran ab dem 20. bis zum 35. Lebensjahr – spricht nahezu nichts gegen fonds-gebundene Altersvorsorgen. Gehen Sie ein Stück weit ins „Risiko" und Sie werden mit allerhöchster Wahrscheinlich-keit bei kompletter Laufzeit des Vertrags mit guten Renditen belohnt. Bei einem solchen Vertrag sind wie bereits bei festverzinslichen Verträgen die Inflationsanpassungen und eine Laufzeit bis zum Rentenalter wichtige Kriterien, um den Mehrwert voll zu erfassen.

Riester-Rente auf einen Blick

Die Gesetzliche Rentenversicherung hat bereits viele Reformen durchgemacht. Dabei standen im Laufe der letzten 20 Jahre stets für die Bevölkerung nachteilige Reformen zubuche. Mit ihnen wurde auf den demografischen Wandel reagiert, der ein Rentensystem, wie es bis dato etabliert war, immer mehr erschwerte und dies auch nach wie vor tut. Eine Reform führte letzten Endes zu der Einführung der Riester-Rente: Es war die Reform aus dem Jahr 2001, die die Senkung des Rentenniveaus von 70 auf 67 % des Durchschnittsein-kommens bis 2030 zur Folge hat[52]. Der Beitragssatz blieb dennoch gleich bei damals 20 %. Der Startschuss für einen Ausgleich der Senkung war gegeben: Diesen Ausgleich übernahm die Riester-Rente als eine kapitalgedeckte Form der privaten Altersvorsorge.

„Kapitalgedeckt" bedeutet, dass die künftigen Renten-zahlungen nicht anhand des Umlageverfahrens, wie es bei der Gesetzlichen Rentenversicherung der Fall ist, bemessen werden, sondern anhand des eingezahlten Kapitals. Attraktiv

---

[52] https://www.stern.de/familie/rente-die-wichtigsten-refor-men-seit-1957-3223096.html

ist diese Form der Rentenversicherung gleich aus mehreren Gründen[53]:

- Zulagen durch den Staat
- Steuerliche Absetzbarkeit
- Schonvermögen: Schutz vor Pfändung und Insolvenz
- Garantierte Auszahlung der Sparbeiträge
- Berufseinsteiger erhalten Boni

Auf der Seite der Nachteile wiederum stehen teure Abschluss- und Kündigungskosten des Vertrages. Aber immerhin lässt er sich mit einer Rückzahlung des Großteils der angesparten Beiträge überhaupt kündigen, was beispielsweise bei der Rürup-Rente nicht der Fall ist. Hier sind die eingezahlten Beiträge bis zur Rentenzeit im Vertrag gebunden. Ein weiterer Nachteil der Riester-Rente ist die eingeschränkte Vererbbarkeit. Im Falle des eigenen Ablebens vor der Rente werden die bisherigen Einzahlungen zwar an die Erben ausgezahlt, allerdings nur ohne die Steuerbegünstigungen und die staatlichen Zulagen. Zu Lebzeiten lassen sich die bisher getätigten Einzahlungen nur an den Ehepartner übertragen, sofern dieser ebenfalls einen Riester-Vertrag hat. Des Weiteren wird bei einer Riester-Rente davon ausgegangen, dass die jeweilige Person ein gewisses Alter erreicht: Von 82 Jahren ist die Rede, damit sich die eingezahlten Beträge lohnen.

Angesichts der hohen Lebenserwartung, die immer mehr steigt, sollten weder die fehlende Vererbbarkeit noch das hohe kalkulierte Alter ein signifikantes Problem abgeben. Alles in allem lohnt sich die Riester-Versicherung, sofern auf eine fondsgebundene Versicherung gesetzt wird und man selbst entweder viel oder wenig verdient. Auch bei Familien mit Kindern lohnt sich eine solche Versicherung. Der Vorteil für Geringverdiener ist die staatliche Zulage, die

---

[53] https://www.finanzen.de/altersvorsorge/riester-rente

bei bis zu 175 € liegt. Während Gutverdiener vier Prozent ihres Bruttogehalts als Eigenleistung einbringen müssen, genügt bei Geringverdienern ein monatlicher Sockelbeitrag von 60 €, um die volle Zulage zu erhalten. Bei Gutverdienern greift neben den Zulagen zudem die Möglichkeit der steuerlichen Absetzbarkeit als großer Vorteil: Bis zu 2.100 € sind als Sonderausgaben von der Steuer absetzbar. Familien mit Kindern profitieren von Zulagen in Höhe von bis zu 300 € im Jahr seitens des Staates pro Kind, welches nach 2008 geboren wurde. Für vor 2008 geborene Kinder gibt es bis zu 185 € an Zulagen vom Staat.

Hinweis!

Je nach persönlicher Situation kann die Beteiligung des Staates durch Zulagen an eingezahlten Beiträgen in die Riester-Rente bei 25 bis 90 % liegen! In der Spitze können es somit beachtliche und großzügige Förderungen werden. Berufseinsteiger profitieren von einem einmaligen Bonus in Höhe von 200 €, der in den Vertrag fließt.

Für folgende Personengruppen lohnt sich die Riester-Rente aufgrund ausbleibender Zulagen definitiv nicht: Nicht versicherungspflichtige Selbstständige, Personen aus „verkammerten" Berufen (u. a. Ärzte, Anwälte, Architekten, Steuerberater), Altersrentner und Studenten.

Es ist empfohlen, die Riester-Rente in fondsgebundener Variante zu wählen. Da zugesicherte Rentenzahlungen bei dieser Altersvorsorge verpflichtend sind, werden hier zumindest geringe Zahlungen im Rentenalter zugesagt, was ansonsten bei fondsgebundenen Produkten nicht gegeben ist. Gute Versicherer für die Riester-Rente sind *Huk24*, *HanseMerkur* und *Allianz*.

Rürup-Rente auf einen Blick

Nach der Erläuterung der Riester-Rente gibt es bei der Rürup-Rente nicht allzu viel Bewegendes hinzuzufügen. Es sind grundlegende Unterschiede vorhanden, die allerdings schnell abgearbeitet sind. Führen wir uns zunächst die Gemeinsamkeiten vor Augen.

Die Rürup-Rente ist eine kapitalgedeckte Form der Altersvorsorge. Die im Vertrag mit der Versicherung verankerten Bestimmungen werden während der Vertragslaufzeit nicht geändert und bleiben auch von gesetzlichen Reformen unangetastet. Dies verschafft Sicherheit, die bei der Gesetzlichen Rentenversicherung aufgrund möglicher Reformen nicht gegeben ist. Darüber hinaus lässt sich die Rürup-Rente häufig bei Selbstständigen als ein faireres Modell als die Gesetzliche Rentenversicherung anführen. Während die Beiträge der Arbeitnehmer in die Gesetzliche Rentenversicherung zur Hälfte durch die Arbeitgeber mitgetragen werden, ist dies bei Selbstständigen nicht der Fall. Sie zahlen, sofern sie aufgrund Ihrer Tätigkeit pflichtversichert sind, den vollen Satz ein. Sind sie nicht pflichtversichert, haben Sie die Wahl, nicht gesetzlich vorzusorgen oder einen individuellen Satz einzuzahlen. An dieser Stelle eröffnet sich die Perspektive, mit der Rürup-Rente mehr Transparenz bei den Einzahlungen und späteren Auszahlungen zu erhalten. Denn da sich die Rürup-Rente nicht aus dem Umlageverfahren nährt, sondern aus dem eingezahlten Kapital, lässt sich durch die Renditen jederzeit berechnen, wie hoch die spätere Rente ausfallen wird. Die Rürup-Rente ist allem voran nicht von den erwirtschafteten Einzahlungen der nächsten Generationen abhängig, wie bei der Gesetzlichen Rentenversicherung, sondern von den eigenen Leistungen – ein faires Prinzip!

Nichtsdestotrotz: Zulagen durch den Staat lassen vergeblich auf sich warten, dafür lassen sich die Steuervorteile in einem größeren Umfang als bei der Riester-Rente nutzen. Allem voran für gut verdienende Selbstständige oder Unternehmer, die sich zwecks geringerer Steuern „arm rechnen" möchten, ist die Rürup-Rente ein gutes Instrument. Denn neben den monatlichen Einzahlungen lassen sich ebenso Einmalzahlungen tätigen, wovon Selbstständige am Ende des Jahres gern Gebrauch machen, um in einen günstigeren Steuersatz hineinzurutschen. Die steuerlich abzugsfähigen Beträge liegen für Alleinstehende bei 24.305 € pro Jahr und bei Verheirateten beim doppelten Betrag. Es sind im Jahr 2020 90 % der Einzahlungen in die Rürup-Rente steuerlich absetzbar, bis die erwähnten Beträge für Alleinstehende und für Verheiratete erreicht sind. Der Prozentsatz, mit welchem die Einzahlungen in die Rürup-Rente steuerlich absetzbar sind, steigt pro Jahr um 2 % an, bis im Jahr 2025 eine Absetzbarkeit von 100 % erreicht ist[54]. Die Rürup-Verträge lassen sich flexibel pausieren, aber büßen an anderer Stelle an Flexibilität ein: Nämlich sind sie im Gegensatz zur Riester-Rente und anderen Altersvorsorgen nicht mit einer Auszahlung der Beiträge zu kündigen. Da sich die Verträge pausieren, aber nicht rückkaufen lassen, verbleibt das bis dato eingezahlte Geld bis zum Rentenbeginn unwiderruflich bei der Versicherungsgesellschaft. Sollte ein Todesfall eintreten, verbleibt bei vielen Vertragsmodellen die komplette eingezahlte Summe bei den Versicherern.

Profiteure sind eindeutig die Personen, die gut verdienen, auf der Suche nach einer guten Ergänzung oder Alternative zur Gesetzlichen Rentenversicherung sind und jährlich auf Steuervorteile im kleinen fünfstelligen Bereich aus sind: Selbstständige, junge Unternehmer und besonders gut verdienende Angestellte, die nach den Sozialabgaben sowie Steuern noch einiges vom Einkommen übrig haben. Auch

---

[54] http://www.ruerup-rente-infoportal.de/alterseinkuenftege-setz.php

hier ist klar empfohlen, die fondsgebundenen Produkte vorzuziehen. Gute Angebote für Selbstständige im Bereich der fondsgebundenen Rürup-Rente haben die *WWK*, *VHV* und *HanseMerkur*.

Betriebliche Altersvorsorge auf einen Blick

Eine betriebliche Altersvorsorge hat jahrzehntelange, wenn nicht gar jahrhundertelange Tradition. Vor 100 Jahren bereits sparten große Unternehmen Geld für ihre Angestellten an, aus dem sie später, wenn die Angestellten in Rente gingen, eine Rente auszahlten[55]. Dies war die klassische betriebliche Altersversorgung.

Im Laufe der Zeit haben sich die Dinge gewandelt, sodass das Modell einer komplett durch den Arbeitgeber finanzierten betrieblichen Altersvorsorge kaum noch vorhanden ist. Stattdessen finanzieren Arbeitnehmer selbst im Rahmen einer Entgeltumwandlung ihre betriebliche Altersvorsorge und lassen dies durch den Arbeitgeber bezuschussen oder führen eine Altersvorsorge in Eigenregie durch.

Widmen wir uns in einer Beurteilung zunächst dem einfachsten Fall, der, ohne Wenn und Aber, einfach zu evaluieren ist: Der Arbeitgeber übernimmt die Kosten für die baV komplett allein. Hier empfiehlt es sich, dem Arbeitgeber zuzulächeln, „Danke" zu sagen und sich über diese Art der Zusatzvergütung zu freuen. Denn selbst, wenn der Arbeitsgebergeber das schlechteste Produkt auf dem Markt aussucht, welches zu 0,5 % fest verzinst ist und keine Inflationsanpassungen enthält, profitieren Sie. Seien Sie an dieser Stelle beruhigt, denn Arbeitgeber haben professionelle Berater und, aller Voraussicht nach, zumindest halbwegs passable Produkte, in die sie das Geld investieren. Sie müssen an

---

[55] https://www.finanztip.de/betriebliche-altersvorsorge/

dieser Stelle nur abwarten, bis Ihre Rente eintritt, und der Fall hat sich für Sie geregelt.

Doch was ist mit den anderen Fällen, in denen der Chef nicht oder nur zum Teil die baV bezuschusst?

Nicht bezuschussen darf der Arbeitgeber die baV nur in Sonderfällen:

- Weniger als drei Jahre im Unternehmen: Um die baV bezuschussen zu lassen, müssen Sie mindestens drei Jahre im Unternehmen sein und diesem somit Treue gezeigt haben.
- Wechsel des Arbeitsplatzes: Sobald Sie bei einem neuen Unternehmen ein Angestelltenverhältnis beginnen, ist der Arbeitgeber nicht zur Übernahme der baV verpflichtet.

Ansonsten sind Arbeitgeber, sofern Sie eine baV im Rahmen einer Entgeltumwandlung beantragen und damit zum Chef gehen, verpflichtet, diese mit mindestens 15 % zu bezuschussen. Diese Verpflichtung wurde gesetzlich verankert, als vom Staat bemerkt wurde, dass sich die baV aufgrund der später auf die Rente gezahlten Steuern und Sozialabgaben nur bei einer ungewöhnlich langen Lebensdauer lohnte.

Hinweis!

Bisher (Stand: Januar 2020) gilt die Regelung für eine mindestens 15-prozentige Bezuschussung nur bei seit 2019 abgeschlossenen Verträgen. Ab 2022 gilt die Regelung der Bezuschussung für alle Verträge; also ebenso für die bereits bestehenden.

Die Entgeltumwandlung an sich funktioniert so, dass die in die baV selbst eingezahlten Beiträge von dem Bruttoeinkommen abgezogen werden und somit die monatlichen Sozialabgaben und Steuern mindern. Während die Minderung der Steuern absolut erfreulich ist, ist die Minderung der Sozialabgaben mit Vorsicht zu genießen. Denn durch die geminderten Sozialbeiträge fließt weniger Geld in die Gesetzliche Rentenversicherung. Dies macht sich insbesondere bei Personen, die ein hohes Einkommen haben, negativ bemerkbar. Es wird in diesem Kontext von einem monatlichen Verdienst zwischen 4.537 und 6.700 € gesprochen[56], wenn von „hoch" die Rede ist.

Schlussendlich sind die Profiteure einer betrieblichen Altersversorgung folgende Personengruppen:

- Angestellte, die die Rente vom Arbeitgeber komplett finanziert bekommen
- Angestellte, die vom Arbeitgeber mit mehr als 15 % im Rahmen der Entgeltumwandlung bezuschusst werden
- Geringverdiener

Personen wiederum, die viel verdienen und nicht mit mehr als 15 % vom Arbeitgeber bezuschusst werden, gehen mit Nachteilen aus dem Deal heraus, zumal die steuerliche Absetzungsfähigkeit der Beiträge limitiert ist. Darüber hinaus fallen die Nachteile für alle Personengruppen umso größer aus, je teurer das Produkt ist, in welches eingezahlt wird. Achten Sie darauf, dass Ihr Arbeitgeber die baV bei einer Versicherungsgesellschaft organisiert, die kostengünstig ist und nach Möglichkeit eine fondsgebundene Altersvorsorge anbietet. Andernfalls lohnt sich keine Entgeltumwandlung,

---

[56] https://alterix.de/recht-finanzen/altersvorsorge/die-verschiedene-altersvorsorgemodelle-im-überblick-1089.html

sondern nur noch eine baV, bei der der Arbeitgeber selbst in vollem Umfang mit dem überteuerten Produkt Ihre Rente finanziert.

Wäre noch die Frage zu klären, was bei einem Bankrott des Unternehmens passiert ... Wer zahlt die Rente dann aus? Dies erledigt entweder der Pensionssicherungsverein oder die Versicherungsgesellschaft, weswegen Sie sich um Ihre künftige Rente keine Sorgen machen müssen.

Abschließendes Knowhow zur Geldanlage in Altersvorsorge-Verträge

Bausparverträge: Hochspekulative Wette auf steigende Zinsen und schlecht verzinste Produkte

Der Bausparvertrag ist ein beliebtes Produkt in Deutschland. Unglaubliche 26.941.000 Bausparverträge (!) waren im Jahr 2018 in Deutschland an Kunden gebracht[57]. Kein Wunder also, dass Personen beim Bausparvertrag die geringsten Hemmungen haben, eine Unterschrift aufs Blatt zu setzen. Doch genau darin besteht der Fehler: Aus der Masse auf den Einzelfall zu schließen. Im Grunde genommen handelt es sich beim Bausparvertrag um nichts anderes als eine leicht verbesserte Kopie des Sparbuchs. Unter den vielen verschiedenen Ausführungen des Bausparvertrages gibt es beispielsweise eine solche, welche wirklich ein reiner Sparvertrag ist: Durch Einzahlungen in die Bausparkasse werden Beträge angespart, die zudem verzinst werden. Nur liegen die Zinsen bei unter einem Prozent, womit die Frage nach einer vernünftigen Rendite bereits unzufriedenstellend beantwortet wäre. Somit ist es besser, über 10 bis zwanzig Jahre

---

[57] https://de.statista.com/statistik/daten/studie/20011/umfrage/anzahl-der-bausparvertraege-bei-bausparkassen-in-deutschland/

in ETFs zu investieren, um Eigenkapital oder eine Summe für den Immobilienkauf anzusparen.

Blicken wir in eine weitere mögliche Ausführung des Bausparvertrages hinein: Sie haben die Möglichkeit, den Bausparvertrag in Kombination mit einem Darlehen für die Immobilie abzuschließen. In diesem Szenario erhalten Sie das Darlehen, welches allerdings zunächst nicht getilgt wird. Stattdessen zahlen Sie in einen Bausparvertrag ein, der mit den besagten niedrigen Zinsen verzinst wird. Nach Ablauf des ersten Zeitrahmens für das Darlehen – also vor der Anschlussfinanzierung – wird der Bausparvertrag aufgelöst und die Summe auf einen Schlag in die Tilgung des Darlehens investiert. Ihr Vorteil ist einerseits, dass Sie durch die Verzinsung des Guthabens im Bausparvertrag effektiver tilgen, andererseits, dass Sie zu Beginn des Vertrages bereits den Zins für die Anschlussfinanzierung zugesichert erhalten.

Hinweis!

Ein Darlehen für den Kauf einer Immobilie wird in der Regel nicht über die komplette Laufzeit vergeben, sondern über einen bestimmten Zeitraum. Danach – für gewöhnlich nach über einem Jahrzehnt oder gar nach mehr als zwei Jahrzehnten – erfolgt eine Anschlussfinanzierung, bei der die Zinsen korrigiert werden. Haben Sie beispielsweise heute ein Darlehen zum effektiven Jahreszins von 2,5 % erhalten, kann es in 25 Jahren bei der Anschlussfinanzierung anders sein. Ist die Niedrigzinsphase nicht mehr gegeben, dann wird die Anschlussfinanzierung mit einem effektiven Jahreszins von beispielsweise 4 % eventuell höher. Gleiches gilt nach unten: Wird aus der Niedrigzinsphase eine Negativzinsphase, dann erhalten Sie bei der Anschlussfinanzierung noch günstigere Zinsen als bei der ersten Finanzierung.

Banken und Bausparkassen machen Kunden beim Verkauf eines Bausparvertrages gern Angst, dass die niedrigen Zinsen in der Zukunft nicht mehr vorhanden sein werden. Um sich diese zu sichern, setzen Kunden auf den Bausparvertrag. Doch es lässt sich nicht leugnen: Der Bausparvertrag ist eine hochspekulative Wette darauf, dass die Zinsen nicht so gering bleiben, wie sie es heute sind. Ironischerweise gehen ausgerechnet die Personen diese Spekulation ein, die der Geldanlage in Wertpapiere skeptisch gegenüberstehen, obwohl die Wette mit dem Bausparvertrag aufgrund der schlechten Verzinsung und des sozusagen garantierten Verlustes durch Inflation wesentlich spekulativer ist. Zudem gilt: Sollten die Zinsen tatsächlich höher werden, dann wird es für Sie einfacher, Ihr Geld sicher anzulegen. Sparbücher werden wieder Profit abwerfen, Tagesgeldkonten und festverzinsliche Altersvorsorgeverträge sich endlich bewähren. Es gilt also, beide Seiten der Medaille zu betrachten. Wird dies gemacht, dann ist der Bausparvertrag ein teures und nicht rentables Produkt. Dies zeigt sich ebenso in den hohen Gebühren, die für den Abschluss anfallen. Diese müssen Sie zwar anfangs nicht zahlen, doch sie werden Ihnen von den Sparbeiträgen abgezogen. Die Banken und Bausparkassen freut es ...

Es wird nicht auf Kredit gespart!

Im Trubel der Überweisungen für Abonnements, Miete, Ausflüge und viele weitere Dinge – heutzutage ist das Angebot groß und insbesondere im jungen Alter möchte man sich nichts entgehen lassen – ist es möglich, dass das Konto ein ums andere Mal überzogen wird. „Kein Problem", mag sich die entspannte Person da denken. In wenigen Tagen ist sowieso das Gehalt auf dem Konto. Bis das Gehalt kommt, habe ich noch genug Bargeld bei mir liegen oder nutze meine Kreditkarte. Das Problem bei diesem Vorgehen ist jedoch, dass die Dispo-Zinsen beim eigenen Girokonto nahezu immer höher ausfallen als die Renditen, die es beim Sparen gibt. Die

Stiftung Warentest veröffentlichte am 16. Juli 2019 einen Artikel auf ihrer Website, der den Durchschnitts-Dispozins aus den Konditionen aller Banken herausstellte: 9,68 %[58]! Da allem voran die Filialbanken, bei denen der Großteil der Bevölkerung ein Konto hat, in einer Gegenüberstellung mit den Direktbanken höhere Dispozinsen verlangen, ist allen Sparern angeraten, nur das zu sparen, was wirklich entbehrlich ist. Ansonsten überwiegen die anfallenden Dispozinsen womöglich den Ertrag des Ersparten. Alternativ ist der Konsum einzugrenzen. Dass man in dem ein oder anderen Monat leicht über die Stränge schlägt, ist normal, wenn man das Leben mal genießen möchte. In diesem Fall ist eine Kreditkarte angeraten, die bis zur ausstehenden Gehaltsüberweisung mehr finanzielle Mittel verfügbar macht, als aktuell auf dem Konto vorhanden sind.

Bedürfnisse realistisch einschätzen

Wer einen Altersvorsorge-Vertrag abschließt, sollte seine Bedürfnisse absolut realistisch einschätzen – keine allzu optimistischen Entscheidungen, keine Beschönigungen der Realität. Was damit gemeint ist, lässt sich relativ einfach anhand folgender Beispiele erklären: Ein Selbstständiger, der sich in seinen Anfangsjahren nur mühevoll über Wasser halten kann, ist mit dem Abschluss einer Rürup-Rente, so sinnvoll sie auch sein mag, schlecht beraten. In diesem Fall empfiehlt sich eine Wartezeit, bis sich die berufliche Lage entspannt hat. Dann kann die Altersvorsorge in Angriff genommen werden, wobei zu bedenken ist, dass ein Rückkauf der eingezahlten Beiträge nicht möglich ist. Gleiches Gedankenspiel gilt es für die anderen Altersvorsorgen zu machen. Sollte im Rahmen einer Entgeltumwandlung beim Arbeitgeber nur die Möglichkeit bestehen, in ein schwach perfor-

---

[58] https://www.test.de/Girokonten-Dispozinsen-4586765-0/

mendes Produkt zu investieren, dann ist es besser, darauf zu verzichten und sich mit der Riester-Rente auseinanderzusetzen, sofern diese sich als passender herausstellt.

Zusammenfassung

Es kristallisiert sich heraus, dass Altersvorsorge-Verträge nach wie vor zu guten Performances imstande sind. Dabei lohnt sich die Geldanlage in staatlich geförderte Altersvorsorgen am meisten. Dazu zählen die Riester- und Rürup-Rente sowie die betriebliche Altersvorsorge. All diese Versicherungen locken entweder mit Zulagen oder Steuervorteilen oder aber beiden Vorzügen in Einem. Letzten Endes gibt es kein Produkt, welches für jede Person geeignet wäre. Der Grund für die negativen Berichte rund um diese Altersvorsorgen ist darin gegeben, dass keine bedarfsgerechte Anpassung an den Antragsteller erfolgt. Unter Umständen lohnt sich keiner der drei Verträge. Nehmen Sie deswegen die Ratschläge dieses Kapitels und Ihr Wissen aus dem gesamten Ratgeber zur Hand, um eine richtige Versicherungsentscheidung zu treffen oder die Versicherungen abzulehnen und eine andere Geldanlage für sich auszusuchen.

Schlusswort

Zum Abschluss ist es nicht die Ambition dieses Ratgebers, Ihnen zu erklären, welche der Geldanlagen die Beste ist. Sehr wohl lassen sich aber zwei Geldanlagen nennen, in die **nicht** ihre kompletten Ersparnisse fließen sollten: Rohstoffe und Kryptowährungen: Unabhängig von den Kritiken, Rohstoffe seien endlich und hätten vereinzelt keinen praktischen Nutzen und Kryptowährungen sei keine Zukunft sicher, ist es schlicht und einfach so, dass Geldanlagen in Rohstoffe und Kryptowährungen mit großen Beträgen keinen Sinn machen. „Groß" meint in diesem Kontext: Mehr als 10 % Ihres angelegten Geldes. Wenn Sie es richtig machen möchten, dann investieren Sie 2 % Ihres angesparten Geldes in Kryptowährungen und legen regelmäßig 2 % Ihrer Sparbeträge in Kryptowährungen an, bis sich ein Betrag zwischen 3.000 und 5.000 € angesammelt hat. Schießen Kryptowährungen durch die Decke, dann werden Sie mit diesen Beträgen ohnehin reich. Dies ist die optimistische, aber gleichzeitig realistische Prognose, wenn man bedenkt, was sich die Kryptowährungen zum Ziel setzen. Rohstoffe hingegen dürfen Sie konstant mit 8 % (10 % bei Verzicht auf Kryptowährungen) Ihres beiseitegelegten Geldes besparen. Insbesondere das mehrmals in Krisen beeindruckend performende Gold ist nahezulegen. In Öl lässt sich Geld zum Ausbalancieren des eigenen Portfolios anlegen. Doch damit war's das für diese beiden Geldanlagen.

90 % oder die vollen 100 % sind am besten in Aktien und Wertpapieren, Immobilien und/oder staatlich geförderten sowie fondsgebundenen Altersvorsorge-Verträgen angelegt. Ihre eigene Bereitschaft zum Management der Geldanlage entscheidet darüber, welche der Geldanlagen Sie vorziehen. Am einfachsten ist zweifellos ein Vertragsabschluss für

eine Altersvorsorge. Wesentlich aussichtsreicher dafür sind Aktien und Wertpapiere sowie Immobilien. Hier werden Risiko und Mühe belohnt.

Entscheiden Sie sich für eine Aufteilung der Sparbeiträge auf die Geldanlagen, wie es Ihnen beliebt. Je mehr Vermögen Sie haben, desto mehr Geldanlagen kommen für Sie infrage. Unter Umständen können Sie sogar monatlich zusätzlich zum eigentlichen Sparen einen hohen zweistelligen Euro-Betrag entbehren, mit dem Sie voll ins Risiko gehen. Wer weiß? Vielleicht landen Sie einen Glückstreffer ... Dieses Vorgehen ist aber nur den Top-Verdienern mit reichlich Eigenkapital und laufendem Einkommen angeraten. Personen am Start Ihrer beruflichen Laufbahn oder mit einem geringen monatlichen Einkommen nehmen sich folgende Regel zu Herzen: Anfangs lieber ein grundsolides Produkt aussuchen und damit über mehrere Jahre oder ein Jahrzehnt fahren. Mit der Zeit werden sich neue Perspektiven erschließen, aber zunächst gilt bei finanziell bescheidenen Mitteln: Sicherheit walten lassen.

Somit ist die ideale Geldanlage für junge Leute eine individuelle Angelegenheit, die sich aber immerhin an einigen Grundregeln orientiert. Diese Grundregeln hat Ihnen der Ratgeber vermittelt, sodass Sie nun Ihren eigenen renditestarken Weg finden werden. Viel Erfolg dabei!

Quellenverzeichnis

Literatur-Quellen:

Mannek, W.: *Profi-Handbuch Wertermittlung von Immobilien.* Regensburg: Walhalla u. Praetoria Verlag GmbH & Co. KG, 2016.

Walsh, D.: *Kryptowährungen – Mehr als nur die Bitcoin*, 2018.

Online-Quellen:

https://www.n-tv.de/wirtschaft/Deutsche-Haushalte-sind-so-reich-wie-nie-article21484232.html

https://www.finanzen.net/

https://www.justetf.com/de/etf-profile.html?isin=FR0010315770&tab=returns

https://www.justetf.com/de/

https://www.finanzen.net/aktien/bmw-aktie

https://kurse.boerse.ard.de/ard/kurse_einzelkurs_profil.htn?i=97172

https://www.finanzen.net/anleihen/a2g8u9-heckler-koch-anleihe

https://de.statista.com/statistik/daten/studie/155734/umfrage/wohneigentumsquoten-in-europa/

https://www.haufe.de/immobilien/entwicklung-vermarktung/marktanalysen/iw-studie-wohneigentum-in-deutschland-stagniert_84324_444164.html

https://www.immoverkauf24.de/immobilienmakler/maklerprovision/#hausverkauf-check-3

https://www.immoverkauf24.de/immobilienverkauf/immobilienverkauf-a-z/grunderwerbsteuer/

https://www.wohnungsboerse.net/

https://www.gesetze-im-internet.de/bgb/__558.html

https://www.rechnungswesen-verstehen.de/lexikon/rohstoffe.php

https://www.finanzen.net/rohstoffe/reispreis

https://www.finanzen.net/rohstoffe/maispreis

https://www.finanzen.net/rohstoffe/weizenpreis

https://www.finanzen.net/rohstoffe/sojapreis

https://www.finanzen.net/rohstoffe/mageres-schwein-preis

https://www.finanzen.net/rohstoffe/kaffeepreis

https://institut-seltene-erden.de/seltene-erden-und-metalle/strategische-metalle-2/

https://www.tagesschau.de/wirtschaft/boerse/saudi-aramco-boersengang-101~amp.html

https://www.bgr.bund.de/DE/Themen/Energie/energie_node.html

https://de.statista.com/statistik/daten/studie/156959/umfrage/entwicklung-des-goldpreises-seit-1900/

https://amp2.wiwo.de/finanzen/geldanlage/lithium-so-profitieren-anleger-vom-leichtmetall-der-zukunft/14923040.html

https://www.mdr.de/wissen/faszination-technik/lithium-schwefel-akkus-zukunft-e-auto-100.html

https://www.btc-echo.de/bitcoin-anzahl-wie-viele-bitcoins-gibt-es/

https://de.statista.com/statistik/daten/studie/283301/umfrage/gesamtzahl-der-bitcoins-in-umlauf/

https://de.statista.com/statistik/daten/studie/13020/umfrage/strompreise-in-ausgewaehlten-laendern/

https://www.genesis-mining.com/

https://newsroom.proaurum.de/2-000-statt-10-000-euro-bundestag-beschliesst-absenkung-der-bargeldgrenze-fuer-edelmetallkaeufe/

https://www.kryptovergleich.org/uberblick-renditen-von-kryptowahrungen-im-letzten-jahr/

https://coincierge.de/2019/die-10-kryptowaehrungen-mit-der-besten-performance-des-jahres/

https://www.wired.co.uk/article/bitcoin-lost-newport-landfill

http://www.spiegel.de/wirtschaft/james-howells-der-mann-der-100-millionen-dollar-im-muell-sucht-a-1184783-amp.html

https://www.wired.co.uk/article/bitcoin-lost-newport-landfill

https://dejure.org/gesetze/VVG/153.html

https://de.inflation.eu/inflationsraten/deutschland/historische-inflation/vpi-inflation-deutschland.aspx

https://alterix.de/recht-finanzen/altersvorsorge/die-verschiedene-altersvorsorgemodelle-im-überblick-1089.html

https://www.wiwo.de/finanzen/vorsorge/altersvorsorge-garantiezins-fuer-lebensversicherungen-koennte-weiter-sinken/25317760.html

https://www.europa.de/produkte/rente/flexible-rente/

https://www.pfefferminzia.de/rechenbeispiel-altersvorsorge-mit-aktien-schlaegt-festverzinsliche-wertpapiere//2/

https://www.swisslife.de/pk/altersvorsorge/private-rente/swiss-life-investo.html

https://firmenkunden.swisslife.de/service/versicherungsinformationen/fonds.html

https://www.stern.de/familie/rente-die-wichtigsten-reformen-seit-1957-3223096.html

https://www.finanzen.de/altersvorsorge/riester-rente

http://www.ruerup-rente-infoportal.de/alterseinkuenftegesetz.php

https://www.finanztip.de/betriebliche-altersvorsorge/

https://de.statista.com/statistik/daten/studie/20011/umfrage/anzahl-der-bausparvertraege-bei-bausparkassen-in-deutschland/

https://www.test.de/Girokonten-Dispozinsen-4586765-0/

KENNZAHLEN-ANALYSE
DIE BESTEN AKTIEN KAUFEN

Wie Sie als Börsen-Anfänger die richtigen
Wertpapiere für Ihr Depot finden.
So führen Sie Schritt für Schritt eine
Unternehmensbewertung durch

Martin Bachmeier

Inhaltsverzeichnis

Einleitung

Das vorliegende Werk weist Sie in die Unternehmensanalyse börsennotierter Unternehmen ein. Auf Grundlage des vermittelten Wissens werden Sie imstande sein, Kapitalgesellschaften zu bewerten und dadurch Ihre Kauf-, Halte- und Verkaufsentscheidungen für Aktien besser zu fällen. Insbesondere für Anleger mit einem langfristigen Anlagehorizont sind fundierte Unternehmensbewertungen richtungsweisend. Nur durch sorgfältige Bewertungen lassen sich Stabilität, Wachstumspotenzial, Zukunftsfähigkeit, Krisenfestigkeit und die Rolle im Wettbewerb von Unternehmen zuverlässig beurteilen. Unternehmen, die im Hinblick auf diese sowie weitere Aspekte positiv abschneiden, stellen eine geeignete langfristige Geldanlage dar. Aber auch Unternehmen, die schlecht abschneiden, können für eine Betrachtung interessant sein. Anleger, die spekulativer vorgehen und auf fallende Kurse setzen, verleihen der Spekulation mehr Sicherheit, wenn sie Kennzahlen mit einer negativen Entwicklung studieren.

Kernpunkt einer guten Anlagestrategie oder einzelner Anlageentscheidungen sollte stets die Unternehmensanalyse sein. Nur beim Investment in ETFs und Aktienfonds wird Ihnen diese Verpflichtung abgenommen. Stellen Sie sich hingegen ein eigenes Portfolio zusammen und managen dieses laufend oder investieren Sie in einzelne Titel, dann sind Sie zu einer Unternehmensanalyse zur Bewertung von Unternehmen und Wertpapieren gezwungen. Ansonsten lassen Sie sich am Kapitalmarkt auf ein reines Glücksspiel ein; und wie es mit Glücksspielen so ist: Der Ausgang ist ungewiss, der Einsatz des eigenen Geldes denkbar hoch.

Unternehmensanalysen schaffen einen Teil der Ungewissheit ab und rücken an deren Stelle Klarheit und Quantifizierbarkeit. Um die Qualifikation für Unternehmensanalysen mit dieser Qualität zu erhalten, werden für Sie insbesondere die ersten beiden Kapitel dieses Buches von Bedeutung sein: Das erste Kapitel weist Sie ins Rechnungswesen und die Jahresabschlüsse ein, das zweite Kapitel gibt Ihnen Informationen zu den Kennzahlen bei der Analyse von Aktien. Dabei baut das zweite Kapitel auf dem ersten auf, denn um die Kennzahlen erhalten, errechnen und verstehen zu können, müssen Sie über das Rechnungswesen und die Jahresabschlüsse von kapitalmarktorientierten Unternehmen informiert sein.

Aus diesem Grund erfahren Sie im Kapitel über Rechnungswesen und Abschluss, wie Unternehmen Ihre Ertrags- und Vermögenslage sowie die Jahresergebnisse darstellen. Sie lernen die Bedeutung der Bilanz, Gewinn- und Verlustrechnung (GuV), Kapitalflussrechnung (Cash Flow), Eigenkapitalveränderungsrechnung und des Anhangs kennen. Die daraus gewonnenen Erkenntnisse vermitteln Ihnen wichtige Anhaltspunkte zur finanziellen Stabilität des Unternehmens, dessen Verschuldungsgrad, zu den Ergebnissen aus der geschäftlichen Tätigkeit, zur Liquidität und zu weiteren Kernaspekten.

Im zweiten Kapitel wird das erworbene Knowhow genutzt, um die im ersten Kapitel vorhandenen Zahlen durch einzelne Rechenvorgänge in Bezug zueinander zu setzen. Dadurch können Sie zentrale Größen im Verhältnis zueinander betrachten und somit umfassender interpretieren. Sie sehen beispielsweise, dass der geringe Fremdkapitalanteil in der Bilanz eine hohe Eigenkapitalquote zur Folge hat und dass das Unternehmen finanziell stabil ist. Ferner zeigt Ihnen die hohe Eigenkapitalrendite, dass das Unternehmen mit dem eigenen Kapital effizient wirtschaftete – so zumindest eine Interpretationsmöglichkeit. Kapitel 1 und 2 sind im Zusammenspiel miteinander für Sie ohne Erfahrung und Intuition einfach verständlich, weil mit unmissverständlich errechenbaren Zahlen gearbeitet wird. Somit profitieren Sie als Anfänger von einer hohen Quantifizierbarkeit in der Unternehmensbewertung.

Spekulativer, aber deswegen nicht weniger relevant, wird es in Kapitel 3. Es dient der Branchen- und Unternehmensanalyse. Bei der Branchenanalyse wird über den Tellerrand des Unternehmens hinausgeblickt, was bereits bei Kapitel 2 einen Anfang findet. Denn Kennzahlen des Unternehmens können nur im Vergleich mit anderen Akteuren in der Branche bewertet werden. Diese Akteure können Konkurrenten oder potenzielle Kooperationspartner sein, zudem existieren Kunden und Lieferanten sowie gesetzliche Regulierungen, die als weitere Kräfte auf ein Unternehmen innerhalb einer Branche einwirken. Die Bewertung der Rolle von Unternehmen innerhalb einer Branche ist nicht mittels Zahlen quantifizierbar, aber dennoch unerlässlich. Wie Sie diese Bewertung vornehmen, vermittelt Ihnen das dritte Kapitel. Es führt Sie zudem in die Unternehmensanalyse ein. Die Unternehmensführung als prägender Faktor wird zuerst begutachtet. Methoden für eine Bewertung der Unternehmensführung anhand fester Indizien sowie des Bauchgefühls sind Teil der Ausführungen.

Das gesamte Buch ist mit vielen kleinen Fallbeispielen ausgestattet. Zum Teil werden reale Beispiele herangezogen, zum Teil dienen fiktive Fallbeispiele der Illustrierung der Sachverhalte. Ein abschließendes, größeres Fallbeispiel im fünften Kapitel anhand des DAX-Konzerns SAP bringt Ihnen schließlich alle gelernten Inhalte an einem Sachverhalt nahe und dient als Muster für die Analysen, die Sie bei den Unternehmen Ihrer Wahl anstellen. Dabei werden der Reihenfolge nach der Jahresabschluss sowie die daraus folgenden Kennzahlen, die Branche und das Unternehmen selbst untersucht. Der DAX-Konzern SAP erweist sich dahingehend als interessant, als dass das Software-Unternehmen in einer aktuell überdurchschnittlich gut performenden

Branche aktiv ist, nämlich der Tech-Branche. Sowohl in den USA als auch in Deutschland haben sich die Tech-Indizes und Tech-Gesellschaften nach der Corona-Krise schnell erholt und neue Allzeithochs verzeichnet. Das Fallbeispiel am DAX-Konzern SAP stellt keine komplette Analyse dar, sondern ein ausführliches Muster, das Ihnen einen Eindruck davon verschafft, wie Sie bei Analysen detailliert vorgehen.

Aufgrund der Struktur dieses Buches erhalten Sie einen sowohl für Anfänger als auch Fortgeschrittene gut umsetzbaren Leitfaden. Nichtsdestotrotz werden einige Inhalte stark in die Tiefe gehen oder nicht auf Anhieb verständlich sein, sodass Sie bereits jetzt den Ratschlag erhalten, immer ein Kapitel oder Unterkapitel im Ganzen zu lesen, da sich die meisten Fragen durch die folgenden Beispiele klären. Notfalls lesen Sie das Kapitel ein zweites Mal und verstehen daraufhin die Zusammenhänge besser. Das Fachgebiet der Unternehmensbewertung ist ein detailliertes und komplexes. Dieses Buch bietet Ihnen einen ausgezeichneten Zugangspunkt, von dem aus Sie als Anfänger alle Inhalte kennenlernen und als Fortgeschrittener die Grundlagen wiederholen und die fehlenden Kenntnisse ergänzen.

Viel Erfolg dabei!

1 Rechnungswesen und Abschluss

Im ersten Kapitel wird die Grundlage zur Unternehmensanalyse gelegt. Analysen sind stets zahlenbasiert. Die Zahlen werden aus den Jahresabschlüssen der Unternehmen gewonnen. Das Rechnungswesen über das Jahr hinweg mit einer korrekten Buchführung sowie der Jahresabschluss am Ende des Jahres liefern Aufschluss über das abgelaufene Geschäftsjahr des Unternehmens. Auf Basis dessen sowie weiterführender nicht zahlenmäßig präzisierbarer Aspekte werden Unternehmen analysiert und Prognosen für die Zukunft gestellt. Anleger werden durch Analysen bei den Investitionsentscheidungen mit wichtigem Informationsmaterial ausgestattet. Dies soll zu den richtigen Entscheidungen bezüglich Kauf-, Halte- und Verkaufsverhalten führen.

1.1 Wieso Rechnungswesen und Abschluss?

Die Analyse von Unternehmen basiert auf der Analyse von Kennzahlen. Diese sind zum Teil in den Geschäftsberichten von Unternehmen aufgeführt. Dadurch, dass Sie sich mit Rechnungswesen und Abschluss auseinandersetzen, wird die Möglichkeit geschaffen, die Kennzahlen schnell zu finden, sie zu verstehen, korrekt in Bezug zueinander zu setzen und richtig zu deuten. Dies alles inklusive der Deutung lässt sich nicht durch dieses erste Kapitel allein bewerkstelligen, sondern wird in Kombination mit Kapitel 2 und der dortigen ausführlichen Erklärung der Kennzahlen gewährleistet.

Jedes börsennotierte Unternehmen ist Regelungen unterworfen, die durch die Behörden kontrolliert werden. Die in Deutschland populärste und wichtigste Behörde ist die Bundesanstalt für Finanzdienstleistungsaufsicht (BaFin). Regeln, die einzuhalten sind, werden durch **Regelwerke** festgelegt: **IFRS** (International Financial Reporting Standards) für die EU, **HGB** (Handelsgesetzbuch) für Deutschland sowie die **US-GAAP** (United States Generally Accepted Accounting Principles) für die USA. Es sind einheitliche Regelwerke, die zu einer korrekten und den tatsächlichen Verhältnissen entsprechenden Buchführung samt Bilanzierung verpflichten. Dies bedeutet, dass Sie die notwendigen Kennzahlen oder solche, die Sie zur Berechnung anderer Kennzahlen benötigen, immer in den offiziellen Berichten der Unternehmen vorfinden werden.

Die IFRS sind das in der EU anerkannte, geltende Regelwerk für sämtliche kapitalmarktorientierte Unternehmen. Deutsche börsennotierte Unternehmen müssen mittlerweile nach den Regularien der IFRS bilanzieren. Für nicht börsennotierte Unternehmen besteht ein Wahlrecht zwischen IFRS und HGB. Diese Regelung gilt seit 2005. Es war im letzten Jahrtausend kaum denkbar, dass sich die IFRS als Standard innerhalb der EU etablieren würden. Stattdessen wurde von einem globalen Erfolgszug der US-GAAP ausgegangen. Dies ist allerdings nicht eingetreten. Aufgrund der Relevanz der IFRS werden in Deutschland die Bilanzierungsregelungen immer mehr an die internationalen Vorgaben angepasst. Bestes Beispiel hierfür ist das Bilanzrechtsmodernisierungsgesetz (BilMoG), das 2009 erlassen wurde. Dementsprechend wird es für Sie in den nächsten Jahren noch einfacher werden, Unternehmen zu analysieren. Denn die zunehmende Nutzung desselben Regelwerks – in diesem Fall

IFRS – schafft die unterschiedliche Verwendung von Informationen ab, die bei Rechnungslegungen unter Anwendung verschiedener Regelwerke auftreten.

In den Inhalten dieses Kapitels wird der **Fokus** auf das **Rechnungswesen nach den IFRS** gelegt. Wie Zimmermann, Werner et al. in ihrem Werk „Buchführung und Bilanzierung nach IFRS und HGB" (2015) erkennen, treten oftmals Probleme auf, wenn zunächst Kenntnisse im Regelwerk des HGB vermittelt werden und dann auf die IFRS geschlossen werden muss, die weniger klar strukturiert sind und mehr Freiräume im Rechnungswesen und Abschluss offerieren. (vgl. S. 13) Einfacher ist demnach der Ansatz, in das Regelwerk der IFRS eingewiesen zu werden und parallel oder im Anschluss daran Erfahrungen mit dem HGB-Regelwerk zu erlangen. Dieser Ansatz wird folglich in diesem Kapitel bei der Vermittlung der Regeln und Informationen verfolgt.

1.2 Rechnungslegung und Publizität

Unter Publizität versteht man die **Bekanntmachung von Unternehmensinformationen.** Der Begriff leitet sich von der Wortkombination „etwas publik machen" ab, als Bezeichnung für „etwas der Öffentlichkeit mitteilen". Die Öffentlichkeit ist ein wichtiges Glied des Kapitalmarktes. Denn neben den Unternehmensinformationen an einen uneingeschränkten Adressatenkreis existieren auch die internen Informationen an einen eingeschränkten Adressatenkreis. Die Publizität grenzt sich klar ab und richtet sich uneingeschränkt an die Öffentlichkeit. Rechnungslegung und Bilanzierung sind ein Teil der Publizität. Sie dienen der freien Kapitalmarktkommunikation. Als solche sind sie ein **zentraler Bestandteil der Verhinderung von Marktmanipulation.**

> **Hinweis!**
>
> Ohne Publizität und Unternehmensinformationen entstehen Informationsasymmetrien zwischen den Anlegern. Die eine Gruppe der Anleger hat keine Chance, an Informationen zu gelangen, die die andere Gruppe der Anleger besitzt. Zudem wird Insiderhandel gefördert. Durch Publizität wird diesen negativen Aspekten vorgebeugt, weil sämtliche Anleger eine zentrale Anlaufstelle haben, um sich auf denselben Informationsstand zu bringen.

Stichworte wie „Marktmanipulation" und „Insiderhandel" führen direkt zu den verschiedenen Anlässen bzw. Arten von Publizität. Es ist zwischen der gesetzlich vorgeschriebenen, der anlassbezogenen und der freiwilligen Publizität zu unterscheiden. Alle drei Arten der Publizität sind für Sie als Anleger maßgeblich, weil es sich um Unternehmensinformationen handelt. Jede Art von Unternehmensinformation ist essenziell, weil sie entweder relevant ist und den Kursverlauf zu beeinflussen vermag oder aber zum Teil relevant ist und in Zusammenhang mit Kennzahlen oder Analyseabläufen bezüglich des Unternehmens eine Rolle spielt.

1.2.1 Gesetzliche Vorschriften

Rechnungslegung und Bilanzierung als **gesetzlich vorgeschriebene Publizität** sind bei jeder Art von kapitalmarktorientiertem Unternehmen verpflichtend. Wie umfassend diese sein müssen und welche Berichte außerdem von Unternehmen eingefordert werden, hängt von der Größe des Unternehmens ab, wobei u. a. in kleine, mittelgroße und große Kapitalgesellschaften sowie Genossenschaften unterteilt wird. Die Unterscheidung zwischen diesen Unternehmenseinstufungen ist für den weiteren Verlauf dieses Buches irrelevant.

Fakt ist, dass mit der Rechnungslegung und Bilanzierung die Bekanntmachung der Finanzen eines Unternehmens einhergeht. Dies liefert Ihnen die relevanten Kennzahlen, um Analysen vorzunehmen. Hauptquelle der Kennzahlen sind **Jahresabschlüsse, die als Einzelabschlüsse oder Konzernabschlüsse erfolgen** können. Einzelabschlüsse werden von Einzelunternehmen erstellt, Konzernabschlüsse von Zusammenschlüssen mehrerer Unternehmen. Bei einem Konzern spricht man von der Mutter bzw. dem Mutterunternehmen, bei den untergeordneten Unternehmen von Töchtern bzw. Tochterunternehmen. Der Einzelabschluss ist auch für Tochterunternehmen verpflichtend. Jedes kapitalmarktorientierte Unternehmen muss einen Jahresabschluss erstellen. Der Konzernabschluss hat die Funktion, über die Einheit aus Tochter- und Mutterunternehmen insgesamt zu informieren. Zur Bemessungsgrundlage der Steuern dienen jedoch die Einzelabschlüsse der Tochterunternehmen innerhalb des Konzerns.

Beispiel

Die *Volkswagen AG* ist ein Konzern. Seit der Gründung 1937 kaufte das Unternehmen mehrere andere Unternehmen auf und machte diese zu seinen Töchtern: *Seat, Škoda, Audi, Bentley, Bugatti, Ducati, Lamborghini, Porsche, MAN* und *Scania*. Diese Töchter sind rechtlich gesehen allesamt selbstständig und haben eine eigene Unternehmensführung. Demzufolge müssen Einzelabschlüsse erstellt werden. Für die *Volkswagen AG* als Mutter wird einerseits ein Einzelabschluss, andererseits ein Konzernabschluss mit den Ergebnissen all der Tochterunternehmen erstellt. Steuern werden nur anhand der Einzelabschlüsse von *VW, Audi, Bugatti* und den weiteren Unternehmen festgesetzt. Der gesamte Konzern wird als eine fiktive Einheit betrachtet.

Neben dem von der Bedeutung und Aufmerksamkeit her wichtigsten Instrument der Publizität, nämlich dem Jahresabschluss, existieren die **Segment- und Zwischenberichte**. Erstere gehören zum Jahresabschluss. Sie geben Auskunft über die Leistungsfähigkeit einzelner Geschäftsbereiche. Eine Unterteilung der Geschäftsbereiche ist anhand deren Risiken und Chancen oder der Organisationsstruktur innerhalb eines Unternehmens möglich. Unter die Zwischenberichte fallen die verpflichtenden Halbjahresberichte sowie Quartalsmitteilungen. Die Zwischenberichte sind als ein Jahresabschluss auf sechs Monate zu verstehen. Die Quartalsmitteilungen wurden im Jahre 2016 umgeändert. Waren früher Quartals*berichte* gemäß den Voraussetzungen eines Jahresabschlusses Pflicht, so reichen heute abgespeckte Quartals*mitteilungen* aus, die den Anlegern zwar weniger Informationen vermitteln, aber auf der anderen Seite dem Aktionismus auf Seiten der Anleger entgegenwirken und dazu animieren, anstatt voreilige Entscheidungen zu treffen, die langfristigeren und ausführlicheren Halbjahres- sowie Jahresberichte abzuwarten.

Die **anlassbezogene Publizität** kann sowohl unter die gesetzlich vorgeschriebene als auch die freiwillige Publizität von Unternehmen fallen. Wie sie sich einordnen lässt, hängt von dem jeweiligen Anlass ab. Verpflichtend im Sinne des Gesetzes ist die anlassbezogene Publizität nur dann, wenn Insiderhandel, ungleiche Chancen unter den Anlegern und ein Mangel an Transparenz seitens des Unternehmens drohen. Bei Vorliegen kursrelevanter Informationen muss also deren Mitteilung durch das Unternehmen erfolgen. Gleiches gilt, falls Fehler in einem Jahresabschluss oder anderen gesetzlich verpflichtenden Berichten und Mitteilungen festgestellt wurden. Um für den gleichen Informationsstand bei allen Anlegern zu sorgen und Informationen schnell sowie gleichmäßig auf dem Markt zu verbreiten, existiert mit der **Ad-hoc-Publizität** die Verpflichtung zur Mitteilung an die Öffentlichkeit. Form und Aufbau der Ad-hoc-Mitteilung sind vorgeschrieben.

Ein Beispiel für die anlassbezogene Publizität bietet die *Wirecard AG*. Große Teile der Finanzwelt fragen sich, wie es zum Wirecard-Skandal kommen konnte. Die filmreife Flucht des Vorstandsmitglieds Marsalek, die mutmaßlich nach Russland führte und wohl die Mithilfe philippinischer Behörden beinhaltet, war ein fast schon absurder Gipfel des Skandals. Das DAX-Unternehmen ging bankrott und war ab September 2020 nicht mehr im DAX gelistet. Aufgeblähte Bilanzen und falsche Zahlen wurden von Wirtschaftsprüfern entdeckt. Die *Wirecard AG* war verpflichtet, dies in Form einer Ad-hoc-Mitteilung bekannt zu geben, weil es den Kursverlauf eindeutig beeinflussen konnte – dies tat es letzten Endes auch. Die Ad-hoc-Mitteilung wurde unter Angabe der Firmendaten, des Betreffs und einer längeren Nachricht durchgeführt.

> **Beispiel**
>
> Der genaue Wortlaut der Ad-hoc-Mitteilung der *Wirecard AG* war wie folgt:
>
> *„Der Abschlussprüfer der Wirecard AG, die Ernst & Young GmbH Wirtschaftsprüfungsgesellschaft, München, hat die Wirecard AG darüber informiert, dass über die Existenz von im Konzernabschluss zu konsolidierenden Bankguthaben auf Treuhandkonten in Höhe von insgesamt 1,9 Milliarden Euro (dies entspricht in etwa einem Viertel der Konzernbilanzsumme) noch keine ausreichenden Prüfungsnachweise zu erlangen waren.*

> *Es bestehen Hinweise, dass dem Abschlussprüfer von einem Treuhänder bzw. aus dem Bereich der Banken, welche die Treuhandkonten führen, unrichtige Saldenbestätigungen zu Täuschungszwecken vorgelegt wurden, damit dieser ein unrichtiges Vorstellungsbild über das Vorhandensein der Bankguthaben bzw. die Führung von Bankkonten zugunsten der Wirecard-Gesellschaften erhalte. Der Vorstand arbeitet mit Hochdruck daran, den Sachverhalt in Abstimmung mit dem Abschlussprüfer weiter aufzuklären.*
>
> *Vor diesem Hintergrund wird die Abschlussprüfung des Jahres- und Konzernabschlusses 2019 nicht wie geplant bis zum 18. Juni 2020 abgeschlossen sein. Ein neuer Termin wird bekannt gegeben. Wenn ein testierter Jahres- und Konzernabschluss nicht bis zum 19. Juni 2020 vorgelegt wird, können Kredite der Wirecard AG in Höhe von ca. 2 Mrd. EUR gekürzt werden."*

Wie Sie im Beispiel sehen, erhalten Sie als öffentlicher Adressat nicht nur Informationen zur hochbrisanten Bilanztäuschung, sondern zudem Kenntnisse zu deren möglichen Auswirkungen, wie der Kreditkürzung um 2 Milliarden Euro. Ferner wird Ihnen mitgeteilt, dass sich das Einreichen des Jahres- und Konzernabschlusses verzögert. Beides sind Hinweise, die den Kursverlauf und die Finanzstabilität des Unternehmens zu beeinflussen vermögen. Anleger sind gut damit beraten, keine Ad-hoc-Mitteilung zu verpassen. Am besten sind Sie **als eine der ersten Personen informiert**, um schnellstmöglich mit den richtigen Maßnahmen – Kauf, Verkauf oder Halten der Aktien – auf Mitteilungen zu reagieren.

Ad-hoc-Meldungen finden Sie auf verschiedenen Finanzwebsites, auf den offiziellen Websites der betroffenen Unternehmen, in Fachmagazinen, in Nachrichten im Fernsehen und in weiteren Quellen. Bei der Führung eines Depots bei einem Online-Broker oder einer Online-Bank ist es nicht unüblich, dass Sie über die Depot-App Mitteilungen erhalten. Es ist unabdingbar, dass Sie diese lesen. **Kontinuierliches Lesen und Sich-Informieren** bewirken, dass Sie über den Markt und dessen Akteure im Bilde sind. Einzelne Mitteilungen haben das Potenzial, sich auf gesamte Branchen auszuwirken. Dementsprechend sind Sie bestens damit beraten, über den Tellerrand eines oder einiger weniger Unternehmen hinauszublicken.

1.2.2 Freiwillige Publizität

Schlussendlich existiert mit der freiwilligen Publizität eine dritte Art der Publizität. Unternehmen machen **periodisch oder anlassbezogen** davon Gebrauch. Bei einer periodischen freiwilligen Publizität können beispielsweise im Sinne des Corporate Social Responsibility Reporting (CSR) Jahresabschlüsse speziell in Bezug auf die Umweltbilanz eines Unternehmens und seiner geschäftlichen Aktivitäten erstellt werden. Darüber hinaus ist die Information über einmalige Ereignisse, wie z. B. die Feier des hundertjährigen Firmenjubiläums, möglich. Eine solche Information wird gemäß Gesetzgeber nicht als kursrelevant eingestuft, aber kann Anlegern über das langfristige Bestehen des Unternehmens eine gewisse Stärke suggerieren, die sich positiv auf den Kursverlauf des Unternehmens auswirkt.

Hinweis!

Nehmen Sie sich als Anleger vor einer sogenannten Pro-forma-Berichterstattung in Acht! Hierbei handelt es sich um Zwischenberichte oder Jahresabschlüsse, die parallel zu den gesetzlich vorgeschriebenen eingereicht werden. Sie weisen die Besonderheit auf, dass bestimmte Positionen eliminiert werden, um das Ergebnis des Unternehmens zu optimieren. Die Pro-forma-Berichterstattung ist der freiwilligen Publizität von Unternehmen zuzuordnen. Unternehmen begründen die Eliminierung einzelner Posten oftmals mit deren Besonderheitsstatus. So seien Umstrukturierungen oder Modernisierungen ein seltener Posten und würden daher außer Acht gelassen. Zwar sind Argumente wie diese plausibel. Aber behalten Sie sich als Anleger vor zu prüfen, ob die Ausgaben für diese Maßnahme für das Unternehmen überhaupt finanzierbar waren und sich nicht nachhaltig negativ auf dessen Finanzen auswirken werden. Pro-forma-Berichterstattungen sind mit Vorsicht zu genießen.

1.3 Grundsätze der Buchführung

Es existieren fünf Abschlussbestandteile bei einer Jahresabschlussrechnung gemäß den IFRS. Hierzu gehören die Bilanz, die Gewinn- und Verlustrechnung (GuV), die Kapitalflussrechnung (Cash Flow), die Eigenkapitalveränderungsrechnung sowie der Anhang. Den drei erstgenannten, die einen verstärkten rechnerischen Zusammenhang zueinander aufweisen, widmet sich dieses Kapitel intensiver. Diese drei Komponenten des Jahresabschlusses sind zugleich jene, denen Sie die wichtigsten Kennzahlen für die Unternehmensanalyse entnehmen.

1.3.1 Bestandteile des Jahresabschlusses

Die **Bilanz** spiegelt die Vermögens- und Ertragslage eines Unternehmens wider. Sämtliche Vermögenswerte werden unter den Aktiva (siehe 1.4.1) notiert. Hierbei wird in lang- und kurzfristige Vermögenswerte unterschieden. Schulden und das Eigenkapital von Unternehmen werden auf der Seite der Passiva (siehe 1.4.2) aufgeführt. Auch hier wird unter den Schulden in lang- und kurzfristig unterteilt.

Die **Gewinn- und Verlustrechnung** wird alternativ als GuV, Gesamterfolgsrechnung oder Gesamtergebnis bezeichnet. Im weiteren Verlauf dieses Buches wird der Lesbarkeit und Kürze wegen größtenteils die Abkürzung GuV verwendet. Merken Sie sich also deren Bedeutung gut, denn die GuV ist eine zentrale und im weiteren Verlauf mehrmals genannte Komponente der Unternehmensanalyse und des Jahresabschlusses. Inhalt der GuV sind sämtliche innerhalb einer Periode erfassten Erträge und Aufwendungen mit Ausnahme der Transaktionen mit den Aktionären bzw. Eigentümern; also Kapitalerhöhungen sowie Dividendenzahlungen. Die Einnahmen eines Unternehmens aus Aktienemissionen und Ausgaben für Dividendenzahlungen bleiben bei der GuV also außen vor. Das Periodenergebnis mit Gewinn oder Verlust wird bei der GuV um das „sonstige Ergebnis" (siehe 1.5.2) erweitert. Unter diesen Posten fallen u. a. Neubewertungen für bereits vorhandenes Vermögen. Ist die Summe aus Neubewertungen positiv, wächst der Gewinn bzw. sinkt der Verlust in der GuV. Im Falle einer negativen Summe aus Neubewertungen reduziert sich der Gewinn bzw. steigt der Verlust in der GuV.

> **Beispiel**
>
> Neubewertungen beziehen sich auf bisherige Posten in der GuV von Unternehmen. Ist z. B. die Höhe der Pensionsrückstellungen aufgrund einer Erhöhung des Renteneinstiegsalters seitens der Politik neu zu kalkulieren, entstehen zusätzliche Kosten für das Unternehmen, die als sonstiges negatives Ergebnis mit ihrer Höhe vom Gewinn bzw. Verlust subtrahiert werden müssen und zum Gesamtergebnis beitragen.

Durch die GuV wird die Veränderung des Eigenkapitals in der Bilanz erklärt. Ihr Ergebnis ist nicht gleichzusetzen mit der Eigenkapitalveränderungsrechnung, die auch die Transaktionen mit den Eigentümern bzw. Aktionären mit einbezieht.

Mit der **Eigenkapitalveränderungsrechnung** wird der Wert für das Eigenkapital unter den Passiva erklärt. Der Einfachheit wegen wird die Eigenkapitalveränderungsrechnung in diesem Buch außen vor gelassen. Wie bereits erwähnt, liegt der Fokus auf anderen Bestandteilen des Jahresabschlusses, wozu die Kapitalflussrechnung gehört.

Die **Kapitalflussrechnung** ist der vierte Bestandteil der Jahresabschlussrechnung. Sie ermöglicht einen Aufschluss darüber, wie liquide ein Unternehmen ist; sprich: Je höher der Cashflow (häufig als alternativer Begriff für den Kapitalfluss gewählt), umso liquider ist das Unternehmen. Der Cashflow errechnet sich wie folgt:

Cashflow=Zahlungsmittelbestand vom Ende der Vorperiode
– Zahlungsmittelbestand vom Ende der Neuperiode

Es wird also aus der letzten Bilanz die Summe des Zahlungsmittelbestands von der Summe des Zahlungsmittelbestands aus der aktuellen Bilanz subtrahiert. Der Zahlungsmittelbestand ist auf der Seite der Aktiva in der Bilanz aufgeführt (mehr dazu in 1.4.1) und meint sämtliche Zahlungsmittel, die direkt verfügbar sind (z. B. Bargeld auf dem Konto) oder in Form von Äquivalenten (z. B. kurzfristig kündbare Einlagen) vorliegen. Es werden beim Cashflow nur Geldflüsse berücksichtigt, die tatsächlich in der Periode erfolgt sind. Abschreibungen (siehe 1.5) für bereits getätigte Investitionen, die in der GuV Berücksichtigung finden und den Gewinn mindern, werden bei der Kapitalflussrechnung außer Acht gelassen. Durch die Abbildung der Mittelzu- sowie -abflüsse erhalten Marktteilnehmer einen Eindruck von der Liquidität eines Unternehmens, denn aufgrund der verfügbaren finanziellen Mittel lässt sich die Zahlungskraft eines Unternehmens erschließen. Ein hoher Cashflow ist mit einer starken Liquiditätslage in Verbindung zu bringen, was bedeutet, dass das Unternehmen seinen laufenden finanziellen Verpflichtungen sowie unvorhergesehenen Kostenfaktoren gut nachkommen kann.

Als letztes Glied hat der **Anhang** keine Funktion zur Übermittlung von Kennzahlen. Er erläutert lediglich die vier Abschlussbestandteile, damit das Verständnis und die Deutung der Kennzahlen optimal sind. Im Anhang werden nicht nur Zusammenhänge und Posten erläutert, sondern bei Bedarf auch ergänzt. Diese Zusätze geben Anlegern mehr Informationen, um Unternehmen reichhaltiger bewerten zu können. Schlussendlich ist das Ziel des Anhangs ein Beitrag zum sogenannten „true and fair View".

Wussten Sie schon?

Der „true and fair View" ist eine Bezeichnung für die Forderungen des Gesetzgebers im Paragrafen 264 Abs. 2 des HGB. Gefordert wird, dass der Jahresabschluss eines Unternehmens ein der Realität entsprechendes Bild der Ertrags-, Vermögens- und Finanzlage abgibt. Zwar haben Unternehmen im Anhang einen gewissen Freiraum zur Nennung oder Vorenthaltung von Informationen, aber insgesamt sind die Bestimmungen so ausgelegt, dass der Anhang die Transparenz des Jahresabschlusses steigern soll.

Ganz so streng mit der Fairness nehmen es Unternehmen beim „true and fair View" nicht immer. Sie nutzen den Anhang teilweise zur Beschönigung negativer Kennzahlen. Achten Sie darauf, sich nicht von der Wirkung einzelner Wörter im Anhang blenden zu lassen. Fällen Sie Ihr Urteil streng anhand der Kennzahlen und der Begleitumstände (Marktaktivitäten, Krisen etc.), aus denen sich die Kennzahlen ergeben.

1.3.2 Zusammenhang der Jahresabschlussbestandteile und Geld-zu-Geld-Zyklus als elementares Modell

Um die Buchführung und vor allem die Bilanz zu verstehen, wird Ihnen das Modell des Geld-zu-Geld-Zyklus eine Hilfe sein. Dieser bringt zum Ausdruck, dass das gesamte Vermögen des Unternehmens seinen Ursprung in Geld findet und zu Geld umgewandelt wird. Diese Aussage lässt Sie die in 1.4 erläuterte Bilanz und die damit einhergehende Bilanzgleichung besser verstehen.

Das Unternehmen startet mit Geld in seine Geschäftsaktivität. Dies tut es seit Anfang seines Bestehens und in jeder Periode immer wieder aufs Neue. Mit diesem Geld, den liquiden Mitteln, werden Waren oder Materialien zur Produktion der Waren angekauft. Das Unternehmen verzeichnet infolge dessen einen geringeren Bestand an liquiden Mitteln, aber dafür einen höheren Bestand an Waren. Dadurch, dass die Waren gewinnbringend verkauft werden, sinkt der Bestand an Waren, aber es ergeben sich mehr liquide Mittel. Es wird ein Überschuss erwirtschaftet. Das Unternehmen investiert die Gewinne, wobei es entweder mehr Waren ankauft oder sich neue Geschäftsbereiche aufbaut und weitere Waren und/oder andere benötigte Ressourcen ankauft. Die liquiden Mittel, die ein Unternehmen zur Verfügung hat, können einerseits aus dem eigenen Kapital stammen, andererseits aus fremden Mitteln. Bei fremden Mitteln ist die Rede von Verbindlichkeiten. Unternehmen nehmen Kredite oder Darlehen als Verbindlichkeiten auf, um das daraus gewonnene Geld zu investieren und mehr Geld zu erwirtschaften als sie für Rückzahlung und Zinsen aufbringen müssen. Geld wird auch hier zu Geld.

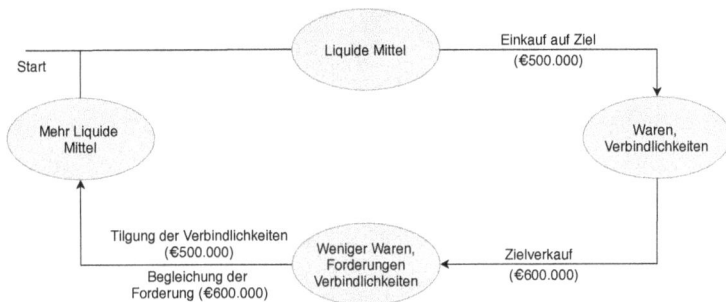

Geld-zu-Geld-Zyklus, in Anlehnung an Zimmermann (2015)

Die Bilanz hat die Aufgabe, diesen Geld-zu-Geld-Zyklus darzustellen. Sie besteht hierfür grafisch und buchhalterisch gesehen aus zwei Seiten, die den Geld-zu-Geld-Zyklus widerspiegeln. Es existiert mit den Aktiva und mit den Passiva jeweils eine separate Seite. Folgende drei Gleichungen sind äquivalent zueinander und vermitteln Ihnen ein grundlegendes Verständnis über die Bilanzgleichung, das im nächsten Unterkapitel 1.4 vertieft wird:

$$\text{Aktiva} = \text{Passiva}$$

$$\text{Vermögen} = \text{Eigenkapital} + \text{Fremdkapital}$$

$$\text{Mittelverwendung} = \text{Mittelherkunft}$$

Die Bilanz zeigt also, woher die vom Unternehmen verwendeten Mittel – also das gesamte Vermögen – in den Aktiva herkommen; nämlich aus dem Eigen- und Fremdkapital in den Passiva. Die Summe der Aktiva und Passiva in einer Bilanz muss immer gleich sein. Sollte ein Unternehmen Gewinne erwirtschaften, so fließt der Gewinn aus der GuV in die Bilanz ein, was eine Erhöhung des Eigenkapitals und somit der Mittelherkunft unter den Passiva zur Folge hat. Gleichzeitig steigt jedoch der Zahlungsmittelbestand, was im Einzahlungsüberschuss aus der Kapitalflussrechnung deutlich wird und Auswirkungen auf den Zahlungsmittelbestand im Vermögen eines Unternehmens unter den Aktiva verursacht. Gleiches gilt im Falle von Verlusten, die sinkende Mittelherkunft und sinkende Mittelverwendung zur Folge haben, weil einerseits der Verlust aus der GuV ein sinkendes Eigenkapital in den Passiva und der Auszahlungsüberschuss aus der Kapitalflussrechnung einen sinkenden Zahlungsmittelbestand aus den Finanzmitteln in den Aktiva der Bilanz zur Folge hat.

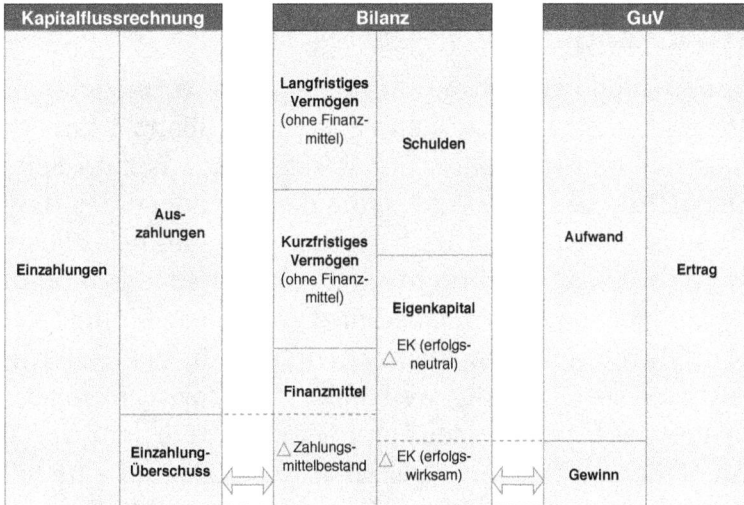

Kapitalflussrechnung		Bilanz		GuV	
		Langfristiges Vermögen (ohne Finanz-mittel)	Schulden		
Einzahlungen	Aus-zahlungen	Kurzfristiges Vermögen (ohne Finanz-mittel)		Aufwand	Ertrag
			Eigenkapital		
			△ EK (erfolgs-neutral)		
		Finanzmittel			
	Einzahlung-Überschuss	△ Zahlungs-mittelbestand	△ EK (erfolgs-wirksam)		Gewinn

Zusammenspiel Kapitalflussrechnung, Bilanz und GuV, in Anlehnung an Zimmermann (2015)

So bilanzieren Unternehmen – Geld wird zu Geld. Vermögen und Mittelherkunft bleiben ungeachtet von Gewinn oder Verlust in der Summe immer gleich. Kapitalflussrechnung, Bilanz und GuV sind in der Buchführung technisch miteinander verknüpft. Diese Erläuterungen alle auf Anhieb zu verstehen, ist an dieser Stelle zu viel verlangt. Aber dieser Abschnitt 1.3.2 soll Ihnen immer dann als Hilfe dienen, wenn Sie im weiteren Verlauf die Zusammenhänge der einzelnen Jahresabschlussbestandteile zu verstehen versuchen. Sie werden rückblickend einen hilfreichen „Aha"-Effekt erleben. Durch die Vorausnahme dieser Inhalte wurde der Grundstein für ein besseres Verständnis der Unterkapitel 1.4, 1.5 sowie 1.6 gelegt.

1.4 Bilanz: Darstellung der Vermögens- und Ertragslage

Mit der Bilanz erfolgt die Darstellung der Vermögens- und Ertragslage eines Unternehmens. Eine Bilanz besteht in grafischer oder tabellarischer Darstellung aus zwei Seiten. Links ist die Seite der Aktiva, die das Vermögen des Unternehmens auflisten, rechts befinden sich sämtliche Posten, die die Vermögensherkunft des Unternehmens erklären und in Eigen- sowie verschiedene Quellen von Fremdkapital aufgesplittet sind. Die Bilanz ist für Sie in der Unternehmensanalyse notwendig, weil dadurch klar wird, in welchem Ausmaß das Unternehmen aus eigenen Mitteln finanziert ist. Hohe Finanzierung aus eigenen Mitteln lässt auf eine hohe Liquidität und eine geringe Verschuldung schließen. Eine ausgeprägte Finanzierung durch Fremdkapital bedeutet eine höhere Verschuldung, was bei jüngeren Unternehmen zwar üblich ist, aber dennoch hohe Verpflichtungen einschließt, deren Zahlung sichergestellt sein muss. Die Bilanz hilft dabei, die Kennzahlen aus dem zweiten Kapitel, beispielsweise die Eigenkapitalrendite (siehe 2.2) und das Kurs-Buchwert-Verhältnis (siehe 2.4), fundierter zu analysieren und Unternehmensbewertungen differenziert durchzuführen. Dadurch wird aus den bloßen Zahlen des Kapitels 2 ein aussagekräftiges Konstrukt, durch das sich eine Basis für Unternehmensvergleiche innerhalb einer Branche ergibt.

1.4.1 Aktiva

Auf der Seite der Aktiva werden Sachanlagevermögen, immaterielle Vermögenswerte, Vorräte und finanzielle Vermögenswerte gelistet. Durch die folgenden vier Abschnitte zu diesen Bestandteilen der Aktiva erarbeiten Sie sich die Kompetenz, bewerten zu können, wie gut das Vermögen eines Unternehmens abgesichert ist, wie sehr es sich aus unsicheren Posten wie Forderungen zusammensetzt und wie gut die Vorräte als wichtiger Vermögensbestandteil verkauft werden könnten. Somit wird es Ihnen im Anschluss möglich sein, das Vermögen nicht nur als eine bloße Zahl zu betrachten, sondern auch die Qualität und Zukunftssicherheit dieser Zahl einzustufen.

Sachanlagevermögen

Zu den Sachanlagen gehören materielle Gegenstände des Anlagevermögens. Dies sind Grundstücke, Bauten, Maschinen, Anlagen, Betriebs- und Geschäftsausstattung, geleistete Anzahlungen sowie Anlagen, die sich zurzeit im Bau befinden. Sachanlagen müssen angeschafft werden. Damit verbunden sind Anschaffungskosten. Diese beinhalten den Anschaffungspreis und alle Kosten, die notwendig sind, um einen Gegenstand in einen betriebsbereiten Zustand zu versetzen. Wenn also ein Automobilhersteller eine Maschine für die Fertigung kauft, sind der Lieferpreis, die Kosten für die Vorbereitung des Standorts sowie die Kosten für den Abbau der Maschine nach deren Nutzung als Anschaffungskosten einzukalkulieren. In der Bilanz dürfen die Anschaffungskosten nicht auf einen Schlag abgesetzt werden. Sie werden zum individuellen Abschreibungssatz eingetragen und über die Laufzeit der Nutzung des Geräts abgeschrieben.

Wussten Sie schon?

Die Abschreibung ist ein Verfahren, das nicht nur bei Unternehmen zum Einsatz kommt, sondern auch bei Einzelunternehmern und Freiberuflern, die einen Gegenstand erwerben und nutzen. Je nach Rechtslage werden Gegenstände nicht sofort steuerlich abgesetzt oder bilanziell angesetzt, sondern über eine gewisse Nutzungszeit abgeschrieben. Die Nutzungszeit ist bei verschiedenen Sachanlagen und Gegenständen individuell. Wer beispielsweise ein Geschäftsgebäude kauft, schreibt dieses über eine Nutzungszeit von 33 Jahren und 4 Monaten zu einem Prozentsatz von 3 % jährlich ab. Die Regelwerke der IFRS verschaffen mehr Freiräume bei der Abschreibung, weil nicht nur die lineare Abschreibung mit festen jährlichen Prozentsätzen, sondern auch andere Abschreibungsmethoden möglich sind.

Für Sie wichtig, weil ...

Es ist wichtig, zu verstehen, dass Unternehmen für den Geschäftsbetrieb und andere Zwecke regelmäßig Sachanlagen anschaffen. Damit verbunden sind Anschaffungskosten, die im Jahr der Aktivierung eines Vermögenswerts in der Kapitalflussrechnung voll zu Buche schlagen. In der **Bilanz** allerdings werden die **Anschaffungskosten** nicht mit den kompletten Kosten eingetragen, sondern über einen bestimmten Zeitraum **langfristig abgeschrieben.** Wenn Sie bei jungen Unternehmen geringe ausgewiesene Jahresgewinne oder sogar Verluste sehen, lohnt sich ein genauerer Blick in die Bilanz. Grund hierfür ist, dass geringe Gewinne und Verluste in den Anfangsjahren von Unternehmen auf die hohen Investitionen zurückzuführen sind, die zur Aufnahme und zum Ausbau des Geschäfts getätigt werden. Wenn Sie sehen, dass in der Bilanz hohe Abschreibungen vorhanden sind, lohnt es sich, die Bilanz um die Abschreibungen zu bereinigen und zu prüfen, wie das Jahresergebnis des Unternehmens ohne Abschreibungen ausfiele. Eine Kennzahl, die dabei hilft, ist das EBITDA (siehe 2.7).

Immaterielle Wirtschaftsgüter

Immaterielle Wirtschaftsgüter sind nicht-stoffliche Vermögenswerte eines Unternehmens. Dies trifft auf den Kundenkreis, den Firmennamen, das Logo, Rechte wie Patente und Lizenzen, Erfindungen sowie Konzessionen und weitere nicht-materielle Wirtschaftsgüter zu. Angeschaffte immaterielle Vermögenswerte müssen aktiviert werden, d. h. in der Bilanz aufgeschrieben und mit einem Wert versehen werden. Der aktivierte Firmenwert ist über die planmäßige Nutzungsdauer abzuschreiben. Wenn beispielsweise ein Patent nur fünf Jahre lang hält, so sind die Anschaffungskosten für dieses Patent über die Nutzungsdauer zu verteilen. Selbst geschaffene immaterielle Vermögenswerte müssen hingegen nicht aktiviert werden; es sei denn, sie sind nicht dazu bestimmt, dauerhaft dem Geschäftsbetrieb zu dienen. Wenn ein selbst geschaffener immaterieller Vermögenswert nur über fünf Jahre genutzt werden soll, muss er aktiviert und mit seinen Herstellungskosten über fünf Jahre Nutzungsdauer abgeschrieben werden. Sollte ein Vermögenswert vorliegen, der nicht abnutzt und auf unbestimmte Zeit verwendet werden kann, wird er einmalig mit den Anschaffungskosten bilanziell angesetzt und nicht über mehrere Jahre hinweg abgeschrieben.

Für Sie wichtig, weil ...

Mit zunehmender Digitalisierung machen die immateriellen Vermögenswerte von Unternehmen immer stärker den Wert der Unternehmen aus. Abgesehen von der Digitalisierung existiert aufgrund der zunehmenden Anpassung der nationalen Bilanzierungsregeln an internationale Standards ein weiterer Grund für die zunehmende Bedeutung der immateriellen Vermögenswerte. Im HGB unterliegen die immateriellen Vermögenswerte einem Bilanzierungsverbot. Aber in den IFRS werden immaterielle Vermögenswerte bilanziert. Letztere Regelung erhält in Deutschland verstärkt Einzug, was zu begrüßen ist. Unternehmen, die zahlreiche Patente oder Rechte besitzen, können einen weitaus höheren Wert haben, als aus der Bilanz ersichtlich wird, falls ein Bilanzierungsverbot für immaterielle Vermögenswerte besteht. Bei Einbeziehung der immateriellen Vermögenswerte in die Unternehmensbewertung profitieren Sie von einem im Hinblick auf die Digitalisierung zeitgemäßeren und im Hinblick auf die Regelwerke vollständigeren Abbild der Vermögenslage eines Unternehmens.

Vorräte

Vorräte als dritter Bestandteil des Unternehmensvermögens auf Seite der Aktiva sind sämtliche Gegenstände, die zum Verkauf gehalten oder zur Herstellung von Produkten sowie Erbringung von Dienstleistungen aufgebraucht werden. Wichtig ist in diesem Kontext das Stichwort „aufgebraucht": Eine Maschine gehört zum Sachanlagevermögen, weil sie für die Produktion genutzt, aber im Zuge der Produktion nicht aufgebraucht wird. Materialien wie Metall oder Holz hingegen werden **zur Produktion eines Produkts aufgebraucht und sind anschließend im Produkt gebunden**. Folglich handelt es sich um Vorräte. Diese sind zwar zum Verkauf bestimmt, aber solange sie nicht verkauft sind, werden sie bilanziell dem Vermögen des Unternehmens zugeordnet. Es ist streng bestimmt, dass die Waren zum Netto-Veräußerungswert in der Bilanz eingetragen werden müssen. Der Netto-Veräußerungswert ist der geringstmögliche Verkaufswert der Ware. Die Ansetzung der Vorräte zum Netto-Veräußerungswert soll einer zu hohen Bewertung der Vorräte und somit der Vermögenslage des Unternehmens vorbeugen.

Für Sie wichtig, weil ...

Sie sind imstande, den Anteil der Vorräte an dem Unternehmensvermögen auszumachen. Dies ist nützlich, um daraus **Rückschlüsse auf das Verkaufspotential** zu treffen. Wenn Sie wissen, welche Produkte das Unternehmen verkauft oder welche Dienstleistungen es erbringt, können Sie den Anteil der verschiedenen Vorräte überprüfen und evaluieren, wie hoch die Erfolgswahrscheinlichkeit beim Verkauf der Produkte oder der Erbringung von Dienstleistungen ist. Ein Unternehmen, das einen hohen Anteil veralteter Produkte mit geringer Nachfrage auf Lager hat, wird tendenziell schlechter dastehen als ein Unternehmen, das ein geringeres Vermögen aufweist, aber dafür eine innovative Produktpalette besitzt. Nehmen Sie sich deswegen vor, bei jedem Unternehmen die Qualität der Vorräte zu prüfen. Falls Sie die Vorräte und Produkte an Aktualität und Zukunftspotential zweifeln lassen, lohnt es sich, die Vorräte aus den vergangenen Jahresabschlüssen zum Vergleich heranzuziehen. Sollten Sie merken, dass sich zwischen den Jahresabschlüssen die veralteten Vorräte schlecht verkauft haben, muss der Wert des Vorratsbestands des Unternehmens relativiert werden – er ist tatsächlich wohl weniger wert als in der Bilanz geschrieben steht, weil sich kaum mehr Abnehmer für die Produkte finden.

Finanzielle Vermögenswerte

Die Kategorie der finanziellen Vermögenswerte ist in der Bewertung anspruchsvoll. Je nach Art des Vermögenswerts kann eine Buchung erfolgswirksam in der Bilanz erfolgen oder erfolgsneutral unter dem „Sonstigen Ergebnis" in der GuV (siehe 1.5 und zuvor 1.3). Um den in diesem Buch verfügbaren Rahmen durch die Erläuterungen nicht zu sprengen, wird an dieser Stelle nicht auf die Kriterien zur Einstufung als finanzieller Vermögenswert oder erfolgsneutral als Sonstiges Ergebnis eingegangen. Stattdessen werden einige typische finanzielle Vermögenswerte angeführt, damit Sie diesen Bilanzposten nachvollziehen. Einer dieser Vermögenswerte sind Aktienpakete. Die Aktienpakete werden zum sogenannten **beizulegenden Zeitwert**, also dem aktuellen Kurswert, bewertet. Sie sind erfolgswirksam zu verbuchen und werden oftmals zu Handelszwecken von Unternehmen gehalten. Ferner existieren finanzielle Vermögenswerte, die bis zur Endfälligkeit gehalten werden. Hierunter fallen ausschließlich Schuldtitel wie Anleihen, die eine feststehende

Laufzeit haben. Kredite und Forderungen sind ein weiterer finanzieller Vermögenswert, wobei speziell Kredite gemeint sind, die das Unternehmen vergibt und nicht solche, die das Unternehmen selbst aufnimmt. Letztere sind den Passiva und somit den Schulden des Unternehmens (siehe 1.4.2) zuzuordnen. Die Forderungen entstehen infolge erbrachter Lieferungen und Leistungen von Unternehmen, bei denen Kunden ein Zahlungsziel eingeräumt bekommen und eine Ware später oder in Form von Raten zurückbezahlen dürfen.

Für Sie wichtig, weil ...

Ein hoher Anteil an finanziellen Vermögenswerten kann in Abhängigkeit von deren Qualität als gut bewertet werden. Unternehmen, die Aktienpakete mit hochwertigen Wertpapieren, die seit Jahren eine gute Performance aufweisen, halten, weisen eine gute Struktur in ihren Finanzanlagen auf. Machen Sie beispielsweise in einem Unternehmen Aktienpakete mit Anteilen an *Amazon, Apple, Facebook* und *Berkshire Hathaway* aus, dürfen Sie davon ausgehen, dass aufgrund des hochwertigen und wachstumsstarken Aktienportfolios das Vermögen der Unternehmen renditestark angelegt ist. Auch gut verzinste Anleihen, wie z. B. vom Waffenhersteller *Heckler & Koch*, unter den bis zur Endfälligkeit gehaltenen Finanzanlagen sind ein hochqualitatives Zeichen in der Struktur der finanziellen Vermögenswerte von Unternehmen. Sie erlangen durch die Kenntnis über das Finanzanlagevermögen also die Fähigkeit, dieses detailliert zu analysieren und zu evaluieren, wie sicher die Finanzen des Unternehmens angelegt sind und wie hoch die Zuwächse durch die Rendite aus den Finanzanlagen sein könnten.

1.4.2 Passiva

Den Passiva gehören in der Bilanz das Eigenkapital, finanzielle Verbindlichkeiten, Rückstellungen sowie jene Schulden an, die nicht den soeben genannten Kategorien zuzuordnen sind. Unter diese letztgenannte besondere und nicht klar kategorisierbare Art der Schulden fallen die Abgrenzungsposten, Schulden aus „virtuellen" Aktienoptionen und Sachleistungsverpflichtungen. Mehr dazu im weiteren Verlauf. Mit den Informationen dieses Unterkapitels werden Sie den Ursprung der Vermögenswerte des Unternehmens zurückverfolgen können. Denn nichts anderes ist die Seite der Passiva: Sie ist die Erklärung dafür, wie das Unternehmen das eigene Vermögen finanziert hat. Durch die Kenntnis über die Höhe des Eigenkapitals können Sie Rückschlüsse auf die Zahlungskraft des Unternehmens aus eigenen Mitteln ziehen. Dadurch, dass Sie nicht nur die Höhe des Fremdkapitals bzw. der Schulden kennen, sondern auch zwischen verschiedenen Arten von Fremdkapital bzw. Schulden differenzieren, gelingt es Ihnen, die Schuldenlast des Unternehmens adäquat zu analysieren und die Zahlen nicht nur relativ zu betrachten.

Eigenkapital

Das Eigenkapital ist die Differenz aus Vermögenswerten und Schulden. Somit wiederholen Sie direkt zu Beginn dieses Unterkapitels einen wichtigen Grundsatz der Bilanzierung: Die Summe der gesamten Aktiva – also des Unternehmensvermögens – muss der Summe der gesamten Passiva – also der Finanzierung des Unternehmensvermögens – entsprechen. Der finanzielle Aufwand zum Erwerb des Vermögens und der Wert des Vermögens müssen übereinstimmen. Gegliedert wird das **Eigenkapital** des Unternehmens mindestens in **drei Posten**: Gezeichnetes Kapital, Rücklagen und Minderheitsanteile.

Das **gezeichnete Kapital** ist alternativ unter den Namen Grundkapital und Nominalkapital bekannt. Seine Höhe wird durch den rechnerischen Betrag der eigenen Aktien im Besitz des Unternehmens bestimmt. Wenn ein Unternehmen noch nicht all seine Aktien emittiert hat, um auf diesem

Wege Kapital zu beschaffen, verbleiben die Aktien im Unternehmen. Sie sind das gezeichnete Kapital.

Rücklagen sind Gelder, die das Unternehmen anspart. Neben den Aktienaufgeldern sind hierunter die aus dem Gewinn gebildeten Rücklagen zu verstehen. Abzüge aus den Rücklagen aufgrund eines Verlusts im abgelaufenen Geschäftsjahr sind zu erfassen.

Ferner existieren mit den **Minderheitsanteilen** spezielle Anteile, die sich in Konzernabschlüssen ergeben. Sollte ein Mutterkonzern das Tochterunternehmen nicht zu 100 % gekauft haben und sollten einzelne Eigentümer Aktienanteile an den Töchtern halten, besteht für diese Eigentümer ein Minderheitsanteil am Konzern, der unter dem Eigenkapital verbucht wird. Neben den erwähnten drei Posten für das Eigenkapital existiert eine vierte wichtige Größe, nämlich die stillen Rücklagen, die auch stille Reserven genannt werden. Sie entstehen immer dann, wenn eine Neubewertung von Vermögenswerten oder Schulden erforderlich ist. Zudem trägt eine Nicht-Aktivierung von immateriellen Vermögenswerten zur Bildung stiller Reserven bei. Auch die Veräußerung von Maschinen nach deren Nutzungszeit mit einem Kapitalzufluss ist eine stille Reserve. Stille Reserven werden nicht als eine Bilanzposition aufgeführt. Es sind also Einnahmen bzw. Ausgaben – bei Ausgaben ist die Rede von stillen Lasten –, die nicht bilanziell erfasst sind. Unternehmen mit stillen Reserven oder stillen Lasten verfügen demnach über ein höheres oder geringeres Eigenkapital, als bilanziell notiert ist. Rücklagen machen das Unternehmen krisenstärker, stille Lasten müssen kritisch beäugt werden.

Beispiel

Der DAX-Konzern *Continental AG* veröffentlicht in seiner Bilanz von 2019 folgende Zahlen (in Mio. €) für die Passiva:

	31.12.2019	31.12.2018
Gezeichnetes Kapital	512	512
Kapitalrücklage	4.179,1	4.179,1
Gewinnrücklagen	54,7	54,7
Gewinnvortrag aus dem Vorjahr	808,5	570,4
Jahresüberschuss	5.047,5	1.188,1
Eigenkapital	**10.601,8**	**6.504,3**

Für ein besseres Verständnis werden die Zahlen nun Schritt für Schritt erläutert. Das gezeichnete Kapital ist das Kapital, das die *Continental AG* in Form eigener Aktien hält. Es blieb gegenüber dem Vorjahr unverändert, weil das Unternehmen keine weiteren Aktien emittierte. Gleiches gilt für die Kapitalrücklage und die Gewinnrücklage. Erstere bezeichnet das vom Unternehmen angesparte Geld, letztere ist ein neuer Posten, der weiter nicht relevant ist. Der Gewinnvortrag aus dem Vorjahr ist der Überschuss, den die *Continental AG* nach Steuern im Jahre 2018 erwirtschaftete und der das Eigenkapital erhöht. Gleiches gilt für den Jahresüberschuss dieses Jahres vor Steuern, der das Eigenkapital steigert. Er wird aus der GuV übernommen.

Für Sie wichtig, weil ...

Die Höhe der Rücklagen bestimmt die Krisenfestigkeit von Unternehmen. Die gesamte Höhe des Eigenkapitals macht dessen **Zahlkraft sowie Liquidität** aus. Näheres dazu erfahren Sie in Kapitel 2.8. Speziell die stillen Rücklagen und stillen Reserven bieten eine Chance, über die Bilanz hinausgehende Interpretationen des Eigenkapitals zu schaffen. Durch die Kenntnis von stillen Rücklagen sowie Lasten sind Sie außerdem imstande, bilanzpolitische Maßnahmen, die sich auf das Ergebnis in der GuV auswirken, auszumachen.

> ## Hinweis!
>
> Die Bilanzpolitik ist ein großes Thema in Jahresabschlüssen von Unternehmen. Beispielsweise könnte eine Maschine gekauft und genutzt werden. Wäre der Wert der Maschine nach vier Jahren Nutzung 400 € höher als durch die Abschreibungen festgesetzt, könnte die Maschine verkauft werden, was ein um 400 € positiveres Periodenergebnis zur Folge hätte. Sofern ein Unternehmen das Ziel hätte, das Periodenergebnis zu optimieren, könnte dieses Vorgehen mehrmals durchgeführt werden. Das Periodenergebnis fiele besser aus und es würde für Personen, die nicht in die Tiefe recherchieren, so aussehen, als sei dies auf die Geschäftsaktivitäten zurückzuführen.

Finanzielle Verbindlichkeiten

Die finanziellen Verbindlichkeiten sind Schulden des Unternehmens. Einerseits umfasst dies die Schulden von Geldzahlungen, wie sie bei Kreditaufnahmen bestehen. Andererseits gehören den finanziellen Verbindlichkeiten **auch Leistungen, Lieferungen und materielle Gegenstände** an, die das Unternehmen anderen Parteien gegenüber schuldet. In der Bilanz wird aufgeführt, um welche Art finanzieller Verbindlichkeiten es sich handelt. Dabei sind die Vermerke „aus Lieferungen und Leistungen", „Darlehen" o. Ä. üblich.

Die Bilanz verrät die Höhe der Verbindlichkeit und ordnet sie einer Kategorie zu, wodurch Rückschlüsse auf den Ursprung der Schulden anzustellen sind.

Hinweis!

Nicht alle Schulden eines Unternehmens sind finanzielle Verpflichtungen. Wichtig ist es, die Unterscheidung zwischen diesen beiden Begriffen zu kennen. Finanzielle Verpflichtungen setzen voraus, dass Geld fließen muss, um diese aufzulösen bzw. zu begleichen. Daneben existieren andere Arten von Schulden, die als letzter Bestandteil der Passiva zum Abschluss dieses Unterkapitels erläutert werden. Hierbei handelt es sich mitunter um die Sachleistungsverpflichtungen. Bei Verpflichtung zum Begleichen der Schulden in Form von Sachleistungen wird die Schuld nicht unter den finanziellen Verbindlichkeiten erfasst.

Für Sie wichtig, weil ...

Sie lernen, verschiedene Verbindlichkeiten zu differenzieren und deren **lang- sowie kurzfristige Auswirkungen auf die Vermögenslage sowie den Geschäftsbetrieb** des Unternehmens zu verstehen. Unter der Annahme, ein Unternehmen weise den Großteil an Schulden aus Verbindlichkeiten durch die Aufnahme von Krediten auf, wird klar, dass damit Zinszahlungen verbunden sind. Dies verursacht zusätzliche Kosten, die erfolgswirksam verbucht werden und den Gewinn mindern. Finden Sie in einem solchen Fall heraus, wie langfristig das Unternehmen diese Zinszahlungen leisten muss und wie stark diese das Wachstum sowie die Gewinnpotenziale einschränken könnten!

Ferner sind auffällig hohe – was „auffällig hoch" bedeutet, müssen Sie im Einzelfall eines jeden Unternehmens nach eigenem Ermessen beurteilen – finanzielle Verbindlichkeiten aus Lieferungen und Leistungen ein Hinweis darauf, dass das Unternehmen eventuell bei der Bezahlung der Lieferanten und Dienstleister nicht hinterherkommt. Es muss geprüft werden, woran dies liegt und ob eine Einstellung der Lieferungen als Maßnahme von Lieferantenseite die geschäftlichen Aktivitäten ausbremsen könnte.

Rückstellungen

Unter die Rückstellungen fallen sämtliche Schulden eines Unternehmens, die **in Fälligkeit und Höhe unklar** sind. Bei Ungewissheit über den Zeitpunkt der Tilgung oder den Betrag, der zu tilgen ist, wird eine Rückstellung in der Bilanz angesetzt. Sollte die Verpflichtung zur Zahlung von Schulden in Sonderfällen nicht gewiss oder ein anderes Kriterium unerfüllt sein, darf die Schuld nicht als Rückstellung in der Bilanz angesetzt werden, muss dafür aber im Anhang des Jahresabschlusses erwähnt werden. Bei diesem Sachverhalt verstehen Sie die Relevanz des Anhangs für den Jahresabschluss eines Unternehmens.

Beispiele für Rückstellungen sind...

- finanzielle Risiken aus Garantien: Bei für Kunden gewährten Garantien und Rückgaberechten ergeben sich finanzielle Risiken. Diese werden auf Basis der bisherigen Erfahrungen zu einer prozentualen Höhe in Bezug auf die Verkäufe eingetragen.
- Restrukturierungsmaßnahmen in Unternehmen: Durch Verkauf oder Schließung von Geschäftsbereichen können Abfindungen an Mitarbeiter sowie weitere finanzielle Verbindlichkeiten anfallen, die als Rückstellungen gemäß den strengen Vorschriften zu bilanzieren sind.

- Pensionszahlungen: Einzig und allein bei den speziellen sogenannten „leistungsorientierten Pensionszusage" ist die Höhe und Fälligkeit der Pensionszahlungen ungewiss. In diesem Fall greift die Verpflichtung zur Bilanzierung als Rückstellung.

Dies sind einige Beispiele. Sollten Sie in den detaillierten Berichten börsennotierter Unternehmen weitere Posten vorfinden, dann recherchieren Sie ggfs. selbst näher nach.

Für Sie wichtig, weil ...

Garantien sind vor allem bei Unternehmen, die langlebige Produkte schaffen, ein vakanter Posten. Es lohnt sich, über die angesetzten Rückstellungen im Bilde zu sein und deren Entwicklung im Laufe der Jahre zu beobachten. Unternehmen mit geringen Rückstellungen für Garantien berechtigen zur Annahme, eine besonders hohe Produktqualität aufzuweisen, wobei sich Kundenzufriedenheit hineininterpretieren lässt. Auf Restrukturierungsmaßnahmen ist ohnehin ein großes Augenmerk zu werfen, da diese auf tiefgreifende Veränderungen innerhalb von Unternehmen schließen lassen. Sie sind gut damit beraten, die Vorbereitung, Qualität und den Hintergrund der Restrukturierungen zu recherchieren. Sollte sich ergeben, dass die Restrukturierung problematisch anläuft, ist mit einem negativen Einfluss auf die Unternehmensbewertung zu rechnen und es kann davon ausgegangen werden, dass die Verbindlichkeiten höher als geplant ausfallen. Diese und weitere Interpretationen müssen Sie sich logisch erschließen und anhand der aktuellen Entwicklungen rund um das Unternehmen die Höhe der Rückstellungen kritisch hinterfragen. Damit ist gemeint, dass die Einhaltung der Zahlen aus dem Jahresbericht von der letzten Periode bereits nach drei Monaten in der aktuellen Periode neu bewertet werden muss, wenn beim Unternehmen Probleme oder unerwartete Erfolge auftreten.

Schulden aus passiven Rechnungsabgrenzungsposten

Sollten Unternehmen nach dem deutschen HGB bilanzieren, sind die nachfolgend erläuterten Schulden nicht Teil der Passiva in der Bilanz, sondern ein eigenständiger Abschlussposten. In den IFRS sind sie Teil der Passiva, weswegen dieser Posten diesem Unterkapitel zugeordnet und in Kürze thematisiert wird.

Neben den bereits erwähnten Sachleistungsverpflichtungen in dem Abschnitt über Finanzielle Verbindlichkeiten sind die „virtuellen" Aktienoptionen ein Teil der passiven Rechnungsabgrenzungsposten. Diese werden Mitarbeitern gewährt und unterscheiden sich von den „echten" Aktienoptionen dahingehend, als dass Mitarbeiter keine Anteile am Unternehmen erwerben, sondern das Recht zugeteilt bekommen, andere Leistungen zu erhalten. Welche Leistungen dies sind, hängt vom Aktienkurs des Unternehmens zu einem bestimmten Zeitpunkt in der Zukunft ab. Die Höhe dieses Rechnungsabgrenzungspostens wird an jedem Bilanz- und Rechnungsstichtag neu bestimmt.

Für Sie wichtig, weil ...

Schwierig zu kategorisierende und wertmäßig auf den Punkt zu bringende Posten werden möglichst konkret formuliert. So entsteht ein kompletter Eindruck der Verbindlichkeiten eines Unternehmens. Speziell die Sachleistungsverpflichtungen sind für eine Betrachtung interessant. Sollten Standorte vom Unternehmen gepachtet werden und die Verpflichtung zur Rückgabe des Inventars bestehen, wenn der Pachtvertrag aufgekündigt wird, muss das Unternehmen bei einem neuen Standort auch das Inventar neu anschaffen. Die Lieferungszeiten für spezielle Maschinen können mehrere Monate dauern und den Geschäftsbetrieb aufhalten.

Es muss eingestanden werden, dass eine derartige Analyse der Passiva des Unternehmens bereits sehr detailliert ist. Fokussieren Sie sich bei Zweifeln auf die anderen erläuterten Posten der Passiva und bemühen Sie sich, in erster Linie das Eigenkapital, die finanziellen Verbindlichkeiten und die Rückstellungen zu verstehen.

1.4.3 Bilanzbeispiel mit Erklärung

Wie bereits im Falle des Eigenkapitals der *Continental AG* in Unterkapitel 1.4.2 wird die Bilanz eines Konzerns beispielhaft abgehandelt. Hier schreitet die Betrachtung jedoch weiter voran, um ein ganzheitliches Bild der Analyse zu gewinnen. Das Beispiel erfolgt anhand des TecDAX-Konzerns *Telefonica Deutschland AG*. Bei einer Prüfung des für Investoren veröffentlichten Geschäftsberichts für 2019 ist zunächst festzustellen, dass der Konzern auf den ersten 20 bis 30 Seiten für einen Geschäftsbericht irrelevante Informationen vermittelt. Es werden Highlights des Geschäftsjahres geschildert, Visionen des Unternehmens und vieles mehr. Um zur Darstellung der Ertrags- und Vermögenslage zu gelangen, muss lange Zeit in der PDF gescrollt werden. Es ist möglich, dass Ihnen solche Geschäftsberichte begegnen. Lassen Sie sich nicht von den ersten 20 bis 30 Seiten blenden, die oftmals der Vermittlung positiver Informationen dienen und vom Wesentlichen ablenken. Blättern Sie am besten direkt zur Bilanz vor, um Ihre eigene Analyse durchzuführen und sich nicht von der quantifizierbaren Analyse oder der Extraktion weniger positiver Zahlen täuschen zu lassen.

KONZERNBILANZ TELEFONICA DEUTSCHLAND AG

(in Millionen EUR)	**2019**	2018
Geschäfts- oder Firmenwerte sowie sonstige immaterielle Vermögenswerte	7.348	6.687
Sachanlagen	3.750	3.793
Nutzungsrechte	2.499	-

Forderungen aus Lieferungen und Leistungen und sonstige Forderungen	1.469	1.371
Latente Steueransprüche	314	204
Sonstige finanzielle Vermögenswerte	150	111
Sonstige nicht finanzielle Vermögenswerte	675	619
Vorräte	165	261
Zahlungsmittel und Zahlungsmitteläquivalente	781	751
Summe Vermögenswerte = Summe Eigen- und Fremdkapital	**17.151**	**13.796**
Verzinsliche Schulden	2.492	2.149
Leasingverbindlichkeiten	2.489	-
Verbindlichkeiten aus Lieferungen und Leistungen und sonstige Verbindlichkeiten	2.508	2.438
Verbindlichkeiten – Spektrum	1.272	-
Rückstellungen	729	714
Sonstige nicht finanzielle Verbindlichkeiten	103	39
Rechnungsabgrenzungsposten	710	712
Latente Steuerschulden	314	177
Eigenkapital	**6.534**	**7.569**

Bis hierhin haben Sie noch keine Kennzahlen-Analyse mit Formeln kennengelernt, wie es in Kapitel 2 der Fall sein wird. Also fällt die Analyse an dieser Stelle rudimentär aus, was für den Anfang auch genug ist, um das bisher Gelernte zu verarbeiten. Der Blick fällt zunächst auf das Auffälligste – weil fett Geschriebene –; nämlich die Summe der Vermögenswerte und das Eigenkapital.

Gegenüber dem Vorjahr 2018 hat sich im abgelaufenen Geschäftsjahr das Vermögen des Unternehmens um knapp über 3.300 Millionen Euro vergrößert. Dies ist erst einmal ein zu begrüßender Fakt, denn eine Steigerung des Vermögens ist ein positives Zeichen. Nun gilt es, zu hinterfragen, wieso das Vermögen gestiegen ist und wie der Anstieg finanziert wurde. Der größte Posten, der fast schon den gesamten Vermögensanstieg erklärt, sind die Nutzungsrechte. Sie betragen 2.499 Millionen Euro. Ein vom Betrag her nahezu identischer Posten ist unter den Passiva zu finden: die Leasingverbindlichkeiten. Es ist absehbar, dass die Aktiengesellschaft über die Leasingverbindlichkeiten neue Nutzungsrechte finanziert. Im Anhang bietet der Konzern eine aufschlussreiche Info, nämlich dass die Nutzungsrechte und Leasingverbindlichkeiten aus der Erstanwendung des IFRS 16 zum 1. Januar 2019 resultieren.

Wussten Sie schon?

Der IFRS 16 ist ein neuer Standard, der die Bilanzierung von Leasinggeschäften grundlegend verändert. Seit dem 1. Januar 2019 müssen Leasinggeschäfte als Nutzungsrechte im eigenen Vermögen verbucht werden. Unter den Passiva werden dafür als neuer Schuldposten „Leasingverbindlichkeiten" die abgezinsten Beträge aller kommenden Leasingzahlungen angesetzt. Weitere Nebenregelungen des neuen Standards werden an dieser Stelle außen vor gelassen, da dies für Sie in der Analyse irrelevant ist.

Es ist somit klar, dass ein erheblicher Teil des Vermögens- und Schuldenanstiegs in der Bilanz des Unternehmens auf die Änderung eines Standards zurückzuführen ist. Eine negative Nebenwirkung der Veränderung des Standards ist eine Erhöhung der Verschuldung, die die Eigenkapitalquote (siehe 2.8.2) sinken lässt. Das negative Bild, das aufgrund der Schuldensteigerung auf die Bilanz geworfen wird, entschärft sich, wenn Sie über den Standard informiert sind. Denn die Änderung des Standards ist für die Erhöhung der Verbindlichkeiten verantwortlich.

Weiter in der Analyse fällt auf, dass die restlichen Vermögenswerte sich nicht signifikant geändert haben. Als positiv zu verbuchen ist der Anstieg der Geschäfts- und Firmenwerte und sonstiger immaterieller Vermögenswerte, der sich auf über 600 Millionen Euro beläuft. Dieser resultiert aus der Ersteigerung der 5G-Mobilfunkfrequenzen sowie Softwareinvestitionen. Vor allem die Investition in die Mobilfunkfrequenzen ist positiv zu vermerken, weil sich die *Telefonica Deutschland AG* dadurch im Zukunftswettbewerb positioniert. Das 5G-Netz ist für die Zukunft entscheidend, ersteigerte Frequenzen eine Basis für das Mithalten mit Konkurrenten. Der Anhang des Geschäftsberichts erklärt, dass die Investition in die Frequenzen verantwortlich für die „Verbindlichkeiten – Spektrum" ist. Somit sind 1.272 Millionen Euro neuer Verbindlichkeiten im Geschäftsjahr 2019 zufriedenstellend erklärt. Der Konzern hat in die Zukunft investiert, aufgrund regulatorischer Einflüsse können die Verbindlichkeiten aus der Mobilfunkfrequenzauktion nicht sofort getilgt werden.

Dennoch ist das Eigenkapital der *Telefonica Deutschland AG* insgesamt um 1 Milliarde Euro bei gleichzeitiger Erhöhung der Schulden gesunken, was Fragen aufwirft. Denn der Grund, weswegen eine Milliarde Euro weniger im Eigenkapital steht, wird aus der Bilanz nicht ersichtlich. Liegt ein Fall von Bilanzfälschung vor? Oder aber geben die weiteren Jahresabschlussbestandteile nähere Aufschlüsse zum schmelzenden Eigenkapital der *Telefonica Deutschland AG*? Tatsächlich findet sich die Antwort in der GuV, was zum nächsten Thema führt. Gehen Sie als eine kleine Übung nach dem Lesen des nächsten Unterkapitels 1.5 gern selbst auf

Ursachensuche, woran die Eigenkapitalveränderung bei der *Telefonica Deutschland AG* liegen könnte!

1.5 GuV und Gesamtergebnis

Die Gewinn- und Verlustrechnung dient der **Darstellung der Ertragslage innerhalb einer Periode**. Sie zeigt, welches Ergebnis das Unternehmen in einem Jahr verzeichnete; sprich, ob es einen Gewinn oder Verlust gab. Im Prinzip lässt sich die GuV einfach nachvollziehen, denn es werden auf der einen Seite die Erträge den Aufwendungen auf der anderen Seite gegenübergestellt. Mit der Bilanz ist die GuV dahingehend verknüpft, als dass sie durch den Verlust oder Gewinn das Eigenkapital auf der Seite der Passiva verändert. Sie können den Zwischenberichten sowie den Jahresabschlussberichten der Unternehmen die Gewinne und Verluste entnehmen. Näheres zu den Gewinnen und Verlusten erfahren Sie durch Betrachtung der Bilanz.

Insbesondere ein Aspekt der GuV sollten Ihnen jedoch geläufig sein, weil er Einfluss darauf nimmt, was wie dargestellt wird und welche Informationen Sie der GuV im Genaueren entnehmen. Dieser Aspekt führt Sie in die beiden Verfahren ein, nach denen eine GuV erstellt werden kann; nämlich das **Umsatz- und Gesamtkostenverfahren**. Ferner spielen die **Erfolgsspaltung** und das **Gesamtergebnis** in diesem Kapitel einer Rolle, weil sie mit der GuV in Verbindung stehen.

1.5.1 Umsatz- und Gesamtkostenverfahren

Das **Umsatzkostenverfahren** ist das international übliche und am weitesten verbreitete Verfahren. Hier erfolgt die Zuordnung der Aufwendungen **kostenstellenorientiert**. (vgl. Zimmermann, Werner et al., S. 297) Als Kostenstelle gelten sämtliche Stellen, die im Zusammenhang mit der Fertigung der Produkte oder Erbringung von Dienstleistungen, durch die das Unternehmen Umsätze generiert, anfallen. Produziert die *Volkswagen AG* Fahrzeuge, so sind die Umsätze aus dem Verkauf der Fahrzeuge die Umsatzerlöse. Die Umsatzkosten sind sämtliche Kosten, die bei der Herstellung der Produkte anfallen: Materialien, Lohn für Arbeitskräfte, Strom für Maschinenbetrieb und weitere. Es entsteht der erste Abschnitt der GuV nach dem Umsatzkostenverfahren:

Rechenoperator	Kostenstelle
	Umsatzerlöse
-	Umsatzkosten (Kostenträger: Produkte)
=	**Bruttomarge (muss nicht separat ausgewiesen werden)**

Diese Rechnung orientiert sich rein an den Umsätzen. Sie lässt die Sonstigen Erträge (siehe 1.5.2) außer Acht sowie die weiteren Aufwendungen, die im Zusammenhang mit dem Geschäft anfallen, wie beispielsweise Werbungskosten und Aufwendungen zur Finanzierung, falls Kredite aufgenommen wurden und Zinsen zu entrichten sind. Diese und weitere Posten werden durch den zweiten Abschnitt der GuV im Umsatzkostenverfahren berücksichtigt, sodass die GuV vervollständigt wird:

Rechenoperator	Kostenstelle
	Umsatzerlöse
-	Umsatzkosten (Kostenträger: Produkte)
=	**Bruttomarge (muss nicht separat ausgewiesen werden)**
+	Sonstige Erträge
-	Vertriebskosten (Kostenstelle Vertrieb)

	-	Verwaltungsaufwendungen (Kostenstelle Verwaltung)
	-	Andere Aufwendungen
	-	Finanzierungsaufwendungen
	=	**Gewinn oder Verlust vor Steuern**

Eine Besonderheit ist, dass die Abschreibungen für die Abnutzung der Maschinen, Fahrzeuge oder sonstigen Güter den Umsatzkosten zugerechnet werden. Die Einzel- und Gemeinkosten werden nur in Bezug auf die verkaufte Menge an Produkten angegeben. Wurden Produkte angeschafft, die nicht verkauft werden konnten, sind die damit verbundenen Kosten nur für die Produkte, die verkauft wurden, anzusetzen, und alles darüber Hinausgehende wird bilanziell in den Ansatz der Vorräte einbezogen und erfolgsneutral gebucht. Das Fallbeispiel wird die Vorgehensweise und deren Auswirkungen näher veranschaulichen.

Vorher wird das **Gesamtkostenverfahren** betrachtet, das nicht kostenstellenorientiert, sondern **kostenartenorientiert** erfolgt. Von den Umsatzerlösen werden die in der Periode insgesamt angefallenen Kosten abgezogen, wobei nach Kostenarten vorgegangen wird. Dies hat in der Praxis zur Folge, dass die Abschreibungen nicht auf die einzelnen Produkte verteilt, sondern als separater Posten komplett ausgewiesen werden. Dasselbe gilt für Personal, Finanzierungsaufwendungen und weitere Aspekte. Es entsteht folgende Gesamtstruktur der GuV nach dem Gesamtkostenfahren:

Rechenoperator	Kostenart
	Umsatzerlöse
+	Sonstige Erträge

+ / -	Zunahme/Abnahme des Bestands an fertigen und unfertigen Erzeugnissen
-	Produkt- und Materialaufwendungen
-	Personalaufwendungen
-	Aufwand für planmäßige Abschreibungen
-	Andere Aufwendungen
+ / -	Erträge / Aufwendungen aus Finanzierungen
=	**Gewinn oder Verlust vor Steuern**

Das Ergebnis ist sowohl beim Umsatzkosten- als auch Gesamtkostenverfahren dasselbe. Die Art und Weise, wie dieses Ergebnis entsteht, sowie die Art der Posten – ob Kostenstellen oder Kostenarten – ist aber auf andere Weise dargestellt. Für Sie ergeben sich dadurch direkt Auswirkungen in Bezug auf die **Interpretations- und Bewertungsmöglichkeiten** bei der GuV:

- Im Umsatzkostenverfahren erhalten Sie durch die Angabe der Bruttomarge einen guten Ansatz zur Bewertung des operativen Geschäfts.

- Aus der Bruttomarge können Sie, sofern Sie die Anzahl der insgesamt abgesetzten Produkte/Dienstleistungen kennen, durch einfache Division die Bruttomarge pro Produkt errechnen und somit in Erfahrung bringen, wie viel das Unternehmen an jedem Produkt verdient.

- Im Gesamtkostenverfahren haben Sie eine nach einzelnen Kostenarten dargestellte GuV, sodass Sie den Gesamtaufwand des Unternehmens für Abschreibungen, Personalaufwendungen und andere Kostenarten direkt vor Augen haben. Der Aufwand wird stärker als im Umsatzkostenverfahren gesplittet, was mehr Transparenz verschafft.

Beispiel

Ein Unternehmen produziert in einem Jahr Güter zu 250.000 Stück. Im selben Jahr werden 130.000 dieser Güter abgesetzt. Die Einnahmen pro Gut belaufen sich auf 8,20 €. Die Materialkosten pro Gut betragen 2,30 €, die Personalkosten liegen bei 1,70 € je Gut. Der Maschinenpark, der im Rahmen der Produktion eingesetzt wird, wird zu jährlichen Beträgen in Höhe von 45.000 € abgeschrieben. Das Unternehmen muss darüber hinaus in diesem Jahr Finanzierungskosten von 5.400 € zahlen. Des Weiteren fallen für Werbung und Vertrieb 85.000 € an, die Führungsebene sowie weitere Verwaltungsposten werden mit 250.000 € im Jahr vergütet.

Darstellung nach dem Umsatzkostenverfahren:

Rechenope-rator	Kostenstelle	Rechnung	Betrag
	Umsatzerlöse	130.000 x 8,20 €	1.066.000 €
-	Umsatzkosten	130.000 x (2,30 € + 1,70 € + 0,18 €*)	543.400 €
=	**Bruttomarge**		**522.600 €**
+	Sonstige Erträge (k. A.)		0 €
-	Vertriebskosten		85.000 €
-	Verwaltungsaufwen-dungen		250.000 €
-	Andere Aufwen-dungen (k. A.)		0 €
-	Finanzierungsauf-wendungen		5.400 €
=	**Gewinn oder Verlust vor Steuern**		**182.200 €**

* Diese Zahl rührt daher, dass im Umsatzkostenverfahren die Abschreibungen für die Maschine auf die angeschafften Güter verteilt werden. Da 250.000 Güter angeschafft wurden und die Maschine zu 45.000 € im Jahr abgeschrieben wird, fallen Kosten in Höhe von 45.000 €: 250.000 Güter = 0,18 €/Gut an. In der Tabelle werden nur die Abschreibungen für die verkauften Güter einberechnet, weswegen mit den verkauften 130.000 Gütern gerechnet wird.

Darstellung nach dem Gesamtkostenverfahren:

Rechen-operator	Kostenart	Rechnung	Betrag
	Umsatzerlöse	130.000 x 8,20 €	1.066.000 €
+	Sonstige Erträge (k. A.)		0 €
+	Zunahme des Bestands an fertigen und unfertigen Erzeugnissen	120.000 x (2,30 € + 1,70 € + 0,18 €*)	501.600 €
-	Produkt- und Materialaufwendungen	250.000 x 2,30 €	575.000 €
-	Personalaufwendungen	250.000 x 1,70 € + 250.000 € + 85.000 €	760.000 €
-	Aufwand für planmäßige Abschreibungen		45.000 €
-	Andere Aufwendungen (k. A.)		0 €
-	Aufwendungen aus Finanzierungen		5.400 €
=	**Gewinn oder Verlust vor Steuern**		**182.200 €**

Für Sie wichtig, weil ...

Das Fallbeispiel spiegelt wider, wie die einzelnen Posten für Umsatzkosten und andere Kosten aufgeteilt werden. Sie haben keinen Einfluss darauf, welche Art des Verfahrens vom jeweiligen Unternehmen, das Sie bewerten, gewählt wurde. Aber dafür sind Sie nun imstande, mit beiden Verfahren umzugehen und die Herkunft der Zahlen zu verstehen. Sollten Sie im Gesamtkostenverfahren die Bruttomarge errechnen wollen, müssen Sie von den einzelnen Kostenarten aus hochrechnen. Ob dies mit den gegebenen Zahlen im Bericht der Unternehmen möglich ist, ist dann wieder eine andere Frage. Anhand der Informationen, die Sie aus der Bilanz erhalten, ist es Ihnen möglich, Zahlen, die in der GuV nicht direkt in voller Höhe ausgewiesen, sondern in die Umsatzkosten einberechnet wurden (z. B. planmäßige Abschreibungen), in der Bilanz nachzuschlagen und zu jeder Angabe zu finden, die Sie für die Unternehmensbewertung benötigen.

1.5.2 Erfolgsspaltung

Die Erfolgsspaltung findet durch die Unterteilung des Gesamtergebnisses in GuV und Sonstiges Ergebnis statt. Letzteres wird abgekürzt als **OCI** (aus dem Englischen: Other Comprehensive Income) bezeichnet. Wieso eine derartige Erfolgsspaltung stattfindet, lässt sich in zwei wesentlichen Argumenten erläutern:

1) Die Aktionäre interessieren sich primär für die Gewinne und Verluste aus Geschäftätigkeiten sowie Dividendenausschüttungen. Demgegenüber stehen Erträge und Aufwendungen aus sonstigen Quellen, denen eine geringere Bedeutung zuteil wird.

2) Die Gewinne und Verluste aus der GuV sind auch objektiv betrachtet die zentrale Größe in der Unter-

nehmensbewertung, weil sie auf das Ergebnis aus Geschäftstätigkeiten zurückzuführen sind.

Im Zusammenhang damit ergeben sich wichtige, wenn auch äußerst feine Unterschiede in der Terminologie. Man spricht von Gewinnen und Verlusten nur dann, wenn die GuV bzw. die in der GuV enthaltenen Einnahmen und Ausgaben gemeint sind. Für die Erträge und Aufwendungen aus dem Sonstigen Ergebnis wird die Bezeichnung „erfolgsneutrale Erträge und Aufwendungen" genutzt, dementsprechend sind die Gewinne und Verluste aus der GuV die „erfolgswirksamen Erträge und Aufwendungen".

Als **erfolgsneutrale Erträge und Aufwendungen** fließen u. a. folgende Aspekte ein:
- Währungsumrechnungsdifferenzen aus nicht monetären Posten
- Änderungen des Zeitwerts von zur Veräußerung gehaltenen finanziellen Vermögenswerten
- Versicherungsmathematische Gewinne und Verluste aus der Bilanzierung von Pensionsrückstellungen
- Erträge aus der Neubewertung von Sachanlagen
- Erträge aus der Neubewertung von immateriellen Vermögenswerten

Quelle: Buchführung und Bilanzierung nach IFRS und HGB (2015); S. 303

Die Bestandteile des Sonstigen Ergebnisses sind nun klar, aber deren Darstellung in der Gesamtergebnisrechnung ist mit einem Wahlrecht für Unternehmen bedacht. Entweder erstellen Unternehmen eine Gesamtergebnisrechnung, in der zusammen mit der GuV auch das Sonstige Ergebnis dargestellt wird. Oder aber Unternehmen führen zunächst die GuV gesondert durch, ergänzen diese dann um eine separate Überleitungsrechnung mit Ausweis des Sonstigen Ergebnisses und des Gesamtergebnisses.

Das Sonstige Ergebnis ist für Sie weitestgehend irrelevant. Selbst, wenn ein Unternehmen an zwei aufeinanderfolgenden Jahren außerordentlich hohe Erträge oder Aufwendungen im Sonstigen Ergebnis verzeichnen sollte, ist davon in der nächsten Periode nicht auszugehen. Das Sonstige Ergebnis wurde nur der Vollständigkeit wegen erläutert.

1.5.3 Gesamtergebnis

Gemäß dem Standard IAS 1 aus dem Regelwerk der IFRS haben Unternehmen die Pflicht, in der Gesamtergebnisrechnung alle Ertrags- und Aufwandsposten einzutragen, die als wesentlich eingeschätzt werden. Dies dient dem übergeordneten Ziel der **Persistenz**. Unter dem Begriff „Persistenz" ist „Nachhaltigkeit" zu verstehen, wobei speziell die Persistenz ein im Finanzjargon relevanter Begriff in Bezug auf das Gesamtergebnis ist. Das Ziel ist es, den Aktionären und sonstigen Adressaten einer Gesamtergebnisrechnung zu vermitteln, ob das Gesamtergebnis persistent ist. Wer auch immer das Unternehmen bewertet, muss einschätzen können, ob dasselbe oder ein ähnliches Ergebnis auch in der darauffolgenden Periode möglich ist. (vgl. Zimmermann, Werner et al.; S. 304)

Welche Ertrags- und Aufwandsposten in der **Vermittlung eines persistenten Eindrucks** als wesentlich gelten, ist Unternehmen zum Teil mit Interpretationsspielräumen selbst überlassen. Mindestens **verpflichtend** sind aber die folgenden Posten:

- Umsatzerlöse
- Finanzierungsaufwendungen
- Gewinn- und Verlustanteile an assoziierten Unternehmen und Joint-Ventures
- Steueraufwendungen

- Bei aufgegebenen Geschäftsbereichen ein gesonderter Ausweis des Ertrags oder Aufwands
- Ergebnis als Saldo der Gewinn-und-Verlust-Rechnung
- Bestandteile des Sonstigen Ergebnisses, die nach deren Art gegliedert sind
- Anteil des Sonstigen Ergebnisses, der auf assoziierte Unternehmen und Joint-Ventures entfällt
- Gesamtergebnis

Quelle: Buchführung und Bilanzierung nach IFRS und HGB (2015); S. 303 f.

Damit Unternehmen die abseits dieser Ertrags- und Aufwandsposten für die Angabe sonstiger Erträge und Aufwendungen vorhandenen Spielräume nicht missbrauchen, existieren strenge weitere Vorschriften. Unternehmen dürfen weder in der GuV noch im Anhang einen Posten als „außerordentlich" bezeichnen, weil ansonsten die Gefahr gegeben wäre, Anleger und andere Adressaten bei der Bewertung des Gesamtergebnisses in die Irre zu führen. Negative Ergebnisbestandteile dürfen auf diesem Wege nicht entschärft oder beschönigt werden.

Letztlich sind für Unternehmen sämtliche Posten, mit denen regelmäßig wiederkehrend gerechnet werden kann, zur Angabe verpflichtend. Ausschließlich Posten, von denen stark ausgegangen werden kann, dass sie sich nicht wiederholen werden, dürfen entsprechend gesondert ausgewiesen werden. Bei den folgenden Beispielen ist von einer geringen Persistenz die Rede:

- Jedwede Art von außerplanmäßigen Abschreibungen
- Wertaufholungen, die auf außerplanmäßige Abschreibungen aus den Vorperioden folgen

- Restrukturierungen innerhalb eines Unternehmens
- Aufgabe von Geschäftsbereichen
- Beendigung von Rechtsstreitigkeiten
- Auflösungen von Rückstellungen

Quelle: Buchführung und Bilanzierung nach IFRS und HGB (2015); S. 304

Für Sie wichtig, weil ...
Sie erhalten durch den Blick in das Sonstige Ergebnis, in die Gesamtergebnisrechnung und in den Anhang eventuell relevante Informationen über einmalige Kosten und Erträge des Unternehmens. Diese Kostenposten an sich sind eventuell wenig nachhaltig nach dem Regelwerk der IFRS, aber haben unter Umständen nachhaltige Auswirkungen. Sollte beispielsweise eine Restrukturierung stattgefunden haben, hinterfragen Sie diese und deren Auswirkungen auf die Zukunft. Beispielsweise wäre eine Restrukturierung im Zuge der Digitalisierung mit einer Eingliederung von Systemen auf Basis künstlicher Intelligenz potentiell vorteilhaft für ein Unternehmen, weil es sich um einen innovativen Zug handelt. Bringen Sie Näheres über diese Maßnahme in Erfahrung. Gleiches gilt für die Aufgabe von Geschäftsbereichen: Wurde ein veralteter Geschäftsbereich abgetreten, kann sich dies kostensenkend und effizienzsteigernd auf den Geschäftsbetrieb in der nächsten Periode auswirken, was die Unternehmensbewertung unter Umständen verbessert. Andere Posten wie außerplanmäßige Abschreibungen oder Wertaufholungen sind in der Regel von geringer Bedeutung und bieten keinerlei Interpretationsmöglichkeiten für den künftigen Geschäftsbetrieb, wie es in den soeben angeführten Beispielen über Restrukturierungen und Aufgaben von Geschäftsbereichen der Fall war.

1.6 Kapitalflussrechnung (Cashflow)

In der Kapitalflussrechnung werden **sämtliche Flüsse von Zahlungsmitteln und Zahlungsmitteläquivalenten** (z. B. Aktien, Anleihen) erfasst. Die Kapitalflüsse finden bei Ein- und Auszahlungen aus den folgenden Entstehungsquellen statt:

- Betriebsaktivitäten
- Investitionstätigkeiten
- Finanzierungen

Es zählt ausschließlich das Kapital, das in der Periode, für die die Kapitalflussrechnung erstellt wird, geflossen ist. Sie bildet Ein- und Auszahlungen ab. Ein Überschuss der Einzahlungen hat einen wachsenden Bestand an Zahlungsmitteln zur Folge. Kommt es hingegen zu einem Überschuss an Auszahlungen, so sinkt der Bestand an Zahlungsmitteln.

Zur Wiederholung: In der Bilanz auf der Seite der Aktiva gelistet ist das gesamte Vermögen des Unternehmens, wozu der Zahlungsmittelbestand gehört. Wenn Sie die Bilanzen eines Unternehmens aus zwei Perioden vergleichen und den Zahlungsbestand aus der ersten betrachteten Periode von dem aus der zweiten subtrahieren, erhalten Sie die Veränderung des Zahlungsmittelbestandes. Diese spiegelt sich im Cash-Flow, also der Kapitalflussrechnung, wider. Sollte die Kapitalflussrechnung positiv/negativ sein, hat sich der Zahlungsmittelbestand in der Bilanz vergrößert/verkleinert. Andersherum gilt das Verhältnis natürlich genauso.

Die folgende Tabelle gibt Beispiele, welche **Ein- und Auszahlungen in der Kapitalflussrechnung** in Bezug auf die drei Entstehungsquellen Betriebsaktivitäten, Investitionstätigkeiten und Finanzierungen auftreten können:

Entstehungs-quelle	Beispiele für Einzah-lungen	Beispiele für Auszahlungen
Betriebsakti-vitäten	• Warenverkauf • Erbringung von Dienstleistungen • Honorare • Verkauf von Verträgen • Verkauf von Finanzinstru-menten, die Handelszwecken dienen	• Kauf von Gütern und Dienstleis-tungen • Bezahlung der Mitarbeiter • Kauf von Finanz-instrumenten, die Handelszwecken dienen
Investitions-tätigkeiten	• Verkauf von Sachanlagen und immateriellen Vermögenswerten • Verkauf von Schuldinstru-menten Dritter, die nicht zu Handels-zwecken gehalten werden • Vergütungen für Ausleihungen an Dritte	• Kauf von Sachan-lagen • Kauf von Schuld-instrumenten Dritter, die nicht zu Handelszwecken gehalten werden • Kreditvergabe an Dritte (Ausnahme, falls es eine betriebliche Tätig-keit ist)
Finanzie-rungen	• Ausgaben von Anleihen • Aufnahme von Krediten • Ausgabe von Aktien (Emission)	• Schuldentilgung • Rückkauf eigener Aktien • Gewinnausschüt-tungen an Aktio-näre

Quelle: Zimmermann (2015), S. 310 ff.

Eine berechtigte Frage aus Ihrer Sichtweise als Leser wäre bis hierhin, wozu die Kapitalflussrechnung relevant ist, wo doch durch den Vergleich des Zahlungsmittelbestandes zweier aufeinanderfolgender Bilanzen von Unternehmen der Kapitalfluss betrachtet werden kann. Tatsache ist zuallererst, dass der Vergleich zweier Bilanzen mehr Aufwand bereitet als die Betrachtung des Cashflows aus der gewünschten Periode. Ferner liefert eine Kapitalflussrechnung Informationen, die die Bilanz nicht hergibt. Sie haben die Möglichkeit, die Kapitalflüsse geordnet nach den drei Entstehungsquellen nachzuvollziehen und können die Veränderung der Vermögens- und Ertragslage eines Unternehmens verfolgen.

Zu guter Letzt sei ein wichtiges Wort im Zusammenhang mit der GuV eines Unternehmens erwähnt: Während in der GuV „getrickst" werden kann, bietet die Kapitalflussrechnung keine Möglichkeit dazu. Was an Zahlungsmitteln oder Zahlungsmitteläquivalenten geflossen ist, lässt sich nicht verzerren. Somit haben Sie branchenintern eine Vergleichszahl mit anderen Unternehmen, die zuverlässige Aufschlüsse verleiht.

2 Die Kennzahlen

Einen Teil der Kennzahlen zur Unternehmensbewertung finden Sie in den Bilanzen, GuVs und weiteren Veröffentlichungen von Unternehmen vor. Weitere Kennzahlen sind entweder auf Finanzseiten im Internet aufgeführt oder Sie müssen diese selbst errechnen. Dieses Kapitel vermittelt Ihnen Kenntnisse, um die Kennzahlen zu Unternehmen auf sämtlichen notwendigen Wegen finden zu können. Darüber hinaus erwarten Sie Informationen zu der Aussagekraft und der Deutung der Kennzahlen.

Sie werden feststellen, dass es in den meisten Fällen nicht erforderlich ist, selbst zu rechnen. Die Auseinandersetzung mit den genannten Formeln sowie den damit verbundenen mathematisch-trivialen Rechenwegen wird Ihnen aber helfen, die Kennzahlen samt Ursprung besser zu verstehen. Dies ist der Schlüssel zu einer größeren Sicherheit bei Unternehmensbewertungen und zu einer korrekten Inbezugsetzung der einzelnen Kennzahlen.

2.1 Marktkapitalisierung

Die Marktkapitalisierung gibt an, wie hoch der Börsenwert eines Unternehmens ist. Im Englischen wird diese Kennzahl *Market Capitalization* genannt. Wichtig hierbei ist, dass **ausschließlich die im Streubesitz befindlichen Aktien in die Rechnung einbezogen** werden. Damit geht einher, dass Wertpapiere, die im Besitz des Unternehmens verbleiben, nicht gewertet werden. Die Formel zur Berechnung beläuft sich daher auf:

Marktkapitalisierung=Anzahl an Aktien×aktueller Kurswert je Aktie×Streubesitz

Die Marktkapitalisierung muss in den seltensten Fällen selbst ausgerechnet werden, weil sie als eine der wichtigsten Kennzahlen direkt aufgeführt ist. Selbst wenn sie ausgerechnet werden muss, fällt dies für gewöhnlich leicht, weil der **Streubesitz bei marktführenden Unternehmen hoch** ist und aus der Formel beinahe herausgelassen werden könnte. Dies zeigt das Beispiel der Kennzahlen der *Apple*-Aktie, eines der wertvollsten Unternehmen der Welt, die einen Streubesitz von 99,89 % verzeichnet!

Der **Börsenwert** eines Unternehmens entscheidet über dessen **Aufnahme in die wichtigsten Indizes**. Im DAX beispielsweise sind die 30 dem Börsenwert nach wertvollsten börsennotierten Unternehmen Deutschlands gelistet. Die anderen Kennzahlen spielen bei der Aufnahme in den Index keine Rolle, nur die Marktkapitalisierung zählt.

Die Marktkapitalisierung vermag über die Größe eines Unternehmens einiges auszusagen, bleibt aber eine **relative Zahl**, die in Bezug auf das Unternehmen, dessen Branche und die Perspektiven betrachtet werden muss. Während Wertpapiere technologischer Unternehmen mit einer hohen Marktkapitalisierung grundsätzlich als große und liquide Unternehmen aufgefasst werden dürfen, verhält es sich bei Unternehmen aus „alten" Branchen (z. B. Kohleindustrie) anders. Hier sind hohe Marktkapitalisierungen zum Teil auf die Treue der Anleger zurückzuführen. Es wird an einer Aktie mit einem hohen Wert festgehalten, auch wenn deren Wachstumschancen und Perspektiven umstritten sind.

Relativ sind neben der Zahl an sich auch die kursierenden Behauptungen über deren Auswirkungen auf den Kurs. Es wird in einigen Quellen verallgemeinert, Unternehmen mit einer hohen Marktkapitalisierung hätten tendenziell weniger volatile Kurse. Des Weiteren seien die Wachstumsaussichten von Unternehmen mit hoher Marktkapitalisierung begrenzt.

Volatilität macht sich aufgrund von Skandalen durch interne Verfehlungen, vielfältige Krisenphasen und neu erlassene Gesetze immer wieder aufs Neue bemerkbar. Während die *Lufthansa* infolge der Corona-Krise aus dem DAX flog, legte *Wirecard* durch die Fälschung von Bilanzen einen Skandal ohnegleichen hin und schrieb DAX-Geschichte, weil es der erste DAX-Konzern war, der pleiteging. Seit September 2020 ist *Wirecard* nicht mehr im DAX gelistet. „Tendenziell weniger volatil" als Aussage zu den Kursverläufen der Unternehmen mit hoher Marktkapitalisierung lässt sich also nur mit der gebotenen Vorsicht unterschreiben. Die Aussage, Unternehmen mit einer hohen Marktkapitalisierung hätten weniger Wachstumschancen, ist jedoch falsch. Es trifft auf Branchen wie Immobiliengesellschaften und Automotive zu, ist allerdings bei anderen Branchen wie den digitalen Unternehmen und Herstellern für digitale Hardware vollkommen falsch. Diese Unternehmen haben skalierbare Geschäftsmodelle.

Die Marktkapitalisierung ist für **Value-Investoren** von hohem Interesse, weil sie die Suche der bestbewerteten Unternehmen vereinfacht. **Growth-Investoren** sehen anhand der aktuellen Marktkapitalisierung im Vergleich zu der aus den letzten Jahren das bisherige Wachstum eines Unternehmens und können Prognosen für die Zukunft anstellen und auf diesem Wege besser über ein Investment entscheiden. Allein und ohne weitere Kennzahlen bleibt sie hingegen eine relative Zahl.

2.2 Eigenkapitalrendite

Zur Berechnung der Eigenkapitalrendite ist die Kenntnis über die Bilanzen und Gewinn-/Verlustkostenrechnungen von Unternehmen notwendig. Alternativ ist von der Kennzahl als „Eigenkapitalrentabilität" die Rede. Ins Englische übersetzt geht es um den „Return on Equity", kurz „ROE". Die Eigenkapitalquote ist entweder in der Quelle (z. B. Finanzwebsite, Börse, Jahresabschluss eines Unternehmens) direkt genannt oder muss aus den verfügbaren Daten errechnet werden. Viele Quellen fassen die Eigenkapitalrendite als eine stark spezifische und analytisch tiefgreifende Kennzahl auf, sodass sie eher auf wenigen Websites vorhanden ist. Stellen Sie sich demzufolge darauf ein, je nach genutzter Quelle bei der Recherche in die Tiefe gehen zu müssen, um diese Kennzahl aufzufinden oder aber selbst rechnen zu müssen. Die Kennzahlen, die Sie zur Berechnung benötigen, sind das Ergebnis nach Steuern aus der GuV sowie das Eigenkapital des Unternehmens aus der Bilanz. Die anzuwendende Formel ist die folgende:

$$Eigenkapitalrendite = \frac{Jahres\ddot{u}berschuss}{Durchschnittliches\ Eigenkapital}$$

Beim Jahresüberschuss wird stets das Ergebnis nach Zinsen und Steuern gewählt – mehr dazu in Unterkapitel 2.6 mit der Kennzahl EBIT. Nur so wird ein aussagekräftiges Ergebnis erhalten, dass die wirtschaftliche Rentabilität der Unternehmensaktivität in Bezug auf das Eigenkapital widerspiegelt.

2.2.1 Was sagt die Eigenkapitalrendite aus?

Die Eigenkapitalrendite gibt Auskunft darüber, **zu welchem Prozentsatz das eingesetzte Geld der Kapitalgeber verzinst** wurde. Selbstverständlich handelt es sich um keine Verzinsung wie bei einem Kredit, aber das eingesetzte Kapital wird bei dieser Kennzahl mit einer verzinsten Geldanlage verglichen. Dies erlaubt einen verbesserten Vergleich mit alternativen Anlageformen außer den Aktien. Sollte beispielsweise ein Kapitalgeber für eine Aktie 2.500 € aufgewendet und das Unternehmen einen Jahresüberschuss in Höhe von 70 € pro Aktie erwirtschaftet haben, ergibt sich eine Eigenkapitalrendite in Höhe von 0,028. Dies entspricht 2,8 Prozent. Sollte ein Anleger vor der Frage stehen, ob er speziell in dieses Unternehmen oder in eine Anleihe mit einem zugesicherten Zinssatz in Höhe von 5 % investiert, würde sich die risikoärmere Anleihe empfehlen. Oder aber der Anleger entscheidet sich für ein Unternehmen, das mit seinem eingesetzten Eigenkapital besser wirtschaftet.

Die Rendite auf das Eigenkapital dient als zentrale Vergleichszahl, um über ein Investment zu entscheiden. Ein Eigenkapitalgeber hat Interesse daran, dass das eingesetzte Kapital sinnvoll eingesetzt wird und sich möglichst schnell vermehrt. Auf diesem Wege verbessert sich die wirtschaftliche Situation des Unternehmens und es entwickelt sich weiter.

2.2.2 Wie wird die Eigenkapitalrendite verlässlich bewertet?

Wie Sie in Kapitel 1 gelernt haben, kann die Mittelherkunft eines Unternehmens aus zwei Quellen stammen, die unter den Passiva entsprechend aufgelistet sind. Neben dem Eigenkapital ist dies das Fremdkapital. Hohe Anteile von Fremdkapital bei zugleich geringen Anteilen an Eigenkapital können zu einer Verzerrung der wirtschaftlichen Leistungsfähigkeit eines Unternehmens beitragen. Die Annahme, dass Unternehmen, die eine **hohe Eigenkapitalrendite** verzeichnen, effizienter wirtschaften, beginnt dann zu bröckeln, sobald Unternehmen **hauptsächlich durch Fremdkapital finanziert** sind. Denn hier treten sogar bei schlechtesten Geschäftsaktivitäten und geringen Gesamtergebnissen zum Teil hohe Eigenkapitalrenditen ein. Von einer solchen Kennzahl fehlgeleitet, könnten Aktionäre auf die Idee kommen, die Aktien solcher Unternehmen für eine geeignete Geldanlage zu halten.

Beispiel

Das Unternehmen Schnöders GmbH & Co. KG verzeichnet einen Jahresüberschuss in Höhe von 3,5 Millionen Euro. Es ist zu 2,2 Millionen Euro durch Fremdkapital finanziert, lediglich 200.000 € stammen aus Eigenkapital. Die Eigenkapitalrendite liegt in diesem Fall bei 17,5 %. Dies klingt nach einer soliden Verzinsung. Tatsache ist jedoch, dass die 2,2 Millionen Euro Fremdkapital einen maßgeblichen Anteil daran haben. Fremdkapital muss derweilen zurückgezahlt werden, zudem fallen Zinsen darauf an. Die Eigenkapitalrendite wird also erkauft; dies geschieht zu einem hohen Preis bei einem hohen Fremdkapitalanteil.

Die Eigenkapitalrendite muss angesichts des Tatsachenbestands immer in Abhängigkeit von Eigen- und Fremdkapitalquote betrachtet werden. Durch die beiden Quoten wird die Aufteilung von Fremd- und Eigenkapital im Unternehmen aufgeführt, was die Beurteilung der Eigenkapitalrendite und deren Gewichtung bei der Unternehmensbewertung vereinfacht. Branchenabhängig variieren die idealen Eigenkapitalrenditen.

2.3 Kurs-Gewinn-Verhältnis

Das Kurs-Gewinn-Verhältnis heißt abgekürzt „KGV". Im Englischen werden die Bezeichnung *Price-Earnings-Ratio* und die Abkürzungen „PER" sowie „P/E Ratio" verwendet. Die Kennzahl verrät, **in welchem Verhältnis der Kurs pro Aktie zum Jahresgewinn pro Aktie steht**. Auf den populären Finanzwebsites im Internet ist das KGV stets aufgeführt, weil es zur Analyse eine beliebte Kennzahl ist. Es muss meistens also nicht selbst errechnet werden.

Bei nicht angegebenem KGV hilft die folgende Formel bei der Rechenarbeit:

$$KGV = \frac{Aktueller\ Aktienkurs}{Gewinn\ pro\ Aktie}$$

Der aktuelle Aktienkurs wird an Börsen und Finanzwebsites immer aufgeführt. Er wird abgelesen und in die Formel eingetragen. Der Gewinn je Aktie stellt Sie bei der Berechnung vor größere Herausforderungen. Hierfür muss der Gewinn des Unternehmens durch die Menge der emittierten Aktien geteilt werden. Dies ist der Gewinn pro Aktie. Beim korrekten Einsetzen des aktuellen Aktienkurses und des Gewinns pro Aktie ergibt sich das KGV.

Wenn Sie für die Formel den aktuellen Aktienkurs verwenden, ist die Nutzung des Gewinns pro Aktie aus dem abgelaufenen Geschäftsjahr unüblich. Demnach ist es in der Analyse gang und gäbe, zur **Berechnung des KGV mit Prognosen** zu arbeiten. Die Frage lautet also: Mit dem Wievielfachen des auf sie zu erwartenden entfallenden Gewinns einer Aktie kann ich rechnen? Die Arbeit mit prognostischen Gewinnen ist ratsam für eine Fundamentalanalyse, sofern in Aktien investiert werden soll, denn **bei einer Investition wird auf die Zukunft gewettet**. Gewinne aus den vergangenen Jahren spielen eine untergeordnete Rolle.

2.3.1 Was sagt das KGV aus?

Das KGV fasst in einer Zahl zusammen, mit welchem Vielfachen des Gewinns eine Aktie bewertet wird. Ein KGV von 7 sagt aus, dass der Kurs einer Aktie sieben Mal höher ist als der zu erwartende Jahresgewinn. Wird nicht mit Gewinnprognosen, sondern Gewinnen aus der Vergangenheit gerechnet, handelt es sich nicht um den zu erwartenden Jahresgewinn, sondern den tatsächlichen. Diesen Sachverhalt verdeutlicht das Beispiel von *Adidas*:

- Das KGV für das abgelaufene Geschäftsjahr 2019 liegt bei 29,91.
- Im Jahr 2020 werden auf Basis von Prognosen die Auswirkungen der Corona-Krise einbezogen, was ein erhöhtes KGV von 68,40 zur Folge hat.
- In den Folgejahren 2021 bis 2023 wird auf finanzen. net davon ausgegangen, dass das KGV konstant sinkt.

Es wird deutlich, dass die Rechnung mit dem tatsächlichen Jahresgewinn aus dem letzten Jahr zwar korrekt ist und eine feststehende Zahl bietet. Aber die gesamten weitreichenden Corona-Auswirkungen werden nicht in die Wertung mitein-bezogen. So entsteht ein verzerrtes Bild, das nicht den realen Bedingungen entspricht. Um eine realitätsnahe Zahl zu erhalten, ist es wichtig, für eine adäquate Aussagekraft prognostisch vorzugehen und Abweichungen in Kauf zu nehmen.

Eine korrekte Aussagekraft des KGV ist also zunächst an die Arbeit mit prognostischen Gewinnen im Verhältnis zum aktuellen Aktienwert geknüpft. Ist dies sichergestellt, ermöglicht das KGV, die aktuelle Bewertung einer Aktie zu evaluieren. Je niedriger ein KGV ist, umso geringer ist das Vielfache, das auf den Tageskurs im Verhältnis zum Gewinn pro Aktie entfällt. Führen Sie sich vor Augen: Je weniger Sie im Tageskurs zahlen müssen, um einen Gewinn X aus der Aktie zu erhalten, umso günstiger ist die Aktie. Dies spiegelt sich am Beispiel der *Adidas*-Aktie in den Prognosen eindrucksvoll wider: Angesichts der aktuellen Corona-Si-tuation sind im Vergleich zum Vorjahr deutlich verringerte Gewinne zu erwarten. Der Kurs hingegen ist verhältnis-mäßig gering gesunken. Anleger müssen demzufolge im Jahr 2020 weitaus mehr zahlen, um einen Gewinn wie im Jahr

2019 aus der Geldanlage zu erwirtschaften. Dementsprechend fällt das KGV 2020 um 38,49 höher aus.

Das KGV dient der **Bewertung des aktuellen Aktienkurses**. Ist der Aktienkurs im Verhältnis zum erwarteten Gewinn fair oder nicht? Dies kann das KGV zumindest annähernd bewerten, wenngleich sich keine pauschalen Werte nennen lassen, zu denen ein KGV als fair oder lukrativ eingestuft werden kann.

2.3.2 Wie wird das KGV verlässlich bewertet?

Angesichts der Relativität des Werts muss eine Beurteilung des KGV für jedes Unternehmen individuell anhand folgender Kriterien erfolgen:

- Entwicklung des Aktienkurses und des Gewinns je Aktie
- Bewertung der Marktphase
- Bewertung der Branche

Die Entwicklung des Aktienkurses und des Gewinns je Aktie ist mit der **Historie des Unternehmens** eng verwoben. Anhand des Blicks in die Vergangenheit lassen sich Schlüsse zur Berechtigung des KGV ziehen. Vereinzelt wird behauptet, ein einstelliges KGV sei ein Kaufsignal, während ein zweistelliges KGV ein Zeichen für eine teure Aktie sei. Diese Verallgemeinerungen sind jedoch nicht haltbar. Steigt der Kurs der Aktie nur langsam, aber das Gewinnwachstum ist höher, lohnt sich die Geldanlage in ein Unternehmen mit einem zweistelligen KGV unter Umständen ebenfalls. Das KGV von *Amazon* lag im Jahr 2019 beispielsweise bei über 80, aber dennoch wurde die Aktie von Analysten teilweise als unterbewertet eingestuft. Demnach ist die Höhe des KGV erst in Abhängigkeit von der Entwicklung des Aktienkurses und des Gewinns je Aktie adäquat zu bewerten. Im Groben gilt, dass ein zunehmendes Gewinnwachstum immer ein positives Zeichen ist, unabhängig von der Höhe des KGV.

> **Hinweis!**
>
> Ein niedriges KGV auf Basis von Prognosen kann ebenso sehr ein Warnsignal wie ein positives Signal sein. Bei der Errechnung des KGV durch Analysten ist Vorsicht geboten, denn sie „hinken" beim KGV teilweise hinterher. Sollte der Aktienkurs in einer Woche aufgrund geringer erwarteter Gewinne fallen, aber zugleich nicht das KGV in Echtzeit aktualisiert werden, erscheint der Titel günstig, aber das KGV ist überholt.

Neben den Unternehmenskriterien sind **Marktphasen** und die **Branche** in die Bewertung des KGV einzubeziehen. Im Falle einer Krisenphase auf dem Markt werden die KGVs tendenziell unberechenbar sein. Dabei sind sowohl Entwicklungen nach oben als auch nach unten möglich. Neben logischen Folgen wie Produktionseinbußen oder dem Erlass von Beschränkungen ist es denkbar, dass Unternehmen, die eigentlich nicht von der Krise betroffen sind, von der allgemeinen Marktstimmung erfasst werden. Kurse sinken, obwohl die Gewinne gleichbleiben oder – durch die Krise begünstigt – sogar steigen. In diesem Fall ist ein niedriges KGV ein klares Kaufsignal. Neben den Marktphasen ist die Branche einflussreich. Für einzelne Branchen sind niedrige KGVs üblich. Ein Beispiel hierfür ist die Automobilbranche. Aufgrund der Forschungsintensität und der hohen Entwicklungskosten sind abseits von Krisen Werte von 15 bei Automobil-Unternehmen teure KGVs. In klassischen Wachstumsbranchen, wie beispielsweise dem Online-Segment, gelten zweistellige KGVs als niedrig.

2.4 Kurs-Buchwert-Verhältnis

Beim „KBV" ist vom Kurs-Buchwert-Verhältnis die Rede. Im Englischen sind die lange Form *Price-to-Book-Ratio* und die Abkürzung „P/B ratio" gebräuchlich. Analog zum englischen Terminus hat sich im Deutschen die Bezeichnung als Preis-Buch-Verhältnis etabliert. Das KBV drückt aus, in welchem Verhältnis der Kurs pro Aktie im Verhältnis zum Eigenkapital pro Aktie steht **oder** in welchem Verhältnis der gesamte Wert des Unternehmens im Verhältnis zum gesamten Eigenkapital steht. Inwiefern das „oder" zu verstehen ist und wie sich das KBV errechnen lässt, dürfte durch die folgenden beiden Formeln zufriedenstellend geklärt sein:

$$KBV = \frac{Kurswert\ pro\ Aktie}{Buchwert\ pro\ Aktie}$$

oder

$$KBV = \frac{Marktkapitalisierung}{Gesamtbuchwert}$$

Das Ergebnis ist bei beiden Formeln dasselbe, die verwendeten Kennzahlen allerdings unterscheiden sich. Es ist nützlich, beide Formeln zu kennen, um sich die Rechenarbeit je nach Individualfall zu vereinfachen. Der Kurswert und die Marktkapitalisierung sind grundsätzlich auf jeder Website und an jeder Börse als Kennzahlen direkt verfügbar. Bei nicht vorhandenem Buchwert pro Aktie, aber gegebenem Gesamtbuchwert lohnt es sich, die zweite Formel zu kennen. Dann können die Zahlen direkt eingesetzt werden und es muss nicht zunächst auf den Buchwert pro Aktie heruntergerechnet werden. Dasselbe gilt für den umgekehrten Fall, wenn der Gesamtbuchwert nicht aufgelistet ist, aber dafür der Buchwert je Aktie.

2.4.1 Was sagt das KBV aus?

Die Annahme hinter dem KBV ist, dass der **Wert eines Unternehmens gleich dessen Eigenkapital** ist. Unter dem Eigenkapital ist in der Fundamentalanalyse die Gesamtheit aller liquiden Mittel sowie aller Vermögenswerte zu verstehen, die sich in liquide Mittel umwandeln lassen. Dementsprechend ist das Eigenkapital gleich der Buchwert eines Unternehmens.

Im Falle eines KBV mit dem exakten Wert 1 ist die Bewertung eines Unternehmens an der Börse korrekt. Es ist weder unterbewertet noch überbewertet, weil der Unternehmenswert genau dessen Eigenkapital entspricht. Ein **KBV unter 1** signalisiert eine **Unterbewertung**, weil der Kurs geringer ist als das Eigenkapital des Unternehmens. Falls das **KBV über 1** liegt, fällt der Aktienkurs höher als die Gesamtheit der liquiden Mittel und Vermögenswerte aus. In diesem Fall ist das **Unternehmen überbewertet**.

Das KBV hat aufgrund des Fokus auf den Wert des Unternehmens eine wichtige Stellung bei den **Value-Investoren**. Unter diese fällt der „Börsen-Guru" Warren Buffett, wie er in der Öffentlichkeit und innerhalb der Branche genannt wird. Er zog das KBV als eine der zentralen Kennzahlen heran, um Aktien von Unternehmen mit einem hohen inneren Wert, aber einer im Vergleich dazu geringen Bewertung im Aktienkurs zu kaufen.

Hinweis!

Der innere Wert eines Unternehmens ist ein nicht einheitlich definierter Begriff. Deswegen handelt es sich um keinen Fachterminus. Trotzdem wird von diesem Begriff häufig Gebrauch gemacht. Mit dem inneren Wert ist im ferneren Sinne der Buchwert gemeint. Dazu zählen alle Maschinen, Immobilien, Patente, Unternehmensbeteiligungen und sonstigen Vermögenswerte des Unternehmens.

2.4.2 Wie wird das KBV verlässlich bewertet?

Ohne weitere Kennzahlen ist eine verlässliche Bewertung des KBV nicht möglich. Dies gilt sowohl branchenbezogen als auch unter Gewichtung anderer Kriterien. In Bezug auf die Branche muss das KBV bei Beteiligungs- und Immobiliengesellschaften stets kritisch betrachtet werden. Grund hierfür ist, dass **stille Reserven und stille Lasten nicht in die Berechnung des KBV einbezogen** werden. Diese fallen bei den besagten Gesellschaften für gewöhnlich hoch aus. Der *Nettoinventarwert* (NAV; im Englischen *Net Asset Value*) je Aktie wäre anstelle des Buchwerts eine aussagekräftigere Kennzahl. Diese findet in den gebräuchlichen Fundamentalanalysen allerdings keine Anwendung. Sie haben durch Einbeziehung des NAV die Möglichkeit, in Ihren eigenen Analysen gründlicher vorzugehen.

Abgesehen von diesem Aspekt weist das KBV eine andere Problematik auf. So wird nicht der eine wesentliche Vermögenswert eines Unternehmens einbezogen, der darin besteht, herausstechendes Personal zu besitzen. Ohne an dieser Stelle zu argumentieren, sollen Sie nur drei Denkanstöße erhalten, die Ihnen die Problematik vor Augen führen:

- Was wäre *Amazon*, wenn Jeff Bezos zwischenzeitlich ausgestiegen wäre, der den Konzern seit dessen Anbeginn prägt, keine Investition scheut und sukzessive an den richtigen Stellen das Wachstum fördert?
- Wie würde *Tesla* ohne Elon Musk abschneiden, der Physik studiert hat und aufgrund seiner fachlichen Kenntnisse sowie über die Grenzen seiner Gesundheit hinaus Teslas Innovationen leitet?
- Wie wäre es *Apple* ohne Steve Jobs ergangen, der dort, wo andere Grenzen und unmögliche Herausforderungen sahen, die Technologie neu definiert hat?

Zumindest im letzten Fall wissen wir, wie es *Apple* tatsächlich ergangen ist. Nach Steve Jobs' zwischenzeitlicher Entlassung erlebte *Apple* einen beispiellosen Fall. Nach seiner Rückkehr fand *Apple* zu alter Stärke zurück. Diese Geschichte lässt sich eindrucksvoll in dem Dokumentarspielfilm *Jobs!* mit Ashton Kutcher in der Hauptrolle verfolgen.

Neben den CEOs sind es die Leiter in einzelnen Abteilungen sowie teilweise ganze Abteilungen und Teams in Unternehmen, die den Wert eines Unternehmens über dessen Eigenkapital, Vermögenswerte und stille Reserven sowie stille Lasten hinaus anheben. Achten Sie bei der Arbeit mit dem KBV daher darauf, nach eigenem Ermessen das Personal bzw. die Geschäftsführung von Unternehmen miteinzubeziehen.

2.5 Ausschüttungsquote

Die Ausschüttungsquote, im Englischen *Payout Ratio* genannt, führt auf, wie hoch der Anteil der Dividendenzahlungen am Gewinn des Unternehmens ist. Je mehr von den erwirtschafteten Gewinnen an die Aktionäre ausgezahlt wird, umso höher ist die Ausschüttungsquote. Bei geringen Dividendenzahlungen an Aktionäre fällt die Ausschüttungsquote ebenfalls niedrig aus. Achtung: Trotzdem ist die Ausschüttungsquote nicht vergleichbar mit der Dividende! Denn die Dividende gibt lediglich an, wie hoch die Ausschüttungen im prozentualen Verhältnis zum Gewinn sind. Die Ausschüttungsquote führt den **Ausschüttungsbetrag pro Aktie** auf. Auf diesem Wege ist für Aktionäre eine Einschätzung, welche Ausschüttung auf eine einzelne Aktie entfällt, greifbar. Dies verschafft Ihnen eine bessere Einschätzung und Planbarkeit für die eigene Investition.

Mit den folgenden beiden Formeln lässt sich die Ausschüttungsquote errechnen:

$$Ausschüttungsquote = \frac{Dividende\ je\ Aktie}{Gewinn\ je\ Aktie}$$

oder

$$Ausschüttungsquote = \frac{Ausschüttungssumme}{Gewinnsumme}$$

Die Gewinnsumme im letzten Fall ist auf das gesamte Unternehmen bezogen. Beide Rechenwege führen zu derselben Zahl. Je nachdem, welche der Kennzahlen in einer Quelle gegeben sind, empfiehlt sich die Verwendung der ersten oder zweiten Formel. Als Beispiel dient hier die *BAYER*-Aktie. Nach Informationen aus dem Internet liegt die Dividende der Aktie bei 2,80. Der Gewinn je Aktie beträgt 6,40. Bei Einsetzen in die erste Formel ergibt sich der folgende Rechenweg:

$$Ausschüttungsquote = \frac{Dividende\ je\ Aktie}{Gewinn\ je\ Aktie}$$

$$Ausschüttungsquote = \frac{2,80\ €}{6,40\ €}$$

$$Ausschüttungsquote = 0,4375$$

Hinweis!

In einigen Fällen könnten Sie mit anderen Begriffen als in diesem Buch beschrieben konfrontiert werden. Für „Gewinn je Aktie" wird zum Beispiel häufig „Ergebnis je Aktie" verwendet. Des Weiteren lassen einige Websites bei der Präzision der Wortwahl zu wünschen, sodass anstelle von „Dividende je Aktie" einfach nur von der „Dividende" die Rede sein könnte.

2.5.1 Was sagt die Ausschüttungsquote aus?

Die Ausschüttungsquote ist eine Dezimalzahl. Durch eine einfache Umrechnung in Prozent fällt die Erklärung einfacher. Weil ein Wert von „1" gleich „100 %" ist, beträgt die Ausschüttungsquote von *BAYER* aus dem vorigen Beispiel 43,75 %. Die Rechnung und Argumentation mit Prozentualwerten ist häufig einfacher zu begreifen, weil die Größenordnung anschaulicher erklärt werden kann.

Schüttet ein Unternehmen 43,75 % seiner Gewinne aus, wandert ebenjene Menge an die Aktionäre. Der Rest der Gewinne wird einbehalten. Er kann vom Unternehmen investiert, zur Tilgung von Schulden genutzt oder gespart werden. Zudem müssen Steuern auf den Gewinn gezahlt werden.

Ist die Ausschüttungsquote geringer, verbleibt dem Unternehmen mehr Geld vom Gewinn. Eine höhere Ausschüttungsquote bedeutet weniger Geld für das Unternehmen, aber mehr für die Aktionäre. Ausschüttungsquoten von 1,0 sind gleichbedeutend mit 100 %, wobei Unternehmen den gesamten Gewinn an Aktionäre ausschütten und nichts einbehalten. Auch Quoten oberhalb der 100 % sind realistisch und vorhanden, wobei Unternehmen mehr als ihren Gewinn an die Aktionäre ausschütten. Sie nutzen in diesem Fall die historisch aufgebaute Substanz, um Aktionären Dividenden zu zahlen. Negative Ausschüttungsquoten sind nicht möglich, da dann Aktionären Geld weggenommen werden müsste, was rechtlich nicht gestattet ist.

Wussten Sie schon?

Amazon ist in Bezug auf Dividenden und Ausschüttungsquoten ein interessantes Unternehmen, weil es keine Dividenden zahlt. Dennoch ist die Aktie ein beliebter Titel bei Anlegern. Grund hierfür ist die Wachstumsstrategie des CEO Jeff Bezos. Er vertröstet Jahr für Jahr die

---

Anleger mit der Begründung, dass ohne Dividenden-zahlungen ein schnelleres Wachstum *Amazons* sicher-gestellt sei. Statt Dividenden zu zahlen, wird in das Unternehmen investiert. Die steigenden Aktienkurse, Gewinne und sonstigen konstanten positiven Entwick-lungen rund um die *Amazon*-Aktie geben der Strategie Recht, die eine Besonderheit in der Aktienwelt darstellt, da der Großteil der Unternehmen den Anlegern regel-mäßig Dividenden zahlt.

2.5.2 Wie wird die Ausschüttungsquote verlässlich bewertet?

Sofern Investitionen für das Unternehmen sinnvoll sind oder Schulden abgebaut werden können, sind keine hundert-prozentigen Ausschüttungsquoten positiv. Auch wenn für Anleger eine hohe Ausschüttungsquote verlockend sein mag, muss bedacht werden, dass damit Nachteile für das Unter-nehmen einhergehen können. Hohe Ausschüttungsquoten stehen dem Unternehmenswachstum im Wege, weil Inves-titionen nur in einem begrenzten Rahmen oder bei hundert-prozentigen Ausschüttungsquoten gar nicht möglich sind. Der Anleger muss mit Blick auf die Ausschüttungsquote deswegen **im Auge behalten, ob die Quote für das Unter-nehmen selbst angemessen und förderlich ist**.

Ein Unternehmen wie *Coca-Cola* ist eine Gelddruck-maschine, die ihr Produktionsnetzwerk global ausgebaut hat und keinerlei Investitionen in die eigene Entwicklung mehr tätigen muss. Hier sind hundertprozentige Ausschüt-tungsquoten nachvollziehbar. Bei Online-Unternehmen wie *Amazon*, die zwar Giganten sind, aber noch reichlich Wachs-tumspotenzial aufweisen, bieten sich möglichst geringe Ausschüttungsquoten an. Wie aus dem letzten Unterka-pitel bekannt, liegt die Dividende und somit automatisch die Ausschüttungsquote bei *Amazon* bei 0. Grund hierfür ist der Einbehalt aller Gewinne zum Wohle des Unternehmenswachstums. Ein derart strikter Kurs eines Unternehmens ist ungewöhnlich, weswegen sich der CEO Jeff Bezos bereits mehrmals erklären musste. Bei **großen Unternehmen** spricht man von **optimalen Ausschüttungsquoten zwischen 25 und 75 %**, je nach Situation des Unternehmens.

Letzten Endes darf die Ausschüttungsquote nicht als einzige Kennzahl separat betrachtet werden. Sie muss in Abstimmung mit dem Unternehmenskurs, der Branche, der Größe des Unternehmens, den Wachstums- und Entwicklungspotenzialen des Unternehmens sowie weiteren individuellen Aspekten beurteilt werden. Hierfür werden weitere Kennzahlen vorgestellt und weitere Hinweise zur Analyse von Unternehmen gegeben. Fürs Erste ist eine hohe Ausschüttungsquote **im Interesse der dividenden-orientierten Anleger**, während eine niedrige Ausschüttungsquote Value-Investoren in die Karten spielt.

2.6 EBIT

Das EBIT hat seinen Namen aus dem Englischen: **E**arnings **b**efore **I**nterest and **T**axes. Im Deutschen bedeutet es „Gewinn vor Zinsen und Steuern". Es wird in Gewinn- und Verlustkostenrechnungen als operatives Ergebnis aufgeführt. Es muss nie ausgerechnet werden, sondern wird von Unternehmen **im Jahresabschluss direkt lesbar aufgeführt**.

Der Vollständigkeit halber sei dennoch die Berechnung erläutert: Es handelt sich um einfache Addition und Subtraktion. Addiert wird zum Jahresüberschuss der Steueraufwand, damit die gezahlten Steuern wieder dem Gewinn zugerechnet werden. Subtrahiert werden Steuererträge, sofern das Unternehmen aus Steuern Gewinne erzielt. Durch die Berücksichtigung dieser Steuerkomponente erhalten Sie das EBT, also den Gewinn vor Steuern. Um nun die Zinsen zu berücksichtigen und das EBIT zu erhalten, werden der Zinsaufwand und der sonstige Finanzierungsaufwand addiert, damit die gezahlten Zinsen und Finanzierungskosten dem Gewinn wieder zugerechnet werden. Die Erträge aus Zinsen und Finanzierungen, die dem Unternehmen zukommen, werden wiederum subtrahiert. So ist auch der Posten „Zinsen" komplett aus der Rechnung ausgeschlossen und Sie haben das EBIT vorliegen.

Durch die Bereinigung des Gewinns um Zinsen und Steuern wird ein **Eindruck der Wertentwicklung allein im Hinblick auf die Geschäftstätigkeiten** erlangt. Dies macht insbesondere dann Sinn, wenn in einzelnen Nationen die steuerlichen Regelungen stark abweichen und Unternehmen aus einer Branche, aber aus verschiedenen Staaten mit abweichenden Steuersätzen miteinander verglichen werden sollen.

2.6.1 Was sagt das EBIT aus?

National unterschiedliche Zins- und Steuerbelastungen werden im Vergleich von Unternehmen außen vor gelassen. Folglich verbessert das EBIT die Vergleichbarkeit mit verschiedenen individuellen Kapitalstrukturen. Der **unverzerrte internationale Vergleich von Unternehmen** schafft die Basis für einen authentischen Einblick in die geschäftliche Situation. Die Unternehmensführung und die geschäftlichen Aktivitäten des Unternehmens lassen sich in Bezug auf ein Jahr besser beurteilen. Aber die Vorzüge des EBIT reichen weiter als bis zum internationalen Vergleich. Auch national besteht bei dem Heranziehen dieser Kennzahl ein Mehrwert, weil **Unternehmen mit unterschiedlich hohen Eigenkapitalquoten besser evaluiert** werden können.

Unternehmen, die geringe Eigenkapitalquoten, aber hohe Fremdkapitalquoten aufweisen, können im Jahresabschluss schlechter dastehen, denn beim Ergebnis müssen die Zinsaufwendungen für das Fremdkapital vom Gewinn subtrahiert werden. Unternehmen, die gut wirtschaften, aber ein hohes Fremdkapital haben, stehen dadurch unter Umständen schlechter da als Unternehmen, die schlechter wirtschaften, aber einen geringen Anteil an Fremdkapital verbuchen. Das EBIT beugt Missständen in diesem Vergleich vor, indem es die Aufwendungen für das Fremdkapital außen vor lässt und sich rein auf das Wirtschaften mit der Menge des Kapitals unabhängig von dessen Ursprung fokussiert.

2.6.2 Wie wird das EBIT verlässlich bewertet?

Insbesondere beim **Vergleich junger Unternehmen mit etablierten Unternehmen** ist das EBIT eine wichtige Kennzahl. Junge Unternehmen sind für gewöhnlich stärker verschuldet als größere Unternehmen, die aufgrund ihrer langen Historie bereits Eigenkapital generieren konnten und somit Investitionen aus eigenen Mitteln finanzieren können. Um das Ergebnis der rein betrieblichen Erträge und Aufwendungen abzubilden und die Unternehmensführung junger Unternehmen adäquat zu beurteilen, ist das EBIT eine hilfreiche Kennzahl. Wie bereits betont, ist auch im internationalen Vergleich von Unternehmen jedweder Größenordnung das EBIT vorteilhaft.

Nichtsdestotrotz bestehen **bei der Aussagekraft des EBIT Grenzen**. Diese ergeben sich aus den Spielräumen, die Unternehmen in der Bilanzierung und Buchführung haben:

- Bei IFRS-Abschlüssen existiert ein höherer Spielraum als bei HGB-Abschlüssen, was die planmäßigen Abschreibungen anbelangt. Nach den IFRS sind die Abschreibungen enger an die tatsächliche Nutzungsdauer der Vermögenswerte gebunden.
- Immaterielle Vermögenswerte sind in allen drei Reporting-Regeln des HGB, der IFRS und der US-GAAP

bei der Aktivierung und Bestimmung der Nutzungsdauer mit vielen Freiräumen versehen.

- Es besteht Ungewissheit, ob neben den Ertragssteueraufwendungen auch die Betriebssteueraufwendungen hinzugerechnet werden sollen.

Quelle: bc-online.de

Die Unklarheiten können zum Teil beseitigt werden, indem die Kennzahl EBITDA (siehe 2.7) herangezogen wird. Der Nachteil hiervon wäre wiederum, dass die Abschreibungen als ein wesentlicher Kostenfaktor außer Acht gelassen würden. Demnach ist das EBIT gesondert eine wichtige Kennzahl, die im Rahmen ihrer Verlässlichkeit als separate Komponente der Unternehmensbewertung zu gebrauchen ist, wann immer es um einen Vergleich von Unternehmen verschiedener Größenordnung und über die nationalen Grenzen hinaus geht.

Es muss bei alledem beachtet werden, dass Finanzierungskosten nichtsdestotrotz Kosten sind, die Unternehmen zu tragen haben. Unternehmen, die ohne Berücksichtigung der Finanzierungskosten gut wirtschaften, sind durch die Finanzierungen dennoch belastet, weil sie die Finanzierungskosten ausgleichen und zugleich ein gutes Gewinnwachstum verzeichnen müssen. Schlussendlich sind neben dem EBIT die Cashflows, Schulden sowie weitere Kennzahlen ebenfalls zu betrachten und zu evaluieren. Wenn Sie beispielsweise feststellen, dass ein junges und verschuldetes Unternehmen nach dem EBIT noch besser wirtschaftet als ein etabliertes Unternehmen mit geringem Fremdkapitalanteil, müssen Sie im Anschluss die Zahlen der vergangenen Jahre betrachten und auch das Gesamtergebnis, um festzustellen, ob das junge Unternehmen die Finanzierungsaufwendungen auf kurze und lange Sicht überhaupt stemmen kann.

2.6.3 EBIT-Marge

Eine Kennzahl, die mit dem EBIT eng in Verbindung steht und für deren Errechnung das EBIT erforderlich ist, ist die EBIT-Marge. Sie gibt an, wie hoch der **operative Gewinn im Vergleich zum Jahresumsatz des Unternehmens** ist. Dementsprechend wird sie auch „Umsatzrendite" genannt. Mit Hilfe dieser Kennzahl lässt sich ansatzweise feststellen, wie gut ein Unternehmen ohne Beachtung der Kosten und Aufwendungen aus Steuern sowie Zinsen wirtschaftet. Die Formel zur Errechnung der EBIT-Marge lautet wie folgt:

$$EBITmarge = \frac{EBIT}{Umsatzerlöse}$$

Als Ergebnis erhalten Sie eine Dezimalzahl, die Sie durch Multiplikation mit der Zahl 100 in eine prozentuale Angabe umwandeln. Die EBIT-Marge wird fast nie als Kennzahl auf Finanzseiten aufgeführt. Sie müssen sie selbst errechnen. Durch die EBIT-Marge können Sie **Unternehmen innerhalb einer Branche besser vergleichen.** Branchenübergreifend macht die EBIT-Marge als Vergleichszahl keinen Sinn. Es gilt, dass eine **möglichst hohe EBIT-Marge zu begrüßen** ist. Margen von um die 15 % aufwärts sind ein Zeichen für rentable Unternehmen, ab 3 % abwärts gilt ein Unternehmen als nicht rentabel. Diese allgemeine Regel ist auf sämtliche Branchen anwendbar.

2.7 EBITDA

Das Akronym EBITDA stammt aus dem Englischen „**E**arnings **b**efore **I**nterest, **T**axes, **D**epreciation and **A**mortization". Es baut auf dem EBIT auf, indem es den um Steuern und Zinsen bereinigten Gewinn zusätzlich um die Abschreibungen (Depreciation) sowie Amortisation (Amortization) bereinigt. Unter der Amortisation sind die Abschreibungen auf immaterielle Vermögenswerte zu verstehen. Die Berechnung des EBITDA erfolgt auf Basis der GuV, wobei je nach Verfahren eine andere Vorgehensweise notwendig ist.

Beim Umsatzkostenverfahren gilt die folgende Vorgehensweise:

Rechenoperator	Posten
	Umsatzerlöse
-	Herstellungskosten der zur Erzielung der Umsätze erbrachten Leistungen
=	**Bruttoergebnis vom Umsatz**
-	Vertriebskosten
-	Allgemeine Verwaltungskosten
-	Sonstige betriebliche Erträge
-	Sonstige betriebliche Aufwendungen
+	Abschreibungen aus immateriellen Wirtschaftsgütern und Sachanlagen
=	**EBITDA**

Quelle: controlling.net

Bei Vorliegen einer GuV nach dem Gesamtkostenverfahren wird wie folgt verfahren:

Rechenoperator	Posten
	Umsatzerlöse
-	Erhöhung oder Verminderung des Bestands an fertigen und unfertigen Erzeugnissen
-	Andere aktivierte Eigenleistungen
-	Sonstige betriebliche Erträge
-	Materialaufwand

-		Personalaufwand
-		Sonstige betriebliche Aufwendungen
=		**EBITDA**

Quelle: controlling.net

Eine weitere rechnerische Vorgehensweise zur Ermittlung des EBITDA findet auf Basis des Jahresergebnisses statt. Hierbei werden **zum Jahresergebnis die Posten „Steueraufwand", „Zinsaufwand" und „Abschreibungen auf das Anlagevermögen" addiert.**

Zudem werden **vom Jahresergebnis die Posten „Steuererträge", „Zinserträge" und „Zuschreibungen zum Sachvermögen" subtrahiert.** Das Endergebnis ist das EBITDA. Für das sogenannte bereinigte EBITDA werden die außergewöhnlichen Aufwendungen addiert und die außergewöhnlichen Erträge subtrahiert.

2.7.1 Was sagt das EBITDA aus?

Das EBITDA sagt aus, wie viel dem Unternehmen an finanziellen Mitteln zur Verfügung steht, um die laufenden Ausgaben zu decken. Dabei wird die **Finanzierungskraft rein aus der geschäftlichen Tätigkeit** widergespiegelt. Mit diesen Eigenschaften ist die Kennzahl EBITDA zentral zur Beurteilung der Wirtschaftlichkeit der Unternehmensaktivitäten. In einigen Unternehmen wird die Kennzahl sogar zur Bemessung des Gehalts von Managern herangezogen. Dies entspricht dem Gedanken einer leistungsorientierten Vergütung. Ferner nutzen Kredit- und Bankinstitute die Kennzahl oftmals, um die Kreditwürdigkeit von Unternehmen zu bewerten.

Es werden **sämtliche Posten ausgeklammert, die für die Wirtschaftlichkeit der Unternehmensaktivitäten keine Rolle spielen**:

- Die Zinskosten und -erträge beziehen sich rein auf die finanzielle Strategie eines Unternehmens, weswegen sie außer Acht gelassen werden.
- Steueraufwendungen sowie -erträge hängen von regulatorischen, nationalen und z. T. branchenabhängigen Faktoren ab, sodass sie ebenfalls nicht einfließen.
- Abschreibungen finden auf bereits bezahlte Güter statt, die für die Aufnahme des Geschäftsbetriebs wichtig sind/waren, aber nichts mit der Wirtschaftlichkeit der geschäftlichen Tätigkeit zu tun haben.

Somit hat das EBITDA eine zentrale Aussagekraft, was die betriebliche Verfassung eines Unternehmens angeht. Im Gegensatz zu einer Vielzahl anderer Kennzahlen bietet sie auch alleinstehend einen guten Aufschluss speziell in der Bewertung der geschäftlichen Aktivitäten eines Unternehmens, wenn sie mit dem Jahresergebnis des Unternehmens verglichen wird.

2.7.2 Wie wird das EBITDA verlässlich bewertet?

Es soll nochmals zur Kennzahl EBITDA betont werden: „Sie bietet auch alleinstehend einen guten Aufschluss speziell in der Bewertung der *geschäftlichen Aktivitäten eines Unternehmens*." Zur Bewertung des kompletten Unternehmens eignet sich diese Kennzahl keineswegs. Schließlich verschleiert sie einen Großteil der finanziellen Lage.

561

Wussten Sie schon?

Ein Artikel der *FAZ* aus dem Jahre 2003 beschreibt eine irreführende Form der Publizität, von der das Unternehmen *AOL Time Warner* Gebrauch machte. Das Unternehmen veröffentlichte immer bevorzugt das EBITDA; so auch 2002. Ging man rein nach dem Jahresergebnis, stand für das Jahr 2002 ein Verlust von 53 Milliarden US-Dollar zu Buche. Das EBITDA, das einen Gewinn von 8,8 Milliarden US-Dollar darbot, klang besser und spielte dem Unternehmen in die Karten. So wird aus dem EBITDA das in Fachkreisen vielzitierte und humorvolle „Earnings before I tricksed the dumbed auditor".

Dieses Beispiel zeigt, wie stark das EBITDA Jahresergebnisse zu manipulieren vermag. Bei einer genaueren Recherche anhand dieses Beispiels wird zudem klar, dass auch das Jahresergebnis trügerisch sein kann. Denn der Blick auf das Gesamtergebnis der *AOL Time Warner* legt offen, dass der Großteil des Verlusts dem Sonstigen Ergebnis aufgrund einer Neubewertung und somit außergewöhnlichen Belastung zuzuordnen ist. Es ist somit nicht persistent und fürs nächste Jahr bedingt bis gar nicht aussagekräftig.

Wie auch immer man nun die damalige Politik der Publizität von *AOL Time Warner* einstufen mag, so steht am Ende dennoch ein radikales Beispiel für das trügerische Potential des EBITDA. Ein EBITDA wird schlussendlich nur dann verlässlich bewertet, wenn sichergestellt ist, dass zunächst anhand des Gesamtergebnisses und der enthaltenen Posten die finanzielle Lage eines Unternehmens als konsolidiert eingestuft werden konnte. Erst danach kann das EBITDA betrachtet werden, um einen separaten Eindruck von der Wirtschaftlichkeit der Unternehmensaktivitäten zu erhalten. Diese Vorgehensweise – zuerst Bewertung des Jahresergebnisses und dann Bewertung des EBITDA – ist vor allem branchenbezogen vorteilhaft.

Für ein Beispiel sei angenommen, ein junges Unternehmen hätte dasselbe Jahresergebnis wie ein etabliertes Unternehmen. Bei einem genaueren Blick auf das Ergebnis fällt aber auf, dass das junge Unternehmen aufgrund der hohen Zinskosten und Abschreibungsraten seit dessen Gründung einen stark geschmälerten Gewinn hat. Das etablierte Unternehmen wiederum verzeichnet dasselbe Ergebnis, obwohl es wesentlich geringeren Zinskosten und minimal geringeren Kosten für Abschreibungen ausgesetzt ist. Ein Blick auf das EBITDA verleiht Aufschluss: Das junge Unternehmen wirtschaftet derart effektiv, dass die um Längen höheren Erträge aus den Unternehmensaktivitäten die weitaus höhere finanzielle Belastung im Vergleich zum etablierten Unternehmen ausgleichen. In Zukunft könnte davon ausgegangen werden, dass das junge Unternehmen das etablierte aufgrund der sinkenden Abschreibungen und Zinskosten sowie der effektiveren geschäftlichen Tätigkeiten überrunden wird. Natürlich aber müssen weitere Kennzahlen überprüft werden. Vor allem bei jungen Unternehmen ist ein Blick auf die Abschnitte 2.8.3 bis 2.8.5 aus dem folgenden Unterkapitel vorteilhaft, um dem hohen EBITDA zum Trotz die finanzielle Stabilität angemessen zu prüfen.

Zuletzt sei erwähnt, dass die **Abschreibungsregeln durch Anwendung der verschiedenen Regelwerke unterschiedlich** sind. Daher ist das EBITDA beim internationalen Vergleich eine gute Kennzahl.

2.7.3 EBITDA-Marge

Die EBITDA-Marge setzt das EBITDA ins Verhältnis zu den Umsatzerlösen. Der Rechenweg ist derselbe wie beim EBIT, nur mit dem EBITDA:

$$EBITDAmarge = \frac{EBITDA}{Umsatzerlöse}$$

563

Das Ergebnis ist eine Dezimalzahl. Durch Multiplikation mit 100 erhalten Sie einen prozentualen Wert. Dieser ist im Idealfall höher als die EBIT-Marge. Werden bei der EBIT-Marge 15 % als Wert für rentable Unternehmen angesehen, so sind es bei der **EBITDA-Marge über 20 %.**

Branchenbezogene Unterschiede sind einzukalkulieren. Zu beachten ist ein nicht seltenes Phänomen in der Dienstleistungsbranche, bei dem es zu höheren EBIT- als EBITDA-Margen kommen kann. Begründen lässt sich dieser Effekt beispielsweise mit dem Verkauf von Beteiligungen über dem eigentlichen Buchwert. Ansonsten gilt für entwicklungsintensive Branchen wie Automotive und Luftfahrt ein geringeres EBITDA als in anderen Branchen als typisch.

2.8 Weitere Kennzahlen

Einen Großteil der relevanten Kennzahlen können Sie aus den Jahresabschlussberichten von Unternehmen ablesen. Dazu gehören das bloße Eigenkapital, die Cashflows sowie die Dividendenausschüttungen. Es handelt sich um Kennzahlen, die allesamt branchenbezogene Vergleichsgrößen sind und ohne Rechenarbeit der Unternehmensbewertung dienen. Wie die bisherigen Unterkapitel 2.1 bis 2.7 größtenteils zeigten, wird es aber insbesondere dann interessant, wenn einzelne Kennzahlen ins Verhältnis zueinander gesetzt werden. Dies hebt die Relativität der Kennzahlen zumindest ein Stück weit auf und verschafft ihnen eine Konkretisierung. Die Folge ist eine höhere Aussagekraft der Kennzahlen – sowohl allein in Bezug auf das Unternehmen als auch im Vergleich mit der Konkurrenz. Fünf Kennzahlen, die einer weniger ausführlichen Erläuterung bedürfen als die bisher genannten, werden nun erklärt. Durch die Abschnitte 2.8.3 bis 2.8.5 erhalten Sie wichtige Ansatzpunkte zur Bewertung der finanziellen Stabilität eines Unternehmens.

2.8.1 Kurs-Umsatz-Verhältnis

Das Kurs-Umsatz-Verhältnis (KUV), im Englischen *Price-Sales-Ratio*, stellt dar, wie hoch der **Umsatz im Verhältnis zum Unternehmenswert** ist. Die Berechnung kann in Bezug auf eine Aktie oder das gesamte Unternehmen erfolgen, wobei das letzte Verfahren aufgrund der direkten Verfügbarkeit der notwendigen Werte das einfachere ist:

$$KUV = \frac{Marktkapitalisierung}{Jahresumsatz}$$

oder

$$KUV = \frac{Kurs\ je\ Aktie}{Umsatz\ je\ Aktie}$$

Die Kennzahl KUV wird vereinzelt mit großer Skepsis betrachtet, was den negativen Erfahrungen in der Unternehmensbewertung zu Zeiten der New-Economy-Blase geschuldet ist. Damals war die Kennzahl noch in aller Munde und wurde für die Bewertungen der einzelnen Unternehmen angewandt. Das **Problem**: Der Jahresumsatz wird **unabhängig von den damit in Verbindung stehenden Kosten** betrachtet. Zu Zeiten der New-Economy-Blase wurden Unternehmen, die hohe Ausgaben hatten und unter Umständen unprofitabel wirtschafteten, aufgrund des hohen Umsatzes insgesamt positiv bewertet. Da es zum Platzen der New-Economy-Blase mit hohen Verlusten für Anleger und Unternehmenspleiten kam, ist der Rest der Geschichte von selbst erzählt: Die Kennzahl KUV spielte eine geringere Rolle in der Unternehmensbewertung.

Diese geringere Rolle ist gut nachvollziehbar, da Bewertungen, die sich an dem KUV orientieren, allerlei relevante Kosten außer Acht lassen. Nichtsdestotrotz lässt sich der

Kennzahl eine gewisse Berechtigung einräumen. **Junge Unternehmen**, die aufgrund der hohen Abschreibungen für die Anschaffung von Ressourcen und hohen Finanzierungsaufwendungen auf Verluste oder geringe Gewinne im Gesamtergebnis kommen, lassen sich anhand des KUV ausgewogener bewerten. Auch in Phasen, in denen die **Umsatzrendite zyklisch bedingt schwankt**, ist das KUV eine hilfreiche Kennzahl. Für beide Fälle folgen nun kurze Erklärungen.

1) Junge Unternehmen mit Anlaufverlusten: Ein hoher Umsatz signalisiert, dass das Unternehmen Kunden hat, Produkte absetzt und seinen Geschäftsbetrieb aufrechterhält oder sogar ausbaut. Hier müssen Sie prüfen, wie die Tendenzen beim Unternehmen in den letzten Jahren waren. Bei einer konstanten Steigerung der Umsätze und einem abnehmenden Jahresverlust legt das hohe KUV in Kombination mit dem positiven Trend aus den letzten GuVs nahe, dass das Unternehmen künftig schwarze Zahlen schreiben wird.

2) Phasen mit zyklisch bedingt schwankender Umsatzrendite: Eine zyklische Schwankung der Umsatzrendite bedeutet nicht automatisch einen Rückgang der Effizienz in Unternehmen. Sollte parallel zu einer zyklisch bedingten Senkung der Umsatzrendite das KUV gleich hoch bleiben oder sich sogar steigern, wäre ein positives Zeichen gegeben. Für eine solche Schlussfolgerung müssen Sie aber zunächst sicherstellen, dass die gesunkene Umsatzrendite tatsächlich auf einer zyklischen Schwankung beruht und das Unternehmen seine Effizienz weitestgehend beibehalten hat.

2.8.2 Eigen- und Fremdkapitalquote

Die Kennzahlen der Eigen- und Fremdkapitalquote sind **zur verlässlichen Bewertung der Eigenkapitalrendite** erforderlich. Im Englischen existieren die Bezeichnungen *Equity Ratio* für die Eigenkapitalquote und *Debt Ratio* für die Fremdkapitalquote. Aus den Quoten wird ersichtlich, welchen Anteil die jeweilige Mittelherkunft am Gesamtkapital des Unternehmens hat. Beide Quoten zusammen haben einen Anteil von 100 %. Wird die eine Quote errechnet, kann aus ihr durch Subtraktion direkt die andere Quote abgeleitet werden. Dies funktioniert in der Praxis durch eine der folgenden Formeln:

$$Eigenkapitalquote = \frac{Eigenkapital}{Bilanzsumme}$$

oder

$$Fremdkapitalquote = \frac{Fremdkapital}{Bilanzsumme}$$

Kommt eine Fremdkapitalquote von 0,3 heraus, so entspricht dies 30 %, da eine Quote von 1 immer 100 % bedeutet. Bei einer Fremdkapitalquote von 0,3 wird durch die Rechnung 1-0,3 sofort klar, dass die Eigenkapitalquote bei 0,7 und somit 70 % liegt. Was **ideale Eigen- und Fremdkapitalquoten** sind, ist nicht branchenabhängig zu beurteilen. Vielmehr ist es **vom Geschäftsmodell und dem Etablierungsgrad eines Unternehmens abhängig**. Zunächst ein paar allgemeine Hinweise zu Eigenschaften von Eigen- und Fremdkapital:

	Eigenkapital	Fremdkapital
Vorteile	• Keine Zinslast • In Phasen des wirtschaftlichen Abschwungs aufgrund der geringeren laufenden Kosten vorteilhaft • Höhere Flexibilität im Unternehmen	• Günstiger als Eigenkapital, weil Zinsen steuerlich abzugsfähig sind und nicht das eigene Kapital dem Risiko des Marktes ausgesetzt ist • Erhöht die Zahlkraft von Unternehmen über die eigenen Mittel hinaus • Senkt die Steuerlast des Unternehmens • Erhöht den Unternehmenswert
Nachteile	• Teurer als Fremdkapital, da nicht steuerlich abzugsfähig und die Einlage den Risiken des Marktes ausgesetzt ist	• Bindung an Zinslast und Pflicht zu deren Zahlung

Es mag Sie womöglich erstaunen, dass in der Finanzwelt trotz der zu zahlenden Zinsen **Fremdkapital günstiger als Eigenkapital gewertet** wird. Tatsächlich ist dies eine allgemeine Regel, die nichtsdestotrotz mit Vorsicht zu genießen ist, denn Fremdkapital ist mit der Verpflichtung zur Zahlung verbunden. Achten Sie bei sämtlichen Unternehmen, die schwankende Gewinne aufweisen und noch nicht lange auf dem Markt etabliert sind, darauf, dass die Fremdkapitalquote möglichst gering ausfällt. Schwankende Gewinne und die kurze Existenz legen nahe, dass das Unternehmen für

Phasen des wirtschaftlichen Abschwungs nicht ausreichend abgesichert ist. Etablierte Unternehmen wie *Nestle* und *Coca-Cola* weisen ausreichend Eigenkapital auf, um selbst Schwächephasen zu überstehen, aber jüngere Unternehmen können ins Schwanken kommen.

Achten Sie ferner in Zusammenhang mit der Eigenkapital- und Fremdkapitalquote auf deren Entwicklung zwischen den einzelnen Berichten von Unternehmen und innerhalb mehrerer Jahre. Vereinzelt ereignet es sich, dass Unternehmen in Zeiten des wirtschaftlichen Aufschwungs durch die Aufnahme von Fremdkapital den Unternehmenswert erhöhen, ohne dass dies explizit für die Geschäftstätigkeit des Unternehmens erforderlich wäre. Man spricht in diesem Fall vom sogenannten **Hebel-** oder **Leverage-Effekt**. (vgl. Schmidlin, S. 52) Solche Maßnahmen können nach hinten losgehen, wenn auf die Phase des Aufschwungs relativ schnell eine Phase des Abschwungs folgt. Hierbei muss es sich nicht zwingend um eine wirtschaftliche Rezession handeln. Es reicht schon ein Abschwung innerhalb einer Branche oder eines Unternehmens aus.

2.8.3 Gearing

Die Kennzahl Gearing zeigt, **wie stark das Eigenkapital die Nettofinanzverbindlichkeiten deckt**. Risikoarme Anleger sind mit einer Berücksichtigung dieser Kennzahl bestens beraten. Sollte das Unternehmen ein Eigenkapital verzeichnen, das die Höhe der Nettofinanzverbindlichkeiten übersteigt, könnte es durch sein Eigenkapital die Nettofinanzverbindlichkeiten ablösen. Die Finanzierungen sind mit ausreichend Eigenkapital abgesichert. Die folgende Formel dient zur Errechnung:

$$Gearing = \frac{Finanzverbindlichkeiten - Liquide\ Mittel}{Eigenkapital}$$

Im Gegensatz zur Eigenkapitalquote werden **nur die Finanz-verbindlichkeiten gewertet, die Zinszahlungen nach sich ziehen.** Verbindlichkeiten, die aus Lieferungen und Leistungen resultieren, bleiben unbeachtet. Grund hierfür ist, dass Verbindlichkeiten aus Lieferungen und Leistungen nicht verzinste Kreditformen sind und zu einer Aufwertung der Aktiva beitragen. Somit ist das Gearing im Gegensatz zur Eigenkapitalquote minimal aufschlussreicher, was die finanzielle Stabilität eines Unternehmens anbelangt. Zu den Prozentsätzen lassen sich folgende Aussagen tätigen:

- Ein Gearing zwischen 10 und 20 % gilt als ideal, weil finanzielle Stabilität und eine geringe Hortung liquider Mittel Hand in Hand gehen.
- Werte zwischen 20 und 50 % gelten noch als gut.
- Ab Werten von 70 % aufwärts geht die Tendenz in Richtung von Nettofinanzschulden, die an das Eigenkapital heranreichen; bei über 100 % übersteigen sie sogar das Eigenkapital.

Ein Gearing von über 100 % hat eine Verschuldung zur Folge. Ein negatives Gearing bedeutet, dass das Unternehmen schuldenfrei ist.

2.8.4 Sachinvestitionsquote

Die Sachinvestitionsquote dient der **Bemessung der Höhe des Anteils der Sachinvestitionen am operativen Cashflow.** Dies ermöglicht eine Einschätzung, wie intensiv die Kosten für Erneuerungen des Maschinenparks und anderer Produktionsanlagen sind. Sollten die Kosten für Sachinvestitionen Jahr für Jahr den Cashflows nahekommen oder diese übersteigen, ist das Unternehmen auf lange Sicht nicht wettbewerbsfähig. Denn die laufenden Kosten allein für neue Sachgüter übersteigen die Zahlungsflüsse. Anstelle der Cashflows kann für die Rechnung auch der Jahresüberschuss von Unternehmen zuzüglich der Abschreibungen und anderer zahlungsunwirksamer Positionen verwendet werden. So ergibt sich insgesamt die folgende Formel:

$$Sachinvestitionsquote = \frac{Sachinvestitionskosten}{operativer\ Cashflow}$$

Die Sachinvestitionsquoten variieren branchenbezogen stark. Es existieren Branchen, in denen die Entwicklungskosten derart hoch liegen, dass immer von hohen Sachinvestitionen und infolgedessen geringeren Gewinnen ausgegangen werden darf. Dies ist der Fall bei den Branchen Automotive, Luftfahrt sowie Stahlerzeugung, um nur einige zu nennen. Die Pharmaindustrie verzeichnet ebenfalls hohe Sachinvestitionskosten in der Entwicklungsphase eines Stoffes, aber die geringen Produktionskosten nach der Entwicklung gleichen die hohen Sachinvestitionsquoten aus.

2.8.5 Cash-Burn-Rate

Die Cash-Burn-Rate ist eine im Kontext von jungen und schnell expandierenden Unternehmen interessante Kennzahl. Sie verschafft Aufschluss darüber, **wie viele Jahre hintereinander das Unternehmen einen Fehlbetrag verzeichnen könnte, ohne insolvent zu werden**. Mit der folgenden Formel holen Sie sich diese wichtige Information ab:

$$CBR = \frac{Eigenkapital}{Jahresfehlbetrag}$$

Eine Cash-Burn-Rate von 10 würde bedeuten, dass das Unternehmen den Fehlbetrag der laufenden Periode zehn Jahre lang fahren könnte, ohne Insolvenz anmelden zu müssen. Zu beachten ist hierbei, dass ein Jahresfehlbetrag nicht immer konstant bleibt. Während sinkende Jahresfehlbeträge einen positiven Trend widerspiegeln und die CBR in die Länge ziehen, verheißen steigende Jahresfehlbeträge, dass die errechnete CBR die künftige Situation nicht verlässlich widerspiegelt und es schneller als errechnet zu einer Insolvenz kommt.

Als finales Beispiel dient ein junges aufstrebendes Unternehmen, das eine CBR in Höhe von 7 aufweist, die in den letzten zwei Jahren gesunken ist: In diesem Fall lohnt sich ein Blick auf die Sachinvestitionsquoten sowie deren einzelne Posten, um die Gründe für den Jahresfehlbetrag zu erfahren. Hohe Sachinvestitionsquoten infolge von Entwicklungskosten für innovative Produkte rechtfertigen die CBR in vielen Fällen. Demzufolge wäre es ratsam, wenn Sie nähere Informationen zu der Entwicklung durch das Unternehmen einholen würden: Wie ist der aktuelle Stand? Wie ist der Trend der letzten Wochen und Monate? Wie innovativ ist das Produkt wirklich? Welche Wettbewerbsvorteile könnte die Entwicklung des Produkts dem jeweiligen Unternehmen verschaffen? Gründe für eine hohe CBR bei jungen Unternehmen sind oftmals die hohen Verbindlichkeiten, die nicht durch die Einnahmen des Jahres gedeckt werden. Bei jungen Unternehmen mit geringen und nicht ansteigenden Einnahmen ist höchste Vorsicht geboten.

3 Branchenanalyse

Der wichtigste Grundsatz in der Branchenanalyse und allgemein bei der Unternehmensbewertung ist, dass Sie nur dort analysieren und investieren, wo Sie Ihre Kompetenzen haben. Besitzen Sie keinerlei Vorkenntnisse in der Luft- und Raumfahrt, dann ist ein Investment in dieser Branche abwegig. Grund dafür ist, dass die Analyse oberflächlich und mit geringer Qualität ausfiele. Tatsächlich ist es für eine gute Branchenanalyse nicht erforderlich, in einer Branche zu arbeiten oder praktisches Wissen zu haben. Es kann bereits ausreichend sein, wenn Sie sich hochwertig in Literatur und Fachmagazinen sowie Tagesnachrichten drei bis sechs Monate lang informieren. Aber wichtig ist, dass Sie sich in der Branche wirklich auskennen und Ihnen so gut wie kein Wort, das in den Nachrichten oder in einer Informationsquelle erscheint, neu ist. Nur bei absoluten Kenntnissen, die Sie regelmäßig aktualisieren, haben Sie die Fähigkeiten, um eine Branche zuverlässig zu analysieren.

Wenn Sie schließlich zur Analyse ans Werk gehen, sind gesetzliche Rahmenbedingungen der erste kritische Faktor einer Analyse. Unternehmen müssen sich nach dem Gesetz richten. Unsicherheiten in der Gesetzeslage und bezüglich deren Auswirkungen auf das Unternehmen fließen negativ in die Analyse ein. Ferner sind Wettbewerb und Kooperationen in der Branche aufgrund der vielen aktiven Akteure in die Analyse einzubeziehen. Von den langjährigen Konkurrenten über neue zerstörerische Anbieter bis hin zu Kunden und Lieferanten wirken auf jedes Unternehmen mehrere Kräfte, die es gefährden oder ihm Vorteile verschaffen können. Alle Szenarien müssen mit deren Eintrittswahrscheinlichkeit und den Auswirkungen aufs Unternehmen abgewogen werden – hierfür ist die Branchenanalyse da.

3.1 Gesetzliche Rahmenbedingungen

Unternehmen, die gesetzlichen Regulierungen ausgesetzt sind, unterliegen unberechenbaren externen Einflüssen. Gesetze können durch langfristige Planungen erlassen werden. Ebenso sind spontane Erlasse möglich. Während sich die Auswirkung einer schrittweisen Umsetzung der Gesetze besser abschätzen und in die Unternehmensbewertung einbeziehen lässt, verhält es sich bei spontan erlassenen Gesetzen anders. Darüber hinaus existieren gesetzliche Regelungen, die einer Ungewissheit unterliegen und die Entscheidung für oder gegen eine positive Bewertung gewissermaßen zu einer Runde Roulette werden lassen. Wir haben somit **drei Formen von gesetzlichen Regelungen**, denen Unternehmen unterliegen können:

- Schrittweise Umsetzung der Gesetze über einen langfristigen Horizont
- Sofortige und unerwartete Umsetzung der Gesetze
- Ungewissheit über den Erlass von Gesetzen

Für sämtliche der drei Fälle werden nun reale Beispiele angeführt, um die Problematik im Hinblick auf die Unternehmensbewertung zu untermauern. Vorab soll auf Unternehmen bzw. Branchen aufmerksam gemacht werden, die einer verstärkten gesetzlichen Regulierung ausgesetzt sind. Dies trifft mitunter auf Unternehmen aus dem Pharma-Bereich, Energieversorger sowie Immobilien- und Aktiengesellschaften zu. Ferner fallen alle anderen Unternehmen unter ein Regulierungsrisiko, was außergewöhnlichen Situationen geschuldet ist. Das ideale hierfür ist die Corona-Krise. Sie kam unerwartet und führte in nahezu allen Staaten des Globus zu Einschränkungen, die seitens der Regierung gesetzlich veranlasst wurden. Es spielte keine Rolle, ob die Branche unter anderen Bedingungen gesetzlichen Regulierungen unterworfen war oder nicht – Gesetze wurden umgesetzt, Unternehmen spontan und unerwartet im Geschäftsbetrieb ausgebremst. Somit können Regulierungen auch Branchen treffen, bei denen sonst keine zu erwarten sind. Dies unterstreicht einmal mehr den spekulativen Charakter des Aktienmarktes.

3.1.1 Schrittweiser Erlass von Gesetzen

Die Energiewende ist ein großes erklärtes Ziel der Bundesregierung. Forciert wird die Unabhängigkeit von knapper werdenden fossilen Energieträgern durch einen Wechsel auf erneuerbare Energieträger, was zudem positive Auswirkungen auf die Umwelt beinhaltet. Um einen Anreiz zur Transformation zu schaffen, begann mit dem Erlass des Stromeinspeisungsgesetzes vom 7. Dezember 1990 die Verpflichtung von Elektrizitätsversorgungsunternehmen zur Abnahme eines Teils der Energie von Unternehmen, die erneuerbare Energie hervorbrachten. Das Gesetz diente als Grundlage für das/die folgenden EEG (es gab mehrere Erneuerbare-Energien-Gesetze; Anm.).

Es ereigneten sich durch neue EEGs in den Jahren 2000, 2004, 2009, 2012, 2014 und 2017 zahlreiche Änderungen, die die Branche der erneuerbaren Energie abwechselnd förderten sowie benachteiligten, wie folgende Beispiele zeigen:

- Das Gesetz von 2009 hatte die Senkung der Fördersätze für Photovoltaikanlagen zur Folge.
- Die Einführung einer optionalen Marktprämie schuf Betreibern von EEG-Anlagen zusätzliche Vorteile.
- Der Wettbewerbs-Ansatz brachte eine Abschaffung der staatlich festgelegten Vergütungen mit sich und schaffte mehr Risiken bei gleichzeitig mehr Chancen. Es kam zu einem Preiskampf der Anbieter.

Der schrittweise Erlass bzw. die schrittweise Änderung von Gesetzen sorgen dafür, dass Anleger und Analytiker von Unternehmen aus der EE-Branche ständig die **Auswirkung der Regelungen im Auge behalten und die richtigen Reaktionen ergreifen** müssen. Im Vorfeld lässt sich teilweise schlecht einschätzen, welche Auswirkungen welche Änderung des Gesetzes haben wird. Dass erneuerbaren Energien die Zukunft gehört, scheint unbestritten. Aber der Weg dahin wird durch die externe Einwirkung von Gesetzen, die in regelmäßigen Zeiträumen erfolgt, ungewiss sein. Dabei können sowohl kleine als auch große Unternehmen die negativen Auswirkungen zu spüren bekommen.

3.1.2 Sofortiger Erlass von Gesetzen

Es war zwar bereits 2016 bekannt, dass die DGSVO in der EU ab Mai 2018 in Kraft treten würde, aber wie so häufig in der Unternehmenslandschaft ließen sich die Unternehmen bei der Umsetzung der Vorschriften Zeit. Damit ging einher, dass die Umstellung, als sie schließlich stattfand, holprig anlief und vereinzelt Verstöße auftraten. Bei Konzernen war dies weniger der Fall als bei nicht börsennotierten Unternehmen.

Aber auch börsennotierte Unternehmen aus SDAX, MDAX, TecDAX, DAX und weiteren Indizes der EU hatten ihre Herausforderungen. Diese bestanden zunächst in **hohen Investitionen für Umstrukturierungen** und vereinzelt **Strafgebühren aufgrund von Verstößen** gegen geltendes Recht. Sowohl Zeit als auch Geld flossen in die Anpassung der Geschäftsprozesse an neues Recht. Vor allem Online-Unternehmen mussten Ressourcen investieren. Bei Online- sowie Offline-Unternehmen mussten umfassende Änderungen der Vertriebs-, Marketing- und Kommunikationswege erfolgen.

3.1.3 Ungewissheit über den Erlass von Gesetzen

Ein maßgeschneidertes Beispiel für Ungewissheit bezüglich der Gesetzeslage wird in der Ausgabe 6/2020 des *manager magazin* gegeben. Es wird über die mögliche Übernahme der Gesellschaft *Deutsche Wohnen* durch den DAX-Konzern *Vonovia* berichtet. Hierbei wird u. a. die Frage geklärt, wie sich ein Kauf der *Deutsche Wohnen* auf die Anteile der Aktionäre des Unternehmens auswirken würde.

Michael Zahn, Chef der *Deutsche Wohnen*, bezieht sich in seiner Argumentation auf eine laufende Klage gegen den Berliner Mietendeckel vor dem Bundesverfassungsgericht. Er sieht die Aktionäre der *Deutsche Wohnen* in jedem Fall als Gewinner bei einem Kauf durch *Vonovia*. Es gebe zwei mögliche Szenarien:

1) Der Mietendeckel wird für ungültig erklärt, woraufhin der Aktienkurs der *Deutsche Wohnen* (Die *Deutsche Wohnen* hat 70 % ihrer Immobilien in Berlin; Anm.) steigt. In diesem Fall werden die Aktien des Unternehmens für *Vonovia* teurer, sodass die Aktionäre im Falle eines Kaufes mehr Geld erhalten.

2) Die Juristen bestätigen den Mietendeckel, womit wahrscheinlich wird, dass andere Bundesländer ebenfalls die Mieten deckeln und der Aktienkurs der *Vonovia* sinkt. Der Aktienkurs der bereits durch den Mietendeckel betroffenen *Deutsche Wohnen* würde größtenteils stabil bleiben. Bei einem Kauf durch *Vonovia* hätten die Anteile der *Deutsche Wohnen* im Konzern ein höheres Gewicht. (vgl. manager magazin 6/2020, S.13)

Der zweite Punkt enthält einen spekulativen Charakter. Denn eine Umsetzung des Mietendeckels auch in anderen

Bundesländern ist nicht gewiss. Wahrscheinlichkeiten sind an der Börse mit Vorsicht zu behandeln. Folglich ist die Ungewissheit über den Erlass oder – in diesem Beispiel eher – die Bestätigung von Gesetzen bei laufenden Klagen dafür verantwortlich, dass die Unternehmensbewertung zu einer Art Poker wird.

3.1.4 Schlussfolgerung

Die Gesetzeslage kann sowohl Vorteile als auch Nachteile mit sich bringen. Insbesondere Mehrwert bietende und die Gesellschaft positiv prägende Innovationen und Unternehmen, die entsprechende Innovationen bedienen, können wie die EE-Branche zumindest anfangs durch Gesetze gefördert werden. Problematisch wird es, sobald die Gesetze gelockert werden und die Nachfrage nach Angeboten sinkt. Ohne staatliche Gegenregulierungen können Unternehmen schweren Schaden davontragen. Ein schrittweiser Erlass muss nicht wie in dem Beispiel aus 3.1.1 so erfolgen, dass jede Gesetzesneuerung ungewiss ist. Er kann auch zehn Jahre im Vorhinein detailliert bekannt und der Nährboden für sichere langfristige Investments sein. Anders ist es beim schwer einzustufenden sofortigen Erlass von Gesetzen und/oder der Ungewissheit bei bestimmten Gesetzen. Hier müssen sich Anleger und Analytiker bei einer Unternehmensbewertung immer am Puls der Zeit und laufend informiert halten, um die korrekten Entscheidungen zu treffen.

3.2 Merkmale des Angebots

Die Eigenschaften des Angebots innerhalb einer Branche sind maßgeblich für die Chancen, die ein Unternehmen in verschiedenen Situationen hat. Im Folgenden werden drei positive Merkmale von Branchenangeboten vorgestellt und Situationen erklärt, in denen sich diese Merkmale als nützlich erweisen. Berücksichtigen Sie, dass es sich um drei Beispiele handelt und Angebote innerhalb von Branchen weitere Kennzeichen aufweisen können. Zusätzlich zu den nachfolgend vorgestellten drei Merkmalen kommen als positiver Aspekt die Krisensicherheit (z. B. bei der Lebensmittelbranche und der Pharmaindustrie, da deren Angebote immer gebraucht werden) infrage. Überlegen Sie selbstständig beim Studium des Branchenangebots und informieren Sie sich in Magazinen, was wichtige positive Merkmale von Angeboten innerhalb der Branche sein sollten. Idealerweise investieren Sie nur in einer Branche, in der Sie Kompetenzen vorzuweisen haben. Dann müssen Sie sich nicht umfassend informieren, sondern können Ihre Kenntnisse direkt auf das Angebot des Unternehmens anwenden.

Hinweis!

Selbst, wenn Sie sich in einer Branche auskennen, ist es hilfreich, wenn Sie Ihre Kenntnisse aufschreiben. Angenommen, Sie befänden sich in der Branche Luft- und Raumfahrt. Sie wissen ungefähr, was bei Flugzeugherstellern wichtig ist. Nun könnten Sie einfach so prüfen, ob das untersuchte Unternehmen mit seinem Angebot die Eigenschaften erfüllt. Oder aber Sie schreiben sich vorher alles auf, was Ihnen einfällt. Hierfür würde sich eine Brainstorming- oder Mind-Mapping-Einheit empfehlen. So kommen Ihnen mehr Ideen als sonst und die Analyse wird gründlicher. Oder wären Sie vor der Corona-Krise auf die Idee gekommen, dass Firmen für den 3D-Druck gesamte Beatmungsgeräte oder Teile davon auf einer Anlage drucken würden? Je mehr Sie aufschreiben, desto mehr Dinge bedenken Sie und umso mehr Möglichkeiten werden die Angebote eines Unternehmens offerieren.

3.2.1 Hohe Skalierbarkeit

Skalierbar ist alles, was sich erweitern lässt. Angenommen, die Bestellzahlen steigen plötzlich explosionsartig an und ein Unternehmen muss die Produkte ausliefern. Eventuell steigen mit den Bestellzahlen auch die Ansprüche der Kunden an die Nutzungseigenschaften des Produkts. Unternehmen, die skalierbar sind, haben mit all diesen Einflüssen kein Problem. Ein Beispiel für solche Unternehmen sind Hersteller von Software, denn **Software lässt sich beliebig häufig vervielfachen**, indem einfach ein neuer Lizenzschlüssel an jeden Kunden, der die Anwendung kauft, vergeben wird. Zudem kann über Updates **jederzeit eine Optimierung** an neuer sowie bereits verkaufter Software vorgenommen werden.

Schwieriger wird es bei Branchen mit physischen Produkten. Hier ist die Skalierbarkeit nicht mehr nur anhand des Produkts gesichert. Ein positives Zeichen für eine hohe Skalierbarkeit bei Unternehmen, die physische Produkte herstellen, ist beispielsweise eine reichhaltige Verfügbarkeit an Standorten sowie Kooperationspartnern bzw. Lieferanten. Ferner ist ein zahlungskräftiges Unternehmen imstande, bei erhöhter Nachfrage den Aufbau von Geschäftsstellen, die Entwicklung von Produkten und die Menge an Fabriken zur Produktion voranzutreiben. Dies ist ein Signal für eine gewisse Skalierbarkeit. Inwiefern bei einem finanzstarken Unternehmen von hoher Skalierbarkeit gesprochen werden kann, hängt zugleich von den Kosten für den Ausbau von Geschäftsstellen und Fabriken ab. **Unternehmen mit physischen Produkten erfordern zur Bewertung der Skalierbarkeit mehr Rechenarbeit.** Die Leitfrage ist dabei stets: Kann das Unternehmen einen (möglichst schnellen) Ausbau des eigenen Geschäfts bzw. eine zunehmende Produktion möglichst risikoarm finanzieren? Falls ja, dann ist es skalierbar.

3.2.2 Anpassungsfähigkeit

Die Anpassungsfähigkeit eines Unternehmens wird durch das Durchspielen verschiedener Szenarien in der eigenen Vorstellung bewertet. Das wohl überraschendste Szenario war die Corona-Krise. Einige Unternehmen passten sich aber schnell an und konnten den wirtschaftlichen Schaden in Grenzen halten. Automobilhersteller wurden in die Produktion von Beatmungsgeräten involviert. Sogar der Luxus-Konzern *LVMH*, der eine Luxus-Marke nach der anderen in sein Geschäftsmodell presst, erfand sich in der Not neu und machte durch die Produktion von Desinfektionsmitteln und Schutzmasken Umsatz.

Durch die Corona-Krise haben Analytiker gelernt, die Anpassungsfähigkeit von Unternehmen vielschichtiger zu bewerten. Es wird nicht mehr nur an den gängigen Szenarien, wie beispielsweise den Eintritt neuer Marktkonkurrenten gedacht, sondern weiträumiger. Der Fantasie wird freier Lauf gelassen. Je anpassungsfähiger ein Unternehmen in den Szenarien Ihrer Fantasie ist, umso positiver wirkt sich dies auf dessen Bewertung aus. Hilfreich bei der Ermittlung der Anpassungsfähigkeit ist es, wenn Sie überlegen, **für welche Zwecke die Produkte oder Einzelteile der Produkte des Unternehmens anwendbar** sind, neben den bereits aus den Geschäftstätigkeiten des Unternehmens bekannten Zwecken.

3.2.3 Hohe Aufschläge auf Produktpreis

Hohe Aufschläge auf den Produktpreis können sich Unternehmen genau dann erlauben, wenn sie der einzige Anbieter des Produktes auf dem Markt sind, sich einen Namen als Marke gemacht oder geheime Prozesskenntnisse haben. Durch solches Herstellungswissen gelingt es Unternehmen, die Produkte auf eine andere Weise als die Konkurrenz herzustellen, was einem Monopol nahekommt. In diesem Fall sind hohe Aufschläge auf den Produktpreis denkbar.

Üblicher sind hohe Aufschläge auf den Produktpreis jedoch bei Marken, die ein hohes Ansehen genießen. Wenn *adidas* ein Produkt verkauft, sind die Kunden aufgrund des Markennamens dazu bereit, einen höheren Preis als bei anderen Herstellern zu zahlen. Zum einen tun dies die Kunden aus qualitativen Gründen, zum anderen sind das Prestige hinter dem Produkt und die Ausstrahlung, die die Kunden dadurch auf Außenstehende erzielen, weitere Gründe für den Kauf der Markenware.

Besonders stark kommt der Effekt der hohen Aufschläge auf den Produktpreis bei Luxusmarken zum Tragen. Hier können Sie die Stückkosten ins Verhältnis zu den Stückerlösen setzen. Sie werden erkennen, dass die Unternehmen von äußerst geringen Produktionskosten profitieren, aber dafür einen hohen Stückpreis erzielen. Auf diesem Fundament kann bei hohen Absatzzahlen ein enormer Gewinn entstehen, der dem Unternehmenswachstum dient. Genau aus diesem Grund sind hohe Aufschläge auf den Produktpreis ein positives Zeichen unter den Produktmerkmalen eines Unternehmens.

3.3 Analyse gemäß der „Five Forces" nach Porter

Wird von einer Branchenanalyse oder Branchenstrukturanalyse gesprochen, fällt in Fachkreisen immer der Name Porter oder „Fünf-Kräfte-" bzw. „Five-Forces-Modell". Die Analyse nach den fünf Kräften wurde nach dem Wissenschaftler Porter benannt und ist für heutige Analytiker prägend ist. In dem Analysemodell werden alle auf ein Unternehmen wirkenden externen Faktoren berücksichtigt und das Unternehmen in Bezug auf seine Position inmitten dieser Faktoren analysiert. Kritisch lässt sich anführen, dass das Analysemodell von Porter stark vom Konkurrenz-Gedanken geprägt und somit in Bezug auf die Beziehungen zu anderen Unternehmen defensiv orientiert ist. Ein begrüßenswerter Ansatz wäre eine ganzheitliche Analyse, die die Potentiale für Zusammenarbeit zwischen Unternehmen mitberücksichtigt. Exakt diese Lösung wird im Kapitel 3.4 vorgestellt. Weil das Five-Forces-Modell für Branchenanalysen favorisiert ist, wird es dennoch erläutert. Dies ist für Sie in der Anwendung vorteilhaft, da es die Konkurrenz genauer und differenzierter betrachtet als beim in 3.4 vorgestellten Modell. Es empfiehlt sich insgesamt eine Anwendung beider Analysen in der Branchenstrukturanalyse, wobei die Five-Forces-Analyse als Grundlage zuerst durchgeführt wird.

3.3.1 Wettbewerb in der Branche

Branchen mit einem ausgeprägten Konkurrenzkampf sind für Anleger eher uninteressant. Signale für stark umkämpfte Branchen sind eine große Anzahl an Wettbewerbern, hohe Ähnlichkeiten zwischen den Produkten und eine geringe operative Marge. In einer stark **umkämpften Branche** ist es vorteilhaft, in ein Unternehmen zu investieren, das sich durch **besondere Produktspezifikationen** hervorhebt. Ferner kann auf Basis der Analyse nach dem PARTS-Modell aus 3.4 nach Kooperationspotentialen innerhalb der Branche gesucht werden, durch die sich einzelne Unternehmen von der Konkurrenz abheben könnten. Unternehmen, die Kooperationspotentiale untereinander haben, stellen für eine Geldanlage eine geeignete Wahl dar. Vielversprechender als umkämpfte Branchen sind **neue Branchen, die noch großes Wachstumspotential** aufweisen.

3.3.2 Bedrohung durch neue Anbieter

Eine Bedrohung durch neue Anbieter ist unerwünscht, weil sie die Position des zu bewertenden Unternehmens schwächt. Für Anleger ist eine Bedrohung durch neue Anbieter dann interessant, wenn sie aus der Perspektive des neuen Anbieters bewerten. Dieses könnte einen technologischen Vorsprung aufweisen und bei Markteintritt die Branche aufmischen.

Bei einer Betrachtung dieses Aspekts aus dem Blickwinkel der im Markt befindlichen Unternehmen sind folgende **Markteintrittsbarrieren förderlich, um eine Bedrohung durch andere Anbieter auszuschließen oder gering zu halten:**

- Technologie
- Etablierte Markennamen
- Kontrolle über Vertriebswege
- Exklusive Verträge mit Lieferanten

Je mehr dieser Faktoren gegeben sind, umso eher ist sichergestellt, dass keine Konkurrenten in die Branche eintreten. Dies wiederum sichert jedem der bisher in der Branche befindlichen Unternehmen einen höheren Anteil am Wachstumspotential der Branche. Demnach sind nach der Betrachtung der Punkte 3.3.1 und 3.3.2 Unternehmen am interessantesten, die in einer kleinen Branche agieren und gut gegen neue Anbieter abgesichert sind.

3.3.3 Lieferantenmacht

Unternehmen, die geringe Auflagen an Produkten fertigen und aufgrund der hohen Stückkosten die Produktion komplett an Lieferanten auslagern, machen sich von Lieferanten abhängig. Dies wird umso kritischer, je weniger Lieferanten für ein Produkt existieren. Ferner haben Lieferanten die Gelegenheit, Druck auf die Abnehmer auszuüben. Hierbei sind die beiden Mechanismen Mindermengenaufschläge und Vorwärtsintegration relevant.

Unter **Mindermengenaufschlägen** versteht man die Erhöhung der Stückkosten für die Abnahme kleiner Mengen einer produzierten Ware. Betroffen hiervon sind in erster Linie Kleinunternehmen als Abnehmer, die nur geringere Mengen bestellen. Mindermengenaufschläge werden von Lieferanten als Mechanismus genutzt, um die höheren Transaktionskosten bei der Bestellung weniger Waren auszugleichen.

Eine **Vorwärtsintegration der Wirtschaftskette** als weiterer Mechanismus zur Ausübung von Druck durch Lieferanten tritt dann ein, wenn Lieferanten sich entschließen, ihre Produkte selbst zu vermarkten oder auf Basis der Produkte die geschäftlichen Tätigkeiten zu erweitern. Ein Beispiel hierfür sind Hersteller von Fitnessgeräten: Diese verfügen über den größten Kostenpunkt eines Fitnessstudios, nämlich die Fitnessgeräte. Günstige Konditionen zum Erhalt von Fitnessgeräten sowie deren Wartung sind also sichergestellt. Durch den Betrieb eines eigenen Fitnessstudios würden Lieferanten Fitnessstudios gefährden. Dies ist vor allem dann der Fall, wenn es sich um derart marktführende Hersteller wie *Hammer Strength* aus dem Fitnesssegment handelt. Aufgrund der großen Popularität würde der Hersteller, wenn er die Verträge mit Fitnessstudios aufkündigen und eigene Fitnessstudios eröffnen würde, voraussichtlich einen Großteil der Kunden anziehen.

3.3.4 Bedrohung durch Ersatzprodukte

Ersatzprodukte werden auch Substitute genannt; folglich ist bei der Bedrohung durch Ersatzprodukte von einer **Substitutionsgefahr** die Rede. In der Vergangenheit stellten vor allem neue Technologien eine Substitutionsgefahr für Produkte und etablierte Branchen dar. Die CDs lösten die Schallplatten ab, die Streaming-Anbieter mit digital verfügbarer Musik knöpften den CDs eine hohe Menge an Marktanteilen ab.

In anderen Größenordnungen lässt sich dieser Sachverhalt anhand der **Platform Economy** illustrieren. Unter der Platform Economy ist die Etablierung und zunehmende Nutzung von Plattformen über das Internet zu verstehen. Plattformen sind Websites bzw. Web-Präsenzen, die Interessenten und Kunden zusammenbringen und aufgrund einer steigenden Zahl an Verbrauchern einen steigenden Nutzen bieten. Ein Beispiel hierfür ist *Amazon*, das als Handelsplattform begann und den Handel revolutionierte. Weitere Beispiele sind *Uber* mit zerstörerischen Auswirkungen auf die Taxi-Branche und *Airbnb* mit seinem Einfluss auf die Hotellerie.

Die Bedrohungen durch Ersatzprodukte können nicht nur einzelne Unternehmen oder Dienstleistungen treffen, sondern ganze Branchen erschüttern. Die Erfindung von Maschinen hat schon zahlreiche Handwerke aussterben lassen, wie z. B. den Beruf des Notenstechers.

3.3.5 Käufermacht

Auch die Käufermacht hat im Laufe der Digitalisierung zugenommen und wird aller Voraussicht nach noch weiter zunehmen. Grund hierfür ist, dass dank der Digitalisierung die Ansprüche der Kunden immer genauer und individueller befriedigt werden. Online-Konfigurationen über spezielle Tools sind nur eines der Beispiele, wie Kunden das eigene Produkt gestalten und bestellen können. Aber längst geht es nicht mehr nur um die Produkte an sich, sondern auch um die Rahmenbedingungen. Kunden wünschen absolute Flexibilität im Bezahlvorgang, wozu u. a. die Option zu verschiedenen Bezahlmethoden (PayPal, KLARNA, Kryptowährungen etc.) gehört. Dies trifft zumindest auf Privatkunden zu. Gewerbliche Kunden können – je nach Branche – nochmals strengere Ansprüche haben. Dazu gehören die Anforderungen an reibungslose Abläufe, wie z. B. die Digitalisierung des Lieferprozesses. In der Industrie sind zum Teil

Barcodes üblich, Kunden können jedoch auch auf akkurate Lieferprozesse mit RFID-Tags bestehen.

Vor allem Gewerbekunden haben eine ausgeprägte Käufermacht. Während Privatkunden kleinere Abnahmemengen wünschen, tätigen Gewerbekunden Großbestellungen. Wenn das US-Unternehmen *Apple* Chips eines taiwanischen Halbleiterherstellers ordert, dann besteht eine große Abnahmemenge mit großer Einflussnahme.

Ferner ist durch die Käufermacht die sogenannte **Rückwärtsintegration der Wertschöpfungskette** denkbar. Dabei entscheidet sich der Kunde selbst, ein Produkt herzustellen. Auch das ist kaum bei privaten Kunden von Bedeutung, sondern eher bei gewerblichen Kunden, die einerseits die Ressourcen, andererseits das Knowhow zur eigenen Herstellung eines Produkts haben. Sollten Sie bei der Unternehmensanalyse Unternehmen ausfindig machen, deren Wissen durch Patente oder geheime Prozessschritte geschützt wird, ist das ein positives Zeichen, das in vielerlei Hinsicht gegen die Käufermacht absichert. Zudem spielt in der Absicherung gegen eine Rückwärtsintegration der Wertschöpfungskette das Personal im Unternehmen eine Rolle. Manchmal ist es nicht das Produkt selbst, das schwer zu kopieren ist, sondern einzelne Details dieses Produktes, die durch die Kreativabteilung, die Geschäftsführung oder andere Personalien im Unternehmen qualitativ bestimmt werden. Mehr zu diesem Aspekt erfahren Sie in Unterkapitel 4.1.

3.3.6 Schlussfolgerung

Auf das Unternehmen wirken fünf Kräfte. Die Basis für eine Analyse bietet der Wettbewerb innerhalb der Branche, den das Unternehmen mit seinen Konkurrenten unterhält. In diesen Wettbewerb können jederzeit neue Anbieter mit neuen Technologien als potenzielle Bedrohung hineinstoßen. Eng in Verbindung mit dem existierenden Wettbewerb und neuen Anbietern stehen Ersatzprodukte als Gefahr, die in der Regel durch neue Anbieter oder durch existierende Anbieter hervorgebracht werden. Um eine Bedrohung durch Ersatzprodukte auszuschließen, ist in der bisherigen Historie zu untersuchen und anhand der aktuellen Geschäftsführung zu beurteilen, wie offen das Unternehmen Innovationen gegenübersteht. Unternehmen, die sich auf Wandel einlassen, können von Ersatzprodukten sogar profitieren, indem Sie deren Etablierung vorantreiben und selbst die Produktion passend umstellen. Im Five-Forces-Modell sind außerdem die Kunden und Lieferanten zu beachten, die vordergründig als Stützen des Unternehmens erscheinen, aber durch besondere Ansprüche bzw. Vorwärtsintegration und andere Mechanismen dem Unternehmen gefährlich werden können.

3.4 Analyse nach dem PARTS-Modell

Die Branchenanalyse nach Porter wird häufig angewandt, aber bietet einen unvollständigen Überblick über Unternehmen innerhalb einer Branche. Grund hierfür ist, dass sie primär vom Konkurrenzgedanken geleitet ist. Zwar ist die Konkurrenz innerhalb der Branche prägend, doch weisen Unternehmen weitaus vielschichtigere Beziehungen zueinander auf. Dem Ansatz der komplementären und kooperativen Beziehungen widmet sich das PARTS-Modell. Man spricht in diesem Kontext auch vom **Co-opetition-Modell**. Grundlage dieses Modells ist die mikroökonomische Spieltheorie.

Das Modell von Porter wird gewissermaßen um die sogenannten Komplementoren ergänzt. Dies sind Unternehmen, mit denen sich Kooperationen vereinbaren lassen, weil sich aus Kundensicht, Lieferantensicht oder beiden Gesichtspunkten die Produkte bzw. Angebote verschiedener Unternehmen gut ergänzen. Kunden verspüren durch zwei sich ergänzende Produkte einen höheren Mehrwert. So können kooperierende Unternehmen sich gegenseitig zu einem höheren Umsatz verhelfen. Im Gegensatz zu konkurrierenden Unternehmen tun sich keine Gefahren durch sich gegenseitig substituierende Produkte auf. Neben Kunden gilt dasselbe Verhältnis von Lieferanten zu konkurrierenden Unternehmen und komplementären Unternehmen. Das **Unternehmen befindet sich inmitten eines Wertenetzes, auf das vier Kräfte einwirken**: Konkurrenz, Kooperation, Lieferanten und Kunden.

Hinweis!

Unternehmen müssen zueinander kein rein konkurrierendes oder komplementäres Verhältnis aufweisen. Je nach Breite der Angebotspalette ist es sogar wahrscheinlich, dass ein Mischverhältnis existiert. In einzelnen Geschäftssegmenten oder Angeboten konkurrieren Unternehmen, in anderen wiederum ergänzen sie sich.

Die bisherigen Erläuterungen zeigen, dass auf dem Markt ein regelrechtes Spiel stattfindet. Dieses basiert auf einer Vielzahl an Akteuren, die womöglich nach außen hin als Konkurrenten dastehen, aber tatsächlich für Kooperationen infrage kommen. Ferner können Kooperationen in Wirklichkeit weniger aussichtsreich sein als vermutet, weil neben einem kooperativen Aspekt eine starke Konkurrenz herrscht.

Für Sie ist es in der Analyse ein unermesslicher Mehrwert, sich auf dieses Spiel einzulassen. Gehen Sie von dem Unternehmen aus, das Sie analysieren möchten. Werfen Sie aus dessen Sicht einen Blick auf die Konkurrenz und die möglichen Kooperationspotentiale. Wechseln Sie anschließend die Perspektiven: Nehmen Sie den Blickwinkel der Konkurrenten ein und versuchen Sie, den Markt sowie das Ausgangsunternehmen so zu sehen, wie es sich die Konkurrenten darstellt. Sie profitieren von einem **vertieften Verständnis des Marktes** mit einem ausgeprägten Blick auf die Wechselbeziehungen. Womöglich entdecken Sie Potentiale für Kooperationen, die in den nächsten Jahren reifen könnten. Dies würde den kooperierenden Unternehmen zusätzliche Handlungspotentiale verschaffen und Ihre eventuelle Investition in eines oder mehrere dieser Unternehmen begünstigen.

Damit Sie dieses Spiel fundiert und zielführend analysieren, empfiehlt sich das Vorgehen nach dem PARTS-Modell bei der Analyse der Branche oder eines Teils der Branche.

3.4.1 Spieler

Spieler sind die Unternehmen, die verglichen werden sollen. Ausgangspunkt ist das Unternehmen, das Sie analysieren. Loten Sie zunächst die generellen Optionen zu Kooperationen sowie zur Konkurrenz bei den einzelnen Spielern aus. Entscheiden Sie dabei, welche Spieler Sie zum Spiel zulassen. Sollte ein Unternehmen stark gegensätzlich zu anderen oder aus anderen Gründen für Sie nicht von Interesse sein, lassen Sie dieses Unternehmen aus. Stellen Sie zuvor aber sicher, dass das Unternehmen keinen relevanten Einfluss auf die anderen Spieler hat. Ansonsten würde ein Ausschluss des Unternehmens die Branchenanalyse verfälschen. Halten Sie in der Wahl der Spieler fest, welches Unternehmen dazugewinnt oder verliert, wenn ein Spieler dem Spiel beitritt oder dieses verlässt.

Hinweis!

Die Lieferanten und Kunden werden als Spieler zwar nicht explizit erwähnt, sind aber als Komponenten, die durch die Verfügbarmachung von Ressourcen bzw. die Nachfrage und Abnahme alle Aspekte des Spiels zwischen den Unternehmen beeinflussen. Dementsprechend werden Lieferanten und Kunden passiv ins Spiel miteinbezogen.

3.4.2 Zusätzlicher Wert

In diesem Schritt wird es für das von Ihnen analysierte Ausgangsunternehmen interessant, indem festgehalten wird, welchen zusätzlichen Wert es ins gesamte Wertenetz einbringt. Dies sind gewissermaßen die **Alleinstellungsmerkmale**, technologischen Vorsprünge und ähnliche Aspekte, die das Unternehmen im Vergleich auszeichnen. Überlegen Sie sich außerdem, wie das Unternehmen seinen **Wert im Netz weiter steigern** könnte. Untersuchen Sie daraufhin dasselbe für die anderen Spieler. Wägen Sie abschließend für jeden Spieler ab, welche Flexibilität zu Kooperationen oder Änderungen es mit sich bringt. Grundsätzlich gilt, dass das Unternehmen mit dem höchsten Beitrag im Wertenetz und den meisten Möglichkeiten sowie der höchsten Flexibilität zur Wertsteigerung am besten dasteht.

3.4.3 Regeln

Regeln sind einerseits aktuelle Vormachtstellungen von Unternehmen, andererseits die gesetzlichen und marktrechtlichen Vorschriften, deren Einflussgewalt in 3.1 ausführlich erläutert wurde. Zudem spielen die Regeln, die Lieferanten und Kunden erzeugen, eine Rolle. Es wird in diesem dritten Schritt der Branchenanalyse nach dem PARTS-Modell hinterfragt, welche Regeln für die jeweilige Branche oder Teilbranche gelten. Eventuell lassen sich die Regeln ein Stück weit ändern, indem ein Unternehmen eine innovative Idee in ein Patent umwandelt und sich so einen Vorteil gegenüber den anderen Spielern verschafft.

3.4.4 Taktik

In diesem Punkt werden die Blickwinkel der Spieler auf die Regeln und deren Gültigkeit für einzelne Spieler betrachtet. In Bezug auf von Lieferanten erzeugte Regeln ließe sich beispielsweise anführen, dass **Exklusivverträge** einen Marktvorteil für ein bestimmtes Unternehmen herbeirufen. Sie dienen zum Vorteil dieses Spielers und beeinflussen die Regeln zu seinen Gunsten. Dies wirkt sich auf das Verhandlungspotential aus, sofern Kooperationen erarbeitet werden sollten, und verschafft diesem Unternehmen einen Vorteil in den Verhandlungen. Strategische Maßnahmen im Konkurrenzkampf oder bei der Verhandlung von Kooperationen sind taktische Aspekte, die in die Bewertung des Spiels miteinzubeziehen sind.

3.4.5 Bezugsrahmen des Spiels

Den Bezugsrahmen des Spiels bildet oftmals die Branche. Sie erlaubt die Erschließung sinnvoller Kooperationen und macht auf relevante Konkurrenten aufmerksam. Unter Umständen hat ein Unternehmen aber das **Potential, den Bezugsrahmen zu erweitern**. Wenn beispielsweise zusätzlich zum Fahrzeugverkauf die Versicherung von Fahrzeugen angeboten wird, steigt die Anzahl an Spielern wegen der zunehmenden Optionen für Konkurrenten und Komplementoren. Diese Erweiterung kann neben einer Vergrößerung des Bezugsrahmens des Spiels dazu beitragen, dass sich in Relation zu den bisherigen Spielern neue Vorteile ergeben.

3.4.6 Schlussfolgerung

All die Schritte in der Branchenanalyse nach dem PARTS-Modell müssen durchgegangen werden. Die Erkenntnisse führen zu Querverbindungen und neue Relationen zwischen den Unternehmen sowie den angebotenen Produkten. Dies bildet das Fundament auf eine Strukturanalyse der Branche, die über den Konkurrenzgedanken hinausgeht und für die nahe sowie ferne Zukunft Entwicklungspotentiale aufzeigt.

3.5 Weitere Analyseansätze

Die folgenden drei Analyseansätze sind spezieller Natur. Sie reichen tief in die Unternehmens- und Branchenanalyse herein. Bei der Dekonstruktion (siehe 3.5.1) und der Profit-Pool-Analyse (siehe 3.5.2) werden Unternehmen in Bestandteile zerlegt, um einzelne Geschäftssegmente und Bereiche der Wertschöpfungskette getrennt bewerten zu können. So werden Kernsegmente des Unternehmens aufgedeckt und Wettbewerbsvorteile deutlicher sichtbar, was zudem die soeben erläuterte Analyse nach dem PARTS-Modell unterstützt. Die Industriekostenkurve (3.5.3) dient dem Vergleich der Profitabilität einzelner Unternehmensstandorte oder sämtlicher produzierender Werke eines Unternehmens mit der Konkurrenz. Auch werden anhand der Industriekostenkurve Preisentwicklungen innerhalb einer Branche und deren Auswirkungen auf das Unternehmen nachvollzogen.

3.5.1 Dekonstruktion

Im Zuge der Dekonstruktion werden die **Wertschöpfungsketten eines Unternehmens aufgespalten**. Dieses Vorgehen, bei dem ein Unternehmen in seine Bestandteile „zerlegt" wird, ist namensgebend für den Analyseansatz. Durch die Betrachtung der Bestandteile der Wertschöpfungskette eines Unternehmens wird klarer, wie das Unternehmen sein Geschäftsmodell aufbaut. Dies ist insofern interessant, als dass heutzutage die Grenzen zwischen einzelnen Branchen zunehmend verschwimmen und Dienstleistungen an andere Unternehmen ausgelagert werden. In der Analyse nach dem Ansatz der Dekonstruktion sind vier Aspekte relevant.

- Integration: Bei den Integratoren sind sämtliche Schritte der Wertschöpfungskette in einem Unternehmen vereint, von der Lieferung von Materialien über die Produktion von Waren bis hin zum Verkauf der Waren und weiteren Aspekten. Die Integration ist ein Signal für geringere Transaktionskosten zwischen den Wertschöpfungsketten, zudem deutet sie auf eine hohe Routine innerhalb des Unternehmens mit einer geringeren Fehleranfälligkeit hin. Zeitgleich wandelt sich die Aktualität und Rentabilität der Wertschöpfungsketten heutzutage derart schnell, dass durch regelmäßige Wechsel der Wertschöpfungsketten bei den Integratoren ein hoher Kosten- und Zeitaufwand eintreten kann.

- Schichtspezialisierung: Unternehmen, die sich auf einzelne Schichten einer Wertschöpfungskette konzentrieren (z. B. IT-Sicherheit), erbringen über Branchen hinweg ihre Dienstleistung und erzielen durch die Spezialisierung Vorteile im Hinblick auf die Qualität.

- Vorreiterrolle: Die sogenannten Pioniere weisen Parallelen zu den Schichtspezialisten auf, sind allerdings mit einem neuen oder innovativen Produkt auf dem Markt. Dies kann ein physisches oder digitales Produkt oder eine Dienstleistung sein. Sie schaffen einen neuen Markt und versuchen diesen zu etablieren. Das Risiko des Scheiterns ebenso wie die Chance auf Erfolg sowie ein potentiell rapides und hohes Wachstum gehen Hand in Hand.

- Orchestration: Die Orchestratoren beschränken sich selbst wie die Spezialisten auf eine Stufe der Wertschöpfungskette, koordinieren zusätzlich jedoch weitere Partner entlang der Wertschöpfungskette. Demzufolge verzeichnen sie ein umfassendes Angebot wie die Integratoren bei einer gleichzeitigen Spezialisierung auf eine Schicht. Orchestratoren stellen gewissermaßen eine Fusion aus Integratoren und Schichtspezialisten dar.

3.5.2 Profit-Pool-Analyse

Wie die Dekonstruktion, beschäftigt sich die Profit-Pool-Analyse mit der Wertschöpfungskette. Eine Kombination beider Analysen kann daher hilfreich sein und das Analyse-Ergebnis optimieren. Vor allem bei den Integratoren, die sämtliche Schritte der Wertschöpfungskette selbst durchführen, ist eine Profit-Pool-Analyse nützlich.

Bei der Profit-Pool-Analyse werden **einzelne Elemente der Wertschöpfungskette gewählt und auf deren Profitabilität hin überprüft**. Dies zeigt auf, mit welchen Unternehmenssegmenten das Unternehmen die besten Ergebnisse verzeichnet. Sollten Sie beispielsweise in der Profit-Pool-Analyse feststellen, dass ein Unternehmen den größten Profit in der Wertschöpfungskette der günstigen Beschaffung eines bestimmten Materials zu verdanken hat, aber ausgerechnet dieses Material im Ablauf eines Jahres aufgrund einer erhöhten Nachfrage verknappen und teurer wird, können Sie direkt Rückschlüsse auf eine sinkende Profitabilität im Unternehmen ziehen, sofern nicht in Bezug auf einen weiteren Bestandteil der Wertschöpfungskette die Profitabilität zunimmt.

Die Herausforderung der Profit-Pool-Analyse besteht darin, dass die Höhe der einzelnen Abschnitte der Wertschöpfungskette nicht immer klar zugeordnet oder errechnet werden kann. Zwar haben Sie die Jahresabschlüsse der Unternehmen vorliegen, was eine grobe Profit-Pool-Analyse ermöglicht. Aber die Gelegenheit, bei den verschiedenen Waren nach den Kosten für jedes einzelne Material zu gehen, besteht durch die fehlenden Ausführungen im Jahresabschluss nicht.

Nützlich ist daher bei einer Profit-Pool-Analyse, zunächst mit den **Kosten für eine gesamte Wertschöpfungsstufe** zu rechnen, z. B. Warenherstellung. Anschließend können Sie die detaillierten Materialien näherungsweise in die Profit-Pool-Analyse einfließen lassen.

3.5.3 Industriekostenkurve

Die Industriekostenkurve stammt aus der Mikroökonomie. Sie verschafft wichtige Anhaltspunkte in Bezug auf einen eventuellen Ausbau oder eine eventuelle Schließung von Standorten. Zudem gibt sie Informationen zu den Preisentwicklungen innerhalb einer Branche und der Kostenstruktur zwischen verschiedenen Unternehmen in der Produktion. Somit können Sie die Industriekostenkurve in die beiden bisherigen Analyse-Ansätze aus 3.4 sowie 3.5.2 einfließen lassen.

Bei der Analyse nach dem PARTS-Modell optimieren die Erkenntnisse aus einer Industriekostenkurve die **Einschätzung der Spielregeln und der Taktik.** Eventuell kann ein Unternehmen im Verhältnis zu anderen Unternehmen die Produktionskosten außerordentlich gering halten, weil es **Sonderverträge mit Herstellern** hat oder – im internationalen Unternehmensvergleich relevant – **geringere Zölle auf die Einfuhr produktionsrelevanter Güter** zahlen muss. In Bezug auf die Profit-Pool-Analyse erlaubt die Industriekostenkurve eine bessere Einschätzung der Profitabilität einzelner Stufen in der Wertschöpfungskette, wie beispielsweise bei der Stufe „Herstellung".

Eine Industriekostenkurve veranschaulicht durch ihre grafische Darstellung den Sachverhalt optimal. Vier Einflussgrößen sind für die Industriekostenkurve ausschlaggebend:

- Produktionsmenge
- Produktionskosten
- Marktnachfrage
- Marktpreis

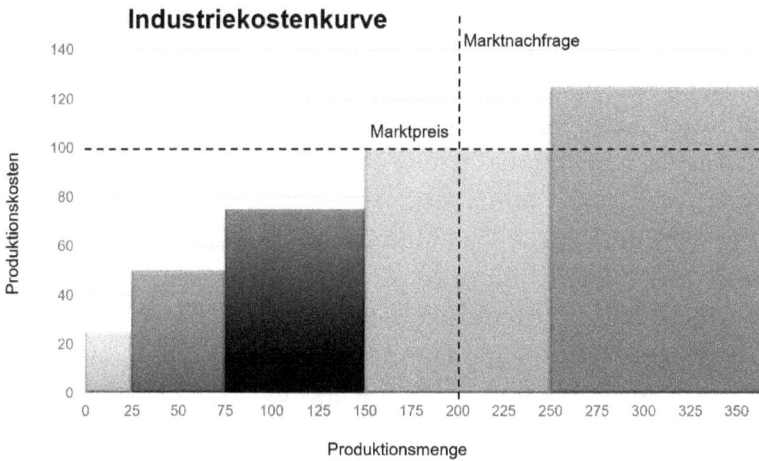

Industriekostenkurve

Quelle: http://www.manager-wiki.com/component/content/
article/26.html%20

Der Haken an der Sache: Die Industriekostenkurve
selbst zu erstellen, ist aufgrund der fehlenden detaillierten
Zahlen meist unmöglich. Zudem eignet sie sich nicht für alle
Branchen. Versuchen Sie Ihr Glück, indem Sie das Internet
nach eventuell vorhandenen Industriekostenkurven zu dem
Unternehmen, das Sie analysieren, befragen.

3.6 Beurteilung der Unternehmensführung

Es ist das Jahr 2018, in dem der Automobilhersteller *Tesla*
seine Produktionsziele zu verfehlen droht. Der CEO Elon
Musk lässt in der Wüste von Texas eine Fabrik im Eiltempo
errichten, um die Produktionsziele doch zu erreichen.
Mehreren Berichten zufolge übernachtet er in der Fabrik,
arbeitet rund um die Uhr und motiviert seine Angestellten.
Arbeitszeiten werden hochgefahren, Elon Musk selbst konsumiert Tabletten. Eines Nachts wird er auf dem Dach seiner
Fabrik von Medien beobachtet, wie er ein Lagerfeuer veran-
staltet, Whisky trinkt und das Country-Lied „Ring of Fire"

von Johnny Cash singt. Die Produktionsziele werden durch einen Kraftakt erreicht, parallel verzeichnet sein Raumfahrtunternehmen *SpaceX* große Erfolge. Im Jahr 2019 verkündet Elon Musk den Bau einer Fabrik in Grünheide in der Nähe von Berlin. Zudem wird er wegen Marktmanipulation sanktioniert, weil er bekannt gibt, *Tesla* von der Börse nehmen zu wollen und es sich wenige Stunden später doch anders überlegt. Er fährt die Produktion hoch, in Deutschland sind alle auf den exzentrischen Unternehmer gespannt. Seine ersten Handlungen hierzulande zeugen von einem enormen Tempo, das sich längst nicht nur auf die Konkurrenten *VW*, *Daimler* und *BMW* zerstörerisch auswirkt, sondern auch in der deutschen Öffentlichkeit für Aufsehen sorgt: Maximal zwölf Monate für den Bau der Fabrik werden angesetzt, zwei Planungsbüros errichtet, Konstruktionspläne mehrmals umgeändert und erweitert sowie neue Mitarbeiter eingestellt. Nicht zu vergessen sind eben die Gesetzesänderungen, die in China zugunsten von Musk umgesetzt wurden. Als erster ausländischer Unternehmer durfte er ohne chinesisches Joint Venture eine Fabrik errichten. Musks Aussage dazu: „Sie haben das Gesetz für mich geändert." (vgl. *manager magazin* 6/2020, S. 26 ff)

Tesla ist mittlerweile mehr wert als *VW*, *Daimler* und *BMW* zusammen, obwohl das Unternehmen im vergangenen Jahr nicht nur weit weniger als die drei Gesellschaften verdient hat, sondern sogar einen Verlust verzeichnete. Ob es die Mär vom verrückten, aber erfolgreichen und alles möglich machenden CEO Elon Musk ist oder tatsächlich solch ein Vertrauen in das Geschäftsmodell besteht, dass *Tesla* einen derartigen Siegeszug hinlegt, lässt sich nicht klären. Es ist wohl ein bisschen von Beidem. Fakt ist, dass *Tesla* eines der besten Beispiele ist, wieso die Unternehmensführung in die Bewertung eines Unternehmens einfließen sollte.

Aber wie kann die Unternehmensführung in die Bewertung einfließen? Es existiert keine Kennzahl, die sich präzise definieren ließe. Wie schon im Zusammenhang mit dem Kurs-Buchwert-Verhältnis (siehe 2.4) erläutert, wäre es praktisch, wenn die Unternehmensführung als ein Buchwert in die Wertung einfließen könnte. So würde eine feste Zahl existieren, die das Urteilsvermögen über den Unternehmenswert erheblich aufwerten würde. Aber diese Kennzahl existiert nicht. Vielleicht ist es auch besser so, denn eine Kennzahl würde wohl rationalen Aspekten folgen. Bei Elon Musk und anderen Erfolgsunternehmern ist hingegen nur wenig rational. Das Bauchgefühl spielt eine Rolle. Daneben existiert zum Glück eine Vielzahl an Indizien, die das Urteil über die Unternehmensführung vereinfacht.

3.6.1 Wie entwickeln Sie das richtige Bauchgefühl?

Das richtige Bauchgefühl zu entwickeln, funktioniert nie mit einer Garantie. Selbst die CEOs von Unternehmen und gesamte Vorstände haben ihrem Bauchgefühl getraut und wurden getäuscht. Verlassen Sie sich also nie rein auf das Bauchgefühl, sondern lassen Sie es moderat einfließen. Ungeachtet des quantifizierbaren und korrekten Anspruchs dieses Buches muss nun dieser eine Satz folgen:

Allen Zahlen und aller Vernunft zum Trotz ist bei einigen Entscheidungen das Bauchgefühl so stark positiv oder negativ, dass es kaum eine andere Wahl gibt, als diesem zu folgen.

Kennen Sie dieses Gefühl? Falls ja, dann wissen Sie, was gemeint ist. Falls nicht, dann merken Sie sich diesen Satz bis zu dem Moment, an dem ein solch intensives Bauchgefühl bei Ihnen eintritt. Grundsätzlich empfiehlt es sich, dem Bauchgefühl in solchen Situationen zu folgen, die mit Fakten unterfüttert sind. Zur **Unterfütterung des Bauchgefühls mit Fakten** eignen sich die im folgenden Unterkapitel genannten festen Indizien. Beides – Bauchgefühl und Indizien in Kombination miteinander – bildet ein ausgezeichnetes Fundament zur Bewertung der Unternehmensführung und der Entscheidungen. Wer bei Elon Musk ein gutes Bauchgefühl hatte, weil der *Tesla*-CEO trotz seiner verrückten Aktionen bereits zahlreiche Multimillionen-Unternehmen aufgebaut hatte, der lag bis hierhin im Recht. So verhält es sich mit dem Bauchgefühl. Bei all dem Bauchgefühl sei angemerkt, dass die Grundlage von Investitionsentscheidungen immer die Zahlen bilden müssen, die Sie in den ersten beiden Kapiteln dieses Buches kennenlernen durften.

3.6.2 Feste Indizien

Zur Bewertung der Unternehmensführung eignen sich vordergründig fünf Indizien:

- Öffentlich bekannte Informationen
- Kontinuität an der Spitze
- Experten in den Geschäftssegmenten
- Innovation und Kreativität
- Ausschüttungs- und Übernahmepolitik

Diese Indizien sind bei vorhandenen Branchenkenntnissen am einfachsten zu überprüfen. Allerdings wird es Ihnen aufgrund der zum Teil schnelllebigen Welt nicht erspart bleiben, sich auch bei einem Expertenstatus innerhalb Ihrer Branche konsequent weiterzubilden. Welche Quellen sich hierfür eignen und wie Sie die Unternehmensführung bewerten können, erfahren Sie im Folgenden.

Öffentlich bekannte Informationen

„Lesen und Weiterbildung machen den Menschen potentiell reich!" Diese Regel zieht sich durch dieses gesamte Buch. Auch jetzt hat sie Gültigkeit. Wenn Sie Fachmagazine lesen, Nachrichten schauen oder sich auf andere Weise weiterbilden, werden Sie auf relevante Informationen stoßen. Bei einer Recherche in den für das Unternehmen oder die

Branche relevanten Medien ist gesichert, dass Sie die von Ihnen gewünschten Informationen erhalten.

Zwei Beispiele, damit Sie verstehen, wie Sie für Unternehmen und Branchen relevante Medien ausmachen: Angenommen, Sie sehen zur Recherche die Tagesschau. Die Nachrichten hier sind informativ, aber sie betreffen nicht nur die Wirtschaft oder Börse, sondern auch die Politik, den Sport und weitere Bereiche. Spezialisieren Sie sich hingegen durch ein Fachmagazin, haben Sie bessere Chancen auf den Erhalt von Informationen zur Unternehmensführung und zum Unternehmen. Sollten Sie Interesse an der Automotive-Branche haben, sind passende Zeitschriften die *ATZ* (Automobiltechnische Zeitschrift für Entscheider in der Automobilentwicklung und -produktion) sowie die *ATZelektronik* (neueste Entwicklungen in der Automotive-Branche werden erklärt); um nur einige zu nennen.

Es gilt also, sich in Fachmagazinen mit einem passenden Schwerpunkt zu informieren. Dabei sollte darauf geachtet werden, dass diese Magazine für Entscheider und anspruchsvolle Personen gedacht sind. So kosten einzelne Ausgaben zwar stolze zehn Euro, bieten aber hochwertige Informationen aus der Branche und den Unternehmen. Sie erfahren somit mehr über die Unternehmensführung. Sollten Sie sich einen allgemeinen Überblick verschaffen wollen, dann eignen sich auch allgemeinere Magazine wie das *manager magazin* und die *WirtschaftsWoche*. Auch das Internet bietet Ihnen mit Interviews und Lageberichten aus Unternehmen Informationen zur Unternehmensführung.

Kontinuität an der Spitze

Kontinuität an der Spitze eines Unternehmens begünstigt die Umsetzung langfristiger Pläne mit einer soliden Basis. Der Luxuskonzern *LVMH* aus Frankreich dient hierbei als ausgezeichnetes Beispiel. Seit einer minutiös vorbereiteten

Übernahme kontrolliert Bernard Arnault den Konzern und erweitert ihn permanent. Über 70 Konzerntöchter sind in der Luxusgruppe vereint, deren Ausbau weiter vorangetrieben wird. Bei Übernahmen werden die Sortimente der Töchter konsequent auf Luxus getrimmt. Bieten sich keine Übernahmechancen in passenden Sparten, so wird der Konzern um neue Sparten erweitert, die bei Übernahmen bestehender Unternehmen luxuriös ausgestaltet werden. Arnault steht als Gründer des Konzerns mit langfristiger Vision eines Wachstums in verschiedene Sparten, wie sich der Konzern heute zeigt, für eine neue Zeitrechnung und eine Kontinuität, die er im Konzern bis in die unteren Ebenen des Managements verwirklicht. Führungskräfte sprechen auf Veranstaltungen über die Talente, die bereits im eigenen Unternehmen angestellt sind, und machen diese größer. So stammen 70 % der Führungskräfte bei *LVMH* über Jahrzehnte aus dem eigenen Unternehmen. Sie weisen folglich einen hohen Identifikationsgrad mit dem Unternehmen auf.

Kontinuität an der Spitze beurteilen Sie im Idealfall vom CEO ausgehend. Ist der CEO der Gründer des Unternehmens, wie z. B. in den populären Fällen *Amazon*, *Tesla* und *Facebook,* so sind beste Voraussetzungen für ein positives Urteil geschaffen. Langfristige Visionen, die über mehrere Jahre konsequent und erfolgreich verfolgt werden, lassen eine hohe Kontinuität vermuten. Neben Gründer-CEOs lohnt sich der Blick auf Unternehmen, die unter einem neuen CEO – genau das ist der Fall bei *LVMH* – ein neues Gesicht und langfristiges Konzept bekommen haben.

Bei fehlender Kontinuität auf dem Posten des Geschäftsführers lohnt sich ein Blick in den Vorstand sowie die Management-Positionen. Existiert auch hier keine Kontinuität, ist das nicht zwingend ein negatives Zeichen, denn auch regelmäßig neu besetzte Unternehmensspitzen fahren positive Ergebnisse ein. Hier müssen Sie andere Qualitätsaspekte für Ihr Urteil gewichten. Ob Kontinuität oder nicht –

wichtig ist immer, dass die Unternehmensführung mit guten Ergebnissen gepaart ist. Damit folgt ein weiterer Aspekt.

Experten in den Geschäftssegmenten

Die Angestellten eines Unternehmens, die die einzelnen Geschäftssegmente anführen, sind bei Großunternehmen und Konzernen ebenso bekannt wie der Vorstand und der Aufsichtsrat. Sie finden auf den Web-Präsenzen die Namen der einzelnen Mitarbeiter eines Unternehmens. Darüber hinaus sind Business-Netzwerke wie *Xing* und *LinkedIn* aufschlussreich. Hier lassen sich Mitarbeiterprofile entdecken.

Positives Zeichen ist eine Besetzung des Unternehmens in den leitenden Positionen mit Experten. Nun wäre es für Sie zu sehr mit Aufwand verbunden, in der Unternehmensanalyse von Konzernen jeden einzelnen Mitarbeiter einer Prüfung zu unterziehen. Was Sie aber durchaus machen können, ist, sich ein bis zwei Stunden Zeit auf *Xing* zu nehmen und einen Konzernnamen einzugeben. Angenommen es wäre die *adidas Group*, würden dort Mitarbeiter aus aller Welt auftauchen. Wenn sich dann zeigt, dass Personen, die fürs IT-Recruiting und Employer Branding verantwortlich sind, zum Teil über abgeschlossene Studiengänge wie in Psychologie verfügen, dann spricht dies fürs Unternehmen. Denn die Position wird in einem solchen Fall mit einer für ihr Arbeitsfeld mehr als nur qualifizierten Person besetzt. Schließlich sind Recruiter mit abgeschlossenem Psychologie-Studium eine Seltenheit.

Gewöhnen Sie sich an, bei der Suche nach Mitarbeitern speziell die Geschäftssegmente zu prüfen, die für den Unternehmenserfolg von Bedeutung sind. Die Analyse sollte nicht auf einzelne Filialen ausgedehnt werden, sondern möglichst übergeordnet im gesamten Konzern stattfinden. Ansonsten ist die Analyse zu aufwendig.

Innovation und Kreativität

Innovation und Kreativität werden spätestens seit dem Voranschreiten der Digitalisierung bei einer kompetenten Geschäftsführung großgeschrieben. Wer sich dem Wandel gegenüber verschlossen zeigt, riskiert u. a. die Gefährdung durch Ersatzprodukte stärker als aufgeschlossene Unternehmensführungen.

Positive Signale für Innovation und Kreativität können von den führenden Personen selbst ausgehen. Ein Großteil der CEOs und Vorstandsmitglieder pflegt eigene Profile auf den Sozialen Medien, lässt sich regelmäßig in Magazinen ablichten und/oder durch Redakteure von Magazinen interviewen oder ist auf eine andere Art und Weise öffentlichkeitswirksam aktiv. Dies verschafft einen guten Eindruck darüber, welche Persönlichkeiten hinter dem jeweiligen Unternehmen stehen.

Aufschluss über das Ausmaß an Innovation und Kreativität liefern zudem Arbeitsweisen in Unternehmen. Hier fließt das Stichwort „New Work" als zentraler Maßstab ein. Darunter versteht man die Transformation der Arbeitswelt weg von starren Arbeitszeiten und klar strukturierten Büros hin zu flexiblen Arbeitszeitmodellen mit Home-Office, Schulungen zur Work-Life-Balance, Yoga-Seminaren und weiteren Aspekten, die den Mitarbeitern Freiräume zur Kreativität geben. Es muss nicht in jeder Abteilung eines Unternehmens der Eindruck von Kreativität aufrechterhalten werden, aber zumindest in Design-Abteilungen und anderen gestalterischen Segmenten des Unternehmens sind kreative Aufbereitungen der Räume ein positives Zeichen. Berichte über die Nutzung agiler Arbeitsmethoden sowie von Innovations- und Kreativitätstechniken kommen ebenfalls gut an, vor allem, wenn sie von der Unternehmensführung vermittelt werden.

> **Beispiel**
>
> Ein gutes Beispiel für die Etablierung von New-Work-Konzepten in Unternehmen bietet *Microsoft*. Das US-Unternehmen stellt seinen Mitarbeitern in verschiedenen Niederlassungen, z. B. in der neuen Deutschlandzentrale in München, alle Möglichkeiten zur Verfügung, um aus den technologischen Ressourcen in einem häuslich eingerichteten Arbeitsumfeld zu schöpfen. Dies soll die Kreativität und Motivation der Mitarbeiter anregen. Es wurden vier verschiedene Bereiche eingerichtet, die zur Kreativität, zum Austausch oder zu anderen Aktivitäten animieren. Jeder Bereich hat seine Bestimmung. Die Mitarbeiter können zwischen Freiflächen und Einzelbüros entscheiden. All dies kann mit anderen Niederlassungen von *Microsoft* verglichen und in Bezug auf die Unternehmensführung bewertet werden. Dadurch kommt der Eindruck eines kreativen und innovativen Unternehmens auf.

Ausschüttungs- und Übernahmepolitik

Die Ausschüttungs- und Übernahmepolitik ist einer der wesentlichsten Punkte, um Rückschlüsse auf die Qualität der Unternehmensführung zu ziehen. Grundsätzlich gilt, dass die rentablen Unternehmen Kapital einbehalten, um es zu investieren. Es wird also weniger Geld an Aktionäre ausgeschüttet. Dies mag zwar nicht mit Anlagestrategien einzelner Anleger übereinstimmen (siehe 4.7.3), aber ist ein Zeichen für ein rentables Unternehmen, das einen Wachstumsansatz pflegt. Jeff Bezos und seine 0-Dividenden-Strategie bei *Amazon* wurden erwähnt und sind das beste Beispiel dafür, wie eine „Buy-and-Build"-Strategie bei Unternehmen in einem profitablen Wachstum gipfeln kann. Wird das einbehaltene Geld von Unternehmen so erfolgreich angelegt, wie es *Amazon* beispielsweise bei seinem Ableger *Amazon Web Services* tat, dann wird das Bild einer positiven Ausschüttungspolitik von Unternehmen vervollständigt. Andererseits existieren Unternehmen, die kein Wachstumspotenzial mehr haben und deswegen die Gewinne zu einem großen Teil ausschütten. Dies muss per se nichts Schlechtes sein, sollte allerdings auf die eigene Anlagestrategie abgestimmt sein.

Bei der Übernahmepolitik sind die zentralen Fragen, wann die Übernahme erfolgte und wie erfolgreich sie im Nachhinein war. Häufig haben Unternehmen zum Defizit, dass sie in Phasen des wirtschaftlichen Aufschwungs teure Übernahmen durchführen. Im Nachhinein müssen Neubewertungen durchgeführt werden; ein hoher Goodwill-Anteil ist die Folge. In Zeiten des wirtschaftlichen Abschwungs, in denen Unternehmen günstig und sogar unterbewertet zum Verkauf stehen, sind Übernahmen meist profitabler. Prüfen Sie in Analysen daher, wann Übernahmen durch die Unternehmen, die Sie bewerten, erfolgten. Je mehr Übernahmen mit Erfolg durchgeführt wurden, umso besser. Je mehr dieser Übernahmen in einen Zeitraum des wirtschaftlichen Abschwungs fallen, umso besser. Teure Übernahmen, hinter denen kein oder wenig Konzept steht und die scheinbar dem Prestige dienen, zeugen von einer schlechten Übernahmepolitik bei Unternehmen.

3.7 Analyse nach Anlagestrategie

Es besteht die Option, Unternehmen zu analysieren und Aktien der einem zusagenden Unternehmen zu kaufen. Branche und bestimmte Indikatoren spielen keine Rolle; es ist nur wichtig, dass das von Ihnen analysierte Unternehmen eine gute Gesamtwertung erhält. Neben diesem Verfahren ist es möglich, im Zuge einer oder mehrerer bestimmter und von festen Grundsätzen geleiteter Strategien Geld anzulegen. Solche Strategien geben ein festes Regelwerk, was ungeplanten Investments entgegenwirkt und somit die Fehlerwahrscheinlichkeit senkt. Ferner sind die Strategien so konzipiert, dass sie zu den Vorlieben von Anlegern passen. Dadurch wird ein den eigenen Interessen und Überzeugungen entsprechendes Investment gefördert. Dieses Unterkapitel stellt Ihnen drei populäre Strategien vor, nach denen Unternehmen schwerpunktmäßig analysiert werden.

3.7.1 Value-Strategie

Die Value-Strategie wurde durch Benjamin Graham verbreitet. Popularität erhielt sie durch den US-Großinvestor Warren Buffet. Sie zielt darauf ab, in Unternehmen zu investieren, deren Aktien zum gegenwärtigen Zeitpunkt unterbewertet sind. Dabei lässt sich zwischen zwei wesentlichen Ansätzen unterscheiden: dem Qualitätsansatz und dem Zigarettenstummel. Beim **Qualitätsansatz** wird in unterbewertete Wachstumsunternehmen mit hohem Potenzial investiert, von denen auszugehen ist, dass sie sich bei einem langfristigem Anlagehorizont im Wert deutlich steigern werden. Der Ansatz mit dem Namen **Zigarettenstummel** dient dem Finden von Wertpapieren, die unterbewertet sind und sich aufgrund des geringen Wachstumspotenzials für kurz- und mittelfristige Geldanlagen und als Beimischung zum langfristigen Value-Portfolio eignen.

Der Wunsch ist immer die Umsetzung des Qualitätsansatzes, denn **Unternehmen mit einem großen Wachstumspotenzial, die aktuell unterbewertet sind**, bieten die besten Aussichten auf langfristig hohe Gewinne. Das Problem bei Wachstumsunternehmen ist, dass deren Aktien in der Regel ein hohes Preisniveau haben. Aufgrund des konstanten Wachstums und der vielversprechenden Zukunftsaussichten investieren Anleger gern in diese Unternehmen. Die Unternehmen selbst rechtfertigen dies mit fortlaufendem Wachstum, sodass es selten zu einer Unterbewertung kommt. Häufig sind die Aktien sogar überbewertet. Eine Chance für unterbewertete Aktien von Wachstumsunternehmen bietet sich in Krisenphasen, wenn sich der Markt insgesamt schwach präsentiert. Jüngst hat die Corona-Krise gelehrt, dass Wachstumsunternehmen sich nach Krisen aber schnell erholen, sodass auch in Krisenphasen schnell gehandelt werden muss, um Wachstumsunternehmen zu einem unterbewerteten Preis zu erstehen. Es ist viel Geduld erforderlich, um Value-Aktien mit hoher Qualität ausfindig zu machen.

Einfacher – und genau deswegen als Beimischung zum Value-Portfolio häufig genutzt – ist der Zigarettenstummel-Ansatz. **Unternehmen aus Branchen mit langsamem oder geringem Wachstum oder mit altmodischen Geschäftsmodellen oder Produkten** sind dem Zigarettenstummel zuzuordnen. Sollten sich unterbewertete Unternehmen finden, auf die diese Kriterien zutreffen, dann macht sich eine Investition in deren Aktien für einen kurz- bis mittelfristigen Anlagehorizont bezahlt. Es darf davon ausgegangen werden, dass der Kursverlauf in diesem Zeitraum nach oben zeigen wird. Ist dies der Fall, macht der Verkauf der betroffenen Wertpapiere zur Mitnahme der Kursgewinne einen Sinn. Daraufhin können die Gewinne in andere Unternehmen, die zum Zigarettenstummel-Ansatz passen, reinvestiert werden. Von einer langfristigen Haltedauer solcher Wertpapiere ist abzuraten, weil auf lange Sicht von sinkenden Kursverläufen oder einer Pleite des Unternehmens auszugehen ist. Wichtig ist daher beim Zigarettenstummel-Ansatz, sich zunächst zu vergewissern, dass das Unternehmen für die nächsten Jahrzehnte noch eine gesicherte Existenz hat, damit der Kurs eine Perspektive auf einen kurz- bis mittelfristigen Anstieg hat.

Bei der Value-Strategie wird das eigene Kapital zum Großteil mit langfristigem Anlagehorizont investiert. Es ist deswegen maßgeblich, dass die Wertpapiere von **Qualitätsunternehmen mit reichlich Wachstumspotenzial den Großteil des Portfolios ausmachen.** Zu 10 bis 20 % darf das Portfolio mit kurz- und mittelfristigen Zigarettenstummel-Anlagen erweitert werden.

3.7.2 Wachstumsansatz

Der Wachstumsansatz – auch Growth-Strategie genannt – ähnelt insofern der Value-Strategie, als dass in Unternehmen mit hoher Qualität investiert wird. Dabei werden allerdings nicht nur unterbewertete Unternehmensaktien ausgesucht, sondern es wird **auch in jüngere und noch nicht etablierte Unternehmen investiert.** Das Ziel ist es, Geld in Unternehmensaktien anzulegen, die nach oben hin ein möglichst großes Wachstumspotenzial bieten. Kriterien wie die Verschuldung und diesbezügliche Kennzahlen spielen eine geringere Rolle, stattdessen wird nach Wachstumskriterien segmentiert. Weil bei einigen Branchen ein geringes Wachstum Gewissheit ist, empfiehlt es sich, die Recherche in diesen Branchen von vornherein sein zu lassen. Ein Beispiel für eine entsprechende Branche ist der Stahlbau.

Bei Unternehmen aus Branchen mit Wachstumspotenzial gilt es zu prüfen, ob die innovativen Potenziale wahrgenommen werden. Erst, wenn ein Unternehmen sich **innovativ und den Chancen zum Wachstum gegenüber offen** präsentiert, ist die Grundlage für ein Investment gemäß des Wachstumsansatzes geschaffen.

Beispiel

Die fehlende Bereitschaft zur Innovation führt sogar bei erfahrenen Unternehmen unter Umständen zur Pleite. Dies passierte dem Traditionsunternehmen *Eastman Kodak* aus den USA, das im Jahre 2012 Insolvenz anmeldete. Es war bis in den Beginn des 21. Jahrhunderts ein Pionier der Fotografie und brachte schon 1988 die erste Kamera für Endverbraucher auf den Markt. Mit der digitalen Transformation zog das Unternehmen schon in deren Anfängen nicht mit. Der Konzern *Eastman Kodak* versuchte noch, sich mit dem Verkauf von Patentrechten zu retten, aber den Niedergang des Unternehmens konnte dies nicht verhindern. Ein Gigant auf dem Markt der Fotografie, dessen Niedergang für unwahrscheinlich befunden wurde, schrieb seit Anfang 2003 rote Zahlen, weil er nicht mit der Digitalisierung mitzog. Ähnlich stark traf es die Handelskette *Walmart* in den USA. Als der Online-Handel aufblühte und *Amazon* mit den Zügeln in den Händen voranschritt, das Tempo erhöhte und die Geschäfte beliebig skalierte, kam es bei *Walmart* zu Kundenverlusten und Umsatzeinbußen. Aufgrund seines Sortiments ist ein Bestand der lokalen Niederlassungen im Großen und Ganzen gesichert, aber Schließungen mehrerer Geschäfte sowie der Ausschluss bestimmter Sortimente aus dem Angebot mussten erfolgen, weil *Amazon* die Kunden für sich erobert hatte und die Geschäfte für *Walmart* in der früheren Größenordnung nicht mehr profitabel waren.

Weil beim Wachstumsansatz mitunter in junge und weniger etablierte Unternehmen investiert wird, hat der Wachstumsansatz einen **spekulativeren Charakter** als die Value-Strategie. Durch die Investition in weniger etablierte junge Unternehmen ist ein höheres Risiko bei Investitionen gegeben. Deswegen sollte das Portfolio nur zu einem geringeren Teil aus Growth-Aktien bestehen. Es ist nicht unüblich, den Growth- mit dem Value-Ansatz zu kombinieren, wobei der Value-Ansatz auf den Großteil des Aktien-Portfolios zutrifft. Ein geeignetes Beispiel sind Value-Aktien mit einem Anteil von 80 % am Wert des Portfolios und Growth-Aktien mit einem Anteil von 20 %.

3.7.3 Dividenden-Strategie

Die Dividenden-Strategie folgt dem Ziel, **hohe Dividendenausschüttungen zu erhalten**. In erster Linie ist somit die Frage gegeben, welche Unternehmen hohe Dividenden zahlen und wie häufig die Dividende gezahlt wird. Wer die Unternehmen so wählt, dass jeden Monat eine neuerliche Dividendenzahlung erfolgt, kann monatlich passives Einkommen erzielen. Bei der Anlage einer ausreichend hohen Summe kann die auf die eigenen Anteile entfallende Dividende sogar den eigenen Lebensunterhalt finanzieren. Dazu müssen sechs- bis siebenstellige Beträge angelegt werden. Für gewöhnlich investieren Anleger in Unternehmen, die hohe Dividendenzahlungen ausschütten, weil sie an regelmäßigen Auszahlungen interessiert sind.

Zur Umsetzung der Dividenden-Strategie existieren ETFs, die dividendenstarke Aktien umfassen. Darüber hinaus sind mit den sogenannten **Dividenden-Aristokraten** Wertpapiere auf dem Markt erhältlich, die seit 25 Jahren (Zeitraum für US-Unternehmen) oder zehn Jahren (Zeitraum für EU-Unternehmen) die Dividende Jahr für Jahr anheben und Dividenden in Höhe von mindestens 5 % bzw. 3 % ausschütten.

Wenn Sie gezielt nach Dividenden-Aristokraten im Internet suchen, erhalten Sie eine Liste der betreffenden Wertpapiere. Hier können Sie die Unternehmen analysieren und versuchen, die Dividenden-Strategie mit dem Value-

oder Growth-Ansatz zu kombinieren, um nicht nur die Dividendenzahlungen als Kriterium zu nehmen. Durch eine genauere Analyse der Dividenden-Aristokraten im Hinblick auf die gelernten Kennzahlen und eine Abstimmung auf weitere Anlage-Strategien verleihen Sie der Geldanlage in Unternehmen mit hohen Dividendenzahlungen mehr Sicherheit. Einfach nur in Unternehmen mit hohen Dividendenzahlungen Geld anzulegen, ist bei Missachtung anderer für die Existenz und den Erfolg des Unternehmens relevanter Aspekte riskant.

4 Fallbeispiel am DAX-Konzern SAP

Der DAX-Konzern *SAP SE* ist ein global agierendes Software-Unternehmen. Obwohl global Technologie-Unternehmen aus den USA führend sind, hat es die *SAP SE* als eines der wenigen Unternehmen aus Deutschland geschafft, sich auf dem Markt zu etablieren und zu einem weltweit gefragten Anbieter für Software-Lösungen zu werden. Das Alleinstellungsmerkmal, das die *SAP SE* seit der Gründung 1972 begleitete, war die Verknüpfung der Software-Lösungen untereinander. Die Programme, die Unternehmen von der *SAP SE* nutzten, waren miteinander vernetzt, was für damalige Zeiten äußerst fortschrittlich war und der *SAP SE* nach dem Börsengang 1988 und der Aufnahme in den DAX 1995 nach kontinuierlichem Wachstum namhafte internationale Kunden wie *Microsoft* und *Burger King* einbrachte. Auch in den für die Tech-Branche existenzbedrohenden Zeiten der Dotcom-Blase 2001 verzeichnete die *SAP SE* zumindest in Bezug auf den Umsatz ein Wachstum. Das Unternehmen machte neben seinem konstanten Wachstum über die Jahrzehnte hinweg durch seine herausragenden Eigenschaften als Arbeitgeber (mehrere Auszeichnungen und soziales Engagement), kluge Unternehmensaufkäufe (Kauf von *SuccessFactors* im Jahre 2011 und von *Ariba* ein Jahr später) sowie eine hohe Innovationsfreudigkeit (frühzeitiger Einstieg ins Cloud-Geschäft, das heute zentraler Wachstumstreiber des Konzerns ist) auf sich aufmerksam. Im Laufe der letzten Jahre setzte sich der positive Trend fort. Nach einem zeitweisen Einbruch durch die Corona-Krise erholten sich die Kurse des Konzerns schneller als die anderer Unternehmen, sodass *SAP SE* vereinzelt als krisensicher angesehen wird und die Kurse konstant ansteigen.

Der Jahresabschluss der *SAP SE* für das abgelaufene Jahr 2019 ist auf der Website des Konzerns unter den „Investor Relations" unter dem Menüpunkt „Publikationen" auffindbar. Dem Jahresabschluss sind dessen fünf Bestandteile zu entnehmen, von denen im Folgenden auszugsweise die wichtigsten Zahlen beleuchtet werden. Die weiteren Aspekte einer Unternehmensanalyse, wie die Branchenanalyse und die Analyse der Unternehmensführung, werden in Kombination mit der Auswertung des Jahresabschlusses eingebracht. Dies ist das plausibelste Vorgehen bei Unternehmensanalysen: Sie nehmen die Zahlen aus dem Jahresabschluss sowie die selbst errechneten Kennzahlen als eine präzise und quantifizierbare Basis, die Sie anhand der Nachrichten rund um das Unternehmen interpretieren. Im Folgenden werden Sie einen Eindruck davon erhalten, wie dieser Vorgang funktioniert. Der Verständlichkeit wegen wird im Folgenden ein vereinfachtes Vorgehen der Unternehmensanalyse durchgeführt. Alle notwendigen Erklärungen erhalten Sie in den einzelnen Unterkapiteln.

4.1 Auswertung der Bilanz

Das vereinfachte Vorgehen zur Unternehmensanalyse sieht vor, die Bilanz nicht im Detail zu untersuchen. Stattdessen werden **auffällige Differenzen** zwischen dem aktuellen und dem letzten Jahresabschluss betrachtet. Alle restlichen Zahlen werden mehr oder weniger überflogen. Es wird auf diesem Wege verhindert, sich zu sehr in Details zu verstricken.

KONZERNBILANZ SAP SE

(in Millionen EUR)	**2019**	2018
Aktiva		
Immaterielle Vermögensgegenstände	1.751	1.999

Sachanlagen	1.512	1.495
Finanzanlagen	33.874	27.363
Anlagevermögen	**37.136**	**30.857**
Vorräte	1	1
Forderungen aus Lieferungen und Leistungen	43	59
Forderungen gegen verbundene Unternehmen	4.525	4.766
Sonstige Vermögensgegenstände	345	191
Forderungen und sonstige Vermögensgegenstände	4.913	5.016
Liquide Mittel	465	4.909
Umlaufvermögen	**5.379**	**9.926**
Rechnungsabgrenzungsposten	2.157	**273**
Latente Steuern	369	**266**
Aktiver Unterschiedsbetrag aus der Vermögensrechnung	2	2
Summe Aktiva	**45.043**	41.324

(in Millionen EUR)	**2019**	2018
Passiva		
Gezeichnetes Kapital	1.229	1.229
Eigene Anteile	-35	-35
Kapitalrücklage	660	660
Andere Gewinnrücklagen	4.310	4.310
Bilanzgewinn	9.830	10.288
Eigenkapital	**15.993**	**16.452**
Rückstellungen für Pensionen und ähnliche Verpflichtungen	11	8

Übrige Rückstellungen	1.957	1.703
Rückstellungen	**1.968**	**1.711**
Anleihen	9.250	10.000
Übrige Verbindlichkeiten	17.818	13.150
Verbindlichkeiten	**27.068**	**23.150**
Rechnungsabgrenzungsposten	14	**11**
Summe Passiva	**45.043**	41.324

Die auffälligsten Differenzen treten in den folgenden Bilanzposten auf:

- Finanzanlagen
- Anlagevermögen
- Liquide Mittel
- Umlaufvermögen
- Rechnungsabgrenzungsposten
- Summe Aktiva
- Übrige Verbindlichkeiten
- Verbindlichkeiten
- Summe Passiva

Die Erörterung der Hintergründe für die Differenzen zwischen den beiden Jahren führen bei jedem Posten zu Rückschlüssen auf die betrieblichen und außerbetrieblichen Tätigkeiten des Konzerns. Vereinfacht wird die Erörterung dadurch, dass gewisse Posten anderen untergeordnet sind und diese beeinflussen. So gehören beispielsweise die Finanzanlagen dem Anlagevermögen an. Die aus der Bilanz ersichtliche hohe Differenz zwischen den Abschlüssen bei den Finanzanlagen erklärt somit automatisch die Differenz beim Anlagevermögen mit. Achten Sie bei der Auswertung der Bilanzen also immer auf die Hierarchien und Strukturen, um sich doppelte Arbeit zu ersparen.

Weiter mit der *SAP SE*: Mit 37,136 Mrd. Euro ist der Großteil des Vermögens dem **Anlagevermögen** zuzuordnen, wobei der **Anstieg** um etwas mehr als **6 Mrd. Euro** im Bereich der **Finanzanlagen** die auffälligste Entwicklung im Vergleich widerspiegelt. Grund für diesen Anstieg ist die Kapitaleinlage bei einem Tochterunternehmen zum Aufkauf eines Unternehmens, nämlich des Unternehmens *Qualtrics*, im abgelaufenen Geschäftsjahr. Diese Übernahme hatte nicht nur die hierarchische Beeinflussung der Posten „Anlagevermögen" und „Summe Aktiva" zur Folge, sondern zog durch die erforderliche Finanzierung der Übernahme auch Änderungen in anderen Bilanzposten nach sich.

Aufgrund der Kapitaleinlage sanken die **liquiden Mittel**, was den Rückgang des **Umlaufvermögens** um mehr als 3 Mrd. Euro erklärt. Damit sind bereits mehrere Entwicklungen in der Bilanz der *SAP SE* erläutert.

Es verbleibt bezüglich der Aktiva noch die Klärung der **Rechnungsabgrenzungsposten**, die aufgrund einer Zunahme von fast 2 Mrd. Euro maßgeblich zum Anstieg des Gesamtvermögens der *SAP SE* um besagte fast 3,7 Mrd. Euro beitragen. Grund für diese Zunahme ist die **Vorauszahlung von Lizenzgebühren** durch andere Unternehmen. Dies ist als positiver Beitrag zum Betriebsergebnis als günstig aufzufassen.

Insgesamt ist eine Zunahme der Aktiva um ca. 3,7 Mrd. Euro gegenüber dem Vorjahresabschluss festzustellen. Anstelle der 41,324 Mrd. Euro beläuft sich das Vermögen des Unternehmens nun auf 45,043 Mrd. Euro.

Um sich einen Reim auf die bisherige Bilanz zu machen, wird die Übernahme von *Qualtrics* einer Qualitätsprüfung unterzogen. Die Übernahme sorgte für Furore, weil es die teuerste Übernahme in der fast 50-jährigen Geschichte der *SAP SE* ist. Motiv für die Übernahme ist der Ausbau der eigenen CRM-Sparte. Der Konkurrent *Salesforce*, ebenfalls Global Player, soll dadurch angegriffen werden. Bei *Qualtrics* handelt es sich um ein Unternehmen, das bisher kaum profitabel war, weswegen die teure Übernahme den *SAP*-Kurs sinken und die Analysten sowie Investoren eher aufschrecken ließ als überzeugte. Der mediale Aufruhr war groß, aber eines hat die *SAP SE* damit gezeigt: Es ist dem Konzern ernst mit dem Konkurrenzkampf. Investitionen werden nicht gescheut. *Qualtrics* stellt der *SAP SE* in Aussicht, die bloßen **Betriebsdaten mit Emotionen von Kunden zu verknüpfen**. Durch die Spezialisierung auf Marktforschung besteht durch die Übernahme von *Qualtrics* die Hoffnung auf Echtzeit-Informationen über die Zufriedenheit der Kunden. In diesem Punkt ist *Qualtrics* führend auf dem Markt, was den Kaufpreis zumindest zum Teil rechtfertigt. Ob *Qualtrics* für die *SAP SE* eine der teuren Prestige-Übernahmen wird, die Unternehmen vereinzelt durchführen, um ihre Macht zu demonstrieren, wird sich noch zeigen. Die Investition der *SAP SE* darf mit Vorsicht als zukunftsorientiert und positiv eingestuft werden, aber mit noch mehr Vorsicht wird sie in dieser Analyse fürs Erste als zu teuer und somit negativ betrachtet.

Unter den Passiva sind die Differenzen zwischen den beiden Jahresabschlüssen bei den Posten „Übrige Verbindlichkeiten", „Verbindlichkeiten" sowie „Summe Passiva" zu klären. Weil die übrigen Verbindlichkeiten den beiden anderen Posten untergeordnet sind und deren Wertentwicklung beeinflussen, reicht eine Klärung der Veränderungen bei den übrigen Verbindlichkeiten aus. Im Anhang erklärt die *SAP SE* den Anstieg der **übrigen Verbindlichkeiten** um 4,668 Mrd. Euro mit dem Lieferungs- und Leistungsverkehr sowie dem Finanz- und Liquiditätsmanagement mit seinen verbundenen Unternehmen. Die Verbindlichkeiten gegenüber gebundenen Unternehmen haben mit 14,105 Mrd. Euro den höchsten Anteil an den insgesamt 17,818 Mrd. Euro übriger Verbindlichkeiten.

> **Hinweis!**
>
> Zur Tabelle bzw. Bilanz: Es fällt auf, dass die von der *SAP SE* veröffentlichte Bilanz eine auf den ersten Blick verwirrende Struktur hat. Die eingerückten Posten sind immer den weniger eingerückten unteren Posten untergeordnet. So werden beispielsweise die verschiedenen Arten der Forderungen – es sind drei Posten – separat aufgeführt und eingerückt. Unter den drei Posten findet sich ein weniger nach rechts eingerückter Posten. Dieser ist der, in dem die drei Posten zusammengefasst sind. Dieser Posten „Forderungen und sonstige Vermögensgegenstände" befindet sich auf einer Ebene mit den liquiden Mitteln und den Vorräten. Alle drei gemeinsam bilden sie das Umlaufvermögen, das nicht eingerückt und der oberste Posten ist. Lassen Sie sich von den teils verwirrenden Strukturen, unerklärlichen Fettmarkierungen an vereinzelten Stellen der Bilanz und weiteren Aspekten nicht irritieren. Blicken Sie mit Geduld bei den individuellen Darstellungen der Bilanzen von Konzernen durch.

Zur finalen Beurteilung der Bilanz sind einige Kennzahlen hilfreich, die sich mithilfe der Lehren aus dem zweiten Kapitel und einigen trivialen Rechnungen ermitteln lassen.

$$Eigenkapitalquote = \frac{Eigenkapital}{Bilanzsumme}$$

$$Eigenkapitalquote = \frac{15.993}{45.043}$$

$$Eigenkapitalquote \approx 0{,}355$$

Die Eigenkapitalquote mit ca. 35,5 % zeigt, dass das Unternehmen **zum größeren Teil fremdfinanziert** ist. Die Vorzüge einer Fremdfinanzierung sind die günstigeren Kosten des Geldes, die erhöhte Zahlkraft sowie der erhöhte Unternehmenswert. Allerdings bildet die Zinsbindung mit Zahlungsverpflichtung einen Nachteil. Wenn Sie sich an die weiteren Lektionen des Kapitels 2 erinnern, wissen Sie, dass vor allem in Zeiten des wirtschaftlichen Abschwungs eine hohe Fremdkapitalquote nachteilig ist. So wie aufgrund von Corona. Tatsache ist aber, dass die *SAP SE* in Zeiten der Corona-Krise ihre Krisenfestigkeit durch steigende Gewinne und Kooperationen mit anderen Akteuren des Marktes bewiesen hat. Es ist ein Unternehmen, das aufgrund der hohen Skalierbarkeit des Softwaresektors wachsen kann. Für Wachstumsunternehmen sind hohe Fremdkapitalquoten nicht untypisch. Somit ist die geringe Eigenkapitalquote der *SAP SE* angesichts der seit mehreren Monaten bewiesenen Krisenfestigkeit mit Wachstumsambitionen nicht als kritisch anzusehen.

$$Gearing = \frac{Finanzverbindlichkeiten - Liquide\ Mittel}{Eigenkapital}$$

$$Gearing = \frac{12.561 - 465}{15.993}$$

$$Gearing = \frac{12.096}{15.993}$$

$$Gearing \approx 0{,}756$$

Das Gearing ist fatal, wenn es nach den allgemeinen Empfehlungen geht. Hier gelten 20 bis 50 % noch als gut, ab 70 % aufwärts jedoch ist fast von Nettofinanzschulden die Rede. Nun liegt bei der *SAP SE* zwar ein gemilderter Fall vor, weil es sich um ein Wachstumsunternehmen handelt. Dennoch ist der Wert für risikoarme Anleger abschreckend. Das Unternehmen wirkt gegenüber der Eigenkapitalquote aufgrund des Gearings in Höhe von rund 75,6 % finanziell plötzlich bedeutend instabiler.

Zwischenfazit: Angesichts all dieser Zahlen erscheint es sinnvoll, die Geschäfts- und Investitionstätigkeiten des Unternehmens in der GuV zu betrachten. Die teure Übernahme von *Qualtrics* stimmt eher skeptisch und alarmiert. Auch in den sonstigen Bereichen sind die Zahlen nicht überzeugend. Zwar waren Investitionen in die Restrukturierung und das Cloud-Geschäft erforderlich, aber der Anstieg der ohnehin hohen Verbindlichkeiten macht sich bemerkbar.

4.2 Auswertung der GuV

Wie bereits bei der Bilanz liegt der Fokus in der Auswertung der GuV auf die Differenzen, die zwischen beiden Jahresabschlüssen am deutlichsten ins Auge stechen.

GEWINN- UND VERLUSTRECHNUNG SAP SE

(in Millionen EUR)	**2019**	2018
Umsatzerlöse	15.220	14.244
Sonstige betriebliche Erträge	1.028	1.073
Umsatzerlöse und sonstige betriebliche Erträge	**16.248**	**15.317**
Materialaufwand	-9.328	-8.384
Personalaufwand	-2.463	-2.097
Abschreibungen auf immaterielle Vermögensgegenstände des Anlagevermögens und Sachanlagen	-596	-603
Sonstige betriebliche Aufwendungen	-2.755	-2.246

Betriebsaufwand	-15.141	-13.330
Betriebsergebnis	**1.107**	**1.987**
Beteiligungsergebnis	945	970
Ergebnis aus Gewinnabführungs- und Verlustübernahmeverträgen	57	40
Erträge aus anderen Wertpapieren und Ausleihungen des Finanzanlagervermögens	48	165
Abschreibungen auf Finanzanlagen	-161	-247
Zinsergebnis	-160	-183
Finanzergebnis	**729**	**745**
Ergebnis vor Steuern	**1.836**	**2.732**
Laufende Steuern vom Einkommen und vom Ertrag	-594	-828
Latente Steuern vom Einkommen und vom Ertrag	102	40
Ergebnis nach Steuern	**1.343**	**1.943**
Sonstige Steuern	-12	-13
Jahresüberschuss	**1.332**	**1.929**
Gewinnvortrag aus dem Vorjahr	8.498	8.359
Bilanzgewinn	**9.830**	**10.288**

Es fallen die folgenden Posten mit höheren Differenzen zwischen den beiden Jahresabschlüssen auf:

- Umsatzerlöse
- Umsatzerlöse und sonstige betriebliche Erträge
- Materialaufwand
- Personalaufwand
- Sonstige betriebliche Aufwendungen
- Betriebsaufwand

- Betriebsergebnis
- Ergebnis vor Steuern
- Ergebnis nach Steuern
- Jahresüberschuss

Geklärt werden müssen nur die Umsatzerlöse (beeinflussen den Posten „Umsatzerlöse und sonstige betriebliche Erträge") sowie die drei Posten Materialaufwand, Personalaufwand und Sonstige betriebliche Aufwendungen (beeinflussen den Betriebsaufwand). Das Betriebsergebnis, das Ergebnis vor Steuern sowie nach Steuern und der Jahresüberschuss werden durch die vorab genannten Punkte beeinflusst und bedürfen in diesem schnelleren Verfahren der Unternehmensanalyse fürs Erste keiner genauen Erläuterung.

Die GuV spiegelt einen Anstieg der Umsatzerlöse und sonstigen betrieblichen Erträge um 931 Mio. Euro wider, wobei die sonstigen betrieblichen Erträge minimal gesunken und die Umsatzerlöse gegenüber dem Vorjahr um insgesamt 976 Mio. Euro gestiegen sind. Der Großteil der Umsatzerlöse ist auf Lizenzzahlungen von Unternehmen für die Softwarenutzung zurückzuführen. Bei näherer Untersuchung fällt positiv auf, dass die **Umsatzerlöse global in sämtlichen Regionen gestiegen** sind. Diese Angabe entnehmen Sie dem Anhang zum Jahresabschluss der *SAP SE*.

Parallel stieg allerdings im abgelaufenen Geschäftsjahr der Betriebsaufwand der *SAP SE*. Hierfür verantwortlich sind nach Angaben der *SAP SE* **Investitionen in Forschung und Entwicklung bezüglich neuer Cloud-Technologien**. Weil die Cloud-Technologie auf dem Vormarsch ist und die Zukunft für Unternehmen darstellt, erscheinen diese Investitionen plausibel. Noch plausibler – ja sogar als positiv zu bewerten – sind die Investitionen bei dem vorhandenen Wissen, dass das Cloud-Geschäft der größte Wachstumstreiber der *SAP SE* ist. Die mit der Forschung und zunehmenden Mitarbeiterzahl verbundenen Aufwendungen forderten Restrukturierungsmaßnahmen, für die die *SAP SE* wiederum unter den betrieblichen Aufwendungen höhere Kosten als im Vorjahr verzeichnet. Also fällt das gesamte Betriebsergebnis gegenüber dem Vorjahr mit 1,107 Mrd. Euro um 880 Mio. Euro geringer aus. Das positive Finanzergebnis in Höhe von 729 Mio. Euro trägt zu einer Steigerung des Gewinns bei, der vor Steuern 1,836 Mrd. Euro beträgt und nach wie vor unter dem des Vorjahres liegt. Dies senkt die Steuerlast, sodass nach Steuern ein Ergebnis in Höhe von 1.343 Mrd. Euro gegeben ist – 600 Mio. Euro weniger als im Vorjahr.

Interessant ist der Blick auf die Verwendung der Gewinne. Die *SAP SE* nimmt eine Dividende von 1,58 € pro Aktie an und schlägt Dividendenausschüttungen in Höhe von 1,886 Mrd. Euro vor. Dies stellt eine Erhöhung im Vergleich zum Vorjahr dar, trotz des gesunkenen Gewinns. Für dividendenorientierte Anleger ist dies ein positiver Aspekt.

$$Eigenkapitalrendite = \frac{Jahres\ddot{u}berschuss}{Durchschnittliches\ Eigenkapital}$$

$$Eigenkapitalrendite = \frac{1.332}{15.993}$$

$$Eigenkapitalrendite \approx 0{,}083$$

Würde das Eigenkapital angelegt werden, dann würde es mit 8,3 % verzinst. Diese Verzinsung ist zwar an sich solide, aber **für ein Wachstumsunternehmen aus dem Technologie-Sektor eher gering**. In Anbetracht der parallel hohen Fremdkapitalquote muss die Eigenkapitalrendite noch weiter relativiert werden. All dies bedeutet nicht, dass das Unternehmen schlecht wirtschaftet, aber es ist ein Indiz für eine geringe Ausschöpfung der Potenziale, die der Tech-Sektor bietet.

Das EBIT, also das Ergebnis vor Steuern, ist interessant, da es die Differenz zwischen den betrieblichen und finanziellen Erträgen gegenüber dem Vorjahr deutlicher veranschaulicht als der bloße Jahresüberschuss und der Bilanzgewinn. Hier wird ersichtlich, dass die *SAP SE* im Geschäftsjahr 2019 schlicht und einfach schwächer gewirtschaftet hat.

Zwischenfazit: Insgesamt festigt sich nach der Betrachtung der Bilanz auch durch die GuV der Eindruck eines Unternehmens, das zwar ein solides Wachstum verzeichnet, aber unter seinen Möglichkeiten bleibt und ein verhältnismäßig hohes Risiko eingeht. Die auf den ersten Blick überteuerte Übernahme von *Qualtrics* steht sinnbildlich für diese These.

4.3 Auswertung der Kapitalflussrechnung

In der vereinfachten Variante der Auswertung der Kapitalflussrechnung werden nur fünf Posten betrachtet. Die vollständige Rechnung können Sie unter dem Punkt „Integrierter Bericht 2019" und dort „Kapitalflussrechnung" auf der Website des Konzerns einsehen. Für die folgende Betrachtung genügt ein eigens erstellter Auszug.

AUSZUG KAPITALFLUSSRECHNUNG SAP SE

(in Millionen EUR)	**2019**	2018
Cashflows aus betrieblichen Tätigkeiten	3.496	4.303
Cashflows aus Investitionstätigkeiten	-7.021	-3.066
Cashflows aus Finanzierungstätigkeiten	102	3.283
Zahlungsmittel und Zahlungsmitteläquivalente zu Beginn der Periode	**8.627**	4.011
Zahlungsmittel und Zahlungsmitteläquivalente am Ende der Periode	**5.314**	8.627

Wenn die Kapitalflussrechnung eines zeigt, dann die starken Mittelabflüsse aus der Akquisition von *Qualtrics*, die unter den Cashflows aus den Investitionstätigkeiten mit einem hohen Minus zubuche schlagen. Dies ist nichts Neues, schließlich wurde dieser Punkt bereits mehrfach beleuchtet. Aber viel deutlicher tritt zum Vorschein, dass die Cashflows aus den betrieblichen Tätigkeiten und vor allem den Finanzierungstätigkeiten ebenfalls zurückgegangen sind. Diese Zahlen festigen erneut den zwiegespaltenen Eindruck von der *SAP SE*. Es kann nicht alles nur auf die Akquisition und Restrukturierungen zurückgeführt werden. Auch in der generellen Performance des Unternehmens taten sich im abgelaufenen Geschäftsjahr Defizite auf. Wiegen Sie die bisherigen Impressionen im Folgenden mit einigen weiteren nicht zahlengetriebenen Aspekten ab, um ein möglichst treffendes Fazit für die Gesamtanalyse anzustellen!

4.4 Weitere Aspekte

Die folgenden Abschnitte werden anhand dreier Aspekte auszugsweise zeigen, wie die Analyse der *SAP SE* weiterverlaufen könnte. In die Tiefe der Analyse bestehen keinerlei Grenzen. Die Unternehmensführung beispielsweise ließe sich noch genauer analysieren, indem Sie die Social-Media-Profile der Vorstandsvorsitzenden (pro Person existieren vier Profile) untersuchen.

4.4.1 Beispiel für Ansatz einer Branchenanalyse: SAP und SIEMENS in einer Kooperation

Innerhalb eines breiten Marktes machte die *SAP SE* gemeinsam mit *SIEMENS* jüngst durch einen Zusammenschluss von sich reden. Der Zusammenschluss führte zu einer **Verknüpfung zweier auf ihren Fachgebieten fortgeschrittener Unternehmen**. *SAP SE* ist führend auf dem Gebiet der SCM-Systeme (Supply Chain Management), was die Steuerung der Warenströme digitalisiert und optimiert. *SIEMENS* wiederum ist in Automatisierungen fortgeschritten. Mit der Technologie *Simatic* besitzt *SIEMENS* eine umfangreiche Lösung, die das Management der Produkte von dem Entwurf über die Fertigung und den Verkauf bis hin zur Entsorgung verbessert. Beide Unternehmen wollen gemeinsam Digitalisierungslösungen für die Industrie anbieten und durch die Kooperation für Kunden attraktive Leistungspakete schnüren. Die Unternehmen verweisen dabei auch auf die Zeichen zur Notwendigkeit einer Digitalisierung, die spätestens mit der Corona-Phase in den Industrien kamen. Es kann somit interpretiert werden, dass sich ein großes Marktpotenzial auftut, das sich die *SAP SE* sichert.

4.4.2 Unternehmensführung

In der Unternehmensführung der *SAP SE* zeigte sich in letztem Jahr das, was sich in den Kennzahlen andeutete: Mut zum Risiko. Dieses Risiko wurde, wie das Jahr 2020 zeigt, zum Teil nicht belohnt. 2019 wurden der erst 39-jährige Christian Klein als CEO und Jennifer Morgan, die erste Frau an der Spitze eines DAX-Konzerns, als Co-CEO eingesetzt. Während sich Christian Klein nach wie vor im Amt hält und mittlerweile alleiniger CEO ist, verließ Jennifer Morgan im zweiten Quartal des Jahres 2020 die *SAP SE*. In Kombination mit der Tatsache, dass bereits in den vergangenen Jahren viele Vorstandsmitglieder die *SAP SE* verließen, zeichnet sich **in der Unternehmensführung des Konzerns ein möglicher Aderlass** ab. Nach wie vor hat sich die Unternehmensführung ihre Ideale der Innovationsbereitschaft und Förderung junger Talente als ausgezeichnete sowie soziale Arbeitgebermarke bewahrt, aber die Kontinuität scheint zu bröckeln. An Qualifikationen mangelt es nicht, zudem sind viele der früheren Vorstandsmitglieder als Berater für das Unternehmen aktiv, worunter auch Gründer des Unternehmens fallen, die bereits über zahlreiche Erfahrung verfügen.

Die Verjüngung des Vorstands durch CEO Christian Klein und den erst 30-jährigen Thomas Saueressig im *SAP Product Engineering* muss somit zwiespältig betrachtet werden. Zwar sind die Qualifikationen und erfahrenen Berater vorhanden, aber die Entscheidung trifft ein im Schnitt erstaunlich junger Vorstand.

4.4.3 Marktstimmung

In Bezug auf den Tech-Sektor führt zurzeit global kein Weg an der Einbeziehung der Marktstimmung in die Branchen- und Unternehmensanalyse vorbei. Aktuell ist der Tech-Sektor trotz der Corona-Krise auf dem Weg zu einem neuen Allzeithoch. In den USA ist dieser Zustand durch den Nasdaq schon erreicht, obwohl die Wirtschaft durch die Corona-Phase deutlich getroffen wurde. In Deutschland setzt der TecDAX zu einem neuen Allzeithoch an, aber hat noch einige Kursgewinne vor sich, um dieses zu erreichen. Gleiches gilt für die Aktie der *SAP SE*, die die Rehabilitation nach der Corona-Krise längst hinter sich hat.

Es ist bei den aktuellen rapiden Zugewinnen des Tech-Sektors davon auszugehen, dass diese Branche unberechenbar ist. Zwar ist eine schnellere Rehabilitation als in anderen Branchen nach der Corona-Krise logisch erklärbar, aber die enorme Dynamik deutet auf ein Phänomen hin, im Zuge dessen Investoren und Anleger aktuell händeringend nach Möglichkeiten suchen, das Geld trotz der Ungewissheiten aufgrund des Corona-Virus langfristig sicher gewinnbringend anzulegen. Dabei laufen Anleger Gefahr, zu einer Überbewertung der Unternehmen beizutragen.

4.5 Fazit und Kategorisierung

Der Verfasser vertritt die Ansicht, dass die *SAP SE* trotz der teils besorgniserregenden Kennzahlen und des schwachen Ergebnisses 2019 vieles richtig macht und langfristig an Wert gewinnen wird. An der Übernahme von *Qualtrics*, das die *SAP SE* aufgrund der positiven Entwicklungen seit der Übernahme zeitnah in den USA an die Börse bringen möchte, wird ersichtlich, dass die *SAP SE* wie bisher in ihrer Geschichte in Bezug auf Unternehmensübernahmen gut agiert. Das hohe Risiko und der hohe Übernahmepreis unterstreichen den Mut zum Risiko; allerdings zu einem wohl überlegten und auf das eigene Geschäftsmodell abgestimmten Risiko. Auch das phasenweise Durcheinander im Vorstand, das zu Zeiten von Corona denkbar ungelegen kam, hat dem Unternehmen bisher nicht geschadet. Es wird mit Vorsicht befunden, dass eine junge Zusammensetzung des Vorstands mit erfahrenen Beratern im Hintergrund den heutigen gestiegenen Anforderungen an die Innovationsbereitschaft von Unternehmen gerecht wird. Was aber ein entscheidendes Argument gegen eine jetzige Investition in eine Aktie der *SAP SE* ist, ist die aktuelle Marktstimmung, die im gesamten Tech-Sektor für rasante Kursgewinne sorgt. Diese Kursgewinne sind zum Teil nicht gerechtfertigt, zudem droht eine negative Änderung der Marktstimmung, falls erneut Beschränkungen erlassen werden sollten, die die nationale Wirtschaft ausbremsen. Angesichts der nicht abwegigen Gedanken an eine möglicherweise platzende „Tech-Blase" und der aktuell wirtschaftlich ungewissen Lage wird die Geldanlage in Aktien der *SAP SE* als riskant eingestuft. Ferner ist die Aktie angesichts der Kennzahlen in Bezug auf Bilanz und GuV als überbewertet anzusehen. Nach einer Wartezeit von mehreren Monaten oder bereits Wochen und einem signifikanten Kursverlust der Aktie ist eine Kaufempfehlung auszusprechen. Dann ist die Aktie zu einem fairen oder unterbewerteten Preis erhältlich und eine Geldanlage lohnend.

Angesichts der ermittelten Kennzahlen und der sonstigen Aspekte ist die Aktie der *SAP SE* einerseits als eine Wachstumsaktie einzustufen, die sich bei der Growth-Strategie zur Geldanlage eignet. Durch die bei einer Growth-Strategie weitestgehend irrelevante Höhe der Verschuldung und das vorhandene Wachstumspotenzial empfiehlt sich die *SAP SE* zur langfristigen Geldanlage, sobald der Preis pro Aktie gesunken ist. Aufgrund der jahrelangen Etablierung im DAX ist die Aktie bei hohem Wachstumspotenzial zudem eine sicherere Wahl als die Aktie junger Unternehmen, die klassischerweise für Growth-Strategien zur Auswahl stehen.

Schlusswort

Würde man den Inhalt dieses Buches in einer Schritt-für-Schritt-Anleitung zusammenfassen, sähe die ideale Abfolge bei der Unternehmensbewertung wie folgt aus:

1) Wählen Sie ausschließlich Branchen, über die Sie gut informiert sind, und halten Sie sich ständig auf dem Laufenden.
2) Analysieren Sie die dortigen Unternehmen – beginnend bei dem größten. Nutzen Sie quantifizierbare Größen zur Analyse, wobei Sie von den Jahresabschlüssen und Börsenkennzahlen Gebrauch machen.
3) Nehmen Sie den Wettbewerb innerhalb der Branche unter die Lupe. Beachten Sie nicht nur die existierenden Konkurrenzunternehmen, sondern auch die Kunden und Lieferanten. Behalten Sie die Chancen zu Kooperationen im Auge und nehmen Sie bei der Analyse möglichst viele Blickwinkel ein.
4) Führen Sie bei den Unternehmen, die bis hierhin in Ihre engere Auswahl gerückt sind, eine Unternehmensanalyse durch. Betrachten Sie die Unternehmensführung und führen Sie eine der weiteren Analysen durch, die Ihrer Anlagestrategie entspricht (z. B. Value-Strategie, Dividenden-Aristokraten).
5) Legen Sie Ihr Geld in die Unternehmen an, von denen Sie überzeugt sind.

Mit Ihren Kompetenzen beginnt die Unternehmensanalyse, mit Ihren Überzeugungen endet sie durch die Wahl einer Anlageentscheidung, hinter der Sie stehen können, weil Sie sich sicher sind, dass das betreffende Unternehmen Erfolg haben wird.

Behalten Sie diese ersten Sätze des Schlussworts gut in Gedanken und halten Sie sich bei der Unternehmensanalyse an diese. Manchmal wird es Sie reizen, auch einmal in eine Branche zu investieren, von der Sie wenig Ahnung haben. Halten Sie sich in diesem Fall zurück und eignen Sie sich die Kompetenzen zunächst an! Wie machen es eigentlich die Personen, die nahezu in jede Branche investieren? Tja, das sind nun mal Vollblutprofis, die den gesamten Tag über damit verbringen, sich über Branchen zu informieren, regelmäßig Messen besuchen, um an hochaktuelle Infos zu gelangen und sich generell weitläufig fortbilden. Diesen Weg können auch Sie einschlagen, sofern Sie wünschen. Alle relevanten Kenntnisse zum Start haben Sie nun, eine nebenberufliche Ausübung der Unternehmensanalyse in Kombination mit einer langfristigen Geldanlage verhilft Ihnen zu einem langfristigen Vermögensaufbau.

Unabhängig davon, was Sie mit dem gewonnenen Knowhow aus diesem Werk tun: Machen Sie es fundiert, kompetent und mit Überzeugung! Frohes Schaffen.

Verweise und weiterführende Literatur

Literatur:

Schmidlin, N.: *Unternehmensbewertung & Kennzahlenanalyse*. München: Verlag Franz Vahlen, 2015. 2. Auflage.

Zimmermann, J.; Werner, J. R.; Hitz, J. M.: *Buchführung und Bilanzierung nach IFRS und HGB*. Hallbergmoos: Pearson Deutschland GmbH, 2015. 3. Auflage.

Online:

https://www.haufe.de/finance/buchfuehrung-kontierung/ifrs-oder-hgb-eine-entscheidungshilfe/ifrs-bilanzierung-in-deutschland_186_448522.html

https://wirtschaftslexikon.gabler.de/definition/publizitaet-46318

https://boerse.ard.de/boersenwissen/anlegerschutz/der-alte-quartalsbericht-hat-ausgedient100.html

https://www.gesetze-im-internet.de/hgb/__264.html

https://wirtschaftslexikon.gabler.de/definition/sachanlagevermoegen-44309

https://wirtschaftslexikon.gabler.de/definition/immaterielles-wirtschaftsgut-34541

https://www.iww.de/bbp/archiv/bilanzierung-die-be-wertung-von-immateriellen-vermoegensgegenstaen-den-f33778

https://www.finanzen.net/aktien/apple-aktie

https://www.spiegel.de/wirtschaft/unternehmen/wirecard-wird-zum-dax-zombie-a-57f54497-c677-4ed1-91b6-35846acd4f28

https://www.finanzen.net/bilanz_guv/daimler

https://www.finanzen.net/aktien/adidas-aktie

https://www.finanzen.net/aktien/amazon-aktie

https://boerse.ard.de/boersenwissen/boersenlexikon/KBV100.html

https://www.finanzen.net/aktien/bayer-aktie

https://www.finanzen.net/bilanz_guv/munich_re

https://rsw.beck.de/rsw/upload/BC/Ebit.pdf

https://controlling.net/ebitda#EBT_EBIT_EBITDA

https://www.faz.net/aktuell/finanzen/aktien/gastkom-mentar-das-ebitda-vernebelt-den-blick-auf-das-unterneh-mensergebnis-191976-p2.html

https://www.erneuerbare-energien.de/EE/Redaktion/DE/Dossier/eeg.html?cms_docId=72462

https://www.erneuerbare-energien.de/EE/Navigation/DE/Recht-Politik/Das_EEG/das_eeg.html

https://konkurrenzanalyse.net/die-5-wettbewerbskraef-te-nach-porter-grundlagen-zur-konkurrenzanalyse/#Wett-bewerb_durch_die_Lieferanten

http://www.manager-wiki.com/component/content/article/23.html%20

http://www.manager-wiki.com/component/content/article/24.html%20

http://www.manager-wiki.com/component/content/article/25.html%20

http://www.manager-wiki.com/component/content/article/26.html%20

https://www.haufe-akademie.de/l/new-work/#:~:text=Wissen%20gewinnt%20immer%20mehr%20an,be-schreibt%20diese%20Transformation%20unserer%20Arbeitswelt.

https://news.microsoft.com/de-de/neues-arbeiten-bei-mi-crosoft/

Bonusheft

Auf meiner Webseite finden Sie einen Kurzreport gratis zum Download. In diesem Report entdecken Sie die 7 häufigsten Fehler, die Einsteiger beim Handeln mit Aktien begehen.

Den Report erhalten Sie als E-Book. Und so einfach funktioniert es:

Geben Sie in die Browserleiste Ihres Computers oder Smartphones Folgendes ein:

bonus.martinbachmeier.com

Sie werden dann direkt zur Download-Seite geleitet.

Beachten Sie: Dieser Report ist nur für eine begrenzte Zeit verfügbar. Sichern Sie sich den Report daher am besten heute noch!